DAS WIRTSCHAFTS BUCH

BIG IDEAS

DAS ARCHITEKTUR-BUCH
DAS ASTRONOMIE-BUCH
DAS BIOLOGIE-BUCH
DAS BLACK-HISTORY-BUCH
DAS CHEMIE-BUCH
DAS DESIGN-BUCH
DAS DC BUCH
DAS FEMINISMUS-BUCH
DAS FILM-BUCH
DAS GESCHICHTS-BUCH
DAS ISLAM-BUCH
DAS KLASSISCHE-MUSIK-BUCH
DAS KUNST-BUCH
DAS LGBTQIA*-BUCH
DAS LITERATUR-BUCH
DAS MANAGEMENT-BUCH
DAS MARVEL BUCH
DAS MATHEMATIK-BUCH
DAS MEDIZIN-BUCH
DAS MYTHOLOGIE-BUCH
DAS ÖKOLOGIE-BUCH
DAS PHILOSOPHIE-BUCH
DAS PHYSIK-BUCH
DAS POLITIK-BUCH
DAS PSYCHOLOGIE-BUCH
DAS BUCH DER RECHTS-GESCHICHTE
DAS RELIGIONEN-BUCH
DAS SOZIOLOGIE-BUCH
DAS *STAR WARS*-BUCH
DAS WIRTSCHAFTS-BUCH
DAS WISSENSCHAFTS-BUCH
DER ERSTE WELTKRIEG
DER ZWEITE WELTKRIEG

EINFACH ERKLÄRT

DAS WIRTSCHAFTS BUCH

DK

DK London / Delhi

Lektorat
Stephanie Farrow, Gareth Jones, Liz Wheeler, Liz Gough, Janet Mohun, Lizzie Munsey, Camilla Hallinan, Sarah Larter, Jonathan Metcalf, Suefa Lee, Rohan Sinha, Anita Kakar, Rupa Rao, Priyaneet Singh, Alka Thakur

Gestaltung und Bildredaktion
Nicola Rodway, Lee Griffiths, Maxine Pedliham, Philip Ormerod, Anna Hall, Duncan Turner, Michelle Baxter, Anjali Sachar, Sumedha Chopra, Louise Thomas, Mohd Rizwan, Rakesh Kumar, Sudakshina Basu, Ivy Roy, Arijit Ganguly, Sanjay Chauhan, Kanika Mittal, Shefali Upadhyay, Balwant Singh, Vishal Bhatia, Bimlesh Tiwary

STUDIO8 DESIGN

Umschlaggestaltung
Sophia MTT, Juhi Sheth, Priyanka Sharma Saddi

Herstellung
Robert Dunn, Rachel Ng, Pankaj Sharma

Illustrationen
James Graham

Die Erstausgabe wurde produziert von TALL TREE LTD

Lektorat
David John, Sarah Tomley, Rob Colson, Deirdre Headon

Gestaltung und Satz
Ben Ruocco

Für die deutsche Ausgabe:
Projektbetreuung Dr. Kerstin Schlieker
Herstellungskoordination Bianca Isack
Herstellung Stefanie Staat

Titel der englischen Originalausgabe:
The Economics Book

Übersetzung
Ute Mareik, Martina Hesse-Hujber
Lektorat
Birgit Reit

ISBN 978-3-8310-5126-7
5902-339251-23687-01

Druck und Bindung
Leo Paper Products, China

MIX
Papier | Fördert gute Waldnutzung
FSC® C018179
www.fsc.org

www.dk-verlag.de

Ein Hinweis zu geschlechtlichen Identitäten

Der DK Verlag erkennt alle geschlechtlichen Identitäten an. Nach Möglichkeit wird im Buch eine gendergerechte Sprache berücksichtigt, sofern dies inhaltlich sinnvoll ist bzw. den historischen Fakten entspricht; stellenweise wird aus Platzgründen oder Gründen der besseren Lesbarkeit jedoch das generische Maskulinum verwendet.

DIE AUTOREN

DR. ERIC DODGE (FACHBERATER, 2. AUSGABE)

ist Inhaber des Zeddies-Lehrstuhls für Wirtschaftswissenschaften am Hanover College (Indiana, USA), seinen Doktortitel erhielt er von der University of Oregon. Seine Spezialgebiete sind Betriebsorganisation, angewandte Mikroökonomie, angewandte Statistik, Arbeitsökonomie sowie Umweltökonomie und Nachhaltigkeit.

NIALL KISHTAINY (FACHBERATER, 1. AUSGABE)

unterrichtet Wirtschaftsgeschichte an der London School of Economics. Er arbeitete u. a. für die Weltbank und die Wirtschaftskommission für Afrika der Vereinten Nationen.

GEORGE ABBOT

war beim Interessensverband Compass an der Erarbeitung wirtschafts- und gesellschaftspolitischer Konzepte beteiligt. Außerdem arbeitete er 2012 im Wahlkampfteam Barack Obamas.

JOHN FARNDON

ist Autor zahlreicher Publikationen zu Wirtschafts- und Gesellschaftsthemen, insbesondere über die Wirtschaftsmächte China und Indien.

FRANK KENNEDY

studierte Wirtschaftsgeschichte und sammelte über 25 Jahre Erfahrung im Investmentbanking. Er arbeitet als Analyst und Berater.

JAMES MEADWAY

arbeitet als Wirtschaftswissenschaftler für den Interessensverband New Economics Foundation. Er war zudem als Berater für das britische Finanzministerium tätig.

CHRISTOPHER WALLACE

ist Leiter des Fachbereichs Wirtschaftswissenschaften an der renommierten Colchester Royal Grammar School in Großbritannien. Er unterrichtet dieses Fach bereits seit mehr als 25 Jahren.

MARCUS WEEKS

studierte Philosophie und arbeitet als Autor und Lehrer. Er hat zahlreiche Bücher zu wissenschaftlichen Themen veröffentlicht.

INHALT

INDUSTRIELLE UND WIRTSCHAFTLICHE REVOLUTIONEN
1820–1929

KRISEN UND KRIEG
1929–1945

DIE WIRTSCHAFT NACH DEM KRIEG
1945–1970

ZEITGENÖSSISCHE WIRTSCHAFT
1970 BIS HEUTE

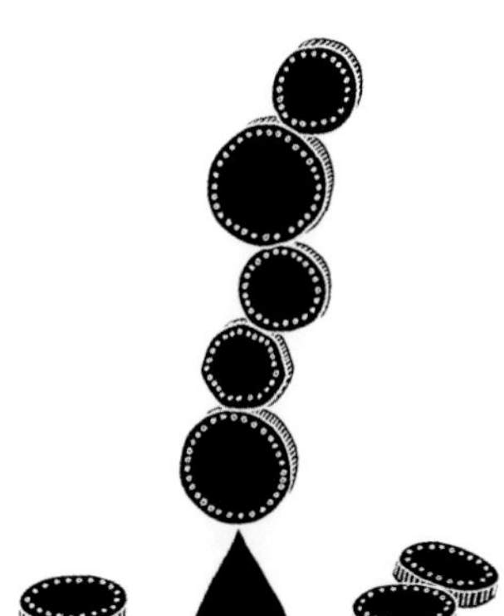

ANHANG

EINLEIT

UNG

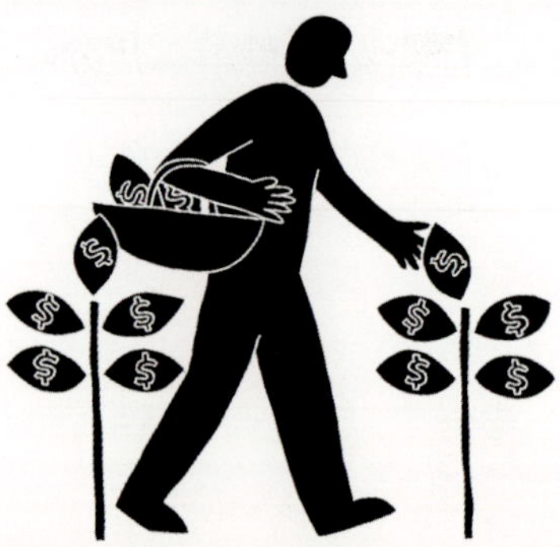

Kaum jemand wird von sich behaupten, wirklich über Wirtschaft Bescheid zu wissen. Im Allgemeinen gilt »Wirtschaft« als die Domäne von Fachleuten aus der Finanz- und Geschäftswelt und den Regierungen. Doch den meisten von uns wird immer deutlicher bewusst, welchen Einfluss die wirtschaftliche Entwicklung auf unseren Wohlstand hat. Natürlich haben wir eine Meinung zu steigenden Lebenshaltungskosten, Steuern oder Staatsausgaben. Wir haben alle ein gewisses Interesse an der wirtschaftlichen Entwicklung. Die Argumente, mit denen wir unsere Ansichten begründen, sind in der Regel die gleichen wie die der Wirtschaftswissenschaftler. Daher kann uns eine bessere Kenntnis ihrer Theorien zu einem besseren Verständnis der wirtschaftlichen Prinzipien verhelfen, die unser Leben bestimmen.

»In der Wirtschaft sind Glaube und Hoffnung mit großem wissenschaftlichem Anspruch und dem tiefen Wunsch nach Respektabilität gepaart.«

John Kenneth Galbraith
US-Ökonom (1908–2006)

In den Schlagzeilen

Bei den heutigen starken wirtschaftlichen Turbulenzen scheint es wichtiger denn je, über die wirtschaftliche Entwicklung informiert zu sein. Die Themen beschränken sich aber nicht mehr nur auf den Wirtschaftsteil unserer Zeitungen – sie erscheinen auf den Titelseiten.

Aber wie viel verstehen wir wirklich, wenn wir von wachsender Arbeitslosigkeit hören, von Inflation, Krisen an den Börsen und Handelsdefiziten? Wenn wir den Gürtel enger schnallen und mehr Steuern bezahlen müssen – wissen wir warum? Wenn wir den Eindruck haben, risikobereiten Banken und großen Unternehmen ausgeliefert zu sein – verstehen wir die Gründe für ihre Existenz und vor allem für ihre große Macht?

Die Lehre vom Management

Obwohl die Wirtschaftswissenschaft in vielen Alltagsbereichen von zentraler Bedeutung ist, wird sie häufig kritisch gesehen. Landläufig gilt sie als trocken und akademisch, weil sie angeblich nur auf Statistiken, Diagrammen und Formeln beruht. Der schottische Historiker Thomas Carlyle beschrieb die Wirtschaftslehre im 19. Jahrhundert als »trübselige Wissenschaft«. Sie sei »traurig, desolat und, in der Tat, ziemlich erbärmlich und erschütternd«. Ein anderer verbreiteter Irrtum lautet, dass sie sich »immer nur ums Geld« drehe. Darin liegt zwar ein Körnchen Wahrheit, aber zum Gesamtbild gehört deutlich mehr.

Worum geht es also bei der »Ökonomie«? Der Begriff ist vom griechischen Wort *oikonomia* (»Haushaltsführung«) abgeleitet und bezeichnet heute die Lehre vom Ressourcenmanagement, insbesondere den Umgang mit der Produktion und dem Austausch von Waren und Dienstleistungen. Natürlich ist beides so alt wie die menschliche Kultur, aber die Lehre davon, wie dieser Vorgang in der Praxis funktioniert, ist relativ jung. Philosophen und Politiker verliehen ihrer Meinung zu wirtschaftlichen Themen seit der Antike Ausdruck, aber Wissenschaftler, die daraus den Gegenstand einer Lehre machten, traten erst gegen Ende des 18. Jahrhunderts auf den Plan.

Die sogenannte »politische Ökonomie« war zunächst ein Zweig

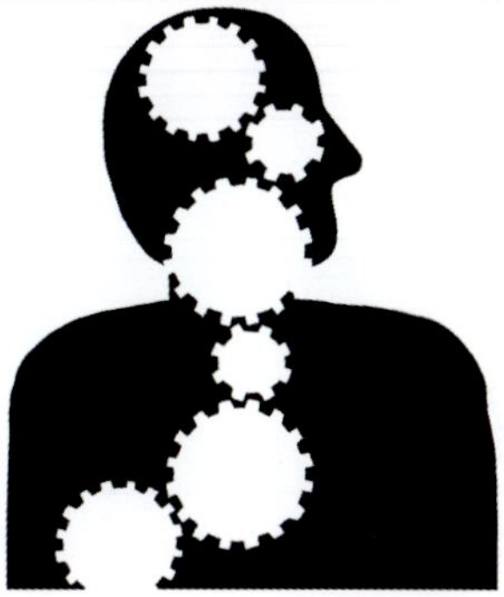

der politischen Philosophie. Doch die Wissenschaftler betrachteten sie zunehmend als eigenständiges Fach, das sie »Wirtschaftswissenschaft« nannten.

»Weiche Wissenschaft«

Ist die Lehre von der Ökonomie tatsächlich eine Wissenschaft? Die Ökonomen des 19. Jahrhunderts waren unbedingt dieser Ansicht. Ein Großteil der ökonomischen Theorie orientierte sich an der Mathematik und sogar an der Physik; Ökonomen wollten die Gesetze der Wirtschaft ebenso erkunden, wie Naturwissenschaftler die Naturgesetze. Volkswirtschaften sind jedoch von Menschen gemacht und abhängig von ihrem rationalen oder irrationalen Verhalten. Aus diesem Grund hat die Wirtschaftslehre mehr mit den »weichen Wissenschaften« der Psychologie, Soziologie und Politik gemein.
Sehr anschaulich definierte sie der Brite Lionel Robbins. Er beschrieb die Wirtschaftslehre 1932 in einem Essay über die Natur und Bedeutung der ökonomischen Wissenschaft als »die Verhaltenswissenschaft, die die Beziehung zwischen Zielvorhaben und begrenzten Mitteln mit unterschiedlichen möglichen Verwendungen untersucht.« Der wichtigste Unterschied zwischen der Ökonomie und anderen Wissenschaften besteht jedoch darin, dass ihre Systeme sich im Fluss befinden. Wirtschaftswissenschaftler beschreiben zwar ökonomische Zusammenhänge, sie können aber auch Vorschläge machen, wie Volkswirtschaften konstruiert sein sollten und wie sie sich verbessern ließen.

Die ersten Ökonomen

Die moderne Wirtschaftslehre entstand im 18. Jahrhundert, vor allem mit der Veröffentlichung von *Der Wohlstand der Nationen* (1776) des schottischen Denkers Adam Smith. Das Interesse an diesem Thema wurde jedoch weniger von den Schriften der Ökonomen geweckt als von den gewaltigen Veränderungen in der Wirtschaft mit Beginn der industriellen Revolution. Bereits früher hatten sich Denker über die Kontrolle und Steuerung von Waren und Dienstleistungen innerhalb einer Gesellschaft geäußert und diese Fragen als Probleme der moralischen und politischen Philosophie behandelt. Aber mit der Entstehung von Fabriken und Massenproduktion begann eine neue Ära der wirtschaftlichen Organisation, die stärker auf das Gesamtergebnis konzentriert war. Dies markierte den Beginn der sogenannten Marktwirtschaft.

Smiths Analyse dieses Systems gab mit einer umfassenden Erklärung des Wettbewerbsmarktes den Standard vor. Smith vertrat die Ansicht, der Markt werde von einer »unsichtbaren Hand« gelenkt und das rationale, von Eigeninteresse geleitete Handeln der Individuen verschaffe der Gesellschaft letztlich genau das, was sie brauche. Smith war ein Philosoph und das Thema seines Buches war die »politische Ökonomie« – welche Wirtschaft, Politik, Geschichte, Philosophie und Anthropologie einschloss. »

> »Die erste Lektion der Wirtschaft ist die Knappheit: Es ist nie genug von allem da, um alle, die es haben wollen, zufriedenzustellen. Die erste Lektion der Politik ist, sich um die erste Lektion der Wirtschaft nicht zu kümmern.«
>
> **Thomas Sowell**
> US-Ökonom (geb. 1930)

Nach Smith folgten andere ökonomische Denker, die sich ganz und gar auf die Wirtschaft konzentrierten. Sie alle haben zu unserem Verständnis von Wirtschaft beigetragen – wie sie funktioniert und wie sie organisiert werden sollte. Zudem legten sie die Grundlage für die verschiedenen Zweige der Wirtschaftswissenschaft.

Ein Ansatz, die sogenannte »Makroökonomie«, betrachtet die Wirtschaft als Ganzes – auf nationaler wie internationaler Ebene. Hier geht es um Wachstum und Entwicklung, Messung des nationalen Wohlstands in Form von Produktion und Einkommen, internationale Handelspolitik, Steuern sowie die Kontrolle von Inflation und Arbeitslosigkeit. Im Gegensatz dazu steht die »Mikroökonomie« für Interaktionen zwischen Individuen und Firmen innerhalb der Wirtschaft: Angebot und Nachfrage, Kauf und Verkauf, Märkte und Wettbewerb.

Neue Denkansätze

Viele Ökonomen begrüßten den Wohlstand, den die moderne Industriegesellschaft mit sich brachte, und plädierten für eine Haltung des »Laisser-faire«: Allein der Markt mit seinem Wettbewerb sollte für Wohlstand und technische Innovation sorgen. Andere dagegen zögerten, das Wohl der Gesellschaft ausschließlich den Märkten anzuvertrauen. Sie bemerkten Mängel im System und glaubten, diese ließen sich durch staatliche Eingriffe überwinden. Daher plädierten sie für eine Mitwirkung des Staates bei der Bereitstellung bestimmter Güter und Dienstleistungen und für die Einschränkung der Macht der Produzenten. In der Analyse mancher Ökonomen, insbesondere des deutschen Philosophen Karl Marx, war die kapitalistische Gesellschaft mit grundlegenden Fehlern behaftet und nicht überlebensfähig.

» Ökonomie ist im Kern eine Untersuchung über die Wirkung von Anreizen. Es geht dabei um die Frage, wie die Leute bekommen, was sie wollen oder brauchen, besonders wenn andere Leute dasselbe wollen oder brauchen. «

Steven D. Levitt
Stephen J. Dubner
US-Ökonomen (geb. 1967 und 1963)

Die Vorstellungen der frühen »klassischen« Ökonomen wie Smith wurden einer immer strengeren Prüfung unterzogen. Ende des 19. Jahrhunderts näherten sich Fachleute dem Thema mithilfe der Mathematik, Physik und der Ingenieurswissenschaften. Diese »neoklassischen« Ökonomen erfassten die Wirtschaft mithilfe von Diagrammen und Formeln und entwickelten Gesetze, die das Verhalten der Märkte beschrieben und ihren Ansatz rechtfertigen sollten.

Ende des 19. Jahrhunderts entwickelten sich nationale Varianten der Wirtschaftslehre: An den Universitäten entstanden Zentren des ökonomischen Denkens und mit ihnen deutliche Unterschiede zwischen den wichtigsten Strömungen in Österreich, Großbritannien und der Schweiz, vor allem in der Beurteilung staatlicher Eingriffe in die Wirtschaft.

Im 20. Jahrhundert verstärkten sich die Unterschiede. Nach den Revolutionen in Russland und China stand beinahe ein Drittel der Welt unter kommunistischer Herrschaft – mit Planwirtschaft, ohne jeglichen Wettbewerb. Der Rest der Welt fragte sich derweil, ob Märkte allein für ausreichenden Wohlstand sorgen können. Die größte Auseinandersetzung fand in den USA statt,

während der Weltwirtschaftskrise nach dem Börsencrash an der Wall Street 1929.

Ab Mitte des 20. Jahrhunderts verlagerte sich das Zentrum des ökonomischen Denkens von Europa in die USA, die mittlerweile zur wirtschaftlich beherrschenden Supermacht geworden waren und immer stärker eine Politik des Laisser-faire verfolgten. Nach dem Zusammenbruch der UdSSR 1991 schien es, als habe sich die freie Marktwirtschaft als der richtige Weg zum wirtschaftlichen Erfolg erwiesen. Aber nicht alle waren dieser Ansicht. Zwar glaubte die Mehrzahl der Ökonomen an die Stabilität, die Effizienz und die Vernunft der Märkte, doch manche hegten Zweifel.

Alternative Ansätze

Ende des 20. Jahrhunderts nahm man in der Wirtschaftslehre Ideen etwa aus der Psychologie und der Soziologie in die Theorien auf – ebenso wie neue Erkenntnisse aus der Mathematik und der Physik wie die Spiel- und die Chaostheorie. Ihre Theoretiker warnten vor Schwächen des kapitalistischen Systems. Die schweren und häufigen Finanzkrisen zu Beginn des 21. Jahrhunderts verstärkten das Gefühl eines grundlegenden Fehlers im System. Gleichzeitig setzte sich die Erkenntnis durch, dass der stetig wachsende wirtschaftliche Wohlstand die Umwelt belastet und seinen Preis in Form eines Klimawandels von wohl katastrophalen Ausmaßen fordern wird.

Europa und die USA müssen sich heute den wohl schwierigsten wirtschaftlichen Problemen ihrer Geschichte stellen. Gleichzeitig entstehen neue Volkswirtschaften, insbesondere in Südostasien und den sogenannten BRICS-Staaten (Brasilien, Russland, Indien, China, Südafrika). Die wirtschaftliche Macht verlagert sich erneut und es wird ein neues ökonomisches Denken geben, um die knappen Ressourcen sinnvoll zu verwalten.

Ein Opfer der letzten Wirtschaftskrisen ist Griechenland. Gezeichnet von der globalen Rezession, hohen Haushaltsdefiziten und systembedingten Steuerhinterziehungen wandte sich Griechenland an die Europäische Union und den Internationalen Währungsfonds (IWF). Das angebotene Rettungspaket war mit Sparmaßnahmen verbunden, die die griechische Wirtschaft lahmlegten. 2015 zahlte Griechenland schließlich 1,6 Milliarden Euro an den IWF zurück.

2020 erschütterte die Corona-Pandemie die gesamte Weltwirtschaft. Die Arbeitslosigkeit schnellte hoch, während aufgrund der drastisch verlangsamten globalen Rohstoff- und Warenströme die Verbraucherpreise stark anstiegen.

Heute sieht die Welt ganz anders aus. Zwar werden wirtschaftliches Denken und die Entwicklung von Wirtschaftstheorien traditionell von weißen Männern aus Nordeuropa und den USA dominiert und die Wirtschaftswissenschaften haben erst spät die Arbeit und die Meinungen von Nicht-Europäern und Frauen einbezogen, doch dies ändert sich nun. Eine stärkere Teilhabe kann dazu beitragen, neue Ideen und Lösungen zu entwickeln und die Bedürfnisse einer vielfältigen Gesellschaft widerzuspiegeln. ■

»Der Sinn und Zweck des Studiums der Wirtschaftswissenschaften besteht darin … zu lernen, wie man es vermeidet, von Wirtschaftswissenschaftlern übers Ohr gehauen zu werden.«

Joan Robinson
Britische Ökonomin (1903–1983)

DIE ANFÄ
WELTHA
400 V. CHR.–17

NGE DES
NDELS
70 N. CHR.

UM 380 V. CHR.

Platon beschreibt den **idealen Staat,** in dem es kein Privateigentum und eine differenzierte Arbeitsteilung gibt.

UM 350 V. CHR.

Aristoteles spricht sich für das **Privateigentum** aus, aber dagegen, Geld nur um seiner selbst willen anzusammeln.

1265–1274

Thomas von Aquin ist der Ansicht, **der Preis eines Produkts sei nur dann »gerecht«,** wenn kein überhöhter Gewinn gemacht und niemand betrogen wird.

1397

In Florenz (Italien) wird der Banco Medici gegründet, ein **erstes Bankhaus,** das dem internationalen Handel dient.

UM 1400

Wechsel werden zu einem beliebten Zahlungsmittel im europäischen Handel. Sie werden von Handelsbanken eingelöst.

1492

Christoph Kolumbus erreicht Amerika. Mit Beginn der europäischen Kolonialisierung fließt **amerikanisches Gold** nach Europa.

1599

Die britische Ostindien-Kompanie, eine **internationale Handelsgesellschaft** und die erste weltweite Handelsmarke, wird gegründet.

UM 1630

Thomas Mun befürwortet eine **merkantilistische Politik:** Auslandsexporte sollen den Wohlstand der Nation vergrößern.

In den Kulturen der Antike entwickelten sich Systeme zur Bereitstellung von Waren und Dienstleistungen. Diese frühen Wirtschaftssysteme entstanden auf natürliche Weise: Handwerk und Gewerbe produzierten Güter, die sich zum Austausch eigneten. Die Menschen begannen Handel zu treiben, zunächst als Tauschgeschäft und später mit Münzen aus Edelmetall. Der Handel entwickelte sich zu einem zentralen Bestandteil des Lebens. Jahrhundertelang wurden Waren gekauft und verkauft, ehe jemand danach fragte, wie das System eigentlich funktionierte.

Die Philosophen der griechischen Antike gehörten zu den Ersten, die über die »Ökonomie« schrieben. In *Der Staat* beschreibt Platon die politische und soziale Gestalt eines idealen Staates, der seiner Ansicht nach ökonomisch funktionieren würde: Spezialisierte Produzenten sollten die Allgemeinheit mit Gütern versorgen. Doch sein Schüler Aristoteles verteidigte das Privateigentum, das es erlaube, auf dem Markt Handel zu treiben. Diese Diskussion setzt sich bis heute fort. Als Philosophen betrachteten Platon und Aristoteles die Ökonomie als Angelegenheit der Moralphilosophie: Statt zu analysieren, wie die Wirtschaft funktionierte, entwickelten sie Ideen, wie sie funktionieren sollte.

Dieser normative Ansatz hat im wirtschaftlichen Denken bis in die christliche Zeit überdauert. Mittelalterliche Philosophen wie Thomas von Aquin (S. 23) versuchten, eine Ethik des Privateigentums und des Handels zu definieren. Thomas von Aquin machte sich Gedanken über die Preismoral, er plädierte für »gerechte« Preise ohne überhöhte Gewinne für die Händler.

In den Gesellschaften der Antike wurde die Arbeit zum großen Teil von versklavten Menschen verrichtet und das mittelalterliche Europa funktionierte nach einem Feudalsystem: Die Bauern wurden von Regionalfürsten geschützt und leisteten dafür Arbeit und Militärdienst. Die Argumente der Philosophen waren daher eher theoretischer Natur.

Aufstieg der Stadtstaaten

Eine wesentliche Veränderung fand im 15. Jahrhundert statt. In Europa entwickelten sich Stadtstaaten, die durch Handel zu Reichtum gelangten. Eine neue, wohlhabende Schicht von Kaufleuten

1637

Auf dem holländischen Tulpenmarkt platzt eine **spekulative Blase.** Tausende Investoren sind ruiniert.

1668

Josiah Child beschreibt den **Freihandel.** Er setzt sich für eine Erhöhung sowohl der Exporte als auch der Importe ein.

1682

William Petty zeigt in *Quantulumcunque Concerning Money*, wie die **Wirtschaftsleistung gemessen werden kann.**

1689

John Locke vertritt die Meinung, **Wohlstand rühre** nicht vom Handel, sondern **von der Arbeit her.**

1697

Gregory King erstellt einen **statistischen Überblick** über den englischen Handel im 17. Jh.

1752

David Hume ist der Ansicht, für öffentliche Güter **sollten die Regierungen bezahlen.**

1756

François Quesnay und seine Anhänger, die Physiokraten, betrachten **das Land und die Landwirtschaft** als die einzigen Quellen für wirtschaftlichen Wohlstand.

1758

Quesnay stellt mit seinem *Tableau économique* erstmals die Funktionsweise einer ganzen Volkswirtschaft dar – die **»Makroökonomie«.**

löste die feudalen Landbesitzer als Akteure der Wirtschaft ab. Sie arbeiteten Hand in Hand mit Bankiers, die ihren Handel und ihre Entdeckungsreisen finanzierten.

Neue Handelsnationen ersetzten die kleinräumigen feudalen Wirtschaftsformen, der Austausch von Waren und Geld zwischen den Ländern rückte zunehmend in den Vordergrund. Das wirtschaftliche Denken jener Zeit, bekannt als Merkantilismus, kreiste um die Zahlungsbilanz – die Differenz zwischen dem, was ein Land für Importe ausgibt, und dem, was es durch Exporte einnimmt. Waren im Ausland zu verkaufen, galt als gut, Waren zu importieren, galt als schädlich. Um ein Handelsdefizit zu vermeiden und die Produzenten im Inland gegen Konkurrenz aus dem Ausland zu schützen, plädierten die Merkantilisten dafür, Importe zu besteuern. Der zunehmende Handel entzog sich immer mehr den einzelnen Kaufleuten. Teilhaberschaften und Kompanien wurden gegründet, häufig mit Unterstützung von Regierungen. Diese Firmen wurden oft in »Anteile« zergliedert, sodass sich mehrere Investoren beteiligen konnten. Das Interesse am Kauf von Anteilen wuchs im späten 17. Jahrhundert schnell, was zur Einrichtung zahlreicher Aktiengesellschaften und Börsen führte.

Eine neue Wissenschaft

Die gewaltige Zunahme des Handels führte zu einem verstärkten Interesse am Funktionieren der Wirtschaft und zur Begründung der Wirtschaftswissenschaft. Sie entstand zu Beginn des 18. Jahrhunderts, im Zeitalter der Aufklärung, als rationales Denken hoch im Kurs stand. Man suchte einen wissenschaftlichen Zugang zur »politischen Ökonomie«. Die Ökonomen versuchten, die Wirtschaftsaktivität zu messen, und beschrieben das Funktionieren des Systems ohne Rücksicht auf die Moral.

In Frankreich analysierten die »Physiokraten« den Geldfluss in der Wirtschaft und produzierten so das erste makroökonomische Modell. Sie stellten die Landwirtschaft und nicht den Handel oder das Finanzwesen in den Mittelpunkt. Gleichzeitig verlagerten politische Philosophen in Großbritannien den Schwerpunkt von merkantilistischen Vorstellungen hin zu Produzenten und Verbrauchern sowie zum Nutzen und Wert der Waren. Die moderne Wirtschaftswissenschaft begann sich zu entwickeln. ■

EIGENTUM SOLLTE PRIVAT-BESITZ SEIN

EIGENTUMSRECHTE

IM KONTEXT

SCHWERPUNKT
Wirtschaft und Gesellschaft

VORDENKER
Aristoteles (384–322 v. Chr.)

FRÜHER
423–347 v. Chr. Platon argumentiert in *Der Staat*, die Regenten sollten das Eigentum für das Gemeinwohl verwalten.

SPÄTER
1–250 n. Chr. Im klassischen römischen Recht wird die Summe der Rechte einer Person über eine Sache als *dominium* bezeichnet.

1265–1274 Thomas von Aquin hält es für natürlich und gut, Eigentum zu besitzen.

1689 John Locke betont, was man durch eigener Hände Arbeit schaffe, sei rechtmäßiges persönliches Eigentum.

1848 Karl Marx verfasst das *Kommunistische Manifest* und setzt sich für die Abschaffung des Privateigentums ein.

Was Eigentum und persönlicher Besitz sind, lernen wir schon aus den Balgereien unserer Kindheit. Wir halten diese Vorstellung für selbstverständlich, sie ist es aber keineswegs. Privateigentum ist eine der Säulen des Kapitalismus. Schon Karl Marx (S. 105) fiel auf, dass der Kapitalismus den Gesellschaften ein gewaltiges Warenangebot zur Verfügung stellt, das sich in Privatbesitz befindet und mit dem Handel getrieben werden kann. Auch Unternehmen sind Privateigentum und funktionieren gewinnbringend auf dem freien Markt. Ohne die Idee des Privateigentums gibt es keinen Spielraum für persönlichen Gewinn – es gibt noch nicht einmal einen Grund, »zu Markte zu gehen«, ja, es gibt überhaupt keinen Markt.

Verteidigung des Privateigentums ist in kapitalistischen Ländern wichtig. Dieses Haus in Warschau (Polen) ist stark gesichert: Auf Knopfdruck verwandelt es sich in einen stählernen Würfel.

Eigentumsformen

»Eigentum« umfasst viele Dinge, von materiellen Gütern bis zu geistigem Eigentum (wie Patente oder Texte). Manche Eigentumsformen würden nicht einmal die Anhänger des freien Marktes verteidigen – etwa die Sklaverei, bei der Menschen als Ware betrachtet wurden.

Historisch gesehen werden materielle Güter auf eine von drei verschiedenen Arten organisiert. Erstens können sie als Gemeineigentum verwaltet werden, das auf der Basis gegenseitigen Vertrauens genutzt wird, wie z. B. heute noch beim Volk der Huaorani im Amazonasgebiet. Zweitens können sie Kollektiveigentum sein – das ist das Wesen des kommunistischen Systems. Die dritte Form ist das Privateigentum. Diese Vorstellung liegt dem Kapitalismus zugrunde.

Moderne Wirtschaftssysteme rechtfertigen das Privateigentum vor allem aus pragmatischen Gründen, da der Markt nicht ohne eine Aufteilung der Ressourcen funktio-

Siehe auch: Märkte und Moral 22–23 ▪ Öffentliche Güter und Dienstleistungen 46–47 ▪ Marxistische Wirtschaft 100–105 ▪ Definitionen von Wirtschaft 171

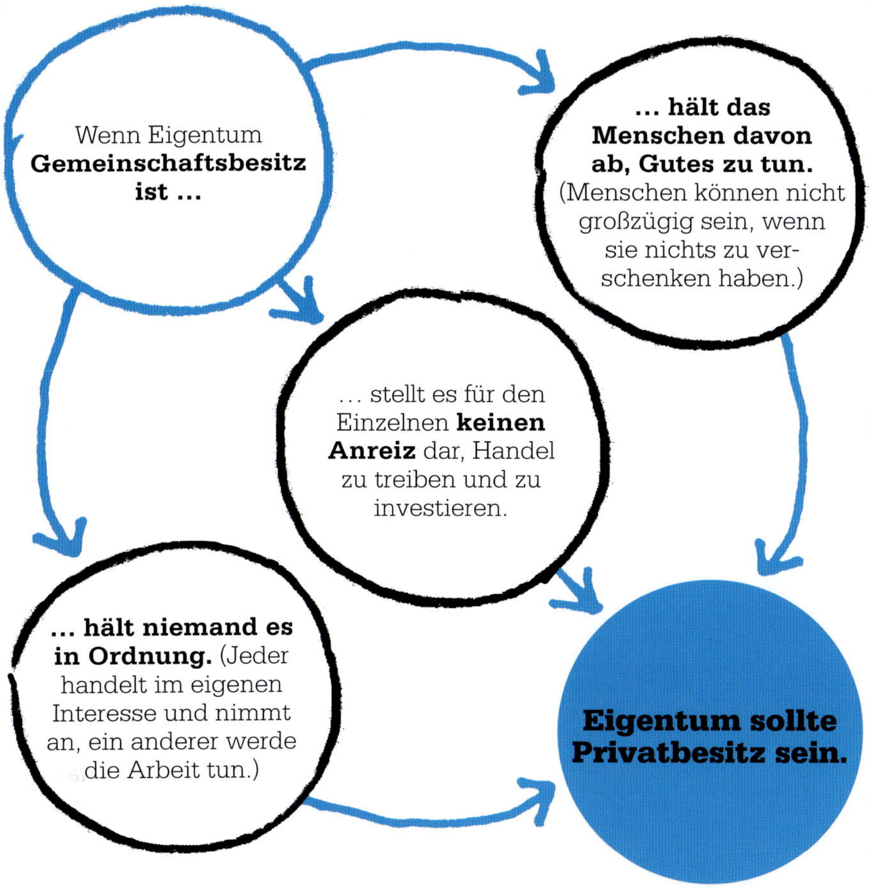

nieren könne. Frühere Philosophen befürworteten das Privateigentum eher aus moralischen Gründen. So vertrat z. B. Aristoteles die Ansicht, Eigentum solle Privatsache sein, denn bei gemeinschaftlichem Besitz übernehme letztlich niemand die Verantwortung. Außerdem könnten Menschen nur großzügig sein, wenn sie etwas zu verschenken hätten.

Ein Recht auf Eigentum

Im Europa des 17. Jahrhunderts befanden sich alles Land und alle Behausungen im Besitz von Königen. Der englische Philosoph John Locke (1632–1704) plädierte jedoch für die Rechte des Individuums: Da Gott uns das Eigentumsrecht über unseren Körper gegeben habe, könnten wir auch frei über die Dinge verfügen, die wir herstellten. Auch Immanuel Kant (1724-1804) hielt Privateigentum für den legitimen Ausdruck der Persönlichkeit.

Ein anderer deutscher Philosoph lehnte später das Privateigentum aber kategorisch ab. Laut Karl Marx eignen sich Kapitalisten die Arbeit der Proletarier an und grenzen sie aus. Kapitalisten bilden so eine exklusive Gruppe, die Macht und Reichtum kontrolliert und zu der Proletarier keinen Zugang haben. ▪

Wie privat?

In jeder modernen Gesellschaft werden manche Dinge gemeinsam genutzt, beispielsweise Parks und Straßen. Andere Dinge wie Autos sind Privatbesitz. Das Eigentumsrecht an einer bestimmten Ressource räumt dem Eigentümer normalerweise die ausschließlichen Verfügungsrechte darüber ein, aber es gibt auch Ausnahmen. Ein Haus in der Altstadt darf oft beispielsweise selbst vom Eigentümer nicht einfach abgerissen und durch einen Wolkenkratzer oder eine Fabrik ersetzt werden. Die Regierungen aller Länder der Welt behalten sich das Recht vor, im Notfall private Eigentumsansprüche außer Kraft zu setzen. Die Gründe können eine Infrastrukturmaßnahme sein oder auch eine Frage der nationalen Sicherheit. Selbst in den USA, einer streng kapitalistischen Nation, kann die Regierung Eigentümer zwingen, ihre Rechte abzutreten. Immerhin muss er dafür mit dem Marktpreis entschädigt werden.

» Es ist also offenbar besser, dass der Besitz privat bleibt, aber durch die Benutzung gemeinsam wird. Dass aber die Bürger sich dementsprechend verhalten, ist die besondere Aufgabe des Gesetzgebers. «

Aristoteles

WAS IST EIN GERECHTER PREIS?

MÄRKTE UND MORAL

IM KONTEXT

SCHWERPUNKT
Gesellschaft und Wirtschaft

VORDENKER
Thomas von Aquin
(1225–1274)

FRÜHER
Um 350 v. Chr. Aristoteles schreibt in *Die Politik*, dass der Wert der Güter am Bedarf gemessen werden solle.

529–534 n. Chr. Römische Gerichte sorgen dafür, dass Grundeigentümer für ihr Land den »gerechten Preis« erhalten.

SPÄTER
1544 Der Spanier Luis Saravia de la Calle meint, Preise sollten durch »allgemeine Schätzung« von Menge und Qualität festgelegt werden.

1890 Alfred Marshall schlägt vor, Preise sollten sich durch Angebot und Nachfrage bilden.

1920 Ludwig von Mises hält den Sozialismus für nicht funktionsfähig, weil der Bedarf nur durch den Preis feststellbar sei.

Viele Menschen wissen, was es bedeutet, »über den Tisch gezogen« oder »abgezockt« zu werden, beispielsweise in bekannten Touristenorten. Trotzdem gibt es der vorherrschenden Wirtschaftstheorie zufolge keine Abzocke. Alle Preise sind Marktpreise – eben das, was die Menschen zu zahlen bereit sind. Für Marktwirtschaftler haben Preise keine moralische Dimension: Sie betrachten die Preisbildung als das automatische Ergebnis von Angebot und Nachfrage. Kaufleute, die dem Anschein nach zu viel verlangen, gehen nur bis an die äußerste Grenze. Treiben sie den Preis zu

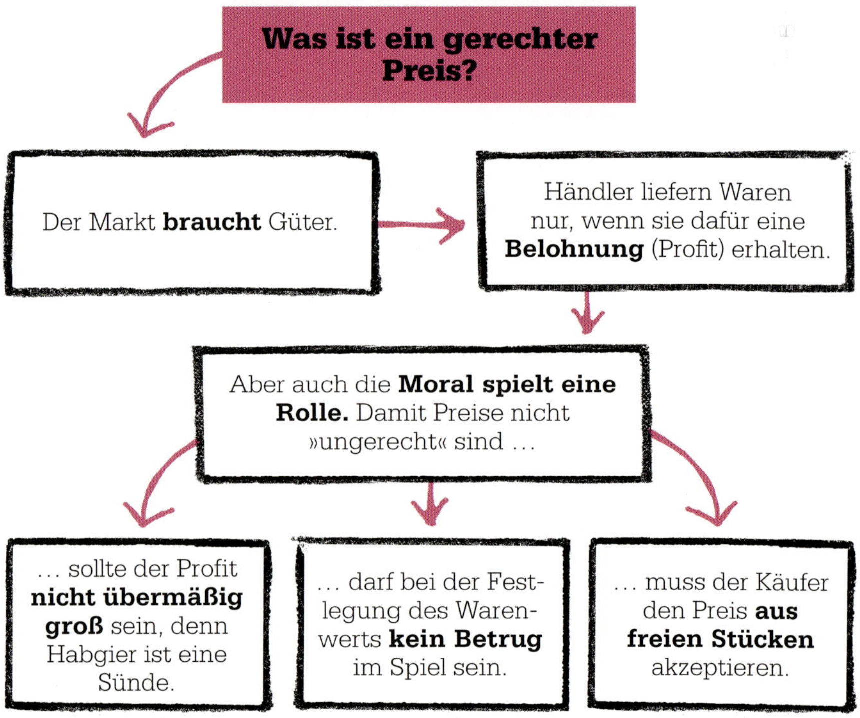

Siehe auch: Eigentumsrechte 20–21 ▪ Die freie Marktwirtschaft 54–61 ▪ Angebot und Nachfrage 108–113 ▪ Wirtschaft und Tradition 166–167

Im Mittelalter reagierte man empfindlich auf irreguläre Preisgestaltung: 1321 wurde William le Bole aus London durch die Straßen geschleift, weil er zu leichtes Brot verkauft hatte.

hoch, kaufen die Kunden die Ware nicht mehr und der Preis muss wieder gesenkt werden. Für Marktwirtschaftler ist der freie Markt das einzige Mittel zur Preisgestaltung, weil nichts – nicht einmal Gold – an sich einen Wert hat.

Aus freien Stücken

Eine völlig andere Auffassung vertritt der sizilianische Gelehrte Thomas von Aquin in seiner *Summa Theologica*, einer der ersten Marktstudien. Für den gelehrten Mönch waren Preise eine zutiefst moralische Angelegenheit. Er betrachtete Habgier als Todsünde. Gleichzeitig war ihm klar, dass Händler aufhören Handel zu treiben, wenn sie den Profit als Anreiz verlieren. Dann erhielte die Gemeinschaft nicht die Güter, die sie braucht.

Thomas von Aquin schloss daraus, dass Händler berechtigt seien, einen »gerechten Preis« zu fordern – mit einem anständigen Profit, aber ohne sündhaften Wucher. Dieser gerechte Preis sei der Preis, den der Käufer aufgrund ehrlicher Information freiwillig zu zahlen bereit sei. Auf künftige Ereignisse, die den Preis verringern könnten, müsse der Käufer jedoch nicht aufmerksam gemacht werden.

Die Frage einer moralischen Preisgestaltung spielt auch heute noch eine große Rolle. Ökonomen und Öffentlichkeit diskutieren »den gerechten Preis«, den Banker für ihre Arbeit verlangen dürfen, oder auch das Problem eines Mindestlohns. Verfechter einer freien Marktwirtschaft, die Einmischungen in den Markt ablehnen, und Befürworter von Eingriffen der Regierung diskutieren unablässig über das Für und Wider einer Preisregulierung. ▪

» Also darf keiner dem andern ein Ding teurer verkaufen, als es wert ist. «

Thomas von Aquin

Thomas von Aquin

Der heilige Thomas von Aquin war einer der bedeutendsten Gelehrten des Mittelalters. Er wurde 1225 in Aquino (Sizilien) als Sohn einer Adelsfamilie geboren und begann früh mit dem Lernen. Mit 17 beschloss er, weltlichen Besitztümern zu entsagen, und schloss sich einem Orden armer Dominikanermönche an. Seine Familie war so schockiert, dass sie ihn entführen ließ und zwei Jahre gefangen hielt. Sein Entschluss stand jedoch fest. Schließlich gab die Familie nach und ließ ihn nach Paris ziehen, wo er bei dem Gelehrten und Mönch Albertus Magnus (1206–1280) in die Lehre ging. Von Aquin lernte und lehrte in Frankreich und Italien. 1272 begründete er ein *studium generale* (eine Art Universität) in Neapel (Italien). Seine philosophischen Werke gelten als Wegbereiter der Moderne.

Hauptwerke

1256–1259 *Über die Wahrheit*
1261–1263 *Summa contra gentiles*
1265–1273 *Summa Theologica*

WER MÜNZEN HAT, MUSS NICHT TAUSCHEN

DIE FUNKTION DES GELDES

IM KONTEXT

SCHWERPUNKT
Bank- und Finanzwesen

SCHLÜSSELEREIGNIS
Kublai Khan führt im 13. Jh. im mongolischen Reich das Fiatgeld ein.

FRÜHER
3000 v. Chr. In Mesopotamien dient der Schekel als Währung: Eine Gewichtseinheit Gerste entspricht einem bestimmten Gold- oder Silberwert.

700 v. Chr. Auf der griechischen Insel Ägina werden die ältesten bekannten Münzen hergestellt.

SPÄTER
13. Jh. Marco Polo bringt Schuldscheine aus China mit nach Europa.

1696 Als erste Privatnotenbank gibt die Bank of Scotland Banknoten aus.

1971 US-Präsident Nixon hebt die Konvertierbarkeit des US-Dollars in Gold auf.

In vielen Ländern geht der Trend hin zur bargeldlosen Gesellschaft, in der Waren nur noch per Kreditkarte, elektronischer Überweisung oder Handy gekauft werden. Auf Bargeld zu verzichten bedeutet nicht, dass gar kein Geld mehr benutzt wird. Im Kern geht es bei allen Transaktionen immer um Geld.

In religiösen Riten wird Geld als Zeichen des Respekts oder zur Dekoration verwendet. Mit »Blutgeld« zahlt man für einen Mord, Bräute können eine Mitgift erhalten. Geld verleiht Status und Macht.

Tauschhandelswirtschaft

Ohne Geld konnten die Menschen nur tauschen. Viele von uns betreiben heute noch eine Art Tauschhandel, wenn wir Gefälligkeiten erwidern und beispielsweise im Gegenzug für die Kinderbetreuung die Haustür des Nachbarn reparieren. Im großen Rahmen ist ein solcher Austausch aber schwierig. Was ist, wenn jemand einen Laib Brot haben möchte, aber nur das neue Auto zum Tauschen hat? Beim Tauschhandel müssen Bedürfnisse genau zusammenpassen. Die anderen müssen haben, was ich brauche, und ich muss haben, was sie brauchen.

Die Volksgruppe der Tiwa aus Assam (Indien) treibt Tauschhandel bei der Jonbeel Mela, einem uralten Fest zur Wahrung der Freundschaft zwischen den Volksgruppen.

Geld löst diese Probleme. Wenn Waren bezahlt werden, kann man das Geld nehmen und selbst woanders das kaufen, was man braucht. Geld ist übertragbar und die Verwendung aufschiebbar. Ohne den flexiblen Austausch, den das Geld ermöglicht, wären nach Meinung vieler Fachleute keine hoch ent-

Siehe auch: Finanzdienstleistungen 26–29 ▪ Die Geldmengentheorie 30–33 ▪ Das klassische Wertparadoxon 63

wickelten Kulturen entstanden. Zudem dient Geld als Maßstab für den Wert der Dinge. Wenn alle Güter einen Gegenwert in Geld haben, kann man ihre Preise vergleichen.

Verschiedene Arten Geld

Es gibt zwei Arten Geld: Primitivgeld und Fiatgeld. Primitivgeld hat neben dem festgelegten Tauschwert einen inneren Wert, wenn z. B. Goldmünzen als Währung eingesetzt werden. Fiatgeld, das zuerst im 10. Jahrhundert in China in Umlauf kam, ist dagegen ein an sich wertloses Tauschmittel, dessen Wert nur gesetzlich festgelegt wird. Geldscheine sind Fiatgeld.

Viele Papierwährungen waren ursprünglich durch Goldreserven abgesicherte »Zahlungsversprechen«. Theoretisch konnten früher Dollarnoten der US-Notenbank gegen ihren Goldwert eingetauscht werden. Seit 1971 ist das jedoch nicht mehr der Fall. Fiatwährungen beruhen auf dem Vertrauen in die wirtschaftliche Stabilität ihrer Länder. Diese ist allerdings nicht immer sicher.

Seit 2009 gibt es die sogenannten »Kryptowährungen«. Diese elektronischen Einheiten eines virtuellen Geldes werden nicht von einer Regierung ausgegeben und oft für illegale Geschäfte verwendet. ▪

Beim Tauschhandel können **Geschäfte nur abgeschlossen** werden, wenn die einen genau das haben wollen, was die anderen anbieten.

Aber wer Münzen hat, muss nicht tauschen.

Mit Geld **kann jeder** von dem **kaufen,** der verkaufen will.

Mit Geld kann ein Verkäufer **an jeden verkaufen,** der die Ware haben will.

Geld kann man aufbewahren, bis der **richtige Zeitpunkt** für ein Geschäft gekommen ist.

Mit Geld lässt sich der **Wert der Dinge** bestimmen.

Perlen – zum Bezahlen

Wampum waren Ketten aus weißen oder schwarzen Muschelperlen, die von den nordamerikanischen Ureinwohnern in den Wäldern im Osten des Kontinents geschätzt wurden. Vor dem Eintreffen der europäischen Siedler im 15. Jahrhundert hatten sie überwiegend zeremonielle Bedeutung. Man tauschte sie aus, um Übereinkünfte zu besiegeln oder Tribute zu entrichten.

Als die Europäer kamen, revolutionierten ihre Werkzeuge die Wampum-Herstellung, sodass die holländischen Kolonisten die Perlen gleich millionenweise produzieren konnten. Bald verwendeten sie die Wampum, um Dinge von den Einheimischen zu kaufen. So wurde daraus eine Währung mit einem Wechselkurs. In New York entsprachen acht weiße oder vier schwarze Wampum einem Stuiver (einer holländischen Münze aus jener Zeit). Ab den 1670er-Jahren wurden die Wampum-Perlen seltener verwendet und ihr Wert sank.

Diese Shawnee-Schultertasche ist mit Wampum-Perlen besetzt. Einige nordamerikanische Völker setzten die Perlen als Währung ein.

MIT GELD MEHR GELD VERDIENEN

FINANZDIENSTLEISTUNGEN

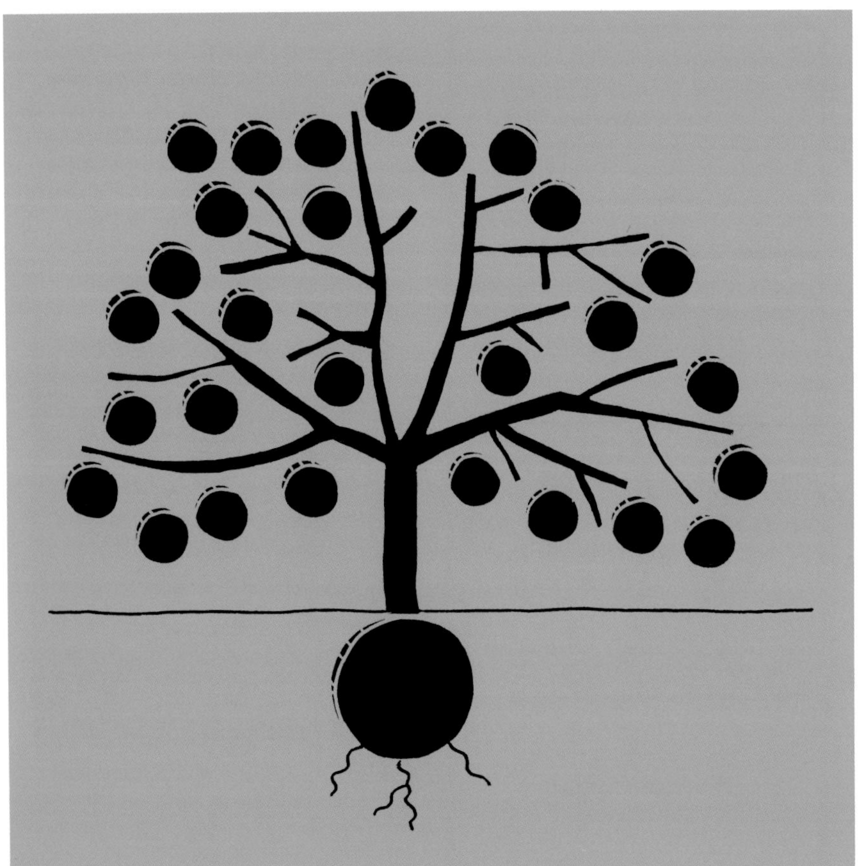

IM KONTEXT

SCHWERPUNKT
Finanz- und Bankwesen

VORDENKER
Die Familie Medici
(1397–1494)

FRÜHER
13. Jh. Die Scholastiker verurteilen den Zinswucher.

SPÄTER
1873 Der britische Journalist Walter Bagehot drängt die Bank of England, bei Liquiditätsengpässen im Bankensystem einzuspringen.

1930 In Basel (Schweiz) wird die Bank für Internationalen Zahlungsausgleich gegründet. Es entstehen internationale Regeln für das Bankwesen.

1992 Der US-Ökonom Hyman Minsky veröffentlicht das Buch *Die Hypothese der finanziellen Instabilität*, das sich auch zur Erklärung der Finanzkrise 2007/08 als nützlich erweist.

Das Leihwesen ist so alt wie die Menschheit. Solche Geschäftsbeziehungen gab es bereits vor 5000 Jahren in Mesopotamien (dem heutigen Irak). Aber moderne Banken entstanden erst vor rund 600 Jahren in Norditalien. Das italienische Wort *banca* bezeichnete ursprünglich die Bank, auf der die Geldverleiher saßen.

Im 14. Jahrhundert war Italien in lauter Stadtstaaten gegliedert, die vom Einfluss und den Einnahmen des Heiligen Stuhls in Rom profitierten. Die Halbinsel lag ideal für den Handel zwischen Asien, Afrika und den aufstrebenden europäischen Nationen. Der Wohlstand stieg, besonders in Venedig und

Siehe auch: Aktiengesellschaften 38 ▪ Financial Engineering 262–265 ▪ Marktunsicherheit 274–275 ▪ Finanzkrisen 296–301 ▪ Bankenansturm 320–325

Florenz. Venedig bot als Seemacht Möglichkeiten, um Reisen zu finanzieren und zu versichern. In Florenz konzentrierte man sich dagegen auf den Handel mit Nordeuropa. Hier trafen Kaufleute und Bankiers im Banco Medici zusammen.

Florenz war auch die Heimat anderer Bankiersfamilien, z. B. der Peruzzi und der Bardi, sowie verschiedenster Finanzdienstleister – von Pfandleihern bis zu örtlichen Banken, die Handel mit fremden Währungen trieben, Spareinlagen annahmen und regionalen Unternehmen Kredite gewährten. Die Bank, die Giovanni di Bicci de' Medici 1397 gründete, finanzierte den Fernhandel und unterschied sich von den bestehenden Banken gleich dreifach.

Erstens wurde der Banco Medici sehr groß. In der Blütezeit unter dem Sohn des Gründers, Cosimo, unterhielt er Filialen in elf Städten, darunter London, Brügge und Genf. Zweitens war das Filialnetz dezentralisiert. Die Zweigstellen wurden nicht von einem Angestellten geleitet, sondern von einem Juniorpartner vor Ort, der an den Gewinnen beteiligt war. Die Medici-Familie in Florenz betreute das Netzwerk, strich den größten Gewinn ein und hielt den Namen der Familie hoch – wichtig für den soliden Ruf der Bank. Drittens nahmen die Filialen große Geldeinlagen von reichen Sparern an. Damit konnten bereits bei bescheidenem Anfangskapital langfristige Kredite vergeben werden – auf diese Weise vervielfachten sich die Gewinne der Bank.

Bankwirtschaft

Diese Aspekte der Erfolgsgeschichte der Medici entsprechen drei ökonomischen Konzepten, die heute im Bankwesen von großer Bedeutung sind. Das erste ist die sogenannte Betriebsgrößenersparnis. Den Einzelnen kommt es teuer, einen Darlehensvertrag abzuschließen, Banken können dagegen 1000 solche Verträge zu einem Bruchteil der Kosten pro Vertrag ausfertigen lassen. Geldgeschäfte (mit Bareinlagen) sind etwas für Großunternehmen. Das zweite ist die Anlagenstreuung. Die Medici hielten das Risiko fauler Kredite gering, indem sie die Kreditvergabe räumlich großzügig verteilten. Da die Juniorpartner an Gewinn und Verlust beteiligt waren, ließen sie bei der Darlehensvergabe Vorsicht walten – ja, sie übernahmen ein Teil des Risikos der Medici. Der dritte Grundgedanke ist die »

Die Handelsbanken im späten 14. Jh. nahmen Spareinlagen an, vergaben Kredite und tauschten Währungen. Außerdem zogen sie gefälschte oder verbotene Münzen aus dem Verkehr.

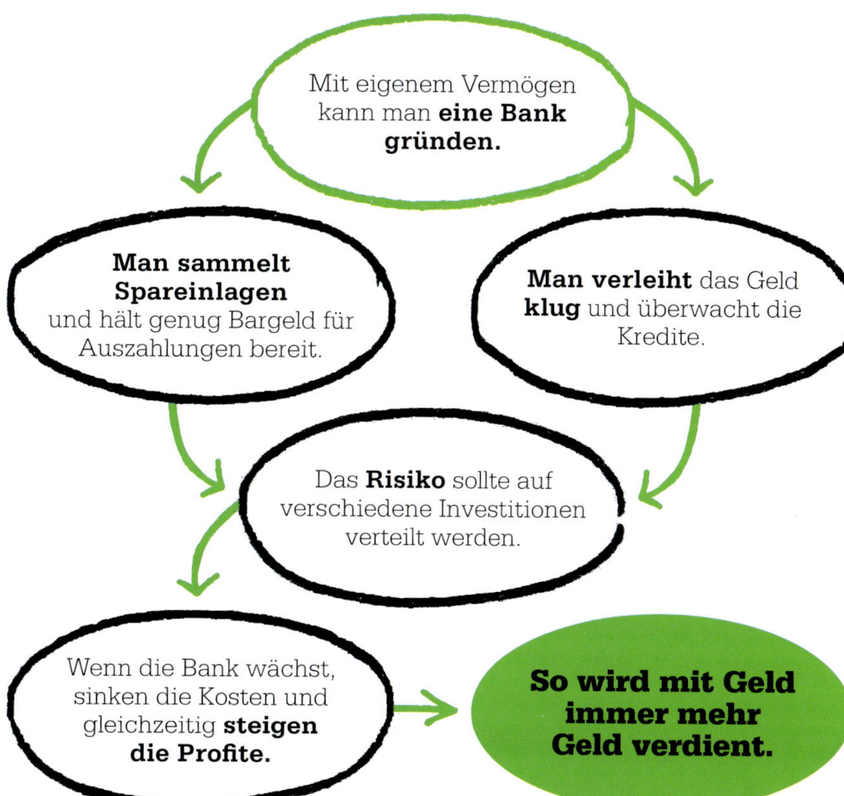

»Vermögensumwandlung«. Manche Händler benötigen einen sicheren Aufbewahrungsort für ihr Gold. Andere brauchen einen Kredit – was für die Bank riskant ist und das Geld oft längerfristig bindet. So steht die Bank zwischen zwei Erfordernissen: »kurzfristig Geld aufzunehmen und langfristig Kredite zu vergeben.« Am Ende ist allen gedient – den Sparern, den Kreditnehmern und natürlich der Bank, die sich das Geld ihrer Kunden ausleiht, um Kredite zu vergeben (Leverage-Effekt), und die auf diese Weise ihre Profite vervielfacht.

Doch diese Praxis macht eine Bank auch angreifbar. Wenn sehr viele Anleger gleichzeitig ihr Geld zurückfordern, kann sie möglicherweise nicht alle auszahlen, weil sie die Spareinlagen in langfristige Kredite investiert und nur einen kleinen Teil des angelegten Geldes zurückbehalten hat. Dieses kalkulierte Risiko geht eine Bank ein.

Im Europa des 14. Jahrhunderts war die Finanzierung des Fernhandels äußerst riskant – vor allem wegen der weiten Entfernungen und der damit verbundenen Reisedauer. Folglich gab es ein »grundsätzliches Problem des Austausches«: Es bestand die Gefahr, dass einer der Partner nach Geschäftsabschluss mit den Waren oder dem Geld verschwinden würde. Daher entwickelte man den Wechsel. Dieses Papier bezeugte das Versprechen des Käufers, für die Waren bei ihrem Eintreffen in einer bestimmten Währung zu bezahlen. Der Verkäufer konnte, wenn er wollte, den Wechsel sofort verkaufen, um an Geld zu gelangen. Italienische Handelsbanken entwickelten ein besonderes Geschick im Umgang mit Wechseln. So entstand ein internationaler Geldmarkt.

Durch den Kauf eines Wechsels übernahm die Bank das Risiko, dass der Käufer am Ende nicht bezahlte. Daher mussten Banken gut beurteilen können, wer vermutlich zahlen würde und wer nicht. Der Geldverleih, ja, die Finanzwirtschaft insgesamt, setzt ein sensibles Spezialwissen voraus: Fehlende Informationen können ernste Probleme nach sich ziehen. Meist brauchen genau die Leute einen Kredit, die ihn eher nicht zurückzahlen können. Und wenn sie ihn erhalten, sind sie versucht, nicht zu zahlen. Die wichtigste Aufgabe einer Bank besteht darin, Kredite klug zu vergeben und die Kreditnehmer im Auge zu behalten, um moralisches Fehlverhalten abzuwenden.

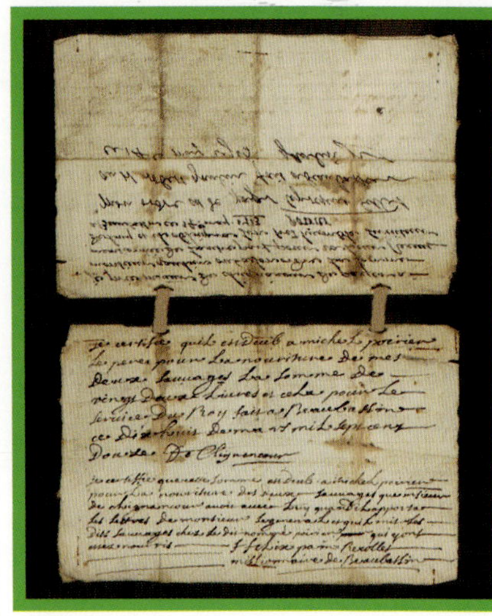

Wechsel wie dieser von 1713 entwickelten sich später zum Bankscheck – beide sind ein Versprechen, dem Überbringer einen festgelegten Betrag auszuzahlen.

Konzentration an einem Ort

Banken ballen sich häufig an einem Ort zusammen, um Informationen und Kompetenzen zu maximieren. Das erklärt die Entstehung von Finanzdistrikten in Großstädten. Ökonomen bezeichnen dies als

Hypothekenvergabe an Personen, die sie nicht zurückzahlen konnten, führte zu einer Welle von Enteignungen und zur Finanzkrise von 2007/08.

Eine Bankenkrise im 21. Jahrhundert

Die globale Finanzkrise von 2007 hat ein Umdenken zur Folge. Sie wurde vor allem durch zu hohe Fremdkapitalaufnahme ausgelöst. Um 1900 durften etwa drei Viertel der Vermögenswerte einer Bank durch Kredite finanziert sein. 2007 lag der Wert oft bei 95–99 Prozent. Ihre Begeisterung für Finanzwetten auf künftige Marktentwicklungen – die Derivate – machte die Banken abhängiger von Fremdkapital und das Risiko wuchs. Interessanterweise folgte die Krise auf eine Zeit der Deregulierung. Innovative Finanzprodukte machten den Markt lukrativ, führten aber auch zu negativen Kreditvergabepraktiken: in Form von Hypotheken an finanzschwache US-Familien und in Form von Investitionen in Anleihen, die von den Ratingagenturen zu hoch bewertet wurden. Seit den Medici gibt es für Banken drei immer gleiche Probleme: zu wenig Information, finanzielle Anreize und Risiko.

» Ein Banker leiht dir seinen Regenschirm, wenn die Sonne scheint, will ihn aber sofort wiederhaben, wenn es anfängt zu regnen. «

Mark Twain
US-amerikanischer Schriftsteller (1835–1910)

»Netzwerkeffekt«: Alle Banken ziehen Nutzen daraus. Florenz war eine solche Ansammlung von Banken. Die Londoner City entwickelte sich zu einer weiteren. Früh im 19. Jahrhundert wurde die entlegene Inlandsprovinz Shanxi zum führenden Finanzzentrum Chinas. Heute ermöglicht das Internet die Entstehung solcher Ballungsräume auch online und Kryptowährungen brauchen für ihre dezentralen Transaktionen keine Bank mehr; Überweisungen werden anonym über Grenzen hinweg getätigt.

Spezialisierung hat Vorteile, darum gibt es so viele verschiedene Arten von Banken – für Spareinlagen, zur Finanzierung von Häusern, Kraftfahrzeugen und so weiter. Die Form einer Bank kann sich auch nach anderen Aspekten richten. Bei Genossenschaftsbanken sind z. B. die Mitglieder gleichzeitig Miteigner. Sie entstanden im 19. Jahrhundert, in einer Zeit der sozialen Veränderungen, um das Vertrauen zwischen der Bank und ihren Kunden zu verbessern. Da die Mitglieder dieser Organisationen sich gegenseitig kontrollierten und die Manager sich vor Ort gut auskannten, konnten sie die langfristigen Kredite vergeben, die ihre Kunden brauchten. In manchen Ländern, auch in Deutschland, florierten die Genossenschaftsbanken.

Doch die Zusammenballung führt manchmal auch zu riskantem Wettbewerb und unerwünschtem Verhalten. Da die Banken eine Rolle bei der Vermögensumwandlung spielen, ist für sie ein guter Ruf sehr wichtig: Sie wandeln Spareinlagen in Kredite um – und die sind riskanter, länger festgelegt und weniger leicht zu verflüssigen.

Schlechte Nachrichten können eine Panik auslösen. Der Zusammenbruch einer Bank hat oft massive Folgen für andere Banken, für den Staat und für die Gesellschaft – wie beim Scheitern des Creditanstalt-Bankvereins in Österreich 1931. Es kam zu einem Run auf die deutsche Mark, auf das britische Pfund und schließlich auf den US-Dollar, sodass sogar Banken in den USA in Mitleidenschaft gezogen wurden. Daher müssen Banken reguliert werden, und in den meisten Ländern gelten strenge Regeln für die Gründung einer Bank.

Finanzierungsmöglichkeiten

Das Bankwesen bildet den größten Teil des Finanzmarkts, auf dem es immer darum geht, Menschen, die mehr Geld haben, als sie brauchen, mit Personen zusammenzubringen, die mehr Geld brauchen, als sie haben und es produktiv einsetzen wollen. Börsen stellen hier die direkte Verbindung her – durch Aktien, festverzinsliche Wertpapiere und andere Instrumente.

Börsen sind entweder reale Orte, wie z. B. die New York Stock Exchange, oder regulierte Märkte, auf denen der Handel per Telefon und Computer stattfindet. Der vorrangige Handel an den Börsen macht langfristige Anlagen flexibler: Sie lassen sich leicht wieder verkaufen und zu Geld machen. Spareinlagen können gebündelt werden, um Transaktionskosten zu senken und das Risiko zu streuen. Investmentfonds, Pensionsfonds und Versicherungen – sie alle spielen dabei eine Rolle. ■

Die Londoner City gilt schon seit sehr langer Zeit als das weltweit größte Zentrum für Devisenhandel. Allerdings wirkt sich der Brexit negativ auf diese Führungsposition aus.

GELD UND INFLATION

DIE GELDMENGENTHEORIE

IM KONTEXT

SCHWERPUNKT
Die Makroökonomie

VORDENKER
Jean Bodin (1530–1596)

FRÜHER
1492 Christoph Kolumbus erreicht Amerika. Silber und Gold fließen nach Spanien.

SPÄTER
1752 David Hume stellt fest, dass die Geldmenge in direkter Beziehung zum Preisniveau steht.

1911 Irving Fisher erstellt eine mathematische Formel für die Quantitätstheorie des Geldes.

1936 John Maynard Keynes behauptet, die Geschwindigkeit der zirkulierenden Geldmenge sei unbeständig.

1956 Milton Friedman sagt, die Veränderung der Geldmenge könne einen vorhersagbaren Effekt auf das Einkommen der Menschen haben.

Im Europa des 16. Jahrhunderts stiegen die Preise auf unerklärliche Weise. Manche führten es darauf zurück, dass die Regenten die Währungen »verdarben«, da sie Münzen mit immer geringerem Gold- und Silbergehalt prägten. Das traf auch zu, doch laut dem französischen Anwalt Jean Bodin geschah gleichzeitig etwas viel Bedeutenderes.

1568 veröffentlichte Bodin seine *Reaktionen auf die Paradoxien des Herrn von Malestroit*. Der französische Ökonom Jean de Malestroit (gest. 1578) hatte die Preisinflation ausschließlich der Geldentwertung zugeschrieben, aber Bodin zeigte, dass die Preise deutlich anstiegen,

Siehe auch: Die Funktion des Geldes 24–25 ▪ Der keynesianische Multiplikator 164–165 ▪ Monetaristische Politik 196–201 ▪ Inflation und Arbeitslosigkeit 202–203

selbst wenn sie in reinem Silber gemessen wurden. Er machte das Überangebot an Gold und Silber dafür verantwortlich, das aus den amerikanischen Kolonien nach Spanien gelangte und sich von dort in ganz Europa verbreitete.

Bodins Berechnungen der Münzgeldzunahme waren bemerkenswert genau. Spätere Ökonomen erkannten, dass sich die Preise in Europa während des 16. Jahrhunderts vervierfachten, während sich die Gold- und Silbermenge verdreifachte. Auch Bodin hatte die Edelmetallzunahme auf das mehr als 2,5-Fache geschätzt. Er verwies noch auf andere Faktoren hinter der Inflation: die Nachfrage nach Luxusgütern, eine Verknappung des Warenangebots aufgrund von Exporten und Verschwendung, habgierige Kaufleute, die mit Monopolen das Angebot künstlich niedrig hielten, und eben die Herrscher, die die Münzen verdarben.

Die Geldmenge

Bodin war nicht der Erste, der die Wirkung des neuen Reichtums aus Amerika – und damit der Geldmenge – auf die Preise erkannte. 1556 hatte der spanische Theologe Martín de Azpilcueta (auch bekannt als Navarrus) den gleichen Schluss gezogen. Doch Bodins Aufsatz befasste sich zudem mit dem Geldangebot und der Geldnach- »

Jean Bodin

Als Sohn eines Schneidermeisters wurde Jean Bodin 1530 in Angers (Frankreich) geboren. Seine Ausbildung erhielt er in Paris und Toulouse. 1560 wurde er in Paris als Anwalt zugelassen. Bodins Tätigkeit als Gelehrter – er hielt Vorlesungen in Jura, Geschichte, Politik, Philosophie, Wirtschaft und Religion – erregte die Aufmerksamkeit des Königs.

1576 heiratete er Françoise Trouilliart und trat die Nachfolge seines Schwiegervaters als Staatsanwalt im nordfranzösischen Laon an. 1589 wurde Heinrich III. ermordet und es kam zum Religionskrieg. Bodin, der eigentlich eine tolerante Haltung befürwortete, musste sich auf die Seite der Katholiken schlagen, bis der siegreiche protestantische König Heinrich IV. die Herrschaft über Laon übernahm. 1596 starb Bodin im Alter von 66 Jahren an der Pest.

Hauptwerke

1566 *Die Methode zum leichten Begreifen der Geschichte*
1568 *Reaktionen auf die Paradoxien des Herrn von Malestroit*
1576 *Sechs Bücher über den Staat*

frage, mit der Art, wie diese beiden Seiten der Wirtschaft funktionieren, und damit, wie Störungen in der Geldversorgung zur Inflation führen. Seine Untersuchung gilt als die erste Darlegung der Geldmengentheorie.

Die Logik dieser Theorie beruht zum Teil auf dem gesunden Menschenverstand. Warum kostet eine Tasse Kaffee in reichen Stadtvierteln deutlich mehr als in armen? Weil die Kunden dort mehr Geld haben. Wird die Geldmenge in den Taschen der Bevölkerung eines ganzen Landes verdoppelt, ist es nur natürlich, dass die Leute ihre erhöhte Kaufkraft einsetzen wollen, um mehr Waren und Dienstleistungen zu kaufen. Aber Waren und Dienstleistungen sind immer begrenzt. Es gibt also zu viel Geld und die Preise steigen.

Diese Ereigniskette zeigt die wichtige Beziehung zwischen der Geldmenge in einer Wirtschaft und dem allgemeinen Preisniveau. Die Geldmengentheorie besagt, dass eine Verdoppelung der Geldmenge zu einer Verdoppelung des Wertes der Transaktionen (oder der Einkommen oder der Ausgaben) führt. In der extremen Form der Theorie führt eine Verdoppelung des Geldes zu einer Verdoppelung der Preise, aber nicht des realen Wertes. Geld verhält sich gegenüber dem echten, relativen Wert von Waren und Dienstleistungen neutral – z. B. in der Frage, wie viele Jacken man für den Preis eines Computers erhält.

Realpreis und Nominalpreis

Viele Ökonomen entwickelten später Bodins Gedanken weiter. Sie stellten einen klaren Unterschied zwischen Realwirtschaft und Geldwirtschaft fest. Nominale Preise sind einfach nur Geldpreise, die sich mit der Inflation ändern können. Darum konzentrieren sich die Ökonomen auf die realen Preise – darauf, wie viel von einer Sache (Jacken, Computer oder Arbeitszeit) gegen eine andere eingetauscht werden muss, unabhängig davon, wie hoch ihr nominaler Preis ist. In der extremen Geldmengentheorie können Veränderungen in der Geldmenge zwar die Preise beeinflussen, aber das hat keine Auswirkungen auf die tatsächlichen ökonomischen Variablen wie Output oder Arbeitslosigkeit. Außerdem ist Geld selbst eine »Ware«: Die Menschen wollen es wegen seiner Kaufkraft besitzen.

> »Der Reichtum an Gold und Silber … ist in diesem Königreich heute größer denn je in den letzten 400 Jahren.«
>
> **Jean Bodin**

Die Fisher-Gleichung

Die umfassendste Darstellung der Geldmengentheorie stammt von dem US-Ökonomen Irving Fisher (1867–1947). Er verwendete die Formel MV=PT. P ist hier das

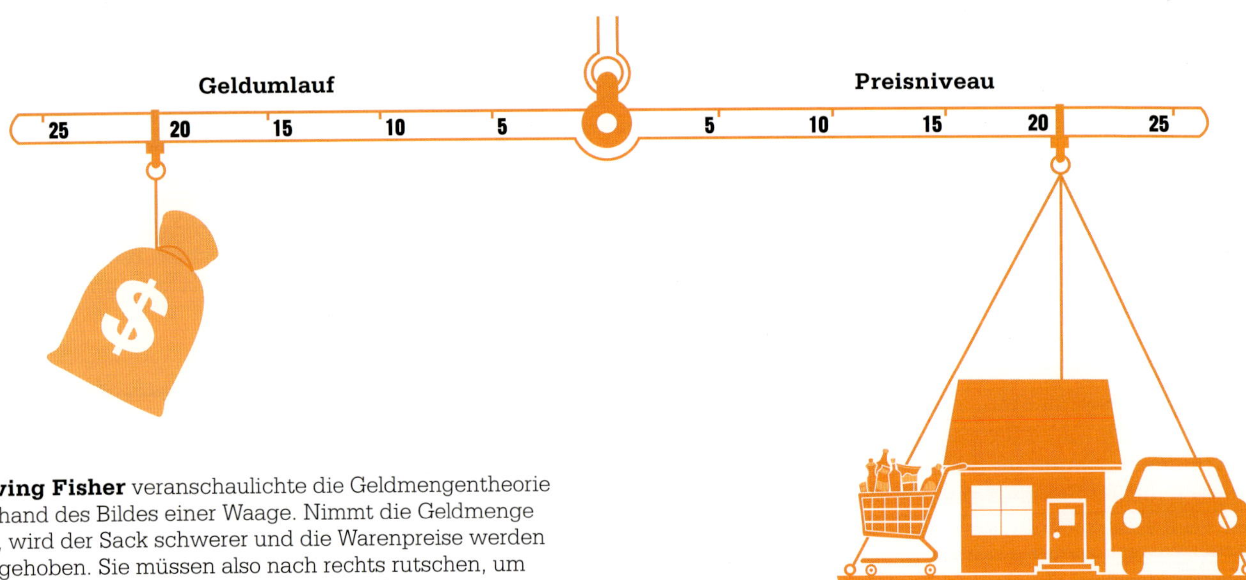

Irving Fisher veranschaulichte die Geldmengentheorie anhand des Bildes einer Waage. Nimmt die Geldmenge zu, wird der Sack schwerer und die Warenpreise werden angehoben. Sie müssen also nach rechts rutschen, um die Waage wieder ins Gleichgewicht zu bringen.

Dieses Gemälde des niederländischen Malers Pieter Bruegel (1559) zeigt Vagabunden und reiche Leute in der Fastenzeit dicht beieinander. Hohe Preise führten im 15. Jh. zu großem Elend und zu Bauernaufständen.

allgemeine Preisniveau und T sind die Transaktionen im Laufe eines Jahres. PT ist also der Gesamtwert der Transaktionen in einem Jahr. M ist die verfügbare Geldmenge, die immer wieder eingesetzt werden kann. Nun fehlt noch eine letzte Größe für den Geldumlauf: V ist die Geschwindigkeit, mit der das Geld durch die Wirtschaft zirkuliert.

Aus dieser Gleichung wird eine Theorie, wenn wir Annahmen über die Beziehungen zwischen den Buchstaben machen. Ökonomen tun das gleich dreifach. Zunächst betrachten sie V, die Geschwindigkeit des Geldes, als konstant. Wie wir unser Geld verwenden, ist Gewohnheitssache und ändert sich nicht sonderlich von Jahr zu Jahr. Zweitens gehen sie davon aus, dass T, die Anzahl der Transaktionen in einer Volkswirtschaft, ausschließlich von der Nachfrage der Verbraucher und der Technologie der Hersteller gesteuert wird, die gemeinsam den Preis bestimmen. Drittens rechnen sie damit, dass es einmalige Veränderungen an M (der Geldmenge) geben kann, wie den Zustrom von Edelmetallen aus der Neuen Welt nach Europa. Wenn V und T feststehende Größen sind, folgt daraus, dass eine Verdoppelung der Geldmenge zu einer Verdoppelung der Preise führt.

Zusammen mit den Nominal- und Realpreisen führte die Geldmengentheorie zu der Vorstellung, dass Geld in seinen Auswirkungen auf die Wirtschaft neutral sei.

Zweifel und Überarbeitung

Aber ist Geld wirklich neutral? Kaum jemand hält dies auf kurze Sicht für zutreffend. Die unmittelbare Auswirkung von Bargeld ist, dass man es für reale Waren und Dienstleistungen ausgibt. Laut John Maynard Keynes (S. 161) mag Geld auf lange Sicht durchaus neutral sein, aber kurzfristig ändert es reale Variablen wie Output und Arbeitslosigkeit. Alles deutet außerdem darauf hin, dass die Geldgeschwindigkeit (V) nicht konstant ist. Sie scheint sich hochzuschaukeln, wenn die Inflation hoch ist. In Rezessionszeiten mit niedriger Inflationsrate sinkt sie dagegen ab.

Keynes' Vorstellungen stellten die Geldmengentheorie infrage: Geld dient nicht nur als Tauschmittel, sondern auch als Wertspeicher. Man kann es für einen späteren Kauf, als Unterpfand für harte Zeiten oder für künftige Investitionen aufbewahren. Keynesianer sind der Ansicht, dass diese Motive nicht so sehr von Einkommen oder Transaktionen (PT in der Formel) beeinflusst werden, sondern vielmehr durch die Zinsen. Ein Anstieg der Zinsen führt zu einem Anstieg der Geldgeschwindigkeit.

1956 verteidigte der US-Ökonom Milton Friedman (S. 199) die Geldmengentheorie: Der Bedarf des Einzelnen an realem Guthaben sei vom Wohlstand abhängig, denn das Einkommen der Menschen erzeuge diese Nachfrage.

Jahrelang kauften die Zentralbanken Staatsschulden, um mehr Geld in das Bankensystem zu pumpen. Zinsen blieben somit niedrig und Investitionen und Arbeitsplätze wurden gefördert, ohne die Inflation anzuheizen. Zwar tätigen Banken solche Käufe heute seltener, sie steuern aber immer noch die Zinssätze, um Preisstabilität und Wirtschaftswachstum zu erhalten. ■

» Inflation ist immer und überall ein monetäres Phänomen. «

Milton Friedman

KEINE FREMDEN WAREN

PROTEKTIONISMUS UND HANDEL

IM KONTEXT

SCHWERPUNKT
Weltwirtschaft

VORDENKER
Thomas Mun (1571–1641)

FRÜHER
Um 1620 Gerard de Malynes meint, England solle den Devisenhandel so regulieren, dass Gold und Silber nicht mehr ins Ausland abfließen könnten.

SPÄTER
1691 Der englische Kaufmann Dudley North betrachtet den Konsum als die Hauptquelle für größeren nationalen Wohlstand.

1791 Der US-Finanzminister Alexander Hamilton plädiert dafür, junge Industriezweige zu schützen.

1817 Der britische Ökonom David Ricardo argumentiert, der Außenhandel komme allen Nationen zugute.

1970er-Jahre US-Ökonom Milton Friedman vertritt die Ansicht, der Freihandel helfe den Entwicklungsländern.

Der Reichtum eines Landes ist **sein Gold.**

↓

Exporte bringen Gold ins Land.

↓

Importe ausländischer Waren führen zum **Verlust von Gold.**

↓

Ein Land sollte seine Goldreserven schützen, indem es die **Importe einschränkt.**

↓

Behüte uns vor fremden Waren!

In den letzten 50 Jahren finden sich unter den Ökonomen zahlreiche Verfechter des Freihandels. Sie argumentieren, nur durch die Aufhebung von Handelsschranken könnten Waren und Geld frei um die Welt zirkulieren und die globalen Märkte sich entfalten. Andere stimmen dem nicht zu. Ihrer Meinung nach sind Arbeitsplätze und Wohlstand gefährdet, wenn im Handel zwischen zwei Staaten zu großes Ungleichgewicht herrscht.

Die merkantilistische Sicht der Dinge

Die Diskussion um den Freihandel reicht zurück bis in die Zeit des Merkantilismus, die im 16. Jahrhundert begann und bis ins späte 18. Jahrhundert andauerte. Mit dem Aufstieg des niederländischen und englischen Seehandels begann die Verlagerung des Wohlstands von Südeuropa nach Norden.

Gleichzeitig traten zu dieser Zeit die Nationalstaaten auf den Plan, zusammen mit der Vorstellung vom Wohlergehen der Nation, das an der Größe des »Staatsschatzes« (an Gold und Silber) gemessen wurde. Die Merkantilisten glaubten, die Welt lebe aus einem »begrenzten Topf«, daher sei der Wohlstand

Siehe auch: Der komparative Kostenvorteil 80–85 ▪ Internationaler Handel und Bretton Woods 186–187 ▪ Marktintegration 226–231 ▪ Die Dependenztheorie 242–243 ▪ Globales Ungleichgewicht der Sparguthaben 326–329 ▪ Wirtschaft und Pandemie 336–337

einer Nation abhängig von einer günstigen »Handelsbilanz«, bei der mehr Gold zufließt als ausgegeben wird. Fließt zu viel Gold ab, sinkt der Wohlstand der Nation, die Löhne fallen und Arbeitsplätze gehen verloren. England versuchte, den Abfluss von Gold durch Luxusgesetze einzuschränken, die darauf abzielten, den Konsum ausländischer Waren einzuschränken.

Malynes und Mun

Gerard de Malynes (1586–1641), ein englischer Experte für Devisenhandel, plädierte für eine Beschränkung der abfließenden Goldmenge. Wenn zu viel abfloss, so argumentierte er, verfalle der Wert der englischen Währung.

Doch der bedeutendste merkantilistische Theoretiker Englands, Thomas Mun, hielt dagegen, dass es nicht so sehr darauf ankomme, ob Zahlungen im Ausland erbracht würden, sondern darauf, wie Handel und Zahlungen einander letztendlich ausglichen. Mun wollte zwar den Export fördern und den Import durch sparsamen Verbrauch von inländischen Produkten reduzieren. Aber er sah kein Problem darin, Gold im Ausland auszugeben, wenn es zum Ankauf von Waren diente, die dann für eine umso größere Summe re-exportiert wurden. Das kurbelte den Handel an, gab den Reedern Arbeit und vergrößerte den Staatsschatz.

Freihandelsvereinbarungen

Adam Smith (S. 61) vertrat im 18. Jahrhundert eine andere Auffassung. In *Der Wohlstand der Nationen* betonte er, entscheidend sei nicht der Reichtum einzelner Nationen, sondern der Wohlstand aller Nationen. Und die Größe des Topfes sei nicht vorgegeben: Er könne mit der Zeit wachsen – aber nur, wenn der Handel zwischen den Nationen nicht beschnitten werde. Ließe man ihm die Freiheit, würde der Markt immer weiter wachsen und alle Länder reich machen.

In den letzten 50 Jahren war Smiths Ansicht vorherrschend. Die meisten westlichen Ökonomen halten Handelseinschränkungen zwischen den Nationen für schädlich für die Volkswirtschaften. Heute sind Freihandelszonen die Regel, während globale Organisationen wie die Welthandelsorganisation WTO und der Internationale Währungsfonds IWF die Länder zur Senkung ihrer Zölle drängen, damit ausländische Mitbewerber Zugang zu ihren Märkten erhalten. Barrieren im Außenhandel werden als protektionistisch kritisiert.

Doch manche Ökonomen sorgen sich um die Entwicklungsländer, denn ihnen könnte es schaden, mächtigen globalen Unternehmen ausgeliefert zu sein. Sie können dann nicht ihre jungen Industrien hinter Schutzbarrieren pflegen, wie

2010 in Paris: Französische Bauern mit ihren Traktoren demonstrieren nach einer Liberalisierung der Importe gegen den Verfall der Getreidepreise.

Großbritannien, die USA, Japan und Südkorea es taten, ehe sie zu bedeutenden Industrienationen aufstiegen. China dagegen verfolgt eine Handelspolitik, die in vieler Hinsicht Muns Denken entspricht. Die Handelsüberschüsse sind enorm und das Land baut gewaltige Devisenreserven auf. ▪

Thomas Mun

Thomas Mun wurde 1571 geboren und wuchs in einer reichen Londoner Kaufmannsfamilie auf. Sein Vater starb, als er drei war, und seine Mutter heiratete Thomas Cordell, einen späteren Direktor der Ostindien-Kompanie. Mun begann seine Karriere als Kaufmann im Mittelmeerraum. 1615 wurde er Direktor der Ostindien-Kompanie. Seine Vorstellungen entwickelte er, um die Kompanie zu verteidigen: Sie exportierte große Mengen Silber – gut für den Re-Exporthandel, sagte Mun. 1628 suchte die Kompanie die Unterstützung der britischen Regierung, um ihren Handel gegen die niederländische Konkurrenz zu schützen. Mun trug dieses Anliegen im Parlament vor. Als er 1641 starb, hatte er ein erhebliches Vermögen angesammelt.

Hauptwerke

1621 *A Discourse of Trade*
um 1630 *England's Treasure By Foreign Trade*

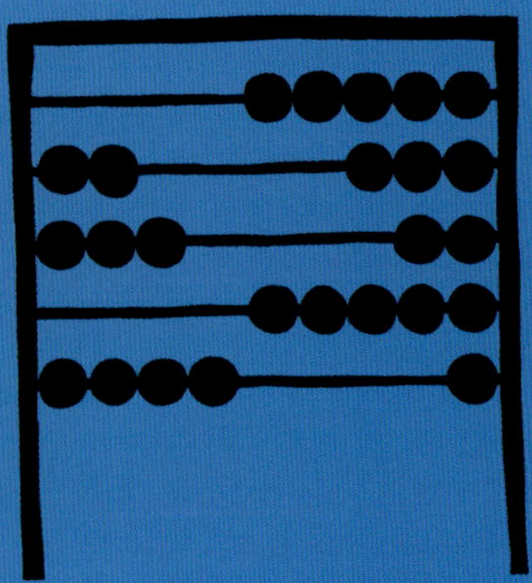

DIE WIRTSCHAFT LÄSST SICH BEZIFFERN

DIE MESSUNG DES WOHLSTANDS

IM KONTEXT

SCHWERPUNKT
Wirtschaftswissenschaftliche Methoden

VORDENKER
William Petty (1623–1687)

FRÜHER
1620 Der Engländer Francis Bacon setzt sich für einen neuen wissenschaftlichen Ansatz ein: Fakten sammeln.

SPÄTER
1696 Der englische Statistiker Gregory King verfasst eine statistische Übersicht über die englische Bevölkerung.

1930er-Jahre Der Australier Colin Clark erfindet das Bruttonationaleinkommen (BNE).

1934 Der Ökonom Simon Kuznets entwickelt eine moderne volkswirtschaftliche Gesamtrechnung.

1950er-Jahre Der britische Ökonom Richard Stone entwickelt Systeme zur volkswirtschaftlichen Gesamtrechnung, z. B. für UN und OECD.

Heute halten wir es für selbstverständlich, dass man die Wirtschaft messen und ihre Expansion und Schrumpfung exakt beziffern kann. Diese Vorstellung geht auf die 1670er-Jahre und den englischen Wissenschaftler William Petty zurück. Er wandte die neuen empirischen Methoden der Naturwissenschaften auf wirtschaftliche Fragestellungen an. Dazu sammelte er Daten aus der realen Welt und beschloss, sich nur »in Form von Zahl, Maß und Gewicht« auszudrücken. Mit diesem Ansatz trug

Siehe auch: Der Wirtschaftskreislauf 40–45 ▪ Wirtschaftstheorien im Test 170 ▪ Die Ökonomie des Glücks 216–219 ▪ Wirtschaft und Geschlecht 314-315

er zur Entstehung der Wirtschaftswissenschaft bei.

In seinem Buch *Politische Arithmetik* zeigte Petty anhand realer Daten, dass England entgegen der vorherrschenden Ansicht reicher war denn je. Eine seiner bahnbrechenden Entscheidungen bestand darin, den Wert der Arbeit ebenso zu berücksichtigen wie Land- und Kapitalbesitz. Auch wenn Pettys Zahlen nicht unumstritten sind, besteht kein Zweifel an der Effektivität seiner grundsätzlichen Idee. In seine Berechnungen bezog er die Bevölkerungszahl, die persönlichen Ausgaben, den Lohn pro Person, die Mieten und anderes mit ein. Er multiplizierte diese Zahlen, um einen Gesamtwert für den Wohlstand der Nation zu erhalten.

Ähnliche Methoden entwickelten Pierre de Boisguilbert (S. 342) und Sébastien Le Prestre de Vauban (1633–1707) in Frankreich. In England analysierte Gregory King (1648–1712) Wirtschaft und Bevölkerung von England, Holland und Frankreich. Er gelangte zu dem Ergebnis, dass keines dieser Länder die Mittel hatte, den Pfälzischen Erbfolgekrieg über das Jahr 1698 hinaus fortzusetzen – der Krieg endete 1697.

Kennzahlen für den Fortschritt

Die Statistik ist heute ein Kernstück der Wirtschaftslehre. Ökonomen messen in der Regel das Bruttoinlandsprodukt (BIP), also den Gesamtwert aller Waren und Dienstleistungen, die innerhalb eines Staates in einem bestimmten Zeitraum für Geld verkauft werden. Allerdings gibt es immer noch kein festgelegtes Verfahren für eine volkswirtschaftliche Gesamtrechnung.

Das BIP eignet sich aus verschiedenen Gründen nicht gut als Kennzahl, da es z. B. weder Umweltschäden der Produktion noch Lebensqualität berücksichtigt. Daher haben Ökonomen neue Konzepte entwickelt, wie z. B. den Genuine Progress Indicator (GPI), der u. a. Einkommensverteilung, Kriminalität und Umweltverschmutzung einbezieht, oder den Happy Planet Index (HPI). ▪

Die Seeschlacht von La Hogue fand 1692 während des Pfälzischen Erbfolgekriegs statt. Gregory King berechnete, wie lange sich die beteiligten Länder den Krieg noch leisten konnten.

William Petty

1623 wurde William Petty in Hampshire (England) in bescheidenen Verhältnissen geboren. Er durchlebte den Englischen Bürgerkrieg und stieg in hohe Positionen auf, im Commonwealth ebenso wie in der restaurierten Monarchie. Als junger Mann arbeitete er für den englischen Philosophen Thomas Hobbes in Holland. Nach seiner Rückkehr nach England lehrte er Anatomie in Oxford. Da er sich an der Universität langweilte, reiste er nach Irland, wo er die Aufgabe erhielt, ganz Irland in ein Kataster einzutragen.

In den 1660er-Jahren kehrte er nach England zurück und begann mit seinen ökonomischen Arbeiten, für die er heute bekannt ist. Den Rest seines Lebens verbrachte er teils in England, teils in Irland. Petty gilt als einer der ersten großen politischen Ökonomen. Er starb 1687 im Alter von 64 Jahren.

Hauptwerke

1662 *Traktat über die Besteuerung*
1690 *Politische Arithmetik*
1695 *Quantulumcunque Concerning Money*

HANDEL MIT FIRMENANTEILEN

AKTIENGESELLSCHAFTEN

IM KONTEXT

SCHWERPUNKT
Märkte und Firmen

VORDENKER
Josiah Child (1630–1699)

FRÜHER
Ab 1500 Regierungen gewähren Kaufleuten Handelsmonopole in bestimmten Weltregionen.

1552–1571 Die Bourse in Antwerpen und die Royal Exchange in London werden gegründet, damit Anteilseigner ihre Anteile kaufen und verkaufen können.

SPÄTER
1680 Londoner »Makler« treffen sich in Jonathan's Coffee House, um Aktien zu handeln.

1844 Der *Joint Stock Companies Act* vereinfacht Firmengründungen im Vereinigten Königreich.

1855 Die beschränkte Haftung schützt die Investoren vor Börsenschwindeln wie der Südseeblase von 1720 (S. 98).

Die Handelsschifffahrt musste von Anfang an Kapital für ihre Reisen aufbringen, indem sie Investoren Gewinnanteile versprach. In der Zeit nach 1500 waren die Erträge zwar oft enorm, aber die riskanten Unternehmungen banden Geld für Jahre. Um das Risiko zu verteilen, wurden Kapitalgesellschaften gegründet: Die Investoren pumpten Geld in ein Unternehmen, wurden gemeinsam Besitzer der Handelsaktien – und erwarben ein Anrecht auf einen Gewinnanteil.

Ostindien-Kompanie

Eine frühe Aktiengesellschaft war die Englische Ostindien-Kompanie. Sie wurde 1599 ins Leben gerufen, um den Handel mit Südostasien zu entwickeln. Ihre Freihandelsrechte wurden vom »Vater des Merkantilismus«, dem Londoner Kaufmann Josiah Child, geschickt verteidigt. Als er starb, hatte die Kompanie ungefähr 3000 Anteilseigner und verfügte über ein Grundkapital von mehr als 3 Mio. Pfund sowie über weitere 6 Mio. Pfund aus Anleihen. Ihre jährlichen Verkäufe brachten bis zu 2 Mio. Pfund ein.

Das Modell der Gesellschaft mit beschränkter Haftung hat sich aus den Aktiengesellschaften entwickelt. Der Verkauf von Anteilen ist eine wichtige Methode zur Kapitalbeschaffung. Manche glauben zwar, die Berechtigung der Anteilseigner zum Verkauf ihrer Aktien führe zu einer kurzfristigen Geschäftsplanung, aber dennoch bleibt die Aktiengesellschaft ein Herzstück des Kapitalismus. ■

Das hohe Risiko wie auch die großen Gewinne wurden in Aktiengesellschaften auf viele Schultern verteilt. Schiffe wie die *John Wood*, hier um 1850 in Bombay, brachten die Güter ins Land.

Siehe auch: Wirtschaftliches Gleichgewicht 118–123 ▪ Unternehmensführung 168–169 ▪ Wirtschaftsinstitutionen 206–207

DER WOHLSTAND WÄCHST AUF DEM LAND

LANDWIRTSCHAFT UND VOLKSWIRTSCHAFT

IM KONTEXT

SCHWERPUNKT
Wachstum und Entwicklung

VORDENKER
François Quesnay (1694–1774)

FRÜHER
1654–1656 Der englische Ökonom William Petty stellt für ganz Irland ein Kataster auf.

SPÄTER
1766 Adam Smith behauptet, nicht Land, sondern Arbeit sei die wichtigste Quelle der Wertschöpfung.

1879 Der US-Ökonom Henry George vertritt die Ansicht, Land solle Gemeineigentum sein und nur Landbesitz solle besteuert werden – nicht die Produktivarbeit.

1950er-Jahre Der US-Ökonom Theodore Schultz rückt mit seiner These vom »leistungsfähigen Bauern« die Landwirtschaft in den Mittelpunkt der ökonomischen Entwicklung.

In letzter Zeit werden die Vertreter des Bankwesens oft als Parasiten beschrieben, die mit dem Wohlstand handeln, den andere erarbeitet haben. François Quesnay (S. 45), einer der klügsten Köpfe des 18. Jahrhunderts, hätte diese Ansicht wohl geteilt.

Laut Quesnay liegt Reichtum nicht in Gold und Silber, sondern geht aus der Produktion der Bauern und Handwerker hervor. Die Landwirtschaft sei so wertvoll, weil sie mit der Natur zusammenwirke, die die Bemühungen der Bauern vervielfache und so einen Nettogewinn ermögliche. Bei der »sterilen« technischen Produktion hingegen entspreche der Wert des Ausstoßes nur dem, was zuvor hineingesteckt wurde. Spätere Theoretiker zeigten jedoch, dass auch die technische Produktion einen Mehrerlös erwirtschaften kann.

Die natürliche Ordnung

Durch Quesnays Engagement für die Landwirtschaft entstand die französische Schule der Physiokraten. Sie glaubten an eine »natürliche Ordnung« in der Wirtschaft. Viele Ökonomen, darunter Theodore Schultz, betrachten die landwirtschaftliche Entwicklung als Grundlage für den Fortschritt in armen Ländern. 2008 berichtete die Weltbank, Wachstum im Agrarsektor trage am meisten zur Verringerung der Armut bei. Aber es ist auch bekannt, dass für eine langfristige Entwicklung die Diversifikation in Industrie und Dienstleistungen entscheidend ist. ■

» Würden wir die Ökonomie der Landwirtschaft kennen, wüssten wir schon viel über die Ökonomie der Armut. «

Theodore Schultz
US-Ökonom (1902–1998)

Siehe auch: Demografie und Ökonomie 68–69 ▪ Die Arbeitswerttheorie 106–107 ▪ Entstehung der modernen Wirtschaft 178–179 ▪ Entwicklungsökonomie 188–193

GÜTER UND GELD ZIRKULIEREN ZWISCHEN HERSTELLERN UND VERBRAUCHERN

DER WIRTSCHAFTSKREISLAUF

IM KONTEXT

SCHWERPUNKT
Die Makroökonomie

VORDENKER
François Quesnay
(1694–1774)

FRÜHER
1664–1676 Der englische Ökonom William Petty führt die Begriffe des Staatseinkommens und der Staatsausgaben ein.

1755 Der irische Kaufmann Richard Cantillon diskutiert in seinem in Frankreich erschienenen *Essay* den Fluss des Geldes von der Stadt aufs Land.

SPÄTER
1885 Karl Marx beschreibt in *Das Kapital* die Zirkulation des Kapitals anhand eines Modells, das von Quesnay angeregt ist.

1930er-Jahre Der russischstämmige US-Ökonom Simon Kuznets entwickelt eine moderne volkswirtschaftliche Gesamtrechnung.

In wirtschaftlichen Dingen kann man im Kleinen denken – also mikroökonomisch – oder im Zusammenhang des gesamten Systems: Das ist die Domäne der Makroökonomie. Im 18. Jahrhundert versuchte die Gruppe der Physiokraten in Frankreich, die gesamte Wirtschaft zu verstehen und als System zu erklären. Ihre Vorstellungen bilden die Grundlage der modernen Makroökonomie.

Die Physiokraten

Physiokratie bedeutet »Macht über die Natur«. Die Physiokraten glaubten, die Nationen gewännen ihren wirtschaftlichen Reichtum aus der Natur, durch den landwirtschaftlichen Sektor. Ihr Vordenker, François Quesnay, war Chirurg und Arzt von Madame de Pompadour, der Mätresse König Ludwigs XV.

Madame de Pompadour holte Quesnay als Arzt an den Hof in Versailles. Für ihn muss ihr Lebensstil der Inbegriff des verschwenderischen Reichtums der Landbesitzer gewesen sein.

Der merkantilistische Ansatz (S. 34–35) beherrschte das ökonomische Denken der Zeit. Die Merkantilisten waren der Auffassung, der Staat solle sich wie ein Kaufmann verhalten, Geschäftsbeziehungen pflegen, Gold erwerben und aktiv in die Wirtschaft eingreifen – durch Steuern, Subventionen, Kontrollen und Monopolvergaben. Die Physiokraten dachten genau umgekehrt: Sie glaubten, die Wirtschaft reguliere sich selbst und müsse lediglich vor schlechten Einflüssen geschützt werden. Sie waren für Freihandel, niedrige Steuern, sichere Eigentumsrechte und niedrige Staatsschulden. Während die Merkantilisten im Wohlstand eine Anhäufung von Werten sahen, glaubten Quesnay und seine Anhänger, er sei in der sogenannten Realwirtschaft verwurzelt. Die Landwirtschaft hielten sie für den produktivsten Wirtschaftssektor.

Die Physiokraten waren beeinflusst vom Denken Pierre de Boisguilberts. Er vertrat die Ansicht, die Landwirtschaft sei der Herstellung überlegen und Konsumgüter seien wertvoller als Gold. Je mehr Güter konsumiert würden, desto mehr Geld fließe durch das System, daher sei Konsum die treibende Kraft der Wirtschaft. Ein wenig Geld bewirke in den Händen der Armen mehr als in den Händen der Reichen, weil die Armen es ausgeben, während die Reichen es nur horten. Der Kreislauf des Geldes sei von herausragender Wichtigkeit.

Das *Tableau économique*

Das physiokratische System des wirtschaftlichen Kreislaufs ist in Quesnays *Tableau économique* dargestellt, das zwischen 1758 und 1767 mehrmals veröffentlicht und überarbeitet wurde. Dieses Diagramm illustriert den Fluss von Geld und Gütern zwischen drei Gesellschaftsgruppen: Landeigentümern, Bauern und Handwerkern. Die Güter sind Agrar- und Produktionsgüter, hergestellt von Bauern und Handwerkern. Quesnay nahm Getreide als Beispiel für ein landwirtschaftliches Produkt.

Am besten lässt sich Quesnays Modell an einem Beispiel verdeutlichen. Man stelle sich vor, jede der drei Gruppen besitzt anfangs 2 Mio. Euro. Die Landbesitzer produzieren nichts. Sie geben ihre 2 Mio. Euro aus, und zwar zu gleichen Teilen für landwirtschaftliche und handwerkliche Produkte, die sie vollständig verbrauchen. Sie erhalten 2 Mio.

Siehe auch: Die Messung des Wohlstands 36–37 ▪ Landwirtschaft und Volkswirtschaft 39 ▪ Die freie Marktwirtschaft 54–61 ▪ Marxistische Wirtschaft 100–105 ▪ Wirtschaftliches Gleichgewicht 118–123 ▪ Der keynesianische Multiplikator 164–165 ▪ Wirtschaft und Pandemie 336-337

Euro an Pacht- und Mieteinnahmen von den Bauern, was die Bauern sich gerade eben leisten können, weil sie die einzige Gruppe sind, die einen Nettogewinn erzielt – die Landbesitzer stehen also am Ende wieder da wie zuvor. Die Bauern sind die produktive Gruppe. Mit einem Ausgangskapital von 2 Mio. Euro produzieren sie landwirtschaftliche Erzeugnisse im Wert von 5 Mio. Euro über den Eigenbedarf hinaus. Davon verkaufen sie Waren im Wert von 1 Mio. Euro an die Landbesitzer zu deren Verbrauch. Waren im Wert von 2 Mio. Euro verkaufen sie an die Handwerker, zur Hälfte zum Verbrauch und zur Hälfte als Rohmaterial. Bleiben 2 Mio. Euro für die nächste Wachstumsperiode übrig. Was die Produktion angeht, stehen sie wieder genauso da wie am Anfang. Aber sie besitzen zusätzlich 3 Mio. Euro aus Verkäufen, von denen sie 2 Mio. Euro an Pacht ausgeben und 1 Mio. Euro für handwerkliche Produkte (wie Werkzeug und Geräte).

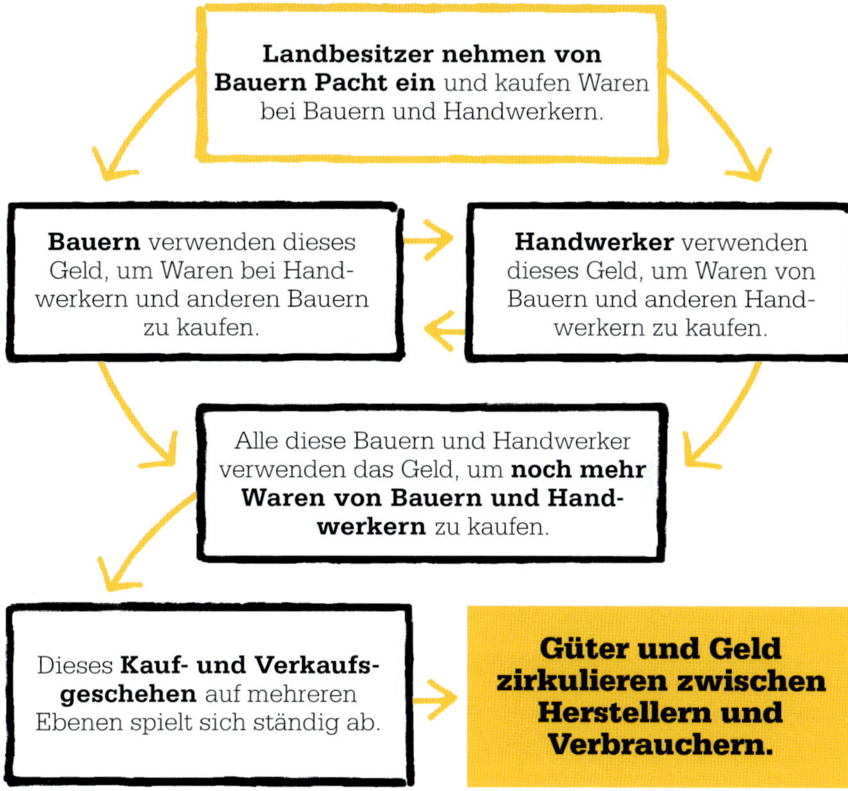

Quesnay bezeichnete alle Gruppen außer den Bauern und Landeigentümern als »steril«, er glaubte, sie könnten keinen Gewinn erzielen. Die Handwerker im Beispiel setzen ihr Startkapital von 2 Mio. Euro ein und produzieren 2 Mio. Euro an Gütern über den Eigenbedarf hinaus, die sie zu gleichen Teilen an Landeigentümer und Bauern verkaufen. Aber sie geben ihre gesamten Einnahmen für landwirtschaftliche Produkte aus: 1 Mio. Euro für den Eigenbedarf und 1 Mio. Euro für Rohmaterial. Damit konsumieren sie alles, was sie besitzen.

Quesnays Modell stellt nicht nur eine Art Jahresbilanz dar – es zeigt auch, wie Güter und Geld das ganze Jahr hindurch zirkulieren und warum das so wichtig ist. Der Verkauf von Produkten zwischen den verschiedenen Gruppen erzeugt Einnahmen, die eingesetzt werden, um weitere Produkte zu kaufen, die noch mehr Gewinn bringen. Ein »Multiplikatoreffekt« tritt ein, ähnlich dem, den John Maynard Keynes (S. 161) in den 1930er-Jahren vorstellt. »

Quesnays *Tableau économique* zeigt den Zickzackfluss des Wohlstands zwischen Bauern, Landeigentümern und Handwerkern. Es war der erste Versuch, das Funktionieren einer Volkswirtschaft zu erklären.

»Die Gesamtsumme des Einkommens trete in die jährliche Zirkulation ein und durchlaufe sie in ihrer ganzen Ausdehnung.«

François Quesnay

Die Wirtschaft analysieren

Quesnay war einer der Ersten, die versuchten, die allgemeinen Gesetze der Wirtschaft zu entschlüsseln. Dazu zerlegte er das wirtschaftliche Geschehen in seine Bestandteile und analysierte die Beziehungen zwischen den Teilen. In seinem Modell gab es Input, Output und die gegenseitige Abhängigkeit der verschiedenen Sektoren. Quesnay meinte, sie existierten möglicherweise in einer Art Gleichgewicht, eine Vorstellung, die später Léon Walras (S. 120) zu einem grundlegenden Prinzip der ökonomischen Theorie weiterentwickelte.

Quesnays Ansatz, die Gesetze der Ökonomie zu quantifizieren, macht das *Tableau économique* zum vielleicht ersten empirischen Modell der Makroökonomie. Die Zahlen in diesem Diagramm waren das Ergebnis einer genauen Studie der französischen Wirtschaft. Sie ließen vermuten, dass die Agrartechnologie es den Bauern ermöglichte, einen Nettoertrag von mindestens 100 Prozent zu erwirtschaften: In unserem Beispiel beginnen sie mit Getreide für 2 Mio. Euro und erhalten es mit einem Nettoertrag von 2 Mio. Euro zurück, den sie für Pacht aufwenden. Moderne Ökonomen verwenden solche empirischen Resultate, um über die Auswirkungen einer veränderten Politik nachzudenken. Quesnay nutzte sein *Tableau* zu einem ähnlichen Zweck. Er argumentierte, wenn die Bauern zu hohe Steuern zahlen müssten, würden sie weniger in landwirtschaftliche Technologie investieren, und die Produktion würde unter das Niveau sinken, das zum Wohlergehen der Wirtschaft erforderlich war. Daher forderten die Physiokraten, es solle nur eine Steuer geben: auf den Pachtwert des Landes.

Auf der Grundlage seiner empirischen Ergebnisse sprach Quesnay weitere politische Empfehlungen aus. Er machte sich stark für Investitionen in die Landwirtschaft, für die Ausgabe aller Einnahmen, die Vermeidung des Anhäufens von »Schätzen«, für niedrige Steuern und Freihandel. Er glaubte, Kapital sei besonders wichtig, weil unternehmerisch eingestellte Bauern günstige Kredite brauchten, um die Verbesserung der Böden zu bezahlen.

Klassische Vorstellungen

Quesnays Grundgedanke der produktiven und unproduktiven Sektoren taucht in der Geschichte des ökonomischen Denkens immer wieder auf. Sei es, dass die Ökonomen sich Gedanken über die Industrie im Vergleich zum Dienstleistungssektor machten oder über den privaten Sektor im Vergleich zum Staat. Seine starke Fokussierung auf die Landwirtschaft mag aus moderner Sicht engstirnig erscheinen, weil wir heute wissen, dass die Wertschöpfung in der Industrie und im Dienstleistungssektor für das Wachstum einer Wirtschaft entscheidend ist. Doch seine Betonung der »realen« Seite der Wirtschaft war ein wichtiger Schritt in Richtung auf das moderne ökonomische Denken. Ganz offensichtlich hat er die moderne volkswirtschaftliche Gesamtrechnung vorweggenommen. Diese beruht auf dem zirkularen Fluss der Einnahmen und

Den Physiokraten zufolge waren Investitionen in die Landwirtschaft der Schlüssel zum nationalen Wohlstand. Durch freie Exporte sollte die Nachfrage erhalten und die Macht der Kaufleute begrenzt bleiben.

Die gegenseitige Abhängigkeit von Verbrauchern und Produzenten wurde erstmals von Quesnay dargestellt. Die Verbraucher sind abhängig von den Herstellern, die ihnen Waren und Dienstleistungen liefern. Die Hersteller sind abhängig von den Verbrauchern – ihren Käufern und Arbeitskräften.

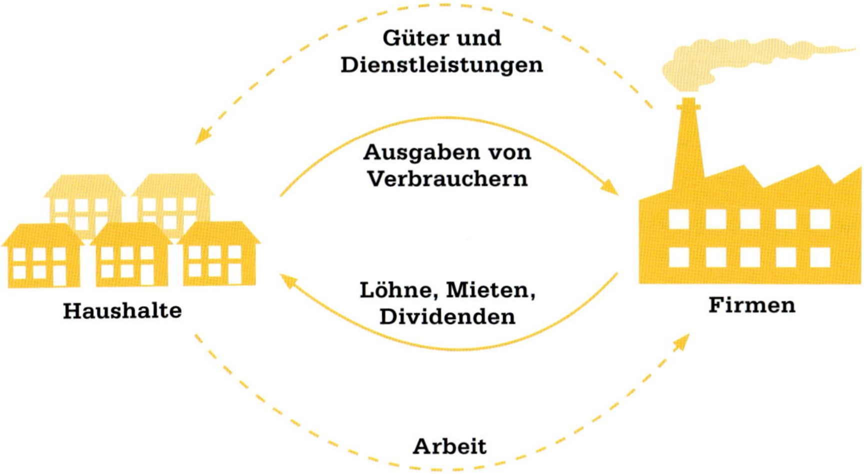

Ausgaben durch die Wirtschaft. Der Wert des Gesamtprodukts einer Wirtschaft entspricht dem Gesamteinkommen, das verdient wird – eine zentrale Vorstellung in Quesnays Theorie. Im 20. Jahrhundert drehte sich ein Großteil der volkswirtschaftlichen Analyse um den keynesianischen Multiplikator (S. 164–165). Keynes zeigte, wie Staatsausgaben durch einen »Multiplikatoreffekt« weitere Ausgaben anstoßen können. Diese Idee steht offensichtlich in Verbindung zu Quesnays Kreislauftheorie.

Vielleicht am wichtigsten ist, dass Quesnays Vorstellungen von Mehreinnahmen und Kapital für die klassischen Ökonomen bei ihrer Analyse des Wachstums zu einer Schlüsselvorstellung wurden. Ein typisches klassisches Modell konzentriert sich auf drei Produktionsfaktoren: Land, Arbeit und Kapital. Landeigentümer erhalten Pacht und geben sie verschwenderisch für Luxusgüter aus. Arbeiter müssen für niedrigen Lohn schuften und wenn er steigt, bekommen sie mehr Kinder. Aber die Unternehmer machen Profit und reinvestieren ihn gewinnbringend in die Industrie. So sorgt der Profit für Wachstum und die Wirtschaftsleistung ist abhängig von den Sektoren der Wirtschaft, die Überschüsse und Gewinne erschaffen. Damit nahm Quesnay spätere Vorstellungen vom Wirtschaftswachstum vorweg und inspirierte Karl Marx (S. 105), der Quesnay bewunderte und 1885 seine eigene Version des *Tableau économique* vorstellte. ■

» Und dennoch kommt diese Wirtschaftsordnung … unter allen Systemen, die bislang als Gegenstand der Politischen Ökonomie entwickelt worden sind, der Wahrheit vielleicht am nächsten. «

Adam Smith

François Quesnay

François Quesnay wurde 1694 in der Nähe von Paris geboren. Als Sohn eines Landwirts war er das achte von 13 Kindern. Mit 17 begann er eine Lehre als Kupferstecher, besuchte dann aber die Universität und machte 1717 den Abschluss als Chirurg.

Er machte sich einen Namen als Chirurg und behandelte vornehmlich den Adel. 1749 zog er als Arzt von Madame de Pompadour in den königlichen Palast von Versailles bei Paris. 1752 rettete er den Sohn des Königs vor den Pocken und wurde mit einem Titel und genug Geld belohnt, um für seinen Sohn einen Landsitz zu erwerben.

Sein Interesse an der Ökonomie erwachte in den frühen 1750er-Jahren. 1757 lernte er den Marquis de Mirabeau kennen, mit dem er die *Économistes* gründete – die Physiokraten. Er starb 1774.

Hauptwerke

1758 *Tableau économique*
1763 *Philosophie rurale* (mit dem Marquis de Mirabeau)
1766 *Analyse der arithmetischen Formeln des* Tableau économique

PRIVATLEUTE ZAHLEN NICHT FÜR STRASSENBELEUCHTUNG

ÖFFENTLICHE GÜTER UND DIENSTLEISTUNGEN

IM KONTEXT

SCHWERPUNKT
Entscheidungsfindung

VORDENKER
David Hume (1711–1776)

FRÜHER
um 500 v. Chr. In Athen werden z. B. Stadtfeste und Tempelbau mit indirekten Steuern finanziert. In Kriegszeiten werden gelegentlich direkte Steuern erhoben.

1421 Der italienische Ingenieur Filippo Brunelleschi erhält das erste Patent – auf eine Hebevorrichtung für Schiffe.

SPÄTER
1848 Das *Kommunistische Manifest* plädiert für den Kollektivbesitz der Produktionsmittel durch die Arbeiter.

19. Jh. In Europa und Amerika wird die öffentliche Straßenbeleuchtung eingeführt.

1954 Der US-Ökonom Paul Samuelson entwickelt eine moderne Theorie der öffentlichen Güter.

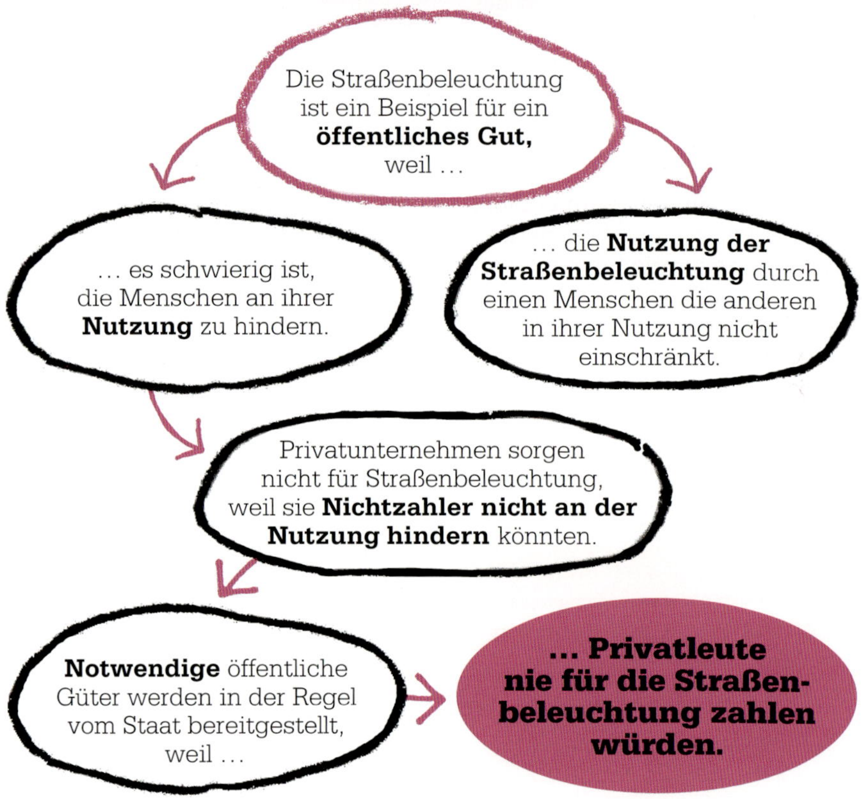

Selbst in einer gut funktionierenden Marktwirtschaft gibt es Bereiche, in denen die Märkte scheitern. Ein Beispiel ist die Bereitstellung von öffentlichen Gütern – darunter versteht man Güter, die für alle frei zugänglich sein sollen oder bei denen es schwierig wäre, ihre Nutzung durch Nichtzahler zu verhindern. Diese Güter, wie etwa die Landesverteidigung, können von einem

Siehe auch: Die freie Marktwirtschaft 54–61 ▪ Externe Kosten 137 ▪ Märkte und soziale Ergebnisse 210–213

Leuchttürme sind ein öffentliches Gut, von dessen Nutzung man Nichtzahler kaum ausschließen kann und das viele Menschen gleichzeitig nutzen können. Sie sind ausnahmslos Gemeingut.

privaten Anbieter nicht profitabel erbracht werden. Die Gefahr des »Schmarotzens« (bei dem die Konsumenten in den Genuss der Güter kommen, ohne dafür zu zahlen) bedeutet, dass es keinen Gewinnanreiz gibt. Trotzdem gibt es eine Nachfrage nach diesen Gütern. Daher werden öffentliche Güter in der Regel von Regierungen bereitgestellt und über Steuern finanziert. Das Versagen des Marktes bei der Bereitstellung dieser Güter erkannte bereits der Philosoph David Hume im 18. Jahrhundert.

Auch Adam Smith (S. 61), glühender Verfechter des Freihandels, räumte in Anlehnung an Hume ein, dass es zur Aufgabe des Staates gehöre, öffentliche Güter bereitzustellen, die von Individuen oder Unternehmen nicht profitabel produziert werden können.

Öffentliche Güter haben zwei charakteristische Merkmale: Nicht-Ausschließbarkeit (es ist schwierig, Menschen von der Nutzung dieser Güter abzuhalten, die nicht dafür bezahlen) und Nicht-Rivalität (die Nutzung des Gutes durch eine Person beeinträchtigt die Nutzung durch andere nicht). Ein klassisches Beispiel sind Straßenlaternen.

Als sich im 19. Jahrhundert die Industriegesellschaften entwickelten, mussten die Länder eine Lösung für das Problem des Schmarotzertums im Bereich des geistigen Eigentums finden. Nicht greifbare Güter wie neues Wissen und neue Entdeckungen haben die Attribute der Nicht-Ausschließbarkeit und der Nicht-Rivalität. Daher besteht die Gefahr, dass sie vom Markt nicht ausreichend zur Verfügung gestellt werden. Die Entwicklung neuer Technologien wäre gefährdet, wenn sie nicht geschützt würden. Daher entwickelten die Länder Gesetze zur Sicherung von Patenten, Urheberrechten und Handelsmarken, um die Einnahmen aus neuem Wissen und neuen Erfindungen zu schützen. Die meisten Ökonomen erkennen an, dass Staaten eine Verantwortung haben, öffentliche Güter bereitzustellen, aber die Debatte über das Ausmaß dieser Verantwortung dauert an. ■

» Wo aller Reichtum sich auf Wenige verteilt, müssen jene zur Versorgung des öffentlichen Bedarfs sehr stark beitragen. «

David Hume

David Hume

David Hume, der Inbegriff der »schottischen Aufklärung«, war einer der einflussreichsten britischen Philosophen des 18. Jahrhunderts. Er wurde 1711 in Edinburgh geboren und war schon als Kind brillant: Im Alter von zwölf Jahren ging er an die Universität und studierte erst Recht, dann Philosophie.

1734 zog Hume nach Frankreich, wo er seine philosophischen Ideen in der Schrift *Ein Traktat über die menschliche Natur* darlegte. Außerdem widmete er einen Großteil seiner Zeit dem Schreiben von Aufsätzen über literarische und politische Themen und freundete sich mit dem jungen Adam Smith an. 1763 ging Hume als Diplomat nach Paris, wo er sich mit dem revolutionären französischen Philosophen Jean-Jacques Rousseau anfreundete. 1768 ließ er sich wieder in Edinburgh nieder, wo er 1776 im Alter von 65 Jahren starb.

Hauptwerke

1739 *Ein Traktat über die menschliche Natur*
1748 *Untersuchung in Betreff des menschlichen Verstandes*
1752 *Political Discourses*

DAS ZEIT
DER VER
1770–1820

ALTER
NUNFT

1766
Anne Robert Jacques Turgot plädiert dafür, Handel und Industrie von **Steuern** zu befreien.

1770ER-JAHRE
David Hume wendet sich gegen den Handelsprotektionismus und das Streben, mehr zu exportieren als zu importieren.

1771
Richard Arkwright eröffnet eine mechanisierte **Baumwollspinnerei** in England. Später führt er Maschinen ein, die die Industrialisierung einläuten.

1774
Turgot wird in Frankreich zum Finanzminister ernannt und versucht das **Steuersystem zu reformieren,** indem er reiche Landbesitzer besteuert.

1776
Adam Smiths klassisches Werk *Der Wohlstand der Nationen* erscheint.

1776
Die ersten Dampfmaschinen von James Watt werden in britischen Fabriken in Betrieb genommen. Dies gilt als wahrer Beginn der **industriellen Revolution.**

1776
Der US-Kongress verabschiedet die **Amerikanische Unabhängigkeitserklärung.**

1780ER-JAHRE
Der britische Premierminister William Pitt der Jüngere setzt Adam Smiths Vorschläge zur **Liberalisierung des Handels** um.

Gegen Ende des 18. Jahrhunderts ereigneten sich in weiten Teilen der Welt gewaltige politische Veränderungen. Das sogenannte Zeitalter der Vernunft brachte Wissenschaftler hervor, deren Entdeckungen zu neuen Technologien führten, die die Produktion grundlegend veränderten. Gleichzeitig hatten Revolutionen in Frankreich und Nordamerika eine profunde Wirkung auf die sozialen Strukturen der Alten und der Neuen Welt. Im Bereich der Wirtschaft stieß ein neuer wissenschaftlicher Ansatz die alte merkantilistische Sicht der Dinge mit ihrem geschützten Handel und dem Export als Mittel zur Erhaltung des Wohlstands von ihrem Podest. Gegen Ende der Koalitionskriege 1815 hatte in Europa und insbesondere Großbritannien eine Industrialisierung ungekannten Ausmaßes begonnen. Um dieser neuen, sich rasant entwickelnden Wirtschaftswelt zu begegnen, war ein neuer Zugang erforderlich.

Der rational-ökonomische Mensch

Ein Ökonom, der sich dieser neuen Herausforderung besonders erfolgreich stellte, war Adam Smith (S. 61). Er war im Denken der britischen Aufklärer John Locke und David Hume (S. 47) verwurzelt und begegnete dem Thema zunächst aus moralphilosophischer Sicht. Mit seinem berühmten Werk *Der Wohlstand der Nationen* aus dem Jahr 1776 legte er schließlich jedoch eine umfassende Analyse der Marktwirtschaft und ihres Beitrags zum Wohlergehen der Menschen vor. Von zentraler Bedeutung ist dabei das Konzept des »rational-ökonomischen Menschen«. Smith meinte, Individuen träfen wirtschaftliche Entscheidungen auf der Grundlage von Vernunft und Eigeninteresse. Solange man ihnen in einer freien Gesellschaft mit ihren Wettbewerbsmärkten erlaube, sich so zu verhalten, werde eine »unsichtbare Hand« die Wirtschaft zum Wohle aller leiten. Dies war die erste Beschreibung einer freien Marktwirtschaft, in der Smith das Mittel sah, Wohlstand und Freiheit für alle zu sichern. Sie gilt als Meilenstein in der Entwicklung der Wirtschaftslehre. Smiths Ansatz wird häufig als »klassische Ökonomie« bezeichnet. Im Wesentlichen handelt es sich um eine Beschreibung dessen, was wir heute als Kapitalismus kennen. Doch *Der Wohlstand der Nationen* war weit

1789

Die Erstürmung der Bastille in Paris löst die **Französische Revolution** aus.

1791

Jeremy Bentham legt seine Theorie des **Utilitarismus** dar, deren Ziel »das größte Glück der größten Zahl von Personen« ist.

1795

Edmund Burke kritisiert die Beteiligung des Staates an der Regulierung von Löhnen und Preisen.

1798

Thomas Malthus warnt vor der Gefahr, die Bevölkerungszahl könne die Ressourcen überflügeln, und vor dem Leid, das das bedeuten würde.

1803

Jean-Baptiste Say formuliert das **Saysche Theorem:** In der Wirtschaft kann es weder eine mangelnde Nachfrage noch ein Überangebot an Waren geben.

1817

David Ricardo legt die Grundlage für die **klassische Ökonomie** des 19. Jh. Er plädiert für Freihandel und Spezialisierung bei der Arbeit.

1819

Jean Charles Léonard de Sismondi beschreibt **Konjunkturzyklen** und den Unterschied zwischen langfristigem Wachstum und kurzfristigen Schwankungen.

1819

Die USA erleben im Anschluss an eine Phase nachhaltigen Wachstums die **erste große Finanzkrise.**

mehr als eine Beschreibung der Makroökonomie. Smith untersuchte in seiner Abhandlung auch Aspekte wie die Arbeitsteilung und ihren Beitrag zum Wachstum, und er stellte die Frage, welche Faktoren an der Festlegung des Werts von Gütern beteiligt waren. Die Veröffentlichung von Smiths Werk traf zufällig genau mit dem Beginn der industriellen Revolution in Großbritannien zusammen. Smiths Ideen stießen auf ein interessiertes Publikum, das bemüht war zu verstehen, wie die Wirtschaft funktionierte und wie man sich ihre Funktionsweise zunutze machen konnte. Sein Werk war enorm einflussreich, weil es sich mit vielen aktuellen Fragen auseinandersetzte. Insbesondere thematisierte Smith die Rolle des Staates in einer industriellen, kapitalistischen Gesellschaft. Seiner Meinung nach sollte sich die Regierung möglichst zurückhalten und sich nicht unnötig in das Wirtschaftsgeschehen einmischen.

Das Ende des Protektionismus

Der britische politische Ökonom David Ricardo (S. 84) gehörte zu Smiths einflussreichsten Anhängern. Als entschiedener Vertreter des Freihandels schlug er den letzten Nagel in den Sarg des Protektionismus, indem er zeigte, wie auch die weniger produktiven Länder vom freien Handel profitieren konnten. Auch Thomas Malthus (S. 69), ein britischer Geistlicher und Gelehrter, war ein Anhänger Smiths. Heute ist er vor allem berühmt für seine düsteren Prophezeiungen des Leids, das die Folge wäre, sollte die Bevölkerung schneller wachsen als die Ressourcen, die sie ernährten. Viele von Smiths Ideen wurden auch von den französischen Physiokraten übernommen, insbesondere von Anne Robert Jacques Turgot (S. 65) und François Quesnay (S. 45), der sich für eine gerechte Besteuerung einsetzte, und von Jean-Baptiste Say (S. 75), der als Erster die Beziehung zwischen Angebot und Nachfrage in einer Marktwirtschaft beschrieb.

Natürlich waren nicht alle mit Smiths Analyse einverstanden. Im 19. Jahrhundert sollte es bald eine starke Reaktion auf die Vorstellung einer rein vom freien Markt geprägten, kapitalistischen Wirtschaft geben. Aber die klassischen Ökonomen des frühen Industriezeitalters beschäftigten sich mit Fragen, die noch heute im Zentrum der Wirtschaftswissenschaften stehen. ■

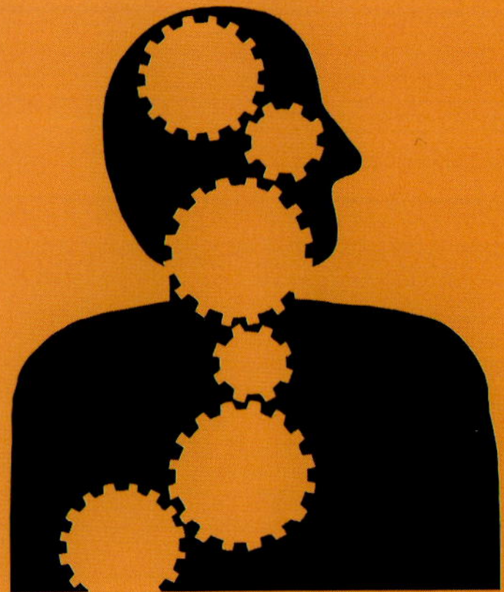

DER MENSCH IST EIN KALTER, RATIONALER RECHNER

DER ÖKONOMISCHE MENSCH

IM KONTEXT

SCHWERPUNKT
Entscheidungsfindung

VORDENKER
Adam Smith (1723–1790)

FRÜHER
um 350 v. Chr. Der griechische Philosoph Aristoteles hält das Eigeninteresse für die primäre ökonomische Triebkraft.

1750er-Jahre Der französische Ökonom François Quesnay sieht im Eigennutz das Motiv aller ökonomischen Aktivität.

SPÄTER
1957 Der US-Ökonom Herbert Simon stellt fest, Menschen seien nicht in der Lage, alle Informationen zu jedem Thema zu verarbeiten, daher sei ihre Rationalität begrenzt.

1992 Der US-Ökonom Gary Becker erhält den Nobelpreis für seine Arbeit über rationale Entscheidungen in den Bereichen Diskriminierung, Kriminalität und Humankapital.

Als Menschen sind wir **eigennützig.**

↓

Wir wollen durch Konsum unsere **persönliche Situation** verbessern und Ziele erreichen.

↓

Wir treffen Entscheidungen, indem wir **Informationen sammeln und berechnen,** welche Handlungsweise uns auf möglichst günstige Weise zum Ziel führt.

↓

Der Mensch ist ein kalter, rationaler Rechner.

Die meisten ökonomischen Modelle gehen von der Annahme aus, dass Menschen im Wesentlichen rationale, eigennützige Wesen sind. So definiert sich auch der *Homo oeconomicus,* der »ökonomische Mensch«: Er oder sie bewertet vernünftig alle Fakten und trifft daraufhin Entscheidungen, die darauf ausgerichtet sind, das persönliche Wohlergehen zu maximieren. Dabei geht es darum, mit möglichst geringem Aufwand den größtmöglichen Nutzen (Zufriedenheit) zu erzielen. Diesen Gedanken äußerte zuerst Adam Smith (S. 61) in seinem Werk *Der Wohlstand der Nationen* aus dem Jahr 1776.

Nach Smiths zentraler Überzeugung sind die wirtschaftlichen Interaktionen der Menschen vor allen Dingen vom Eigeninteresse bestimmt: »Nicht vom Wohlwollen des Metzgers, Brauers und Bäckers erwarten wir das, was wir zum Essen brauchen, sondern davon, dass sie ihre eigenen Interessen wahrnehmen.« Anbieter maximieren ihren eigenen Profit – ob wir satt werden, interessiert sie wenig.

Smiths Gedanken wurden im 19. Jahrhundert von dem britischen Philosophen John Stuart Mill (S. 95)

Siehe auch: Die freie Marktwirtschaft 54–61 ▪ Wirtschaftsblasen 98–99 ▪ Wirtschaft und Tradition 166–167 ▪ Märkte und soziale Ergebnisse 210–213 ▪ Rationale Erwartungen 244–247 ▪ Verhaltensökonomie 266–269

weiterentwickelt. Nach Mills Ansicht strebten alle Menschen nach Reichtum – und er meinte damit nicht nur Geld, sondern alle angenehmen Dinge. Individuen seien von dem Wunsch motiviert, mit möglichst geringem Aufwand größtmögliches Wohlergehen zu erreichen.

Kosten und Nutzen

Heute wird die Vorstellung vom *Homo oeconomicus* als »Theorie der rationalen Entscheidung« bezeichnet. Ihr zufolge treffen Menschen alle möglichen ökonomischen und sozialen Entscheidungen nach dem Kosten-Nutzen-Prinzip. Wenn beispielsweise ein Räuber über einen Banküberfall nachdenkt, wägt er den Nutzen (mehr Wohlstand, mehr Respekt von anderen Kriminellen) gegen die Kosten (Gefahr des Erwischtwerdens und Mühe der Planung) ab.

Ökonomen halten Handlungen für rational, wenn sie das Ergebnis einer nüchternen Abwägung von Kosten und Nutzen im Hinblick auf das gesetzte Ziel sind. Über das Ziel selbst hat die Wirtschaftswissenschaft dagegen wenig zu sagen. Manche Ziele mögen den meisten Leuten geradezu irrational vorkommen. Beispielsweise dürfte es den meisten von uns gefährlich erscheinen, dem Körper nicht erprobte Medikamente zuzuführen. Für einen Sportler, der Höchstleistungen erbringen will, ist dies aber oft eine rationale Entscheidung.

Manche Menschen halten die Vorstellung vom *Homo oeconomicus* für unrealistisch. Ihrer Ansicht nach berücksichtigt sie nicht, dass niemand je alle relevanten Faktoren für eine Entscheidung abwägen kann. Die Welt ist einfach zu komplex. In der Praxis treffen wir oft schnelle Entscheidungen, die auf früheren Erfahrungen oder Gewohnheit beruhen.

Die Theorie schwächelt auch, wenn kurz- und langfristige Ziele im Widerstreit liegen. Beispielsweise kann es sein, dass jemand wider besseres Wissen ein ungesundes Stück Kuchen kauft, um ein momentanes Hungergefühl zu befriedigen. Verhaltensökonomen untersuchen heute, wie sehr wir Menschen bei Entscheidungen von den Prinzipien des *Homo oeconomicus* abweichen. Selbst wenn die Idee des »Wirtschaftsmenschen« individuelles Verhalten nicht eindeutig erklären kann, verwenden viele Wirtschaftswissenschaftler sie weiterhin zur Erklärung des Verhaltens von Firmen, deren Ziel die Gewinnmaximierung ist. ■

Mönche, die ihr Leben mit Fasten und Beten zubringen, handeln im Rahmen ihres Glaubens rational – unabhängig davon, was andere darüber denken.

Die (Bildungs-)Investitionen von Eltern in ihre Kinder sind laut Becker eine wichtige Quelle des Grundkapitals in einer Volkswirtschaft.

Familienökonomie

Der US-Ökonom Gary Becker (1930–2014) übertrug als einer der ersten Wissenschaftler ökonomische Prinzipien auch auf Gebiete der Soziologie. Seiner Ansicht nach werden Entscheidungen im Familienleben nach dem Kosten-Nutzen-Prinzip gefällt. So betrachtete er die Heirat als Markt und analysierte, wie wirtschaftliche Merkmale die Partnerwahl beeinflussen. Becker gelangte zu dem Schluss, dass Familienmitglieder einander nicht aus Liebe helfen, sondern weil sie sich finanzielle Vorteile versprechen. Er glaubt, dass Eltern deshalb häufig in Kinder investieren, weil diese Investition eine bessere Rendite verspricht als die traditionelle Altersvorsorge. Allerdings können Kinder rechtlich nicht gezwungen werden, ihre Eltern zu unterstützen, daher werden sie zu Pflichtgefühl und Liebe erzogen. Insofern könne man argumentieren, der Wohlfahrtsstaat schade den Familien, weil er die gegenseitige Abhängigkeit verringert.

DIE UNSICHTBARE HAND DES MARKTES SCHAFFT ORDNUNG

DIE FREIE MARKTWIRTSCHAFT

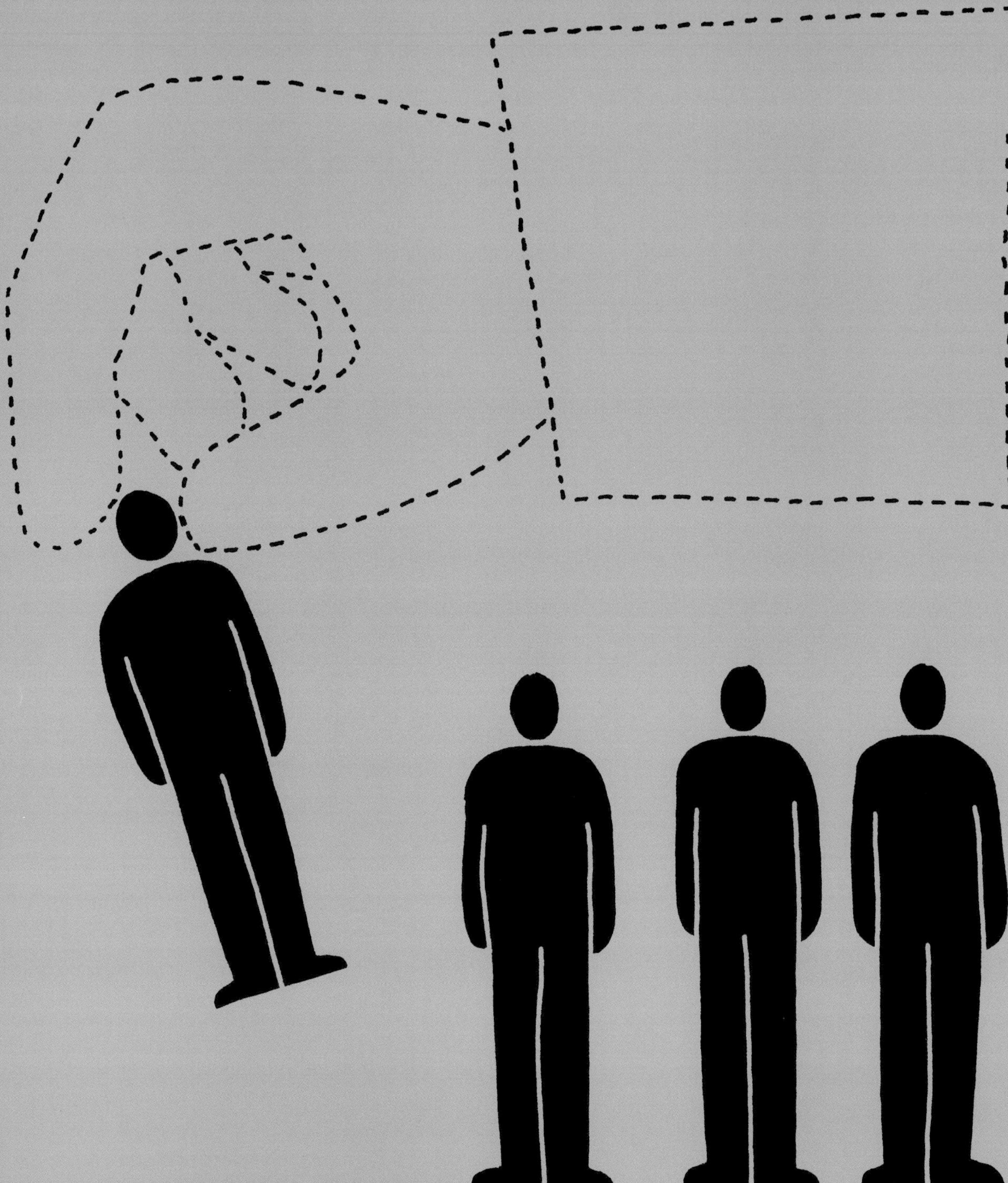

IM KONTEXT

SCHWERPUNKT
Märkte und Firmen

VORDENKER
Adam Smith (1723–1790)

FRÜHER
1714 Der Niederländer Bernard Mandeville verdeutlicht die unbeabsichtigten Folgen des Eigennutzes.

1755–1756 Der irische Bankier Richard Cantillon beschreibt eine Art »spontane Ordnung«.

SPÄTER
1874 Léon Walras zeigt, wie Angebot und Nachfrage zu einem Gleichgewicht führen.

1945 Der österreichische Ökonom Friedrich von Hayek behauptet, Marktwirtschaften entwickelten eine effiziente Ordnung.

1950er-Jahre Kenneth Arrow und Gérard Debreu beschreiben Bedingungen, unter denen freie Märkte zu einem sozial optimalen Ergebnis führen.

Dem schottischen Denker Adam Smith zufolge hatte sich der Westen bereits vor dem 18. Jahrhundert auf dem Weg zu einer großen Revolution befunden, als sich die Nationen von Agrar- zu Handelsgesellschaften entwickelten. Im Mittelalter waren die Städte entstanden, die nach und nach durch Straßen verbunden wurden. Die Menschen brachten Waren und frische Erzeugnisse zu den Märkten. Der wissenschaftliche Fortschritt lieferte neue, verlässliche Maßeinheiten sowie neue Arbeitsmethoden und aus dem Flickenteppich von Fürstentümern, der Europa bedeckte, entstanden zentralisierte Nationalstaaten. Die Menschen erlebten eine neue Freiheit und begannen, Waren zum eigenen Gewinn auszutauschen.

Smith untersuchte, wie die Handlungen freier Individuen zu einem geordneten, stabilen Markt führten. Wie war es ohne eine leitende Hand möglich, dass die Menschen produzieren, verkaufen und kaufen konnten, was sie wollten, ohne dass sich einerseits große Überschüsse und andererseits große Versorgungslücken ergaben? Mit seinem bedeutenden Werk *Der Wohlstand der Nationen* (1776) lieferte er die Antwort auf diese Frage. Der Mensch werde in seiner Freiheit, in der Rivalität mit anderen und in seinem Gewinnstreben von einer »unsichtbaren Hand« geleitet. Unbeabsichtigt handle er so zum Wohl der Gesellschaft.

In seiner Bienenfabel beschreibt Mandeville, wie der Einzelne dem Wohl der Gemeinschaft dient, wenn er seinem Eigeninteresse folgt – bei uns Menschen ebenso wie bei den Bienen.

Die Ökonomie des Laisser-faire

Die Vorstellung einer solchen »spontanen Ordnung« hatte bereits der niederländische Autor Bernard Mandeville in seinem Gedicht *Die Bienenfabel* von 1714 dargestellt. Er erzählte von einem Bienenstock, dem es so lange gut erging, wie die Bienen eigennützig handelten. Als sie jedoch beschlossen, dem Wohl des Stocks zu dienen, ging

Covent Garden Market in London 1774. Smith glaubte, Märkte seien der Schlüssel zu einer gerechten Gesellschaft, denn beim Kaufen und Verkaufen seien die Menschen »natürlich frei«.

Siehe auch: Der ökonomische Mensch 52–53 ▪ Die Arbeitsteilung 66–67 ▪ Wirtschaftliches Gleichgewicht 118–123 ▪ Der Wettbewerbsmarkt 126–129 ▪ Schöpferische Zerstörung 148–149 ▪ Wirtschaftsliberalismus 172–177 ▪ Märkte und soziale Ergebnisse 210–213

er zugrunde. Smith betrachtete Eigeninteresse keineswegs negativ. Er ging davon aus, dass Menschen tauschten und handelten, um ihre Situation zu verbessern. Als soziale Kreaturen verhielten sie sich dabei moralisch aufrichtig und fair.

Smith hielt es für richtig, dass sich Regierungen nicht in den Handel einmischten, eine Ansicht, die von anderen schottischen Denkern, etwa dem Philosophen David Hume (S. 47), geteilt wurde. Der französische Autor Pierre de Boisguilbert hatte zuvor geschrieben: »Lasse die Natur nur machen« – was so viel heißen sollte wie: »Lasse die Wirtschaft nur machen«. Der Ausdruck *»Laisser-faire«* bezeichnet in der Wirtschaftslehre eine möglichst geringe Einmischung des Staates. Smith sprach der Regierung allerdings die wichtige Rolle zu, für die militärische Verteidigung, Rechtsprechung und bestimmte »öffentliche Güter« zu sorgen (S. 46–47).

Smith war im Wesentlichen ein Optimist. Der englische Philosoph Thomas Hobbes hatte zuvor behauptet, ohne eine starke Autorität sei das menschliche Leben »scheußlich, tierisch und kurz«. Der britische Ökonom Thomas Malthus (S. 69) betrachtete den Markt und sagte als direkte Folge des steigenden Wohlstands eine Hungersnot voraus. Später sollte Karl Marx (S. 105) prophezeien, Marktwirtschaft führe zur Revolution. Smith jedoch sah die Gesellschaft als funktional und die gesamte Wirtschaft als erfolgreiches System an. Zwar erwähnt er die »unsichtbare Hand« nur einmal in seinem fünfbändigen Werk, aber ihre Gegenwart ist häufig spürbar. Smith beschrieb, wie sein System der »vollkommenen Freiheit« zu positiven Resultaten führen könne. Erstens bietet es die Güter, die die Menschen brauchen. Ist die Nachfrage größer als das Angebot, rivalisieren die Verbraucher und der Preis steigt. Für die Hersteller ergibt sich die Möglichkeit, Gewinn zu machen, sodass sie darum konkurrieren, mehr von dem Gewünschten anzubieten.

Dieses Argument hat die Zeit überdauert. In seinem Aufsatz *Die Verwertung des Wissens in der Gesellschaft* von 1945 legt der österreichische Ökonom Friedrich von Hayek (S. 177) dar, wie Preise auf die örtlich begrenzten Informationen und Wünsche der Individuen reagieren und so die nachgefragte Menge und das Angebot am »

Markt verändern. Ein zentraler Planer, so Hayek, könnte niemals so viele verstreute Informationen sammeln. Heute herrscht die Ansicht, dass der Kommunismus in Osteuropa zusammenbrach, weil die Planwirtschaft die Menschen nicht zufriedenstellen konnte. Smiths erster Punkt wird allerdings durchaus kritisiert, denn der Markt könnte z. B. nur Güter für reiche Menschen liefern und die Wünsche der Armen ignorieren. Außerdem reagiert er oft auch auf schädliche Wünsche – wenn er beispielsweise Drogenkonsum oder Fettleibigkeit fördert.

Gerechte Preise

Zweitens sagt Smith, das Marktsystem sorge für »gerechte« Preise. Alle Waren hätten einen natürlichen Preis, der genau den Aufwand ihrer Herstellung widerspiegele. Das Land, das der Erzeugung eines Produkts dient, soll seine natürliche Pacht verdienen. Das Kapital, das der Herstellung dient, soll seinen natürlichen Gewinn erwirtschaften. Auch die Arbeit soll ihren natürlichen Lohn erhalten. Marktpreise und Renditen können zeitweise von ihrem natürlichen Niveau abweichen, beispielsweise bei einer Knappheit. Dann ergeben sich Gewinnmöglichkeiten und die Preise steigen, aber nur bis neue Firmen auf den Markt kommen und die Preise wieder auf ihr natürliches Niveau fallen. Erlebt ein Industriezweig eine Rezession, sinken Preise und Löhne, aber ein anderer, aufstrebender Industriezweig kann den Arbeitern höhere Löhne bieten. Auf lange Sicht, sagt Smith, sind Marktpreis und natürlicher Preis dasselbe.

Wettbewerb ist unerlässlich, wenn die Preise gerecht sein sollen. Smith wandte sich gegen die Monopole unter dem merkantilistischen System, in dem der Staat den Außenhandel kontrollieren sollte. Wenn es nur einen Anbieter gibt, kann er den Preis ständig über dem natürlichen Niveau halten. Mit 20 Metzgern auf dem Markt ist der Wettbewerb größer als mit zweien. Bei funktionierendem Wettbewerb und niedrigen Marktschranken sind die Preise niedriger. Viele Ökonomen teilen diese Ansicht vom Wettbewerb, auch wenn es Abweichler wie Joseph Schumpeter (S. 149) gibt, der später sagen sollte, auch Innovation könne die Preise sinken lassen, selbst ohne Wettbewerb. Wenn Erfinder Produkte von höherer Qualität zu einem niedrigeren Preis anbieten, zerstören sie bestehende Firmen in einem Sturm der »schöpferischen Zerstörung«.

»Der Verbrauch allein ist Ziel und Zweck einer jeden Produktion.«

Adam Smith

Gerechte Einkommen

Smith glaubte auch, Marktwirtschaften sorgten für gerechte Einkommen – Geld, das in einem nachhaltigen Kreislauf für Waren

Smith beschrieb, wie Arbeitskräfte, Landeigentümer und Kapital (hier in Pferde und Pflug investiert) zusammenwirken, damit das Wirtschaftssystem in Bewegung bleibt und wächst.

ausgegeben werden könne: Die Löhne zirkulieren zurück in die Wirtschaft, wenn die Arbeiter für Güter bezahlen, nur um wieder Lohn zu erhalten – und so weiter. Kapital, das in Produktionseinrichtungen investiert wird, erhöht die Produktivität, was bedeutet, dass die Arbeitgeber höhere Löhne zahlen können. Und das werden sie auch tun, weil sie in einem Wettbewerb um die Arbeitskräfte stehen.

Im Hinblick auf das Kapital sagte Smith, der Profit, der durch Investitionen zu erwarten sei, entspreche in etwa dem Zinssatz. Das liegt daran, dass die Arbeitgeber miteinander um Kredite konkurrieren, die sich profitabel investieren lassen. Mit der Zeit sinkt die Gewinnrate in allen Bereichen, wenn sich Kapital ansammelt und die Chancen auf Profit erschöpft sind. Die Mieten steigen, wenn die Einkommen steigen und mehr Land benötigt wird.

Smiths Einsicht in die Zusammenhänge zwischen Land, Arbeit und Kapital war ein echter Durchbruch. Ihm fiel auf, dass Arbeiter und Landeigentümer dazu neigen, ihre Einnahmen zu verbrauchen, während Arbeitgeber sparsamer sind und in ihr Grundkapital investieren. Er sah, dass Löhne je nach Fähigkeit, Geschicklichkeit und Urteilsvermögen variieren, und dass es zwei Formen von Arbeit gibt: »produktive« (in der Landwirtschaft oder Herstellung) und »unproduktive« (Dienstleistungen, die die »wichtige« Arbeit unterstützen). Die höchst unsymmetrischen Ergebnisse der heutigen Marktwirtschaft liegen allerdings weit von Smiths Vorstellungen entfernt.

Wirtschaftswachstum

Smith glaubte, die unsichtbare Hand selbst stimuliere das Wirtschaftswachstum. Er machte einen zweifachen Ursprung des Wachstums aus. Erstens steigt durch Arbeitsteilung die Effizienz (S. 66–67): Ökonomen sprechen hier vom »Smith-Wachstum«. Werden mehr Produkte hergestellt und verbraucht, wachsen die Wirtschaft und die Märkte ebenso wie die Möglichkeiten zur Spezialisierung.

Der zweite Wachstumsmotor ist die Anhäufung von Kapital – durch Sparen und Gewinnmöglichkeiten. Allerdings sieht Smith auch, dass sich Wachstum verringern kann: durch geschäftliche Fehlschläge, fehlende Mittel zur Erhaltung des Anlagekapitals, ein inadäquates »

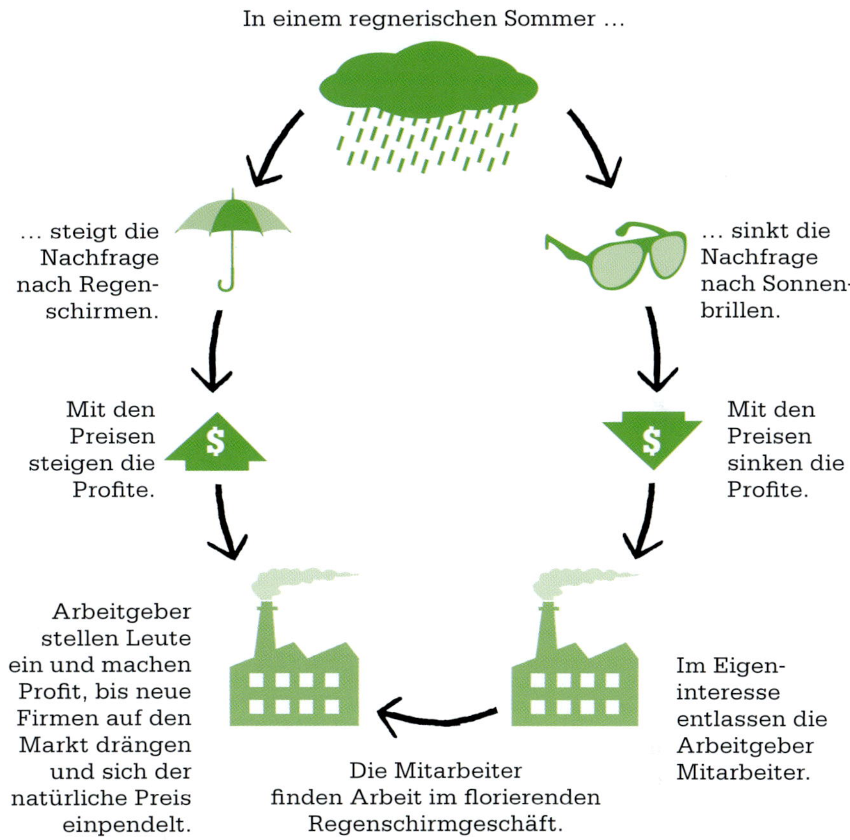

Die Nachfrage auf einem Markt kann sich aus vielerlei Gründen ändern. Der Markt reagiert darauf mit einer Veränderung des Angebots. Das geschieht spontan – es gibt keinen Grund für Eingriffe in einen Markt, der auf dem Wettbewerb unter eigennützigen Leuten beruht.

»Nicht vom Wohlwollen des Metzgers, Brauers oder Bäckers erwarten wir das, was wir zum Essen brauchen, sondern davon, dass sie ihre eigenen Interessen wahrnehmen.«

Adam Smith

Geldsystem und einen hohen Anteil unproduktiver Arbeitskräfte. Smith zufolge ist Kapital in der Landwirtschaft produktiver als in der Herstellung, die wiederum produktiver ist als der Handel und das Transportwesen. Letztlich wächst die Wirtschaft, bis sie einen wohlhabenden, stabilen Zustand erreicht hat. Damit unterschätzte Smith die Rolle von Technologie und Innovation – das oben beschriebene Schumpetersche Wachstum (S. 58).

Klassisches Erbe

Smiths System war umfassend. Im Wesentlichen etablierte er die Parameter der »klassischen« Ökonomie, die sich auf die Produktionsfaktoren – Kapital, Arbeit, Land – und ihre Erträge konzentriert. Später nahm die Theorie der freien Marktwirtschaft mit der allgemeinen Gleichgewichtstheorie eine andere, »neoklassische« Form an, die zeigen wollte, wie die Preise in einer Gesamtwirtschaft einen Zustand des stabilen Gleichgewichts erreichen können. Mithilfe der Mathematik fassten Léon Walras (S. 120) und Vilfredo Pareto (S. 131) Smiths Behauptung neu, die unsichtbare Hand wirke sich sozial zum Guten aus. Kenneth Arrow und Gérard Debreu (S. 208–211) zeigten, wie freie Märkte das tun, aber sie zeigten auch, dass das unter strengen Bedingungen geschieht, die nicht viel mit der Realität zu tun haben.

> »Nichts lernt eine Regierung so rasch von einer anderen wie die Kunst, Geld aus den Taschen der Leute zu ziehen.«
>
> **Adam Smith**

Damit ist die Geschichte noch nicht zu Ende. Nach dem Zweiten Weltkrieg fiel das *Laisser-faire* in einen Winterschlaf. Doch es kehrte zurück, als in den 1970er-Jahren keynesianische Ideen von staatlichen Eingriffen in die Wirtschaft in die Brüche gingen. Die Saat für diese neue Blüte findet sich in den Werken Milton Friedmans (S. 199) und der Österreichischen Schule, insbesondere Friedrich von Hayeks (S. 177). Sie waren skeptisch, was die Vorteile staatlicher Eingriffe anging, und meinten, sozialer Fortschritt ließe sich durch unregulierte Märkte erreichen. Auch die Keynesianer wussten um die Macht der Märkte – aber für sie mussten Märkte angestoßen werden, um Höchstleistungen zu erbringen.

Der Ansatz der freien Marktwirtschaft erhielt einen wichtigen Auftrieb durch Theorien der 1960er- und 1970er-Jahre, die von Rationalität und rationalen Erwartungen ausgingen (S. 244–247). Die Neue Politische Ökonomie betrachtet z. B. Politiker als eine Gruppe egoistischer Individuen, die rücksichtslos Eigeninteressen verfolgen und sich und andere – unproduktiv – bereichern (»Rent-Seeking«). Die neue klassische Makroökonomie geht von Smiths Annahme aus, dass die Märkte ihre Probleme immer allein lösen, und fügt hinzu, dass die Bevölkerung die Auswirkungen staatlicher Eingriffe voraussehen könne und wisse, wie die Wirtschaft funktioniert. Daher hätten staatliche Eingriffe kaum Erfolg. Dennoch – heute glauben die meisten Ökonomen, dass der Markt versagen kann. Sie sehen vor allem

Regionale Märkte wie hier in Kerala (Indien) verhalten sich genauso wie Smiths freier Markt: Angebot und Preis passen sich auf natürliche Weise der Nachfrage an.

Informationsunterschiede zwischen den verschiedenen Marktteilnehmern als Grund an. George Akerlof thematisierte dies 1970 in seinem Aufsatz *The Market for Lemons* (S. 274–275). Verhaltensökonomen halten die Rolle der Vernunft bei menschlichen Entscheidungen für überbewertet (S. 266–269) und betrachten dies als Grund für das Scheitern der Märkte.

»Die menschliche Gesellschaft erscheint, wenn wir sie in einem gewissen abstrakten und philosophischen Lichte betrachten, wie eine große, ungeheure Maschine …«

Adam Smith

Die Ungleichheiten, die aus den freien Märkten in ihrer heutigen Form entstehen, konnte Smith nicht vorhersehen. An Börsen und auf Geldmärkten spielt »Fairness« praktisch keine Rolle.

Am Thema der *Laisser-faire*-Ökonomie scheiden sich die Geister. Die politische Rechte ist für das *Laisser-faire*, die Linke stellt sich hinter keynesianische Interventionen. Diese Diskussion ist heute noch von zentraler Bedeutung.

Die Finanzkrise von 2007/08 hat dieser Auseinandersetzung neue Nahrung gegeben. Die Anhänger des freien Marktes fühlten sich in ihren Theorien über den Konjunkturverlauf bestätigt, während die Keynesianer das Versagen der freien Märkte verkündeten. Der US-Ökonom Nouriel Roubini (geb. 1959), der den Crash vorausgesagt hatte, sprach davon, dass Smiths Ideen verzerrt worden seien: Jahrzehnte des Freimarkt-Fundamentalismus hätten den Grundstein für den Zusammenbruch gelegt. ■

Adam Smith

Der Begründer der modernen Wirtschaftswissenschaft, Adam Smith, wurde 1723, sechs Monate nach dem Tod seines Vaters, in Kirkcaldy (Schottland) geboren. Er war ein in sich gekehrter Mensch, der mit 14 in Glasgow auf die Universität ging und anschließend sechs Jahre in Oxford studierte, ehe er nach Schottland zurückkehrte und an der Universität von Glasgow eine Professur für Logik übernahm. 1750 begann seine enge Freundschaft mit David Hume.

1764 gab Smith seine Professur auf und reiste als Hauslehrer eines schottischen Adligen nach Frankreich. Dort lernte er die Physiokraten (S. 40–45) und den Philosophen Voltaire kennen und begann die Arbeit an seinem Werk *Der Wohlstand der Nationen*, das er erst über zehn Jahre später vollendete, als er längst wieder in Großbritannien lebte. 1790 starb er.

Hauptwerke

1759 *Theorie der ethischen Gefühle*
1762 *Lectures on Jurisprudence*
1776 *Der Wohlstand der Nationen – Eine Untersuchung seiner Natur und seiner Ursachen*

DER LETZTE ARBEITER TRÄGT WENIGER ZUM OUTPUT BEI ALS DER ERSTE

ABNEHMENDE ERTRÄGE

IM KONTEXT

SCHWERPUNKT
Märkte und Firmen

VORDENKER
Anne Robert Jacques Turgot (1727–1781)

FRÜHER
1759 Der französische Ökonom François Quesnay veröffentlicht das *Tableau économique* – ein Modell für die Theorien der Physiokraten.

1760er-Jahre Der französische Physiokrat Guerneau de Saint-Péravy vertritt die Ansicht, das Verhältnis von Input zu Output sei unveränderlich.

SPÄTER
1871 Der Österreicher Carl Menger schreibt in *Grundsätze der Volkswirtschaftslehre*, der Preis werde vom sogenannten Grenznutzen bestimmt.

1956 In *A Contribution to the Theory of Economic Growth* überträgt US-Ökonom Robert Solow die Idee abnehmender Grenzerträge auf die Wachstumsaussichten von Ländern.

Der Franzose Anne Robert Jacques Turgot (S. 65) war Physiokrat und betrachtete demnach die Landwirtschaft als Grundlage des Wohlstands.

Er beschäftigte sich mit Steuern und landwirtschaftlichen Erträgen. Seine Theorie erklärt, warum zusätzliche Arbeiter den Ertrag landwirtschaftlicher Produktion nicht gleichmäßig erhöhen können. Guerneau de Saint-Péravy war zuvor davon ausgegangen, dass jeder zusätzliche Arbeiter den gleichen Zusatzertrag erarbeitet. 1767 wies Turgot darauf hin, dass unvorbereiteter Boden sehr wenig abwirft, wenn direkt gesät wird. Wird der Boden einmal gepflügt, wächst der Ertrag, wird er zweimal gepflügt, kann der Ertrag sich vervierfachen. Schließlich jedoch erhöht zusätzliche Arbeit den Ertrag immer weniger, bis weitere Arbeitskräfte der Produktion nichts mehr hinzufügen, weil die Fruchtbarkeit des Bodens erschöpft ist.

»Die Fruchtbarkeit des Bodens ähnelt einer Feder, die nach unten gedrückt wird … die Wirkung weiterer Gewichte lässt zunehmend nach.«

A.R.J. Turgot

Die Rolle der Technologie

Turgots Gedanke: Fügt man einem fixen Faktor (Land) mehr von einem variablen Faktor (Arbeiter) hinzu, trägt der letzte Arbeiter weniger zum Ertrag bei als der erste. Diese »abnehmenden Grenzerträge« sind eine der Säulen der modernen Wirtschaftstheorie. Sie erklären nicht nur, warum es immer mehr kostet, mehr zu produzieren, sondern auch warum Länder kaum wohlhabender werden können, wenn zwar ihre Bevölkerung wächst, aber technologische Verbesserungen fehlen. ■

Siehe auch: Der Wirtschaftskreislauf 40–45 ▪ Demografie und Ökonomie 68–69 ▪ Wachstumstheorien 224–225

WARUM KOSTEN DIAMANTEN MEHR ALS WASSER?

DAS KLASSISCHE WERTPARADOXON

IM KONTEXT

SCHWERPUNKT
Werttheorien

VORDENKER
Adam Smith (1723–1790)

FRÜHER
1691 Der englische Philosoph John Locke sieht den Wert eines Konsumguts in seinem Nutzen (der Zufriedenheit, die es hervorruft).

1737 Der schweizer Mathematiker Daniel Bernoulli stellt das Sankt-Petersburg-Paradoxon beim Glücksspiel dar. Es wird gelöst durch das Konzept des Grenznutzens.

SPÄTER
1889 Der österreichische Ökonom Eugen von Böhm-Bawerk entwickelt anhand des Konzepts vom Grenznutzen die subjektive Werttheorie (der Wert eines Objekts hängt nicht so sehr von ihm selbst, sondern vielmehr von den Bedürfnissen der Personen ab, die es verwenden wollen).

Anne Robert Jacques Turgot (S. 65) fiel 1769 auf, dass Wasser, obwohl es überlebensnotwendig ist, in wasserreichen Ländern nicht als wertvoll gilt. Sieben Jahre später griff Adam Smith (S. 61) diese Idee auf: Nichts ist nützlicher als Wasser, trotzdem bekommt man kaum etwas dafür. Diamanten dagegen sind kaum zu gebrauchen, aber ihr Tauschwert ist enorm. Mit anderen Worten: Es gibt einen offensichtlichen Widerspruch zwischen den Preisen für bestimmte Konsumgüter und ihrer Bedeutung für die Menschen.

Grenznutzen

Dieses Paradoxon lässt sich mithilfe des Grenznutzens erklären. Der Grenznutzen ist das Behagen, das die letzte Einheit eines Gutes bereitet. 1889 erklärte der österreichische Ökonom Eugen von Böhm-Bawerk dies am Beispiel eines Bauern mit fünf Säcken Weizen. Der Nutzen des Weizens rangiert für den Bauern zwischen wichtig (eigene Ernährung) und unwichtig (Vogelfutter). Verliert er einen Sack Weizen, füttert er einfach keine Vögel mehr. Zwar braucht der Bauer Weizen zu seiner Ernährung, aber der Preis, den er zu zahlen bereit ist, um den fünften Sack Weizen zu ersetzen, ist gering, weil er nur wenig Behagen daraus zieht (das Füttern der Vögel).

Wasser ist in vielen Ländern reichlich vorhanden, Diamanten dagegen nicht. Daher hat ein zusätzlicher Diamant einen hohen Grenznutzen und damit einen viel höheren Preis als ein Glas Wasser. ■

Diamanten sind mehr wert als Wasser, weil jeder einzelne wertvoll ist, unabhängig davon, wie viele man hat. Wasser hingegen verliert an Wert pro Einheit, wenn die Gesamtmenge steigt.

Siehe auch: Die Arbeitswerttheorie 106–107 ▪ Nutzen und Zufriedenheit 114–115 ▪ Opportunitätskosten 133

STEUERN – SO GERECHT UND EFFIZIENT WIE MÖGLICH

DIE STEUERLAST

IM KONTEXT

SCHWERPUNKT
Wirtschaftspolitik

VORDENKER
Anne Robert Jacques Turgot (1727–1781)

FRÜHER
1689–1763 Teure Kriege und ein wenig effizientes Steuersystem, das Landeigentümer und Zünfte nicht besteuert, legen den Grundstein für die französische Finanzkrise und die Revolution.

SPÄTER
1817 In seinem Buch *Über die Grundsätze der politischen Ökonomie und der Besteuerung* fordert der britische Ökonom David Ricardo, Luxusgüter sollten besteuert werden.

1927 Der britische Mathematiker Frank Ramsay betont die Bedeutung der Preiselastizität.

1976 Die Ökonomen Anthony Atkinson und Joseph Stiglitz halten einheitliche Steuern auf Konsumgüter für optimal.

Wer trägt die Last der Steuern? Die Schlüsselfrage der »Steuerinzidenz« beschäftigte Anne Robert Jacques Turgot, der von 1774 bis 1776 französischer Finanzminister war. Steuern betreffen viele Dinge – von Preisen und Profiten bis hin zur Warenmenge, die konsumiert wird, und den Einkommen. Änderungen an diesen Faktoren haben oft überraschende Wirkungen. Die »Last« einer Steuer – also ein Minus an Glück, Wohlergehen oder Geld – lässt sich von einer Person oder Gruppe auf eine andere verlagern. Treibt die Benzinsteuer vor einer Reise den Flugpreis in ungeahnte

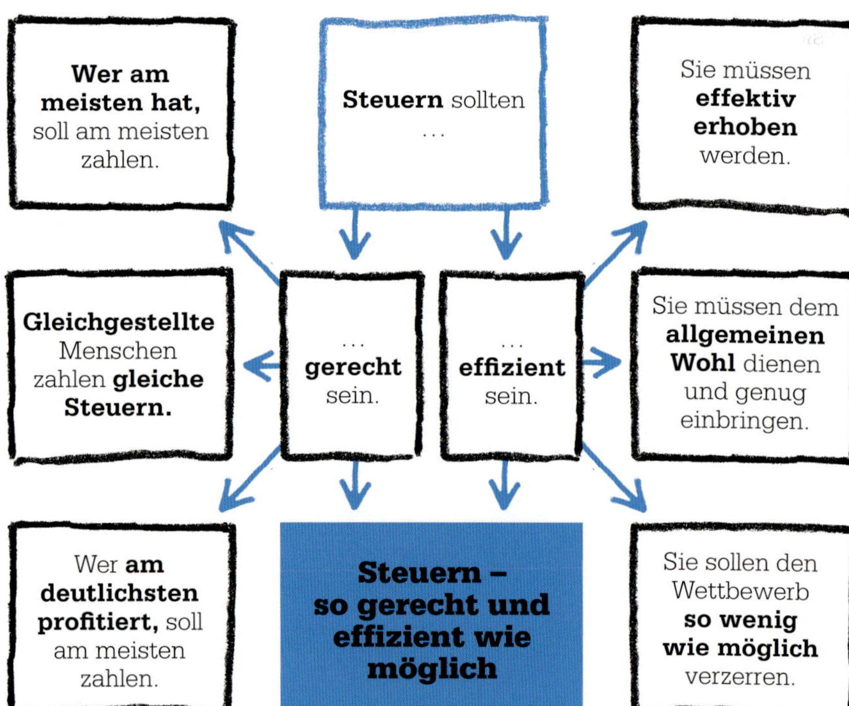

Siehe auch: Der Wirtschaftskreislauf 40–45 ▪ Effizienz und Gerechtigkeit 130–131 ▪ Externe Kosten 137 ▪ Die Theorie des Zweitbesten 220–221 ▪ Steuern und wirtschaftliche Anreize 270–271

Höhen, ist das ärgerlich. Die Steuer mindert zwar das Glück des Reisenden, aber nicht notwendig die Profite der Luftfahrtgesellschaft.

Wer sollte Steuern zahlen?

Da Steuern nach Turgots Ansicht den freien Markt behinderten, wollte er sie vereinfachen, und er wollte die mächtigen Gruppen nicht länger von der Steuerlast befreien. Er empfahl eine einzige Steuer auf das Nettoprodukt des Landes – den Wert der gesamten Güter und Dienstleistungen abzüglich der Wertminderung.

Turgot war beeinflusst von den Physiokraten, die glaubten, lediglich die Landwirtschaft erzeuge einen Überschuss. Da andere Industriezweige keine Mehrerlöse erwirtschafteten, könnten sie keine Steuern zahlen – sie würden immer versuchen, sie durch steigende Preise und Honorare weiterzugeben, bis sie schließlich bei den Landeigentümern landeten. Da die Bauern einen Großteil ihres Überschusses als Pacht an die Landeigentümer zahlten, wollte Turgot für jene eine Steuer auf die Pacht einführen. Spätere Wirtschaftswissenschaftler verfeinerten die Prinzipien der Fairness und der Effizienz, die ein optimales Steuersystem kennzeichnen. Zur Fairness gehört, dass diejenigen, die am besten zahlen können, am meisten zahlen, dass gleichgestellte Menschen das Gleiche zahlen und dass diejenigen, die von den Ausgaben der Regierung profitieren (etwa die Nutzer einer neuen Brücke), dazu ihren Beitrag leisten. Effizienz bedeutet dagegen Effektivität bei der Steuererhebung und gleichzeitig die Maximierung des Wohlergehens der Gesellschaft. Außerdem bedeutet Effizienz nach Ansicht der Ökonomen, die Märkte so wenig wie möglich zu stören und vor allem die Anreize für Arbeit und Investitionen zu erhalten.

Perfekte Steuergestaltung

Zu Beginn des 21. Jahrhunderts verbesserte sich die Steuergestaltung zusehends. Die Theorie des »perfekten Marktes« empfiehlt z. B., einheitliche Steuern auf Gebrauchsgüter nur auf »Fertigwaren« zu erheben, die Einkommensteuer nicht an das Einkommen, sondern an die Leistungsfähigkeit zu knüpfen, und Unternehmensgewinne und Kapital möglichst gering zu besteuern.

Andere Theorien befürworten z. B. auch eine möglichst hohe Besteuerung unerwünschter Faktoren wie Verschmutzung. Im Allgemeinen bewegt sich die Steuerpolitik in Richtung dieser Theorien, wobei sie aber auch auf die Höhe der Einnahmen und die politische Durchsetzbarkeit achtet. ▪

Turgots Steuerreform von 1776 zielte auf die Adligen in Versailles ab. Er fand, sie sollten nicht länger von der Steuer ausgenommen sein – also sorgten sie für seine Entlassung.

Anne Robert Jacques Turgot

Turgot wurde 1727 in Paris geboren. Er sollte zunächst Priester werden, doch im Jahr 1751 ermöglichte ihm eine Erbschaft eine Karriere in der Verwaltung. Ende der 1760er-Jahre freundete er sich mit den Physiokraten an und lernte später auch Adam Smith kennen. Von 1761 bis 1774 war er *Intendant* von Limoges. Unter Ludwig XVI. wurde Turgot 1774 Finanzminister. Mit seinen Reformen förderte er den Freihandel. 1776 schaffte er die Zünfte ab und beendete eine Regierungspolitik, bei der unbezahlte Zwangsarbeitskräfte zum Straßenbau eingesetzt wurden. Stattdessen führte er eine Steuer ein. Ludwig XVI. gefiel das nicht und er entließ Turgot. Dessen Reformen – die möglicherweise die Revolution von 1789 verhindert hätten – wurden gekippt. 1781 starb er im Alter von 54 Jahren.

Hauptwerke

1763 Entwurf zu einem Essay über die Besteuerung
1766 *Betrachtungen über die Bildung und Verteilung des Reichtums*
1776 *Die sechs Edikte*

MEHR WAREN-AUSSTOSS DURCH DIE AUFTEILUNG DER PRODUKTION

DIE ARBEITSTEILUNG

IM KONTEXT

SCHWERPUNKT
Märkte und Firmen

VORDENKER
Adam Smith (1723–1790)

FRÜHER
380 v. Chr. In *Der Staat* beschreibt Platon, wie eine Stadt entsteht und wächst, indem sie sich die Arbeitsteilung zunutze macht.

1705 Der niederländische Philosoph Bernard Mandeville prägt in seiner *Bienenfabel* den Ausdruck »Arbeitsteilung«.

SPÄTER
1867 Laut Karl Marx führt die Arbeitsteilung zur Entfremdung der Arbeiter. Er hält sie für ein notwendiges Übel, das es zu überwinden gilt.

1922 Der österreichische Ökonom Ludwig von Mises erkennt in der Arbeitsteilung große Vorteile statt Entfremdung, z. B. mehr Freizeit.

Menschen, die in einer Gruppe arbeiten, verteilen meist zuerst die Aufgaben. Adam Smith (S. 61) erhob die Arbeitsteilung zu einem zentralen ökonomischen Prinzip. Zu Beginn seines einflussreichen Werkes *Der Wohlstand der Nationen* erklärt er, welchen Unterschied es bei der Produktion macht, ob ein Mensch alle Aufgaben erledigt oder ob mehrere Menschen jeweils nur eine Teilaufgabe übernehmen. Smith stellte 1776 fest: Wenn ein Mensch, der eine Stecknadel herstellt, alle Arbeitsgänge nacheinander ausführt, schafft er vielleicht eine Stecknadel am Tag. Aber wenn der Vorgang aufgeteilt wird und jeder auf nur einen Her-

Siehe auch: Der komparative Kostenvorteil 80–85 ▪ Größenvorteile 132 ▪ Die Entstehung der modernen Wirtschaft 178–179

In einem Lager ist die Arbeit z. B. meist auf einen Manager sowie mehrere Packer, Bestandsaufnehmer, Buchhalter, Vertriebsdisponenten, IT-Mitarbeiter und Kraftfahrer verteilt.

stellungsschritt spezialisiert ist, lassen sich viele Stecknadeln am Tag herstellen. Smith kam zu dem Schluss: »Sobald die Teilung der Arbeit in einem Gewerbe möglich ist, führt sie zu einer entsprechenden Steigerung der Produktivität.«

Der Wachstumsmotor

Smith war nicht der Erste, der den Wert der Arbeitsteilung erkannte. Bereits 2200 Jahre vor Smith vertrat Platon die Ansicht, ein Staat brauche Spezialisten wie beispielsweise Bauern und Bauarbeiter. Der islamische Philosoph Al-Ghazali (1058–1111) machte darauf aufmerksam, dass an der Herstellung eines Brotlaibs mehr als 1000 Arbeiter beteiligt seien, wenn man alle Schritte berücksichtige – vom Jäten des Unkrauts auf den Feldern über die Weizenernte bis hin zum Bäcker.

Viele frühe Denker stellten eine Verbindung zwischen der Arbeitsteilung und dem Wachstum der Städte und Märkte her. Bahnbrechend an Smiths Idee war, dass er die Arbeitsteilung als Wachstumsmotor ins Zentrum des Wirtschaftssystems stellte. Je spezialisierter die Arbeitskräfte und Firmen, desto größer das Wachstum des Marktes und desto höher die Rentabilität.

Ein notwendiges Übel

Karl Marx (S. 105) erkannte zwar die Bedeutung dieser Idee, betrachtete die Arbeitsteilung aber als eine vorübergehende Erscheinung – ein notwendiges Übel. Spezialisierung führe zur Entfremdung und verdamme die Arbeiter zur Existenz einer Maschine mit immer derselben Aufgabe. Er unterschied zwischen technischer Arbeitsteilung – etwa den verschiedenen Aufgaben beim Hausbau – und gesellschaftlicher Arbeitsteilung, die von Macht- und Statushierarchien erzwungen werde.

Heute ist Arbeitsteilung in den meisten Firmen selbstverständlich. Viele Unternehmen lagern Aufgaben, die zuvor von eigenen Mitarbeitern ausgeführt wurden, ins Ausland aus, wo Arbeitskräfte billiger sind – eine neue, internationale Dimension der Arbeitsteilung. ▪

» … jede Erweiterung der persönlichen Arbeitsgemeinschaft für alle, die sich ihr anschließen, [ist] von Vorteil. «

Ludwig von Mises

Rein amerikanische Arbeitsplätze?

Wenn Menschen, die in der Industrie arbeiten, sich Gedanken über die Leistungsfähigkeit ihrer heimischen Wirtschaft und die Situation am Arbeitsmarkt machen, drängen sie oft die Verbraucher dazu, heimische Erzeugnisse zu kaufen. Aber das ist gar nicht so einfach – denn die Arbeitsteilung findet heute weltweit statt. Betrachten wir als Beispiel die US-amerikanische Firma Apple: Man könnte meinen, wer ein iPhone kauft, trägt zur Sicherung von Arbeitsplätzen in den USA bei. Tatsächlich finden beim iPhone aber nur Entwicklung und Marketing überwiegend in den USA statt.

Die iPhones selbst werden in China montiert, die Teile kommen aus Südkorea, Japan, Deutschland und sechs weiteren Ländern. Das iPhone ist ein wirklich globales Produkt, an dessen Herstellung wohl Zehntausende Menschen beteiligt sind.

Arbeiter am Fließband in China bauen Computerprozessoren. Die Komponenten stammen aus neun verschiedenen Ländern.

DAS BEVÖLKERUNGS-WACHSTUM VERHINDERT DIE ENTWICKLUNG VON WOHLSTAND

DEMOGRAFIE UND ÖKONOMIE

IM KONTEXT

SCHWERPUNKT
Wachstum und Entwicklung

VORDENKER
Thomas Malthus
(1766–1834)

FRÜHER
17. Jh. Im Merkantilismus gilt eine zahlreiche Bevölkerung als gut für die Wirtschaft.

1785 Der französische Philosoph Marquis de Condorcet plädiert für soziale Reformen.

1793 Der englische Philosoph William Godwin setzt sich für eine Umverteilung der nationalen Ressourcen ein.

SPÄTER
1870er-Jahre Karl Marx greift Malthus an und bezeichnet ihn als einen reaktionären Verteidiger des Status quo.

1968 Der US-Ökologe Garrett Hardin warnt in seinem Aufsatz *Die Tragik der Allmende* vor den Gefahren der Überbevölkerung.

Im 18. Jahrhundert dachten aufgeklärte Denker über soziale und wirtschaftliche Reformen nach, um die Lebenssituation der Menschen zu verbessern. In dieser optimistischen Umgebung erhob der britische Ökonom Thomas Malthus seine pessimistische Stimme. Er glaubte, das Bevölkerungswachstum verurteile die Gesellschaft zur Armut. Seine Theorie lautete: Der Sexualtrieb ist die Ursache für ein immer schnelleres Anwachsen der Bevölkerung. Die Nahrungsmittelproduktion kann wegen des Gesetzes der abnehmenden Erträge nicht mithalten: Mit immer mehr Menschen auf derselben Fläche können Erträge nicht vermehrt werden. Das Ungleichgewicht zwischen Bevölkerungszahl und Nahrungsmittelangebot wächst folglich.

Die Überlebenden eines Erdbebens in Pakistan erhalten Nahrungsmittel. Malthus war gegen solche Hilfen – die Armen bekämen dann nur mehr Kinder.

Doch Malthus sah auch eine Gegenkraft. Hunger und Krankheiten aufgrund eines begrenzten Nahrungsmittelangebots führen zu höherer Sterblichkeit und halten das Ungleichgewicht in Grenzen. So sinkt die Geburtenrate wieder, das Land wird weniger ausgebeutet und der Lebensstandard steigt.

Die Bevölkerungsfalle

Veränderungen in den Geburten- und Sterberaten verhindern, dass die Bevölkerung verhungert, aber sie verhindern auch, dass sie lange Zeit von einem höheren Lebensstandard profitieren kann. Wird durch Zufall neues Land entdeckt, erhält die Nahrungsmittelproduktion einen einmaligen Schub und es gibt mehr zu essen. Die Menschen sind gesünder, die Sterberate sinkt und es werden mehr Kinder geboren. Das führt zu erneutem Bevölkerungswachstum. Die Nahrungsmittelproduktion kann nicht Schritt halten und die Wirtschaft fällt wieder auf einen niedrigen Lebensstandard zurück. Das ist die Bevölkerungsfalle: Ein höherer Lebensstandard wird langfristig

Siehe auch: Landwirtschaft und Volkswirtschaft 39 ▪ Abnehmende Erträge 62 ▪ Die Entstehung der modernen Wirtschaft 178–179 ▪ Wachstumstheorien 224–225

immer wieder durch das Bevölkerungswachstum verhindert.

Malthus' Vision war die wirtschaftliche Stagnation: Die Bevölkerung schlägt sich mühsam durch und ihr Wachstum ist durch Hunger und Krankheiten begrenzt. Doch dieses Modell – Bauern, die mit einfachen Werkzeugen eine begrenzte Landfläche bearbeiten – war bereits Anfang des 18. Jahrhunderts veraltet. Neue Methoden erlaubten es, mit der gleichen Menge Land und Arbeit mehr Nahrungsmittel zu produzieren. Neue Maschinen und Fabriken ermöglichten die Produktion von mehr Gütern pro Arbeiter. Der technologische Fortschritt brachte wachsenden Bevölkerungsgruppen einen immer höheren Lebensstandard. 2000 lebten z. B. in Großbritannien dreimal so viele Menschen wie zu Malthus' Zeit und ihr Einkommen war zehnmal so hoch.

Mit der Zeit hat die Technologie die Beschränkungen von Land und Demografie überwunden. Malthus sah das nicht vorher. Allerdings klingen heute seine Sorgen wieder an, dass die Bevölkerungszahlen die Erde auf eine Weise belasten, die durch neue Technologien nicht ausgeglichen werden kann. Noch nie haben wir so viele Nahrungsmittel produziert wie heute, aber die technologische Herausforderung besteht darin, sie dorthin zu verteilen, wo die Bevölkerung schneller wächst als der globale Durchschnitt. ■

Thomas Malthus

Thomas Robert Malthus wurde 1766 in Surrey (England) geboren und von seinem Vater freisinnig erzogen. Die Philosophen David Hume und Jean-Jacques Rousseau waren seine Paten. An der Universität Cambridge wurde Malthus von einem Dissenter betreut, einem religiösen Abweichler, ehe er 1788 zum Priester der Church of England geweiht wurde. Genau wie sein Lehrer ging er Konflikten nicht aus dem Weg. 1798 veröffentlichte er seinen Aufsatz *Essay on the Principle of Population* (zu Deutsch: *Das Bevölkerungsgesetz*), der ihn berühmt machen sollte. 1805 ernannte das neue *East India College* ihn zum Professor für politische Ökonomie. Damit war er vermutlich der erste Ökonom, dem akademische Ehren zuteil wurden. 1834 starb Malthus im Alter von 68 Jahren an einer Herzerkrankung.

Hauptwerke

1798 *Das Bevölkerungsgesetz*
1815 *The Nature of Rent*
1820 *Principles of Political Economy*

UNTERNEHMER ALS BÜNDNIS-PARTNER

KARTELLE UND ABSPRACHEN

IM KONTEXT

SCHWERPUNKT
Märkte und Firmen

VORDENKER
Adam Smith (1723–1790)

FRÜHER
1290er-Jahre Wenzel II., Herzog von Böhmen, erlässt Gesetze gegen Preisabsprachen unter den Erzhändlern.

1590er-Jahre Händler aus den Niederlanden bilden ein Kartell und sichern sich so das Monopol für den Gewürzhandel mit Südostasien.

SPÄTER
1838 Der französische Ökonom Augustin Cournot beschreibt den Wettbewerb in Oligopolen.

1864 Der US-Ökonom George Stigler veröffentlicht *A Theory of Oligopoly*: Er untersucht, wie man erfolgreich Kartelle aufrechterhält.

1890 In den USA wird ein Antitrustgesetz verabschiedet.

Wettbewerb ist entscheidend für das Funktionieren der Märkte. Wenn mehrere Hersteller auf einem Markt vertreten sind, treibt das die Produktion an und hält die Preise niedrig. Gibt es dagegen nur einen einzigen Anbieter – einen Monopolisten – kann er seinen Ausstoß beschränken und höhere Preise verlangen.

Zwischen diesen beiden Extremen bewegt sich das Oligopol, bei dem wenige Anbieter – manchmal nur zwei oder drei – den Markt für ein bestimmtes Produkt dominieren. Für die Verbraucher wäre es gut, wenn sie untereinander konkurrieren würden. Für den Profit der Hersteller ist es aber günstiger,

Siehe auch: Auswirkungen eines begrenzten Wettbewerbs 90–91 ▪ Monopole 92–97 ▪ Der Wettbewerbsmarkt 126–129 ▪ Märkte und soziale Ergebnisse 210–213 ▪ Die Spieltheorie 234–241

wenn sie kooperieren: Sobald sie sich darauf einigen, einander nicht zu unterbieten, können sie wie ein Monopol handeln und die Marktbedingungen diktieren.

Kartellbildung

Diese Art von Zusammenarbeit zwischen Firmen bezeichnet man als »Kollusion«. Die Festlegung der Preise, die aus solchen Absprachen resultiert, schmälert die Effizienz der Märkte. Adam Smith (S. 61) erkannte zwar die Bedeutung des Eigeninteresses für die freien Märkte, warnte aber auch: »Geschäftsleute des gleichen Gewerbes kommen selten zusammen, ohne dass das Gespräch in einer Verschwörung gegen die Öffentlichkeit endet oder irgendein Plan ausgeheckt wird, wie man die Preise erhöhen kann.«

Zusammenarbeit zwischen Herstellern gibt es, seit es Märkte gibt, und in vielen Bereichen bestehen Vereinigungen zum gegenseitigen Vorteil. In den USA wurden solche restriktiven oder monopolistischen Praktiken im 19. Jahrhundert als »Trust« bezeichnet. Heute beschreibt der Begriff »Kartell« eine solche Zusammenarbeit auf nationaler oder internationaler Ebene. Das Wort hat einen negativen Beiklang bekommen.

Im 20. Jahrhundert versuchten die USA und die EU per Gesetz gegen Preisabsprachen vorzugehen. Doch Kartelle unter den Herstellern bleiben ein Merkmal der Marktwirtschaft. Manchmal geht es nur um eine Vereinbarung über die Höhe des Waschmittelpreises (wie zwischen Unilever und Procter & Gamble 2011 in Europa) – manchmal entsteht aber auch eine internationale Handelsorganisation wie die IATA (International Air Transport Association). Eigentlich sollte die IATA Flugpreise festlegen, was ihr den Vorwurf der Kollusion eintrug. Heute existiert sie immer noch als Repräsentantin der Luftfahrtindustrie. Kartelle können sogar durch Kooperation zwischen Regierungen zustande kommen – wie im Fall der OPEC (Organization of Petroleum Exporting Countries). Sie wurde 1960 gegründet, um die Erdölpreise abzustimmen.

Google wurde 2018 von der EU zu einer Geldstrafe von mehr als 4,34 Milliarden Euro verurteilt. Um seine Position als wichtigste Suchmaschine im Internet zu behaupten, hatte Google gegen das Kartellrecht verstoßen.

Herausforderungen für Kartelle

Mitglieder eines Kartells können nicht »einfach so« einen Preis festlegen. Sie müssen sich auf Aus- »

stoßmengen verständigen und natürlich auf den Anteil am Profit. Je weniger Mitglieder ein Kartell hat, desto einfacher sind die Verhandlungen.

Ein weiteres Problem besteht darin sicherzustellen, dass die Angehörigen eines Kartells sich an die Spielregeln halten. Hersteller lassen sich auf die Kollusion ein, weil höhere Preise winken, aber genau darin liegt auch die Schwäche des Arrangements. Einzelne Angehörige des Kartells kommen oft in Versuchung zu »schummeln«, indem sie mehr produzieren und ihre Mitstreiter unterbieten. Dabei handelt es sich um eine Variante des Gefangenendilemmas (S. 238): Zwei Gefangene sollen entscheiden, ob sie schweigen oder gestehen. Wenn beide schweigen oder beide gestehen, erhalten sie leichte Haftstrafen. Wenn aber nur einer gesteht, kommt er straffrei davon, während sein Kollege eine schwere Strafe erhält. Die beste Strategie für beide ist zu schweigen (das bedeutet die kürzeste Haftstrafe), aber die Versuchung liegt darin, auf die Straffreiheit zu setzen – in der Hoffnung, dass der andere das nicht tut. Die gleichen Strategien gelten für Kartelle: Auch hier ist der Ertrag für alle Beteiligten größer, wenn sie zusammenarbeiten – am größten ist er aber für den einzelnen Mitspieler, der die Regeln bricht.

In der Praxis geschieht das häufig, besonders wenn die Kontingente ungleich verteilt sind. Die zwölf Mitglieder der OPEC sprechen z. B. regelmäßig Fördermengen und Preise ab, aber kaum jemand hält sich daran. Die kleinen, weniger reichen Mitglieder sehen die Chance, zusätzlichen Profit zu machen, und überschreiten ihre Förderquoten. So entsteht Konkurrenz und die Macht des Kartells insgesamt wird geschwächt. Je mehr Angehörige das Kartell hat, desto größer ist die Gefahr, dass die Absprachen gebrochen werden – und ein Regelbrecher ist bereits genug, um alle zu schwächen.

Kartelle können Preise festlegen, indem sie als virtuelles Monopol handeln. Wenn niemand den Verbrauchern einen niedrigeren Preis anbietet, kann ihr Preis deutlich über den Produktionskosten liegen und den Kartellen hohe Profite einbringen.

Durchsetzung von Vereinbarungen

Häufig fungiert ein Mitglied des Kartells – das leistungsfähigste, was die Produktion angeht – als »Durchsetzer«. Gerät z. B. die Effizienz der OPEC in Gefahr, weil ein Land wie Angola zu viel produziert, kann es sein, dass Saudi-Arabien, das größte Mitglied des Kartells, eingreift. Als größter Produzent mit den niedrigsten Produktionskosten kann das Land es sich leisten, die Produktion zu erhöhen und die Preise so weit in den Keller zu treiben, dass die kleineren Länder dadurch abgestraft werden oder sogar bankrott gehen. Doch in vielen Fällen führt die Versuchung zu mogeln, gepaart mit dem Zögern des »Durchsetzers«, die eigenen Profite zu verringern, zum Bruch des Kartells. Die vielen Schwierigkeiten bei der Bildung und Aufrechterhaltung von Kartellen haben dazu geführt, dass diese »Verschwörungen« seltener vorkommen, als Adam Smith angenommen haben dürfte. In den 1960er-Jahren zeigte der US-Ökonom George Stigler, dass das natürliche Misstrauen der Wettbewerber der Kollusion in einem Kartell entgegenwirkt und dass Kartelle unwahrscheinlicher

» Wir dürfen weder eine repressive Regierung noch industrielle Oligarchien in Form von Monopolen oder Kartellen dulden. «

Henry A. Wallace
US-Politiker (1888–1965)

werden, wenn mehr Unternehmen auf dem Markt sind. Daher kommt es meist zum Wettbewerb und nicht zur Kooperation, selbst in Branchen, wo es nur wenige große Hersteller gibt, wie bei Konsolen für Videospiele oder Handys.

Doch die wenigen existierenden Kartelle stellen eine so große Bedrohung für die Märkte dar, dass die Regierungen sich zum Eingreifen veranlasst sehen. Öffentlicher Druck vonseiten der Verbraucher stand hinter der Bewegung für eine »Antitrust«-Gesetzgebung (siehe rechts) im 20. Jahrhundert. In den meisten Ländern wurden Kartellabsprachen damit verboten. Weil es schwierig ist, solche Absprachen nachzuweisen, bieten viele dieser Gesetze dem ersten Angehörigen eines Kartells, der gesteht, Straffreiheit an – was noch einen weiteren Anreiz darstellt, das Kartell zu durchbrechen. Ein großer Erfolg gelang mit dieser Taktik im Jahr 2007: Virgin Atlantic Airlines gestand angesichts einer bevorstehenden Untersuchung von Preisabsprachen bei Transatlantikflügen die Kollusion mit British Airways, worauf British Airways eine hohe Geldstrafe zahlen musste.

2024 musste Apple 1,8 Milliarden Euro Geldstrafe an die EU zahlen, da das Unternehmen hinsichtlich seiner Musik-Streaming-Dienste gegen das Kartellrecht verstoßen hatte.

» Die Ökonomen haben ihre großen Momente, aber ich glaube nicht, dass die Antitrustgesetze dazugehören. «

George Stigler

Zustimmung von Regierungsseite

Manche liberalistischen Ökonomen wie George Stigler halten diese Gesetze nicht für notwendig, weil Kartelle ohnehin instabil seien. Regierungen vertreten häufig keine klare Haltung, da sie manche Formen der Zusammenarbeit sogar für wünschenswert halten. Während beispielsweise die Preisfestsetzungen der IATA als Kollusion verurteilt wurden, wird die OPEC als Handelsblock, der zur Stabilität beiträgt, mitunter in einem günstigeren Licht gesehen. Mit dem gleichen Argument wurden öffentliche Kartelle in manchen Branchen (etwa Öl oder Stahl) in Zeiten der wirtschaftlichen Depression verteidigt. Wenn die Kooperation von der Regierung reguliert wird, kann sie Produktion und Preise stabilisieren, die Verbraucher und kleineren Hersteller schützen und die Branche insgesamt auf internationaler Ebene wettbewerbsfähiger machen. Solche öffentlichen Kartelle waren sowohl in den USA als auch in Europa während der 1920er- und 1930er-Jahre üblich, verschwanden aber zumeist nach dem Zweiten Weltkrieg, während nationale Kartelle in Japan immer noch ein Merkmal der Wirtschaft sind. ■

Antitrustgesetze

Kartelle wie Monopole gelten als schädlich für die Märkte. Die meisten Regierungen versuchen, diese Art von Zusammenarbeit durch Antitrust- oder Wettbewerbsgesetzgebung zu verhindern. Das erste derartige Gesetz wurde 1890 in den USA verabschiedet. Der *Sherman Act* ächtete jeden Vertrag und jede Absprache, die den zwischenstaatlichen oder Außenhandel behinderten. Es folgten weitere Antitrustgesetze, darunter der *Clayton Act* 1914, der örtliche Preissenkungen zur Verdrängung von Wettbewerbern untersagte. Wirtschaftswissenschaftler sind im Allgemeinen skeptisch, was Antitrustgesetze angeht, die in der Regel schwer durchzusetzen sind. Sie weisen darauf hin, dass Zusammenarbeit nicht notwendig zu betrügerischen Praktiken wie Preis- oder Angebotsabsprachen führen muss. Viele glauben, dass ein Großteil der Antitrustgesetzgebung nicht so sehr durch wirtschaftliche Analysen, sondern vielmehr politisch motiviert ist.

Diese Titelseite aus den 1960er-Jahren verspottet den US-Politiker Nelson Aldrich, der US-Waren mit einem »Netz« von Zöllen vor ausländischer Konkurrenz schützte.

DAS ANGEBOT SCHAFFT SICH SEINE NACHFRAGE SELBST

ÜBERANGEBOT AUF MÄRKTEN

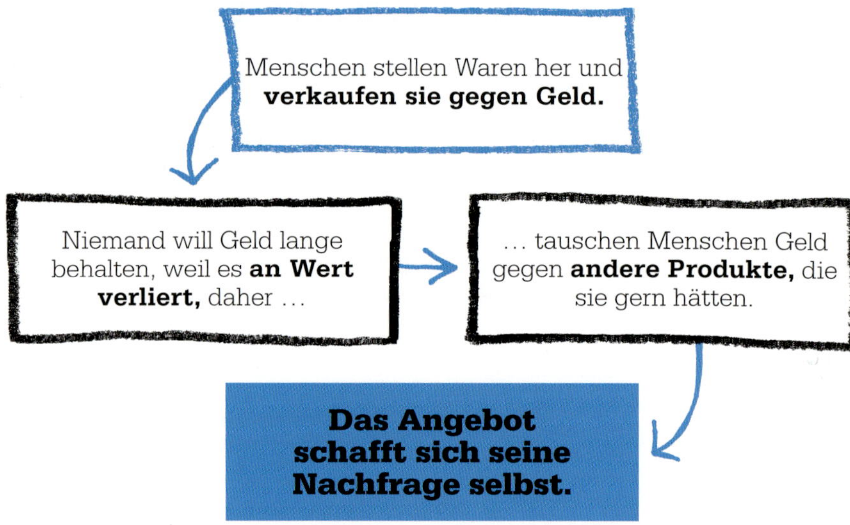

IM KONTEXT

SCHWERPUNKT
Die Makroökonomie

VORDENKER
Jean-Baptiste Say
(1767–1832)

FRÜHER
1820 Der britische Ökonom Thomas Malthus glaubt, dass Unterbeschäftigung und Überproduktion auftreten können.

SPÄTER
1936 John Maynard Keynes behauptet, Angebot schaffe sich keine eigene Nachfrage. Eine mangelnde Nachfrage könne die Produktion verlangsamen und Arbeitslosigkeit hervorrufen.

1950 Der österreichische Ökonom Ludwig von Mises hält Keynes' Ansicht für die Grundlage einer Reihe von keynesianischen Fehlschlüssen.

2010 Der australische Ökonom Steven Kates verteidigt das Saysche Theorem und nennt die keynesianische Theorie eine »gedankliche Krankheit«.

Als Adam Smith 1776 *Der Wohlstand der Nationen* (S. 56–61) schrieb, fiel ihm auf, dass die Kaufleute in seiner Umgebung üblicherweise zwei Gründe für das Scheitern einer Unternehmung sahen: Geldmangel oder Überproduktion. Er entlarvte den ersten Mythos, indem er die Rolle des Geldes in der Wirtschaft erklärte. Dem späteren französischen Ökonomen Jean-Baptiste Say blieb es überlassen, mit dem zweiten Vorurteil aufzuräumen. In seinem Werk *Traité d'économie politique* von 1803 erklärte Say, dass eine allgemeine Überproduktion in einer Volkswirtschaft nicht auftreten könne. Sobald ein Produkt hergestellt werde, so Say, schaffe es einen Markt für andere Produkte »im vollen Ausmaß seines eigenen Wertes«. Das bedeutet: Das Geld, das ein Schneider erhält, wenn er ein Hemd verkauft, dient in der Folge dazu, Brot beim Bäcker und Bier beim Brauer zu kaufen. Nach Says Ansicht wollen die Menschen das Geld nicht horten. Daher entspricht der Gesamtwert der

Siehe auch: Die freie Marktwirtschaft 54–61 ▪ Wirtschaftliches Gleichgewicht 118–123 ▪ Konjunkturrückgang und Arbeitslosigkeit 154–161 ▪ Wirtschaft und Pandemie 336-337

angebotenen Waren dem Gesamtwert der nachgefragten Waren. Die übliche Formulierung des Sayschen Theorems lautet: »Das Angebot schafft sich seine Nachfrage selbst«.

Diese Vorstellung war für Say wichtig. Wenn jedes Angebot eine gleich große Nachfrage schafft, kann es nie zu einer allgemeinen Überproduktion oder einem Überangebot kommen. Natürlich können Unternehmen die Nachfrage nach einem Konsumgut falsch einschätzen und zu viel herstellen, aber wie der Ökonom Ludwig von Mises (S. 147) später feststellte: Der stümperhafte Unternehmer wird durch Verluste vom Markt verdrängt und die Arbeitslosen wechseln in profitablere Wirtschaftsbereiche. Tatsächlich ist es unmöglich, insgesamt zu viel zu produzieren, weil die menschlichen Bedürfnisse viel größer sind als unsere Möglichkeiten der Warenproduktion.

Das Saysche Theorem ist zum Stein des Anstoßes zwischen den klassischen und den keynesianischen Wirtschaftswissenschaftlern geworden. Erstere glauben wie Say, dass die Produktion oder die Angebotsseite der Wirtschaft der wichtigste Faktor für das Wachstum ist. Die Keynesianer argumentieren, Wachstum entstehe nur durch eine höhere Nachfrage.

Warum das Geld behalten?

John Maynard Keynes (S. 161) attackierte in seinem Meisterwerk *Allgemeine Theorie der Beschäftigung, des Zinses und des Geldes* von 1936 das Saysche Theorem. Er konzentrierte sich auf die Rolle des Geldes in der Wirtschaft. Laut Says Theorie wird alles eingenommene Geld für andere Konsumgüter ausgegeben. Die Wirtschaft funktioniert also wie ein Tauschgeschäft. Keynes jedoch stellte fest, dass die Menschen ihr Geld mitunter auch aufbewahren, vielleicht um zu sparen. Wenn diese Ersparnisse nicht von anderen ausgeliehen und in die Wirtschaft investiert werden, zirkuliert das Geld nicht mehr. Die Leute halten ihr Geld fest und die Nachfrage wird schließlich geringer als der Wert der produzierten Waren. Dieser Zustand der »negativen Nachfrage« oder der »Nachfrageschwäche« führt nach Keynes zu verbreiteter Arbeitslosigkeit.

Angesichts des trostlosen Zustands der Weltwirtschaft in den frühen 1930er-Jahren überzeugte Keynes' Argument, besonders im Vergleich zu einer Welt auf der Grundlage des Sayschen Theorems: Demzufolge hätte Arbeitslosigkeit nur in einzelnen Branchen und nur kurzzeitig auftreten dürfen. ▪

Laut Say funktionieren Angebot und Nachfrage wie ein Tauschhandel. Wir tauschen unser verdientes Geld gegen Waren. Hier wird auf einem Inka-Markt Fleisch gegen Gemüse getauscht.

Jean-Baptiste Say

Jean-Baptiste Say wurde als Sohn eines protestantischen Tuchfabrikanten 1767 in Lyon (Frankreich) geboren. Mit 18 Jahren zog er nach England, wo er zwei Jahre bei einem Kaufmann lernte. Nach Paris zurückgekehrt, arbeitete er bei einer Versicherung. Er begrüßte die Französische Revolution 1789, weil sie die Verfolgung der protestantischen Hugenotten beendete und weil sie dem Handel neue, bessere Perspektiven bot.

1794 wurde Say Herausgeber einer politischen Zeitschrift, in der er sich für die Ideen Adam Smiths einsetzte. 1799 sollte er Regierungsmitglied werden, aber Napoleon war mit seinen Ansichten nicht immer einverstanden. Bis 1814 wurde Says Werk zensiert. In dieser Zeit verdiente er mit einer Baumwollfabrik ein Vermögen. Später lehrte er Ökonomie in Paris. Er starb 1832 im Alter von 66 Jahren.

Hauptwerke

1803 *Traité d'économie politique*
1815 *De l'Angleterre et des Anglais*
1828 *Cours complet d'économie politique pratique*

STEUERN ERHEBEN – ODER KREDITE AUFNEHMEN?

KREDITAUFNAHME UND SCHULDEN

IM KONTEXT

SCHWERPUNKT
Wirtschaftspolitik

VORDENKER
David Ricardo (1772–1823)

FRÜHER
1799 Großbritannien führt im Krieg mit Frankreich die Einkommensteuer ein. Die Staatsschulden erreichen 250 Prozent des Volkseinkommens.

SPÄTER
1945 Nach dem Zweiten Weltkrieg steigen in den Industrieländern Ausgaben, Steuern und Kreditaufnahmen, um den Wohlfahrtsstaat zu finanzieren.

1974 US-Ökonom Robert Barro belebt die Idee der ricardianischen Äquivalenz: Die Leute geben ihr Geld gleich aus, ob die Regierung nun Steuern erhebt oder Kredite aufnimmt.

2011 Die europäische Schuldenkrise verschärft sich. Die Grenzen der Besteuerung und der öffentlichen Verschuldung werden diskutiert.

Sollen Regierungsausgaben durch Kredite oder durch Steuern finanziert werden? Auf diese Frage ging als Erster der britische Ökonom David Ricardo während der teuren Napoleonischen Kriege ein, die wechselnde Koalitionen europäischer Staaten rund um den Anfang des 19. Jahrhunderts gegen Frankreich führten. In seinem Buch *Über die Grundsätze der politischen Ökonomie und der Besteuerung* von 1817 meinte Ricardo, die Art der Finanzierung mache im Grunde keinen Unterschied. Den Steuerzahlern sollte

Siehe auch: Der ökonomische Mensch 52–53 ▪ Die Steuerlast 64–65 ▪ Der keynesianische Multiplikator 164–165 ▪ Monetaristische Politik 196–201 ▪ Sparen, um Geld auszugeben 204–205 ▪ Rationale Erwartungen 244–247 ▪ Wirtschaft und Pandemie 336–337

klar sein, dass Kreditaufnahmen ebenfalls mehr Steuern bedeuten – nur zeitlich etwas in die Zukunft verschoben. Da sie in beiden Fällen Steuern zahlen müssten, sollten sie für künftige Steuern Ersparnisse zur Seite legen. Ricardo meinte, die Menschen hätten Verständnis für die Situation der Regierung und wüssten, dass beide Entscheidungen am Ende gleich hohe Kosten verursachen. Diese Idee wurde als ricardianische Äquivalenz bekannt.

Angenommen, Max ist dem Glücksspiel verfallen und leiht sich daher ständig Geld von seinen Geschwistern Fritz und Petra. Einmal erzählt er ihnen aber, diesen Monat brauche er kein Geld, weil er es sich von seinem Freund Alex geliehen habe. Der sorglosere jüngere Fritz gibt das Bargeld, das er nun übrig hat, aus. Die kluge ältere Petra weiß, dass der Kredit von Alex im nächsten Monat mit Zinsen zurückgezahlt werden muss. Also bewahrt sie das Geld auf, weil sie vermutet, dass Max sie dann wieder darum bitten wird. Ihr ist bewusst, dass sie insgesamt nicht reicher ist, daher ändert sie ihre Ausgabenpolitik nicht.

Ricardo als Theoretiker erwartete nicht, dass die ricardianische Äquivalenz in der Wirklichkeit zu beobachten wäre. Er glaubte, der Durchschnittsbürger mache sich die gleichen Illusionen wie Fritz und gebe das Geld sofort aus. Manche modernen Ökonomen gehen jedoch tatsächlich davon aus, dass die Bürger rational handeln.

Die moderne Diskussion

1974 tauchte der Gedanke in einem Artikel des US-Ökonomen Robert Barro (geb. 1944) wieder auf. Heute geht es hauptsächlich um die Frage, unter welchen Bedingungen es den Menschen gleichgültig ist, ob der Staat Geld aufnimmt oder Steuern erhebt. Eine Annahme lautet, die Entscheidungen der Menschen seien rational begründet und sie handelten in weiser Voraussicht. Sie wüssten, Ausgaben heute bedeuten Steuern in der Zukunft. Doch das ist unwahrscheinlich.

Ein Problem ist auch, dass das menschliche Leben begrenzt ist. Eigennützige Menschen machen sich vermutlich wenig Gedanken über Steuern, die nach ihrem Tod anfallen. Barro meinte jedoch, dass Eltern sich um ihre Kinder sorgten und ihnen Geld hinterlassen würden, mit dem sie künftige Steuern bezahlen könnten.

Regierungsausgaben

Die ricardianische Äquivalenz, auch als Schuldenneutralität bekannt, wird heute wegen der hohen Ausgaben, Schulden und Steuern moderner Staaten viel diskutiert. Ricardos Einsicht wurde von den neuen klassischen Makroökonomen dazu benutzt, gegen eine keynesianische Politik zu protestieren: Nachfrage und Wachstum dürften nicht durch mehr Staatsausgaben erhöht werden. Sie behaupten, wenn die Leute wissen, dass eine Regierung Geld ausgibt, um die Wirtschaft aus der Krise zu holen, sorgen ihre rationalen Erwartungen dafür, dass sie mit höheren Steuern in der Zukunft rechnen. Sie reagieren also keinesfalls blind auf eine aktuell erhöhte Geldmenge im System. Bisher sind allerdings die praktischen Beweise – dafür und dagegen – noch nicht schlüssig. ■

Der griechische Staat musste 2011 hohe Kredite aufnehmen, um den Bankrott zu vermeiden. Die folgenden Unruhen zeigten, dass es für die Erhöhung von Krediten und Steuern Grenzen gibt.

Die neue klassische Makroökonomie

Die US-Ökonomen Robert Barro, Robert Lucas und Thomas Sargent bildeten in den frühen 1970er-Jahren die Schule der neuen klassischen Makroökonomie. Ihre Hauptprinzipien lauten: rationale Erwartungen (S. 244–247) und Markträumung – die Vorstellung, dass die Preise spontan ein neues Gleichgewicht finden. Die Anhänger der neuen klassischen Schule meinen, dies gelte auch für den Arbeitsmarkt: Das Lohnniveau werde bestimmt durch den Ausgleich von Angebot (Zahl der Menschen, die Arbeit suchen) und Nachfrage (Zahl der benötigten Arbeitskräfte). So gesehen kann jeder, der will, arbeiten, wenn er den »üblichen Lohn« akzeptiert. Jedwede Arbeitslosigkeit ist daher freiwillig. Und aufgrund ihrer rationalen Erwartungen durchschauen die Menschen, dass es gleichgültig ist, ob die Regierung Steuern oder Kredite erhöht.

DIE WIRTSCHAFT IST EIN JOJO

AUFSCHWUNG UND ABSCHWUNG

IM KONTEXT

SCHWERPUNKT
Die Makroökonomie

VORDENKER
Jean-Charles Sismondi
(1773–1842)

FRÜHER
1776 Laut Adam Smith führen die natürlichen Kräfte des Marktes ein wirtschaftliches Gleichgewicht herbei.

1803 Nach Jean-Baptiste Say gleicht der Markt Angebot und Nachfrage ganz natürlich aus.

1817 Der walisische Sozialreformer Robert Owen identifiziert Überangebot und Unterkonsum als Ursache für den wirtschaftlichen Abschwung.

SPÄTER
1820er-Jahre Der französische Ökonom Charles Dunoyer erkennt den zyklischen Charakter der Wirtschaft.

1936 John Maynard Keynes drängt die Regierungen, Geld auszugeben, um ökonomische Schwankungen zu vermeiden.

Unter den Wirtschaftszyklen versteht man den Wechsel zwischen starkem Wachstum und Phasen des ökonomischen Niedergangs oder der Stagnation. Häufig ist von »Aufschwung und Abschwung« (engl. *Boom and Bust*) die Rede. Der Schweizer Jean-Charles Sismondi erkannte als Erster das periodische Auftreten von Wirtschaftskrisen, aber erst der Franzose Charles Dunoyer (1786–1862) erkannte ihre zyklische Form. Sismondi stellte die orthodoxe Grundannahme von Adam Smith (S. 61), Jean-Baptiste Say (S. 75) und David Ricardo (S. 84) infrage, dass der Markt selbst alles am besten

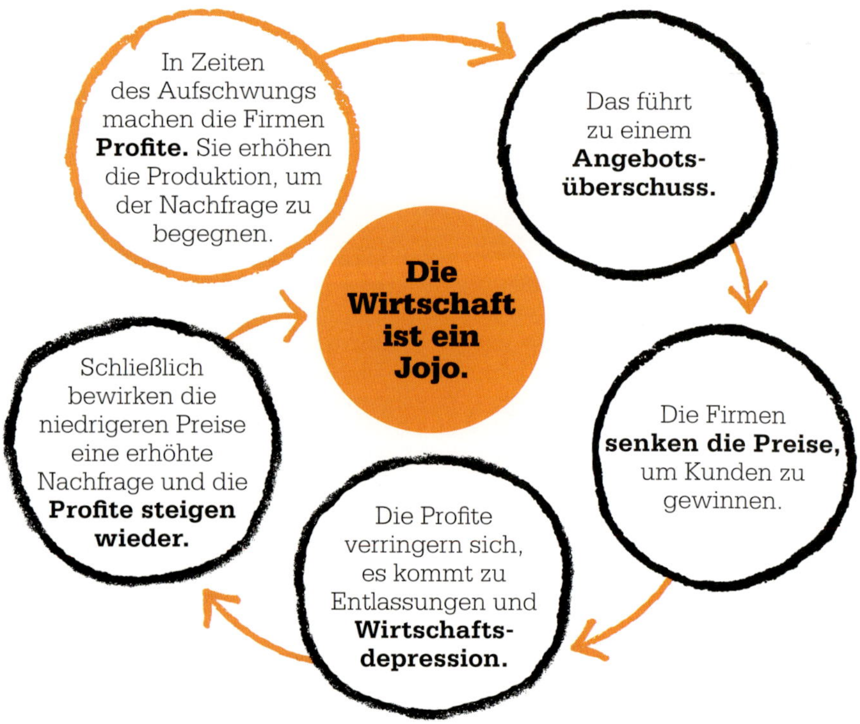

Siehe auch: Die freie Marktwirtschaft 54–61 ▪ Der keynesianische Multiplikator 164–165 ▪ Finanzkrisen 296–301 ▪ Wohnungsbau und Wirtschaftszyklus 334–335 ▪ Wirtschaft und Pandemie 336–337

Wolkenkratzer werden häufig in Zeiten eines übergroßen Optimismus gebaut – ein sicheres Zeichen, dass die Wirtschaft heiß läuft.

regle. Sie hatten die Ansicht vertreten, dass schnell ein ökonomisches Gleichgewicht mit Vollbeschäftigung eintritt, wenn der Markt sich selbst überlassen bleibt. Sismondi glaubte zwar auch an eine Art des Gleichgewichts, aber erst nach einer furchtbaren Zeit des Leidens.

Ehe Sismondi 1819 seine *Nouveaux principes d'économie politique* veröffentlichte, hatten die Ökonomen kurzfristige Auf- und Abschwünge entweder übersehen oder sie äußeren Ereignissen wie Kriegen zugeschrieben. Sismondi zeigte, dass kurzfristige Wirtschaftsbewegungen auf die natürlichen Kräfte des Marktes zurückgehen, auf Überangebot und Minderverbrauch, die sich durch das wachsende Ungleichgewicht in Zeiten des Aufschwungs ergeben.

Den Aufschwung nähren

Wenn Volkswirtschaften wachsen und es den Unternehmen gut geht, können die Arbeiter Lohnerhöhungen verlangen und mehr kaufen, als sie herstellen. Das nährt den Aufschwung. Es werden mehr Güter verkauft, die Firmen expandieren und stellen Arbeiter ein, um mehr zu produzieren. Die neuen Arbeiter haben auch Geld zum Einkaufen und der Aufschwung setzt sich fort.

Wettbewerb bedeutet, dass alle Unternehmen die Produktion erhöhen, bis das Angebot schließlich die Nachfrage übersteigt, so Sismondi. Dann müssen die Firmen die Preise senken, um Kunden zu gewinnen. Damit sinken Löhne und Profite und es kommt zu Entlassungen. Sind die Preise weit genug gesunken, um die Nachfrage neu anzuregen, erholen sich die Firmen von der Rezession. Dann beginnt der Kreislauf von vorn.

Eine Krise, die ihn bestätigte, war die »Panik« von 1825. Spekulative Investitionen in Poyais – ein angeblich in Südamerika liegendes Land, das sich jedoch ein Betrüger nur ausgedacht hatte – lösten einen Kurseinbruch am Aktienmarkt aus, dessen Auswirkungen die Märkte weltweit in Mitleidenschaft zogen.

Sismondi wandte sich gegen den Laisser-faire-Ansatz von Adam Smith. Er hielt Eingriffe von staatlicher Seite für nötig, um die beständige Entwicklung des Wohlstands zu regeln und solche periodischen Krisen zu vermeiden.

Die Entdeckung der Zyklen ermöglichte den Ökonomen eine neue Sicht der Dinge. Sie entwickelten Strategien, um Kurseinbrüche und Rezessionen zu vermeiden. Aufbauend auf Sismondi und Dunoyer entwickelte Keynes eine eigene Theorie, die die Wirtschaftswissenschaften im 20. Jahrhundert weltweit dominierte. ▪

Bullen- und Bärenmärkte

Wenn Volkswirtschaften wachsen oder schrumpfen, steigen und fallen die Märkte. Märkte mit andauernden Preissteigerungen werden manchmal als »Bullenmarkt« (Hausse) bezeichnet, solche mit sinkenden Preisen dagegen als »Bärenmarkt« (Baisse). In der Regel gelten diese Etikettierungen für Vermögenswerte wie Aktien, Anleihen oder Immobilien. Bullenmärkte spielen sich häufig in Zeiten ökonomischen Wachstums ab. Investoren sind optimistisch, kaufen Firmenanteile und sorgen damit für steigende Aktienwerte. Gibt die Wirtschaft nach, kehrt sich der Vorgang um. Investoren werden zu »Bären«, sind pessimistisch und verkaufen ihre Aktien wieder. Eine Hausse spielte sich z. B. während des Dotcom-Booms in den 1990er-Jahren ab, eine gewaltige Baisse während der Weltwirtschaftskrise in den 1930er-Jahren.

» Der universelle Wettbewerb oder das Bemühen, immer mehr zu einem immer niedrigeren Preis zu produzieren, ist ein gefährliches System. «

Jean-Charles Sismondi

HANDEL IST GUT FÜR ALLE

DER KOMPARATIVE KOSTENVORTEIL

IM KONTEXT

SCHWERPUNKT
Weltwirtschaft

VORDENKER
David Ricardo (1772–1823)

FRÜHER
433 v. Chr. In einem der ersten Wirtschaftskriege überhaupt verhängen die Athener Sanktionen über die Megarer.

1549 John Hales, ein englischer Politiker, äußert die verbreitete Überzeugung, Freihandel sei schlecht fürs Land.

SPÄTER
1965 Der US-Ökonom Mancur Olson zeigt, dass Regierungen eher auf die Anliegen einer konzentrierten Gruppe reagieren als auf die Anliegen einer weiter verstreuten Gruppe.

1967 Die schwedischen Ökonomen Bertil Ohlin und Eli Heckscher greifen Ricardos Handelstheorie auf und untersuchen, wie sich ein komparativer Vorteil mit der Zeit verändert.

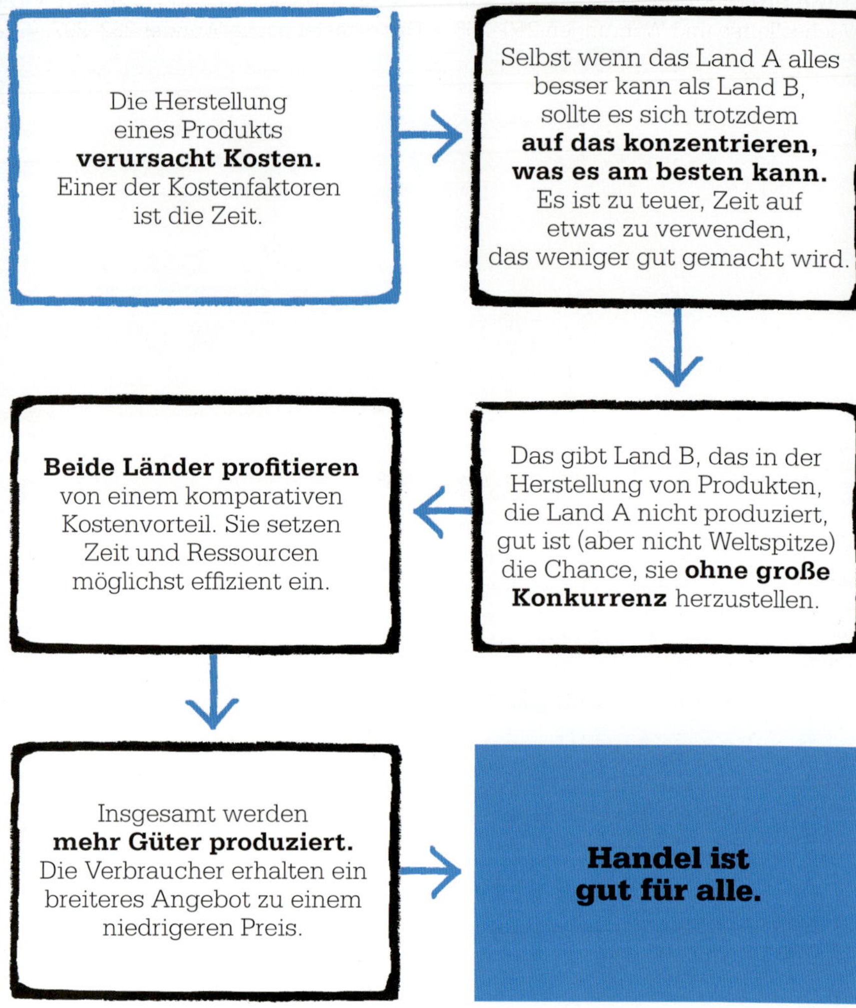

Die Ideen des britischen Ökonomen David Ricardo waren von seinen persönlichen Erfahrungen geprägt. Er lebte zur Zeit des Merkantilismus (S. 34–35) in London (England). Dieser Denkrichtung zufolge galt es, den internationalen Handel einzuschränken. Die Staaten verfolgten eine Politik, die auf eine Erhöhung der Exporte abzielte, um die Nation durch den Zufluss von Gold reicher zu machen. In England ging diese Politik auf die elisabethanische Zeit zurück. Ricardo dagegen glaubte, dass eine solche protektionistische Politik die Möglichkeiten eines Landes, seinen Wohlstand zu mehren, auf lange Sicht einschränkte.

Früher Protektionismus

Besonders besorgt war Ricardo über die Einführung der britischen *Corn Laws*. Da während der Napoleonischen Kriege (1799–1815) kein Weizen aus Europa importiert werden konnte, stieg sein Preis in Großbritannien und viele Landbesitzer widmeten dem Getreideanbau einen höheren Anteil ihrer Anbaufläche. Doch als der Krieg 1812 vorübergehend eingestellt wurde, fielen die Preise wieder. Daher verabschiedeten die Grundeigentümer – die auch das Parlament kontrollierten – am Ende des Krieges im Jahr 1815 die *Corn Laws*, um den Import von Weizen einzuschränken und einen Niedrigstpreis für Getreide festzulegen.
Die Gesetze schützten zwar die Bauern, machten aber das Brot für die Armen zu teuer – in einer Zeit, als gerade auch Kriegsheimkehrer keine Arbeit finden konnten.

Ricardo glaubte, diese Gesetze machten Großbritannien letztlich

Siehe auch: Protektionismus und Handel 34–35 ▪ Marktintegration 226–231 ▪ Die Dependenztheorie 242–243 ▪ Wechselkurse und Währungen 250–255 ▪ Das ostasiatiasche Wunder 282–287 ▪ Handel und Geografie 316

Wenn Person A 20 Prozent mehr Hüte und sogar 50 Prozent mehr Schuhe fertigen kann als Person B, dann sollte sie ausschließlich Schuhe herstellen, denn so nutzt sie ihre Zeit am gewinnbringendsten.

Person B ist nirgendwo besser als Person A, aber Hüte fertigt sie schneller als Schuhe. Wenn sie Hüte herstellt, hat sie einen Wettbewerbsvorteil und kann mit Person A Handel treiben.

ärmer. Er entwickelte eine Theorie, die für alle Befürworter des freien Handels auf internationaler Ebene zum Hauptargument geworden ist.

Komparativer Kostenvorteil

Adam Smith (S. 61) hatte darauf hingewiesen, dass Großbritannien und Portugal aufgrund der bestehenden klimatischen Unterschiede vom Handel miteinander profitieren würden. Ein Arbeiter in Portugal konnte z. B. mehr Wein produzieren als ein Arbeiter in Großbritannien, der seinerseits mehr Wolle produzieren konnte als der in Portugal. Wenn ein Marktteilnehmer in der Lage ist, pro Ressourceneinheit mehr zu produzieren als ein Mitbewerber, spricht man von einem »absoluten Kostenvorteil«. Laut Smith würden sowohl Großbritannien als auch Portugal am meisten profitieren, wenn sie sich auf das spezialisierten, was sie am besten konnten, und mit dem Überschuss Handel trieben. Ricardo untersuchte darüber hinaus, ob Länder von Spezialisierung und Handel profitierten, wenn eine Seite, absolut betrachtet, bei beiden Gütern im Vorteil war. Lohnte sich der Handel auch, wenn ein Land sowohl mehr Wein als auch mehr Wolle pro Arbeiter produzieren konnte?

Anders betrachtet: Sollte eine Person, die sowohl Hüte als auch Schuhe schneller fertigt als eine andere, ihre Zeit zwischen beiden Aufgaben aufteilen, oder sollte sie sich auf eine Aufgabe konzentrieren und dann mit einer weniger produktiven Person Handel treiben, die das andere Produkt herstellt? Gesetzt den Fall, Person A produziert 20 Prozent mehr Hüte und 50 Prozent mehr Schuhe als Person B – dann ist es im beiderseitigen Interesse, wenn A ausschließlich Schuhe herstellt und B die Hüte produziert.

Diese Logik hängt mit den relativen Herstellungskosten zusammen – in diesem Fall mit der Produktionszeit, die gewonnen oder verloren wird. Weil die geschicktere Person Schuhe am schnellsten fertigt, sind die Kosten bei der Herstellung von Hüten hoch – sie »

1819 protestierten 80 000 Menschen in Manchester (England) gegen die *Corn Laws*, die die Einfuhr von Weizen begrenzten, um den Preis hochzuhalten. Der Protest wurde brutal unterdrückt.

Wegen vermehrter Reifen-Importe aus China (links) erließen die USA 2009 Handelsbeschränkungen. Es folgten ein heftiger Streit sowie eine Verschlechterung der diplomatischen Beziehungen.

müsste dafür die wertvolle Schuhproduktion hintanstellen. Obwohl Person B also absolut gesehen bei Schuhen *und* Hüten langsamer ist, sind ihre relativen Kosten bei der Hutproduktion niedriger als bei Person A, weil bei ihr quasi die Einbußen an Schuhen pro Hut geringer sind. Bei Person B spricht man daher von einem »komparativen Kostenvorteil« bei Hüten. Wenn alle Länder sich auf Güter spezialisieren, bei denen sie einen komparativen Kostenvorteil haben, werden insgesamt mehr Güter produziert und der Handel liefert mehr und billigere Waren für beide Nationen.

Der komparative Kostenvorteil erklärt ein Paradoxon, auf das schon Adam Smith hinwies – dass Länder, die in der Warenproduktion schlechter sind als andere, trotzdem mit Gewinn exportieren können.

Kostenvorteile im 20. Jahrhundert

Wovon wird der komparative Kostenvorteil bestimmt? Die schwedischen Ökonomen Eli Heckscher und Bertil Ohlin meinen, er sei abhängig vom relativen Reichtum eines Landes an Kapital oder Arbeitskräften. Länder mit reichlich Kapital haben einen komparativen Kostenvorteil bei kapitalintensiven Produkten wie Maschinen. Länder, die reich an Arbeitskräften sind, haben einen komparativen Kostenvorteil bei arbeitsintensiven Produkten wie Agrarerzeugnissen. Länder neigen dazu, Waren zu exportieren, die den Produktionsfaktor nutzen, der reichlich vorhanden ist. Länder mit reichlich Kapital, wie beispielsweise die USA, exportieren daher mit größter Wahrscheinlichkeit maschinell gefertigte Waren. Heckscher und Ohlin wagten eine weitere Vorhersage. Der Handel werde nicht nur die Unterschiede im Preis von Gütern in den verschiedenen Ländern verringern, sondern auch die Lohnunterschiede. Trotz des Wachstums auf kurze Sicht werde es daher am Ende Gewinner und Verlierer geben und folglich eine Opposition gegen die Öffnung des Handels.

David Ricardo

David Ricardo, geboren 1772, gilt als einer der bedeutendsten Wirtschaftstheoretiker überhaupt. Seine Eltern zogen aus den Niederlanden nach England. Mit 14 Jahren begann er, für seinen Vater, einen Aktienmakler, zu arbeiten. Mit 21 brannte Ricardo mit der Quäkerin Priscilla Wilkinson durch. Es kam zum Streit und beide Familien ließen das junge Paar im Stich. Ricardo gründete seine eigene Maklerfirma. Er verdiente ein Vermögen, als er auf die französische Niederlage bei Waterloo (1815) setzte, indem er englische Staatsanleihen kaufte. Ricardo schloss Bekanntschaft mit namhaften Ökonomen seiner Zeit, darunter Thomas Malthus (S. 69) und John Stuart Mill (S. 95). 1819 zog er sich von der Börse zurück und wurde Parlamentsmitglied. Bei seinem Tod 1823, hinterließ er einen Besitz im heutigen Wert von 120 Mio. Dollar.

Hauptwerke

1810 *The High Price of Bullion*
1814 *An Essay on the Influence of a Low Price of Corn*
1817 *On the Principles of Political Economy and Taxation*

»Die Verringerung der Geldmenge eines Landes und die Zunahme in einem anderen richten sich nicht nach dem Preis eines Gutes, sondern nach den Preisen aller Güter.«

David Ricardo

Die Rufe nach Protektionismus sind heute so laut wie zu Ricardos Zeiten. 2009 warf China den USA »blinden Protektionismus« vor, weil dort massive Importzölle auf Autoreifen erhoben wurden. Die Zollerhöhung erfolgte auf Druck von US-Arbeitern, nachdem der Import von Autoreifen stark gestiegen war. Das führte zu Firmenschließungen und Arbeitslosigkeit in den USA. Zuvor hatten jedoch die USA die Chinesen beschuldigt, ihre eigene Reifenindustrie auf unfaire Weise zu subventionieren. Die Situation eskalierte. China drohte damit, die Einfuhrsteuern auf Autos und Geflügel aus den USA zu erhöhen. Zölle wirken sich auf die gesamte Wirtschaft aus. Der (positive) Schutz für die US-amerikanischen Reifenproduzenten hatte auch negative Konsequenzen. Höhere Reifenpreise trieben die Preise von US-Autos in die Höhe. Damit waren sie weniger wettbewerbsfähig und wurden seltener gekauft. Außerdem schadete die chinesische Reaktion dem US-amerikanischen Export. Möglicherweise wurden einige Arbeitsstellen in der US-Reifenindustrie gerettet, aber viele weitere Jobs in der Wirtschaft insgesamt gingen verloren.

Protektionismus heute

Mancur Olson lieferte eine Erklärung für die Frage, warum Politiker Strategien verfolgen, die der Gesamtwirtschaft schaden, obwohl die Kosten allgemein bekannt sind: Es liege daran, dass die Befürworter der Zölle – eine kleine Zahl von großen inländischen Herstellern und ihren Arbeitern – sichtbar unter den billigen Importen leiden. Die deutlich größere Zahl der Verbraucher, die wegen der Zölle höhere Preise zahlen müssen, und der Arbeiter in verwandten Branchen, die ihre Jobs verlieren, sind dagegen in der Wirtschaft verstreut und daher nicht so auffällig.

Moderner Handel

Heute unterstützen die meisten Ökonomen im Grundsatz Ricardos Position. Sie glauben, dass sie den heutigen Industrieländern geholfen hat. Die US-Ökonomen David Dollar und Aart Kraay sind der Ansicht, dass der Handel in den vergangenen Jahrzehnten den Entwicklungsländern geholfen hat zu wachsen und die Armut zu bekämpfen. Andere Ökonomen bezweifeln, dass das immer so sein muss. Der US-Ökonom Joseph Stiglitz (S. 346) meint, die Entwicklungsländer litten häufig an Marktversagen und institutionellen Schwächen. Daher komme eine allzu schnelle Liberalisierung sie oft teuer zu stehen.

Außerdem gibt es Widersprüche zwischen Theorie und Praxis. Als beispielsweise die indische Regierung die Importzölle für billiges Palmöl aus Indonesien aufhob, verbesserte das den Lebensstandard von Hunderten Millionen Indern, in Übereinstimmung mit Ricardos Theorie. Aber gleichzeitig zerstörte es die Lebensgrundlage von einer Million Bauern, die Erdnüsse zur Ölgewinnung anbauten, das wegen des Palmöls jetzt nicht mehr gekauft wurde. In einer perfekten ricardianischen Welt müssten die Erdnussbauern nun einfach zur Produktion anderer Güter wechseln, aber das können sie nicht, weil ihre Kapitalinvestition unbeweglich ist – eine Maschine, die Erdnüsse verarbeitet, tut nur genau das.

Ricardos Kritiker behaupten, auf lange Sicht könnten solche Auswirkungen die Industrialisierung und Diversifikation in ärmeren Ländern behindern. Und auch wenn die reichen Industrieländer heute erfolgreiche Handelspartner sind, praktizierten sie keinen Freihandel, als sie sich entwickelten. Auf lange Sicht einen komparativen Kostenvorteil aufzubauen, ist für ein Land vielleicht komplexer als in Ricardos Modell. Manche meinen, Europa und die Tigerstaaten (S. 282–287) hätten ihn gerade durch Protektionismus aufgebaut: Sie hätten ihre Fähigkeiten und Fertigkeiten im Schutz von Zöllen und Importbeschränkungen entwickelt, ehe sie den Handel wirklich freigaben. ■

Waren aus Asien werden auf gewaltigen Containerschiffen in den Westen transportiert. Man schätzt, dass 75 Prozent der Waren in einem typischen US-Einkaufskorb aus Asien stammen.

INDUSTRI
WIRTSCH
REVOLUT
1820–1929

ELLE UND
AFTLICHE
ONEN

1838
Antoine Cournot führt **Funktionen und Wahrscheinlichkeiten** in die Wirtschaftslehre ein und stellt als Erster Angebot und Nachfrage grafisch dar.

1841
Das Phänomen der **Wirtschaftsblase** wird in Charles Mackays Buch *Extraordinary Popular Delusions and the Madness of Crowds* beschrieben.

1848
John Stuart Mill befürwortet Handel und soziale Gerechtigkeit. Er legt den Grundstein für den **Wirtschaftsliberalismus.**

1848
Karl Marx und Friedrich Engels veröffentlichen das *Manifest der kommunistischen Partei*.

1867
Karl Marx veröffentlicht den ersten Band von *Das Kapital*. Weitere Bände werden nach seinem Tod von Friedrich Engels publiziert.

1871
Carl Menger begründet die **Österreichische Schule,** die die freie Marktwirtschaft gegen den Sozialismus verteidigt.

1871
William Jevons formuliert die Werttheorie vom **Grenznutzen:** Der Wert eines Produkts liegt in seinem Nutzen für den Käufer.

1874
Léon Walras begründet die **allgemeine Gleichgewichtstheorie,** derzufolge die freien Märkte stabil sind.

Anfang des 19. Jahrhunderts verbreitete sich die industrielle Revolution von Großbritannien aus über Europa und quer durch Nordamerika. In ihrem Siegeszug verwandelte sie Agrarnationen in Industriestaaten. Die Wirtschaftsstrukturen veränderten sich grundlegend. Der Schwerpunkt verlagerte sich von den Kaufleuten, die Handel mit Waren trieben, auf die Produzenten, die Eigentümer des Kapitals. Der Kapitalismus brachte eine neue Art des wirtschaftlichen Denkens und neue soziale und politische Fragestellungen mit sich.

Die Marktverzerrung

Eine bemerkenswerte soziale Veränderung war das Auftreten einer neuen »herrschenden Klasse« industrieller Erzeuger sowie die ständige Zunahme an Produktionsfirmen, deren Unternehmensanteile vielfach an den Börsen zum Kauf angeboten wurden. Sie bildeten den Wettbewerbsmarkt, der im Mittelpunkt der »klassischen« Sicht der Wirtschaft gestanden hatte. Doch mit der Entwicklung der Marktwirtschaft traten neue Probleme auf. Bereits 1776 hatte Adam Smith (S. 61) vor der Gefahr gewarnt, dass große Produzenten den Markt beherrschen und als Monopol oder Kartell die Preise auf hohem Niveau festschreiben würden. Durch Regulierung könne man dem zwar entgegenwirken, aber wenn es nur wenige Hersteller seien, könnten sie leicht Strategien entwickeln, um den Wettbewerb zu verzerren. Smith war davon ausgegangen, dass die Menschen in einer Wirtschaft sich rational verhalten. Aber auch das wurde zunehmend infrage gestellt, als Investoren sich beeilten, Anteile an Firmen zu erwerben, deren Wert viel zu hoch angesetzt war. Das führte – ganz im Widerspruch zu der Vorstellung von einer stabilen Wirtschaft, die auf vernünftigem Verhalten gründet – zur Entstehung von Blasen. Trotzdem argumentierten Ökonomen wie Léon Walras (S. 120) und Vilfredo Pareto (S. 131), dass die Marktwirtschaft immer zum Gleichgewicht neige und dass dieses Gleichgewicht das Produktionsniveau und die Preise bestimme. Ihr Zeitgenosse Alfred Marshall (S. 110) erklärte indessen Angebot und Nachfrage sowie die Art und Weise, wie diese mit den Preisen in einem System des perfekten Wettbewerbs zusammenwirken.

1870ER-JAHRE
Robert Giffen beobachtet das **Giffen-Paradoxon,** bei dem der Verbrauch mit dem Preis steigt.

1890
Alfred Marshall veröffentlicht seine *Principles of Economics* mit **neuen mathematischen Ansätzen** zur Wirtschaftslehre.

1894
Die Sozialreformer **Beatrice und Sidney Webb** veröffentlichen *Die Geschichte des Britischen Trade Unionismus.*

1899
Thorstein Veblen beschreibt in *Die Theorie der feinen Leute* das auffällige **Konsumverhalten der Reichen.**

1906
Vilfredo Pareto beschreibt das **Pareto-Optimum,** einen Zustand, in dem es nicht möglich ist, ein Individuum besser zu stellen, ohne ein anderes schlechter zu stellen.

1914
Friedrich von Wieser beschreibt die **Opportunitätskosten** – den Wert der Möglichkeiten, die nicht wahrgenommen wurden.

1920
Arthur Pigou fordert, dass Firmen für die von ihnen verursachte **Umweltverschmutzung Steuern** zahlen.

1922
In *Die Gemeinwirtschaft* kritisiert **Ludwig von Mises** die kommunistische Planwirtschaft.

1927
Joseph Schumpeter beschreibt die wichtige Rolle des Unternehmers als Wegbereiter für Neuerungen.

Die Frage der Preise beschäftigte zahlreiche Ökonomen jener Zeit, da sie die Produzenten und die Verbraucher in der neuen kapitalistischen Gesellschaft betraf. Sie orientierten sich an den Moralphilosophen früherer Generationen und begannen, den Wert der Güter in ihrem Nutzen zu sehen und nicht mehr so sehr in der Arbeit, die an dem Rohmaterial verrichtet wird und ihm Wert verleiht. In diesem Zusammenhang lieferte William Jevons (S. 115) die mathematische Erklärung des Konzepts des Grenznutzens – also des Gewinns, den der Verbrauch eines bestimmten Produkts verschafft.

Marxistische Werttheorie

Die Theorie, dass der Wert eines Produkts durch die Arbeit bestimmt wird, die zu seiner Herstellung benötigt wird, hatte aber auch immer noch Anhänger. Statt der Produzenten und Konsumenten betraf sie vor allem die Arbeiter, die Güter für kapitalistische Arbeitgeber herstellten. Karl Marx betrachtete den Wert von dieser Seite her und kam zu dem Schluss, dass die Ungleichheiten in einer Marktwirtschaft einer Ausbeutung der Arbeiterklasse durch die Eigentümer des Kapitals gleichkämen. Sowohl im *Manifest der kommunistischen Partei* als auch in seinem Werk *Das Kapital* redete Marx einer proletarischen Revolution das Wort, die den Kapitalismus durch das ersetzen sollte, was er für das nächste Stadium in der wirtschaftlichen Entwicklung hielt: einen sozialistischen Zustand, in dem die Produktionsmittel den Arbeitern gehörten und kein Privateigentum mehr existierte.

Marx' Ideen wurden zwar später in vielen Teilen der Welt übernommen, aber es gab auch immer noch Marktwirtschaften. Im Allgemeinen sahen die Ökonomen im Kapitalismus den besten Weg zum Wohlstand – wenn man seine Ungerechtigkeiten durch bestimmte Maßnahmen milderte. Die Österreichische Schule der Wirtschaftswissenschaft entstand – sie betonte die kreativen Möglichkeiten des kapitalistischen Systems.

Nach dem *Wall Street Crash* von 1929 musste die freie Marktwirtschaft einige harte Rückschläge hinnehmen. Doch die Theorien der neoklassischen Ökonomen und insbesondere der Österreichischen Schule wurden im späten 20. Jahrhundert zum Modell für die Wirtschaften in der westlichen Welt. ■

WIE VIEL SOLLTE MAN ANGESICHTS DER KONKURRENZ PRODUZIEREN?

AUSWIRKUNGEN EINES BEGRENZTEN WETTBEWERBS

IM KONTEXT

SCHWERPUNKT
Märkte und Firmen

VORDENKER
Antoine Augustin Cournot (1801–1877)

Joseph Bertrand (1822–1900)

FRÜHER
1668 Der deutsche Wissenschaftler Johann Becher diskutiert in seinem Werk *Politischer Discurs* die Auswirkungen von Wettbewerb und Monopol.

1776 Adam Smith erklärt, wie perfekter Wettbewerb das soziale Wohlergehen maximiert.

SPÄTER
1883 Der französische Mathematiker Joseph Bertrand verwendet statt der Menge den Preis als strategische Variable in Cournots Modell.

1951 Der US-Mathematiker John Nash veröffentlicht eine allgemeine Gleichgewichtsdefinition im Rahmen der Spieltheorie. Cournots Duopol ist sein erstes Beispiel.

Ab etwa Mitte des 17. Jahrhunderts beobachteten die Ökonomen die gegensätzlichen Auswirkungen von Monopolen und scharfer Konkurrenz auf den Märkten. Sie stellten fest, dass bei Monopolen der Ausstoß eher gering ist, damit Preise und Profite hoch bleiben. Bei reichlich Wettbewerb wurden die Preise dagegen auf die Höhe der zu deckenden Kosten gedrückt, die Profite waren gering und der Ausstoß hoch. Antoine Cournot untersuchte, was passierte, wenn eine Art von Produkten von nur wenigen Firmen verkauft wurde.

Duopole im Duell

Cournot entwickelte sein Modell ausgehend von einem Duopol zweier Firmen, die identisches Quellwasser verkaufen. Die beiden

Wenn es nur zwei konkurrierende Firmen gibt (ein Duopol), die **das Gleiche** produzieren, …

… wissen beide Firmen, dass der **Ausstoß der anderen** die eigenen Profite beeinflusst.

Jede Firma reagiert, indem sie – angesichts der Ausstoßmenge der anderen Firma – ihren optimalen Ausstoß **wählt** – (dargestellt als Reaktionskurve).

Dort, wo sich die beiden Reaktionskurven schneiden, befindet sich der Markt in einem **Cournot-Gleichgewicht.**

Genau so viel sollte die Firma angesichts der Konkurrenz produzieren.

Siehe auch: Kartelle und Absprachen 70–73 ▪ Monopole 92–97 ▪ Der Wettbewerbsmarkt 126–129 ▪ Die Spieltheorie 234–241

Firmen dürfen kein Kartell bilden, andere Firmen können nicht hinzukommen und beide Firmen müssen gleichzeitig entscheiden, wie viele Flaschen Wasser sie liefern wollen.

Der Gesamtausstoß der Branche ergibt sich aus der Summe der Ausstoßmengen der beiden Firmen. Jede Firma muss den Ausstoß wählen, der ihren Profit maximiert, beruhend auf ihrer Vorhersage, wie hoch der Ausstoß der anderen Firma sein wird. Glaubt Firma A, B werde nichts produzieren, wählt Firma A den niedrigen Ausstoß eines Monopolisten, um den Profit zu maximieren. Wenn Firma A jedoch denkt, Firma B werde einen hohen Ausstoß produzieren, kann Firma A sich sogar entscheiden, nichts zu produzieren – weil es sich vom Preis her nicht lohnt. Cournot stellte die Entscheidungen beider Firmen als Reaktionskurven dar. Das Marktgleichgewicht liegt am Schnittpunkt beider Kurven. Dort verkaufen beide Firmen die profitabelste Menge – unter Berücksichtigung der Aktivitäten der jeweils anderen Firma. Dieses Gleichgewicht wurde als Nash-Gleichgewicht bekannt. Es ist ein Kernelement der Spieltheorie, die in der modernen Wirtschaftswissenschaft die strategischen Interaktionen zwischen Unternehmen und Individuen analysiert.

Cournot fand dieses Gleichgewicht mithilfe der Mathematik und konnte auch beweisen, dass die Duopolisten einen Ausstoß wählen würden, der höher liegt als bei einem Monopol, aber niedriger als beim perfekten Wettbewerb.

Cournot erweiterte sein Modell und zeigte: Nimmt die Zahl der Firmen zu, rückt der Ausstoß der Branche näher an das Niveau des perfekten Wettbewerbs. Joseph

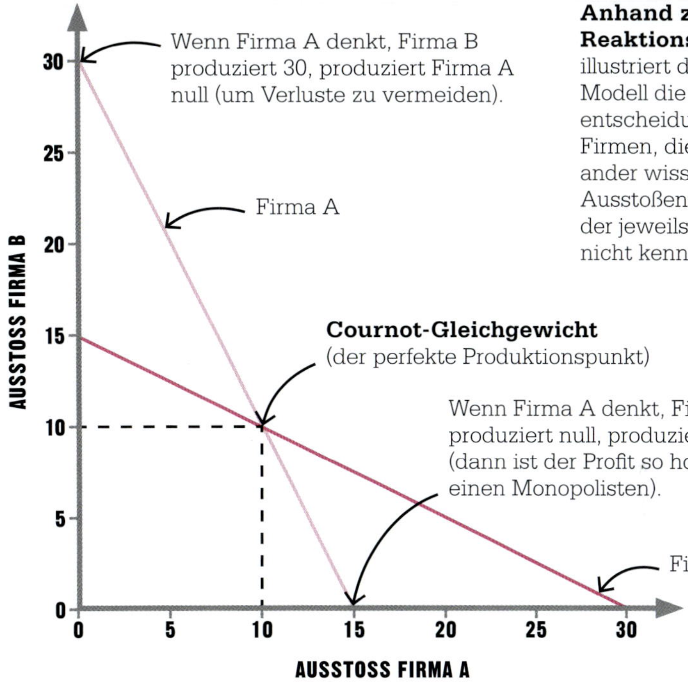

Anhand zweier Reaktionskurven illustriert das Cournot-Modell die Ausstoßentscheidungen zweier Firmen, die zwar voneinander wissen, aber die Ausstoßentscheidung der jeweils anderen nicht kennen.

Bertrand entwickelte Cournots Modell weiter. Er zeigte, dass das Gleichgewicht für das Duopol dann dem des perfekten Wettbewerbs entspricht, wenn die Firmen sich nicht nach dem Ausstoß, sondern nach dem angestrebten Preisniveau richten. Dann wird nämlich jede Firma, die einen zu hohen Preis ansetzt, von einer anderen unterboten. So sinkt der Preis auf das wettbewerbsfähige Niveau. ■

Antoine Cournot

Antoine Augustin Cournot, geboren im Jahr 1801 in Frankreich, war ein unersättlicher Leser. Er war relativ arm, studierte jedoch Mathematik an einer der besten Schulen des Landes und promovierte als Ingenieur. Eine Zeitlang arbeitete er als Privatlehrer und als Sekretär eines napoleonischen Generals. Dann wurde er Universitätsdozent und Professor. Trotz seiner Augenprobleme veröffentlichte er mehrere Werke über den Einsatz der Mathematik in den Wirtschaftswissenschaften. Zu seinen Lebzeiten fand er kaum Resonanz, weil er eine neue mathematische Schreibweise verwendete. Heute gilt er jedoch als profunder Denker mit prophetischem Horizont.

Hauptwerke

1838 *Recherches sur les principes mathématiques de la théorie des richesses*
1863 *Principes de la théorie des richesses*

TELEFON-GESPRÄCHE SIND TEUERER OHNE WETTBEWERB

MONOPOLE

IM KONTEXT

SCHWERPUNKT
Märkte und Firmen

VORDENKER
John Stuart Mill (1806–1873)

FRÜHER
um 330 v. Chr. Aristoteles beschreibt in *Die Politik* die Auswirkungen eines Monopols.

1776 Adam Smith warnt in *Der Wohlstand der Nationen* vor den Gefahren der Monopole.

1838 Der französische Ökonom Antoine Cournot analysiert, wie sich eine Verringerung der Anzahl von Firmen auf den Preis auswirkt.

SPÄTER
1890 Alfred Marshall entwickelt ein Monopolmodell.

1982 Der US-Ökonom William Baumol definiert in *Contestable Markets and the Theory of Industry Structure* den Wettbewerb neu.

Ein Monopol bedeutet, dass eine Firma einen bestimmten Markt kontrolliert. Entweder ist sie der einzige Anbieter oder sie hat einen beherrschenden Marktanteil. In vielen Ländern gilt ein Unternehmen als Monopolist, wenn es mehr als 25 Prozent des Marktes kontrolliert.

Die Behauptung, Monopole bedeuteten höhere Preise für Güter, ist Jahrtausende alt. Sie geht zumindest auf Aristoteles (384–322 v. Chr.) zurück, der in einer Geschichte über den griechischen Philosophen Thales von Milet vor dem Problem warnte. Thales wurde oft verspottet, weil er als Philosoph angeblich einer nutz- und brotlosen Beschäftigung nachging. Um den Leuten das Gegenteil zu beweisen, kaufte Thales alle Olivenpressen auf – im Winter, als sie billig waren – und verkaufte sie dann (als Monopolist) im Sommer, als die Pressen gebraucht wurden. Damit wurde er reich. Thales zog daraus die Moral, dass Philosophen reich sein können, wenn sie wollen. Für Ökonomen zeigt die Geschichte die Macht der Monopole auf.

Marktmacht

1848 veröffentlichte der englische Politikwissenschaftler John Stuart Mill seine *Grundsätze der politischen Ökonomie*. Darin ging er der Frage nach, ob mangelnder Wettbewerb zu einem Anstieg der Preise führe. Allgemein herrschte die Ansicht, dass es in einigen Branchen an Wettbewerb mangele. Diese Tendenz wurde entweder künstlich – durch Einführung einer Importsteuer vonseiten der Regierung – oder auf natürliche Weise erzeugt, weil die Firmen immer größer wurden. Große Firmen waren marktbeherrschend geworden, weil die Industrie im späten 19. Jahrhundert immer größere Kapitalmengen brauchte. Die Firmen, denen es gelang zu wachsen, indem sie genug Marktanteile erwarben, um die notwendigen Investitionen zu finanzieren, konnten ihre Marktmacht einsetzen, um kleinere Mitbewerber zu verdrängen und höhere Preise zu verlangen. Während der industriellen Revolution hatten der Kohlebergbau, die Eisenbahnen und die Wasserversorgung alle eine

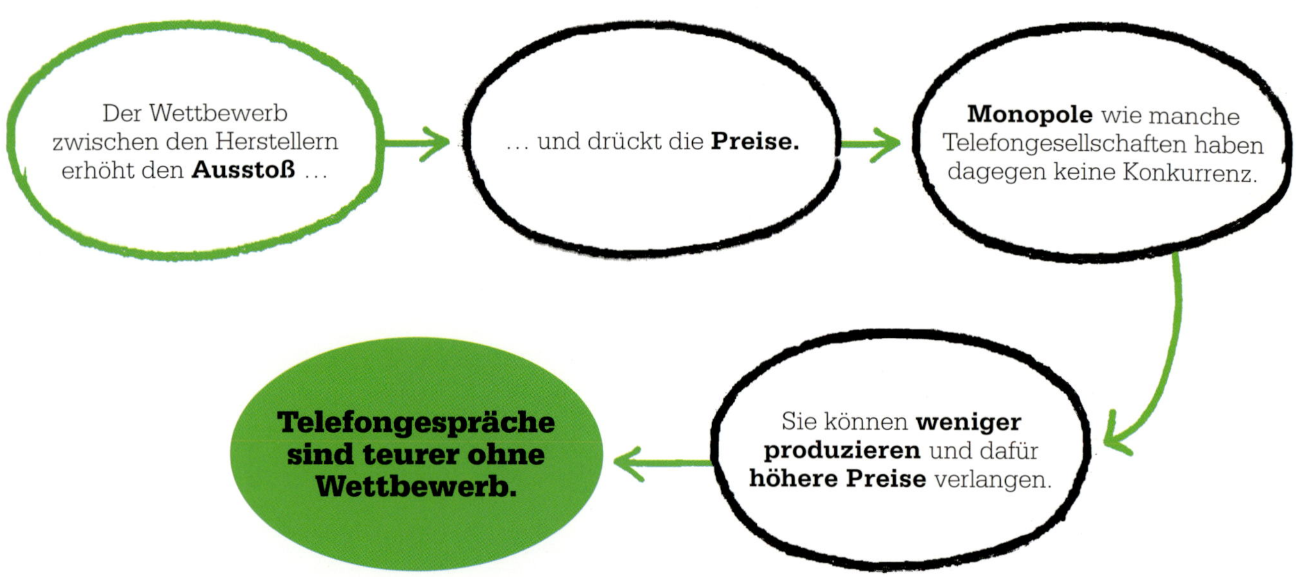

Siehe auch: Kartelle und Absprachen 70–73 ▪ Der Wettbewerbsmarkt 126–129 ▪ Größenvorteile 132 ▪ Schöpferische Zerstörung 148–149

Tendenz zur Konzentration. Beim Bergbau lag das Grundeigentum in den Händen weniger. Bei Eisenbahnen und Wasserversorgung gab es keine Alternative zu einer begrenzten Zahl von Anbietern, weil die erforderliche Infrastruktur so gewaltig war. Wie Adam Smith (S. 61) glaubte auch Mill, dass diese Charakteristika nicht notwendig zu einem Monopol führten. Das wahrscheinlichste Ergebnis waren Absprachen zwischen Firmen, die ihnen erlaubten, hohe Preise zu verlangen. Für die Verbraucher bedeutete das jedoch keinen Unterschied.

Monopolarbeiter

Mill war klar, dass mangelnder Wettbewerb die Preise nicht nur auf dem Gütermarkt in die Höhe trieb, sondern auch auf dem Arbeitsmarkt. Er nannte als Beispiel die Goldschmiede, die deutlich mehr verdienten als ähnlich geschickte Arbeiter, weil sie für vertrauenswürdig gehalten wurden – eine seltene Eigenschaft, die nicht leicht nachzuweisen war. Damit war der Zugang zu diesem Gewerbe nicht leicht. Wer mit Gold arbeitete, konnte also einen Monopolpreis dafür verlangen. Mill stellte fest, dass das nicht nur auf die Goldschmiede zutraf. Ihm fiel auf, dass große Teile der Arbeiterklasse von der Ausübung fachlich anspruchsvoller Tätigkeiten ausgeschlossen waren, weil dazu etliche Jahre Ausbildung nötig waren. Die meisten Familien konnten sich das nicht leisten. Wer es dennoch schaffte, der hatte ein Einkommen deutlich über der Norm. Ähnlich sehen manche Historiker die Zünfte des Mittelalters: privilegierte Handwerker, die versuchten, Arbeiter von der Konkurrenz auszuschließen.

Ab den späten 1890er-Jahren analysierte der britische Ökonom Alfred Marshall (S. 110) die Aus- »

Die Eisenbahnen waren zur Zeit Mills ein Beispiel für eine Monopolindustrie. Neue Linien waren teuer und unnütz auf bereits bestehenden Strecken.

John Stuart Mill

John Stuart Mill wurde 1806 in London geboren. Er wuchs in einer reichen Familie auf, einer Dynastie von Intellektuellen. Sein Vater war ein ausgesprochen anspruchsvoller Erzieher. Er bildete Mill zu Hause aus und erteilte ihm bereits mit drei Jahren Griechischunterricht, denn Mill sollte das philosophische Werk des Vaters fortführen. Zumindest teilweise war diese Erziehung verantwortlich für die psychischen Probleme, die Mill mit Anfang 20 hatte.

Als großer Denker seiner Zeit äußerte er sich zu schwierigen und wenig populären Themen wie der Französischen Revolution und den Rechten der Frauen. Er bezog auch laut und deutlich gegen die Sklaverei Position. Eine 20 Jahre währende Beziehung mit Harriet Taylor sorgte für einen Skandal in seinem Privatleben. Mill starb 1873 im Alter von 66 Jahren.

Hauptwerke

1848 *Grundsätze der politischen Ökonomie*
1861 *Utilitarismus*
1869 *Die Hörigkeit der Frau*

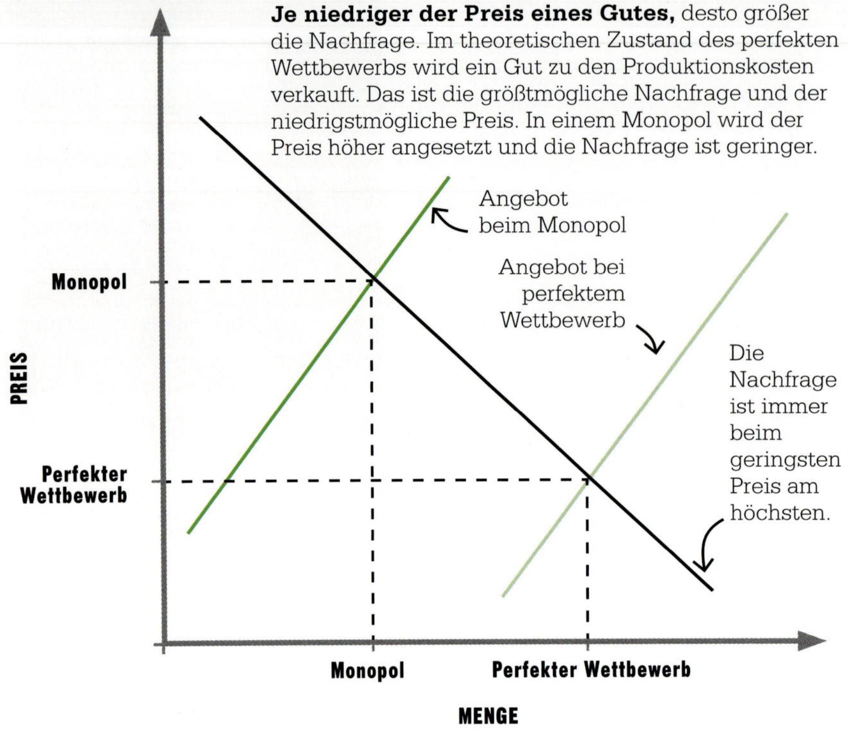

Je niedriger der Preis eines Gutes, desto größer die Nachfrage. Im theoretischen Zustand des perfekten Wettbewerbs wird ein Gut zu den Produktionskosten verkauft. Das ist die größtmögliche Nachfrage und der niedrigstmögliche Preis. In einem Monopol wird der Preis höher angesetzt und die Nachfrage ist geringer.

wirkungen von Monopolen auf die Preise und das Wohlergehen der Verbraucher. Marshall wollte herausfinden, ob der höhere Preis und der geringere Ausstoß insgesamt einen Wohlstandsverlust für die Gesellschaft bedeuten. In seinen *Principles of Economics* formulierte er den Gedanken der »Konsumentenrente«. Das ist der Unterschied zwischen dem maximalen Betrag, den Verbraucher für eine Ware zu zahlen bereit sind, und dem Betrag, den sie tatsächlich zahlen. Gesetzt den Fall, ein Verbraucher kauft einen Apfel für 20 Cent, wäre aber bereit gewesen, 50 Cent zu zahlen, dann beträgt die Konsumentenrente aus dem Kauf des Apfels 30 Cent. Auf einem Wettbewerbsmarkt mit vielen Firmen, die auf der Basis des Preises konkurrieren, wird eine bestimmte Menge Äpfel geliefert, die insgesamt eine bestimmte Konsumentenrente generiert. Der Wohlfahrtsverlust durch ein Monopol besteht darin, dass im Vergleich zu der Menge, die auf einem perfekten Wettbewerbsmarkt verkauft worden wäre, viel weniger Äpfel verkauft werden. Im Wesentlichen bedeutet das, dass Äpfel, die man vermarkten – und mit denen man eine Konsumentenrente erzeugen – könnte, leider nie auf den Markt kommen.

> »Der Monopolist versorgt nämlich den Markt ständig mangelhaft …, sodass er seine Ware weit über dem natürlichen Preis verkaufen kann …«
>
> **Adam Smith**

Vorteile von Monopolen

Monopole erzeugen oft sehr komplexe Preis- und Wohlfahrtseffekte. Marshall zufolge könnten Monopolisten gegebenenfalls die Preise sogar reduzieren, um beispielsweise Kunden für ein Telefonnetz zu gewinnen. Die meisten Leute bleiben bei einem Anbieter, wenn sie sich einmal entschieden haben, selbst wenn es später gleich gute oder gar bessere Alternativen gibt.

Manche Ökonomen haben darauf hingewiesen, dass Monopole sich auch sehr positiv auswirken können. Auf vielen Märkten verursachen Monopole geringere Kosten als eine Gruppe kleinerer Firmen: Ein Monopolist gibt weniger für Werbung aus und kann seinen Größenvorteil nutzen. Daher macht er möglicherweise mehr Gewinn, selbst wenn seine Preise niedriger sind, als es bei zahlreichen konkurrierenden kleineren Firmen mit höheren Kosten der Fall wäre. Dann würden die niedrigeren Preise den Verbrauchern nutzen und das Wirtschaftswachstum vorantreiben.

In ähnlicher Weise können große Firmen versuchen, monopolartige Profite zu machen, indem sie ihre Konkurrenten durch kurzfristige, aggressive Preissenkungen vom Markt vertreiben. Die Wirtschaftswissenschaftler nennen das Preisdumping. Auf lange Sicht ist es schlecht für die Verbraucher, weil der Markt monopolisiert wird. Doch in den 1950er- und 1960er-Jahren behauptete der US-Ökonom William Baumol sogar, es spiele keine Rolle, ob ein Monopol existiere, solange der Markt frei zugänglich sei. Schon allein die Möglichkeit der Konkurrenz bedeute, dass der Monopolist einen wettbewerbsfähi-

Telefonisten in der Schaltzentrale der Firma AT&T in New York (1940er-Jahre). Wegen ihrer Größe und ihrer beherrschenden Stellung galt die Firma als natürliches Monopol.

gen Preis wähle, denn ein höherer Preis könnte neue Marktteilnehmer anziehen, die dem Monopol Marktanteile entziehen würden. Deshalb kann es sein, dass die Preise unter einem Monopol nicht höher sind als auf einem Wettbewerbsmarkt.

Natürliche Monopole

Zu Marshalls Lebzeiten kristallisierte sich der Gedanke heraus, dass einige Monopole »natürlich« seien, wegen der enormen Kostenvorteile, die es mit sich bringt, wenn nur eine Firma existiert. Viele öffentliche Versorgungsunternehmen halten natürliche Monopole, etwa bei Telefon, Gas und Wasser. Die Fixkosten für die Einrichtung eines Netzes von Gasrohren sind enorm, verglichen mit den Kosten, einfach nur eine zusätzliche Menge Gas hindurchzuleiten.

Daher werden staatliche Monopole in der öffentlichen Versorgung in vielen Ländern akzeptiert. Dennoch intervenieren Regierungen auf diesen Märkten, um Monopoleffekte zu verhindern. Das Problem sind die Fixkosten: Wird von einer Firma, die ein natürliches Monopol hält, verlangt, einen wettbewerbsfähigen Preis zu gewähren, ist das für diese Firma oft unprofitabel. Mögliche Lösungen für dieses Problem sind z. B. die pauschale Verstaatlichung ganzer Industriezweige oder die Einrichtung von Regulierungsbehörden, die Preisobergrenzen festlegen – zum Nutzen der Verbraucher, aber auch im Hinblick auf die wirtschaftliche Überlebensfähigkeit der Branche.

Die Vertreter des Mainstreams argumentieren, dass Monopolmärkte das Ideal des perfekten Wettbewerbsmarktes nicht erreichen. Viele Staaten verfolgen daher eine Antitrust-Politik und wollen die Märkte zu mehr Wettbewerb bewegen. Durch verschiedene Maßnahmen sollen die Monopole davon abgehalten werden, ihre Marktmacht auszunutzen. Dazu gehören auch die Zerschlagung von Monopolen sowie das Verbot von Firmenfusionen, bei denen ein Monopol entstehen könnte.

Die moderne Österreichische Schule und der US-Ökonom Thomas DiLorenzo (geb. 1954) sehen diesen Ansatz kritisch. Sie argumentieren, echter Marktwettbewerb sei nicht das passive Verhalten perfekt konkurrenzfähiger Firmen, die in einem Zustand des Gleichgewichts handelten. Es gehe dabei vielmehr um eine unbarmherzige Rivalität in einer häufig kleinen Gruppe großer Unternehmen. Der Wettbewerb findet durch Preisgestaltung, Werbung und Marketing statt sowie dadurch, dass die großen Firmen neue Produkte erfinden und vermarkten.

Einen etwas anderen Ansatz vertritt der österreichische Ökonom Joseph Schumpeter (S. 149). Er betont das dynamische Potenzial von Monopolen, das entsteht, wenn Firmen darum konkurrieren, neue Produkte zu schaffen und wegen der möglichen Profite einen gesamten Markt zu beherrschen. Einig sind sich die Ökonomen, dass echter Wettbewerb den Verbrauchern nützt. Ob und wie Monopole dazu passen, ist weniger sicher. Anfang des 20. Jahrhunderts behauptete der deutsche Ökonom Robert Liefmann, nur eine eigentümliche Mischung aus Wettbewerb und Monopolen biete die bestmögliche Befriedigung der Bedürfnisse. ■

» Auch sollte man nicht vergessen, dass alles das, was ein größeres Kapital in einem Gewerbe oder Geschäft nötig macht, die Konkurrenz in diesem Geschäfte beschränkt. «

John Stuart Mill

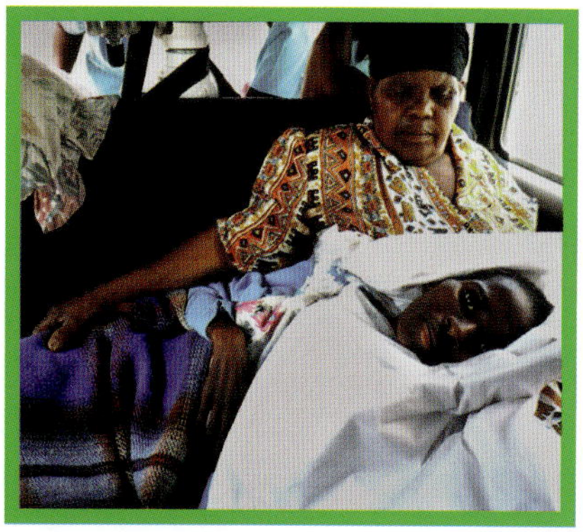

1998 setzte die pharmazeutische Industrie der USA ihr Monopol auf ein AIDS-Medikament gegenüber der südafrikanischen Regierung durch, die ein billigeres Generikum gekauft hatte.

MENSCHENMENGEN ERZEUGEN KOLLEKTIVEN WAHNSINN

WIRTSCHAFTSBLASEN

IM KONTEXT

SCHWERPUNKT
Die Makroökonomie

VORDENKER
Charles Mackay (1814–1889)

FRÜHER
1637 Der Niederländer P. Cos veröffentlicht *Das Tulpenbuch* mit Rohdaten über künftige Tulpenpreise.

SPÄTER
1947 Der US-Ökonom Herbert Simon führt in *Administrative Behavior* die Idee der »eingeschränkten Rationalität« ein – ursächlich für Fehlentscheidungen seien begrenzte Fähigkeiten und Informationen sowie zu wenig Zeit.

1990 Peter Garber bespricht Mackays Werk in seinem Aufsatz *Famous First Bubbles*.

2000 Robert Shiller veröffentlicht *Irrationaler Überschwang*. Er analysiert darin Gründe und Strategien, mit denen künftige Wirtschaftsblasen verhindert werden könnten.

Der schottische Journalist Charles Mackay veröffentlichte 1841 *Extraordinary Popular Delusions and the Madness of Crowds*, eine klassische psychologische Studie der Märkte und des irrationalen Verhaltens von Menschen in »Herden«. In dem Buch geht es um berühmte Beispiele fieberhafter Spekulation, darunter die Tulpenmanie (1630er-Jahre), die Mississippi-Spekulation (1719/20) und die Südseeblase (1720).

Mackay ging von der Annahme aus, dass Menschenmassen, die »wie verrückt« handeln, die Preise von Konsumgütern weit über jeden tatsächlichen Sachwert hinaus in die Höhe treiben können. Wenn das geschieht, spricht man von einer Wirtschaftsblase: Sie steigt und steigt in die Höhe und wird immer zerbrechlicher, bis sie platzt.

Hendrik Pots Gemälde der Tulpenmanie (1640) zeigt die Blumengöttin im Wagen mit betrunkenen Männern, die Arme voller Geld. Andere Leute rennen dem Wagen begierig hinterher.

Tulpenmanie

Die niederländische Tulpenmanie der 1630er-Jahre ist eines der frühesten Beispiele für eine Wirtschaftsblase. Anfang des 17. Jahrhunderts waren Tulpen aus Konstantinopel bei betuchten Personen in Holland und Deutschland sehr beliebt. Bald begehrte sie jeder, denn Tulpen gaben ihren Besitzern den Anstrich von Wohlstand und feiner Lebensart. Die niederländische Mittelschicht begann seltene Arten zu sammeln. 1636 waren Tulpen so gefragt, dass sie an der Amsterdamer Börse gehandelt wurden.

Etliche Menschen wurden plötzlich reich. Jeder rannte zum Tulpenmarkt und niemand bezweifelte, dass die Leidenschaft für Tulpen von Dauer sein würde. Aber als die Reichen in ihren Gärten keine Tulpen mehr pflanzten, sank ihre Attraktivität und die Menschen erkannten, dass die Manie am Ende

Siehe auch: Angebot und Nachfrage 108–113 ▪ Verhaltensökonomie 266–269 ▪ Bankenansturm 320–325 ▪ Globales Ungleichgewicht der Sparguthaben 326–329

war. Da setzten plötzlich hektische Verkaufsaktivitäten ein, das Vertrauen sank und die Preise für Tulpen kollabierten. Wer sich das Geld für seine Investitionen geliehen hatte, stand vor einer Katastrophe.

Wie Blasen entstehen

Der US-Ökonom Peter Garber ist der Ansicht, dass Spekulanten in einem solchen Fall Anlagegüter in dem vollen Wissen erwerben, dass der Preis deutlich über dem tatsächlichen Wert liegt. Aber sie glauben, er würde noch weiter steigen, ehe er abstürzt. Da Preise nicht unendlich weiter steigen können, handeln sie in dem irrationalen Glauben, dass der nächste Käufer dümmer sei als sie selbst und den Crash nicht kommen sehe. Aber Garber glaubt auch, dass es mitunter reale Gründe für Preissteigerungen gibt – beispielsweise wenn in Frankreich der Modetrend entsteht, seltene Tulpen an die Kleidung zu stecken. Ein Rat jedoch gilt für jede Blase: Käufer, seid wachsam! ▪

Die Blase des 21. Jahrhunderts

Die Dotcom-Blase platzte als erste Blase des 21. Jahrhunderts im März 2000. Die Preise wurden nicht durch Veränderungen im realen Wert, sondern durch reine Spekulation in die Höhe getrieben. Die Investoren nahmen an, dass sich die Welt durch das Internet für immer verändern würde, und ergriffen die »einmalige Gelegenheit«, in den E-Commerce zu investieren.

Obwohl die neuen Firmen keine Firmengeschichte, niedrige Verkaufszahlen und kaum Profite hatten, zogen sie Investitionen in Höhe von Hunderten Milliarden Dollar an. Die Leute glaubten, jede Firma sei die nächste AOL – deren Kundenstamm sich in zwei Jahren von 200 000 auf 1 Mio. Nutzer erhöht hatte und dann weiter um rund 1 Mio. Nutzer pro Monat wuchs. Die Gier war stärker als die Furcht und die Investoren überschlugen sich vor Eile. Zwischen März 2000 und Oktober 2002 verloren die Dotcom-Aktien mehr als 7 Bio. Dollar an Wert.

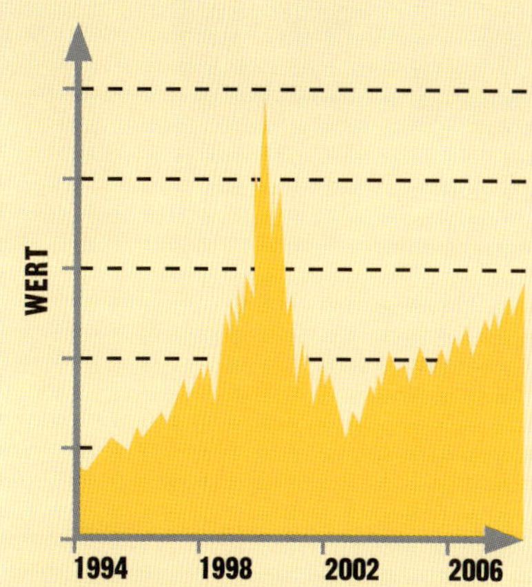

Die Dotcom-Blase erreichte ihren Höchststand im Jahr 2000. Die Preissteigerungen waren in aller Munde – ein sicheres Zeichen für den bevorstehenden Absturz.

MÖGEN DIE HERRSCHENDEN KLASSEN VOR EINER KOMMUNISTISCHEN REVOLUTION ERZITTERN

MARXISTISCHE WIRTSCHAFT

IM KONTEXT

SCHWERPUNKT
Wirtschaftssysteme

VORDENKER
Karl Marx (1818–1883)

FRÜHER
1789 In Frankreich schwemmt die Revolution die Aristokratie und das Feudalregime hinweg.

1816 Der deutsche Denker Friedrich Hegel erläutert seine Dialektik in *Die Wissenschaft der Logik*.

1848 In ganz Europa kommt es zu Revolutionen durch Angehörige der Mittel- und Arbeiterklasse.

SPÄTER
1922 Unter Wladimir Lenin wird nach marxistischen Prinzipien die UdSSR gegründet.

1949 Mao Zedong ruft die Volksrepublik China aus.

1989 Der Fall der Berliner Mauer steht für den Zusammenbruch des kommunistischen Ostblocks.

Auch wenn sich die Wirtschaftswissenschaften hauptsächlich mit der freien Marktwirtschaft befassen, sollte nicht vergessen werden, dass einen Großteil des 20. Jahrhunderts hindurch bis zu einem Drittel der Welt unter kommunistischer oder sozialistischer Herrschaft stand. Diese Staaten hatten eine zentrale Planwirtschaft. Schon seit der Zeit, als die freien Marktwirtschaften entstanden, suchten die politischen Philosophen nach einer Alternative zum Kapitalismus. Ein wahrhaft ökonomisches Argument für den Kommunismus wurde jedoch erst Mitte des 19. Jahrhunderts formuliert, als Karl Marx (S. 105) sein Hauptwerk, *Das Kapital*, verfasste.

Marx war vor allen Dingen Ökonom – auch wenn ihm im Allgemeinen ein eher politischer Einfluss zugeschrieben wird. Seiner Ansicht nach bildete die wirtschaftliche Organisation einer Gesellschaft die Grundlage für ihren sozialen und politischen Aufbau. Die Ökonomie war für ihn der Motor der sozialen Veränderung. Marx betrachtete die Geschichte nicht unter dem Gesichtspunkt der Kriege oder des Kolonialismus, sondern als eine Folge verschiedener Wirtschaftssysteme, die immer wieder neue Formen der sozialen Organisation hervorbrachten.

Mit dem Aufstieg der Märkte waren die Händler gekommen, und mit den Fabriken kam das Industrieproletariat. Der Feudalismus wurde durch den Kapitalismus ersetzt, der seinerseits durch den Kommunismus ersetzt werden würde. In seinem *Kommunistischen Manifest* von 1848 prophezeite Marx, dass dies durch eine Revolution geschehen werde. Um zu erklären, warum er diese Veränderung für unausweichlich hielt, analysierte er das kapitalistische System und die ihm innewohnenden Schwächen in dem dreibändigen Werk *Das Kapital*.

Im Juni 1848 erhoben sich Arbeiter in Paris gegen die Regierung und besetzten Barrikaden. Der Aufstand wurde jedoch schnell unterdrückt.

Dennoch war Marx kein absoluter Kritiker des Kapitalismus. Er sah in ihm eine historisch notwendige Phase des wirtschaftlichen Fortschritts, die den überholten Feudalismus und den Merkantilismus ersetzte. Fast bewundernd beschreibt Marx den Kapitalismus als die Triebfeder von technologischer Innovation und industrieller Effizienz. Letztlich handele es sich jedoch um ein vorübergehendes Stadium und ein unvollkommenes System, dessen Fehler schließlich zu seinem Untergang führen würden.

Im Kern seiner Analyse steht die Unterteilung der Gesellschaft in die »Bourgeoisie«, eine Minderheit, die die Produktionsmittel besitzt, und das »Proletariat«, die weitaus größere Mehrheit, die die Erwerbsbevölkerung bildet. Marx betrachtet diese Unterteilung als das Hauptmerkmal des Kapitalismus.

Siehe auch: Eigentumsrechte 20–21 ▪ Die Arbeitswerttheorie 106–107 ▪ Tarifverhandlungen 134–135 ▪ Zentrale Planung 142–147 ▪ Die soziale Marktwirtschaft 222–223 ▪ Engpässe in Planwirtschaften 232–233

Die Ausbeutung der Arbeiter

Mit dem Aufkommen der modernen Industrie war die Bourgeoisie zur herrschenden Klasse aufgestiegen. Ihr gehörten die Produktionsmittel. Während die Arbeiter – das Proletariat – Güter und Dienstleistungen gegen Lohn produzierten, verkauften die Besitzer des Kapitals – die Industriellen und Fabrikeigentümer – diese Güter und Dienstleistungen mit Gewinn. Wenn, wie Marx glaubte, der Wert eines Konsumguts auf der zur Herstellung erforderlichen Arbeit beruht, müssen die Kapitalisten auf das fertige Konsumgut erst den Preis für die Arbeit aufschlagen und dann den Gewinn. In einem kapitalistischen System müssen die Arbeiter mehr Wert produzieren, als sie an Lohn erhalten. So pressen die Kapitalisten den Arbeitern einen Mehrwert ab – das ist der Profit.

Um den Profit zu maximieren, liegt es im Interesse der Kapitalisten, die Löhne gering zu halten, aber auch neue Technologien einzuführen – was für die Arbeiter oft monotone Arbeit oder sogar Arbeitslosigkeit bedeutet. Durch »

Mitte des 19. Jh. wurde die Industrie durch neue Technologien und Arbeitsteilung immer effizienter. Laut Marx führte das zu einer ausgebeuteten, entfremdeten Arbeiterklasse.

Unter dem **Kapitalismus** …

… befinden sich die **Produktionsmittel** im Privatbesitz einer Minderheit.

Diese **Minderheit beutet** die Arbeit der Mehrheit **aus,** um Profite zu machen.

Unbeabsichtigt werden dabei die Arbeiter **geschickter und gebildeter.**

Die **Arbeiter begreifen** ihre Position und wollen die Unterdrückung abschütteln.

… führt die **Profitgier** zur Überproduktion von Gütern. Diese verursacht Preisstürze in der Wirtschaft.

Der Kapitalismus strauchelt ständig, die Wirtschaft ist geprägt von **endlosen Krisen.**

Die **mangelnde wirtschaftliche Stabilität** führt zu Unruhen.

Eine Revolution findet statt, in der die **Arbeiter die herrschende Klasse absetzen** und die Kontrolle über die Produktionsmittel übernehmen.

Mögen die herrschenden Klassen vor einer kommunistischen Revolution erzittern.

Er hat nichts zu verlieren als seine Ketten: Dieser Arbeiter befreit sich von der Unterdrückung – auf einem Plakat zur Erinnerung an die Oktoberrevolution von 1917, die auf Marx' Ideen zurückging.

diese Ausbeutung der Arbeiterklasse, die Marx für ein unumgängliches Merkmal des Kapitalismus hielt, wird den Arbeitern sowohl eine adäquate Entlohnung als auch die Zufriedenheit mit ihrer Arbeit vorenthalten. Sie werden dem Produktionsprozess entfremdet. Das muss, laut Marx, zu sozialer Unruhe führen.

Wettbewerb und Monopol

Ein anderes wesentliches Merkmal des Kapitalismus ist der Wettbewerb unter den Herstellern. Um auf dem Markt zu bestehen, muss eine Firma nicht nur versuchen, die Produktionskosten zu senken, sie muss auch die Preise ihrer Mitbewerber unterbieten. Daran scheitern einige Hersteller und machen bankrott, während andere einen größeren Marktanteil übernehmen. Marx sah eine Tendenz zu immer weniger Herstellern, in deren Händen die Produktionsmittel lagen, und zu einer Konzentration des Wohlstands in den Händen einer immer kleineren Gruppe des Bürgertums. Auf lange Sicht würde das zur Bildung von Monopolen führen, die dann nicht nur die Arbeiter ausbeuteten, sondern auch die Verbraucher. Und die ehemaligen Bürger und die Arbeitslosen würden in die Reihen des Proletariats eintreten.

Im Wettbewerb sah Marx die Ursache eines weiteren Versagens des kapitalistischen Systems: Das Vordringen auf Märkte, auf denen die Profite steigen, führt zu erhöhter Produktion, mitunter ohne Rücksicht auf die Nachfrage. Dies wiederum führt zu Verschwendung und Stagnation oder sogar zu wirtschaftlicher Talfahrt. Von Natur aus ist der Kapitalismus ungeplant und wird nur vom Markt regiert – Wirtschaftskrisen sind die Folge, wenn Angebot und Nachfrage nicht zusammenpassen. Das Wachstum in einer kapitalistischen Wirtschaft ist kein reibungsloser Vorgang. Marx glaubte, dass Krisen immer häufiger auftreten und die damit verbundenen Härten insbesondere das Proletariat betreffen würden.

Nach Marx mussten diese Schwächen der kapitalistischen Wirtschaftsordnung zwangsläufig zum Kollaps führen. Um zu erklären, wie das vor sich ging, griff er auf eine Vorstellung des deutschen Philosophen Friedrich Hegel zurück, der zeigte, wie widersprüchliche Ideen in einem dialektischen Prozess zur Lösung gebracht werden können: Jede Idee oder jeder Zustand (die These) enthält im Kern einen Widerspruch (die Antithese), und aus diesem Konflikt entsteht eine neue, umfassendere Vorstellung (die Synthese).

In den Widersprüchen, die den Volkswirtschaften innewohnen – verkörpert im Konflikt der verschiedenen Klassen – erkannte Marx den Motor der historischen Veränderung. Er analysierte die Ausbeutung und Entfremdung des Proletariats durch die Bourgeoisie im Kapitalismus als einen sozialen Widerspruch zwischen der These (Kapitalismus) und der Antithese (den ausgebeuteten Arbeitern). Am Ende würde dieser Gegensatz zu massiven sozialen Unruhen führen. Eine proletarische Revolution wäre unvermeidbar und notwendig, um die Synthese einzuleiten – den Kommunismus. In den berühmten Schlussworten des *Kommunistischen Manifests* sprach sich Marx für die Revolution aus: »Die Proletarier haben nichts zu verlieren als ihre Ketten. Sie haben eine Welt zu gewinnen. Proletarier aller Länder, vereinigt euch!«

Revolution

Marx sagte voraus, dass das Proletariat die Produktionsmittel übernehmen würde, wenn die Bourgeoisie niedergeworfen sei. Dies führe dann zur »Diktatur des Proletariats«, einer Form des Sozialismus. Doch dies wäre nur ein erster Schritt zur Abschaffung des Privateigentums

» Die Bourgeoisie … zwingt alle Nationen, die Produktionsweise der Bourgeoisie sich anzueignen, wenn sie nicht zu Grunde gehn wollen. «

Karl Marx
Friedrich Engels

zugunsten des gemeinschaftlichen Besitzes in einem kommunistischen Staat.

Marx analysierte den Kapitalismus gründlich, über das kommunistische System schrieb er dagegen im Einzelnen wenig: Es sollte auf Gemeinschaftsbesitz beruhen und eine Planwirtschaft sollte für die Übereinstimmung von Angebot und Nachfrage sorgen. Damit wären seiner Ansicht nach alle Ungerechtigkeiten und die Instabilität des Kapitalismus abgeschafft. Der Kommunismus galt Marx als Krönung des historischen Fortschritts. Doch seine Kritik des Kapitalismus wurde alles andere als begeistert aufgenommen. Die meisten Ökonomen seiner Zeit sahen im freien Markt den Weg zu Wirtschaftswachstum und Wohlstand. Aber Marx hatte auch Anhänger. Und seine Voraussage einer kommunistischen Revolution erwies sich als korrekt – wenn auch nicht da, wo er sie erwartet hatte, im industrialisierten Europa und in Amerika, sondern in Agrarnationen wie Russland und China.

Marx erlebte die Entstehung der kommunistischen Staaten nicht mehr. Und er konnte nicht vorhersehen, wie ineffizient ihre Planwirtschaften sein würden. Heute gibt es nur noch wenige Planwirtschaften (in Kuba, China, Laos, Vietnam und Nordkorea). Es ist die Frage, wie »marxistisch« der Kommunismus in der UdSSR oder der Volksrepublik China je war – aber sein Zusammenbruch im Ostblock und die Liberalisierung der chinesischen Wirtschaft werden von vielen Ökonomen als Beweis dafür betrachtet, dass Marx sich irrte.

1959 übernahmen Fidel Castros Revolutionäre die Macht in Kuba. Aus der nationalistischen Revolution wurde bald eine kommunistische: Castro verbündete sich mit der Sowjetunion.

Gemischte Wirtschaftsordnungen

In den Jahrzehnten nach dem Zweiten Weltkrieg entwickelte Westeuropa einen »dritten Weg« zwischen Kommunismus und Kapitalismus. In vielen Staaten der Europäischen Union bestehen noch heute gemischte Wirtschaftsordnungen: Staatliche Eingriffe finden in unterschiedlichem Ausmaß statt und die Eigentumsverhältnisse sind unterschiedlich geregelt. Einige Staaten, insbesondere Großbritannien, verfolgen mittlerweile stärker eine Politik des Laisser-faire. Dabei spielt der Staat eine kleinere Rolle. Der Kommunismus hat heute einen schlechten Ruf und der Zusammenbruch des Kapitalismus steht nicht unmittelbar vor der Tür – so gesehen war Marx' Theorie wohl falsch. Dennoch hat sie immer noch ihre Anhängerschaft und die späteren Finanzkrisen haben zu einer Neubewertung seiner Ideen geführt. Die zunehmende Ungleichheit, Konzentration des Reichtums in wenigen großen Unternehmen, häufige Wirtschaftskrisen und die »Kreditkrise« von 2008 werden alle der freien Marktwirtschaft angelastet. Eine wachsende Zahl von Denkern – und nicht alle stehen politisch links – nimmt daher Elemente der Marxschen Kapitalismuskritik durchaus wieder ernst. ■

Karl Marx

1818 wurde Karl Marx in Trier geboren. Er war der Sohn eines Anwalts, der vom Judentum zum Christentum übergetreten war. Marx studierte Jura, begann sich dann aber für Philosophie zu interessieren. In diesem Fach promovierte er in Jena. 1842 zog er nach Köln und arbeitete als Journalist. Wegen seiner sozialistischen Ansichten wurde die Zensur auf ihn aufmerksam und er musste mit seiner Frau Jenny nach Paris fliehen.

Dort lernte er den Industriellen Friedrich Engels kennen, mit dem er 1848 das *Kommunistische Manifest* schrieb. Im folgenden Jahr kehrte er kurz nach Deutschland zurück. Aber als die Revolutionen niedergeschlagen wurden, ging er nach London. Dort verbrachte er den Rest seines Lebens und schrieb *Das Kapital*. 1883 starb er in Armut, trotz finanzieller Unterstützung durch Engels.

Hauptwerke

1848 *Manifest der Kommunistischen Partei* (mit Friedrich Engels)
1858 *Grundrisse der Kritik der politischen Ökonomie*
1867, 1885, 1894 *Das Kapital, Band I–III*

DER WERT EINES PRODUKTS BERUHT AUF DEM AUFWAND SEINER HERSTELLUNG

DIE ARBEITSWERTTHEORIE

IM KONTEXT

SCHWERPUNKT
Werttheorien

VORDENKER
Karl Marx (1818–1883)

FRÜHER
1662 Der englische Ökonom William Petty meint, da das Land ein Geschenk der Natur sei, beruhe alles Kapital auf »geleisteter Arbeit«.

1690 Der englische Philosoph John Locke ist der Ansicht, die Arbeiter hätten die Früchte ihrer Arbeit verdient.

SPÄTER
1896 Der österreichische Ökonom Eugen von Böhm-Bawerk veröffentlicht *Zum Abschluss des Marxschen Systems.* Darin fasst er die Kritik an Marx' Arbeitswerttheorie zusammen.

1942 Der radikale US-Ökonom Paul Sweezy veröffentlicht *The Theory of Capitalist Development* und verteidigt Marx' Arbeitswertlehre.

Natürliche Ressourcen stammen aus der Natur und **kosten nichts.**

Das Hinzufügen von Arbeit zu natürlichen Ressourcen schafft **Rohmaterialien.**

Durch Hinzufügen von Arbeit zu Rohmaterialien entstehen **Maschinen und Grundstoffe.**

Durch Hinzufügen von Arbeit zu Maschinen und Grundstoffen entstehen **Verbrauchsgüter.**

Der Wert eines Produkts beruht auf dem Aufwand seiner Herstellung.

Die Bedeutung der Arbeit für die Festlegung des Wertes von Gütern hat eine Geschichte, die bis zu den Philosophen der griechischen Antike zurückreicht. Ab der Mitte des 17. Jahrhunderts beherrschte sie 200 Jahre lang das ökonomische Denken.

In primitiven, vorindustriellen Gesellschaften war die Sache noch recht einfach gewesen. Wenn man eine Woche brauchte, um ein Fischernetz zu knüpfen, tauschte man es nicht gegen einen hölzernen Löffel, der an einem einzigen Morgen geschnitzt worden war. Mit der Entstehung der Industriegesellschaften im 18. Jahrhundert wurde die Sache komplizierter. Die klassischen Ökonomen Adam Smith (S. 61) und David Ricardo (S. 84) entwickelten beide eine Werttheorie unter Berücksichtigung der Arbeit, aber es war Karl Marx (S. 105), der in seinem Hauptwerk *Das Kapital* den berühmtesten Ansatz lieferte.

Siehe auch: Landwirtschaft und Volkswirtschaft 39 ▪ Das klassische Wertparadoxon 63 ▪ Marxistische Wirtschaft 100–105 ▪ Angebot und Nachfrage 108–113 ▪ Nutzen und Zufriedenheit 114–115 ▪ Opportunitätskosten 133 ▪ Zentrale Planung 142–147

» Als Werte sind die Waren nichts als kristallisierte Arbeit. «

Karl Marx

Arbeit und Kosten

Marx geht davon aus, dass die Menge an Arbeit, die zur Herstellung eines Gutes erforderlich ist, proportional zum Wert ist. Häufig wird folgendes Argument verwendet: Wenn ein Haarschnitt eine halbe Stunde dauert und der Stundenlohn bei 40 Euro liegt, ist er 20 Euro wert. Wenn dazu Schere und Bürsten erforderlich sind, die 60 Euro wert sind und bei jedem Haarschnitt 1 Euro an Wert verlieren, ist der Gesamtwert des Schnitts 21 Euro. Von den Werkzeugen kostet die Schere 20 Euro, weil es 45 Minuten dauerte, sie aus einem Klumpen Stahl – zum Preis von 12,50 Euro – zu schmieden. Analog lässt sich erklären, warum der Klumpen Stahl 12,50 Euro kostete, indem man den Zeitaufwand und die Kosten für die Stahlproduktion bis zum Eisenerz zurückverfolgt. Am Ende gelangt man so zu den ursprünglichen natürlichen Ressourcen, die nichts kosten – der ganze Wert wird durch Arbeit geschaffen.

Marx wies darauf hin, dass es zu schwierig sei, den Wert jedes Gutes auf diese Weise zu bestimmen, daher solle der Wert die »kristallisierte« Arbeit sein, die in dem Gut enthalten ist. Er wollte außerdem den Wert durch den »normalen« Arbeitsaufwand bestimmt wissen, der für die Produktion erforderlich sei. Ein schlechter Friseur brauche vielleicht eine Stunde für den Haarschnitt, was die Kosten nicht erhöhen dürfe. Marx bestritt nicht, dass Angebot und Nachfrage den Wert von Gütern kurzfristig beeinflussen, aber auf lange Sicht, so sagte er, müssten Grundstruktur und Dynamik des Wertsystems aus der Arbeit resultieren. ■

Zufriedenheit durch Arbeit

Laut Karl Marx ist das Bedürfnis nach Nähe zu anderen Menschen einer unserer hauptsächlichen Antriebe. Nähe macht uns glücklich und wir zeigen dieses Bedürfnis durch unsere Arbeit.

Wenn Menschen etwas herstellen, ist das Produkt Ausdruck ihrer Persönlichkeit. Kaufen dann andere diesen Gegenstand, sind die Hersteller glücklich, weil sie das Bedürfnis der anderen befriedigen können und weil die Käufer die »Tugendhaftigkeit« der Hersteller bestätigen. Der Kapitalismus zerstört jedoch dieses wesentliche menschliche Element, weil er den Arbeiter von seinem Produkt entfremdet. Die Menschen haben keine Kontrolle über ihr Produkt: Sie werden einfach nur angestellt, um in geistloser Arbeit zu produzieren. Der kooperative Charakter der Gesellschaft geht verloren, da die Menschen in ihrem Wettbewerb um Arbeitsplätze isoliert sind. Eben diese Entfremdung von unserer Arbeit macht uns nach Marx' Ansicht unglücklich.

Als die Arbeitswerttheorie das ökonomische Denken beherrschte, sah sie sich der Kritik durch paradoxe Fragen ausgesetzt:

Sandburgen entstehen durch Arbeit. Warum sind sie wertlos? Marx' Antwort lautet, dass nicht alles, was durch Arbeit entsteht, einen Wert hat – Arbeit wird auch auf Dinge verschwendet, die keiner haben will.

Wie kann ein künstlerisches Meisterwerk danach bewertet werden, wie lange die Herstellung dauerte? Die Antwort lautet: Große Kunstwerke sind einmalig und daher eine Ausnahme von der Regel. Es gibt keinen durchschnittlichen Wert der Arbeit, von dem man einen Preis ableiten könnte.

Warum steigt der Wert, z. B. von Wein, nur durch Lagerung, ohne dass weitere Arbeit geleistet wird? Die Antwort: Durch das Warten auf die Reifung des Weines wachsen der Arbeit zusätzliche Kosten zu.

PREISE ENTSTEHEN DURCH ANGEBOT UND NACHFRAGE

ANGEBOT UND NACHFRAGE

IM KONTEXT

SCHWERPUNKT
Werttheorien

VORDENKER
Alfred Marshall (1842–1924)

FRÜHER
um 1300 Der islamische Gelehrte Ibn Taimiya untersucht den Effekt von Angebot und Nachfrage auf die Preise.

1691 Der englische Philosoph John Locke meint, die Preise von Gütern würden direkt durch das Verhältnis von Käufern zu Verkäufern beeinflusst.

1817 Der Ökonom David Ricardo behauptet, die Preise würden vor allem von den Produktionskosten beeinflusst.

1874 Der französische Ökonom Léon Walras untersucht das Gleichgewicht der Märkte.

SPÄTER
1936 Der britische Ökonom John Maynard Keynes ermittelt Angebot und Nachfrage in der Volkswirtschaft insgesamt.

Angebot und Nachfrage gehören zu den Grundbausteinen der ökonomischen Theorie. Märkte beruhen auf dem Wechselspiel zwischen der verfügbaren Menge eines Produkts und dem Verlangen der Verbraucher, es zu erwerben.

Bereits im Mittelalter beschäftigte man sich mit der Bedeutung von Angebot und Nachfrage in den Wirtschaftsbeziehungen. Der schottische Gelehrte Duns Scotus erkannte, dass ein Preis gleichermaßen gegenüber dem Verbraucher und dem Hersteller fair sein muss. Insofern muss er die Produktionskosten berücksichtigen. Spätere Ökonomen untersuchten die Auswirkungen von Kosten der Angebotsseite auf den Preis und Adam Smith (S. 61) und David Ricardo (S. 84) stellten eine Verbindung zum Arbeitsaufwand bei der Produktion her. Das war die klassische Arbeitswerttheorie.

In den 1860er-Jahren entwickelte sich die neoklassische Theorie. Sie führte den Gedanken des Grenznutzens ein (S. 114–115). Danach spielt die Zufriedenheit, die ein Verbraucher durch eine geringere oder größere Menge eines Produkts gewinnt,

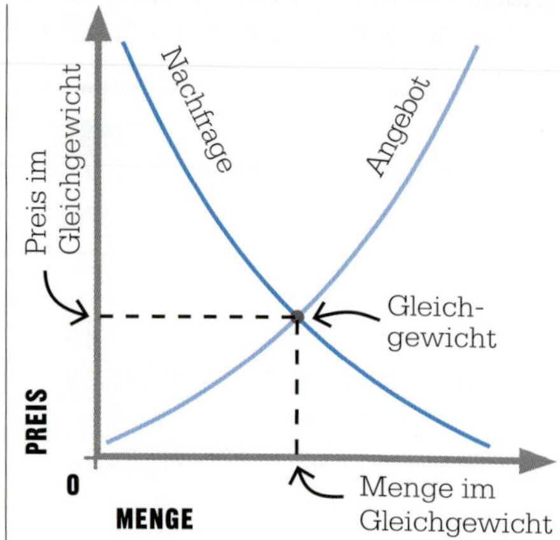

Diese Kurve, bekannt als Marshall-Kreuz, veranschaulicht die Beziehung zwischen Angebot und Nachfrage. Im Schnittpunkt der Kurven liegt der Preis.

eine Rolle für Nachfrage und Preis. Der britische Ökonom Alfred Marshall vereinte die Analyse des Angebots mit dem neoklassischen Ansatz zur Nachfrage. Er erkannte, dass Angebot und Nachfrage gemeinsam den Marktpreis hervorbringen. Seine Arbeit war wichtig, weil sie die Dynamik von Angebot und Nachfrage auf kurzfristigen Märkten (etwa für verderbliche Güter) im Gegensatz zu langfristigen (etwa für Gold) illustrierte.

Alfred Marshall

Alfred Marshall wurde 1842 in London geboren. Er wuchs in Clapham auf und erhielt ein Stipendium für die Universität Cambridge, wo er Mathematik und Metaphysik unter besonderer Berücksichtigung der Ethik studierte. Die Ökonomie betrachtete er als die praktische Umsetzung seiner ethischen Überzeugungen.

1868 trat Marshall eine Dozentenstelle an, die eigens für ihn geschaffen worden war. Nach einem Besuch in den USA 1875 konzentrierte er sich auf die politische Ökonomie. 1877 heiratete Marshall Mary Paley und wurde Rektor des University College von Bristol (England). 1885 kehrte er als Professor für politische Ökonomie nach Cambridge zurück und hatte diese Position bis zu seinem Ruhestand 1908 inne. Von 1890 bis zu seinem Tod 1924 galt Marshall als beherrschende Figur der britischen Wirtschaftswissenschaft.

Hauptwerke

1879 *The Economics of Industry* (mit Mary Paley Marshall)
1890 *Principles of Economics*
1919 *Industry and Trade*

Siehe auch: Das klassische Wertparadoxon 63 ▪ Die Arbeitswerttheorie 106–107 ▪ Wirtschaftliches Gleichgewicht 118–123 ▪ Nutzen und Zufriedenheit 114–115 ▪ Paradoxe Ausgaben 116–117 ▪ Die Nachfrageelastizität 124–125 ▪ Der Wettbewerbsmarkt 126–129

» Je mehr von einer Sache auf dem Markt angeboten wird, desto niedriger ist der Preis, zu dem sie Käufer findet. «

Alfred Marshall

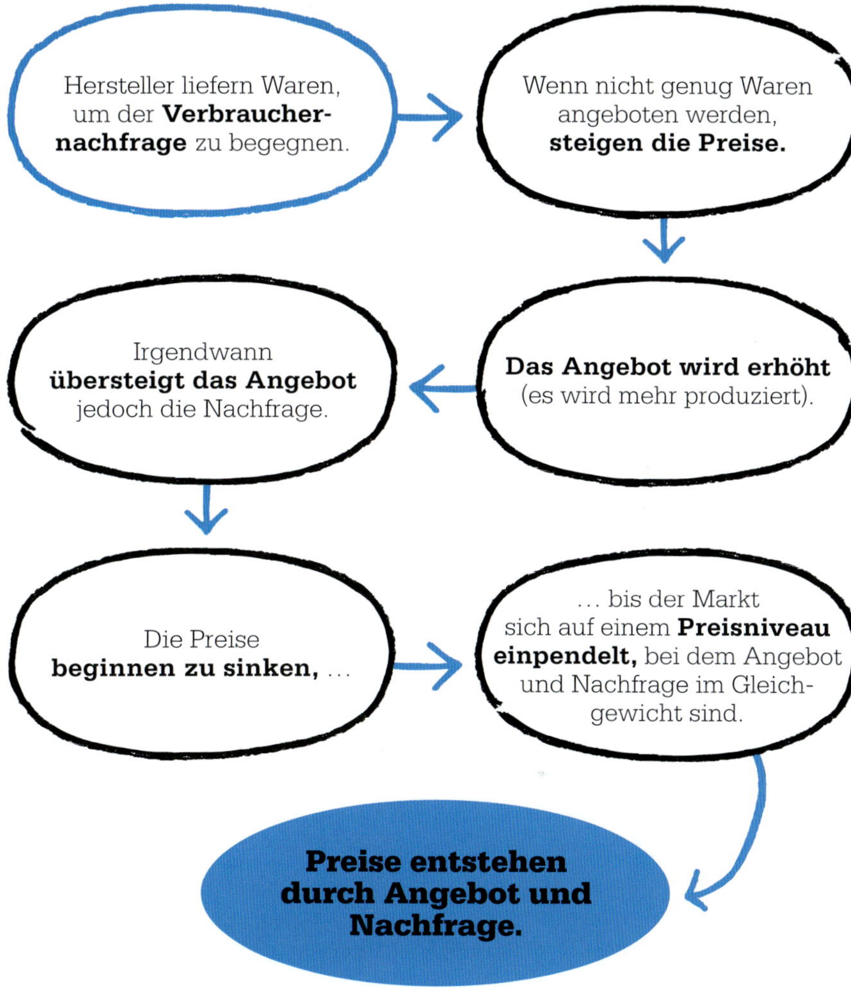

In Anwendung der Mathematik auf die ökonomische Theorie stellte er Angebot und Nachfrage als sich schneidende Linien dar (Marshall-Kreuz). Der Schnittpunkt ist der Gleichgewichtspreis, bei dem Angebot und Nachfrage ausgeglichen sind.

Das Gesetz des Angebots

Die Menge der Produkte, die eine Firma herstellt, ist von dem Preis abhängig, zu dem sie sie verkaufen kann. Sind die verschiedenen Produktionskosten (Arbeit, Material, Maschinen und Räumlichkeiten) höher als der Preis, den der Markt zu zahlen bereit ist, lohnt sich die Herstellung nicht und wird reduziert oder eingestellt. Liegt andererseits der Marktpreis deutlich über den Produktionskosten, wird die Firma versuchen, möglichst viel zu produzieren. Der Theorie zufolge hat die Firma keinen Einfluss auf den Marktpreis. Sie muss akzeptieren, was der Markt bietet.

Wenn beispielsweise die Kosten für die Herstellung eines Computers bei 200 Euro liegen, ist die Produktion nicht profitabel, sobald sein Marktpreis unter 200 Euro sinkt. Liegt der Marktpreis dagegen bei 1000 Euro, wird die Herstellerfirma versuchen, so viele Computer wie möglich herzustellen, um maximalen Profit zu machen. Das Gesetz des Angebots lässt sich in Form einer Kurve (siehe gegenüber) veranschaulichen. Jeder Punkt der Kurve ist die Antwort auf die Frage, wie viele Einheiten die Firma zu einem bestimmten Preis zu verkaufen bereit ist.

Außerdem muss zwischen fixen und variablen Kosten unterschieden werden. Im Beispiel oben wird davon ausgegangen, dass die Stückkosten gleich bleiben, wenn die Produktion erhöht wird. Das ist aber nicht richtig. Wenn die Computerfirma nur 100 Geräte am Tag produzieren kann, es aber einen Bedarf für 110 gibt, muss der Hersteller entscheiden, ob es sinnvoll wäre, eine neue Fabrik zu eröffnen, was enorme Kosten verursachen würde, oder ob er die Computer » zu einem etwas höheren Preis verkauft, um die Nachfrage auf 100 Stück pro Tag zu senken.

Das Wesen der Nachfrage

Das Gesetz der Nachfrage betrachtet die Angelegenheit aus dem Blickwinkel des Verbrauchers. Wenn der Preis einer Ware steigt, sinkt die Nachfrage (außer bei einer geringen Anzahl lebenswichtiger Güter wie Medikamente). Das liegt daran, dass einige Verbraucher nicht mehr in der Lage sind, sich den betreffenden Gegenstand zu leisten, oder dass sie das Geld lieber für etwas anderes ausgeben.

Wenn der Computer aus dem Beispiel oben nur 50 Euro kostet, sind die Verkaufsmengen groß, kostet er aber 10 000 Euro, ist die Nachfrage sehr gering, weil dieser Preis nur für Reiche erschwinglich ist. Mit steigenden Preisen sinkt die Nachfrage.

Es gibt eine Grenze, unterhalb derer auch Tiefstpreise die Nachfrage nicht mehr stimulieren. Sinkt der Preis des Computers unter 5 Euro, kann sich zwar jeder einen leisten, aber niemand braucht mehr als zwei oder drei Computer. Die Nachfrage schwächt sich ab.

»Wenn der Nachfragepreis dem Angebotspreis entspricht, hat die hergestellte Menge nicht die Tendenz mehr oder weniger zu werden: Sie ist im Gleichgewicht.«

Alfred Marshall

Nicht nur der Preis beeinflusst die Nachfrage, Geschmack und Einstellung der Verbraucher sind ebenfalls wesentliche Faktoren. Ist ein Produkt gerade »angesagt«, bewegt sich die gesamte Nachfragekurve nach rechts. Die Verbraucher verlangen mehr von dem Produkt, gleichgültig zu welchem Preis. Da die Angebotskurve unverändert bleibt, treibt das den Preis in die Höhe. Und weil sich der Geschmack der Verbraucher beispielsweise durch Werbung manipulieren lässt, können die Hersteller Form und Lage der Nachfragekurve beeinflussen.

Ein Gleichgewicht finden

Während die Verbraucher immer möglichst wenig bezahlen wollen, versuchen die Hersteller, so teuer wie möglich zu verkaufen. Wenn die Preise zu hoch sind, verlieren die Verbraucher das Interesse. Wenn umgekehrt die Preise zu niedrig sind, ist es für den Hersteller nicht mehr sinnvoll, das Produkt weiter zu produzieren. Daher muss ein gesundes Mittelmaß gefunden werden – ein Gleichgewichtspreis, der sowohl für den Verbraucher als auch für den Hersteller akzeptabel ist. Dieser Preis liegt an dem Punkt, wo Angebots- und Nachfragekurve sich schneiden und der damit für beide Seiten akzeptabel ist.

Viele Faktoren komplizieren diese recht einfachen Gesetze. Für den Preis sind sowohl Lage und Größe des Marktes als auch Zeitfaktoren entscheidend. Der Preis, zu dem die Hersteller gern verkaufen wollen, hängt nicht nur von den Produktionskosten ab.

Man stelle sich einen Marktstand vor, der frisches Obst verkauft. Der Bauer hat vor seiner Ankunft bereits Produktionskosten gezahlt: Er hat die Saat gekauft und Arbeit in Aussaat und Ernte investiert; außerdem hat er die Ware zum Markt transportiert. Um Gewinn zu machen, muss jeder

Obsthändler müssen unverkaufte Äpfel am Ende des Tages möglicherweise wegwerfen. Die Notwendigkeit, innerhalb einer bestimmten Zeit zu verkaufen, bestimmt den Preis von verderblichen Gütern wesentlich mit.

Hersteller von Konsumgütern wie Coca-Cola können die Nachfrage durch Werbung beeinflussen. Wenn die Nachfrage steigt, kann auch der Preis des Produkts steigen.

Apfel also für 1,20 Euro verkauft werden. Bei Marktbeginn werden die Äpfel daher für 1,20 Euro angeboten. Läuft das Geschäft gut, kann der Preis auf 1,25 Euro angehoben werden. Das bremst zwar möglicherweise den Verkauf, aber wenn es trotzdem gelingt, alle Äpfel zu verkaufen, war das Geschäft zufriedenstellend. Wenn allerdings am Ende des Tages noch viele Äpfel übrig sind, muss der Preis vielleicht sogar auf 1,15 Euro gesenkt werden, damit keiner übrig bleibt.

In diesem Beispiel sind die Produktionskosten fix und der Verkauf drängt. So lässt sich der Unterschied zwischen einem kurzfristigen und einem langfristigen Markt erklären. Ausgehend vom Verkauf in diesem Jahr entscheidet der Bauer, wie viele Äpfel er bis zur nächsten Ernte erzeugen will. So sollte der Markt am Ende ins Gleichgewicht gelangen.

Ein Markt ist auch durch die Entfernung beschränkt. Es gibt nur einen bestimmten Radius, in dem es wirtschaftlich sinnvoll ist, seine Produkte zu verkaufen. Würden die Äpfel nach Übersee verschifft werden, wären sie gegenüber den dortigen einheimischen Produkten nicht konkurrenzfähig. Umgekehrt können die Preise aber auch etwas höher angesetzt werden, weil die Kunden nicht weit reisen können, um nach Alternativen zu suchen.

Das Gegenteil zum Obstbauern ist der Markt für einen global gehandelten Rohstoff wie Gold. Auf diesem langfristigen Markt stehen die Besitzer des Goldes nicht unter Verkaufsdruck. Sie können sicher sein, dass ihre Ware den Wert behält. Je größer und bekannter der Markt ist, desto wahrscheinlicher hat das Gut seinen Gleichgewichtspreis gefunden. Dadurch gewinnt jede kleine Veränderung des Marktpreises an Bedeutung und löst aufgeregte Kauf- und Verkaufsaktivitäten aus.

Auch wenn diese Beispiele das Marktgeschehen komplizierter erscheinen lassen, gilt weiterhin die Grundregel, dass die Anbieter nur zu einem für sie akzeptablen Preis verkaufen, während die Käufer nur zu einem vernünftigen Preis kaufen.

Die Beispiele beziehen sich alle auf Märkte, auf denen materielle Güter gehandelt werden, aber Angebot und Nachfrage gibt es im gesamten ökonomischen Zusammenhang. Das Modell gilt beispielsweise auch für den Arbeitsmarkt. Hier ist der Einzelne der Anbieter, der seine Arbeitskraft verkauft, und die Arbeitgeber sind die Verbraucher. Geldmärkte werden ebenfalls als ein System aus Angebot und Nachfrage analysiert, wobei der Zinssatz der Preis ist.

Wirtschaftswissenschaftler bezeichnen Marshalls Werk als »partielle Gleichgewichtsanalyse«, weil es zeigt, wie ein einzelner Markt durch die Kräfte von Angebot und Nachfrage ins Gleichgewicht gerät. Doch eine Volkswirtschaft besteht aus vielen verschiedenen Märkten, die einander beeinflussen. Die Frage ist, wie sie alle in einen Zustand des »allgemeinen Gleichgewichts« gelangen können – ein Problem, das von Léon Walras (S. 120) im 19. Jahrhundert analysiert wurde. ■

» Der Preis einer Ware steigt oder fällt mit dem zahlenmäßigen Verhältnis von Käufern zu Verkäufern … Das gilt für alle Dinge, die gekauft oder verkauft werden. «

John Locke

DAS ERSTE STÜCK SCHOKOLADE BEREITET DEN HÖCHSTEN GENUSS

NUTZEN UND ZUFRIEDENHEIT

IM KONTEXT

SCHWERPUNKT
Werttheorien

VORDENKER
William Jevons (1835–1882)

FRÜHER
1871 Der österreichische Ökonom Carl Menger entwickelt in seinem Buch *Grundsätze der Volkswirtschaftslehre* die Theorie des abnehmenden Grenznutzens.

SPÄTER
1890 Alfred Marshall erstellt in *Principles of Economics* die Nachfragekurve unter Einbeziehung des Grenznutzens.

1944 John von Neumann und Oskar Morgenstern (USA) weiten die Grenznutzentheorie auf Situationen mit unsicherem Ausgang aus.

1953 In *Le Comportement de l'homme rationnel devant le risque* zeigt Maurice Allais, inwiefern Menschen sich anders verhalten, als die Nutzentheorie es voraussagt.

Die Nachfrage ist **umgekehrt proportional** zum Preis: Sie steigt, wenn der Preis sinkt.

Das bedeutet, die Verbraucher kaufen nur mehr von einer Sache, **wenn der Preis fällt,** weil …

… jede zusätzliche Einheit, die konsumiert wird, **weniger Vergnügen** bereitet als die vorangegangene, denn …

… das erste Stück Schokolade bereitet den höchsten Genuss.

Aristoteles beobachtete als Erster, dass zu viel von einer guten Sache keinen Nutzen mehr bringt. Je mehr wir von einem Produkt konsumieren, desto geringer ist die Zufriedenheit, die wir gewinnen – diese Erkenntnis liegt dem ökonomischen Gesetz vom abnehmenden Grenznutzen zugrunde. »Grenze« bezieht sich auf eine Situation, in der man beispielsweise noch ein letztes Stück Schokolade isst. Nutzen ist die Freude oder der Schmerz bei einer Konsumentscheidung. In seiner *Theory of Political Economy* (1871) zeigte der britische Ökonom William Jevons, dass der Nutzen in Beziehung zur Menge des verfügbaren Gutes gemessen werden kann.

Nachfragekurven

Der abnehmende Grenznutzen gewann an Bedeutung, als sich die Ökonomen mit der Preisbildung von Waren beschäftigten. Wenn alle sich einig sind, dass jedes weitere Stück Schokolade weniger Nutzen bringt, dann folgt daraus, dass wir weitere Schokolade nur kaufen, wenn der Preis sinkt. Die Nachfrage ist also umgekehrt proportional zum Preis und aus dieser Tatsache sowie dem verfügbaren Angebot

Siehe auch: Das klassische Wertparadoxon 63 ▪ Die Arbeitswerttheorie 106–107 ▪ Angebot und Nachfrage 108–113 ▪ Risiko und Unsicherheit 162–163

lässt sich der Gleichgewichts- oder »natürliche« Preis von Schokolade bestimmen.

Allerdings gibt es Ausnahmen vom Gesetz des Grenznutzens. Das letzte Teil eines Puzzles zu finden, ist z. B. sehr befriedigend. Auch Güter, die abhängig machen, scheinen Ausnahmen zu sein – bei ihnen wächst die Zufriedenheit, je mehr man zu sich nimmt. Zudem liegen der Theorie bestimmte Annahmen zugrunde, etwa dass der Konsum »auf einmal« erfolgt. Der abnehmende Grenznutzen ist ausgeprägter, wenn man eine Tafel Schokolade nicht über den Tag verteilt, sondern sie auf einmal verzehrt.

Positive Beiträge

Aus dem abnehmenden Grenznutzen ergeben sich wichtige Folgerungen, z. B. lässt sich damit die gleichmäßigere Verteilung von Einkommen rechtfertigen, um das Wohlergehen der Gesellschaft zu befördern. Wenn die Regierung jedem Reichen einen Euro abnimmt und ihn einem Armen gibt, wächst in der Regel der Gesamtnutzen für die Gesellschaft.

Die Nutzentheorie wurde inzwischen auch auf Situationen erweitert, in denen Individuen unsichere, riskante Entscheidungen treffen müssen: Menschen richten sich dabei nach ihren Vorlieben ebenso wie nach ihrer Einschätzung, wie wahrscheinlich die verschiedenen möglichen Folgen eintreten werden. In den 1950er-Jahren zeigte der US-Mathematiker Leonard J. Savage, dass Entscheidungen nicht nur vom Nutzen, sondern auch von der Risikobereitschaft abhängen – risikoscheue Personen gehen am liebsten auf Nummer sicher. ■

Der abnehmende Grenznutzen wird durch die umgekehrte Beziehung zwischen Angebot und Nachfrage deutlich. Je mehr eine Person von einem Produkt besitzt, desto weniger ist sie bereit, für eine weitere Einheit zu bezahlen.

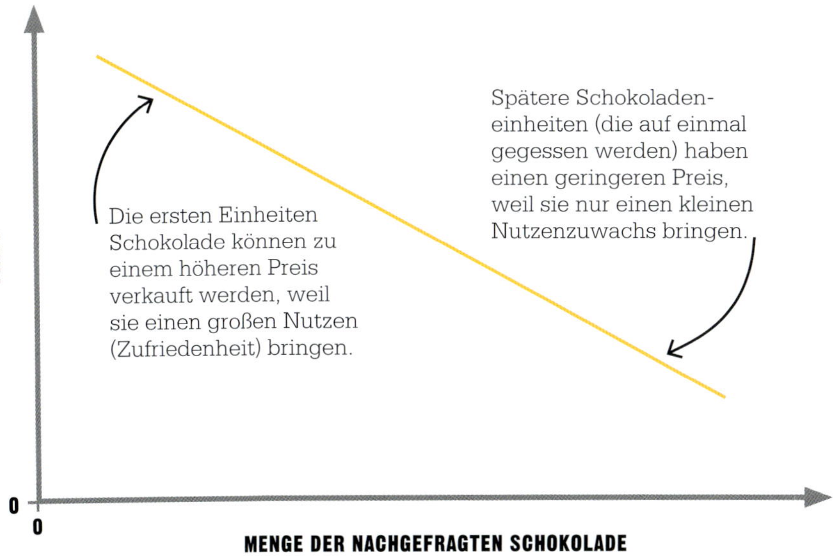

William Jevons

William Jevons wurde 1835 in Liverpool (England) als Sohn eines Eisenhändlers geboren. Das Interesse an Wirtschaft vermittelte ihm sein Vater, der über juristische und ökonomische Themen schrieb. 1885 ging die Firma seines Vaters bankrott. William musste sein Studium am University College London (UCL) abbrechen und als Edelmetallprüfer in Australien arbeiten. Fünf Jahre später kehrte er ans UCL zurück und beendete sein Studium.

1863 lernte Jevons als Lehrer in Manchester Harriet Taylor kennen und heiratete sie. 1876 zog die Familie nach London, wo Jevons Professor am UCL wurde. Trotz gesundheitlicher Probleme gilt er als produktiver und wichtiger Autor im Bereich der Wirtschaftswissenschaft. Er ist auch berühmt für sein logisches Piano, einen frühen mechanischen Computer. 1882 ertrank Jevons bei einem Unfall im Alter von nur 47 Jahren.

Hauptwerke

1865 *The Coal Question*
1871 *Theory of Political Economy*
1874 *Principles of Science*

WENN DER PREIS STEIGT, KAUFEN MANCHE LEUTE MEHR

PARADOXE AUSGABEN

IM KONTEXT

SCHWERPUNKT
Entscheidungsfindung

VORDENKER
Robert Giffen (1837–1910)

FRÜHER
1871 Der österreichische Ökonom Carl Menger zeigt, inwiefern die Nachfrage nach Konsumgütern von ihrem Grenznutzen bestimmt ist.

SPÄTER
1909 Der britische Ökonom Francis Edgeworth zweifelt in *Free Trade in Being* an der Existenz von Giffen-Gütern.

1947 Der US-Ökonom George Stigler hält Marshalls Beispiele von Giffen-Gütern für empirisch nicht plausibel.

2007 Robert Jensen und Nolan Miller (USA) greifen in *Giffen Behavior: Theory and Evidence* die Diskussion erneut auf: Sie berichten von der Existenz eines Giffen-Gutes in armen Stadtgebieten Chinas.

Der britische Ökonom Alfred Marshall (S. 110) zeigte 1895, wie Angebot und Nachfrage den Preis von Gütern bestimmen. Er erläuterte die allgemeinen Regeln, wies aber auch auf gewisse interessante Ausnahmen hin: Manchmal könnten Preiserhöhungen überraschende Steigerungen der Nachfrage zur Folge haben. Er schrieb die Entdeckung dem schottischen Ökonomen Robert Giffen zu, sodass Konsumgüter, bei denen die Nachfrage steigt, wenn der Preis steigt, heute als Giffen-Güter bekannt sind.

Das ursprüngliche Giffen-Gut war Brot, das wichtigste Grundnahrungsmittel des ärmeren Teils der britischen Bevölkerung im 19. Jahrhundert. Die Arbeiter gaben ohnehin schon einen großen Teil ihres Einkommens für Brot aus, das für sie lebensnotwendig war, das aber im Vergleich zum Luxusgut Fleisch als geringwertig galt. Marshall erkannte, dass die armen Leute bei steigenden Brotpreisen noch mehr von ihrem Einkommen für Brot ausgeben mussten, sodass für andere Lebensmittel noch weniger Geld übrig war: Um überhaupt

Siehe auch: Angebot und Nachfrage 108–113 ▪ Die Nachfrageelastizität 124–125 ▪ Geltungskonsum 136

genug Kalorien verzehren zu können, mussten sie Brot statt Fleisch kaufen. Daher stieg mit dem Preis des Brotes auch die Nachfrage.

Geringwertig und arm

Ein Giffen-Gut muss verschiedene Voraussetzungen erfüllen. Erstens muss es sich um ein geringwertiges Gut handeln, von dem die Verbraucher weniger kaufen, wenn ihr Einkommen steigt, weil es bessere Alternativen gibt. Zweitens müssen die Verbraucher einen Großteil ihres Einkommens auf das Produkt verwenden, daher bezieht sich das Beispiel auf den ärmsten Teil der Gesellschaft. Schließlich darf es keine Alternative zu dem Produkt geben. Im Fall von Brot gibt es kein billigeres Grundnahrungsmittel.

Unter diesen Voraussetzungen hat eine Erhöhung des Brotpreises einen doppelten Effekt: Die Leute kaufen weniger Brot, weil die Zufriedenheit pro aufgewendeter Geldeinheit sinkt, verglichen mit anderen Gütern. Dieser Substitutionseffekt würde auch beim Brot dafür sorgen, dass der höhere Preis eine sinkende Nachfrage zur Folge hat. Doch wenn der Brotpreis steigt, sinkt damit auch die Kaufkraft zum Erwerb anderer Dinge. Und weil das Brot ein geringwertiges Gut ist, sorgt ein geringeres Einkommen dafür, dass die Nachfrage nach Brot steigt. Das Besondere am Giffen-Gut: Weil die Armen so viel von ihrem Einkommen für Brot ausgeben müssen, ist der Einkommenseffekt so groß, dass er den Substitutionseffekt überlagert. Ein anderes Beispiel für ein Giffen-Gut sind die Kartoffeln während der Hungersnot in Irland 1842–1853. Angeblich riefen damals die steigenden Preise eine wachsende Nachfrage nach Kartoffeln hervor.

Unklare Beweislage

Francis Edgeworth (1845–1926) griff Marshall an, weil er ohne eindeutige Beweise die These aufstellte, es könne Güter geben, die einer Grundregel der Nachfrage widersprechen. Theoretisch folgen auch Giffen-Güter dem Verbraucherverhalten – also der Wechselwirkung zwischen Einkommens- und Substitutionseffekt – das der Nachfragekurve zugrunde gelegt wird. Sollte es Giffen-Güter überhaupt geben, sind sie selten und die Belege oft fragwürdig. Trotzdem suchen die Ökonomen weiter. In einer Studie von 2007, in der Robert Jensen und Nolan Miller die Nachfrage nach Reis unter armen Familien in China untersuchten, legten sie z. B. Beweise für Giffen-Verhalten vor. ■

Reiskauf in Bangladesch. Seit 2011 werden die Preise von Grundnahrungsmitteln subventioniert, um die Ernährungslage der Armen zu verbessern.

Veblen-Güter

Ein neuer Rolls Royce wird in der chinesischen Provinz Shaanxi vorgestellt. Luxuslimousinen sind oft genau deshalb begehrt, weil sie teuer sind.

Veblen-Güter sind nach Thorstein Veblen benannt, der die Theorie des »Geltungskonsums« (S. 136) begründete. Die Nachfrage nach ihnen steigt, wenn der Preis steigt. Anders als bei Giffen-Gütern, die minderwertig sein müssen, signalisiert der Besitz dieser Güter jedoch besonders hohen Status.

Die Bereitschaft, einen höheren Preis zu zahlen, soll Reichtum signalisieren und nicht dem Erwerb besserer Qualität dienen. Ein echtes Veblen-Gut darf daher qualitativ nicht wesentlich besser sein als die billigeren Entsprechungen. Sobald der Preis so weit sinkt, dass er weniger vermögende Personen nicht mehr ausschließt, kaufen die Reichen das Gut nicht mehr.

Der Effekt tritt z. B. auf den Märkten für Luxusautos, Champagner, Uhren und Designerkleidung auf. Eine Preisreduzierung mag sich vorübergehend günstig auf den Verkauf auswirken, aber anschließend sinken die Zahlen.

EIN SYSTEM DER FREIEN MÄRKTE IST STABIL

WIRTSCHAFTLICHES GLEICHGEWICHT

IM KONTEXT

SCHWERPUNKT
Märkte und Firmen

VORDENKER
Léon Walras (1834–1910)

FRÜHER
1881 Francis Edgeworth veröffentlicht in *Mathematical Psychics* eine mathematische Beurteilung der Wirtschaftswissenschaft.

SPÄTER
1906 Vilfredo Pareto entwickelt eine neue Gleichgewichtstheorie, die individuelle Anreize und Einschränkungen berücksichtigt.

1930er-Jahre John Hicks, Oskar Lange, Maurice Allais, Paul A. Samuelson und andere entwickeln die Theorie des allgemeinen Gleichgewichts weiter.

1954 Kenneth Arrow und Gérard Debreu liefern den mathematischen Beweis für das allgemeine Gleichgewicht.

Schon lange finden Ökonomen den Gedanken reizvoll, dass die wirtschaftliche Entwicklung sich mit der gleichen mathematischen Genauigkeit vorhersagen lassen könnte, die Newtons Bewegungsgesetzen anhaftet: Diese reduzieren das gesamte komplexe materielle Universum auf drei einfache, verlässliche mathematische Beziehungen. Ließe sich etwas Entsprechendes nicht auch für die veränderliche Welt der Märkte finden?

1881 veröffentlichte der britische Professor Francis Edgeworth das Buch *Mathematical Psychics*. Er sah, dass es in der Ökonomie um Beziehungen zwischen Variablen geht, die sich folglich in Gleichungen darstellen ließen. Edgeworth betrachtete wirtschaftliche Vorteile in utilitaristischen Maßstäben und wollte die Resultate in Form von Einheiten des Glücks oder der Zufriedenheit messen.

Auch andere Wirtschaftswissenschaftler waren fasziniert von der Idee eines mathematischen Ansatzes. In Deutschland entwickelte der Ökonom Johann von Thünen Gleichungen für einen gerechten Arbeitslohn und die profitabelste Nutzung von Grundbesitz. In Frankreich versuchte Léon Walras, ein umfassendes mathematisches und wissenschaftliches System zu erkennen. Walras war leidenschaftlich davon überzeugt, dass es ökonomische Gesetze zu entdecken gebe, die aus der Wirtschaft eine »reine Moralwissenschaft« machen würden (die das menschliche Verhalten beschrieb), ganz ähnlich wie die »reine Naturwissenschaft« Newtons. Mit seiner allgemeinen

Léon Walras war der Ansicht, die Summe aller Nachfrageüberhänge in einer Wirtschaft sei gleich null. In einer Wirtschaft mit ausschließlich Äpfeln und Kirschen habe ein Nachfrageüberhang an Äpfeln ein Überangebot an Kirschen zur Folge.

Léon Walras

Marie Esprit Léon Walras wurde 1834 in der Normandie geboren. Als junger Mann faszinierte ihn der Lebensstil der Bohème in Paris. Sein Vater überredete ihn jedoch, sich der Wirtschaftswissenschaft zu widmen. Walras ließ sich zwar überzeugen, behielt aber seinen unkonventionellen Lebensstil bei, bis er 1870, völlig mittellos, als Professor für Wirtschaftswissenschaft nach Lausanne ging. Dort entwickelte er seine Theorie des allgemeinen Gleichgewichts.

Walras hielt die Organisation der Gesellschaft für eine »Kunst«, die nichts mit wissenschaftlicher Ökonomie zu tun habe. Mit einem ausgeprägten Gefühl für soziale Gerechtigkeit setzte er sich für die Verstaatlichung von Grund und Boden und eine anschließende gerechte Neuverteilung ein. 1892 zog er sich nach Clarens am Genfer See zurück, wo er 1910 starb.

Hauptwerke

1874 *Éléments d'économie pure*
1896 *Études d'économie sociale*
1898 *Études d'économie politique appliquée*

Siehe auch: Der Wirtschaftskreislauf 40–45 ▪ Die freie Marktwirtschaft 54–61 ▪ Angebot und Nachfrage 108–113 ▪ Effizienz und Gerechtigkeit 130–131 ▪ Märkte und soziale Ergebnisse 210–213 ▪ Komplexität und Chaos 278–279

Gleichgewichtstheorie wollte er die Produktion, den Konsum und die Preise in der Gesamtheit der Volkswirtschaft erklären.

Angebot und Nachfrage

Walras widmete sich zunächst dem Zusammenwirken zwischen Preisen, Gütermengen und Nachfrage. Er versuchte, genau zu ergründen, wie Angebot und Nachfrage zur Übereinstimmung gelangen. Seiner Ansicht nach war der Wert eines angebotenen Gegenstandes von seiner *rareté* abhängig – damit meinte er die Dringlichkeit der Nachfrage. In dieser Hinsicht unterschied er sich von vielen Zeitgenossen, darunter Edgeworth und William Jevons (S. 115), die glaubten, der Nutzen – entweder als Genuss oder als »Brauchbarkeit« – bestimme den Wert.

Walras begann, mathematische Modelle zur Beschreibung der Beziehung zwischen Angebot und Nachfrage zu konstruieren. Sie zeigten: Wenn der Preis in die Höhe schnellt, sinkt die Nachfrage und das Angebot steigt. Wenn Angebot und Nachfrage übereinstimmen, befindet sich der Markt in einem Zustand des Gleichgewichts. Somit war er zu der gleichen Art von einfachen Gleichgewichtskräften gelangt, die Newtons Bewegungsgesetzen zugrunde lagen.

Das allgemeine Gleichgewicht

Um den Zustand des Gleichgewichts zu illustrieren, stelle man sich vor, der aktuelle Marktpreis eines Handys liege bei 20 Euro. Auf einem Markt vor Ort haben Standinhaber 100 Telefone, die sie zu 20 Euro verkaufen wollen. Wenn 100 Käufer auf den Markt »

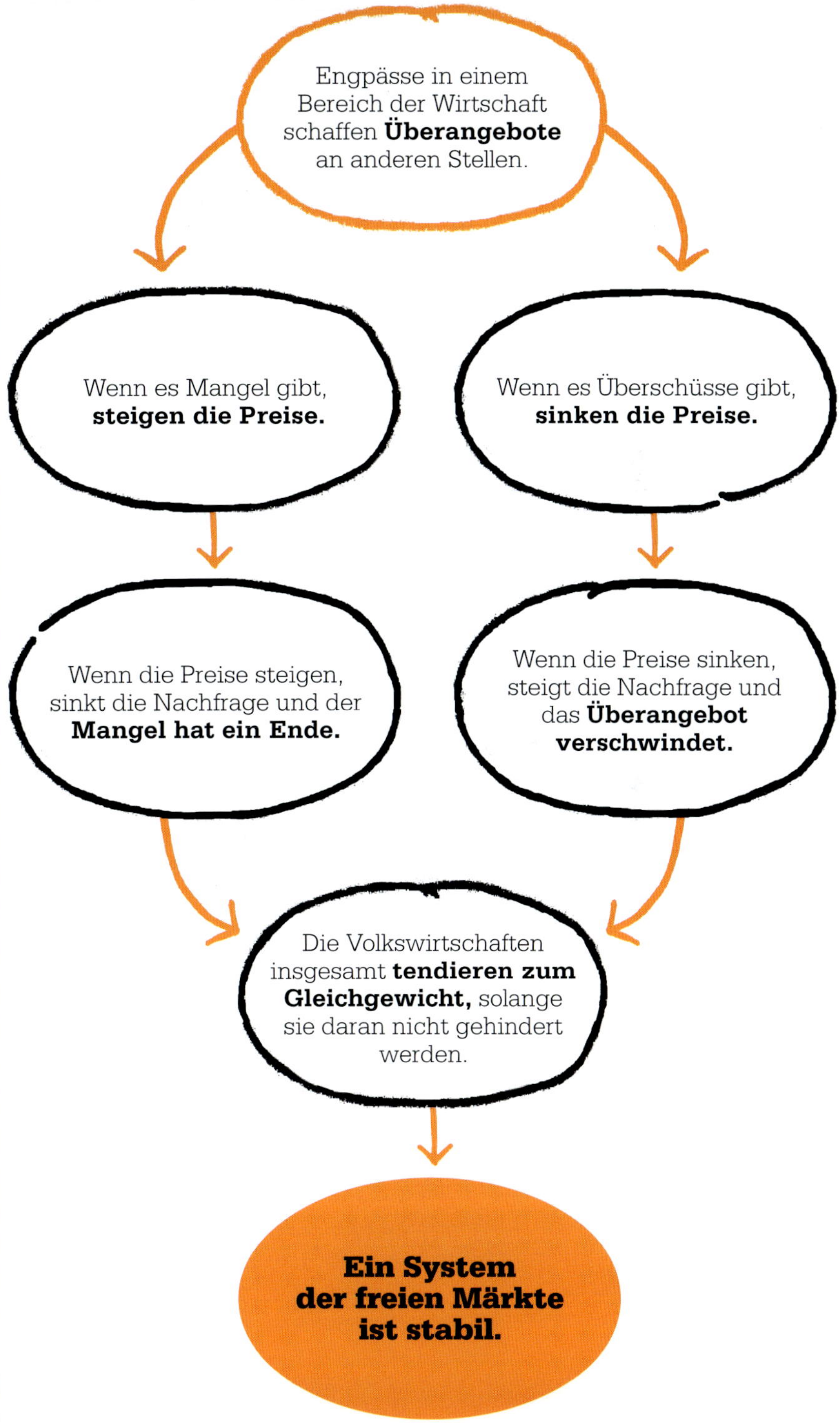

Ein Auktionator nimmt auf einer Viehauktion Angebote entgegen. Walras stellte sich einen Auktionator vor, der den Markt mit perfekten Informationen versorgt. Er verkündet die Preise und ein Verkauf findet nur am Gleichgewichtspunkt statt.

kommen, die bereit sind, jeweils 20 Euro zu bezahlen, befindet sich der Markt für billige Handys im Gleichgewicht – es gibt weder Überschüsse noch Nachfrageüberhänge.

Walras dehnte die Idee des Gleichgewichts auf die gesamte Wirtschaft aus und entwickelte eine Theorie des allgemeinen Gleichgewichts. Wenn es in einem Bereich der Volkswirtschaft überschüssige Güter gibt, müssen die Preise zu hoch sein. Preise werden durch einen Vergleich beurteilt. Wenn die Preise auf einem Markt also »zu hoch« sind, muss es einen anderen Markt geben, wo sie »zu niedrig« sind, was zu einem Überschuss auf dem Markt mit den höheren Preisen führt.

Walras schuf ein mathematisches Modell für die gesamte Volkswirtschaft, in das er Güter wie Stühle und Weizen ebenso aufnahm wie Produktionsfaktoren wie Kapital und Arbeit. Alles war mit allem verflochten und gleichzeitig voneinander abhängig. Walras legte Wert auf die Feststellung, dass diese gegenseitige Abhängigkeit der Schlüssel seines Modells sei. Preisänderungen fänden nicht in einem Vakuum statt – sie träten nur in Verbindung mit einer Änderung des Angebots oder der Nachfrage auf. Hier ein modernes Beispiel: In einem großen, Öl produzierenden Land bricht Krieg aus. Dadurch steigen weltweit die Preise für Öl und das wirkt sich wiederum auf Regierungen, Firmen und Individuen aus – von höheren Preisen an den Zapfsäulen und höheren Heizkosten bis hin zu Geschäfts- und Urlaubsreisen, die teurer werden oder abgesagt werden müssen.

> »Das Gleichgewicht stellt sich automatisch wieder her, wenn es gestört wird.«
>
> **Léon Walras**

Auf dem Weg zum Gleichgewicht

Walras gelang es, sein mathematisches Wirtschaftsmodell auf einige wenige Gleichungen über Preise und Mengen zu reduzieren. Aus seiner Arbeit zog er zwei Schlüsse: Erstens ist ein Zustand des allgemeinen Gleichgewichts theoretisch möglich. Zweitens bringt ein freier Markt jede Volkswirtschaft ins Gleichgewicht, unabhängig von ihrer Ausgangssituation. Ein System von freien Märkten kann grundsätzlich stabil sein.

Wie das vor sich geht, verdeutlichte Walras durch eine Idee, die er *tâtonnement* (Vortasten) nannte. Eine Wirtschaft »ertastet« sich ihren Weg zum Gleichgewicht. Walras stellte sich einen theoretischen »Auktionator« vor, dem Käufer und Verkäufer Informationen darüber geben, wie viel sie zu unterschiedlichen Preisen von den verschiedenen Gütern kaufen und verkaufen würden. Der Auktionator verkündet dann die Preise, bei denen sich Angebot und Nachfrage auf allen Märkten im Gleichgewicht befinden, und erst dann beginnt der Handel.

Fehler im Modell

Walras betonte, sein Modell sei ausschließlich mathematischer Natur und nur als Hilfe für Ökonomen gedacht. Er wolle damit keineswegs die reale Welt beschreiben. Seine Zeitgenossen ignorierten sein Werk weitgehend. Viele glaubten, die Interaktionen in der realen Welt seien zu komplex, als dass ein echter Gleichgewichtszustand erreichbar sei.

»Es gibt einen Satz von Preisen, je einen für jedes Gut, die Angebot und Nachfrage für alle Güter ins Gleichgewicht bringen.«

Kenneth Arrow

Zudem waren Walras' komplizierte Gleichungen für viele Ökonomen zu schwierig. Allerdings entwickelte sein Schüler Vilfredo Pareto (S. 131) sein Werk später weiter. In den 1930er-Jahren entdeckte der Mathematiker John von Neumann Fehler in den Gleichungen: Einige Lösungen führten zu einem negativen Preis, was hieße, die Verkäufer müssten den Käufern Geld geben.

John Maynard Keynes (S. 161) verurteilte Walras' Ansatz besonders hart: Die allgemeine Gleichgewichtstheorie sei kein gutes Abbild der Realität, da Volkswirtschaften nie im Gleichgewicht seien und es zwecklos sei, ausschließlich über ein langfristiges Gleichgewicht nachzudenken, weil wir »auf lange Sicht alle tot sind«.

Gerettet wurde Walras' Werk von den US-Ökonomen Kenneth Arrow und Lionel W. McKenzie sowie dem französischen Ökonomen Gérard Debreu (S. 211) in den 1950er-Jahren. Sie entwickelten ein eleganteres Modell (S. 210–213). Streng mathematisch leiteten Arrow und Debreu Bedingungen her, unter denen Walras' allgemeines ökonomisches Gleichgewicht standhalten würde.

Berechenbare Wirtschaft

Seit den 1980er-Jahren gibt es bessere Computer, mit denen Ökonomen die Auswirkungen von Interaktionen zwischen multiplen Märkten in bestehenden Volkswirtschaften kalkulieren können. Diese berechenbaren Gleichgewichtsmodelle (kurz CGE) wenden Walras' These der Interdependenz auf bestimmte Situationen an, um die Auswirkungen von Preisänderungen und staatlicher Politik zu analysieren.

Mithilfe der CGE können große Organisationen – beispielsweise Regierungen, die Weltbank oder der Internationale Währungsfonds – schnelle und umfangreiche Berechnungen durchführen, die den Zustand der Gesamtwirtschaft wiedergeben.

Heute ist die Analyse des partiellen Gleichgewichts eines der ersten Dinge, die Studenten der Wirtschaftswissenschaften kennenlernen: eine Betrachtung der Kräfte, die Angebot und Nachfrage auf einem Markt ins Gleichgewicht bringen. Aus Walras' Erkenntnissen entstehen heute noch hochaktuelle Arbeiten zur Wirtschaftstheorie. Die meisten Ökonomen betrachten das allgemeine Gleichgewicht und die Kräfte, die eine Volkswirtschaft in diesen Zustand bringen, weiterhin als wichtige Grundlagen der volkswirtschaftlichen Analyse. ■

Wenn die Preise auf einem Markt zu hoch sind, führt das zu einem Überangebot. Die Preise passen sich jeweils an, um ein Überangebot oder einen Nachfrageüberhang zu eliminieren. Léon Walras nannte diesen Vorgang *tâtonnement*.

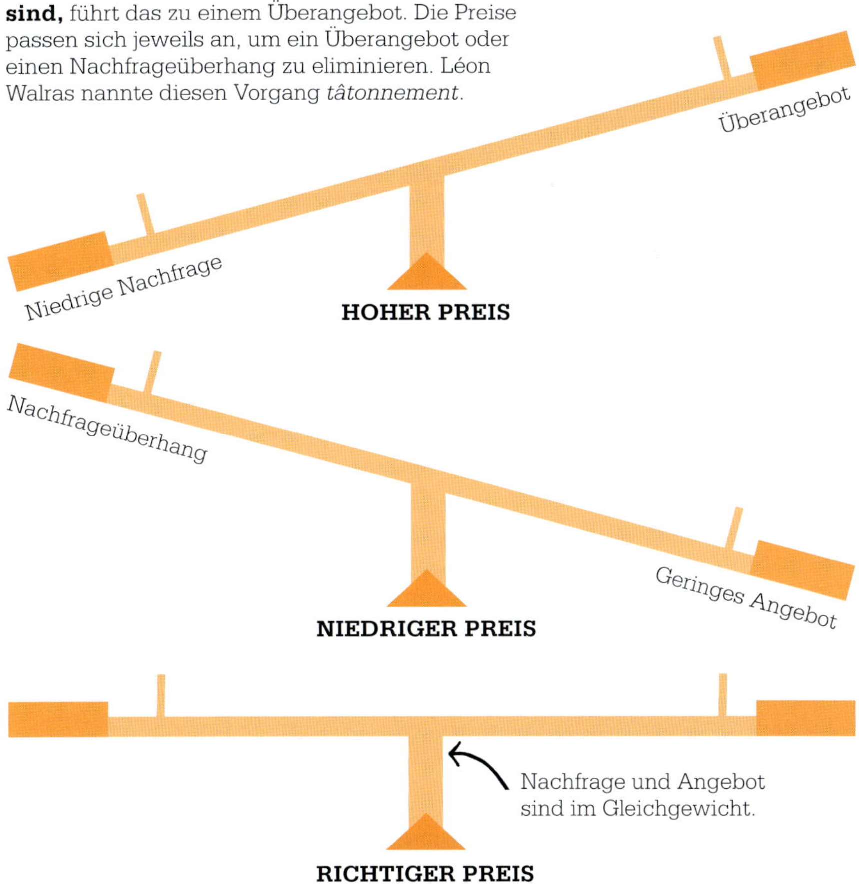

KAVIAR STATT BROT – GELD VERÄNDERT DIE KAUFENTSCHEIDUNG

DIE NACHFRAGEELASTIZITÄT

IM KONTEXT

SCHWERPUNKT
Entscheidungsfindung

VORDENKER
Ernst Engel (1821–1896)

FRÜHER
1817 Der politische Ökonom David Ricardo kritisiert die Erhebung von Pacht auf Land, weil hier das Angebot nicht auf den Preis reagieren kann.

1871 Der österreichische Ökonom Carl Menger behauptet, der abnehmende Grenznutzen beeinflusse die Nachfrage.

SPÄTER
1934 Der Brite John Hicks misst anhand des Konzepts der Elastizität, wie leicht sich ein Produkt durch ein anderes ersetzen lässt.

1950 Der Argentinier Raúl Prebisch und der in Deutschland geborene, britische Ökonom Hans Singer zeigen unabhängig voneinander, dass reiche Länder, die Fertigwaren produzieren, besonders stark vom Handel profitieren.

Unter der »Elastizität« der Nachfrage versteht man ihre Anpassungsfähigkeit, wenn sich ein anderer Faktor, z. B. der Preis, verändert. Der britische Ökonom Alfred Marshall (S. 110) gilt als der Erste, der diese Vorstellung 1890 begründete, aber der deutsche Statistiker Ernst Engel hatte bereits fünf Jahre zuvor einen Aufsatz veröffentlicht, in dem er zeigte, wie Änderungen des Einkommens das Niveau der Nachfrage beeinflussen.

Marshall war einer der Ersten, der offiziell festhielt, dass die Nachfrage bei steigenden Preisen sinkt. Von da war es nur noch ein kleiner Schritt zu der Beobachtung, dass die Nachfrage nach verschiedenen Produkten (wie Brot und Kaviar) um unterschiedliche Beträge variiert, wenn ihr Preis sich ändert. Marshall stellte fest, dass die Preise für lebenswichtige Güter wie Brot die Nachfrage kaum ändern, weil es keinen Ersatz für sie gibt. Die Nachfrage nach Luxusgütern hingegen reagiert sehr viel deutlicher auf Preisänderungen – diese Produkte sind also »preiselastisch«.

Engelsches Gesetz

Ernst Engel behauptete, dass bei einer Erhöhung des Einkommens die Ausgaben für Nahrungsmittel nicht in gleichem Maß steigen. Die Nachfrage nach Lebensmitteln ist nicht »einkommenselastisch« – ein Postulat, das als Engelsches Gesetz bekannt wurde.

Engel untersuchte die Kostenaufstellungen von 199 Haushalten in Belgien. Er zeigte, dass die Nachfrage nach Artikeln des Grundbedarfs weniger schnell wuchs als das Einkommen, während die Nachfrage nach Luxusgütern – wie

Designerkleidung ist ein Luxusgut, für das man bei steigendem Einkommen mehr Geld ausgibt. Der Einkommensanteil, der für Bedarfsgüter wie Brot aufgewendet wird, sinkt dagegen.

Siehe auch: Angebot und Nachfrage 108–113 ▪ Nutzen und Zufriedenheit 114–115 ▪ Paradoxe Ausgaben 116–117 ▪ Der Wettbewerbsmarkt 126–129

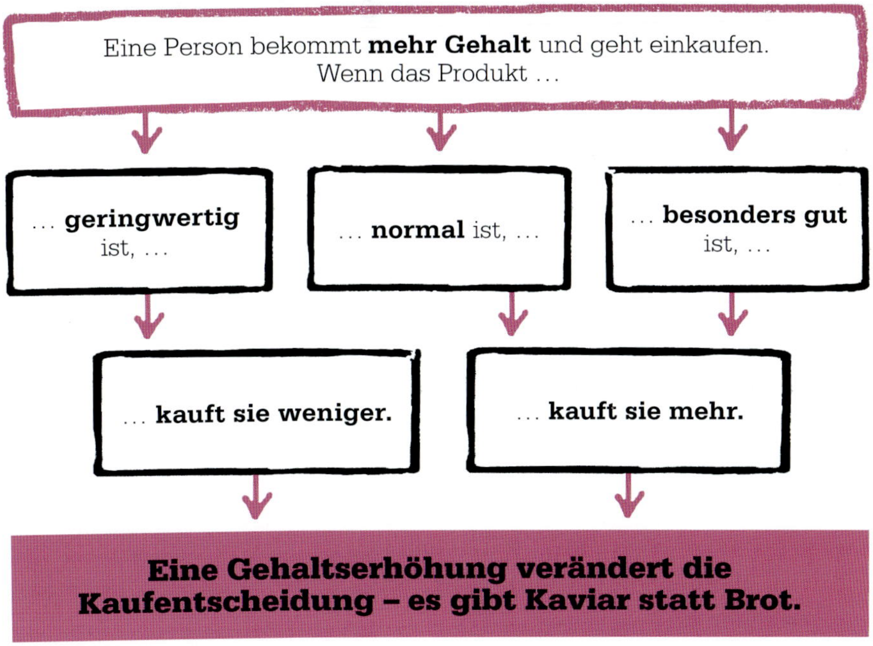

Urlaub – mindestens so schnell anstieg. Ökonomen unterscheiden zwei Arten von Gütern: normale und geringwertige. Bei normalen Gütern wächst die Nachfrage mit dem Einkommen. Luxusgüter sind in dieser Einteilung besonders hochwertige normale Güter, bei denen die Nachfrage im Verhältnis zum Einkommen überproportional steigt. Bei den geringwertigen Gütern sinkt dagegen die Nachfrage, wenn das Einkommen steigt.

Manche Produktgruppen, z. B. Nahrungsmittel, umfassen sowohl Luxusgüter als auch lebensnotwendige Güter (wie Kaviar und Brot). Es ist also oft irreführend, wenn man die Auswirkungen des steigenden Einkommens anhand der ganzen Gruppe der Nahrungsmittel beurteilt. Eine weitere Komplikation ergibt sich daraus, dass ein Produkt nicht immer als normal oder geringwertig betrachtet wird – auch das ändert sich oft mit dem Einkommen. Bei zusätzlichem Einkommen kaufen sehr arme Leute vielleicht mehr Brot, Menschen mit hohem Einkommen kaufen dagegen mehr Kaviar, aber die Superreichen lassen den Kaviar vielleicht ganz weg und ernähren sich stattdessen von essbaren Goldflocken. ▪

» Je ärmer eine Familie ist, einen desto größeren Anteil von den Gesamtausgaben muss sie zur Beschaffung der Nahrung aufwenden. «

Ernst Engel

Ernst Engel

Ernst Engel wurde 1821 in Dresden geboren und studierte Bergbau an der École des Mines in Paris (Frankreich), wo er Frédéric le Play kennenlernte, der sich als einer der Ersten mit dem Haushaltsbudget von Familien befasste. Zurück in Deutschland wurde Engel Direktor des statistischen Büros für Preußen, wo er das heute nach ihm benannte Gesetz formulierte.

Als Engel 1881 in einem Artikel Bismarcks landwirtschaftlichen Protektionismus angriff, wurde er zum Rücktritt veranlasst. Er befürwortete politische Reformen zur Verbesserung der Situation der Arbeiterklasse. Sein vielleicht größtes Vermächtnis war sein Einfluss bei der Schaffung von Institutionen für statistische Analyse in zahlreichen europäischen Ländern. Engel starb 1896 nahe Dresden im Alter von 75 Jahren.

Hauptwerke

1857 *Die Productions- und Consumtionsverhältnisse des Königreichs Sachsen*
1883 *Der Werth des Menschen*
1895 *Die Lebenskosten belgischer Arbeiter-Familien früher und jetzt*

FIRMEN SIND PREISNEHMER, NICHT PREISMACHER

DER WETTBEWERBSMARKT

IM KONTEXT

SCHWERPUNKT
Märkte und Firmen

VORDENKER
Alfred Marshall (1842–1924)

FRÜHER
1844 Jules Dupuit, ein französischer Ingenieur, entwickelt die Idee der Konsumentenrente. Sie erlaubt Aussagen über die Wohlfahrtswirkung von Preisen.

1861 John Elliott Cairnes klärt die Logik der Wettbewerbstheorien von J. S. Mill und David Ricardo.

SPÄTER
1921 Frank Knight entwickelt die Vorstellung vom vollkommenen Wettbewerb weiter.

1948 Friedrich von Hayek greift in *Individualismus und wirtschaftliche Ordnung* Marshalls Ansichten über vollkommenen Wettbewerb an.

Im späten 18. Jahrhundert hatte sich Adam Smith (S. 61) bereits damit befasst, wie sich der Wettbewerb auf die Möglichkeiten der Firmen auswirkt, Preise über dem »natürlichen« Niveau festzulegen. Eine formale Analyse dieser Situation lieferte jedoch erst Alfred Marshall (S. 110) in seinen *Principles of Economics* aus dem Jahr 1890. Marshalls Modell ist weiterhin ein wichtiger Bestandteil der etablierten Wirtschaftstheorie, obwohl ihm vorgeworfen wird, nicht die wahre Natur des Wettbewerbs wiederzugeben.

Vollkommener Wettbewerb

Das von Marshall entwickelte Modell, das erklären soll, warum Firmen ihre Preise nicht einfach

Siehe auch: Monopole 92–97 ▪ Angebot und Nachfrage 108–113 ▪ Wirtschaftsliberalismus 172–177 ▪ Preisdifferenzierung 180–181 ▪ Märkte und soziale Ergebnisse 210–213

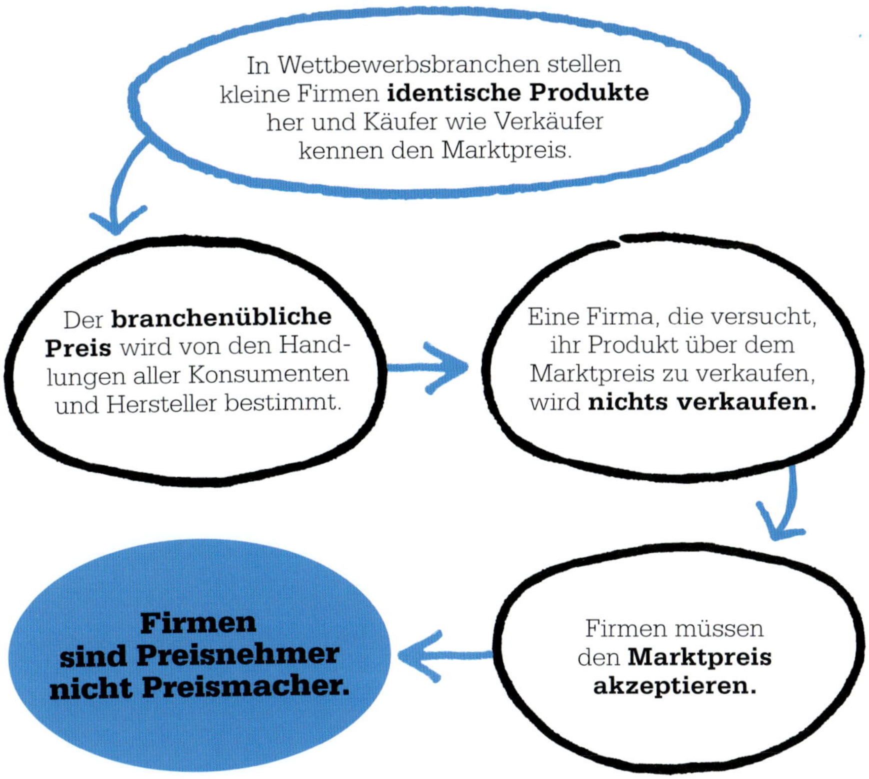

»Ein vollkommener Markt ist ein Gebiet, in dem es viele Käufer und Verkäufer gibt, die alle so sehr auf der Hut sind und so vertraut mit den Angelegenheiten des jeweils anderen, dass der Preis eines Gebrauchsguts praktisch in dem gesamten Gebiet gleich ist.«

Alfred Marshall

nach Gutdünken festlegen können, wurde unter dem Stichwort »vollkommener Wettbewerb« bekannt. Marshall selbst bevorzugte die Bezeichnungen »freier Wettbewerb« und »vollkommene Märkte«. Das Modell beruht auf einer Reihe von Annahmen, die sich aus den Vorstellungen der klassischen Ökonomen über Gegebenheiten des Marktes und das Verhalten von Firmen ableiten.

Die erste Annahme ist, dass die Zahl der Firmen und die Zahl der Kunden groß ist: Jedes Unternehmen und jeder Kunde stellt für sich genommen einen vernachlässigbaren Teil des Marktes dar.

Zweitens wird angenommen, dass alle Firmen versuchen, das gleiche Produkt zu verkaufen. Drittens geht das Modell davon aus, dass alle Firmen frei sind, sich der Branche anzuschließen oder nicht, und dass sie sich alle notwendigen Produktionsfaktoren jederzeit leicht beschaffen können.

Wettbewerb in Aktion

Da der Devisenmarkt die Bedingungen des vollkommenen Wettbewerbs erfüllt, eignet er sich hier als sinnvolles Beispiel. Weltweit gibt es so viele Firmen, die Devisen verkaufen, dass jede von ihnen nur einen sehr kleinen Teil, beispielsweise des Dollarmarktes, ausmacht. Sie verkaufen an Millionen Käufer, von denen jeder (ein einzelner Tourist beispielsweise) ebenfalls nur einen unbedeutenden Teil des Marktes darstellt.

Zweitens ist der Dollar oder Euro, den der Tourist bei einer Firma kauft, immer identisch. Drittens kann jeder jederzeit Devisen kaufen und verkaufen –ohne rechtliche, soziale oder technische Hindernisse. Der Zugang zum Markt ist also einfach.

Auf einem vollkommenen Markt gibt es vollkommene Information – alle Teilnehmer wissen genau, wo der Marktpreis liegt. Wer Devisen kauft oder verkauft, weiß genau, wie viel eine bestimmte Währung zu einem bestimmten Zeitpunkt wert ist. Außerdem weiß jede Firma über die Produktionskosten der anderen Firmen Bescheid. Diese Transparenz bedeutet, dass kein Kunde betrogen werden kann, und dass die Firmen die beste und billigste Methode kennen, das Produkt zur Verfügung zu stellen.

Schließlich wollen die Firmen den Profit maximieren, Arbeiter suchen nach der bestbezahlten »

Arbeit und kapitalistische Investoren suchen nach den Märkten mit dem größten Profit. Marshalls Annahmen haben Konsequenzen für Firmen in Branchen mit vollkommenem Wettbewerb. Vor allen Dingen haben sie keine Macht über den Preis, den sie verlangen können, weil so viele Firmen das gleiche Produkt anbieten. Setzt eine Firma den Preis für ihr Produkt zu hoch an, wird sie nichts verkaufen. Dies ist dadurch garantiert, dass die Verbraucher den Marktüberblick haben. So wird der Marktpreis vom kollektiven Zusammenwirken aller Firmen und Verbraucher bestimmt, und alle Firmen müssen ihn akzeptieren. Sie können den Preis nicht frei festlegen, sondern müssen ihn »nehmen«.

Konkurrenzfähig verkaufen

Verdeutlicht wird dieser Gedanke durch die schematische Darstellung von Marshalls vollkommenem Wettbewerb (siehe unten). Es gibt beispielsweise einen Weltmarktpreis für Weizen – z. B. 350 Euro pro Tonne – der von der Branche festgelegt wird. Zu diesem Preis (im Diagramm eine gestrichelte Linie) können die Bauern so viel verkaufen, wie sie wollen. Sie können jedoch nicht zu einem höheren Preis verkaufen, weil die Käufer dann woanders einkaufen würden. Die Bauern könnten zu einem niedrigeren Preis verkaufen als andere Bauern, aber das brächte keinen Vorteil. Ein niedrigerer Preis würde keine weitere Nachfrage schaffen, weil beim vollkommenen Wettbewerb jeder Hof nur einen winzigen Teil der gesamten Weltversorgung liefert (bei Weizen liegt sie bei 700 Millionen Tonnen). Aus all diesen Gründen entscheidet der Bauer daher nur, welchen Ertrag er produzieren muss, um den Profit zu maximieren. Im Diagramm sind das 3000 Tonnen, denn der Bauer weiß, dass er sie für 350 Euro pro Tonne verkaufen kann.

Im Beispiel kann der Bauer seinen Weizen zu einem Preis verkaufen, der deutlich über den Produktionskosten liegt. Der Ertrag seines Hofes liegt bei 1,05 Mio. Euro. Die Kosten betragen 450 000 Euro.

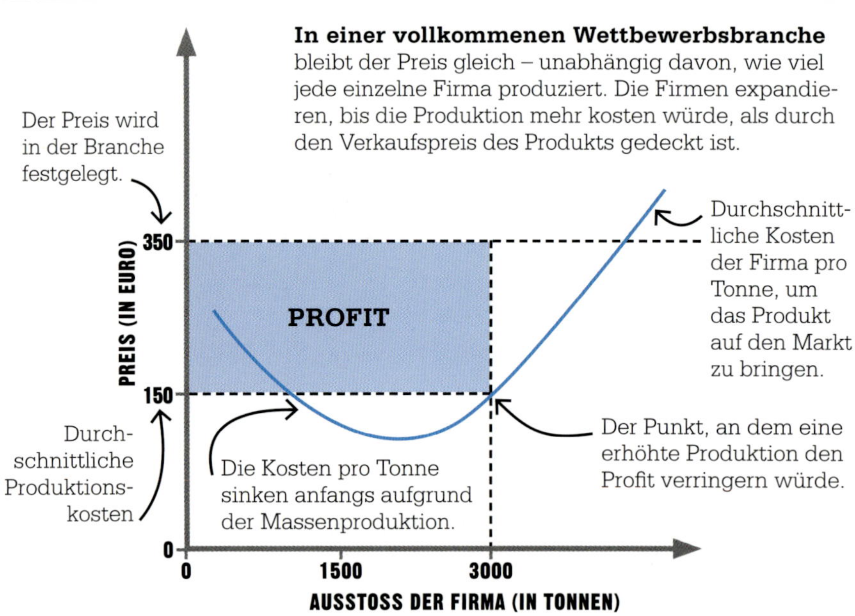

» Arbeiter suchen sich die Arbeitgeber und Kapitalisten die Investitionsmöglichkeiten, bei denen … Löhne und Profite am höchsten sind. «

John Elliott Cairnes
Irischer Ökonom (1823–1875)

Der Gewinn des Hofes errechnet sich aus dem Ertrag abzüglich der Kosten, beträgt also in diesem Fall 600 000 Euro. Klassische Ökonomen wie David Ricardo (S. 84) würden sagen, »der Marktpreis entfernt sich vom natürlichen Preis«. Auf einem vollkommenen Markt bleiben so hohe Profite jedoch nicht lange bestehen.

Kurzfristige Gewinne

Die klassischen Ökonomen wie Smith und Ricardo waren sich der Konsequenzen bewusst, wenn – auf Wettbewerbsmärkten – ein Preis deutlich über dem liegt, was zur Deckung der Kosten erforderlich wäre. Die hohen Gewinnspannen sind dann ein Anreiz für neue Firmen, in die Branche einzusteigen. Hindernisse, die sie abhalten könnten, gibt es bei einem vollkommenen Markt nicht. In unserem Beispiel kann man sich leicht vorstellen, dass Bauern von Gerste auf Weizen umstellen. Die neuen Marktteilnehmer würden dafür sorgen, dass das Gesamtangebot steigt und durch Konkurrenzdruck der Preis sinkt. Nach kurzer Zeit wären die Firmen nur noch in der Lage, einen »normalen« Profit zu machen. Das wäre dann der Fall, wenn der Preis gerade die Produktionskosten deckt – die überschüssigen Profite (im Diagramm blau dargestellt) würden verschwinden. Wenn die Vorgaben, die dem vollkommenen Wettbewerb zugrunde liegen, nicht eingehalten werden, können Firmen auf lange Sicht enorme Profite machen. Wenn es beispielsweise technische oder rechtliche Hindernisse für den Einstieg in die Branche gibt, verschwinden die übermäßigen Gewinne nicht durch Wettbewerb. Eine extreme Form ist das Monopol. Um maximalen Profit zu erzielen, nimmt ein Monopolist – eine Firma, die als einzige eine Ware herstellt – einen höheren Preis und stellt weniger her als auf einem Wettbewerbsmarkt. Darum glauben Ökonomen, dass vollkommene Wettbewerbsmärkte sozial vorteilhafter sind als Monopolmärkte.

Vollkommenheit ist unmöglich

Es gibt eine Reihe von Streitpunkten hinsichtlich Marshalls Modell des vollkommenen Wettbewerbs. Erstens gibt es – wenn überhaupt – wenige reale Branchen, die den Annahmen seines Modells auch nur annähernd genügen könnten. Sowohl der Devisenmarkt als auch die Landwirtschaft sind keine guten Beispiele für die Theorie des vollkommenen Wettbewerbs, weil es große Firmen gibt, die Einfluss auf die Preisgestaltung nehmen, und weil Regierungen in diese Märkte eingreifen. Die Verfechter des vollkommenen Wettbewerbs betrachten das Modell als Verkörperung der theoretischen, idealen Form einer Marktstruktur. Sie sei nützlich, um – im Prinzip – das Verhalten von Firmen zu verstehen.

Grundlegender ist die Kritik, dass der vollkommene Wettbewerb, wie ihn Marshall beschrieb, seine eigentliche Bedeutung verloren hat. Ja, in dem Modell gibt es gar keine »Konkurrenz«. Die Firmen stellen alle das gleiche Produkt her, sie reagieren passiv auf Preise und akzeptieren, dass sie am Ende einen normalen Profit machen. Das ist weit von der Situation entfernt, die Smith beschrieb: Firmen versuchen verzweifelt, Produkte von höherer Qualität zu produzieren als ihre Mitbewerber, die sie zu höheren Preisen verkaufen wollen, während sie immer wieder neue Technologien einführen, um Kosten zu senken und den Profit zu steigern.

Händler bestimmen die Preise von Gütern wie Weizen durch Konkurrenz. Auf einem Wettbewerbsmarkt hat kein einzelner Händler die Macht, den Preis zu beeinflussen.

Der vollkommene Wettbewerb war genau in diesem Punkt im 20. Jahrhundert laufend Angriffen ausgesetzt. Friedrich von Hayek (S. 177) z. B. betrachtete den Wettbewerb als ein dynamisches Entdeckungsverfahren, in dem Unternehmer in einer sich ständig verändernden Welt neue Gewinnmöglichkeiten suchen. Keineswegs sei er einfach das sterile Abkupfern von Preisen wie in Marshalls Modell. ■

Marshall über Risiko, Unsicherheit und Profit

1921 veröffentlichte der US-Ökonom Frank Knight (S. 163) *Risk, Uncertainty and Profit*. Darin analysierte er die Auswirkungen von Unsicherheit auf Marshalls Modell des vollkommenen Gleichgewichts. Knight definierte Risiko als eine messbare Unsicherheit, etwa das Risiko, dass eine Sektflasche platzt. Der Anteil der Flaschen, die platzen, ist relativ konstant und der Hersteller kann ihn bei den Kosten mit einkalkulieren. Deshalb erschüttert das Risiko das vollkommene Gleichgewicht nicht. Die Profite der Unternehmer sind also keine Belohnung für ihre kalkulierbaren Risiken. Andererseits ist echte Unsicherheit nicht messbar. Das liegt daran, dass die Zukunft unvorhersehbar ist. Knights Ansicht nach übernehmen die Unternehmer die Verantwortung für diese Unsicherheit und entscheiden auf dieser Grundlage. Was sie verdienen werden, wissen sie nicht, weil sie die Zukunft nicht kennen.

UNS SOLL ES BESSER GEHEN – UND DEN ANDEREN NICHT WEHTUN

EFFIZIENZ UND GERECHTIGKEIT

IM KONTEXT

SCHWERPUNKT
Wohlfahrtswirtschaft

VORDENKER
Vilfredo Pareto (1848–1923)

FRÜHER
1776 Adam Smiths *Der Wohlstand der Nationen* stellt eine Beziehung zwischen Eigeninteresse und Wohlfahrt her.

1871 William Jevons meint, der Wert einer Sache beruhe rein auf ihrem Nutzen.

1874 Léon Walras berechnet das Gleichgewicht von Volkswirtschaften mithilfe von Gleichungen.

SPÄTER
1930–1950 John Hicks, Paul Samuelson und andere machen das Pareto-Optimum zur Grundlage der modernen Wohlfahrtsökonomie.

1954 Kenneth Arrow und Gérard Debreu demonstrieren mithilfe der Mathematik, wie freie Märkte und das Pareto-Optimum zusammenhängen.

Im 19. Jahrhundert vertraten die Utilitaristen die Ansicht, dass sich die Zufriedenheit des Einzelnen messen und mit der aller anderen addieren lasse, doch Vilfredo Pareto widersprach. In seinem *Manuale di economia politica* führte er eine schwächere Definition sozialer Wohlfahrt ein, die sich später durchsetzte. Er bestimmte Zufriedenheit relativ und sprach vom »ordinalen Nutzen« im Unterschied zur absoluten Messung von Glück (dem »kardinalen Nutzen«).

Laut Pareto wissen die Menschen genau, was ihnen guttut, und handeln danach. Wenn jeder, trotz aller Hindernisse, den eigenen Neigungen folgt, erreicht die Gesellschaft einen Punkt, an dem

Siehe auch: Die freie Marktwirtschaft 54–61 ▪ Wirtschaftliches Gleichgewicht 118–123 ▪ Märkte und soziale Ergebnisse 210–213

keiner besser gestellt werden kann, ohne dass ein anderer darunter leidet. Dieser Zustand ist das sogenannte Pareto-Optimum.

Pareto-Effizienz

Lena und Jan mögen beide Reis. Nach Pareto können wir einen geschenkten Sack Reis beliebig zwischen ihnen aufteilen – selbst wenn einer von ihnen alles erhält, ist das optimal, weil wir niemandem etwas *wegnehmen*. Insofern unterscheidet sich die Pareto-Effizienz von Gerechtigkeit.

Oft gibt es aber mehrere Güter und Geschmäcker. Wenn Jan z. B. Reis mag, aber kein Hühnchen, und wenn Lena Hühnchen mag, aber keinen Reis, dann wäre eine Verteilung, bei der Jan alles bekommt, nicht pareto-effizient: Bekäme aber Lena Jans Hühnchen, wäre Lena geholfen, ohne Jan wehzutun. Leider sind Vorlieben oft nicht so eindeutig: Meist mögen beide Hühnchen und Reis, aber in unterschiedlichem Maße. Dann können Lena und Jan kleine Mengen Hühnchen und Reis austauschen, bis die optimale Verteilung erreicht ist.

Einigung ist möglich

Mit der Pareto-Effizienz als Grundlage sind Urteile über widerstreitende Interessen kaum mehr erforderlich. Das ist das Merkmal der positiven Volkswirtschaftslehre (die beschreibt, wie die Dinge sind) im Gegensatz zur normativen Volkswirtschaftslehre (die beschreibt, wie sie sein sollten). Pareto hielt freie Märkte für effizient in seinem Wortsinn. Damit formalisierte er Adam Smiths Vorstellung, dass Eigeninteresse und Wettbewerb auf freien Märkten dem allgemeinen Wohl förderlich sind (S. 54–61). ■

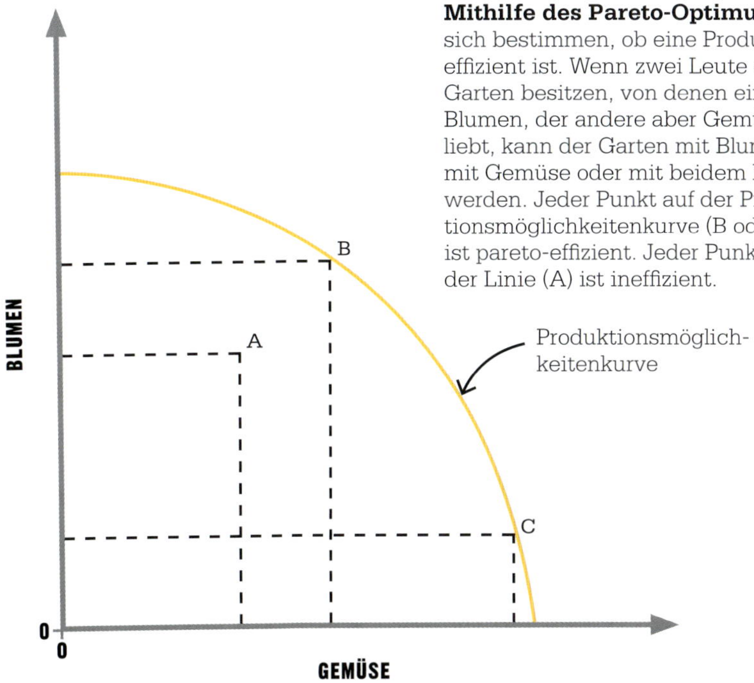

Mithilfe des Pareto-Optimums lässt sich bestimmen, ob eine Produktion effizient ist. Wenn zwei Leute einen Garten besitzen, von denen einer Blumen, der andere aber Gemüse liebt, kann der Garten mit Blumen, mit Gemüse oder mit beidem bepflanzt werden. Jeder Punkt auf der Produktionsmöglichkeitenkurve (B oder C) ist pareto-effizient. Jeder Punkt unter der Linie (A) ist ineffizient.

Vilfredo Pareto

Vilfredo Pareto wurde 1848 in Frankreich geboren. Er war der Sohn eines italienischen Marquis und einer französischen Mutter. Als Pareto vier Jahre alt war, zog die Familie nach Italien. Dort besuchte er Schulen in Florenz und später in Turin, wo er als Ingenieur promovierte. Er arbeitete als Bauingenieur und begann, sich für Wirtschaft und Freihandel zu interessieren. 1893, im Alter von 45 Jahren, wurde er als Nachfolger von Léon Walras (S. 120) auf den Lehrstuhl für politische Ökonomie an der Universität Lausanne (Schweiz) empfohlen. Dort leistete er seine wichtigsten Beiträge zum Fach, darunter seine Theorien zur Einkommensverteilung.

Pareto lehrte bis 1911. Seine umfangreichen Schriften umfassen – neben der Wirtschaftswissenschaft – Werke zur Soziologie, Philosophie und Mathematik. 1923 starb Vilfredo Pareto in Genf.

Hauptwerke

1897 *Cours d'économie politique*
1906 *Manuale di economia politica*
1911 *Économie mathématique*

JE GRÖSSER DIE FABRIK, DESTO NIEDRIGER DIE KOSTEN

GRÖSSENVORTEILE

IM KONTEXT

SCHWERPUNKT
Märkte und Firmen

VORDENKER
Alfred Marshall (1842–1924)

FRÜHER
1776 Adam Smith erläutert, wie große Firmen die Stückkosten durch Arbeitsteilung senken können.

1848 John Stuart Mill meint, nur große Firmen könnten bestimmte Veränderungen bewältigen und auf diese Weise entstünden manchmal natürliche Monopole.

SPÄTER
1949 Der südafrikanische Ökonom Petrus Johannes Verdoorn zeigt, dass vermehrtes Wachstum durch Größenvorteile höhere Produktivität schafft.

1977 Alfred Chandler beschreibt in *The Visible Hand: The Managerial Revolution in American Business* den Aufstieg gigantischer Unternehmen mit Massenproduktion.

Mit dem Beginn der industriellen Revolution wurde deutlich, dass größere Firmen zu geringeren Kosten produzieren können. Eine Firma, die wächst, setzt mehr Maschinen, Arbeitskräfte und Rohstoffe ein, hat also höhere Gesamtkosten. Dafür kann sie zu geringeren Stückkosten mehr produzieren. Dieses Sinken der Durchschnittskosten ist ein Größenvorteil, auch bekannt als Skaleneffekt.

1890 erkundete Alfred Marshall (S. 110) diesen Effekt in seinen *Principles of Economics*. Wenn Firmen ihren Ausstoß steigern, so Marshall, können sie kurzfristig nur mehr Arbeiter einstellen, um die Produktion zu steigern – sonst nichts. Da weitere Arbeiter weniger zum Ausstoß beitragen als die Arbeiter vor ihnen, steigen die Stückkosten. Aber auf lange Sicht ist eine Firma in der Lage, ihre Größe zu verdoppeln, einschließlich der Arbeitskräfte und Maschinen. Sie nutzt die Spezialisierung ihrer Arbeitskräfte und die Kosten sinken.

In den 1960er-Jahren zeigte Alfred Chandler (1918–2007), wie das Wachstum der großen Unternehmen Anfang des 20. Jahrhunderts eine neue industrielle Revolution auslöste. Große Firmen beherrschten die Industriezweige. Sie produzierten immer mehr Waren zu geringeren Kosten und verdrängten ihre Wettbewerber. Diese Firmen profitierten häufig von einem »natürlichen Monopol«. ■

Alfred Chandler beschrieb die Entwicklung von US-Firmen (etwa in der Automobilindustrie) zu riesigen Industriebetrieben mit Fertigungsstraßen.

Siehe auch: Abnehmende Erträge 62 ▪ Die Arbeitsteilung 66–67 ▪ Monopole 92–97 ▪ Der Wettbewerbsmarkt 126–129

DER PREIS FÜR DEN KINOBESUCH IST DER SPASS, DEN MAN BEIM EISLAUFEN GEHABT HÄTTE

OPPORTUNITÄTSKOSTEN

IM KONTEXT

SCHWERPUNKT
Werttheorien

VORDENKER
Friedrich von Wieser
(1851–1926)

FRÜHER
1817 David Ricardo ist der Ansicht, der Wert eines Gutes werde von der Zahl der Arbeitsstunden bei seiner Herstellung bestimmt.

SPÄTER
1920 Alfred Marshall behauptet in *Principles of Economics*, dass der Preis durch Angebot und Nachfrage bestimmt wird.

1949 Ludwig von Mises erklärt in *Human Action*, dass die Preise auf den Märkten wichtige Informationen vermitteln.

1980 Der italienische Ökonom Piero Sraffa stellt in *Warenproduktion mittels Waren* den Wertmaßstab der Opportunitätskosten infrage.

Ende des 19. Jahrhunderts rangen die Ökonomen immer noch mit der Frage, was den Wert eines Produkts ausmacht. Der österreichische Ökonom Friedrich von Wieser vertrat 1914 die Überzeugung, dass der Wert einer Sache von dem bestimmt wird, was dafür aufgegeben werden muss. In einer Welt der endlosen Wünsche und der begrenzten Ressourcen bewirkt der Mangel die Notwendigkeit zur Entscheidung. In *Theorie der gesellschaftlichen Wirtschaft* (1914) sprach er in diesem Zusammenhang von »Opportunitätskosten«. 1935 meinte der britische Ökonom Lionel Robbins, es gehöre zur Tragik des menschlichen Lebens, dass die Entscheidung für eine Sache zur Folge habe, dass man eine andere aufgeben müsse.

Echte Kosten

Das bedeutet: Der Kinobesuch kostet nicht nur den Eintrittspreis, sondern zusätzlich auch das Vergnügen, auf das man stattdessen verzichtet. Obwohl Entscheidungen also geldwerte Konsequenzen haben, bedeuten die Opportunitätskosten noch mehr. Man kann nicht im Kino sitzen und gleichzeitig eislaufen. Manchmal entstehen Opportunitätskosten auch dann, wenn gar kein Geld aufgewendet werden muss. Laut Wieser wird der Preis eines Produkts am Ende davon bestimmt, wie begehrt es ist. Und das wird nicht allein an den Produktionskosten gemessen, sondern daran, wie viel die Menschen dafür aufzugeben bereit sind. ■

» Die Wirtschaft macht den Entscheidungskonflikt sichtbar, der ein typisches Merkmal der menschlichen Existenz ist. «

Lionel Robbins

Siehe auch: Der ökonomische Mensch 52–53 ▪ Die Arbeitswerttheorie 106–107 ▪ Nutzen und Zufriedenheit 114–115

DIE ARBEITER MÜSSEN IHR LOS GEMEINSAM VERBESSERN

TARIFVERHANDLUNGEN

IM KONTEXT

SCHWERPUNKT
Wirtschaft und Gesellschaft

VORDENKER
Beatrice Webb (1858–1943)

FRÜHER
1793 *Friendly Societies*, eine Art Gewerkschaften, werden in Großbritannien anerkannt.

1834 Nationale Arbeiterorganisationen in Europa und USA.

um 1870 Gewerkschaften in Frankreich und Deutschland verbinden sich mit Sozialisten.

SPÄTER
1920er- und 1930er-Jahre In der Weltwirtschaftskrise kämpfen die Gewerkschaften für die Rechte der Arbeiter.

1955 US-Gewerkschaften vereinen sich unter der AFL-CIO.

1980er-Jahre Gewerkschaften und Tarifverhandlungen verlieren an Bedeutung: Viele öffentliche Dienstleistungen werden privatisiert und konservative Regierungen beschneiden ihre Macht.

Arbeitnehmer sind abhängig vom Arbeitgeber, was ihren **Lebensunterhalt** angeht.

Da es viele Arbeitnehmer und wenige Arbeitgeber gibt, **haben die Arbeitgeber die Macht.**

Einzelne Arbeitnehmer haben **wenig Macht,** weil sie leicht ersetzt werden können.

Daher **diktieren** die Arbeitgeber den Arbeitnehmern **die Bedingungen.**

Durch **gemeinsames Handeln** können die Arbeitnehmer das Machtgleichgewicht jedoch verändern.

Die Arbeiter müssen ihr Los gemeinsam verbessern.

Der Ausdruck »Tarifverhandlungen« entstammt dem Arbeitsrecht und bezeichnet die Verhandlungen zwischen Arbeitgeber- und Arbeitnehmervertretungen in jeweils einer Branche. In Großbritannien prägte Beatrice Webb den Ausdruck »collective bargaining«. Sie und ihr Ehemann Sidney kämpften gegen die Armut und ihre Bücher bewirkten politische Veränderungen. 1894 veröffentlichten sie *Die Geschichte des britischen Trade Unionismus*: Die Gewerkschaften entwickelten sich mit der industriellen Revolution in den neuen Fabriken, wo sich die Arbeiterschaft konzentrierte. Die Bedingungen waren hart, sichere Arbeitsplätze gab es kaum und die

Siehe auch: Marxistische Wirtschaft 100–105 ▪ Die Arbeitswerttheorie 106–107 ▪ Konjunkturrückgang und Arbeitslosigkeit 154–161 ▪ Die soziale Marktwirtschaft 222–223 ▪ Starre Löhne 303

» Wenn aber eine Gruppe von Arbeitern sich vereinigt und Vertreter abschickt, die für die ganze Körperschaft die Verhandlungen führen, ändert sich die Sachlage sofort. «

Beatrice Webb
Sidney Webb

Löhne bewegten sich am Existenzminimum. Die Combination Acts, Gesetze von 1799 und 1800, verboten die Gewerkschaften. Arbeiter, die sich gemeinsam für Lohnerhöhungen einsetzten, wurden zu Haftstrafen verurteilt. 1824 wurden diese Gesetze aufgehoben und sofort entstanden Gewerkschaften. Wegen der folgenden Streiks verbot ein neues Gesetz alle Treffen von Gewerkschaften, außer zum Zweck von Tarifverhandlungen.

Im 19. Jahrhundert erhielten die Gewerkschaften in Europa immer mehr Zulauf. Die einen sahen sie in der Tradition der Handwerkszünfte, die um bessere Arbeitsbedingungen für ihre Mitglieder kämpften, andere sahen in ihnen die Vorhut einer Revolution im Kampf um eine bessere Welt für alle Arbeitnehmer.

Der Kampf geht weiter

Tarifverhandlungen wurden allgemein eingeführt, weil sie Vorteile für Arbeitgeber und Arbeitnehmer schaffen, da sie oft Vereinbarungen für eine gesamte Branche treffen.

Doch seit den 1980er-Jahren schrumpfen die Gewerkschaften deutlich und die Tarifverhandlungen verlieren in vielen Branchen an Bedeutung. Laut Milton Friedman (S. 199) gehen die durch gewerkschaftliche Organisation erzielten höheren Löhne zu Lasten von Arbeitsplätzen und drücken die Löhne in nicht gewerkschaftlich organisierten Bereichen. Andere

Mitarbeiter im öffentlichen Dienst demonstrieren 2010 in Madrid (Spanien) gegen Entlassungen. Heute sind Gewerkschaften im öffentlichen Sektor meist stärker vertreten als im privaten.

Ökonomen glauben, dass die Präsenz einer Gewerkschaft nicht gewerkschaftlich organisierte Arbeitgeber dazu veranlasst, die Löhne zu erhöhen, damit sich deren Beschäftigte nicht gewerkschaftlich organisieren. Regierungen versuchen oft, die Macht der Gewerkschaften zu beschneiden.

Die Globalisierung führt zudem zu Isolierung, da die Bedingungen, zu denen an globalen Produkten gearbeitet wird, häufig vor Ort individuell und nicht branchenweit fürs ganze Land festgelegt werden. ▪

Beatrice Webb

Beatrice Webb wurde 1858 in Gloucestershire (Großbritannien) als Kind eines radikalen Parlamentsmitglieds geboren. Sie wuchs mit ausgeprägtem Interesse an sozialen Fragen und den strukturellen Problemen auf, die der Armut zugrunde liegen. 1891 lernte sie Sidney Webb kennen und das Paar übernahm eine zentrale Rolle in der britischen Arbeiterbewegung. Sie formulierten die Forderung eines Mindestlohns und gründeten die *London School of Economics* sowie die Zeitung *The New Statesman*. Die Webbs waren an der Entstehung der britischen Gewerkschaftsbewegung beteiligt. Sie entwarfen die Blaupause für das britische Gesundheitssystem und für Sozialsysteme weltweit, obwohl sie auch umstrittene eugenische Ansichten vertraten. Beatrice Webb starb 1943.

Hauptwerke

1894 *Die Geschichte des britischen Trade Unionismus* (mit Sidney Webb)
1919 *The Wages of Men and Women*
1923 *The Decay of Capitalist Civilization*

MENSCHEN KONSUMIEREN, UM BEACHTET ZU WERDEN

GELTUNGSKONSUM

IM KONTEXT

SCHWERPUNKT
Wirtschaft und Gesellschaft

VORDENKER
Thorstein Veblen
(1857–1929)

FRÜHER
1848 Die Theorie des britischen Philosophen John Stuart Mill besagt, dass der Nutzen (die Zufriedenheit) im Mittelpunkt der Wirtschaft steht.

1890 Alfred Marshall verlagert den Schwerpunkt der Ökonomie von den Märkten zur Untersuchung des Verhaltens.

SPÄTER
1940 Der ungarische Ökonom Karl Polanyi vertritt die Ansicht, das ökonomische Verhalten sei verwurzelt in Gesellschaft und Kultur.

2010 Laut dem US-Ökonomen Nathan Pettit waren »Geltungskonsum« und die resultierenden Schulden 2008 stark an der Krise der weltweiten Finanzmärkte beteiligt.

Der US-Ökonom Thorstein Veblen erkannte als Erster, dass das wirtschaftliche Verhalten nicht nur von rationalem Eigeninteresse, sondern auch von psychologischen Faktoren wie Angst und Statusdenken bestimmt ist. Veblen beobachtete extrem reiche Amerikaner und veröffentlichte 1899 seine vernichtende Kritik *Theorie der feinen Leute*. Er behauptete, die New Yorker High Society zeichne sich durch dieselben stereotypen Merkmale aus wie primitive Stammesfürsten: zu viel Freizeit und zu viel Geld. Die Reichen kauften Dinge nicht, weil sie sie brauchten, sondern um Wohlstand und Status zur Schau zu stellen. Veblen prägte dafür den Begriff »Geltungskonsum«.

Öl-Tycoon John D. Rockefeller (links), hier mit seinem Sohn, war der erste Mensch, der mehr als 1 Mrd. Dollar besaß. Er gehörte zu der New Yorker Gesellschaft, die Veblen kritisierte.

Die Konsumfalle

Heute werden Luxuswaren wie teure Autos und Armbanduhren als »Veblen-Güter« (S. 117) bezeichnet. Die Zufriedenheit einer Person wächst, je mehr sie davon besitzt und je weniger andere davon haben. Nach Veblens Ansicht können reiche Gesellschaften an einer »relativen Konsumfalle« leiden, bei der die Produktion auf solche Luxusgüter verschwendet wird. Das allgemeine Wohlbefinden vergrößert sich nicht, auch wenn sie von immer mehr Leuten konsumiert werden. Einige Ökonomen vertreten die Ansicht, verschwenderischer Konsum, angeheizt durch die Möglichkeit, per Kreditkarte zu zahlen, habe zur globalen Finanzkrise 2008 beigetragen. ■

Siehe auch: Der ökonomische Mensch 52–53 ▪ Paradoxe Ausgaben 116–117 ▪ Wirtschaft und Tradition 166–167 ▪ Verhaltensökonomie 266–269

DER VERSCHMUTZER SOLL ZAHLEN

EXTERNE KOSTEN

IM KONTEXT

SCHWERPUNKT
Wirtschaftspolitik

VORDENKER
Arthur Pigou (1877–1959)

FRÜHER
16. Jh. Londoner Haushalte müssen für Klärgruben bezahlen. Sie dürfen Abwasser nicht mehr auf der Straße entsorgen.

SPÄTER
1952 James Meade erfindet die Fabel von den Imkern, die nichts davon haben, dass ihre Bienen die nahegelegenen Obstgärten bestäuben. Deshalb müssen die Bienenzüchter subventioniert werden.

1959 Der britische Ökonom Ronald Case plädiert dafür, die Kosten der Umweltbelastung über Eigentumsrechte zu steuern. Dabei ist ihm klar, dass dies nur unter strengen Auflagen funktionieren könnte.

1973 James Cheung zeigt, dass die Fabel von den Bienen falsch ist, weil Obstbauern und Imker miteinander verhandeln.

Würde ein Supermarkt leere Kisten in einem benachbarten Garten abladen, um die Müllabfuhr zu sparen, wäre sein Besitzer eindeutig für die Beseitigung des Schadens verantwortlich. Doch was ist, wenn der Schaden weniger offensichtlich ist, z. B. bei Luftverschmutzung? Hat das Marktsystem da eine Lösung?

Verschmutzer besteuern

Ökonomen befassten sich ab den 1950er-Jahren mit solchen Kosten und bezeichneten sie als »extern«, da sie sich nicht im Marktpreis widerspiegeln und Dritte betreffen. Hier versagen die Märkte: Da die Fabriken nicht mit den sozialen Kosten ihres Handelns konfrontiert werden, können sie die Umwelt zu stark verschmutzen – viel mehr als gesellschaftlich effizient wäre. Der britische Ökonom Arthur Pigou wollte mit einer »Pigou-Steuer« dafür sorgen, dass die Verschmutzer bei ihren Entscheidungen die Gesamtkosten berücksichtigen. Bei dieser Steuer müssten Verkäufer und Käufer jeweils einen Teil tragen. Beide Parteien müssten bereit sein, den höheren, durch die Verschmutzung bedingten Preis zu bezahlen. Regierungen, die eine Kohlendioxidsteuer befürworten, berufen sich z. B. auf diesen Gedanken. Die Steuer wäre wirtschaftlich effektiv, viele halten sie auch moralisch für richtig: Verschmutzer sollen zahlen. Doch so einfach ist es nicht. Pigou selbst wies darauf hin, dass die Kosten einer Verschmutzung nur schwer kalkulierbar seien. ■

» Im Allgemeinen sind Fabrikanten nicht am Sozialen interessiert, sondern einzig am privaten Nettoertrag ihrer Betriebe. «

Arthur Pigou

Siehe auch: Die Steuerlast 64–65 ▪ Märkte und soziale Ergebnisse 210–213 ▪ Die Theorie des Zweitbesten 220–221 ▪ Wirtschaft und Umwelt 306–313

DER PROTESTANTISMUS HAT UNS REICH GEMACHT

WIRTSCHAFT UND ASKETISCHER PROTESTANTISMUS

IM KONTEXT

SCHWERPUNKT
Wirtschaft und Gesellschaft

VORDENKER
Max Weber (1864–1920)

FRÜHER
1517 Martin Luther veröffentlicht die *95 Thesen*. Er löst dadurch die Reformation aus, die zur Spaltung der Kirche führt.

1688 Mit der Glorreichen Revolution wird in England durch das Verbot der katholischen Kirche die Spaltung beendet und der Weg für die industrielle Revolution geebnet.

1902 Werner Sombart bezeichnet den »ökonomischen Rationalismus« in Wirtschaft und Technik als Ursache für die Entstehung des modernen Kapitalismus.

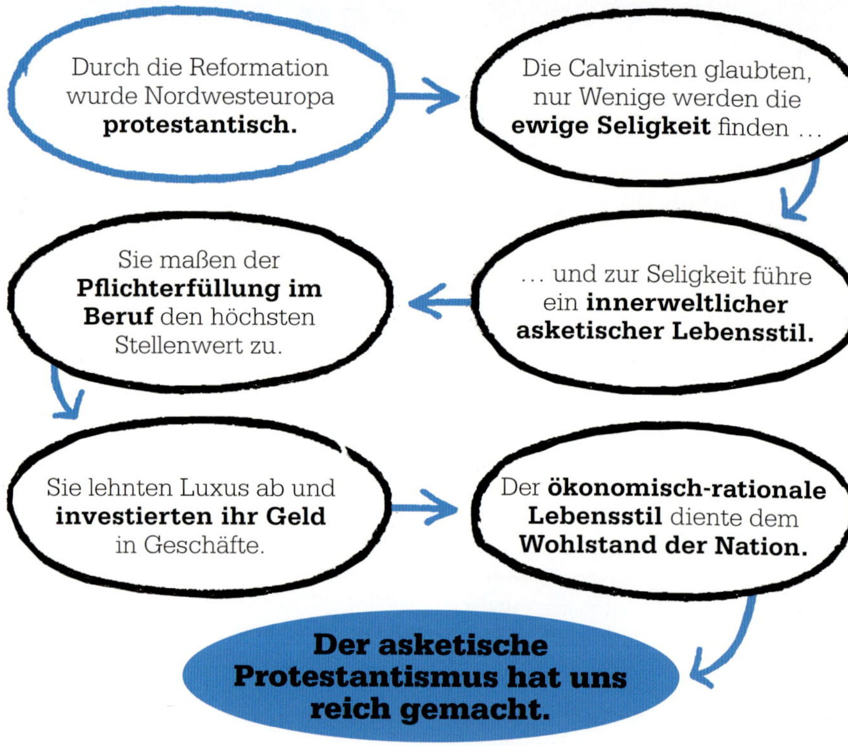

Mit der industriellen Revolution entstand im 18./19. Jahrhundert in Westeuropa und in Nordamerika der moderne Kapitalismus. Er fußt auf der Technisierung der Produktion und effizientem Wirtschaften. Max Weber suchte auf die Frage, wie der moderne Kapitalismus entstanden war und wie er sich vom Frühkapitalismus unterscheide, eine Antwort. Dies gelang ihm zwar nicht umfassend, aber er entdeckte den Zusammenhang zwischen dem modernen kapitalistischen Geist und dem herrschenden Berufsethos.

Siehe auch: Der ökonomische Mensch 52–53 ▪ Wirtschaft und Tradition 166–167 ▪ Wirtschaftsinstitutionen 206–207 ▪ Marktinformationen und Anreize 208–209 ▪ Soziales Kapital 280

Frühindustrielles Eisenwerk in England (Gemälde von Joseph Wright, 1772): Nach Weber war die Wohlstandsethik der Puritaner Auftakt für den modernen Kapitalismus.

In den führenden Nationen Westeuropas und in Nordamerika hatte sich seit der Reformation ein neuer Lebensstil herausgeformt. Dieser war sehr rational, hatte aber, so stellte Weber fest, religiöse Wurzeln. Er hatte sich in den verschiedenen Richtungen des asketischen Protestantismus (Calvinismus, Puritanismus, Pietismus, Quäker) mehr oder weniger stark entwickelt und wurde zum Lebensstil des modernen Kapitalismus. Dabei verlor er seine ursprüngliche religiöse Bindung.

Askese und Berufsethos

Der Lebensstil der asketischen Protestanten beruhte auf den Tugenden Ehrlichkeit, Pünktlichkeit, Fleiß und Mäßigung. Diese Tugenden waren für den Gelderwerb nützlich. Der Gelderwerb wurde Lebenszweck. Die bisherige Anschauung, dass nämlich der Gelderwerb den Zweck habe, die materiellen Bedürfnisse des Menschen zu befriedigen sowie Lebensgenuss und Luxus des Einzelnen zu mehren, wurde nun als Leben ohne Sinn, oder anders ausgedrückt, als sinnloses Leben aufgefasst.

Mit der asketisch-protestantischen Lebensführung änderten sich auch die Auffassung vom Beruf und die Einstellung zum Beruf. Die Protestanten verwarfen die mönchisch-asketische Lebensführung (Auflösung der Klöster), die den Katholiken als gottgefällig galt, und maßen der Pflichterfüllung innerhalb der weltlichen Berufe höchste Bedeutung bei: Berufsarbeit wurde zum äußersten Ausdruck der Nächstenliebe.

»Der Puritaner«, so Weber, »*wollte* Berufsmensch sein, wir [anderen] *müssen* es sein.« Indem die Puritaner »die Askese aus den Mönchszellen heraus in das Berufsleben« übertrugen, halfen sie mit, die moderne Wirtschaftsordnung aufzubauen. Ihr Lebensstil wurde für jeden Einzelnen, der in diese Wirtschaftsordnung hineingeboren wird, vorherrschend. ■

» Gott hilft dem, der sich selber hilft. Der Calvinist schafft sich die Gewissheit seiner Seligkeit selbst … «

Max Weber

Max Weber

Der Jurist, Nationalökonom und Mitbegründer der deutschen Soziologie wurde 1864 in Erfurt geboren. Seine Familie war wohlhabend, gebildet und im deutschen Protestantismus verwurzelt. Sein Vater war Stadtrat und nationalliberaler Abgeordneter, seine Mutter in der Armenpflege engagiert.

Weber studierte Jura und Nationalökonomie in Heidelberg und Berlin, wurde Professor für Handelsrecht und Nationalökonomie in Berlin, Freiburg und Heidelberg. Wegen Depressionen lebte er ab 1899 jedoch als Privatgelehrter. Er lehrte erst wieder 1918 in Wien, 1919 in München. Er war mit der Frauenrechtlerin Dr. Marianne Weber verheiratet.

Als Mitbegründer der linksliberalen Partei DDP wurde er 1918 in eine Kommission berufen, die die Weimarer Verfassung ausarbeitete.

Hauptwerke

1904/05 und **1919** *Die protestantische Ethik und der Geist des Kapitalismus*
1919 *Politik als Beruf*
1921/22 *Wirtschaft und Gesellschaft* (Nachlass)

DIE ARMEN SIND ERFOLGLOS, NICHT SCHLECHT

DAS ARMUTSPROBLEM

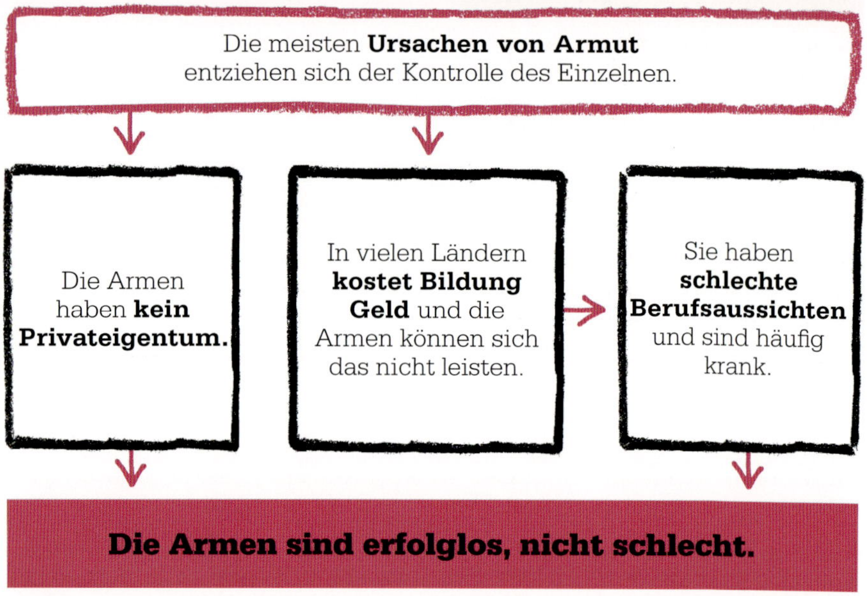

IM KONTEXT

SCHWERPUNKT
Wirtschaft und Gesellschaft

VORDENKER
John Stuart Mill (1806–1873)
Amartya Sen (geb. 1933)

FRÜHER
1879 Der US-Ökonom Henry George veröffentlicht *Progress and Poverty*, einen Bestseller, der eine Grundsteuer fordert, um die Armut zu lindern.

1890er-Jahre Charles Booth und Seebohm Rowntree führen in Großbritannien Studien zur Armut durch.

SPÄTER
1958 John Kenneth Galbraith weist in seinem Buch *Gesellschaft im Überfluss* auf das Armutsproblem hin.

1973 Amartya Sen schlägt einen neuen Armutsindex vor.

2012 Die Weltbank definiert extreme Armut als ein Einkommen von weniger als einem Dollar pro Tag.

In Ländern mit hohen Einkommen machen die Regierungsausgaben oft 30–50 Prozent der Gesamtausgaben aus. Etwa die Hälfte davon sind »sozialer Transfer« oder Ausgaben für Wohlfahrt. So hohe Sozialausgaben gibt es erst seit den 1930er- und 1940er-Jahren.

Aber Wohlfahrtsausgaben haben eine lange Geschichte. Im 16. Jahrhundert unterschied das englische Gesetz drei Gruppen armer Leute: Leute, die Zuwendungen verdienten (die Alten, die Jungen und die Kranken), die würdigen Arbeitslosen (die arbeiten wollten, aber keine Arbeit finden konnten) und die unwürdigen Armen (Bettler). Die beiden erstgenannten Gruppen erhielten Essen und Geld, das von Menschen vor Ort gespendet wurde, die dritte Gruppe wurde als Kriminelle behandelt. Mit der Industrialisierung änderte sich diese Sicht der Dinge. Im 18. Jahrhundert glaubten viele, die Armen

Siehe auch: Demografie und Ökonomie 68–69 ▪ Entwicklungsökonomie 188–193 ▪ Die Berechtigungstheorie 256–257

Die unhygienischen Bedingungen der Armen in London, gemalt von Gustave Doré 1872, waren in vielen europäischen Städten ähnlich. Menschen und Ungeziefer lebten auf engstem Raum.

wären selbst schuld an ihrem Elend. David Ricardo (S. 84) und Thomas Malthus (S. 69) forderten die Abschaffung der Armengesetze, denn milde Gaben verringerten nur den Anreiz zu arbeiten.

Der Philosoph John Stuart Mill (S. 95) argumentierte dagegen 1848, die Wirtschaft sei nur für die Produktion zuständig – die Verteilung des Wohlstands sei Sache der Gesellschaft. Im Allgemeinen wollte Mill die Rolle des Staates begrenzen, aber hier galt für ihn, dass der Staat denjenigen helfen musste, die sich nicht selbst helfen konnten.

Im 19. und 20. Jahrhundert weitete sich das Stimmrecht in den europäischen Ländern aus, zusammen mit Forderungen nach höheren Sozialausgaben und der Umverteilung des Reichtums. Aufwendige öffentliche Gesundheits- und Bildungssysteme entwickelten sich zusammen mit den Sozialsystemen.

Armut im 21. Jahrhundert

Nach 1800 begann der Wohlstand zwischen Europa/Nordamerika und dem Rest der Welt auseinanderzuklaffen. Armut ist ein andauerndes Problem in Südasien und in Afrika südlich der Sahara. Ökonomen betonen, dass vor allem Gesundheit, Bildung und Transport, aber auch direkte Unterstützung wichtig sind, um die Armut zu verringern.

Der indische Ökonom Amartya Sen (S. 257) meint, Armut sei durch begrenzte »Fähigkeiten und Funktionen« bedingt – also die Dinge, die Menschen nicht tun oder sein können. Der Zugang zu Gütern oder Dienstleistungen sei dagegen weniger wichtig. Diese Idee findet Widerhall in der fortdauernden Diskussion, ob die Armutsgrenze absolut ist (wenn die Grundbedürfnisse nicht mehr befriedigt werden können) oder ob sie relativ ist (und bei einem Prozentsatz des durchschnittlichen Einkommens liegt). ▪

Entwicklungsziele

Im September 2000 unterzeichneten 189 Regierungschefs von Mitgliedsstaaten der Vereinten Nationen acht Entwicklungsziele, die bis 2015 erreicht sein sollten: Bekämpfung von Armut und Hunger, Primärschulbildung für alle, Gleichstellung der Geschlechter, Senkung der Kindersterblichkeit, bessere Gesundheitsversorgung für Mütter, Bekämpfung von HIV/AIDS, TB und Malaria, ökologische Nachhaltigkeit und globale Partnerschaft. Bis 2015 sollte auch die Anzahl der Menschen, die in extremer Armut lebten, halbiert sein.

Trotz einiger Fortschritte lebten 2015 noch immer 800 Millionen Menschen in Armut – das Ziel wurde auf 2030 verschoben. Aufgrund der Coronapandemie (2019) erhöhte sich die Zahl der in extremer Armut lebenden Menschen erstmals wieder. Die Vereinten Nationen schätzen, dass in den Entwicklungsländern der Anteil derer, die weniger als einen Dollar pro Tag verdienen, von 30,8 Prozent 1990 auf 8,5 Prozent 2019 fiel, dass er 2020 aber wieder auf 9,3 Prozent anstieg.

Ein Bettler in Fortaleza (Brasilien). Laut den Vereinten Nationen leben Arme heute unter »entmenschlichenden Bedingungen«, was durch die Coronakrise noch verstärkt wurde.

DER SOZIALISMUS IST DAS ENDE DES RATIONALEN WIRTSCHAFTENS

ZENTRALE PLANUNG

IM KONTEXT

SCHWERPUNKT
Wirtschaftssysteme

VORDENKER
Ludwig von Mises
(1881–1973)

FRÜHER
1867 Für Karl Marx muss der wissenschaftliche Sozialismus organisiert werden wie eine riesige Fabrik.

1908 Enrico Barone vertritt die Ansicht, in einem sozialistischen Staat lasse sich Effektivität erreichen.

SPÄTER
1929 Fred Taylor meint, mathematischer Versuch und Irrtum könnten im Sozialismus zum Gleichgewicht führen.

1934–1935 Lionel Robbins und Friedrich von Hayek betonen die praktischen Probleme im Sozialismus – beispielsweise das Ausmaß der erforderlichen Berechnungen und das mangelnde Eingehen von Risiken.

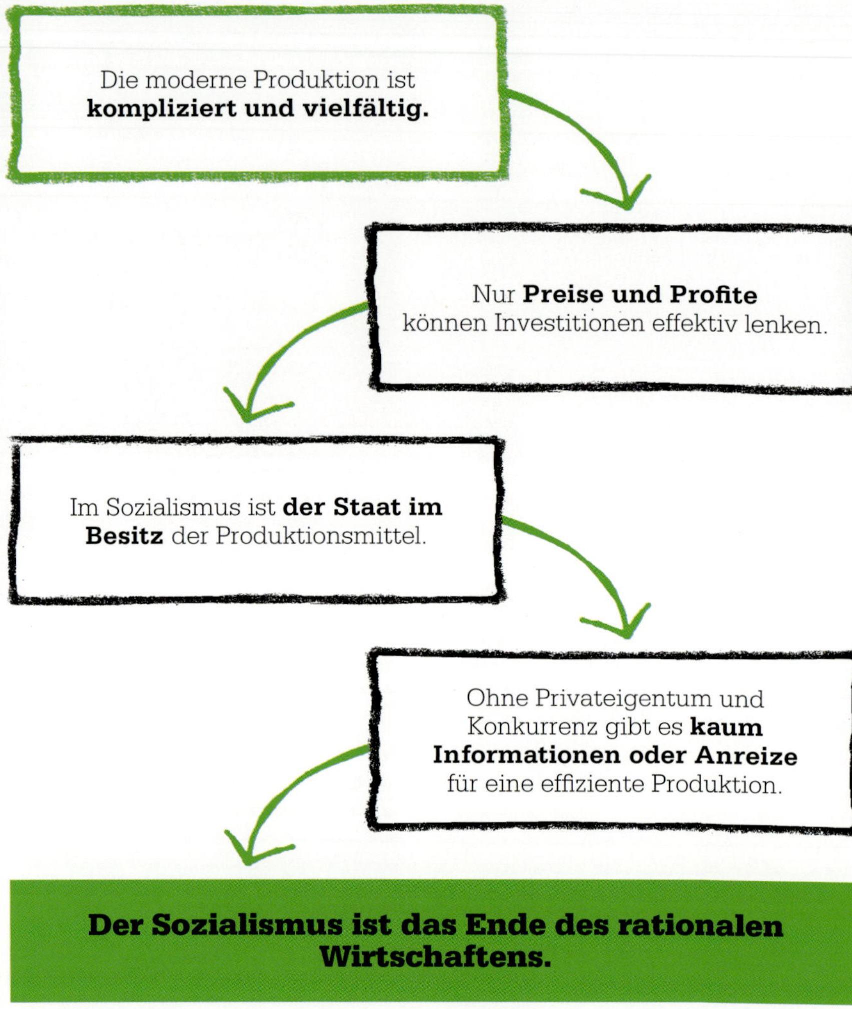

Der deutsche Philosoph Karl Marx beschrieb 1867 in seinem Werk *Das Kapital* die sozialistische Wirtschaftsorganisation (S. 100–105). In einer sozialistischen Wirtschaft befänden sich die Produktionsmittel (wie Fabriken) im Besitz des Staates. Wettbewerb sei Verschwendung. Marx schlug vor, die Gesellschaft so zu organisieren, als handele es sich um eine riesige Fabrik. Seiner Ansicht nach führte der Kapitalismus unvermeidlich zur Revolution.

Die Ökonomen nahmen Marx' Ideen ernst. Als Vilfredo Pareto (S. 131) mithilfe der Mathematik darlegte, wie der Wettbewerb der freien Märkte zu effektiven Ergebnissen führt, meinte er, im Sozialismus könne dies durch zentrale Planung erreicht werden. Sein Landsmann Enrico Barone dachte 1908 in die gleiche Richtung. Nur wenige Jahre später wurde Europa vom Ersten Weltkrieg erschüttert, den viele als Fehlschlag der alten Ordnung auslegten. Die Russische Revolution von 1917 diente als Beispiel für eine sozialistische Wirtschaftsübernahme. In den Verliererstaaten – Deutschland, Österreich, Ungarn – gewannen die sozialistischen Parteien an Einfluss.

Die Vertreter der freien Marktwirtschaft hatten dem Sozialismus theoretisch nichts entgegenzusetzen. Doch dann erhob 1920 Ludwig von Mises einen grundsätzlichen Einwand: Er sagte, Planung im Sozialismus sei unmöglich.

Rechnen mit Geld

Von Mises' Artikel *Die Wirtschaftsrechnung im sozialistischen Gemeinwesen* enthielt eine einfache Provokation. Er behauptete, die Produktion in der modernen Wirtschaft

Siehe auch: Die freie Marktwirtschaft 54–61 ▪ Marxistische Wirtschaft 100–105 ▪ Wirtschaftsliberalismus 172–177 ▪ Märkte und soziale Ergebnisse 210–213 ▪ Die soziale Marktwirtschaft 222–223 ▪ Engpässe in Planwirtschaften 232–233

sei so komplex, dass man auf die in den Marktpreisen enthaltene Information nicht verzichten könne. (Die Preise entstehen ja durch den Wettbewerb vieler Produzenten, die alle Profit machen wollen). Nur anhand der Preise und Profite lasse sich feststellen, wo Nachfrage bestehe, und nur so könne man Investitionen entsprechend lenken. Seine Ideen lösten eine »Systemdebatte« zwischen Kapitalismus und Sozialismus aus, bei der es um die »Wirtschaftsrechnung im Sozialismus« ging.

Angenommen, eine Eisenbahnstrecke zwischen zwei Städten soll geplant werden. Welchen Verlauf soll sie nehmen und soll sie überhaupt gebaut werden? Diese Entscheidungen erfordern eine Kosten-Nutzen-Abwägung. Der Nutzen besteht aus den Einsparungen der zahlreichen Fahrgäste. Die Kosten umfassen Arbeitsstunden, Eisen, Kohle, Maschinen und so weiter. Für diese Berechnungen benötigt man eine gemeinsame Einheit:

» Jede wirtschaftliche Veränderung wird so im sozialistischen Gemeinwesen zu einem Unternehmen, dessen Erfolg weder im vorhinein abgeschätzt noch auch später rückschauend festgestellt werden kann. Alles tappt hier im Dunkeln. «

Ludwig von Mises

Boris Kustodijews Ölgemälde *Der Bolschewik* spiegelt die idealistische Politik der Russischen Revolution wider. Nach kaum vier Jahren wurde sie durch die Neue Ökonomische Politik ersetzt.

Geld, dessen Wert auf Marktpreisen beruht. Doch im Sozialismus gibt es für diese Güter keine echten Geldpreise – der Staat muss sie festlegen. Bei Konsumgütern, so von Mises, sei das kein großes Problem. Es ist leicht, unter Berücksichtigung des Verbrauchergeschmacks zu entscheiden, ob auf einem Stück Land 1000 Liter Wein oder 500 Liter Öl produziert werden sollen. Bei einfacher Familienproduktion ist es auch kein Problem: Eine Person kann gut entscheiden, ob sie einen Tag lang eine Bank bauen, einen Topf herstellen oder Obst pflücken soll. Doch komplexe Produktionsvorgänge erfordern formalisierte ökonomische Berechnungen, da der menschliche Verstand damit überfordert sei.

Marktpreise

Die Wirtschaftsrechnung im Kapitalismus hat – neben der Projektevaluation anhand von echten Geldpreisen – zwei weitere Vorteile. Erstens spiegeln Marktpreise automatisch die Bewertung aller Marktteilnehmer wider. Zweitens reflektieren sie technisch und wirtschaftlich brauchbare Produktionstechniken, denn wegen des Wettbewerbs unter den Herstellern setzen sich nur die profitabelsten Methoden durch.

Von Mises argumentierte, dass echte Marktpreise darauf beruhen, dass in allen Phasen mit Geld bezahlt werden muss – beim Kauf und Verkauf der zur Produktion erforderlichen Güter ebenso wie beim Kauf und Verkauf für den Konsum. Im sozialistischen System kommt Geld dagegen nur eingeschränkt zum Einsatz: für Löhne und Gehälter und zum Kauf von Konsumgütern. Auf der Produktionsseite der Wirtschaft im Staatsbesitz ist Geld nicht mehr erforderlich. »

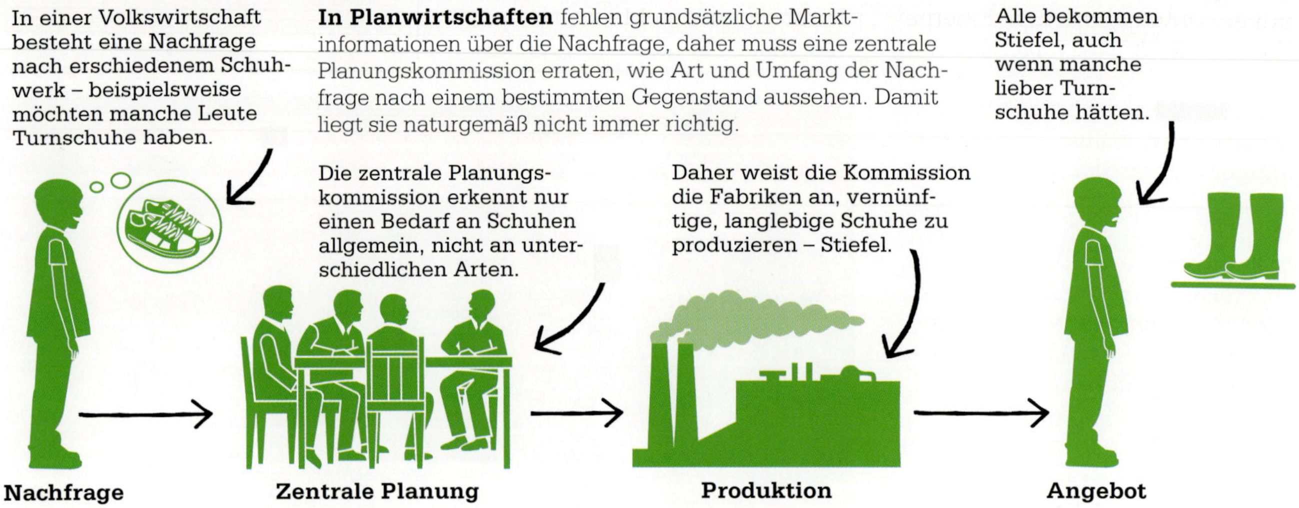

Von Mises zog daher Alternativen zum Geld in Betracht, etwa Marx' Idee, den Wert der Produkte an den zur Herstellung benötigten Arbeitsstunden zu messen. Aber ein solches Vorgehen ignoriert beispielsweise die relative Knappheit bestimmter Materialien oder die unterschiedliche Qualität von Arbeit. Nur Marktpreise beziehen alle diese Aspekte ein.

Andere Preise

Von Mises und seine Anhänger in der Österreichischen Schule glaubten nicht, dass Gesellschaften »von Natur aus« ein bestimmtes Gleichgewicht erreichen. Seiner Ansicht nach befanden sich Volkswirtschaften immer im Ungleichgewicht, sie waren ständiger Veränderung unterworfen und ihre Teilnehmer mussten sich mit der Unsicherheit abfinden. Außerdem konnte ein zentraler Planer nicht einfach die Preise übernehmen, die vorher in einer Marktwirtschaft gegolten hatten. Solange die Planwirtschaft auf Preisen aus einem anderen System beruhte, konnte der Sozialismus die Marktwirtschaft nicht ersetzen.

Von Mises' Herausforderung löste verschiedene Reaktionen aus. Einige Ökonomen behaupteten, zentrale Planer könnten Angebot und Nachfrage durch Versuch und Irrtum ins Gleichgewicht bringen, ähnlich wie Léon Walras (S. 120) es für das Gleichgewicht in der Marktwirtschaft vorgeschlagen hatte. Dieser mathematische Ansatz war jedoch im Grund das Gleiche wie Barones Argumente und die Österreichische Schule lehnte jede Diskussion über ein mathematisches Gleichgewicht als unrealistisch ab.

Von Mises' Anhänger Lionel Robbins und Friedrich von Hayek (S. 177) fügten noch hinzu, eine solche Berechnung sei nicht praktikabel. Ein sozialistisches System könne keinesfalls die Risikobereitschaft replizieren, die Unternehmer in Marktsystemen angesichts von Unsicherheiten beweisen müssten. 1936 schlugen Oskar Lange und Abba Lerner ein System des »Marktsozialismus« vor, in dem zahlreiche staatseigene Betriebe bei staatlich festgelegten Preisen ihren Profit maximieren sollten. Friedrich von Hayek antwortete als Vertreter der Österreichischen Schule mit dem Argument, nur der freie Markt könne die erforderlichen Anreize und Informationen liefern.

Angewandter Sozialismus

Eine Zeitlang bestand eine Form des Marktsozialismus in der Sowjetunion, doch sie bereitete Probleme. In Reformversuchen wollte man den staatlichen Betrieben mehr Entscheidungsfreiheit geben. Aber allzu häufig versteckten sie Ressourcen vor den Planern, erfüllten Ziele durch Patentlösungen, die nicht den Bedürfnissen der Verbraucher entsprachen, und vernachlässigten Aufgaben, die außerhalb des Plansolls lagen. Die Verschwendung war erheblich und die Produktion erreichte die Zielvorgaben nicht. Als das System zusammenbrach, schien die Wirklichkeit den kritischen Bedenken der Österreichischen Schule recht zu geben.

Von Mises stand jeder Form von staatlichen Eingriffen in die Marktwirtschaft ebenso kritisch gegenüber. Hier machen Firmen Profite, indem sie dem Verbraucher dienen. Der Österreichischen Schule zufolge darf diese wertvolle Tätigkeit nicht eingeschränkt werden. Sie glaubt nicht an Marktversagen oder hält zumindest ein Staatsversagen für wesentlich schlimmer. Monopole entstehen ihrer Theorie nach durch staatliche Eingriffe, nicht durch das private Unternehmertum. Externe Kosten wie Umweltverschmutzung (die der Marktpreis nicht widerspiegelt) werden entweder von den Verbrauchern berücksichtigt, wenn es keine Lösung auf freiwilliger Basis gibt, oder durch die Reaktionen der Menschen, deren Eigentumsrechte betroffen sind.

Auf gar keinen Fall darf der Staat der Österreichischen Schule zufolge in die Geldmenge eingreifen. Erhöht die Regierung die Geldmenge, sinken die Zinsen zu stark und das führt wiederum zu schlechten Investitionen. Platzt eine Blase, müssen die Unternehmenspleiten und der darauf folgende Konjunkturrückgang akzeptiert werden. Die Österreichische Schule empfiehlt die Abschaffung der Zentralbanken und die Einführung eines Währungssystems, das auf einem Warenwert beruht, beispielsweise Gold. Sie hält daran fest, dass Regierungen eine Laisser-faire-Politik betreiben sollen.

Um 1900 gab es in der Wirtschaftswissenschaft fünf führende Richtungen: den Marxismus, die historische Schule der Nationalökonomie (die der Marktwirtschaft kritisch gegenüberstand) und drei Ansätze der freien Marktwirtschaft: die britische Schule (unter Führung von Alfred Marshall), die Lausanner Schule (die sich auf die Mathematisierung der Ökonomie und das allgemeine Gleichgewicht konzentrierte) und die Österreichische Schule, angeführt von Carl Menger (S. 343). Die britische und die Lausanner Schule entwickelten sich zu anerkannten Wirtschaftstheorien, doch die Österreichische Schule ging einen kompromisslosen Weg. Erst seit der Finanzkrise von 2008 und dem Rückzug des Sozialismus gewinnt sie wieder an Popularität. ■

Die sozialistischen Volkswirtschaften sahen sich als gewaltige Fertigungsstraßen, die alles zusammenbauten, was die Wirtschaft brauchte. Im Zweiten Weltkrieg erwies sich dieser Kommandostil am Fließband als recht effizient.

Ludwig von Mises

Der führende Kopf der Österreichischen Schule, Ludwig von Mises, wurde 1881 in Lemberg (Österreich-Ungarn) als Sohn eines Eisenbahningenieurs geboren. Er studierte in Wien, wo er regelmäßig an den Seminaren von Eugen von Böhm-Bawerk teilnahm. Von 1909–1934 arbeitete von Mises für die Wiener Handelskammer, als wichtigster Wirtschaftsberater der österreichischen Regierung. Gleichzeitig unterrichtete er an der Universität, wo er begeisterte Schüler fand, aber nie Professor wurde. 1934, besorgt über den Einfluss der Nationalsozialisten in Österreich, übernahm er eine Professur an der Universität Genf. Im August 1940, kurz nach dem deutschen Einmarsch in Frankreich, emigrierte er nach New York (USA) und lehrte von 1948–1967 Wirtschaftstheorie an der New York University. Ludwig von Mises starb 1973.

Hauptwerke

1912 *Theorie des Geldes und der Umlaufmittel*
1922 *Die Gemeinwirtschaft*
1940 *Nationalökonomie*

KAPITALISMUS ZERSTÖRT DAS ALTE UND SCHAFFT DAS NEUE

SCHÖPFERISCHE ZERSTÖRUNG

IM KONTEXT

SCHWERPUNKT
Wirtschaftssysteme

VORDENKER
Joseph Schumpeter
(1883–1950)

FRÜHER
1867 Laut Karl Marx schreitet der Kapitalismus durch Krisen voran und zerstört dabei immer wieder Produktivkräfte.

1913 Der deutsche Ökonom Werner Sombart behauptet, Zerstörung schaffe Raum für Neues, genau wie der Mangel an Holz zur Verwendung von Kohle geführt habe.

SPÄTER
1995 Der US-Ökonom Clayton M. Christensen unterscheidet zwischen zerstörerischer und erhaltender Innovation.

2001 Die US-Ökonomen Richard Foster und Sarah Kaplan glauben, dass selbst Ausnahme-Unternehmen die Kapitalmärkte nicht dauerhaft übertrumpfen können.

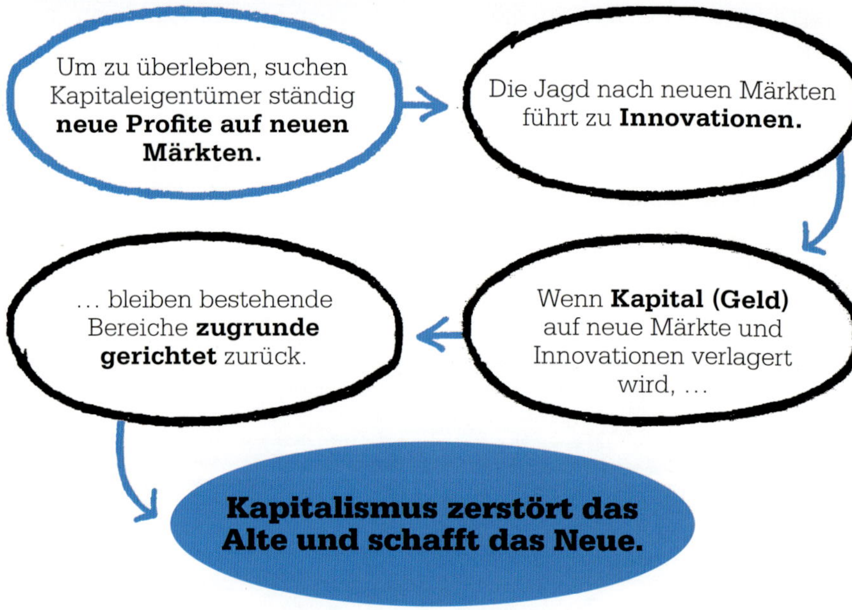

Wenn eine Rezession um sich greift und Firmen und Arbeitsplätze verschwinden, wird häufig der Ruf nach dem Staat laut. Der österreichische Ökonom Joseph Schumpeter, der die Weltwirtschaftskrise in den 1930er-Jahren erlebte, befürwortete das jedoch nicht. Er beharrte darauf, dass Rezessionen zur Entwicklung des Kapitalismus dazugehören. Sie merzen aus, was nicht effizient ist, und schaffen Platz für neues Wachstum – ein Prozess der ursprünglich von Karl Marx (S. 105) als »schöpferische Zerstörung« bezeichnet wurde.

Schumpeter sah die Unternehmer im Mittelpunkt des kapitalistischen Fortschritts. Adam Smith (S. 61) meinte, Profite entstünden aus Kapitalerträgen, während Marx ihre Entstehung in der Ausbeutung von Arbeit sah. Schumpeter jedoch

Siehe auch: Die freie Marktwirtschaft 54–61 ▪ Aufschwung und Abschwung 78–79 ▪ Marxistische Wirtschaft 100–105 ▪ Technologiesprünge 317 ▪ Wirtschaft und Pandemie 336–337

meinte, Profite entstünden aus Innovationen, die nichts mit Kapital oder Arbeit zu tun haben. Die Unternehmer betrachtete er als eine neue Art von Mensch, als »Aufsteiger«, die unter unsicheren Bedingungen Neues entwickelten, neue Produkte und neue Produktionsformen kreierten.

Die kreative Reaktion innovativer Unternehmer auf wirtschaftliche Veränderungen hebt sie aus der Masse der übrigen Firmeneigentümer heraus, die auf ökonomische Veränderungen lediglich mit Anpassungen antworten. Da Unternehmer Kredite aufnehmen müssen, um ihre Innovationen zur Marktreife zu bringen, gehen sie Risiken ein und treffen dabei oft auf Widerstand. Sie stören das alte System und eröffnen neue Chancen für Profite. Laut Schumpeter schafft Innovation neue Märkte – und das deutlich effektiver als Smiths »unsichtbare Hand« oder der Wettbewerb auf freien Märkten.

Der Durchbruch

Laut Schumpeter kann zwar durch Innovation ein neuer Markt entstehen, aber die Profite werden schon bald von Nachahmern des ursprünglichen Pioniers aufgezehrt. Schließlich stagniert der Markt.

Der visionäre Unternehmer Steve Jobs führte das iPhone von Apple ein. Es war bahnbrechend für die Branche und zwang die Mitbewerber zur Entwicklung neuer Produkte.

> »Diese neuen Produkte und neuen Methoden konkurrenzieren die alten … nicht zu gleichen Bedingungen, sondern mit einem entscheidenden Vorsprung, der für die Letzteren den Tod bedeuten kann.«
>
> **Joseph Schumpeter**

Rezessionen sind unabdingbar, um die Dinge wieder in Gang zu bringen. Sie beseitigen Unrentables, auch wenn der Vorgang schmerzlich ist. In den 1990er-Jahren unterscheiden Ökonomen wie Clayton M. Christensen zwischen zwei Arten von Innovation. »Erhaltende Innovationen« – häufig technische Verbesserungen – unterstützen ein funktionierendes System. »Zerstörerische Innovationen« dagegen bringen alles in Bewegung. Der Markt verändert sich durch neue Produkte.

Marx glaubte, die »schöpferische Zerstörung« beschere dem Kapitalismus gewaltige Energien, aber auch explosive Krisen, die ihn letztlich zerstören würden. Schumpeter stimmte dem zu, war allerdings der Meinung, der Kapitalismus werde sich aufgrund seiner Erfolge selbst zerstören. Er sah die Monopole als Motor der Innovation, die aber dazu verdammt seien, zu übermäßig großen Unternehmen heranzuwachsen. Deren Bürokratie werde schließlich den unternehmerischen Geist ersticken, der ihnen Leben eingehaucht hatte. ▪

Joseph Schumpeter

Joseph Schumpeter wurde 1883 in Mähren (Österreich-Ungarn) als Sohn eines deutschen Fabrikbesitzers geboren. Sein Vater starb, als er vier Jahre alt war, und Schumpeter zog mit seiner Mutter nach Wien. Dort heiratete sie einen adligen Wiener General, der der rasanten Karriere des brillanten jungen Ökonomen auf die Sprünge half. Er wurde nicht nur Professor für Ökonomie, sondern auch österreichischer Finanzminister und Präsident der Biedermann-Bank.

Als die Bank 1924 zusammenbrach und später der Nationalsozialismus in Österreich und Deutschland um sich griff, zog Schumpeter in die USA. Er wurde Dozent in Harvard, wo er eine zwar kleine, aber umso begeistertere Anhängerschaft fand. Schumpeter starb 1950 im Alter von 66 Jahren.

Hauptwerke

1912 *Theorie der wirtschaftlichen Entwicklung*
1939 *Konjunkturzyklen* (dt. 1961)
1942 *Kapitalismus, Sozialismus und Demokratie* (dt. 1946)
1954 *Geschichte der ökonomischen Analyse* (dt. 1965)

KRISEN U
KRIEG
1929–1945

ND

1929
Josef Stalin verkündet die Zwangskollektivierung der Landwirtschaft in der Sowjetunion.

1929
Der Wall Street Crash (ein dramatischer Aktiensturz in den USA) markiert den Beginn der **Weltwirtschaftskrise.**

1930
In den USA wird die Ökonometrische Gesellschaft gegründet, die **mathematische und statistische Wirtschaftsfragen** untersucht.

1931
Friedrich von Hayek hält staatliche Eingriffe in die Wirtschaft für falsch, weil sie letztlich zu Repressionen führen.

1931
Der **Goldstandard** wird aufgehoben.

1932
Lionel Robbins definiert die Wirtschaftslehre als **»die Wissenschaft von den knappen Ressourcen«.**

1933
John Maynard Keynes schreibt einen offenen Brief an US-Präsident Roosevelt, in dem er empfiehlt, die Wirtschaft mit Staatsausgaben anzukurbeln.

1933
Ragnar Frisch unterscheidet zwischen der **Makroökonomie** und der **Mikroökonomie.**

In den Jahren nach dem Ersten Weltkrieg stellten die Ereignisse in Europa und Nordamerika das Vertrauen in die traditionelle Wirtschaftslehre auf eine schwere Probe. Soziale und politische Unruhen hatten in Russland zur kommunistischen Revolution geführt, die deutsche Wirtschaft kollabierte in einer Hyperinflation.

In den 1920er-Jahren ging es den USA so gut, dass Präsident Herbert Hoover 1928 meinte, der endgültige Sieg über die Armut sei nahe. Ein Jahr später ereignete sich der Wall Street Crash, der Aktienmarkt brach zusammen und Tausende Firmen mussten schließen. 1932 waren mehr als 13 Mio. Amerikaner arbeitslos. Die USA kündigten die Kredite auf, die sie Europa bis dahin gewährt hatten, und europäische Banken brachen zusammen. Viele Länder weltweit rutschten in eine schwere Konjunkturkrise.

Ein neuer Ansatz

Das Vertrauen in die Fähigkeit des freien Marktes, Stabilität und Wachstum zu gewährleisten, war erschüttert und die Ökonomen suchten nach neuen Strategien, um die Missstände zu beheben, insbesondere die Arbeitslosigkeit. Einige untersuchten die Probleme entwickelter kapitalistischer Länder. Adolf Berle und Gardiner Means zeigten z. B., dass Manager Firmen im eigenen Interesse führten und nicht im Interesse der Firma. Am dringendsten schien es, ein Mittel zur Ankurbelung der Wirtschaft zu finden. Dazu war ein neuer Ansatz nötig, den schließlich der britische Ökonom John Maynard Keynes (S. 161) lieferte. Er erkannte die Schwächen eines vollkommen freien Marktes. Frühere Generationen hatten der Selbstregulierung des Marktes vertraut, doch Keynes plädierte für staatliche Eingriffe, insbesondere für Staatsausgaben, um die Nachfrage zu steigern.

Anfangs begegnete man seinen Ideen mit Skepsis, aber später fand er Unterstützung. Sein Modell betrachtete die Wirtschaft als Maschine, deren Funktionieren sich durch staatliche Eingriffe regulieren ließ – etwa durch Anpassung von Variablen wie Geldmenge und öffentliche Ausgaben. 1933 lieferte Keynes US-Präsident Franklin D. Roosevelt die Gründe für seinen »New Deal«, ein Programm zur Ankurbelung der Wirtschaft: Gewaltige Infrastrukturprojekte wurden mit staatlichen Mitteln

1933

US-Präsident Franklin D. Roosevelt setzt den **New Deal** durch – ein Paket von Reformen zur Stärkung der Wirtschaft.

1936

Keynes veröffentlicht seine *Allgemeine Theorie* und verändert damit die Makroökonomie. Er betont die wichtige **wirtschaftspolitische Rolle des Staates.**

1937

John Hicks entwickelt das **IS-LM-Modell,** mit dem er mathematisch den keynesianischen Multiplikator beschreibt.

1939

In Europa bricht der **Zweite Weltkrieg** aus.

1940ER-JAHRE

Simon Kuznets entdeckt den **Konjunkturzyklus** und legt den Grundstein für die Entwicklungsökonomie.

1944

Karl Polanyi fordert das traditionelle ökonomische Denken durch eine neue **kulturelle Perspektive** heraus.

1944

Der Vertrag von **Bretton Woods** wird unterzeichnet. Er schafft ein Währungssystem mit festen Wechselkursen zwischen den Hauptindustriestaaten.

1945

Der Zweite Weltkrieg endet und der **wirtschaftliche Wiederaufbau** beginnt.

finanziert, die Banken wurden unter staatliche Kontrolle gestellt. Der New Deal war die Grundlage für die Wirtschaftspolitik in Amerika und Europa nach dem Zweiten Weltkrieg.

Der norwegische Ökonom Ragnar Frisch (S. 344) wies darauf hin, dass eine Volkswirtschaft auf zwei verschiedene Arten betrachtet werden kann – in Teilen (Mikroökonomie) oder als ganzes System (Makroökonomie). Die Ökonometrie lieferte nützliche Werkzeuge für die wirtschaftliche Planung. Die moderne Makroökonomie gründet auf Keynes, dessen Ansatz viele Bewunderer fand. Doch trotz der keynesianischen Lösung der Wirtschaftskrise in den 1930er-Jahren lehnten viele Ökonomen staatliche Eingriffe in die Marktwirtschaft weiterhin ab. Manche Amerikaner betrachteten sie als fremd gegenüber dem »American Way of Life«, während europäische Ökonomen sie mit dem Sozialismus in Verbindung brachten. Keynes selbst sah sie als Teil des britischen Liberalismus, der die harten Fakten der ökonomischen Realität durch soziale Überlegungen abzumildern sucht.

Globale Unterschiede

Die Wirtschaftswissenschaft entwickelte verschiedene nationale Denkrichtungen. Die Österreichische Schule war besonders radikal in ihrem Eintreten für einen absolut freien Markt. Ihr Denken beruhte größtenteils auf dem Werk von Friedrich von Hayek (S. 177), der einen entschieden antikommunistischen und prokapitalistischen Standpunkt vertrat. Er argumentierte, Freiheit und Demokratie des Westens seien fest mit der freien Marktwirtschaft verbunden, während die Tyrannei der kommunistischen Regime mit ihren zentralisierten Planwirtschaften diese Freiheit aufhebe. Andere dachten in die gleiche Richtung weiter und meinten, die Wettbewerbsmärkte seien für das Wachstum unverzichtbar – wie der höhere Lebensstandard im kapitalistischen Westen beweise.

Die Abwanderung zahlreicher deutscher und österreichischer Denker nach Großbritannien und in die USA während des Nationalsozialismus sorgte dafür, dass diese Ideen weite Verbreitung fanden. Später, als der Glaube an die keynesianische Lehre nachzulassen begann, führte eine neue Generation von Ökonomen die Idee wieder ein, dass Märkte sich selbst überlassen werden sollten. ■

ARBEITSLOSIGKEIT IST NICHT FREI GEWÄHLT

KONJUNKTURRÜCKGANG UND ARBEITSLOSIGKEIT

IM KONTEXT

SCHWERPUNKT
Die Makroökonomie

VORDENKER
John Maynard Keynes
(1883–1946)

FRÜHER
1776 Der schottische Ökonom Adam Smith behauptet, die »unsichtbare Hand« des Marktes führe zum Wohlstand.

1909 Beatrice Webb schreibt in ihrem *Minority Report* (»Minderheitenbericht«), Armut sei strukturbedingt und nicht Schuld der Betroffenen.

SPÄTER
1937 Der britische Ökonom John Hicks analysiert das keynesianische System.

1986 Die US-Ökonomen George Akerlof und Janet Yellen erklären unfreiwillige Arbeitslosigkeit durch ihre Effizienzlohnmodelle.

John Maynard Keynes veröffentlichte 1936 das bahnbrechende Werk *Allgemeine Theorie der Beschäftigung, des Zinses und des Geldes*, häufig einfach *Allgemeine Theorie* genannt. Sein Buch war wichtig, weil es die Menschen zwang, die Abläufe in der Volkswirtschaft aus einer völlig neuen Perspektive zu betrachten.

Seit der schottische Ökonom Adam Smith (S. 61) 1776 *Der Wohlstand der Nationen* veröffentlicht hatte, wurde die Ökonomie als perfekt ausgeglichene Ansammlung einzelner Märkte und Entscheider betrachtet. Die Ökonomen waren sich einig, dass die Wirtschaft spontan und auf natürliche Weise einen Zustand des Gleichgewichts erreicht, in dem alle, die arbeiten wollen, arbeiten können.

Keynes sollte dieses klassische Modell weitgehend auf den Kopf stellen. Außerdem wies er darauf hin, dass die Makroökonomie (die Gesamtwirtschaft) sich ganz anders verhält als die Mikroökonomie (ein Teil der Wirtschaft). Keynes war mit der klassischen Schule groß geworden und versuchte, vertraute Denkgewohnheiten hinter sich zu lassen. So entwickelte er einen radikalen ökonomischen Ansatz, der völlig andere Gründe für die Arbeitslosigkeit ausmachte – und zu anderen Lösungen gelangte.

Ein Jahrhundert vor der Veröffentlichung der *Allgemeinen Theorie* war eher die Armut als die Arbeitslosigkeit ein ständiges Problem. Bis in die 1880er-Jahre nahm

Dieses Gemälde von Edgar Degas (1875) zeigt Absinth-Trinker in einem Pariser Café. Vor Keynes galten Alkoholmissbrauch und andere Laster als Gründe für Arbeitslosigkeit.

Die klassische Ökonomie behauptet, **Arbeitslosigkeit sei immer frei gewählt** – es gibt Arbeit, wenn die Leute geringere Löhne akzeptieren.

→

Aber da sich die Löhne nur langsam verändern, steigt in Zeiten der Rezession, wenn die Preise sinken, der Wert der Löhne – und die **Nachfrage der Firmen nach Arbeitskräften sinkt.**

↓

Wenn die Nachfrage in der Volkswirtschaft abflaut, können die Arbeiter **der Arbeitslosigkeit ebenso wenig entrinnen** wie die Firmen der Unterproduktion.

←

Arbeitslosigkeit ist nicht frei gewählt.

Siehe auch: Die freie Marktwirtschaft 54–61 ▪ Überangebot auf Märkten 74–75 ▪ Der keynesianische Multiplikator 164–165 ▪ Inflation und Arbeitslosigkeit 202–203 ▪ Löhne und Anreize 302 ▪ Starre Löhne 303

Eine besorgte Menschenmenge versammelte sich am 29. Oktober 1929 an der Wall Street – an dem Tag, als der Aktienmarkt zusammenbrach. US-Aktien verloren die Hälfte ihres Wertes und die Weltwirtschaftskrise begann.

der Lebensstandard in Ländern wie Großbritannien und den USA, die aufgrund der industriellen Revolution ein starkes Wachstum zu verzeichnen hatten, allgemein zu, aber es gab auch Menschen, die dennoch bettelarm blieben.

Die faulen Armen

Neben der Armut bereitete den Ökonomen Ende des 19. Jahrhunderts die Arbeitslosigkeit Sorgen. Erst dachte man, das Problem würde durch Krankheit oder charakterliche Mängel hervorgerufen. Das bedeutet, die Arbeitslosigkeit wurde als ein Problem des Einzelnen gesehen, nicht als ein Problem der Gesellschaft im Allgemeinen. Mit Sicherheit war sie kein Thema, mit dem die öffentliche Politik sich auseinandersetzen musste.

1909 veröffentlichte die britische Sozialreformerin Beatrice Webb (S. 135) ihren sogenannten »Minderheitenbericht«. Dies war das erste Dokument, in dem das Konzept und die Politik eines Wohlfahrtsstaates dargestellt wurden. Die Autorin forderte, ein Minister solle die Aufgabe übernehmen, den nationalen Arbeitsmarkt so zu organisieren, dass Arbeitslosigkeit vermieden würde. Erstmals wurde der Begriff der unfreiwilligen Arbeitslosigkeit gebraucht. Damit entstand die Idee, dass Arbeitslosigkeit nicht durch Fehlverhalten des Einzelnen hervorgerufen wird, sondern durch wirtschaftliche Bedingungen, die er nicht beeinflussen kann.

Unfreiwillige Arbeitslosigkeit

1913 verstand man dann das Konzept der unfreiwilligen Arbeitslosigkeit so, wie es der britische Ökonom Arthur Pigou (S. 344) definierte: als eine Situation, in der die Arbeiter einer Branche bereit sind, mehr Arbeit zum aktuellen Lohn zu leisten, als benötigt wird. Noch heute könnte diese Definition als brauchbare Erklärung des unfreiwilligen Charakters der Arbeitslosigkeit dienen, weil sie nämlich nahelegt, dass die Arbeiter keine Wahl haben: Sie entscheiden nicht selbst, ob sie arbeiten wollen oder nicht. Zum damaligen Zeitpunkt herrschte die klassische Sicht der Arbeitslosigkeit allerdings noch vor. Sie bestand darin, dass die Arbeitslosigkeit überwiegend frei gewählt sei, dass sie existiere, weil die Arbeiter zum geltenden Lohn nicht arbeiten wollten oder lieber einer anderen Tätigkeit nachgingen, z. B. ihre Kinder versorgten. Wer dieser Ansicht war, glaubte auch, dass jede unfreiwillige Arbeitslosigkeit automatisch durch die Selbstkorrektur des freien Marktes aus der Welt geschafft würde.

Der klassischen Sicht der Dinge zufolge konnte unfreiwillige Arbeitslosigkeit nicht lange andauern, weil das freie Spiel der Märkte die Wirtschaft schnell wieder zur Vollbeschäftigung führen würde. Es gibt Hinweise, die nahelegen, dass Keynes ursprünglich mit dieser Sicht der Dinge sympathisierte.

In seiner Abhandlung *Vom Gelde* (1930) schrieb er, Firmen hätten drei Möglichkeiten zu »

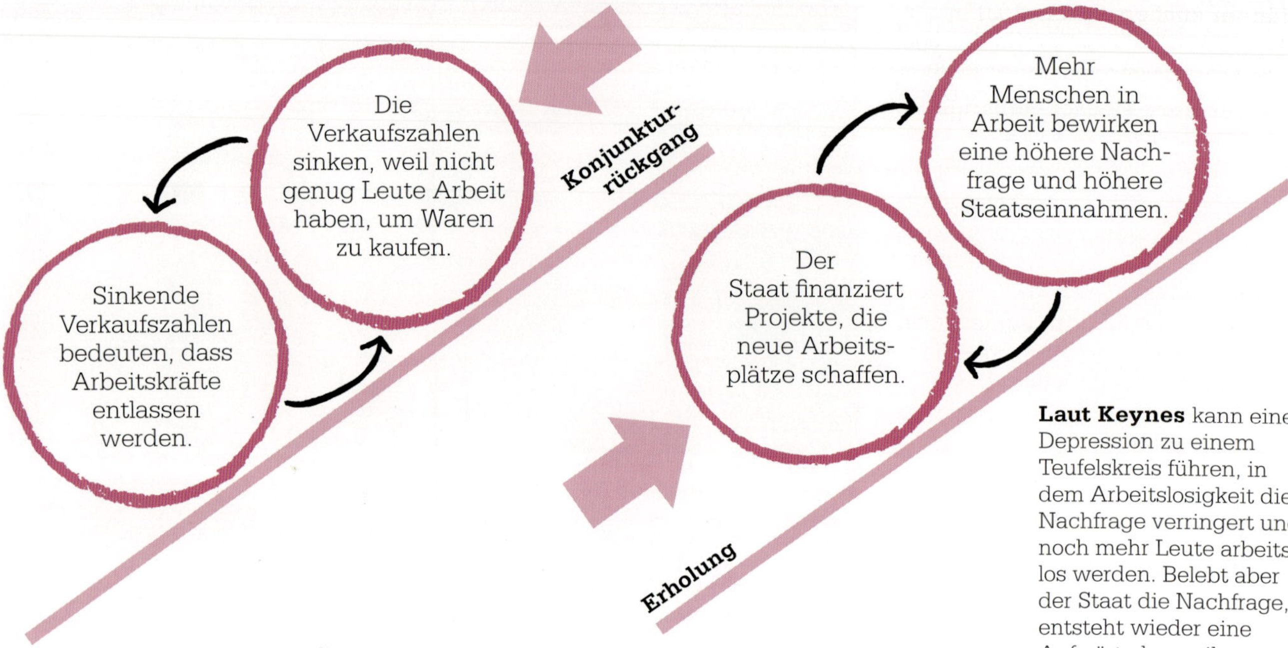

Laut Keynes kann eine Depression zu einem Teufelskreis führen, in dem Arbeitslosigkeit die Nachfrage verringert und noch mehr Leute arbeitslos werden. Belebt aber der Staat die Nachfrage, entsteht wieder eine Aufwärtsdynamik.

reagieren, wenn die Preise schneller sinken als die Kosten: Sie könnten die Verluste hinnehmen, die Firma schließen oder sich auf einen Kampf mit den Mitarbeitern einlassen, um deren Verdienst pro Einheit des Produkts zu senken. Nur die letztgenannte Entscheidung, so Keynes, könnte aus volkswirtschaftlicher Sicht wieder ein echtes Gleichgewicht herstellen.

Doch nach der Weltwirtschaftskrise änderte Keynes seine Ansichten. Der finanzielle Kollaps der Wall Street hielt die Volkswirtschaften der Welt in einem Teufelskreis gefangen: Die Produktion sank immer weiter, in den USA z. B. um 40 Prozent. 1931 betrug das Volkseinkommen in den USA noch 42 Mrd. Dollar; vor dem Crash hatte es bei 87 Mrd. Dollar gelegen. 1933 waren 14 Mio. Amerikaner arbeitslos. Die Menschen waren verzweifelt und der Lebensstandard sank rapide. Angesichts dieser katastrophalen Situation verfasste Keynes seine *Allgemeine Theorie*.

Die Weltwirtschaftskrise

Keynes nahm die Situation zur Zeit der Weltwirtschaftskrise als Ausgangspunkt. Das normale Funktionieren der Märkte schien nicht in der Lage, den notwendigen Druck zu erzeugen, um das Problem der hohen, andauernden und unfreiwilligen Arbeitslosigkeit in den Griff zu bekommen. Im Allgemeinen wird die Zahl der Menschen, die Arbeit haben, durch das Niveau der Reallöhne bestimmt – das ist das Lohnniveau relativ zu den Preisen der angebotenen Güter und Dienstleistungen. In Zeiten der Rezession sinken die Preise meist schneller als das Lohnniveau, weil die Nachfrage nach Gütern sinkt und die Preise mit ihr, während die Arbeiter möglichen Lohnkürzungen Widerstand entgegensetzen. Dadurch steigen die Reallöhne. Wenn das Niveau der Reallöhne aber hoch ist, wollen immer mehr Menschen arbeiten, während gleichzeitig immer weniger Arbeitskräfte benötigt werden. Das Ergebnis ist Arbeitslosigkeit.

> »Die Schwierigkeit liegt nicht so sehr in den neuen Gedanken, als in der Befreiung von den alten …«
>
> **John Maynard Keynes**

Starre Löhne

Eine Möglichkeit, die Arbeitslosigkeit zu eliminieren, könnte darin bestehen, dass die überzähligen Arbeitskräfte (die keine Arbeit finden) Druck auf die Nominallöhne ausüben, da sie bereit sind, weit unter dem üblichen Lohnniveau zu arbeiten. Die klassischen Ökonomen glaubten, die Märkte

Männer suchen Arbeit: 1931 in einer Jobvermittlungsstelle in Chicago. 1933 hatten mehr als zehn Millionen Amerikaner ihre Arbeit verloren. Der Staat reagierte mit dem New Deal.

seien dann flexibel genug, um sich anzupassen und die Reallöhne zu senken. Aber Keynes meinte, starre Nominallöhne (S. 303) verhinderten oft eine solche Anpassung, sodass die unfreiwillige Arbeitslosigkeit andauern würde. Seiner Ansicht nach wären die Firmen nach einem Zusammenbruch der Nachfrage wie in der Weltwirtschaftskrise vielleicht theoretisch bereit, mehr Arbeiter zu niedrigeren Reallöhnen einzustellen, aber tatsächlich könnten sie das nicht tun – und zwar einfach deshalb, weil in der gesamten Wirtschaft keine Nachfrage nach den von ihnen hergestellten Gütern bestehe. Die Arbeiter wollen zwar mehr Arbeitskraft zur Verfügung stellen und die Firmen wollen auch mehr produzieren, weil sonst Fabriken und Maschinen stillliegen. Aber die mangelnde Nachfrage hält Arbeiter und Firmen in einem Teufelskreis von Arbeitslosigkeit und Unterproduktion gefangen.

Die Rolle der Regierung

Für Keynes lag die Lösung für das Problem der unfreiwilligen Arbeitslosigkeit außerhalb der Kontrolle sowohl der Arbeiter als auch der Firmen. Er wollte, dass die Regierung mehr Geld in die Wirtschaft pumpt, denn das hätte einen allgemeinen Anstieg der Nachfrage zur Folge. So würden die Firmen ermutigt, mehr Arbeitskräfte einzustellen, und mit steigenden Preisen würden die Reallöhne sinken, was in der Wirtschaft wieder zur Vollbeschäftigung führen würde. Auf welche Weise der Staat mehr Geld ausgab, spielte für Keynes keine Rolle. Berühmt ist sein Ausspruch, der Finanzminister könne auch alte Flaschen mit Banknoten füllen, sie in einer ausgedienten Kohlegrube versenken und es den Privatfirmen überlassen, Leute einzustellen, die die Flaschen wieder heben. Die Hauptsache sei, dass die Regierung die Nachfrage stärke, denn dann erhole sich das gesamte System.

Reallöhne

Die *Allgemeine Theorie* ist nicht einfach zu verstehen – selbst Keynes bezeichnete sie als komplex und oft undurchsichtig. Es wird immer noch darüber diskutiert, worin genau für Keynes der Unterschied zwischen freiwilliger und unfreiwilliger Arbeitslosigkeit lag. Eine mögliche Erklärung für unfreiwillige Arbeitslosigkeit beruht darauf, dass die Nachfrage einer Firma nach Arbeitskräften von den Reallöhnen bestimmt ist, die die Firma zahlen muss. Arbeiter und Firmen können aber nur über den Nominallohn in ihrer Branche verhandeln – sie haben keine Kontrolle über das Preisniveau in der Wirtschaft insgesamt. Tatsächlich haben niedrigere Löhne im Allgemeinen auch eine Reduzierung der Produktionskosten und der Güterpreise zur Folge, »

Die Arbeitslosenquote in mehreren Ländern zwischen 1919 und 1939: In den 1920er-Jahren erholten sich viele Volkswirtschaften, nur um mit Beginn der Weltwirtschaftskrise ab 1930 in Arbeitslosigkeit zu versinken.

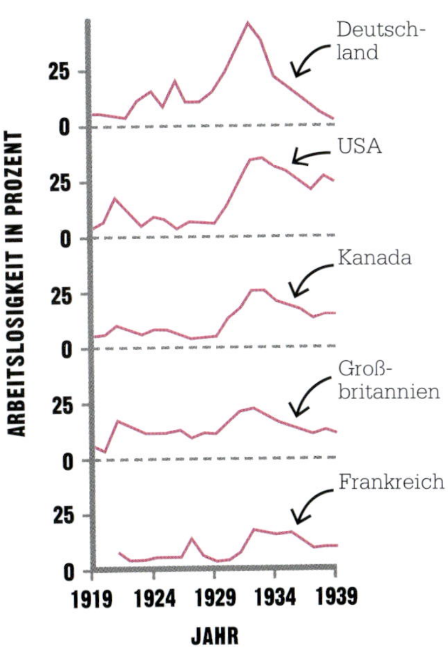

was bedeutet, dass der Reallohn nicht in dem Maße sinkt, wie es zur Beseitigung der Arbeitslosigkeit erforderlich wäre. Die Arbeitslosigkeit ist daher unfreiwillig, weil die Arbeiter nicht die Macht haben, etwas daran zu ändern.

Auf der anderen Seite ist die Ansicht verbreitet, dass die Gewerkschaften durch ihr kollektives Handeln die Anpassung der Löhne auf ein Niveau verhindern, das für die Vollbeschäftigung nötig wäre. So werden die Arbeitslosen daran gehindert, Arbeit zu finden. Keynes betrachtete diese Art der Arbeitslosigkeit als freiwillig. Er argumentierte, dass sich die Arbeiter in ihrer Gesamtheit offen oder stillschweigend einig sind, nicht für weniger als den geltenden Lohn zu arbeiten. In der Makroökonomie drehte sich nach dem Krieg alles größtenteils darum, den Sinn von Keynes' Worten zu deuten, und ihn in Modellen und Gleichungen auszudrücken. John Hicks (S. 165) fasste die keynesianischen Ideen in das sogenannte IS-LM-Modell. Nach dem Krieg wurde daraus ein makroökonomisches Standardmodell, das heute noch auf dem Lehrplan der Universitäten steht.

Neue Interpretationen

Moderne Beurteilungen des keynesianischen Werkes legen nahe, dass Arbeiter sich vor allem Gedanken darüber machen, wie ihr Lohn sich im Vergleich zu anderen Löhnen entwickelt. Sie haben eine Art Tabelle im Kopf und kämpfen hart gegen Lohnkürzungen, die sie in die Nähe der Abstiegsplätze bringen könnten. Interessant ist dabei, dass sie einer allgemeinen Erhöhung der Preise durch Inflation, die ebenfalls zu einer Verringerung der Reallöhne führt, weniger Widerstand entgegensetzen, weil sie alle Arbeiter gleichermaßen betrifft.

Sogenannte Effizienzlohnmodelle (S. 302) gehen der Frage nach, warum Firmen nicht die Löhne kürzen, um den Profit zu erhöhen. Die Antwort lautet, dass eine Lohnkürzung die Arbeiter demotivieren würde. Das Nettoergebnis einer Lohnkürzung wäre tatsächlich ein Gewinnverlust, weil der Vorteil der niedrigeren Löhne durch die Verringerung der Produktivität wegen der schlechteren Arbeitsmoral mehr als aufgehoben wird. Daher haben Arbeiter nicht die Wahl, sich durch eine Niedrigpreisstrategie in Arbeit zu bringen. Verwandte »neu-keynesianische« Modelle der Lohnfestsetzung liefern wieder andere Erklärungen für starre Löhne (S. 303).

US-Präsident Franklin D. Roosevelt investierte in gewaltige neue Infrastrukturprojekte wie den Hoover Dam am Colorado. Trotzdem verfolgte die Regierung keine keynesianische Politik.

» Verhütet man durch die Regulierung der gesellschaftlichen Nachfrage die periodische Muße des Kapitals gleichzeitig mit der unfreiwilligen Muße der Arbeitslosen, so erweitert man die nationale Produktivität … «

Sidney Webb
Beatrice Webb

Ist ein Buchhalter, der Taxi fährt, ein arbeitsloser Buchhalter oder ein Taxifahrer in Brot und Arbeit? Keynesianer würden sagen, er ist unfreiwillig arbeitslos. Die neuen klassischen Ökonomen sagen, er hat einen Job.

Klassische Vorstellungen neu belebt

In den 1970er-Jahren geriet der Keynesianismus in Europa in Misskredit, weil es den Volkswirtschaften nicht gut ging. Klassische Vorstellungen wurden neu belebt: Wieder wurde die Möglichkeit andauernder unfreiwilliger Arbeitslosigkeit zurückgewiesen. Der US-Ökonom Robert Lucas (1937–2023) war einer der Wortführer des Angriffs auf den Keynesianismus. Als man ihn fragte, wie er einen Buchhalter beschreiben würde, der Taxi fahre, weil er keine Arbeit als Buchhalter finden könne, antwortete Lucas: »Ich würde ihn als Taxifahrer beschreiben, wenn es das ist, was er tut.« Für die Vertreter der »neuen klassischen Schule« regelt der Markt sich selbst und Arbeiter haben immer die Wahl, ob sie arbeiten wollen oder nicht.

Die Verfechter der Theorie des Effizienzlohns würden es wohl für möglich halten, dass alle Arbeitskräfte, die in einer Rezession Arbeit finden wollen, dazu in der Lage sind. Aber andererseits meinen sie, dass Arbeitskräfte wie der

> »Je früher die unfreiwillige Arbeitslosigkeit beendet wird, desto besser.«
>
> **Robert Lucas**

Buchhalter ihren vollen Wert nicht ausschöpfen können. Auch als Taxifahrer ist der Mann immer noch ein unfreiwillig arbeitsloser Buchhalter, und wenn die Nachfrage in der Wirtschaft wieder auf ein normales Niveau zurückkehrt, wird er seine produktivste und effizienteste Beschäftigung wiederaufnehmen: Buchhaltung. Die Debatte zwischen Keynesianern und klassischen Ökonomen beruht auf einer grundsätzlich unterschiedlichen Einschätzung der Anpassungsfähigkeit des Marktes.

Klassische Realität

Keynes hätte möglicherweise dem amerikanischen Nobelpreisträger und Ökonomen Joseph Stiglitz (S. 346) zugestimmt, demzufolge während der Weltwirtschaftskrise in den USA ein Viertel der Arbeitslosen in Chicago freiwillig arbeitslos gewesen sei: Sie hätten ja nach Kalifornien gehen können, um Obst zu ernten, genau wie Millionen andere. Trotzdem stellen laut Keynes solche Situationen immer ein massives Versagen des Marktes dar, und wenn die klassische Theorie nichts anderes zu bieten habe als Mitleid mit den Arbeitslosen, dann wäre es wohl am besten, auf diese Theorie ganz zu verzichten. ■

John Maynard Keynes

John Maynard Keynes wurde 1883 geboren, in dem Jahr, als Karl Marx starb. Als Sohn akademisch gebildeter Eltern in privilegierter Stellung war er kaum zur Rettung der Arbeiterklasse prädestiniert. An der Universität von Cambridge studierte er Mathematik, arbeitete im Indien-Ministerium der britischen Regierung und veröffentlichte sein erstes Buch, *Indian Currency and Finance*.

Keynes war Berater bei der Pariser Friedenskonferenz nach dem Ersten Weltkrieg und bei der Konferenz von Bretton Woods 1944. Er war stets mit mehreren Dingen gleichzeitig beschäftigt. So baute er ein Theater, während er an der *Allgemeinen Theorie* schrieb. Keynes erwarb sein Vermögen am Aktienmarkt und unterstützte seine Freunde, darunter viele Künstler, großzügig. 1946 starb er an Herzbeschwerden.

Hauptwerke

1919 *Die wirtschaftlichen Folgen des Friedensvertrages*
1930 *Vom Gelde*
1936 *Allgemeine Theorie der Beschäftigung, des Zinses und des Geldes*

MANCHE MENSCHEN LIEBEN DAS RISIKO, ANDERE GEHEN IHM AUS DEM WEG

RISIKO UND UNSICHERHEIT

IM KONTEXT

SCHWERPUNKT
Entscheidungsfindung

VORDENKER
Frank Knight (1885–1972)

FRÜHER
1738 Der Mathematiker Daniel Bernoulli formuliert eine Theorie der Risikovermeidung und des Nutzens.

SPÄTER
1953 Maurice Allais entdeckt bei der Entscheidungsfindung ein Paradoxon, das der Theorie des erwarteten Nutzens widerspricht.

1962 US-Ökonom Daniel Ellsberg zeigt, dass Entscheidungen unter unsicheren Bedingungen nicht nur auf der Wahrscheinlichkeit beruhen.

1979 Daniel Kahneman und Amos Tversky stellen mit ihrer auf Experimenten beruhenden Neuen Erwartungstheorie (*Prospect Theory*) die Rationalität ökonomischer Entscheidungen infrage.

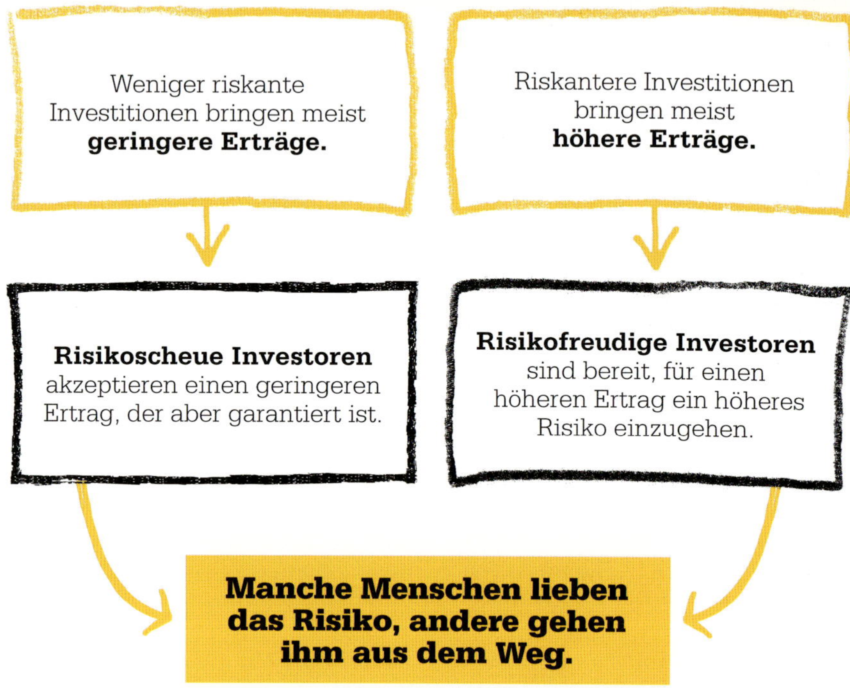

In einer Marktwirtschaft beinhaltet jede geschäftliche Unternehmung und jede Investition ein Risiko. Bevor der Einzelne sich zum Handeln entschließt, muss er die verschiedenen möglichen Ergebnisse bedenken und den jeweiligen Nutzen gegen die Wahrscheinlichkeit seines Eintretens abwägen. D. h., er muss den »erwarteten Nutzen« kalkulieren. Wenn es eine sichere Alternative gibt, wird sie der riskanteren Option in der Regel vorgezogen. Je größer das Risiko, desto höher muss der Profit sein, um Investoren anzulocken.

Die Ähnlichkeit mit der Abwägung der Gewinnchancen beim Glücksspiel ist deutlich, sodass die Mathematiker des 18. Jahrhunderts

Siehe auch: Der ökonomische Mensch 52–53 ▪ Irrationale Entscheidungen 194–195 ▪ Paradoxe Entscheidungen 248–249 ▪ Financial Engineering 262–265 ▪ Verhaltensökonomie 266–269

»Profit entsteht aus der inhärenten, absoluten Unvorhersehbarkeit der Dinge.«

Frank Knight

für ihre ersten Risikostudien die Wahrscheinlichkeiten beim Glücksspiel analysierten. In den 1920er-Jahren gehörte Frank Knight zu den ersten Ökonomen, die die Beziehung zwischen Risiko und Profit in einer freien Marktwirtschaft untersuchten. Er unterschied zwischen Risiko und Unsicherheit. Risiko tritt nach seiner Definition auf, wenn das Resultat einer bestimmten Handlungsweise zwar unbekannt ist, wenn sich aber immerhin die Wahrscheinlichkeiten der möglichen Resultate bestimmen lassen. Ein Risiko ist mathematisch berechenbar und somit auch versicherbar. Zudem lässt sich der erwartete Nutzen realistisch mit möglichen Alternativen vergleichen.

Unsicherheit hingegen ist für Knight eine Situation, in der die Wahrscheinlichkeit des Eintretens bestimmter Resultate unbekannt ist, sodass man ihren Nutzen nicht vergleichen kann. Unsicherheit ist mathematisch nicht messbar. Wenn nun Firmen bereit seien, so Knight, diese nicht versicherbare Unsicherheit auf sich zu nehmen, und wenn das eingegangene Risiko sich auszahle, dann entstünden Profite – selbst wenn die Wirtschaft sich in einem Zustand des langfristigen Gleichgewichts befindet.

Investoren und Unternehmer agieren häufig unter riskanten und unsicheren Bedingungen in dem Wissen, dass hohe Erträge möglich sind. Das Handeln nach dem Motto »Wer wagt, gewinnt« kann extreme Formen annehmen und zu hohen Verlusten führen, z. B. bei Bankern, die deswegen in die Schlagzeilen geraten sind. Die meisten Sparer gehen dagegen ungern Risiken ein und verzichten dafür auf höhere Profite. Es gibt ein ganzes Spektrum von Risikoliebhabern bis hin zu risikoscheuen Menschen, genau wie es unterschiedliche Risiken gibt. Hohe Erträge erweisen sich oft auch für risikoscheue Investoren als verführerisch, sodass sie ein gewisses Risiko eingehen.

Die Höhe des Risikos

Die Risikotoleranz spielt bei allen ökonomischen Aktivitäten eine Rolle: Investiert man in Aktien oder festverzinsliche Papiere, vergibt man gesicherte oder ungesicherte Darlehen, will man Güter auf neuen Märkten verkaufen? Auch persönliche Entscheidungen, z. B. ob wir für andere arbeiten oder eine eigene Firma gründen und wie wir unsere Ersparnisse investieren, treffen wir je nach Risikotoleranz. Versicherungsmärkte gibt es nur, weil wir das Risiko scheuen. Versicherer, Ratingagenturen und Marktforscher helfen uns bei der Abschätzung des Risikos, aber ein gewisses Maß an Unsicherheit bleibt bestehen. ▪

Futures-Händler (hier in São Paulo, Brasilien) wetten auf künftige Veränderungen der Konsumgüterpreise. Schon kleine Preisänderungen führen oft zu enormen Gewinnen oder Verlusten.

Frank Knight

Frank Knight, einer der führenden Ökonomen seiner Generation, wurde 1885 in Illinois (USA) geboren. Er studierte an der Cornell University Philosophie, wechselte aber nach einem Jahr zu Wirtschaftswissenschaften. Seine Doktorarbeit bildete die Grundlage für sein bekanntestes Werk *Risk, Uncertainty and Profit*.

Knight war der erste Professor für Wirtschaftswissenschaften an der University of Iowa. 1927 wechselte er an die University of Chicago. Er war ein frühes Mitglied der sogenannten Chicagoer Schule. Zu seinen Studenten zählten die späteren Nobelpreisträger Milton Friedman, James Buchanan und George Stigler.

Hauptwerke

1921 *Risk, Uncertainty and Profit*
1935 *The Ethics of Competition*
1947 *Freedom and Reform: Essays in Economics and Social Philosophy*

STAATSAUSGABEN KURBELN DIE WIRTSCHAFT AN UND VERVIELFACHEN SICH DABEI

DER KEYNESIANISCHE MULTIPLIKATOR

IM KONTEXT

SCHWERPUNKT
Die Makroökonomie

VORDENKER
John Maynard Keynes (1883–1946)
John Hicks (1904–1989)

FRÜHER
1931 Der britische Ökonom Richard Kahn entwickelt eine Theorie, die den Multiplikatoreffekt von Staatsausgaben im Sinne von John Maynard Keynes erklärt.

SPÄTER
1971 Der polnische Ökonom Michal Kalecki entwickelt den Multiplikatorgedanken weiter.

1974 Der US-Ökonom Robert Barro belebt die Idee der ricardianischen Äquivalenz neu (Menschen passen ihr Verhalten an die Ausgabenpolitik des Staates an). Demnach haben Staatsausgaben keinen Multiplikatoreffekt.

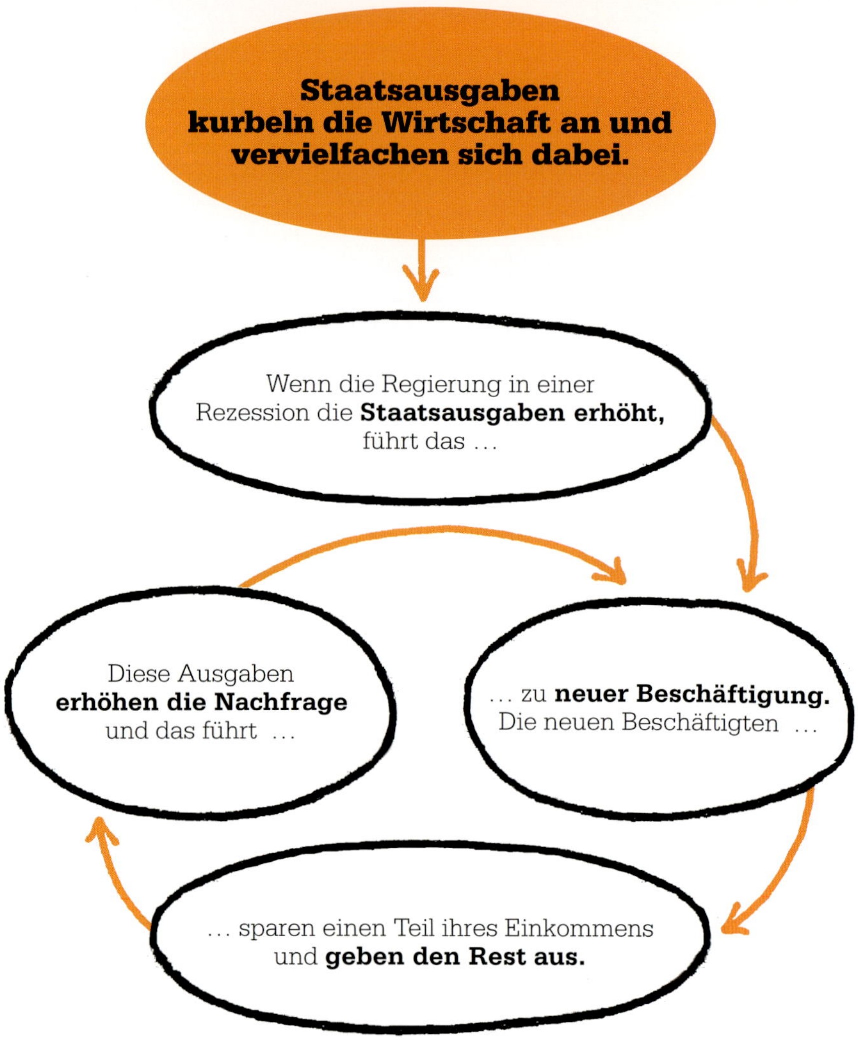

Siehe auch: Der Wirtschaftskreislauf 40–45 ▪ Überangebot auf Märkten 74–75 ▪ Kreditaufnahme und Schulden 76–77 ▪ Konjunkturrückgang und Arbeitslosigkeit 154–161

Die Makroökonomie befasst sich mit dem Funktionieren ganzer Volkswirtschaften. 1758 zeigte François Quesnay (S. 45), wie Ausgaben der Grundeigentümer an der Spitze der Wirtschaftspyramide sich vervielfältigen, weil andere das von ihnen erhaltene Geld wieder ausgeben.

Im 20. Jahrhundert untersuchte der britische Ökonom John Maynard Keynes, warum Preise und Arbeit in Zeiten der Depression nicht ins Gleichgewicht oder auf eine natürliche Höhe zurückkehren. Laut der klassischen Ökonomie sollte dies von sich aus der Fall sein – nur durch die normalen Prozesse des freien Marktes. Keynes zog daraus den Schluss, dass eine Ankurbelung der Nachfrage durch die Erhöhung kurzfristiger Regierungsausgaben eine Volkswirtschaft am schnellsten wieder auf die Beine bringen würde.

Eine zentrale Idee dabei war der Multiplikatoreffekt, wie ihn Keynes und andere diskutierten und wie ihn John Hicks mathematisch weiterentwickelte. Die Theorie lautet: Investiert eine Regierung in einer Rezession in Großprojekte wie den Straßenbau, steigt die Zahl der Arbeitsplätze um mehr als die Zahl der Arbeitnehmer, die unmittelbar wegen der Projekte eingestellt werden. Das Volkseinkommen wird um mehr als den Betrag der Staatsausgaben angekurbelt.

Das liegt daran, dass die Arbeiter in den Regierungsprojekten einen Teil ihres Einkommens für Dinge ausgeben, die von anderen Menschen hergestellt werden. Auf diese Weise entstehen weitere Arbeitsplätze und dieser Prozess setzt sich fort. Allerdings wird der Effekt bei jedem Ausgabenzyklus geringer, weil jedes Mal ein Teil des zusätzlichen Einkommens gespart oder für Güter aus dem Ausland verwendet wird. Laut einer Standardschätzung sorgt ein Euro Staatsausgaben für eine Einkommenssteigerung um 1,40 Euro durch Sekundäreffekte.

Infrastrukturprojekte wie der Drei-Schluchten-Damm in China schaffen viele Arbeitsplätze. Die Löhne fließen zurück in die Wirtschaft und erzeugen einen zweiten Ausgabenzyklus.

1936 entwickelte John Hicks das IS-LM-Modell, ein mathematisches Modell, das auf dem keynesianischen Multiplikator beruht. Damit lässt sich vorhersagen, wie sich Veränderungen in den Staatsausgaben oder in der Besteuerung über den Multiplikator auf die Arbeitslosigkeit auswirken. Nach dem Zweiten Weltkrieg wurde es zu einem Standardwerkzeug.

Einige Ökonomen greifen das Prinzip des keynesianischen Multiplikators mit folgendem Argument an: Regierungen finanzieren ihre Ausgaben entweder durch Besteuerung oder durch Kreditaufnahme. Steuern ziehen aber Geld aus der Wirtschaft ab und bewirken so das Gegenteil des erwünschten Effekts, während Schulden Inflation hervorrufen und die Kaufkraft jener so wichtigen Löhne verringern. ▪

John Hicks

John Hicks wurde 1904 als Sohn eines Journalisten in Warwick (England) geboren. Er besuchte eine Privatschule und erwarb Abschlüsse in Philosophie, Politik und Ökonomie an der Universität Oxford. Ab 1923 lehrte er an der London School of Economics, neben Friedrich von Hayek und Ursula Webb, einer führenden britischen Ökonomin, die 1935 seine Ehefrau wurde. Später lehrte Hicks in Cambridge, Manchester und Oxford. Alle seine Arbeiten waren von einer tiefen humanitären Einstellung geprägt. Nach dem Zweiten Weltkrieg unternahm er mit seiner Frau weite Reisen, um unabhängig gewordene Länder hinsichtlich ihrer finanziellen Strukturen zu beraten. 1964 wurde Hicks geadelt und 1972 erhielt er den Nobelpreis. Er starb 1989.

Hauptwerke

1937 *Mr. Keynes and the Classics*
1939 *Value and Capital*
1965 *Capital and Growth*

» Abgesehen von der Primärbeschäftigung, die durch die anfänglichen Ausgaben für öffentliche Bauvorhaben entsteht, gibt es weitere indirekte Beschäftigung. «

Don Patinkin
US-Ökonom (1922–1995)

VOLKSWIRTSCHAFTEN SIND EINGEBETTET IN EINE KULTUR

WIRTSCHAFT UND TRADITION

IM KONTEXT

SCHWERPUNKT
Wirtschaft und Gesellschaft

VORDENKER
Karl Polanyi (1886–1964)

FRÜHER
1776 In *Der Wohlstand der Nationen* schreibt Adam Smith dem Menschen die natürliche Tendenz zu, Handel zu treiben und nach Gewinn zu streben.

1915 Der polnische Anthropologe Bronislaw Malinowski beschreibt das Kula-System auf den Trobriand-Inseln.

1923 Der Soziologe Marcel Mauss schreibt *Die Gabe*, eine Studie über das Schenken in traditionellen Gesellschaften.

SPÄTER
1977 Douglass North meint, das Verhalten der Trobriander sei ökonomisch erklärbar.

1990er-Jahre Avner Offer zeigt, dass nicht ökonomisch ausgerichtetes Verhalten in modernen Volkswirtschaften eine wichtige Rolle spielt.

Ökonomen gehen davon aus, dass Menschen rationale Wesen sind: Ihr Handeln ist bestimmt vom Streben nach Gewinn, ob sie nun ein Auto wählen oder einen Präsidenten. Der Österreicher Karl Polanyi widersprach dieser Idee. Er hielt die Menschen für soziale Wesen, die in einer »Suppe« aus Kultur und Tradition leben, die auch die Wirtschaft prägt.

Inselwirtschaft

In seinem Buch *The Great Transformation* (1944) berichtet er über die Trobriand-Inseln vor Papua-Neuguinea, deren Wirtschaft damals nicht auf ökonomischem Verhalten beruhte. Der Handel geschieht auch heute noch durch Geschenke, nicht durch Feilschen. Die Inselbewohner reisen zu benachbarten Völkern, um Geschenke zu überreichen: Ketten

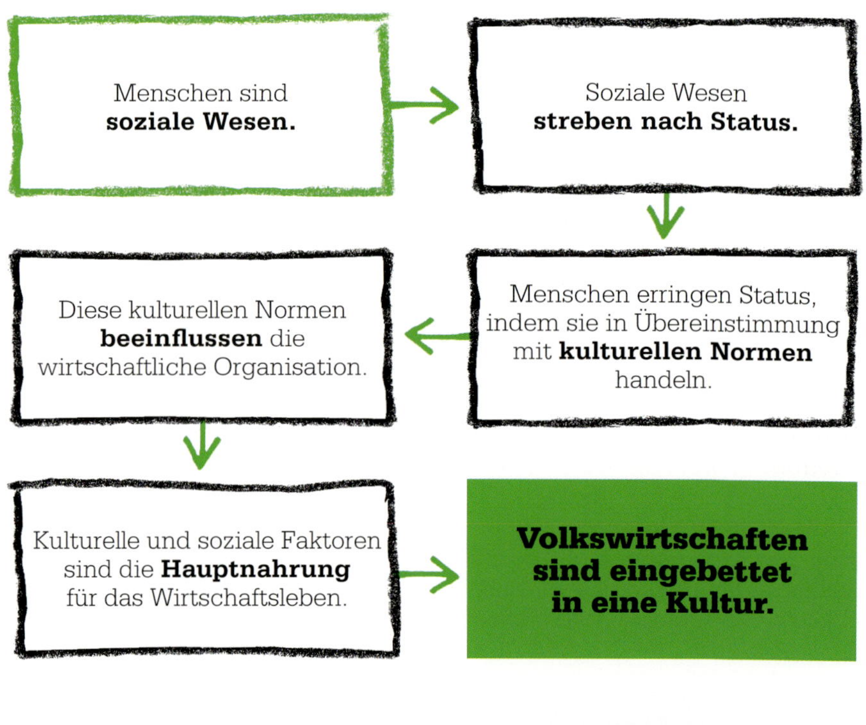

Siehe auch: Der ökonomische Mensch 52–53 ▪ Wirtschaft und asketischer Protestantismus 138–139 ▪ Wirtschaftsinstitutionen 206–207 ▪ Soziales Kapital 280

» Das ökonomische System stellt sich in der Praxis als Funktion der gesellschaftlichen Organisation dar. «

Karl Polanyi

aus roten Muscheln und weiße Armbänder. Diese Gepflogenheit ist durch Gebräuche und magische Riten geregelt, die unter der Bezeichnung Kula bekannt sind. Die Geschenke werden nicht behalten, sondern weitergegeben. Durch Großzügigkeit erhöhen die Inselbewohner ihren sozialen Status. Der Motor des Handels ist das Streben nach Status, nicht der Profit.

Die Wirtschaft in solchen Naturvölkern unterscheidet sich von den Wirtschaftsformen in den heutigen Industrieländern. Laut Polanyi wurden Traditionen und Bräuche mit der Entwicklung der europäischen Nationen durch die Anonymität des Marktes ersetzt. Trotzdem nährt die Suppe aus Kultur und sozialen Bindungen auch die modernen Volkswirtschaften.

Der israelische Wirtschaftshistoriker Avner Offer (geb. 1944) hat die Rolle von nicht marktorientierten Prinzipien im modernen Wirtschaftsleben dokumentiert, darunter das Überreichen von Geschenken und das Erweisen von Gefälligkeiten. Zu Hause stattfindende ökonomische Aktivitäten, wie Kochen, Putzen und die Versorgung der Kinder, werden nicht aus Gewinnstreben geleistet, sondern aus Nutzenerwägungen. Offer schätzte, dass in Großbritannien im späten 20. Jahrhundert diese Art der nicht marktorientierten Produktion fast 30 Prozent des Volkseinkommens ausmachte.

Individualistische Wirtschaftsformen

Polanyi glaubte, Wirtschaftsformen resultierten aus den substanziellen Merkmalen einer Gesellschaft – ihrer besonderen Geschichte und ihren besonderen kulturellen Eigenarten. Ökonomische Puristen halten diese Dinge für irrelevant, denn das Gewinnstreben der rationalen Individuen ist in ihren Augen stärker als Religion oder Kultur. Die beiden Positionen wären nur vereinbar, wenn sich die sozialen Normen, die ganze Gesellschaften regieren, auf die Handlungsweise von Individuen im Eigeninteresse reduzieren ließen. Polanyi lehnte das ab. Seiner Ansicht nach besteht ein Widerspruch zwischen den modernen Markt- und Sozialstrukturen. Dort, wo Märkte expandieren, sei soziale Unruhe unweigerlich die Folge. ▪

Auf den Trobriand-Inseln herrschen einzigartige Geschenk-Traditionen. Rote Muschelketten werden im Uhrzeigersinn um die Inseln transportiert, weiße Armbänder in der anderen Richtung.

Karl Polanyi

Karl Polanyi wurde 1886 als Sohn jüdischer Eltern in Wien geboren. Er wuchs in Budapest (Ungarn) auf. Als Jurastudent kam er mit Radikalen wie dem marxistischen Philosophen Georg Lukács in Kontakt. Im Ersten Weltkrieg diente er in der österreichisch-ungarischen Armee, dann zog er nach Wien und arbeitete als Journalist. Er heiratete eine junge Revolutionärin und die beiden flohen 1933 vor den Nazis nach Großbritannien.

In London arbeitete Polanyi wiederum als Journalist und unterrichtete Arbeiter, deren armselige Lebensverhältnisse ihn nachhaltig beeindruckten. Von 1940 bis zu seinem Ruhestand lehrte er in den USA, musste aber in Kanada leben und pendeln, weil die Beteiligung seiner Frau an der ungarischen Revolution ihr nicht erlaubte, in die USA einzureisen. Er starb 1964.

Hauptwerke

1944 *The Great Transformation* (dt. 1977)
1957 *Trade and Markets in the Early Empire*
1966 *Dahomey and the Slave Trade*

MANAGER SIND AN IHRER VERGÜTUNG INTERESSIERT, NICHT AM FIRMENGEWINN

UNTERNEHMENSFÜHRUNG

IM KONTEXT

SCHWERPUNKT
Märkte und Firmen

VORDENKER
Adolf Berle (1895–1971)
Gardiner Means (1896–1988)

FRÜHER
1602 Die Niederländische Ostindien-Kompanie ist die erste Aktiengesellschaft, deren Anteilsscheine an der Amsterdamer Börse gehandelt werden.

1929 Der Dow-Jones-Index verliert am »Schwarzen Donnerstag« 50 Prozent seines Wertes. Die Weltwirtschaftskrise beginnt.

SPÄTER
1983 Eugene Fama und Michael Jensen veröffentlichen *The Separation of Ownership and Control*. Sie betrachten die Unternehmen als Ansammlungen von Verträgen.

2002 In den USA wird der Sarbanes-Oxley-Act verabschiedet. Das Gesetz soll die Führung und Kontrolle von Unternehmen verbessern.

Die meisten Menschen glauben, das Grundprinzip einer freien Marktwirtschaft bestehe darin, dass Firmen von einem Management im besten Interesse der Aktionäre geleitet werden. Den US-Ökonomen Adolf Berle und Gardiner Means zufolge ist diese Ansicht völlig falsch. Ihr Buch *The Modern Corporation and Private Property* beleuchtet die Unternehmensführung (*Corporate Governance*) und zeigt, wie sich das Gleichgewicht der Macht von den Eigentümern einer Firma zum Management verlagert hat. Laut Berle und Means begann diese Entwicklung bereits mit der Entstehung des Fabriksystems. Eine wachsende Zahl von Arbeitnehmern versammelte sich unter einem Dach, wo sie der Firmenleitung ihre Arbeit gegen Lohn zur Verfügung stellten. Moderne Unternehmen vereinigen den Reichtum zahlloser Aktionäre. Die Kontrolle darüber wird einer kleinen Gruppe übertragen, in diesem Fall als Gegenleistung für eine Dividende. Beides führt zu einem mächtigen Top-Management, das niemandem verantwortlich ist.

Mängel in der Unternehmensführung wurden 2008 zum Thema, als viele meinten, die Vergütung der Manager stünde in keinem Verhältnis zu den fallenden Gewinnen und Aktienkursen.

Teilnahmslose Aktionäre

Berle und Means bezeichnen die modernen Aktionäre als passive Eigentümer. Sie überlassen ihr Vermögen der Unternehmensführung und treffen keinerlei Entscheidungen mehr darüber, was aus ihren Investitionen werden soll. Diese Teilnahmslosigkeit der Kleinaktionäre führt dazu, dass sie meist entweder lediglich den Status quo aufrechterhalten oder ihr Stimmrecht überhaupt nicht wahrnehmen. Tatsächlich müssten sie, wenn sie wirklich etwas verändern wollten, einen größeren Anteil an der Firma besitzen oder eine große

Siehe auch: Aktiengesellschaften 38 ▪ Die freie Marktwirtschaft 54–61 ▪ Der Wettbewerbsmarkt 126–129 ▪ Wirtschaftsinstitutionen 206–207

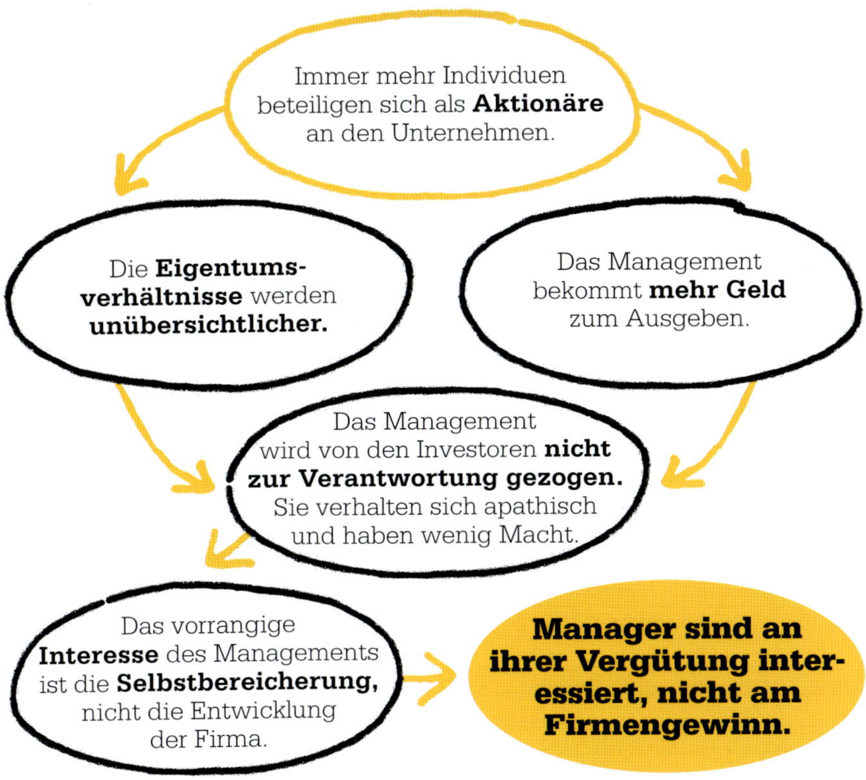

Zahl von Aktionären aufrütteln. Im Ergebnis haben die Eigentümer der Unternehmen einen immer geringeren Einfluss auf deren Führung. Solange die Interessen des Managements mit denen der Aktionäre zusammenfallen, ist das kein Problem. Es wird jedoch eines, wenn wir annehmen, dass das Management im Eigeninteresse handelt und für den persönlichen Profit arbeitet. Berle und Means forderten eine Veränderung der Rechtslage, die den Aktionären die Macht über ihre Firmen zurückgeben würde. Sie betonten, Aktionäre müssten das Recht erhalten, die Unternehmensleiter einzustellen und zu entlassen und regelmäßige Generalversammlungen abzuhalten – Maßnahmen, die im allgemeinen US-Firmenrecht noch nicht vorgesehen waren, als ihr Buch veröffentlicht wurde. Berle und Means trugen entscheidend zur Schaffung des modernen Firmenrechts bei.

Das Versagen der Führung

Um direkt nach der Finanzkrise für Liquidität zu sorgen, stützten einige Regierungen 2009 vorübergehend verschiedene öffentliche Unternehmen durch den Kauf von Aktien oder die Vergabe von Krediten. Man ging davon aus, dass ein Konkurs dieser Unternehmen die Bevölkerung sehr belasten würde. Wenn einige Unternehmen aber »zu groß zum Scheitern« sind, kann es damit enden, dass die Steuerzahler für das waghalsige Verhalten einiger Geschäftsleitungen aufkommen müssen. ▪

Die Vergütung der leitenden Manager

Bereits 1932 warnten Berle und Means vor dem Egoismus der leitenden Manager, doch viele behaupten, das Problem habe sich in Europa und den USA in den letzten 20 Jahren verschärft. In Deutschland legt der Aufsichtsrat die Bezüge von Vorständen fest, der größtenteils selbst aus Spitzenverdienern besteht. Sie sind an hohen Gehältern interessiert, damit sie selbst aufgrund der »Marktlage« mit Gehaltserhöhungen rechnen können. Die Aktionäre könnten zwar dem Vorstand die Entlastung verweigern, aber darauf reagieren die Märkte meistens mit sinkenden Aktienpreisen.

Oft werden Aktien auch von Hedgefonds gehalten, spekulativen Investmentfirmen, die kein langfristiges Interesse am Unternehmen haben. Da deren Manager ähnlich hohe Gehälter einstreichen wollen wie die Vorstände, liegt es nicht in ihrem Interesse, gegen hohe Vergütungspakete zu stimmen.

Heute legt ein Vergütungsausschuss die Gehälter der Manager fest. Besser wäre es, die Aktionäre hätten ein Mitspracherecht in diesen Ausschüssen.

DIE WIRTSCHAFT IST EINE BERECHENBARE MASCHINE

WIRTSCHAFTSTHEORIEN IM TEST

IM KONTEXT

SCHWERPUNKT
Wirtschaftliche Methoden

VORDENKER
Ragnar Frisch (1895–1973)

FRÜHER
1696 Der englische Ökonom Gregory King veröffentlicht *Natural and Political Observations* mit der ersten quantitativen (messbaren) Wirtschaftsanalyse.

1914 Henry Moore veröffentlicht *Economic Cycles: Their Law and Cause* und begründet damit die statistische Ökonomie als Vorgängerin der Ökonometrie.

SPÄTER
1940 Laut Ludwig von Mises dürfen empirische Methoden nicht auf die Sozialwissenschaften angewendet werden.

2003 Der britische Ökonom Clive Granger erhält den Nobelpreis für seine Analysen der Beziehungen zwischen ökonomischen Variablen im Lauf der Zeit.

In den 1930er-Jahren entwickelte der norwegische Ökonom Ragnar Frisch eine neue Disziplin, die er Ökonometrie nannte. Er wollte die wirtschaftliche Entwicklung erklären und vorhersagen. Die Ökonometrie ist die Anwendung mathematischer Testverfahren auf ökonomische Theorien. Sie liefert eine statistische Basis, mit der sich Theorien beweisen oder widerlegen lassen. Überzeugungen wie: »Eine bessere Bildung führt zu einem höheren Gehalt« mögen richtig sein – beweisbar sind sie nur durch Gleichungen, in denen Bildungsabschlüsse mit Gehaltsstufen verglichen werden. Mit der Ökonometrie können Fachleute aus den Wirtschaftsdaten Muster ableiten und so vergangene Markttrends analysieren und die künftige Entwicklung der Märkte vorhersagen.

» Zwischen Mathematik, Statistik und Ökonomie finden wir eine neue Disziplin, die man Ökonometrie nennen könnte. «

Ragnar Frisch

Statistische Fallstricke

Die Ökonometrie liefert wichtige Erklärungen auf empirischer Grundlage, doch sie ist nicht unfehlbar. Vergangene Trends garantieren nicht, dass die Märkte sich in Zukunft genauso verhalten. Vor allem ist es schwer, alle denkbaren Variablen zu berücksichtigen. Im Bildungsbeispiel ist der erreichte Schulabschluss nicht der einzige Faktor, der die Höhe des Gehalts beeinflusst – andere, nicht messbare Fähigkeiten spielen ebenfalls eine Rolle. Das kann die Gültigkeit der Ergebnisse von Wirtschaftsmodellen infrage stellen. ■

Siehe auch: Die Messung des Wohlstands 36–37 ▪ Inflation und Arbeitslosigkeit 202–203 ▪ Financial Engineering 262–265 ▪ Komplexität und Chaos 278–279

DIE ÖKONOMIE IST DIE WISSENSCHAFT VON DEN KNAPPEN RESSOURCEN

DEFINITIONEN VON WIRTSCHAFT

IM KONTEXT

SCHWERPUNKT
Wirtschaftsmethoden

VORDENKER
Lionel Robbins (1896–1984)

FRÜHER
1890 Alfred Marshall definiert in seinen *Principles of Economics die* Wirtschaft als jenen Teil des individuellen und sozialen Handelns, der am engsten mit dem Erreichen der materiellen Erfordernisse für das Wohlergehen verbunden sei.

SPÄTER
1962 Milton Friedman pflichtet Lionel Robbins bei, erweitert jedoch gleichzeitig die Grenzen der Definition.

1971 Der US-Ökonom Gary Becker definiert in *Economic Theory* die Wirtschaftslehre als das Studium der Verteilung begrenzter Mittel zur Befriedigung konkurrierender Zwecke.

Der Brite Lionel Robbins löste 1932 eine Kontroverse aus. In seinem *Essay on the Nature and Significance of Economic Science* definierte er die Wirtschaftslehre neu als die Wissenschaft vom menschlichen Handeln angesichts begrenzter Ressourcen mit vielfältigen Verwendungsmöglichkeiten. Seiner Definition liegt der Umstand zugrunde, dass unsere Bedürfnisse zwar unendlich, aber die Ressourcen (Land, Arbeitskräfte, Unternehmergeist, Kapital) begrenzt sind. Angesichts der Knappheit lässt sich nicht jeder Wunsch erfüllen.

Bedürfnisse kontra Ressourcen

Das Spannungsfeld zwischen unbegrenzten Bedürfnissen und begrenzten Ressourcen ist die Grundlage der Wirtschaft. Für jede Ressource gibt es alternative Verwendungsmöglichkeiten – wenn eine landwirtschaftliche Fläche als Weide genutzt wird, kann darauf nicht gleichzeitig Getreide angebaut werden. Wir müssen also entscheiden, auf welche Art wir unsere Ressourcen einsetzen. Robbins hielt dies für ein Schlüsselproblem in jeder Gesellschaft: Welche Güter sollen in welcher Menge produziert werden, sodass die Verbraucher zufrieden sind? Ressourcen beziehen ihren Wert genau aus dieser Knappheit.

Heute wird Robbins' Definition zwar weitgehend akzeptiert, aber es wird oft gefordert, dass die Wirtschaft zusätzlich untersuchen muss, wie Gesellschaften mit der Zeit mehr Ressourcen schaffen. ■

Lionel Robbins' Definition rückt ins Zentrum, dass Mangel Entscheidungen erzwingt: Will man eine Fläche z. B. als Weide oder zum Weizenanbau nutzen?

Siehe auch: Demografie und Ökonomie 68–69 ▪ Opportunitätskosten 133 ▪ Märkte und soziale Ergebnisse 210–213 ▪ Engpässe in Planwirtschaften 232–233

WIR WOLLEN EINE FREIE GESELLSCHAFT BLEIBEN

WIRTSCHAFTSLIBERALISMUS

IM KONTEXT

SCHWERPUNKT
Wirtschaft und Gesellschaft

VORDENKER
Friedrich v. Hayek (1899–1992)

FRÜHER
1908 Enrico Barone zeigt, wie eine Zentralregierung durch Planung den freien Markt ersetzen kann, wenn sie die Preise kalkulieren kann.

1920 Ludwig von Mises weist Barones Argumentation zurück.

1936/37 Oskar Lange argumentiert gegen Mises' Position.

SPÄTER
1970er-Jahre Hayeks Argumente für die freien Märkte gewinnen an Boden.

1991 Francis Fukuyama meint, der Kapitalismus der freien Märkte habe alle denkbaren Alternativen geschlagen.

Späte 2000er-Jahre Die Kritik an der Bankenrettung weckt neues Interesse an Hayeks Vorstellungen.

Die Firmen **wissen nicht alles** über die gesamte Wirtschaft.

↓

Aber jede Firma hat Informationen über die Produktion und die Nachfrage auf den Märkten, **die für sie relevant sind.**

↓

Firmen fällen Entscheidungen auf der Grundlage dieser Fakten und **handeln danach,** etwa indem sie den Ausstoß verändern.

↓

Als Reaktion darauf verändern sich die Preise. Sie **reflektieren** damit **die vollständige Marktinformation.**

↓

So entsteht ein freier Markt, den die Regierungen schützen sollten, weil wir eine freie Gesellschaft bleiben wollen.

Die etablierte Wirtschaftswissenschaft hatte immer ihre Kritiker. Die vielen mathematischen Formeln und die mitunter pauschalen Annahmen veranlassten Ökonomen dazu, ihre Methoden und den Mangel an empirischen Beweisen infrage zu stellen. Viele Kritiker gehören der politischen Linken an, die die Hauptströmung der Wirtschaftswissenschaft als beschönigende Legitimation für einen ungerechten freien Markt betrachtet.

Eine Minderheit der Wirtschaftswissenschaftler, die Österreichische Schule, argumentiert dagegen ganz anders. Als vehemente Vertreter des freien Marktes, die aber dennoch dem Mainstream gegenüber kritisch sind, haben sie sich einen besonderen Platz innerhalb der Disziplin erworben. Der bekannteste unter diesen Radikalen war Friedrich von Hayek. Er konkurriert mit John Maynard Keynes (S. 161) um den Titel des einflussreichsten Ökonomen des 20. Jahrhunderts. Seine Schriften sind von logisch verknüpften, in sich geschlossenen Prinzipien durchzogen, die für Hayek in der Tradition des klassischen Liberalismus stehen: *für* freie Märkte, *für* Privateigentum und zutiefst pessimistisch angesichts der Fähigkeit von Regierungen, die Gesellschaft zu formen.

Schaffung von Diktaturen

Hayeks bekanntestes Argument formulierte er 1944 in *Der Weg zur Knechtschaft*. Zu jener Zeit wuchs die Begeisterung für staatliche Eingriffe und zentrale Planung. Hayek argumentierte, alle Versuche, der Gesellschaft eine kollektive Ordnung aufzuzwingen, seien zum Scheitern verurteilt, denn sie führten unaus-

Siehe auch: Eigentumsrechte S. 20–21 ▪ Der ökonomische Mensch 52–53 ▪ Wirtschaftliches Gleichgewicht 118–123 ▪ Zentrale Planung 142–147 ▪ Der keynesianische Multiplikator 164–165 ▪ Engpässe in Planwirtschaften 232–233

weichlich zum Totalitarismus. Da jede Planung sich notwendigerweise gegen die »spontane Ordnung« des Marktes richte, ließe sie sich nur mit Zwang durchsetzen. Weil Regierungen über das Funktionieren des Marktes im Einzelnen schlecht informiert seien, müsse Planung immer wieder scheitern, während gleichzeitig die Unterdrückung zunehme, um das Scheitern zu verbergen. Am Ende entwickele sich eine solche Gesellschaft zum totalitären Staat, in dem alle Freiheit ausgelöscht sei, wie moderat die Ziele ursprünglich auch gewesen sein mögen.

Linke Ökonomen argumentieren, eine zentrale Planwirtschaft sei nicht nur möglich, sondern sogar effizienter als ein freier Markt. Ihr erster signifikanter Gegner war 1920 Ludwig von Mises (S. 147). Er hielt den Sozialismus – hier als zentrale Planung definiert – ökonomisch für nicht durchführbar, weil er keine rationalen Verfahren zur Ermittlung der Preise von Gütern bot. Laut von Mises beruht Sozialismus auf dem Diktat eines zentralen Planes oder Ausschusses, der die Verteilungsentscheidungen trifft, die sonst auf freien Märkten von Tausenden von Individuen getroffen werden. Um Preise korrekt zu bestimmen, benötigt man jedoch eine so gewaltige Menge an Informationen, dass jeglicher Versuch einer Planung zum Scheitern verurteilt ist. Der Sozialismus, so schrieb von Mises, sei die Abschaffung der rationalen Ökonomie. Nur ein freier Markt mit Privateigentum könne die Grundlage für die dezentralen Preisentscheidungen bilden, die eine komplexe Wirtschaft erfordert.

Verteidigung des Sozialismus

Der polnische Ökonom Oskar Lange widersprach von Mises. In einem Artikel von 1936 (*On the Economic Theory of Socialism*) bezog er sich auf eine Weiterentwicklung der Allgemeinen Gleichgewichtstheorie. Diese Theorie, die erst nach dem Zweiten Weltkrieg perfektioniert wurde, ist eine mathematische Darstellung der Marktwirtschaft, die sehr stark reduziert ist. Alle Mängel der Märkte sind eliminiert und alle Teilnehmer an den Märkten sind vollständig informiert und machen sich nur Gedanken über ihr Eigeninteresse. Auf dieser Grundlage, so Lange, könne ein zentraler Planungsausschuss die Anfangspreise für die Wirtschaft festlegen und dann allen in der Gesellschaft erlauben, frei Handel zu treiben.

» Je mehr der Staat plant, desto schwieriger wird die Planung für den Einzelnen. «

Friedrich von Hayek

Je nach Angebot und Nachfrage könne dann der Planungsausschuss die Preise anpassen. Das Ergebnis, so argumentierte er, wäre effizient. Ein Planer könne die Ungleichheit der Einkommen verringern und der Tendenz des Marktes zum kurzfristigen Denken entgegenwirken.

Lange war von den üblichen Annahmen der Mikroökonomie ausgegangen (dass Angebot und »

Das totalitäre Nordkorea erlebt regelmäßig Hungersnöte und Nahrungsmittelknappheit. Die Ökonomen der Österreichischen Schule halten dies für das unvermeidliche Resultat zentraler Planung ohne Rücksicht auf die Märkte.

Nachfrage den Preis bestimmen) und hatte sie auf den Kopf gestellt. Seine Arbeit bildete später die Grundlage für die Wohlfahrtsökonomie, in der es um die Frage geht, wie freie Märkte sozial erwünschte Ziele erreichen können.

Die Österreichische Schule

Doch Hayek und seine Kollegen hatten eine ganz andere Version der Tugenden des freien Marktes zu bieten. Sie glaubten weder, dass die Märkte keine Mängel hätten, noch dass die Individuen vollständig informiert seien. Im Gegenteil: Gerade weil Individuen und Firmen schlecht informiert und die Gesellschaft nicht perfekt sei, so argumentierten sie, sei der Marktmechanismus der beste Weg zur Güterverteilung.

In einer Situation der Ignoranz, so Hayek, sei der Markt das beste verfügbare Mittel, nicht um Informationen zu liefern, sondern um sie zu erwerben. Jedes Individuum und jede Firma kennt die eigene Situation am besten. Ihre Informationen sind spezifisch und überall in der Gesellschaft verstreut. Preisänderungen entstehen als Reaktion auf die Handlungen von Einzelpersonen und Firmen und reflektieren so die gesamte Information, die in der Gesellschaft zur Verfügung steht.

Hayek vertrat die Ansicht, diese »spontane Ordnung« sei das beste verfügbare Mittel, um eine komplexe moderne Wirtschaft zu organisieren. Versuche, gegenüber dieser Ordnung kollektive Einschränkungen durchzusetzen, stellten eine Rückkehr zu einer primitiven Gesellschaftsordnung dar. Dagegen müsse der freie Markt verteidigt werden.

Kollektive Tyrannei

Die Idee einer spontanen Ordnung begann Hayeks Denken zu beherrschen und seine Schriften wandten sich zunehmend politischen Fragen zu, insbesondere in seinem Werk *Die Verfassung der Freiheit* (1960). Darin vertrat er die Ansicht, die Regierung solle lediglich das spontane Funktionieren des Marktes sicherstellen. Privateigentum und Verträge seien rechtlich unantastbar, und eine freie Gesellschaft müsse sich an Regeln halten, die für alle Parteien bindend seien – einschließlich des Staates. Hayek war im Großen und Ganzen für die Demokratie, äußerte sich aber kritisch gegenüber ihrer gelegentlichen Neigung zu einer »demokratischen Tyrannei des Kollektivs«.

Die Geburt des Neoliberalismus

Nach dem Zweiten Weltkrieg führte der erforderliche Wiederaufbau zu einem keynesianischen Konsens, der staatliche Eingriffe in die Wirtschaft nahelegte. Zur gleichen Zeit bildeten Hayek und einige Gleichgesinnte die Mont Pelerin Society,

Der freie Informationsfluss zwischen einzelnen Anbietern und Verkäufern (links) führt laut Hayek zum richtigen Preis. In Planwirtschaften hingegen wird die Ansicht einer Person oder eines Ausschusses (rechts) allen aufgezwungen. Damit wird die individuelle Freiheit der Kommunikation ebenso beschnitten wie die Fähigkeit der Firmen, Handel zu treiben.

Auktionen sind freie Märkte. Die Preise entstehen hier aus dem direkten, schnellen Austausch lokaler Informationen zwischen Käufern und Verkäufern.

die die Denkfabriken der freien Marktwirtschaften beeinflusste, als der keynesianische Konsens in den 1970er-Jahren zusammenbrach. Ein vergleichbarer neuer wirtschaftspolitischer Ansatz entwickelte sich in Südamerika, doch erst seine Übernahme durch die Regierungen Thatcher in Großbritannien und Ronald Reagan in den USA verhalf ihm zum globalen Durchbruch. Der sogenannte Neoliberalismus orientierte sich eng an den Vorstellungen der Österreichischen Schule.

Staatliche Industriezweige wurden privatisiert und die Regierungen reduzierten ihre Eingriffe in den Markt. Der Zusammenbruch der Sowjetunion gab den hayekschen Themen in der Politik weiteren Auftrieb. Weltweit glaubten selbst jene Parteien, die einst hartnäckig gegen die freie Marktwirtschaft gewesen waren, nicht mehr an eine realistische Alternative. Dazu gehörte auch die britische Labour-Partei, die von Hayek in *Der Weg zur Knechtschaft* direkt angegriffen worden war. Ökonomen des Mainstreams, die wie Milton Friedman stark von der Idee der freien Marktwirtschaft beeinflusst waren, gewannen an Einfluss. 2000 herrschte dann ein »neuer Konsens« in der Makroökonomie, der die Zurückhaltung des Staates betonte.

Neue Relevanz

Trotz des offensichtlichen Triumphs der österreichischen Themen in der Ökonomie und der Nobelpreisvergabe an Hayek 1974 blieben die Methoden und Theorien der Österreichischen Schule eine Randerscheinung. Der Zusammenbruch des globalen Finanzsystems 2007–2008 sowie die darauffolgende Bankenrettung haben aber ein neues Interesse an ihren Lehren ausgelöst. Die Ökonomen der Österreichischen Schule sprachen sich lautstark gegen die Bankenrettung aus und verurteilten sie als einen unerlaubten Markteingriff. Die Ideen der Free Banking School gewannen an Einfluss. Inspiriert von Hayeks Aufsatz *Entnationalisierung des Geldes* (1976) fordert sie das Ende des staatlichen Monopols auf die Geldversorgung. Keynesianische Programme zur Erhöhung der Staatsausgaben wurden ebenso kritisiert, doch Paul Krugman (S. 290) argumentierte, dass die Zurückhaltung der Regierung dazu führe, dass die wirtschaftliche Erholung langsamer verlaufe. Die Turbulenzen der Coronapandemie ließen die Ideen der Österreichischen Schule erneut aufleben. ■

Friedrich von Hayek

Friedrich August von Hayek wurde in Wien geboren. Mit 23 Jahren hatte er bereits Doktortitel in Recht und Politik erworben, obwohl er ein Jahr im Krieg gekämpft hatte. In Wien besuchte er Seminare bei Ludwig von Mises und gründete mit dessen Unterstützung das Österreichische Institut für Konjunkturforschung. 1923 reiste er nach New York und die Genauigkeit der Berichterstattung über den Krieg in den dortigen Zeitungen, verglichen mit Österreich, begründete sein tiefes Misstrauen gegenüber Regierungen.

Ab 1931 lehrte er an der London School of Economics und wurde in eine öffentliche, zwei Jahre währende Debatte mit John Maynard Keynes verstrickt. 1938 wurde Hayek britischer Staatsbürger, verließ aber London 1950 und ging an die Universität von Chicago. Er starb 1992 im Alter von 93 Jahren in Freiburg im Breisgau.

Hauptwerke

1944 *Der Weg zur Knechtschaft*
1948 *Individualismus und wirtschaftliche Ordnung*
1988 *Die verhängnisvolle Anmaßung*

INDUSTRIALISIERUNG SCHAFFT NACHHALTIGES WACHSTUM

DIE ENTSTEHUNG DER MODERNEN WIRTSCHAFT

IM KONTEXT

SCHWERPUNKT
Wachstum und Entwicklung

VORDENKER
Simon Kuznets (1901–1985)

FRÜHER
1750er-Jahre François Quesnay meint, der Wohlstand gründe auf der Landwirtschaft, nicht auf der Industrie.

1840 Laut Colin Clark erfordert wirtschaftliches Wachstum eine Verlagerung von der Landwirtschaft zur Fertigung und zu Dienstleistungen.

SPÄTER
1967 US-Ökonom Edward Denison betont den wichtigen Beitrag der technologischen Veränderung und des Anstiegs der Produktivität für das Wirtschaftswachstum.

1975 Hollis Chenery und Moshe Syrquin weisen nach, dass Volkswirtschaften wachsen, wenn die Landwirtschaft zurückgeht und Industrie und Dienstleistungen zunehmen.

Mit **neuen Technologien** und der Zunahme der Fertigung …

… ziehen immer mehr Menschen **vom Land in die Stadt,** um zu arbeiten.

Die Arbeit in der Industrie erfordert **mehr Fertigkeiten und eine bessere Ausbildung** als die Arbeit in der Landwirtschaft.

Die Arbeiter profitieren vom Lernen und tragen **zur kulturellen Veränderung und zum Wachstum der Betriebe** bei.

Nachfolgende Generationen **profitieren weiter** vom kulturellen und industriellen Fortschritt.

Industrialisierung schafft nachhaltiges Wachstum.

Der Ökonom Simon Kuznets beschreibt die Entstehung der modernen Wirtschaft als kontrollierte Revolution, bei der Fabriken die Bauernhöfe ersetzen. Der resultierende höhere Lebensstandard bedingt soziale und ökonomische Veränderungen, die tiefer reichen, als eine einfache, bezifferbare Wachstumsrate vermuten ließe. Kuznets bezeichnete diesen Prozess als »modernes Wirtschaftswachstum« und zeigte, dass der Erfolg auf diesem Gebiet den Unterschied zwischen reichen und armen Ländern ausmacht.

Wesentlich an Kuznets' Wachstumstheorie ist, dass das Pro-Kopf-Einkommen selbst bei zunehmender Bevölkerung rasch steigt. Die Expansion wird durch die Verbreitung von Fabriken und Maschinen

Siehe auch: Landwirtschaft und Volkswirtschaft 39 ▪ Demografie und Ökonomie 68–69 ▪ Größenvorteile 132 ▪ Marktintegration 226–231 ▪ Technologiesprünge 317

gefördert. Mit wachsendem Kapital und fortschreitender Industrialisierung wechseln die Arbeiter aus kleinen Familienbetrieben in unpersönliche Großbetriebe. Eine Produktion im großen Stil ist jedoch unmöglich, wenn die Menschen ungebildet, abergläubisch und an ihr Dorf gebunden sind. Laut Kuznets bewirkt Wachstum erhebliche soziale Veränderungen, z. B. die Urbanisierung sowie eine Schwächung der Religion.

Die industrielle Revolution

Großbritannien erreichte als erstes Land ein modernes Wirtschaftswachstum – in Gang gesetzt durch die industrielle Revolution des 18. Jahrhunderts. Dampfkraft und Erfindungen veränderten die Produktion. Mehr Arbeiter strömten in die Fabriken, die Städte wuchsen. Mit neuen Transport- und Kommunikationstechniken konnten die Firmen global agieren. Die Veränderungen – technologischer, sozialer und institutioneller Art – vollzogen sich nicht über Nacht, aber sie setzten sich fort und führten zu großen Verbesserungen des Lebensstandards einer wachsenden Bevölkerung.

Echtes modernes Wirtschaftswachstum blieb bisher begrenzt. In den reichen Nationen, darunter USA, Australien und Japan, wird der Prozess weiterhin fortgesetzt. Diese Volkswirtschaften wenden sich bereits wieder ab von der Schwerindustrie, hin zum Dienstleistungssektor, was in Zukunft zwangsläufig neue soziale Veränderungen nach sich ziehen wird. ■

Der Dampfhammer, eine 1837 erfundene Werkzeugmaschine, beschleunigte das Tempo der Industrialisierung. Er war eine Maschine, mit der man weitere Maschinen bauen konnte.

Simon Kuznets

Simon Kuznets wurde 1901 in Pinsk (heute Weißrussland) geboren. Bereits als Student war er Leiter eines ukrainischen Amtes für Statistik. Nach der Russischen Revolution wanderte Kuznets' Familie in die Türkei und später in die USA aus. Er folgte ihnen 1922.

Im Jahr 1926 promovierte Kuznets an der Columbia University in New York. Anschließend arbeitete er für das National Bureau of Economic Research, wo er ein modernes System zur Berechnung des Volkseinkommens entwickelte, das bis heute von Regierungen weltweit benutzt wird. 1947 war Kuznets Mitbegründer der International Association for Research in Income and Wealth und beriet zahlreiche Regierungen. 1971 erhielt er den Nobelpreis für seine Analyse des modernen Wirtschaftswachstums. Er starb 1985.

Hauptwerke

1941 *National Income and Its Composition*
1942 *Uses of National Income in Peace and War*
1967 *Population and Economic Growth*

VERSCHIEDENE PREISE FÜR VERSCHIEDENE LEUTE

PREISDIFFERENZIERUNG

IM KONTEXT

SCHWERPUNKT
Märkte und Firmen

VORDENKER
Joan Robinson (1903–1983)

FRÜHER
1849 Jules Dupuit überlegt, wie man es einrichten könnte, für die gleiche Ware verschiedene Preise zu verlangen.

1891 US-Ökonom Frank Taussig meint, Unterschiede in den Bahnpreisen ergäben sich aus einer unterschiedlich starken Nachfrage.

1920 Arthur Pigou definiert die drei grundlegenden Typen der Preisdifferenzierung.

SPÄTER
1933 Laut Edward Chamberlin differenzieren enge Konkurrenten ihre Produkte in dem Versuch, Marktmacht zu erringen.

1996 Thomas Holmes zeigt, dass Preisdifferenzierung selbst auf Märkten mit nur wenigen Firmen möglich ist.

In den 1840er-Jahren schlug der französische Ingenieur und Ökonom Jules Dupuit vor, dass für die Brücken und Straßen, die er baute, Maut erhoben werden sollte. Er wollte, dass jeder so viel geben sollte, wie er zu zahlen bereit war. Dupuit war der erste Ökonom, der darüber nachdachte, für die gleiche Dienstleistung von verschiedenen Leuten verschiedene Preise zu verlangen. Eine solche Preisdifferenzierung ist in der Regel nur möglich, wenn eine Firma über eine Art Monopol verfügt.

1920 beschrieb der britische Ökonom Arthur Pigou (S. 344) drei Arten der Preisdifferenzierung. Die

Firmen wollen den **Profit maximieren.**

↓

Normalerweise gewinnen sie mehr Käufer durch einen **niedrigeren Preis.**

↓

Aber damit verzichten sie auf den **Extraprofit** von Kunden, die problemlos mehr bezahlen könnten.

↓

Die Lösung:
Man verkauft das gleiche Produkt zu unterschiedlichen Preisen an verschiedene Leute.

Siehe auch: Märkte und Moral 22–23 ▪ Auswirkungen eines begrenzten Wettbewerbs 90–91 ▪ Monopole 92–97 ▪ Der Wettbewerbsmarkt 126–129 ▪ Effiziente Märkte 272

erste Art ist Dupuits Modell: Eine Firma verlangt von allen den Preis, den sie maximal zu zahlen bereit sind. Das kommt allerdings selten vor, weil der Verkäufer in jedem einzelnen Fall wissen müsste, wie hoch der Käufer die Ware bewertet.

Bei der zweiten Art wird der Preis mit jeder weiteren gekauften Einheit reduziert. Das findet man häufig in Supermärkten: »Kaufen Sie eine Flasche Cola und erhalten Sie die zweite zum halben Preis!«

Die dritte Art, bei der die Kunden in bestimmte Kategorien eingeteilt werden, ist wohl am weitesten verbreitet: Kinos bieten etwa ermäßigte Karten für Kinder, Studenten und Rentner an.

Benachteiligungen

In ihrem Buch *The Economics of Imperfect Competition* von 1933 untersuchte die britische Ökonomin Joan Robinson die Auswirkungen der Preisdifferenzierung auf die Gesellschaft. Die meisten Kunden halten alle drei Arten der Preisdifferenzierung für unfair. Wenn alle Flaschen Cola in der Herstellung das Gleiche kosten, warum wird dann nicht auch die erste Flasche zu dem niedrigeren Preis verkauft? Wie können manche Kinokarten billiger sein? Wir interpretieren diese Angebote so, dass ein Monopolist seine Profite auf Kosten der Mehrzahl der Verbraucher erhöht.

Studenten haben ein geringes Einkommen, daher hindern hohe Preise sie daran, bestimmte Dinge zu tun oder zu kaufen. Studentenermäßigungen schaffen Abhilfe.

» Preisdifferenzierung liegt dann vor, wenn der gleiche Artikel des gleichen Herstellers zu verschiedenen Preisen an verschiedene Leute verkauft wird. «

Joan Robinson

Robinson kam zu dem Schluss, dass es insgesamt zum Nachteil für die Verbraucher ist, wenn ein Monopolist bei manchen Leuten für das gleiche Produkt höhere Preise berechnet. Manchmal erlaubt die Preisdifferenzierung den Menschen allerdings, Dinge zu tun, die sie sich sonst nicht leisten könnten. Wenn z. B. Eisenbahngesellschaften unterschiedliche Preise anbieten, zahlen die Pendler zu Spitzenzeiten mehr. Dafür ist es aber zu verkehrsschwachen Tageszeiten für die Gesellschaft sinnvoll, die Preise deutlich zu senken, weil sie die Leute dazu bringen muss, mit dem Zug zu fahren. So müssen zwar einige Verbraucher mehr bezahlen, dafür können aber sehr viele Leute sehr günstig reisen. In solchen Fällen ist es für die Verbraucher insgesamt ein Gewinn, wenn Firmen ihre Preise differenzieren. ▪

Joan Robinson

Joan Violet Robinson wurde 1903 in eine wohlhabende Familie geboren. Sie gilt als bedeutendste Ökonomin des 20. Jahrhunderts. Ihre Ausbildung erhielt sie in London und Cambridge. Sie heiratete jung und reiste dann für zwei Jahre nach Indien, bevor sie nach Cambridge zurückkehrte, um zu lehren. Hier wurde sie Teil eines Teams um John Maynard Keynes, zu dem auch Richard Kahn gehörte, mit dem sie eine lebenslange intellektuelle Zusammenarbeit verbinden sollte. Robinson reiste gern und lehrte viel im Ausland, bis sie weit über 70 war. Sie war bei Studenten in Nord- und Südamerika, in Australien, Afrika und Europa bekannt. Als originelle Denkerin scheute sie vor keiner Kontroverse zurück und gilt als die beste Ökonomin, die nie den Nobelpreis erhielt. Sie starb im Alter von 80 Jahren.

Hauptwerke

1933 *The Economics of Imperfect Competition*
1937 *Essays on the Theory of Unemployment*
1956 *The Accumulation of Capital*

DIE WIRT
NACH DE
1945–1970

SCHAFT
M KRIEG

1945 – Der **Internationale Währungsfonds** wird gegründet und nimmt in Washington, D.C. (USA) seine Arbeit auf.

1949 – Konrad Adenauer beginnt, in Deutschland die **soziale Marktwirtschaft** aufzubauen, mit großen privaten und öffentlichen Sektoren.

1951 – Der Mathematiker John Nash bahnt der **Spieltheorie** den Weg. Sie dient zur Erklärung der wirtschaftlichen Entscheidungsfindung.

1953 – János Kornais Buch *Overcentralization* liefert eine kritische Analyse der **Planwirtschaften** in den kommunistischen Staaten.

1955 – **General Motors** ist das erste US-amerikanische Unternehmen mit einem Umsatz von mehr als 1 Mrd. Dollar im Jahr.

1949 – Unter Führung der Kommunistischen Partei wird die **Volksrepublik China** gegründet.

1950ER-JAHRE – Milton Friedman setzt sich für eine **Geldpolitik** ein, bei der die Regierungen die Geldmenge begrenzen.

1951 – Kenneth Arrows **Unmöglichkeitstheorem** zeigt, dass es kein perfektes Wahlsystem gibt.

1953 – Maurice Allais stellt ein **Paradoxon der Entscheidungsfindung** vor: Die Menschen hassen das Verlieren mehr, als sie das Gewinnen lieben.

In den Jahren nach dem Zweiten Weltkrieg mussten die Volkswirtschaften wieder aufgebaut werden. Bereits vor Ende des Krieges hatten Politiker und Ökonomen begonnen, für den Frieden zu planen. Sie wollten eine friedliche Welt der internationalen Kooperation schaffen.

Der Völkerbund, eine internationale Organisation zur Friedenssicherung, war zu Beginn des Krieges zusammengebrochen und wurde 1945 durch die Vereinten Nationen (UN) ersetzt. Eine ihrer ersten Aufgaben war die Abstimmung über Vorschläge, die auf der Wirtschafts- und Finanzkonferenz in Bretton Woods (New Hampshire, USA) entwickelt wurden. Dort einigten sich Delegierte aus der Sowjetunion, Großbritannien und den USA auf die Gründung wichtiger neuer Institutionen wie den Internationalen Währungsfonds (IWF), die Internationale Bank für Wiederaufbau und Entwicklung (IBRD) und das Allgemeine Zoll- und Handelsabkommen (GATT).

Der Keynesianismus nach dem Krieg

Der britische Delegierte in Bretton Woods war John Maynard Keynes (S. 161). In seinem Buch von 1919, *Die wirtschaftlichen Folgen des Friedensvertrages,* hatte er davor gewarnt, was nach dem Ersten Weltkrieg als Folge der Wirtschaftspolitik geschehen könne. Keynes' Werk hatte den US-Präsidenten Franklin D. Roosevelt veranlasst, als Reaktion auf die Weltwirtschaftskrise der 1930er-Jahre in den USA ein Paket von Staatsausgaben, New Deal genannt, auf den Weg zu bringen. Daher war es keine große Überraschung, dass Keynes' Ideen in den USA nach dem Zweiten Weltkrieg ähnlich einflussreich waren. Eine keynesianische Politik wurde von Ökonomen wie John Kenneth Galbraith begeistert vertreten und von der Regierung übernommen. In Großbritannien brachte die Labour-Regierung Maßnahmen auf den Weg, die einen Wohlfahrtsstaat begründeten. Der Wiederaufbau der Wirtschaft in Deutschland und Japan markierte einen Wendepunkt in der Geschichte dieser Länder. Vor allem Deutschland erlebte unter Bundeskanzler Konrad Adenauer das »Wirtschaftswunder«. Aufgrund ihres großen Erfolges wurde die soziale Marktwirtschaft, die den freien Markt durch staatliche Eingriffe zügelt, in der zweiten Hälfte des 20. Jahrhunderts zum Modell

1955 – Die Sowjetunion und sieben kommunistische Staaten in Osteuropa unterzeichnen den **Warschauer Pakt.**

1956 – Richard Lipsey und Kelvin Lancaster meinen, dass **Interventionen** zur Korrektur eines Marktversagens die Lage oft noch verschlimmern.

1957 – Die **Europäische Wirtschaftsgemeinschaft** (EWG) wird auf der Grundlage der Römischen Verträge gegründet.

1958 – Bill Phillips beschreibt die **Phillips-Kurve.** Sie zeigt die Beziehung zwischen Inflation und Arbeitslosigkeit.

1958 – Mao Zedong leitet den **Großen Sprung nach vorn** ein. Der Versuch, China zu industrialisieren, scheitert katastrophal.

1960 – Die **Organisation erdölexportierender Länder (OPEC)** wird in Bagdad gegründet.

1962 – Robert Mundell und Marcus Fleming beschreiben die Beziehung zwischen **Wechselkursen** und Output.

1970 – Anhand der **Dependenztheorie** argumentiert Andre Gunder Frank, die globale Wirtschaft schaffe hierarchische Abhängigkeiten zwischen reichen und armen Ländern.

1970 – Eugene Fama stellt die **Effizienzmarkthypothese** auf: Investoren können den Markt nicht auf Dauer schlagen.

für viele westeuropäische Volkswirtschaften. Ein Großteil Asiens stand dagegen unter kommunistischer Herrschaft und der Eiserne Vorhang teilte Europa in Ost und West. Es war die Zeit des Kalten Krieges.

Wiederbelebung des freien Marktes

Beeinflusst von Österreichern wie Ludwig von Mises (S. 147) und Friedrich von Hayek (S. 177) nahm die Chicagoer Schule in den USA eine konservative Haltung gegenüber dem vorherrschenden Keynesianismus ein. Sie war für ein System der freien Märkte mit weniger staatlichen Eingriffen. Die Wurzeln dieser Idee lagen in der neoklassischen Ökonomie vom Beginn des 20. Jahrhunderts, die sich in ihrer Analyse auf Angebot und Nachfrage konzentrierte. Die Ökonomen der Chicagoer Schule bezogen Anregungen aus den Naturwissenschaften. Kenneth Arrow (S. 209) bewies die Stabilität und Effizienz der Märkte mithilfe der Mathematik und Bill Phillips (S. 203) wandte Ideen aus der Physik an, um den Zusammenhang von Inflation und Arbeitslosigkeit zu beschreiben. Manche westlichen Ökonomen wie Maurice Allais (S. 195) führten in den 1950er- und 1960er-Jahren Ideen aus der Psychologie ein. Sie regten neue Modelle der Entscheidungsfindung an, die den Glauben an den rational denkenden ökonomischen Menschen infrage stellten.

Gewaltige Fortschritte in der Kommunikationstechnik ließen die Welt schrumpfen. Die Ökonomen wurden sich des internationalen Charakters der Wirtschaft bewusster als je zuvor. Zwar bestimmten die USA und Europa außerhalb der kommunistischen Staaten immer noch das ökonomische Denken, doch die Entwicklungsländer fanden größere Beachtung – nicht nur als Rohstofflieferanten, sondern als eigenständige Volkswirtschaften.

Im Zuge der fortschreitenden Globalisierung begannen die Ökonomen, die Gründe für die Kluft zwischen reichen und armen Ländern zu untersuchen. Es gab Entwicklungsideen von Kapitalinvestitionen bis hin zum Schuldenerlass, aber es wurde auch deutlich, dass die Probleme komplex waren und Politik, Kultur und Wirtschaft gemeinsam betrafen. Gleichzeitig betrachteten einige Ökonomen den wirtschaftlichen Wohlstand nicht mehr als den einzigen – oder gar besten – Indikator für das Wohlergehen eines Landes. ■

NACH KRISEN UND KRIEG MÜSSEN DIE NATIONEN ZUSAMMENARBEITEN

INTERNATIONALER HANDEL UND BRETTON WOODS

IM KONTEXT

SCHWERPUNKT
Weltwirtschaft

SCHLÜSSELEREIGNIS
Das Abkommen von Bretton Woods (New Hampshire, USA) wird im Juli 1944 unterzeichnet.

FRÜHER
1930er-Jahre In der Weltwirtschaftskrise brechen die globale Wirtschaft und die Kooperation zwischen den Volkswirtschaften zusammen.

1944 John Maynard Keynes veröffentlicht Pläne für eine »internationale Währungsunion« zur Regulierung des Welthandels.

SPÄTER
1971 US-Präsident Nixon koppelt den Dollar vom Goldpreis ab und beendet das Bretton-Woods-System.

2009 Die Bank of China hält den Dollar wegen der Widersprüche zwischen Innen- und Außenpolitik der USA für keine verlässliche Reservewährung.

Der Goldstandard war ein Währungssystem, das Papiergeld durch Gold absicherte und so seinen Wert garantierte. Es wurde 1821 in Großbritannien eingeführt und 1871 international übernommen.

Das System fixierte die Wechselkurse mehrerer Währungen relativ zum Goldpreis. Es funktionierte auch als Mechanismus für den Goldtransfer von einem Land ins andere in Entsprechung neuer Handelsgleichgewichte und Kapitalflüsse.

Dresden, ebenso wie viele andere Städte, wurde im Zweiten Weltkrieg zerstört. Die Internationale Bank für Wiederaufbau und Entwicklung sollte den Wiederaufbau finanzieren.

Doch im Ersten Weltkrieg begann das System auseinanderzubrechen.

Manche Länder verließen den Goldstandard vorübergehend, um große Ausgaben zu tätigen, die sie einfach dadurch finanzierten, dass sie Geld druckten. Das Ende des Krieges bedeutete keine Rückkehr zum früheren Status – Länder wie Deutschland hatten ihre Goldreserven aufgebraucht und konnten nicht wieder Mitglied werden.

Aufgabe des Goldstandards

Während der Weltwirtschaftskrise in den 1930er-Jahren verließen die Nationen den Goldstandard gleich scharenweise und werteten ihre Währungen ab, um den Export zu fördern. Gleichzeitig unterlag der internationale Handel, der vor dem Krieg ziemlich ungeregelt gewesen war, immer stärkeren Restriktionen: Die Länder versuchten, ihre Positionen auf einem deutlich geschrumpften Weltmarkt zu halten. Das verlängerte die Depression, denn jede neue Beschränkung oder Abwertung verkleinerte den Weltmarkt weiter. Nach dem Zweiten Weltkrieg wandten sich die alliierten Mächte der Frage des wirtschaftlichen Wiederaufbaus zu. Im Juni 1944 fand in Bretton

Siehe auch: Der komparative Kostenvorteil 80–85 ▪ Konjunkturrückgang und Arbeitslosigkeit 154–161 ▪ Marktintegration 226–231 ▪ Internationaler Schuldenerlass 318–319

Woods (New Hampshire, USA) eine Konferenz statt, bei der die Delegierten einem US-amerikanischen Plan zustimmten und den Dollar als Leitwährung akzeptierten. Der Dollar seinerseits sollte von der US-Regierung auf einem festen Niveau im Verhältnis zum Goldpreis gehalten werden.

Die Aufsicht über dieses System hatte der neue Internationale Währungsfonds (IWF). Er war verantwortlich für Notfallmittel, während die Internationale Bank für Wiederaufbau und Entwicklung (heute Teil der Weltbank-Gruppe) Entwicklungsprojekte finanzieren sollte. 1947 unterstützte zudem ein Allgemeines Zoll- und Handelsabkommen (GATT) den Aufbau des internationalen Handels. Gemeinsam sollten die neuen Organisationen die wirtschaftliche Zusammenarbeit der Nationen erneuern, deren Fehlen zwischen den Kriegen so teuer bezahlt worden war.

Das System blieb fast 30 Jahre lang intakt – ein Zeitraum, der von außerordentlichem Wirtschaftswachstum gekennzeichnet war. Aber es hatte strukturelle Fehler. Das stete Handelsdefizit der USA (mehr Importe als Exporte) hielt das System aufrecht, aber am Ende floss so viel Geld ins Ausland, dass die Geldmenge größer war als die US-Goldreserven. Mit steigenden Staatsausgaben der USA verstärkte sich der Druck. 1971 löste Präsident Nixon die Bindung des Dollars an den Goldpreis und beendete so das System von Bretton Woods. ▪

Der Internationale Währungsfonds

Der Internationale Währungsfonds (IWF) wurde durch das Abkommen von Bretton Woods geschaffen. Heute ist er eine der umstrittensten Institutionen weltweit. Ursprünglich wurde er als Notfallfonds für Länder in finanziellen Schwierigkeiten eingerichtet. Mehr als 180 Mitgliedsländer tragen, je nach der Größe ihrer Wirtschaft, zu einem zentralen Fonds bei und können dort billige Kredite beantragen. Als das System der festen Wechselkurse von Bretton Woods 1971 abgeschafft wurde, veränderte sich die Rolle des IWF. Die Kreditnehmer mussten zunehmend strengere Auflagen erfüllen, die ab den späten 1970er-Jahren stark von neoliberalen Vorstellungen (S. 172–177) beeinflusst waren: Sie forderten viel Privatisierung und eine Einschränkung der Staatsausgaben. Ökonomen kritisieren den IWF, weil er ihrer Ansicht nach Krisen oft noch verschärft, beispielsweise auch die Krise in Ostasien in den späten 1990er-Jahren.

Händler sehen entsetzt zu, wie sich die Asienkrise (1997) ausweitet: Als Thailand auf Druck des IWF den Baht vom Dollar abkoppelte, brach der Baht ein.

ALLES, WAS ARME LÄNDER BRAUCHEN, IST EIN ORDENTLICHER ANSCHUB

ENTWICKLUNGSÖKONOMIE

IM KONTEXT

SCHWERPUNKT
Wachstum und Entwicklung

VORDENKER
Paul Rosenstein-Rodan (1902–1985)
Walt Rostow (1916–2003)

FRÜHER
1837 Der deutsche Ökonom Friedrich List meint, Importschutz helfe, die inländische Industrie zu etablieren.

SPÄTER
1953 Der estnische Ökonom Ragnar Nurkse schlägt für die Entwicklungsländer eine Politik des ausgeglichenen Wachstums vor.

1957 Der Ökonom Peter Bauer kritisiert die Idee des »Big Push« und die Orthodoxie staatlicher Planung.

Für ihre **Entwicklung** brauchen die armen Länder viele **Investitionen** …

… sowohl in die **Infrastruktur** (z. B. Straßen und Häfen) als auch in die **Industrie** (z. B. Fabriken und Kraftwerke).

Diese **Investitionen** müssen alle gleichzeitig erfolgen, weil sie aufeinander angewiesen sind, um **Bestand zu haben.**

Nur Regierungen können Investitionen in einer solchen **Größenordnung** leisten.

Wenn sie das tun, werden ihre Länder wachsen. Alles, was die armen Länder brauchen, ist ein ordentlicher Anschub.

Eine zentrale Frage für Ökonomen lautet: »Wie sind arme Nationen reich geworden?« Nach dem Zweiten Weltkrieg stellte sich diese Frage mit neuer Macht. Der Zerfall der Kolonialreiche hatte neue, unabhängige Nationen entstehen lassen, deren Lebensstandard immer weiter hinter den ihrer früheren Herren zurückfiel. Viele von ihnen erlebten ein schnelles Bevölkerungswachstum und benötigten ein ebenso schnelles Wachstum an Gütern und Dienstleistungen, um den Lebensstandard zu verbessern.

Europa hatte sich mithilfe des Marshallplans schnell vom Krieg erholt: Die gewaltige Geldspritze der US-Regierung hatte den Wiederaufbau von Infrastruktur und Industrie finanziert. Der polnische Ökonom Paul Rosenstein-Rodan meinte nun, um wirtschaftlichen Fortschritt zu erreichen, brauchten die neuen unabhängigen Länder der 1950er- und 1960er-Jahre einen »Big Push« an Investitionen, genau wie Europa ihn durch den Marshallplan erhalten hatte.

Damit verwandt war die von Walt Rostow vertretene Vorstellung, die Länder müssten auf dem Weg von der traditionellen Gesellschaft zur Gesellschaft mit Massenkonsum verschiedene Stadien durchlaufen. Damit traditionelle Gesellschaften sich weiterentwickeln könnten, seien massive Kapitalinvestitionen nötig. Die Frage, wie diese getätigt werden sollten, wurde zum zentralen Problem des neuen Feldes der Entwicklungsökonomie.

Gleichzeitig bauen

Nach Rosenstein-Rodans Ansicht gelingt es dem Markt in weniger entwickelten Ländern nicht, die Ressourcen effektiv in förderliche Investitionen zu dirigieren. Das liegt daran, dass sich Großprojekte gegenseitig bedingen: Die Existenz des einen macht das andere erst wirtschaftlich überlebensfähig. Das kann zu einem logischen Dilemma

Siehe auch: Größenvorteile 132 ▪ Die Entstehung der modernen Wirtschaft 178–179 ▪ Märkte und soziale Ergebnisse 210–213 ▪ Wachstumstheorien 224–225 ▪ Das ostasiatiasche Wunder 282–287

führen: Die erste Investition wird möglicherweise erst durch die zweite profitabel – und umgekehrt. Eine Fabrik braucht z. B. ein Kraftwerk in der Nähe, um ökonomisch arbeiten zu können, aber das Kraftwerk kann auch nur profitabel sein, wenn es eine Fabrik gibt, die die produzierte Energie abnimmt.

Ähnlich verhält es sich bei komplexeren Kombinationen. Man stelle sich vor, in einem unterentwickelten Land wird eine große Schuhfabrik gebaut. Sie produziert Schuhe im Wert von 10 Mio. Euro und die Erlöse fließen in Löhne und Profite. Diese Fabrik lohnt sich nur, wenn das gesamte Einkommen, das sie (für die Arbeiter) erzeugt, für Schuhe ausgegeben wird. Doch tatsächlich geben die Leute ihr Geld für viele Dinge aus. Nehmen wir an, sie verwenden z. B. 60 Prozent ihres Einkommens für Brot, 20 Prozent für Kleidung, 10 Prozent für Petroleum und 10 Prozent für Schuhe. Wenn Fabriken, die Brot, Kleidung, Petroleum und Schuhe herstellen, genau in diesem Verhältnis gebaut würden, dann würde das Einkommen für die Produkte aller Branchen zu gleichen Anteilen ausgegeben werden. Nur wenn diese Industriezweige gemeinsam und im richtigen Verhältnis existieren, sind sie überlebensfähig.

Wesentliche Verbindungen

Der deutsch-amerikanische Ökonom Albert Hirschman beschreibt Verbindungen zwischen Industriezweigen mit dem Ausdruck *linkage*. Fördert beispielsweise eine Farbenfabrik die Entwicklung der Autoindustrie, indem sie das Farbangebot erhöht, nennt Hirschman das eine *forward linkage* (»Vorwärtskopplung«). Die Erweiterung der Farbenindustrie erhöht die Nachfrage nach Chemikalien, die zur Herstellung benötigt werden, und steigert damit die Rentabilität der chemischen Fabriken. Das ist eine *backward linkage* (»Rückwärtskopplung«). In der Praxis haben Industriezweige zahlreiche Vorwärts- und Rückwärtskopplungen. So entsteht ein komplexes Netz von Interaktionen, die das ökonomische Überleben einer ganzen Produktionsbasis sichern.

> »Die meisten Industriezweige des Massenkonsums ergänzen sich insofern, als der eine einen Markt für den anderen bietet.«
>
> **Ragnar Nurkse**
> Estnischer Ökonom (1907–1959)

Zum »Big Push« gehört, dass Länder sich von einem Zustand, in dem sie gar nichts haben, zu einem Zustand entwickeln, in dem sie alles haben. Erst besitzt ein Entwicklungsland weder ein »

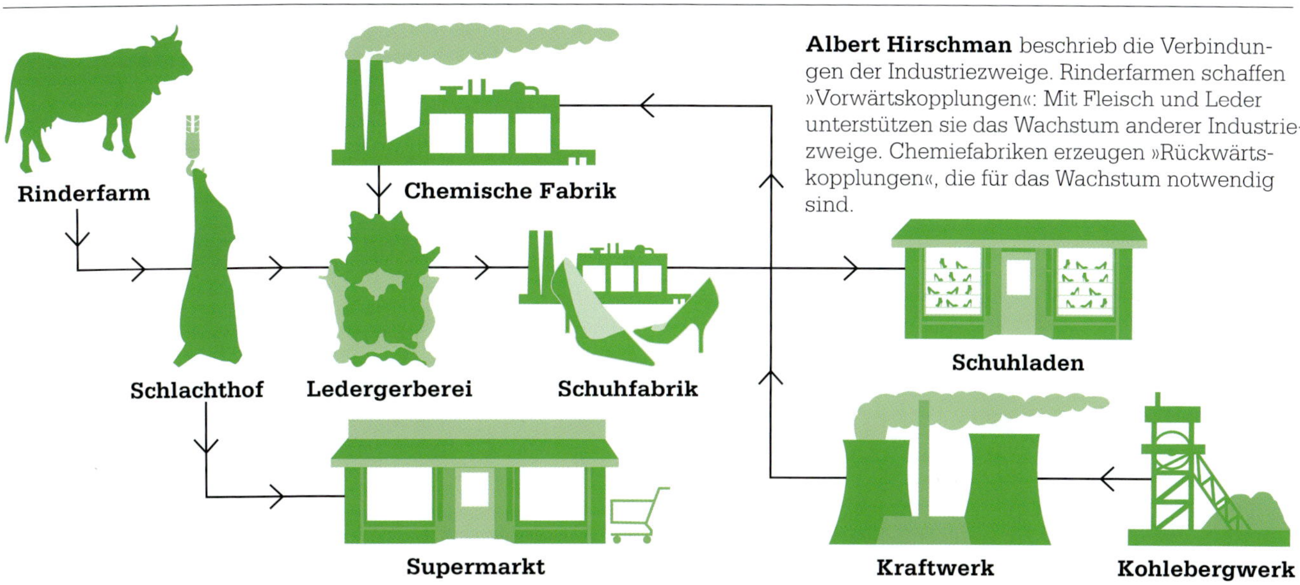

Albert Hirschman beschrieb die Verbindungen der Industriezweige. Rinderfarmen schaffen »Vorwärtskopplungen«: Mit Fleisch und Leder unterstützen sie das Wachstum anderer Industriezweige. Chemiefabriken erzeugen »Rückwärtskopplungen«, die für das Wachstum notwendig sind.

Eine große Fabrik, in der Nüsse geknackt werden, erbaut mit indischen Investitionen, beschäftigt Arbeiter in Tansania. In ihrem Umfeld entstanden weitere Unternehmen.

Kraftwerk noch eine Fabrik – plötzlich soll beides vorhanden sein. Aus einer Position heraus, in der es keinen industriellen Sektor gibt, muss alles gleichzeitig etabliert werden. Und weil jede Investition andere Investitionen voraussetzt, ist es für Einzelunternehmer schwierig, den »Big Push« voranzutreiben. Aus diesem Grund, so argumentieren Rosenstein-Rodan und andere, muss der »Big Push« vom Staat kommen.

In Übereinstimmung mit diesem Denken nahmen die Regierungen zahlreicher Entwicklungsländer in der Nachkriegszeit große Investitionsprogramme in Angriff. Ihre Volkswirtschaften galten als dual: Neben einem traditionellen landwirtschaftlichen Sektor gab es moderne Sektoren mit neuen Industrien. Der »Big Push« sollte überzählige Arbeitskräfte aus den ländlichen Gebieten in die neuen Branchen umschichten. Diese Denkweise lieferte auch die Begründung für Finanzspritzen aus dem Ausland. Investitionsvorhaben unter staatlicher Lenkung bewirkten in einigen Ländern eine erfolgreiche Industrialisierung. In manchen südostasiatischen Ländern führte die industrielle Expansion zu einem schnellen Einkommensanstieg. Die dortige Entwicklung wurde als *Developmental-States*-Modell bekannt. Doch die Bedingungen, unter denen der Marshallplan 1948 umgesetzt wurde, unterschieden sich von denen in den neuen unabhängigen Nationen der 1950er-Jahre. Viele Versuche, einen »Big Push« auszulösen, waren weniger erfolgreich.

Ineffiziente Investitionen

In frühen Stadien scheint es offensichtlich, welche Investitionen nötig sind. Dennoch ist es eine gewaltige Aufgabe, einen Investitionsschub über etliche Industriezweige hinweg in Gang zu bringen. Regierungen können nur dann überlebensfähige Branchen schaffen, wenn sie das richtige Produktionsgleichgewicht kennen (den richtigen Anteil an Schuhen, Kleidern, Brot), das sich aus der Zusammensetzung der Verbrauchernachfrage ergibt. Dazu muss man die Vorwärts- und Rückwärtskopplungen zwischen den einzelnen Industriezweigen genau kennen. Nicht alle Regierungen haben die Erfahrung, die nötigen Informationen und das politische Rückgrat, um erfolgreich zu sein.

In vielen Ländern gab es am Ende aufgeblähte, ineffiziente Industriezweige in Staatsbesitz, die keinesfalls den Beginn eines nachhaltigen Wachstums markierten. Industrialisierung fand häufig im Schutz von Handelszöllen statt – Waren aus dem Ausland wurden vom heimischen Markt ausgeschlossen. Dass der Staat die Firmen vor ausländischem Wettbewerb schützte, sorgte für verbreitetes »Rent-Seeking«: verschwenderische Einflussnahme auf die Regierung durch kommerzielle Interessengruppen, die ihre Privilegien erhalten wollten. Die engen Beziehungen zwischen Regierungen und politisch gut vernetzten Industriellen behinderten Wettbewerb und Innovation. In den 1970er-Jahren geriet der »Big Push« vonseiten derjenigen Ökonomen unter Beschuss, die keine grundsätzlichen Unterschiede zwischen Entwicklungsländern und Industriestaaten ausmachen konnten. Rationales ökonomisches Verhalten und die Macht der Preissignale gelten in armen Ländern ebenso wie in reichen. Investitionen seien wichtig, aber sie müssten in der Gesamtwirtschaft richtig verteilt sein. Märkte, nicht Regierungen, könnten am besten entscheiden, wo investiert werden solle.

Diesem Denken zufolge wurden Entwicklungsländer nicht von der Ineffizienz ihrer Märkte behindert, sondern von falscher Politik. Zu viele staatliche Eingriffe hätten den Preismechanismus und seine Fähigkeit, die Ressourcen effektiv zu verteilen, zerstört. Zu einer guten Politik gehöre es, »die Preise richtig hinzubekommen« und dem Markt freie Hand zu lassen, damit die Ressourcen bestmöglich genutzt würden. In den 1980er-Jahren führte dieses

> » Die Komplementarität der verschiedenen Industrien ist das Hauptargument zugunsten einer großangelegten, geplanten Industrialisierung. «
>
> **Paul Rosenstein-Rodan**

neue Denken zum Aufstieg einer Entwicklungspolitik des freien Marktes. Die Weltbank und der Internationale Währungsfonds wollten durch »strukturelle Anpassungsprogramme« Marktprinzipien in afrikanische Volkswirtschaften tragen. Die sogenannte Schocktherapie, die nach dem Fall des Kommunismus von denselben Institutionen in Osteuropa angewandt wurde, zielte ebenfalls darauf ab, möglichst schnell Marktsysteme zu etablieren. Doch auch diese Experimente mit dem freien Markt gerieten schließlich in die Kritik. Es hieß, sie verschlimmerten die Armut, während es ihnen nicht gelinge, dynamische Volkswirtschaften aufzubauen.

Marktfreundliche Politik

Desillusionierung angesichts der »strukturellen Anpassungen« hat zu einem neuen Konsens geführt, der die Ansichten der frühen Denker mit einer positiven Einstellung zu den Märkten verschmilzt. Märkte gelten heute als überlebenswichtig für die armen Länder, weil sie Anreize für eine profitable Mobilisierung der Ressourcen schaffen. Gleichzeitig weisen Ökonomen wie Joseph Stiglitz auf ein Marktversagen bei Kleinunternehmen hin, das die Entwicklungsländer häufig bremst. Profitable Investitionen sind z. B. unmöglich, wenn kleine Firmen keine Kredite erhalten. Der Staat sollte dieses Versagen korrigieren und dadurch den Preismechanismus funktionsfähiger machen. Dieser »marktfreundliche Ansatz« sieht den Staat und die Märkte in ergänzenden Rollen.

Doch Anfang des 21. Jahrhunderts lebte die Idee vom »Big Push« wieder auf. 2015 stellten die Vereinten Nationen ihre Agenda 2030 vor, die 17 Ziele für eine nachhaltige Entwicklung formuliert. Darin steht u. a., dass die Überwindung von Armut und anderen Entbehrungen Hand in Hand gehen muss mit Strategien, die Gesundheit und Bildung verbessern, Ungleichheit reduzieren und Wirtschaftswachstum ankurbeln – und dabei gleichzeitig den Klimawandel bekämpfen und unsere Ozeane und Wälder schützen. ■

Singapur wurde 1965 ein moderner Nationalstaat. Die Politik der Regierung lockte ausländische Investoren an und der Staat lebt sehr gut von Exportgeschäften z. B. mit raffiniertem Erdöl.

Die Entwicklung in Lateinamerika

Nach dem Zweiten Weltkrieg trieben zahlreiche lateinamerikanische Regierungen, durch staatliche Eingriffe die Industrialisierung voran. Sie beschränkten die Importe und produzierten die Güter in neu errichteten Industriezweigen selbst. Sie erhoben Zölle und kontrollierten Devisen, um die Konkurrenz aus dem Ausland zu ersticken.

Mit ausländischer Hilfe investierten die Regierungen auch direkt in ihre Infrastruktur. Dieser Prozess wurde als »importsubstituierende Industrialisierung« bezeichnet. Besonders erfolgreich war er in Ländern mit einem ausreichend großen Inlandsmarkt, in denen neben verbraucherorientierten Unternehmen eine überlebensfähige Schwerindustrie entstehen konnte.

Kritiker argumentieren aber, die lateinamerikanischen Länder hätten sich auf die Sektoren mit einem komparativen Vorteil konzentrieren und ihre Firmen ermutigen sollen, international zu exportieren.

Die bolivianische Ölindustrie erhielt 2011 vom Staat Rekordinvestitionen. 1996 wurde sie privatisiert, 2006 erneut verstaatlicht. Sie erwirtschaftete viel Geld für soziale Projekte.

MENSCHEN WERDEN VON IRRELEVANTEN ALTERNATIVEN BEEINFLUSST

IRRATIONALE ENTSCHEIDUNGEN

IM KONTEXT

SCHWERPUNKT
Entscheidungsfindung

VORDENKER
Maurice Allais (1911–2010)

FRÜHER
1944 John von Neumann und Oskar Morgenstern veröffentlichen ihr Buch *Theory of Games and Economic Behavior* und legen den Grundstein für die Erwartungsnutzentheorie.

1954 L. J. Savage zeigt, wie Menschen die Wahrscheinlichkeit unsicherer Ereignisse kalkulieren.

SPÄTER
1979 Daniel Kahneman und Amos Tversky erklären einige Diskrepanzen zwischen psychologischen Experimenten und den Behauptungen der ökonomischen Theorie.

Ab den 1980ern Die Verhaltensökonomie wird etabliert. Sie kombiniert mathematische Methoden mit Psychologie.

Individuen werden als **rationale Entscheider** betrachtet.

→ Theoretisch wählen sie nur auf der Grundlage der **Wahrscheinlichkeit und Erwünschtheit** der verschiedenen Resultate.

↓ Doch das **beobachtete Verhalten widerspricht** dieser Annahme.

← Menschen ändern manchmal ihre Vorlieben, wenn **ganz alltägliche Alternativen** hinzukommen.

↓ **Menschen werden von irrelevanten Alternativen beeinflusst.**

Der Mathematiker John von Neumann und der Ökonom Oskar Morgenstern entwickelten 1944 die Erwartungsnutzentheorie. Sie beschreibt, wie Menschen unter unsicheren Bedingungen Entscheidungen treffen. Der Nutzen ist ein Maß für die Zufriedenheit. Ökonomen drücken die Zufriedenheit, die bei verschiedenen Ergebnissen erreicht wird, in Nutzeneinheiten aus. Die Theorie geht davon aus, dass Menschen rational handeln, wenn sie vor einer Wahl ohne garantiertes Ergebnis stehen. Sie wägen den Nutzen ab, den die verschiedenen Ergebnisse erbringen, und entscheiden sich – abhängig von der Eintretenswahrscheinlichkeit – für die Möglichkeit, die den größten Nutzen verspricht. Das Modell verwendet einen mathematischen Ansatz zur Entscheidungsfindung. Doch 1953 stellte der

Siehe auch: Der ökonomische Mensch 52–53 ▪ Risiko und Unsicherheit 162–163 ▪ Paradoxe Entscheidungen 248–249 ▪ Verhaltensökonomie 266–269

französische Ökonom Maurice Allais diese Theorie infrage.

Er wies darauf hin, dass die Erwartungsnutzentheorie auf einer Annahme beruht, die als Unabhängigkeitsaxiom bekannt ist. Ihr zufolge betrachten die Menschen die Wahrscheinlichkeit der verschiedenen Ergebnisse und ihren möglichen Nutzen völlig leidenschaftslos. Sie sehen die Wahlmöglichkeiten unabhängig voneinander und ignorieren alle Faktoren, die den Optionen gemeinsam sind. Laut Allais trifft dies – wenn überhaupt – nur sehr selten zu. Seine Argumentation wurde als Allais-Paradoxon bekannt.

Irrationale Entscheidungen

Welche Wahl die Menschen treffen und ob ihre Entscheidungen rational und unabhängig sind, lässt sich beobachten. Angenommen, eine Person hat die Wahl zwischen einem Apfel und einer Orange und sie entscheidet sich für den Apfel. Nun erhält dieselbe Person die Wahl zwischen einem Apfel, einer Orange und einem Pfirsich. Das Unabhängigkeitsaxiom geht davon aus, dass sie entweder wieder den Apfel wählt oder den Pfirsich, aber keinesfalls die Orange – weil der Pfirsich nichts daran ändert, dass sie Äpfel lieber mag als Orangen.

In Situationen mit unsicherem Ausgang findet aber die von Allais beobachtete Verletzung der Unabhängigkeit häufig statt. Angenommen, eine Person hat die Wahl zwischen zwei Lotterien. Bei der ersten Lotterie hat sie eine 50-prozentige Chance auf einen Apfel und eine 50-prozentige Chance auf einen Pfirsich. Bei der zweiten Lotterie hat sie eine 50-prozentige Chance auf eine Orange und eine 50-prozentige Chance auf einen Pfirsich. Da sie ja Äpfel lieber mag als Orangen, müsste sie dem Unabhängigkeitsaxiom zufolge die erste Lotterie wählen. Weil der Pfirsich in beiden Lotterien angeboten wird – was ihn jeweils gleich wahrscheinlich macht – sollte das an der Bevorzugung des Apfels gegenüber der Orange nichts ändern. In der Praxis ist das aber häufig der Fall.

> »So attraktiv sie auch sein mögen – keines der grundlegenden Postulate der amerikanischen Schule hält einer Analyse stand.«
>
> **Maurice Allais**

In Experimenten, bei denen komplexe Formen solcher Wahlmöglichkeiten verwendet werden, verletzen Menschen häufig das Unabhängigkeitsaxiom. Dies widerspricht der ökonomischen Standardvorstellung, dass Menschen sich immer rational verhalten. Aus irgendeinem Grund scheint das Vorhandensein von weiteren Wahlmöglichkeiten eine Rolle zu spielen. Die Entdeckung dieser Verhaltensweisen brachte später den Bereich der Verhaltensökonomie hervor (S. 266–269). ▪

Maurice Allais

Maurice Allais wurde 1911 in Frankreich geboren. Dass sein Vater im Ersten Weltkrieg starb, ging ihm sehr nahe. Er war ein ausgezeichneter Schüler und studierte Mathematik an der Eliteschule École Polytechnique. 1933 macht er seinen Abschluss als Klassenbester. Zunächst absolvierte er den Militärdienst, dann arbeitete er als Ingenieur und später als Abteilungsleiter der École Nationale Supérieure des Mines. In dieser Zeit veröffentlichte er auch seine ersten Aufsätze zur Wirtschaftswissenschaft. 1948 wurde Allais Professor für Wirtschaftsanalyse. Als Universalgelehrter leistete er auch Beiträge zur Physik. 1978 erhielt er als erster Wirtschaftswissenschaftler die Goldmedaille des französischen *Centre national de la recherche scientifique*. 1988 erhielt Allais den Nobelpreis für Wirtschaftswissenschaften. Er starb 2010.

Hauptwerke

1943 *À la recherche d'une discipline économique*
1947 *Économie et intérêt*
1953 *Le comportement de l'homme rationnel devant le risque*

DER STAAT SOLLTE LEDIGLICH DIE GELDMENGE KONTROLLIEREN

MONETARISTISCHE POLITIK

IM KONTEXT

SCHWERPUNKT
Wirtschaftspolitik

VORDENKER
Milton Friedman
(1912–2006)

FRÜHER
1911 Irving Fisher formalisiert die Geldmengentheorie: Ihr zufolge stehen die Preise in direkter Beziehung zur Geldmenge.

1936 John Maynard Keynes bezweifelt, dass die Politik die Geldmenge effektiv kontrollieren kann.

SPÄTER
1970er-Jahre Robert Lucas entwickelt Modelle, die von »rationalen Erwartungen« ausgehen.

1970er/1980er-Jahre Viele Länder führen ein formales Wachstumsziel für die Geldmenge ein, um die Inflation niedrig zu halten.

In der Weltwirtschaftskrise zogen Millionen Amerikaner auf der Suche nach Landarbeit in den Westen. Milton Friedman gab die Schuld für die Flaute der US-Notenbank: Sie hatte die Geldmenge verringert.

John Maynard Keynes (S. 161) schrieb in den 1930er-Jahren, eine Politik, die auf die Steuerung der Geldmenge abziele, sei häufig nicht effektiv. Veränderungen der Zinssätze oder der Geldmenge beeinflussten die Wirtschaft nicht in planbarer Weise. Die Regierungen sollten Arbeitslosigkeit und Inflation stattdessen mithilfe der Fiskalpolitik – d. h. durch Staatsausgaben und Besteuerung – bekämpfen. 1945 hatten sich seine Ansichten weitgehend durchgesetzt.

In den 1950er-Jahren widersprach der Ökonom Milton Friedman dieser Theorie: Er behauptete, das Geld spiele doch eine Rolle! Laut Friedman verändert die Geldmenge kurzfristig den Output und langfristig die Preise. Die Geldpolitik ist seiner Ansicht nach entscheidend für die Steuerung der Wirtschaft – eine Idee, die heute als Monetarismus bekannt ist.

1963 veröffentlichte Friedman zusammen mit Anna Schwartz *A Monetary History of the United States, 1867–1960*. Sie untersuchten die Rolle des Geldes in den Wirtschaftszyklen und stellten fest, dass Schwankungen der Geldmenge Schwankungen im Output vorangingen. Die Wirtschaftskrise von 1929 bis 1933 schrieben sie der Inkompetenz der US-Notenbank *Federal Reserve* zu: Sie hatte es zugelassen, dass die Geldmenge um mehr als ein Drittel sank.

Die Konsumtheorie

Keynes' Empfehlung, in einer Depression die Staatsausgaben zu erhöhen, beruhte zum Teil auf seiner Konsumvorstellung. Seine Argumentation lautete: Wenn das Einkommen der Menschen steigt, erhöht sich ihr Konsum. In einer Depression dagegen horten die Menschen Geld. Staatsausgaben

Siehe auch: Der keynesianische Multiplikator 164–165 ▪ Inflation und Arbeitslosigkeit 202–203 ▪ Sparen, um Geld auszugeben 204–205 ▪ Rationale Erwartungen 244–247

erhöhen ihr Einkommen und haben einen vorhersehbaren Effekt auf den Konsum; sie stellen die Vollbeschäftigung wieder her.

1957 veröffentlichte Friedman *A Theory of the Consumption Function*, ein wichtiges Werk, mit dem er die keynesianische Lehre angriff. Laut Friedman unterscheiden die Menschen zwischen »ständigem Einkommen« – stabilen, langfristigen Einnahmen, die sie ohne Bedenken ausgeben können – und »vorübergehendem Einkommen«, das nicht von Dauer ist, positiv oder negativ sein kann und das Konsumverhalten nicht verändert. Wer ein hohes Einkommen hat, »

In der deutschen Hyperinflation 1923 waren Geldscheine nur noch als Tapete brauchbar. Laut Friedman führen staatliche Eingriffe zur Senkung der Arbeitslosigkeit immer zu Inflation.

Die **benötigte Geldmenge** lässt sich aufgrund des menschlichen Verhaltens voraussagen.

↓

Die Regierung kann die **Geldmenge** kontrollieren.

↓

Staatsausgaben können die **Arbeitslosigkeit nicht verringern,** ohne Inflation zu bewirken.

↓

Inflation schadet der **wirtschaftlichen Effizienz** und sollte vermieden werden.

↓

Die **Geldmenge sollte** mit bescheidener, gleichmäßiger Geschwindigkeit **wachsen,** damit die Inflation niedrig bleibt.

↓

Der Staat sollte lediglich die Geldmenge kontrollieren.

Milton Friedman

Milton Friedman, geboren 1912 in Brooklyn (New York), war der Sohn ungarischer Einwanderer. Er wurde von den besten Ökonomen der USA unterrichtet – in Rutgers (New Jersey) bis zum Bachelor, in Chicago bis zum Master und an der Columbia University (New York) bis zum Doktortitel. In Chicago lernte er Rose Director kennen. Sie heirateten 1938 und arbeiteten ihr ganzes Berufsleben hindurch zusammen. Von 1935 bis 1946 war Friedman als Statistiker und Ökonom in New York und Washington tätig. Von 1946 bis 1976 unterrichtete an der University of Chicago. Sein Ruf verbreitete sich mit der Fernsehserie und dem Buch *Free to Choose* von 1980. Friedman war Berater der US-Präsidenten Nixon und Reagan. Er starb 2006.

Hauptwerke

1957 *A Theory of the Consumption Function*
1963 *A Monetary History of the United States, 1867–1960* (mit Anna Schwartz)
1967 *The Role of Monetary Policy* (Vortrag)

»Inflation ist Besteuerung ohne gesetzliche Grundlage.«

Milton Friedman

hat auch hohe vorübergehende Einnahmen und verbraucht nur einen kleinen Teil seines Gesamteinkommens. Menschen mit einem besonders niedrigen Einkommen haben negative vorübergehende Einnahmen und verbrauchen mehr als ihr Einkommen. Addiert man aber alle Einkommen, heben sich die positiven und die negativen vorübergehenden Einkommen auf. Friedmans Theorie schien den Tatsachen zu entsprechen. In einem Bevölkerungsquerschnitt stieg der Konsum mit dem Einkommen zwar nicht nennenswert, aber im Lauf der Zeit und an der Gesamtbevölkerung gemessen, tat er dies sehr wohl. Daher hielt Friedman das keynesianische Konsummodell für falsch. Staatsausgaben würden als vorübergehendes Einkommen gelten und das Konsumverhalten nicht grundsätzlich verändern. Endlose Konjunkturflauten durch mangelnden Konsum gebe es nicht.

Die Geldmengentheorie

Friedman wollte zeigen, dass Geldpolitik funktioniert und dass eine Änderung der Geldmenge in einer Volkswirtschaft einen vorhersagbaren Effekt auf das Gesamteinkommen hat. Keynes war der Ansicht, diese Beziehung sei instabil, weil Menschen Geld aus den unterschiedlichsten Gründen zurückbehielten. Um nachzuweisen, dass die Geldmengentheorie richtig ist, musste Friedman zeigen, dass die Geldnachfrage stabil ist.

1956 veröffentlichte Friedman *The Quantity Theory of Money: A Restatement*. Er behandelte darin Geld wie andere Güter. Die Marktnachfrage nach einem Gut ist abhängig von dem Gesamtbudget der Leute, dem relativen Preis gegenüber anderen Gütern und dem Geschmack der Kunden. Die Nachfrage nach Geld wird laut Friedman von verschiedenen Faktoren beeinflusst. Erstens steigt sie mit dem allgemeinen Preisniveau, weil Geld zum Kauf realer Güter gebraucht wird. Außerdem wird sie beeinflusst vom »realen« Wohlstand der Menschen oder ihrem ständigen Einkommen. Und schließlich ist die Geldnachfrage abhängig von der Einstellung, d. h. in diesem Zusammenhang von Faktoren wie der wirtschaftlichen Unsicherheit, die Menschen dazu bewegen, an ihrem Geld festzuhalten.

Ist die Höhe der Geldnachfrage klar definiert, brauchen die Verbraucher kein zusätzliches Geldangebot. Sie haben alles, was sie benötigen. Weiteres Geld würden sie nur ausgeben. Da sich die Preise nicht sofort anpassen, würde dies kurzfristig zu einem höheren Output führen, aber langfristig passen sich die Preise an, sodass das zusätzliche Geld nur höhere Preise zur Folge hätte. Friedmans Ansatz kann als eine Wiederbelebung der Geldmengentheorie gesehen werden, einer Formel, die besagt $MV = PT$, wobei M die Geldmenge ist und V die Geschwindigkeit der Zirkulation. P ist das Preisniveau. Multipliziert man P mit T (der Zahl der Transaktionen), erhält man den Gesamtwert aller Transaktionen. Vereinfacht ausgedrückt bedeutet die Gleichung, dass eine größere Geldmenge ein höheres Preisniveau bewirkt, wenn V & T konstant sind. Auf lange Sicht hat Geld keinen »realen« Effekt auf die Wirtschaft.

Natürliche Arbeitslosigkeit

Der Begriff »Monetarismus« wurde 1968 zuerst gebraucht, als Friedman seine Neuberechnung der Phillips-Kurve (S. 203) vorlegte. Sie zeigte die Beziehung zwischen Inflation und Arbeitslosigkeit, die als stabil vorausgesetzt worden war, sodass die Regierungen nur eine Wahl hatten: zwischen niedriger Inflation mit mehr Arbeitslosigkeit oder höherer Inflation bei geringerer Arbeitslosigkeit. Friedman bestritt eine solche Abhängigkeit – sie bestehe höchstens auf sehr kurze Sicht. Seiner Ansicht nach gab es eine bestimmte »natürliche Höhe« der Arbeitslosigkeit, denn Menschen ohne Arbeit suchen sich innerhalb einer Frist eine neue Stelle. Eigentlich herrscht in einer Wirtschaft Vollbeschäftigung, wenn

Zwischen 1975 und 1999 stellte die US-Regierung jährliche Geldmengenziele auf. Doch die Obergrenze der staatlichen Vorgabe wurde regelmäßig durchbrochen.

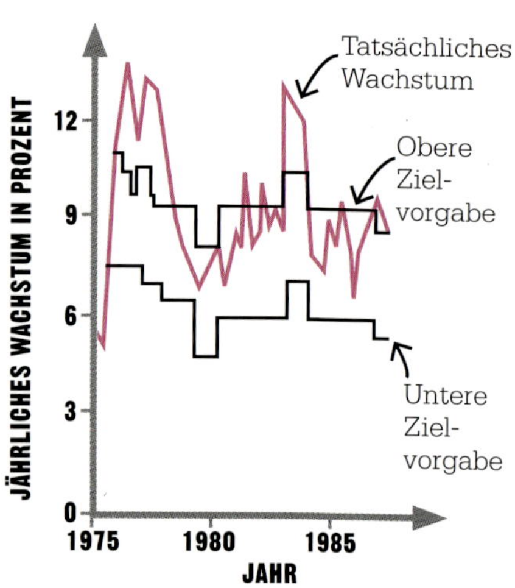

1973 führte Chile als erstes Land der Welt eine monetaristische Politik ein. Diktator Augusto Pinochet verordnete radikale Kürzungen und Privatisierungen.

die Arbeitslosigkeit sich auf ihrer natürlichen Höhe bewegt. Versuchen Regierungen, die Arbeitslosigkeit durch Ausgaben unter ihre natürliche Höhe zu drücken, treiben sie damit die Inflation in die Höhe und die Geldverdiener verstärken diese Tendenz noch durch hohe Lohnforderungen. Dies kann zwei Folgen haben: Die Arbeitslosigkeit fällt mit der neuen, höheren Inflationsrate auf ihre natürliche Höhe zurück. Oder die Regierung will die niedrigere Arbeitslosigkeit erhalten – um den Preis einer Spirale zunehmender Inflation.

Die Schlussfolgerung war klar: Regierungen sollten nicht versuchen, die Arbeitslosigkeit durch ihre Fiskalpolitik zu stabilisieren. Die Erhöhung der Geldmenge führe lediglich zu höheren Preisen. Auf lange Sicht sei die Phillips-Kurve eine gerade, senkrechte Linie auf der Höhe der natürlichen Arbeitslosigkeit.

Häufig vergehen zwischen Veränderungen der Geldmenge und Veränderungen im Output nur wenige Quartale. Preisbewegungen können dagegen ein bis zwei Jahre oder noch länger dauern. Diese Verzögerungen variieren stark. Friedman empfahl den Regierungen, die Märkte nicht mithilfe der Geldpolitik zu manipulieren. Sie sollten einer einfachen Regel folgen und dafür sorgen, dass die Geldmenge stetig um einen konstanten Betrag zunimmt – je nach Definition von »Geld« um 2 bis 5 Prozent im Jahr.

Die neue klassische Schule der Makroökonomie, angeführt von den US-Ökonomen Robert Lucas und Thomas Sargent, legte eine überarbeitete Version dieser Argumentation vor. Sie vertraten die Ansicht, die Erwartungen der Menschen seien in die Zukunft gerichtet. Da sie die Pläne der Regierung vorhersehen könnten, führe jeder Versuch der Regierung, die Arbeitslosigkeit unter das natürliche Niveau zu drücken, sofort zu einer höheren Inflation. Mit anderen Worten: Die Phillips-Kurve verläuft auch auf kurze Sicht senkrecht – Regierungen haben niemals die Macht, die Arbeitslosigkeit zu verringern.

Monetarismus in der Praxis

Es dauerte nicht lange und Friedmans Warnungen erwiesen sich als richtig. In den 1970er-Jahren stiegen Inflation und Arbeitslosigkeit gleichzeitig an – ein Phänomen, das als »Stagflation« bekannt ist. Deutschland, Japan, die USA, Großbritannien und die Schweiz übernahmen Geldmengenziele in ihre Politik. Ein Problem bestand in der Frage, welche Form von Geld man ins Auge fassen sollte. Die meisten Zentralbanken hatten eine breit gefächerte Definition von Geld, die alles Geld im Umlauf, also z. B. auch Termineinlagen bei Banken, umfasste. Diese Geldmenge zu kontrollieren, war jedoch schwierig. Daher konzentrierte man sich auf eine eng begrenzte Geldbasis, insbesondere Banknoten, Münzen und die Reserven der Zentralbank. Sie war leichter zu kontrollieren, schien aber keine stabile Beziehung zur insgesamt umlaufenden Geldmenge zu haben.

Obwohl monetaristische Experimente meist nicht erfolgreich waren, hatte der Monetarismus erheblichen Einfluss. Er entwickelte sich von einer Politikvorschrift in Sachen Geldmenge zu einem Programm mit dem Ziel, staatliche Eingriffe in alle Aspekte der Wirtschaft zu reduzieren. Kaum jemand würde heute bestreiten, dass »Geld eine Rolle spielt«. Der Geldpolitik wird genauso viel Aufmerksamkeit gewidmet wie der Fiskalpolitik. In der Regel zielt sie darauf ab, die Inflation zu kontrollieren. Doch der Monetarismus und seine Auswirkungen beruhen auf den beiden umstrittenen Annahmen, dass es eine vorhersagbare Geldnachfrage gibt und dass die vorhandene Geldmenge sich von den Behörden leicht kontrollieren lässt. In den 1990er-Jahren gaben die Länder ihre Geldmengenziele nach und nach auf. Viele kontrollierten die Inflation mithilfe des Wechselkurses oder koppelten die Zinssätze direkt an den Inflationstrend. ■

US-Präsident Ronald Reagan und die britische Premierministerin Margaret Thatcher waren enge Verbündete. Beide verfolgten in ihren frühen Amtsjahren eine streng monetaristische Politik.

JE MEHR LEUTE IN LOHN UND BROT SIND, DESTO HÖHER FÄLLT IHRE RECHNUNG AUS

INFLATION UND ARBEITSLOSIGKEIT

IM KONTEXT

SCHWERPUNKT
Wirtschaftspolitik

VORDENKER
Bill Phillips (1914–1975)

FRÜHER
1936 John Maynard Keynes liefert eine mögliche Erklärung für Arbeitslosigkeit und Rezessionen.

1937 John Hicks verwandelt Keynes' Einsichten in ein mathematisches Modell.

SPÄTER
1968 Milton Friedman meint, die Phillips-Kurve müsse die Erwartungen der Menschen an die Inflation berücksichtigen. Zudem gebe es eine natürliche Arbeitslosenquote.

1978 Robert Lucas und Thomas Sargent greifen die Phillips-Kurve an.

Seit den 1980er-Jahren Die Neue Keynesianische Makroökonomik rehabilitiert die Möglichkeit, die Makroökonomie zu stabilisieren.

In den 30 Jahren nach dem Zweiten Weltkrieg erlebten die Industrieländer der Welt die längste Wachstumsperiode der bisherigen Geschichte. Die Arbeitslosigkeit war niedrig, die Einkommen stiegen und die Ökonomen dachten, sie hätten die Krisen der 1930er-Jahre überwunden.

Es herrschte großes Vertrauen in die Macht des Staates, die Wirtschaft zu steuern. Ein wichtiges Symbol dafür ist die Phillips-Kurve. 1958 veröffentlichte Bill Phillips *The Relation Between Unemployment and the Rate of Change of Money Wages*. Darin wies er eine Beziehung zwischen Lohninflation und Arbeitslosigkeit in Großbritannien in der Zeit von 1861 bis 1957 nach. Jahre hoher Inflation waren Jahre mit niedriger Arbeitslosigkeit und umgekehrt.

Inflation oder Arbeitslosigkeit?

Spätere Arbeiten wiesen ähnliche Beziehungen in anderen Industrie-

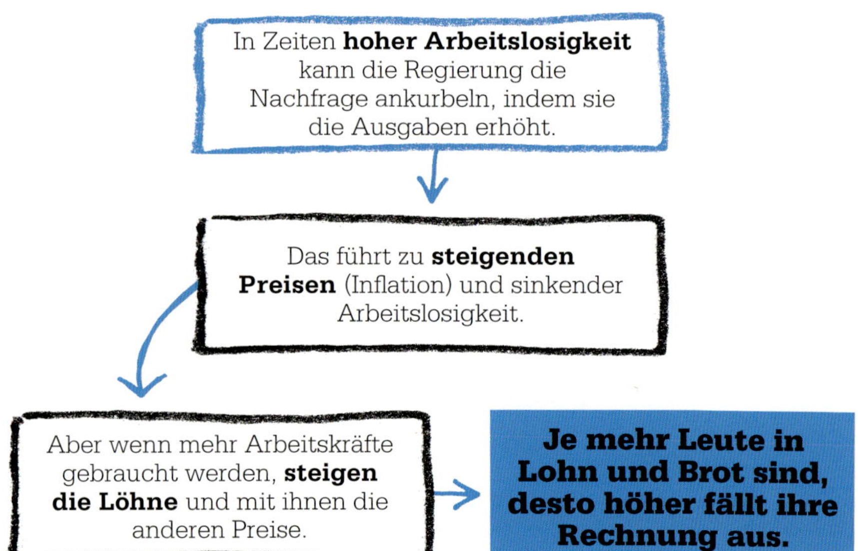

Siehe auch: Konjunkturrückgang und Arbeitslosigkeit 154–161 ▪ Der keynesianische Multiplikator 164–165 ▪ Monetaristische Politik 196–201 ▪ Rationale Erwartungen 244–247 ▪ Starre Löhne 303

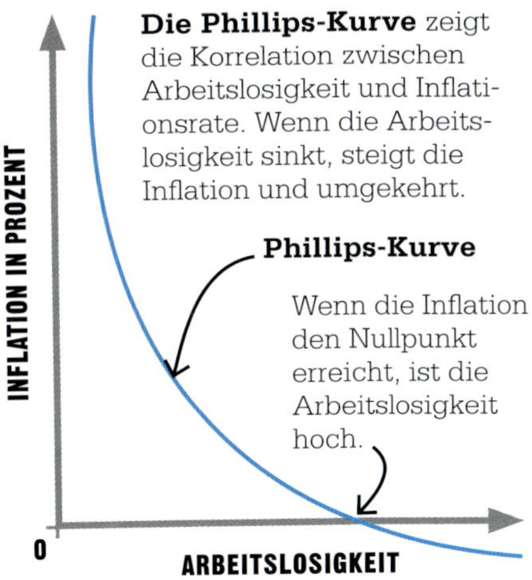

Die Phillips-Kurve zeigt die Korrelation zwischen Arbeitslosigkeit und Inflationsrate. Wenn die Arbeitslosigkeit sinkt, steigt die Inflation und umgekehrt.

ländern nach. Den Regierungen wurde klar, dass sie sich ihren bevorzugten Punkt auf der Phillips-Kurve aussuchen und ihre Politik entsprechend abstimmen konnten. Indem sie ihre Ausgaben erhöhten oder verringerten und die Geldpolitik strafften oder lockerten, konnten sie die Gesamtnachfrage regulieren und die Wirtschaft auf der Kurve fixieren. Die Wirtschaft wurde wie eine gewaltige Maschine behandelt. Alle wichtigen Fragen der Makroökonomie ließen sich auf technische Fragen reduzieren, nicht auf ideologische Schlachten.

Die Kurve passte gut zur vorherrschenden keynesianischen Makroökonomie (S. 154–161). Wenn die Arbeitslosigkeit hoch war, nahm man an, dass die Talfahrt der Arbeits- und Warenmärkte die Löhne und Preise mit nach unten zog. In dieser Situation war die Inflation niedrig. Zusätzliche Nachfrage – möglicherweise ausgelöst durch Staatsausgaben – erhöhte dann zwar nicht Output und Beschäftigung, aber sie zog die Preise und Löhne nach oben und die Inflation nahm wieder zu.

Doch in den 1970er-Jahren stiegen Arbeitslosigkeit und Inflation gemeinsam, man sprach von »Stagflation«. Der US-Ökonom Milton Friedman (S. 199) erklärte das auf eine Weise, die in der Folge die makroökonomische Theorie beherrschte. Er sagte, die Phillips-Kurve dürfe sich nicht auf die Beziehung zwischen tatsächlichen Preisen und Arbeitslosigkeit beschränken, sondern müsse auch die Erwartungen an die Inflation einbeziehen. Den Menschen sei klar: Wenn die Regierung die Ausgaben erhöhe, um die Wirtschaft anzukurbeln (und die Arbeitslosigkeit zu vermindern), werde die Inflation sicher folgen. Die Arbeiter verlangten dann Lohnerhöhungen, ehe die Preise tatsächlich stiegen. Auf lange Sicht, so Friedman, gebe es keine gegenseitige Abhängigkeit von Arbeitslosigkeit und Inflation. Die Wirtschaft sei festgelegt auf eine »natürliche Quote« der Arbeitslosigkeit. Staatliche Versuche, die Wirtschaft zu stabilisieren, erhöhten lediglich die Erwartungen an eine künftige Inflation und führten damit zum Anstieg der aktuellen Inflation.

Friedmans Herausforderung machte den Weg frei für einen Angriff auf die keynesianische Makroökonomie, und die Regierungen wandten sich den Möglichkeiten zu, das Kapital- und Arbeitsangebot zu verbessern, anstatt ihre Bemühungen auf die Regulierung der Nachfrage zu konzentrieren. ■

1931 erreichte die Arbeitslosigkeit in den USA fast 23 Prozent, bei einem entsprechenden Preisrückgang. Die Regierung brachte öffentliche Projekte auf den Weg, um Arbeitsplätze zu schaffen.

Bill Phillips

Alban William Phillips wurde 1914 in Neuseeland geboren. Eine Zeitlang arbeitete er als Krokodiljäger in Australien. 1937 reiste er nach China, floh vor der japanischen Invasion und traf 1938 in Großbritannien ein. Bei Ausbruch des Zweiten Weltkrieges ging Phillips zur Luftwaffe (RAF). 1942 wurde er von den Japanern gefangen genommen und in ein Lager gesteckt. 1947 begann er, Soziologie zu studieren, und schrieb sich an der London School of Economics ein. Im Hauptstudium wechselte er zu Wirtschaftswissenschaften. 1958 wurde er Professor. 1967 ging er zurück nach Australien, erlitt jedoch zwei Jahre später einen Schlaganfall und zog sich nach Neuseeland zurück, wo er 1975 starb.

Hauptwerke

1958 *The Relation Between Unemployment and the Rate of Change of Money Wages*
1962 *Employment, Inflation and Growth: An Inaugural Lecture*

DIE MENSCHEN VERTEILEN IHREN KONSUM ÜBER DIE GESAMTE LEBENSDAUER

SPAREN, UM GELD AUSZUGEBEN

IM KONTEXT

SCHWERPUNKT
Entscheidungsfindung

VORDENKER
Franco Modigliani
(1918–2003)

FRÜHER
1936 John Maynard Keynes veröffentlicht die *Allgemeine Theorie der Beschäftigung, des Zinses und des Geldes.* Darin schlägt er eine einfache mathematische Funktion vor, die den Konsum beschreibt.

1938 Der Keynesianer Alvin Hansen prophezeit der US-Wirtschaft eine langfristige Stagnation.

SPÄTER
1978 Robert Hall beschreibt den US-Konsum mit einer geschätzten Funktion und bestätigt damit potenziell Friedmans Theorie.

1982 Laut Robert Hall und Frederick Mishkin planen Haushalte ihren Verbrauch nur ungenau, auf der Grundlage von Erfahrungswerten.

Haushalte verwenden einen **veränderlichen Anteil ihres aktuellen Einkommens** auf den Konsum.

↓

Der Grund ist, dass Individuen **rational und vorausschauend** handeln und plötzliche Überraschungen zu vermeiden suchen.

↓

Ihr Konsum richtet sich nach ihren **Erwartungen an das lebenslange Einkommen,** nicht nach dem aktuellen.

↓

Sie **sparen,** wenn sie jung sind, und **verbrauchen** ihre Ersparnisse, wenn sie alt sind.

↓

Die Menschen verteilen ihren Konsum über die gesamte Lebensdauer.

Als John Maynard Keynes 1936 die *Allgemeine Theorie der Beschäftigung, des Zinses und des Geldes* veröffentlichte, rückte das Konsumverhalten ins Zentrum des Interesses: Wird die Gesamtnachfrage für das Funktionieren einer Wirtschaft als entscheidend betrachtet, spielen die Gruppen, die diese Nachfrage schaffen, eine wichtige Rolle. Die Regierung kontrollierte die öffentlichen Ausgaben, der Zinssatz regulierte die Firmeninvestitionen, doch der Konsum der Haushalte ließ sich sehr schwer abschätzen.

Keynes (S. 161) nahm an, dass Haushalte einen Teil ihres Einkommens konsumieren und den Rest sparen, wobei reichere Haushalte mehr sparen. Der Anteil, den alle Haushalte ausgeben, bestimmt die Größe des Multiplikators (S. 164–165), um den die Staatsausgaben noch erhöht werden. Sie schaffen Arbeitsplätze und Einkommen, das durch die Ausgaben derjenigen vervielfältigt wird, die die neuen Jobs und Einkommen erhalten – so wirken sie sich auf die Gesamtwirtschaft aus. Für Keynesianer liegt der Multiplikatoreffekt dem Schwanken der Wirtschaft zwischen Boom und Rezession zugrunde. Daher ist es

Siehe auch: Der ökonomische Mensch 52–53 ▪ Kreditaufnahme und Schulden 76–77 ▪ Der keynesianische Multiplikator 164–165 ▪ Rationale Erwartungen 244–247

wichtig, ein genaues Bild des Konsums zu gewinnen.

Keynes' Theorie geht von drei empirischen Vorhersagen aus. Erstens sparen reiche Haushalte mehr als arme. Zweitens steigt bei wachsender Wirtschaft der Betrag, den die Menschen ausgeben, weniger schnell als ihr Einkommen, weil reichere Haushalte anteilig weniger von ihrem Einkommen ausgeben. Drittens folgt daraus, dass reiche Volkswirtschaften lethargisch werden: Wenn der Konsum im Verhältnis zum Einkommen sinkt, verkleinert das den Multiplikator und die Wirtschaft beginnt zu stagnieren.

Ersparnisse eines Lebens

Die Annahmen stimmten jedoch nicht mit der Realität überein. Das Verhältnis zwischen Haushaltskonsum und Einkommen war in vielen Ländern langfristig stabil. Es schwankte zwar kurzfristig, bewegte sich aber in keine bestimmte Richtung. Nach dem Zweiten Weltkrieg prophezeiten die Ökonomen eine Stagnation, aber die Volkswirtschaften boomten. Es

Den Ruhestand kann nur genießen, wer Rücklagen gebildet hat, die das Einkommen ersetzen. Laut Franco Modigliani sparen wir dafür im Laufe unseres Lebens.

» Nachfolgende Generationen scheinen immer weniger sparsam zu sein. «

Franco Modigliani

gab zwei Lösungen des Rätsels, die beide davon ausgingen, dass rationale Individuen nicht blind konsumieren, sondern Erwartungen entwickeln, wie viel sie für die Zukunft sparen müssen. 1954 stellte Franco Modigliani die These auf, alles stehe in Beziehung zu den Lebensphasen. Solange die Leute wirtschaftlich aktiv sind, sparen sie fürs Alter, und im Alter verbrauchen sie ihre Ersparnisse. Seine Lebenszyklushypothese besagt, dass die Leute versuchen, den Konsum insgesamt konstant zu halten.

Drei Jahre später entwickelte Milton Friedman (S. 199) die verwandte Theorie, dass Menschen ihren Konsum um ihr »dauerhaftes Einkommen« herum verteilen – um die erwarteten künftigen Einnahmen, deren Höhe hauptsächlich auf dem aktuellen Vermögen beruht. Jedes zusätzliche Einkommen ist »vorübergehend« und wird gespart. Dies wird als permanente Einkommenshypothese bezeichnet.

In den 1980er-Jahren zeigten Konsumtheorien, dass Verbraucher ihre Ausgaben nicht rational planten, sondern sich auf ihre Erfahrung und ungefähre Einschätzungen des zukünftigen Bedarfs verließen. ■

Franco Modigliani

Franco Modigliani wurde 1918 in Rom (Italien) geboren. An der Universität in Rom studierte er anfangs Recht und später Wirtschaftswissenschaften. 1938 zog Modigliani – ein leidenschaftlicher Antifaschist – zusammen mit seiner Frau Serena Calabi erst nach Paris und dann nach New York. Seine wachsende Familie ernährte er durch den Verkauf von Büchern, während er studierte. Er arbeitete als Lehrer, ehe er am MIT (Massachusetts Institute of Technology) Professor für Wirtschaftswissenschaften wurde. 1985 erhielt er den Nobelpreis für seine wegweisende Analyse des Sparverhaltens und der Finanzmärkte. Nach seinem Tod 2003 bezeichnete ihn der Ökonom Paul Samuelson als den »größten je lebenden Makroökonomen«.

Hauptwerke

1954 *Utility Analysis and the Consumption Function* (mit Richard Brumberg)
1958 *The Cost of Capital, Corporation Finance and the Theory of Investment* (mit Merton Miller)
1966 *The Life-cycle Hypothesis of Saving*

INSTITUTIONEN SPIELEN EINE WICHTIGE ROLLE

WIRTSCHAFTSINSTITUTIONEN

IM KONTEXT

SCHWERPUNKT
Wirtschaft und Gesellschaft

VORDENKER
Douglass North (1920–2015)

FRÜHER
1904 Laut Thorstein Veblen erklärt sich die wirtschaftliche Leistungsfähigkeit hauptsächlich aus den Institutionen.

1934 John Commons bezeichnet die Volkswirtschaften als komplexe Geflechte aus Institutionen und unterschiedlichsten Interessen.

SPÄTER
1993 Avner Greif analysiert mithilfe der Spieltheorie die historische Entwicklung von Institutionen, die den Handel erst ermöglichten.

2001 Daron Acemoğlu erklärt institutionelle Unterschiede zwischen Ländern im Rückgriff auf ihre kolonialen Ursprünge.

Im Allgemeinen gehen die Wirtschaftswissenschaften davon aus, dass Märkte existieren. Sie nehmen auch an, dass Regierungen über die nötigen politischen Hebel verfügen, um Märkte zu förderlichem Handel, zu sinnvollen Investitionen und Innovationen anzuhalten. Doch die Institutionenökonomik reicht tiefer – sie sucht nach den Ursprüngen der Märkte, ihrer Verquickung mit dem Staat und den politischen und sozialen Bedingungen, die die wirtschaftliche Aktivität unterstützen.

Der US-Ökonom Douglass North definierte Institutionen als von Menschen entwickelte Beschränkungen, die den menschlichen Umgang bestimmen. Unter die-

Siehe auch: Eigentumsrechte 20–21 ▪ Aktiengesellschaften 38 ▪ Wirtschaft und Tradition 166–167 ▪ Soziales Kapital 280 ▪ Widerstand gegen den Wirtschaftswandel 332–333

sen Beschränkungen verstand er »Spielregeln« – formeller und informeller Art. Formelle Regeln sind in Gesetzen verankert, während sich informelle Beschränkungen in den Sitten und Bräuchen einer Gesellschaft widerspiegeln. Zusammengenommen bilden sie Norths Institutionen und legen die groben Spielregeln fest, nach denen Menschen als Arbeiter, Verbraucher und Investoren miteinander umgehen.

Märkte und Eigentum

Eigentumsrechte als Institution sind für das Wirtschaftswachstum notwendig. North behauptete, in England seien Eigentumsrechte 1688 entstanden, in jenem Jahr, als die Krone sich dem Parlament unterordnen musste. Davor konnte sich der Monarch einfach über private Eigentumsrechte hinwegsetzen und alle benötigten Ressourcen enteignen. Danach war der Handel mit weniger Kosten verbunden und bot mehr Anreize. Norths Ansicht ist zwar umstritten, aber sein Ansatz bleibt einflussreich.

Norths Beispiel zeigt eine Spannung im Herzen der Institutionenökonomik. Der Staat garantiert die Ordnung und hat damit die Macht, Eigentumsrechte zu aktivieren, da sie unter anarchischen Bedingungen keinen Bestand hätten. Diese Macht erlaubt es dem Staat aber auch, Ressourcen zum eigenen Wohl zu nutzen.

> »Institutionen sind die Motivationsstruktur einer Wirtschaft.«
>
> **Douglass North**

Der deutsche Bundestag wurde 1945 als Institution neu begründet. Er spielte eine wichtige Rolle bei der Gestaltung der neuen Rechts- und Wirtschaftsordnung nach dem Krieg.

Daron Acemoğlu (geb. 1967) zeigte, dass diese Spannung in den kolonialen Ursprüngen der Gesellschaften wurzelt. In Regionen wie Afrika, wo Kolonisten nicht gerne lange blieben, dienten Institutionen nicht dem Wirtschaftswachstum, sondern dazu, die Ressourcen möglichst schnell zu extrahieren. In den angenehmeren Kolonien Nordamerikas richteten die Siedler dagegen Institutionen ein, die auf langfristiges Wachstum ausgerichtet waren.

Institutionen bestimmen über Erfolg oder Scheitern einer Volkswirtschaft – sie schaffen die notwendigen Strukturen. Man weiß noch nicht genau, welche institutionelle Veränderung wirtschaftlichen Fortschritt auslöst. Reformen sind schwierig, da die Vergangenheit immer ihre Spuren hinterlässt. ▪

Douglass North

Douglass North wurde in Cambridge (Massachusetts, USA), geboren. Als Student der University of California in Berkeley verweigerte er im Zweiten Weltkrieg den Kriegsdienst. Nach dem Studium trat er in die US-Handelsmarine ein, um nicht an die Front zu müssen. Er interessierte sich für Fotografie und Wirtschaftswissenschaften, Letztere trugen schließlich den Sieg davon. 1952 erhielt er in Berkeley einen Doktortitel.

Bis 1983 lehrte North an der University of Washington und war dort einer der Mitbegründer der Kliometrie – der wirtschaftlichen und statistischen Analyse der Geschichte. 1966 verbrachte er ein Jahr in Genf, wo er die europäische Wirtschaftsgeschichte studierte. Damals erwachte sein Interesse an der Rolle der Institutionen. Den Nobelpreis für Wirtschaftswissenschaften erhielt er 1993. 2015 verstarb er mit 95 Jahren an Krebs.

Hauptwerke

1981 *Structure and Change in Economic History*
1990 *Institutionen, institutioneller Wandel und Wirtschaftsleistung* (dt. Ausgabe 1992)

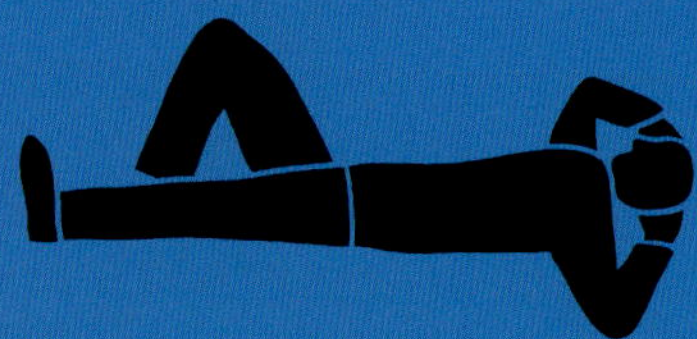

MENSCHEN DRÜCKEN SICH, WENN SIE KÖNNEN

MARKTINFORMATIONEN UND ANREIZE

IM KONTEXT

SCHWERPUNKT
Entscheidungsfindung

VORDENKER
Kenneth Arrow (1921–2017)

FRÜHER
Ab 1600 Situationen, in denen sich Menschen nicht immer ehrlich verhalten, werden als »moralisches Risiko« bezeichnet.

1920er-/1930er-Jahre Frank Knight und John Maynard Keynes ringen mit dem Problem der Unsicherheit in Volkswirtschaften.

SPÄTER
1970 George Akerlof veröffentlicht *The Market for Lemons*. Darin widmet er sich dem Problem der begrenzten Informationen über die Qualität von Waren.

2009 Mervyn King, Präsident der Bank of England, bezeichnet die Bankenrettung durch die Regierung als »das größte moralische Risiko in der Geschichte«.

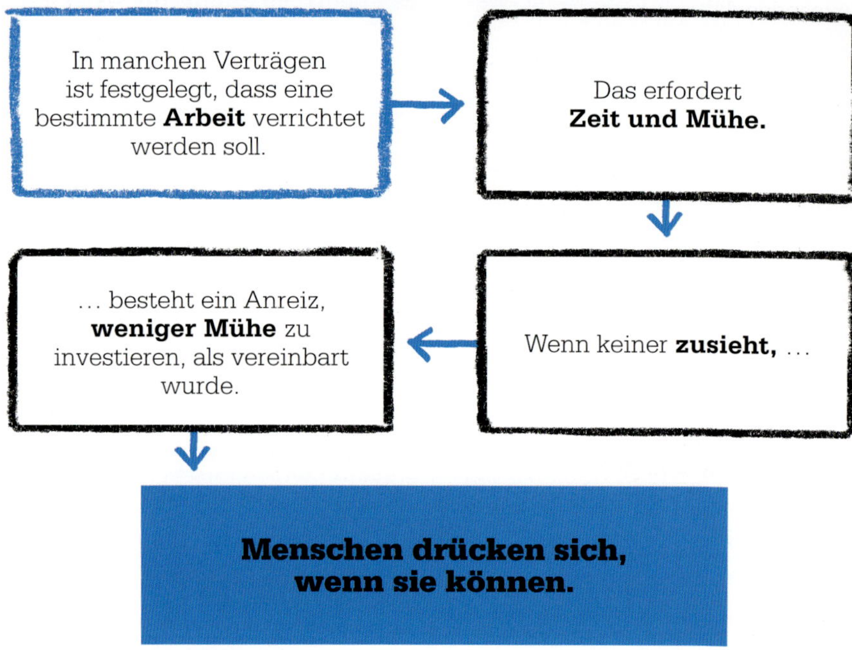

Das Standardmodell wirtschaftlichen Verhaltens, aufgestellt von Adam Smith (S. 61) im 18. Jahrhundert, geht davon aus, dass alle Marktteilnehmer sich rational und wohlinformiert verhalten. Doch das ist nicht immer der Fall.

Kenneth Arrow gehörte zu den Ersten, die das Problem der unvollständigen Information analysierten. Er wies darauf hin, dass es keine Garantie dafür gibt, dass die beiden Parteien eines Vertrages ihn nach dem Abschluss auch tatsächlich vollständig erfüllen. Wenn eine Partei die andere nicht beobachten kann, besteht für die unbeobachtete Partei vielleicht ein Anreiz, nicht alle Klauseln des Vertrages zu erfüllen. Es liegt ein Informationsungleichgewicht vor.

Siehe auch: Öffentliche Güter und Dienstleistungen 46–47 ▪ Der ökonomische Mensch 52–53 ▪ Märkte und soziale Ergebnisse 210–213 ▪ Die Spieltheorie 234–241 ▪ Marktunsicherheit 274–275 ▪ Löhne und Anreize 302

Reiseversicherungen führen unter Umständen dazu, dass Urlauber höhere Risiken eingehen und gefährliche Dinge probieren. Im Gegenzug erhöhen die Versicherungsfirmen die Prämien.

Moralisches Risiko

In einem solchen Fall spricht man von »moralischem Risiko«. Auf dem Versicherungsmarkt kann eine Police für die versicherte Person der Anreiz sein, höhere Risiken einzugehen, weil sie weiß, dass der Versicherer die Kosten für mögliche Schäden trägt. Das führt dazu, dass die Versicherer weniger Schadensfälle abdecken, weil sie fürchten, eine übermäßige Risikobereitschaft zu fördern. Darin liegt ein Marktversagen: Wer eine Versicherung abschließt, zahlt zu viel, und viele Menschen stellen fest, dass sie ganz vom Versicherungsmarkt ausgeschlossen sind. Arrows Ansicht zufolge sollte in solchen Fällen die Regierung eingreifen, um das Marktversagen zu korrigieren.

Moralisches Risiko besteht in jeder Situation, in der eine Person (der Auftraggeber) eine andere Person (den Auftragnehmer) zu einem bestimmten Verhalten bewegen will. Wenn das erwünschte Verhalten vonseiten des Auftragnehmers Mühe erfordert und wenn der Auftraggeber ihn nicht beobachten kann, hat der Auftragnehmer Motiv und Gelegenheit sich zu drücken. Versicherungsverträge werden zwischen Firmen und Kunden geschlossen, aber das Problem tritt auch innerhalb von Firmen auf: Auch Angestellte können es ausnützen, dass ihr Arbeitgeber sie nicht beobachtet.

Dieses Problem tritt vor allem bei langfristigen Verträgen und komplexen Aufgaben auf. Aus den Problemen zwischen Auftraggebern und Auftragnehmern ist eine umfangreiche Literatur über das Management von komplexen Aufgaben entstanden. Meist geht es dabei um die beste Art, einen Vertrag zu formulieren.

Zu groß, um zu scheitern?

Nach der Finanzkrise 2008 wurde das moralische Risiko in der Politik thematisiert. Werden Banken als »zu groß, um scheitern zu dürfen« beschrieben, kann dies ein moralisches Risiko sein: Wenn große Banken wissen, dass ihr Scheitern eine Rezession auslösen kann, verlassen sie sich möglicherweise zu sehr auf die Unterstützung der Regierung. Dies führt nach Ansicht vieler Ökonomen dazu, dass die Banken übertrieben hohe Investitionsrisiken eingehen. Auch die Eurokrise von 2012 ist ein Beispiel für moralisches Risiko: Ländern wie Griechenland wird manchmal unterstellt, dass sie ihre Wirtschaft nach dem Prinzip führten, das Land sei ebenfalls »zu groß zum Scheitern«. ▪

Kenneth Arrow

Kenneth Arrow wurde 1921 in New York geboren. Er erwarb einen Abschluss in Sozialwissenschaften am City College und einen Masterabschluss in Mathematik an der Columbia University. Er wechselte zu Wirtschaftswissenschaften, wurde aber im Zweiten Weltkrieg eingezogen. Nach dem Krieg heiratete er Selma Schweitzer. Ab 1948 lehrte er an der Columbia University, ehe er Lehrstühle in Wirtschaftswissenschaften an den Universitäten Stanford und später Harvard übernahm. 1979 kehrte er nach Stanford zurück und blieb dort bis zu seinem Ruhestand 1991. Besonders bekannt wurde er durch seine Forschungen über das allgemeine Gleichgewicht und die Sozialwahl. Den Nobelpreis erhielt er 1972 für seine Pionierleistungen im Bereich der Wirtschaftswissenschaft. Er verstarb 2017.

Hauptwerke

1951 *Social Choice and Individual Values*
1971 *Essays in the Theory of Risk-bearing*
1971 *General Competitive Analysis* (mit Frank Hahn)

THEORIEN ÜBER DIE EFFIZIENZ DER MÄRKTE BERUHEN AUF ZAHLREICHEN ANNAHMEN

MÄRKTE UND SOZIALE ERGEBNISSE

IM KONTEXT

SCHWERPUNKT
Wohlfahrtsökonomik

VORDENKER
Gérard Debreu (1921–2004)

FRÜHER
1874 Léon Walras zeigt, dass eine dezentralisierte Wettbewerbswirtschaft ein stabiles Gleichgewicht erreichen kann.

1942 Oscar Lange liefert einen frühen Beweis für die Effizienz der Märkte.

SPÄTER
1967 Herbert Scarf zeigt, wie sich Wirtschaftsdaten aus der realen Welt in allgemeine Gleichgewichtsmodelle einsetzen lassen.

1990er-Jahre Neue makroökonomische Modelle verbinden die Analyse des allgemeinen Gleichgewichts mit langfristigen Wirtschaftsdaten aus der realen Welt.

In den 1860er- und 1870er-Jahren hatten die Wirtschaftswissenschaftler einen festen Satz von Annahmen über die Welt entwickelt. Anhand ihrer mathematischen Modelle konnten die Ökonomen das individuelle Verhalten unter bestimmten Marktbedingungen einschätzen. Diese Entwicklung, die mitunter »Grenznutzenrevolution« genannt wird, umfasste auch die These, der Wert einer Sache werde nicht so sehr von einem objektiven oder absoluten Maß bestimmt, als vielmehr von den Vorlieben der Menschen und den Ressourcen. Drängende theoretische Fragen ließen sich jetzt neu stellen. Führte Adam Smiths

Siehe auch: Die freie Marktwirtschaft 54–61 ▪ Wirtschaftliches Gleichgewicht 118–123 ▪ Effizienz und Gerechtigkeit 130–131 ▪ Die Theorie des Zweitbesten 220–221

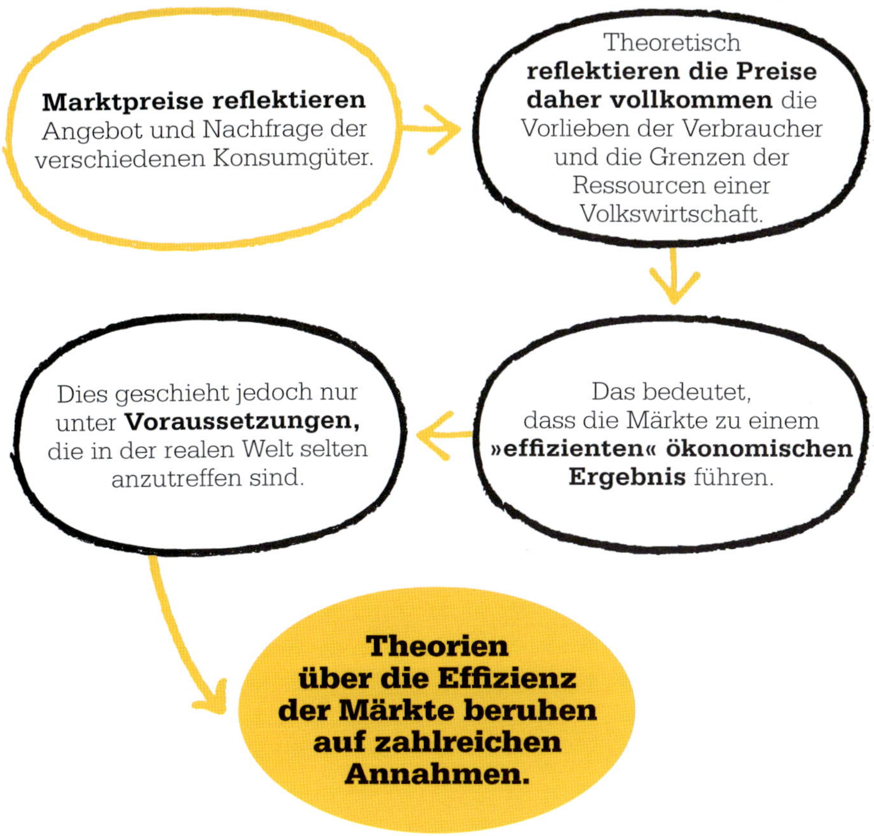

»unsichtbare Hand« des Marktes die Menschen mit ihren Eigeninteressen tatsächlich zum bestmöglichen Ergebnis? Waren Märkte mehr oder weniger effizient als andere Wege, die Gesellschaft zu leiten? Konnte es überhaupt vollständig freie Märkte geben?

Stabile Märkte

Der französische Ökonom Léon Walras (S. 120) war einer der Pioniere dieser theoretischen Revolution. Er versuchte zu zeigen, dass Märkte, wenn sie sich selbst überlassen bleiben, ein stabiles Ergebnis für die gesamte Gesellschaft erreichen können, indem sie Angebot und Nachfrage perfekt »

Regierungen verteilen den Wohlstand um, indem sie Güter wie Benzin besteuern. Unter bestimmten Voraussetzungen lässt sich zeigen, dass sich der freie Markt trotz Steuern effizient anpasst.

Gérard Debreu

Gérard Debreu wurde 1921 in Calais (Frankreich) geboren und an der École Normale Supérieure in Paris ausgebildet. Er leistete seinen Wehrdienst in der französischen Armee und wandte sich dem Studium der Mathematik zu. Dabei entwickelte er Interesse an wirtschaftlichen Fragestellungen. 1949 erlaubte ihm ein Stipendium, die führenden Universitäten in den USA, Schweden und Norwegen zu besuchen. Dabei informierte er sich über wirtschaftliche Entwicklungen, die damals in Frankreich unbekannt waren. In den USA gehörte er der einflussreichen Cowles Commission an, die sich der mathematischen Seite wirtschaftlicher Probleme verschrieben hatte. Er lehrte Wirtschaftswissenschaften und Mathematik unter anderem an den Universitäten Stanford und Berkeley. 1983 erhielt er den Nobelpreis. Er starb 2004.

Hauptwerke

1954 *Existence of an Equilibrium for a Competitive Economy* (mit Kenneth Arrow)
1959 *Theory of Value: An Axiomatic Analysis of Economic Equilibrium*

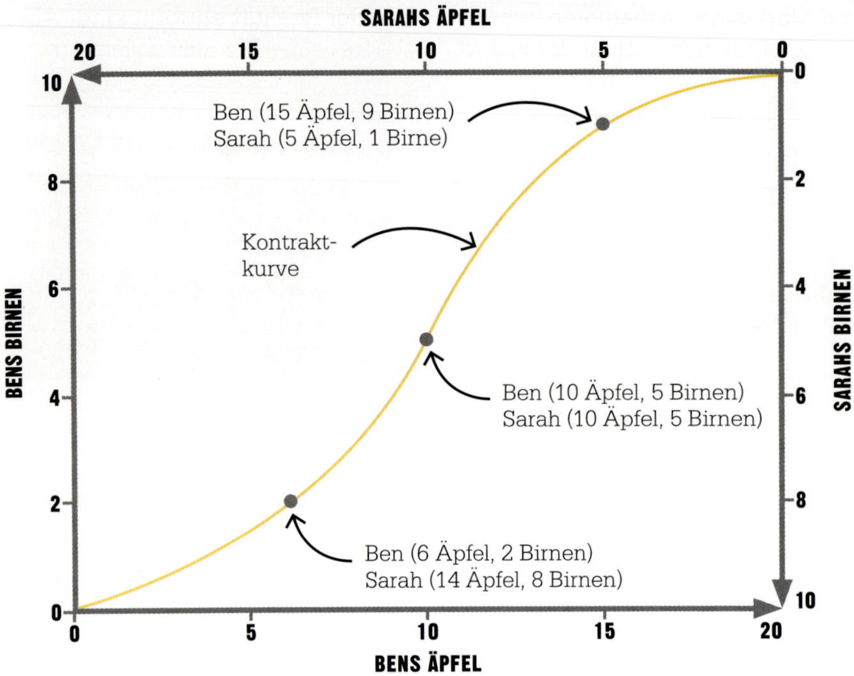

Eine Edgeworth-Box zeigt, wie die Güter in einer Volkswirtschaft verteilt sind. In diesem Beispiel umfasst die Volkswirtschaft zwei Personen (Ben und Sarah) und zwei Güter: 20 Äpfel und 10 Birnen. Jeder Punkt in der Box stellt eine mögliche Verteilung der Güter zwischen Ben und Sarah da. Die gelbe Linie ist die Kontraktkurve. Sie steht für die mögliche Verteilung der Güter, nachdem Ben und Sarah Handel getrieben haben. Wird durch Handel ein Punkt auf der Kurve erreicht, liegt Pareto-Effizienz vor.

ausbalancieren. Es war bekannt, dass ein einzelner Markt dieses Gleichgewicht erreichen konnte, aber ob es einer ganzen Gruppe von Märkten gelingen würde, war nicht klar.

Das Problem des »Allgemeinen Gleichgewichts« wurde 1954 von dem französischen Mathematiker Gérard Debreu und dem US-Ökonomen Kenneth Arrow (S. 209) wissenschaftlich gelöst. Mithilfe eines mathematischen Ansatzes zeigten sie, dass eine Gruppe von Märkten unter bestimmten Bedingungen ein allgemeines Gleichgewicht erreichen kann, und erneuerten damit die Argumentation von Adam Smith, dass freie Märkte zu einer sozialen Ordnung führen. Aber Smith hatte mehr gewollt: In seinen Augen war das Gleichgewicht vor allem deswegen erwünscht, weil es eine freie Gesellschaft zur Folge hatte.

Pareto-effiziente Ergebnisse

Moderne Ökonomen messen Erwünschtheit anhand der Pareto-Effizienz (S. 130–131). In einer pareto-effizienten Situation ist es unmöglich, eine Person besser zu stellen, ohne dass eine andere darunter leidet. Die wirtschaftliche Situation verbessert sich, wenn Güter den Besitzer wechseln und dadurch mindestens eine Person besser gestellt wird und gleichzeitig keiner darunter leidet. Arrow und Debreu verknüpften Marktgleichgewicht und Pareto-Effizienz und unterzogen damit Smiths ultimative Behauptung, dass das Ergebnis von Märkten gut sei, einer strengen Prüfung. Sie mussten zwei für die Wohlfahrtsökonomik grundlegende Theoreme beweisen.

Das erste Wohlfahrtstheorem besagt, dass jede reine Marktwirtschaft im Gleichgewicht zwangsläufig pareto-effizient ist – dass also der freie Markt zu einer Verteilung der Ressourcen führt, die es unmöglich macht, jemanden besser zu stellen, ohne jemand anderem zu schaden.

Die Pareto-Effizienz ist allerdings kein brauchbares ethisches Kriterium. Eine Situation, in der ein reicher Mensch alles von einem begehrten Gut besitzt und die anderen nichts davon, wäre pareto-effizient, weil man ihm nichts von diesem Gut wegnehmen könnte, ohne ihn schlechter zu stellen. Das erste Wohlfahrtstheorem besagt also, dass Märkte effizient sind, aber es lässt das heikle Thema der Verteilung unberücksichtigt.

Das zweite Wohlfahrtstheorem wendet sich diesem Problem zu. In einer Volkswirtschaft gibt es typischerweise viele pareto-effiziente Verteilungen. Manche Ressourcen sind ziemlich gleich verteilt, andere

» Wie diese Abstimmung [von Angebot und Nachfrage] erfolgt, ist ein zentrales Thema der ökonomischen Theorie seit Adam Smith. «

Kenneth Arrow

»Eine Verteilung der Ressourcen kann pareto-effizient sein und dennoch einigen Menschen großen Reichtum und anderen bittere Armut bescheren.«

Kenneth Arrow

sehr ungleich. Dem Theorem zufolge kann durch einen freien Markt jede pareto-effiziente Verteilung erreicht werden – ein Konzept, das in der Ökonomie »Kontraktkurve« genannt wird. Doch um eine bestimmte Verteilung zu erreichen, muss der anfängliche Besitz der Individuen umverteilt werden. Dann kann der Handel beginnen und die spezielle pareto-effiziente Verteilung der Ressourcen eintreten.

Die praktische Schlussfolgerung an dieser Stelle lautet, dass Regierungen – durch Steuern – Ressourcen umverteilen können und dass sie sich außerdem darauf verlassen können, dass der freie Markt am Ende für eine effiziente Zuteilung sorgt. Effizienz und Gerechtigkeit gehen Hand in Hand.

Grenzen in der Realität

Die Ergebnisse von Arrow und Debreu beruhen auf zwingenden Voraussetzungen: Sind sie nicht gegeben, ist die Effizienz vielleicht gefährdet; Ökonomen sprechen dann von Marktversagen. Damit die Theoreme standhalten, müssen Individuen sich ökonomisch rational verhalten. Sie müssen perfekt auf Marktsignale reagieren, was in der Realität sicher nicht der Fall ist. Firmen müssen sich wettbewerbsorientiert verhalten, während in der Praxis die Welt voller Monopole ist.

Auch im Fall von Größenvorteilen greifen die Wohlfahrtstheoreme nicht. Diese spielen z. B. bei vielen öffentlichen Versorgungsunternehmen mit hohen Einstiegskosten eine Rolle. Eine weitere wichtige Bedingung für die Effizienz des Gleichgewichts ist, dass es keine externen Kosten gibt – Kosten, die sich nicht im Marktpreis widerspiegeln. Wenn z. B. der Lärm einer Autowerkstatt die Produktivität der Steuerberatungskanzlei nebenan einschränkt, ziehen die Werkstattbesitzer diese Extrakosten nicht in Betracht, weil sie nicht ihre eigenen Ausgaben betreffen. Externe Kosten behindern aber die Effizienz. Und auch, wenn die Menschen keine vollständigen Informationen über Preise und Güter haben, die sie kaufen wollen, ist ein Versagen der Märkte wahrscheinlich.

Der Sinn der Theoreme

Man ist versucht zu fragen, worin der Sinn dieses Modells besteht, wenn die Voraussetzungen so weit von der Realität entfernt sind. Aber theoretische Modelle sollen gar nicht die Wirklichkeit wiedergeben – sonst wäre das Modell von Arrow und Debreu tatsächlich nutzlos. Stattdessen beantworten ihre Theoreme die zentrale Frage, unter welchen Bedingungen Märkte effizient sind. Dass diese Bedingungen zwingend sind, sagt uns, um wie viel und auf welche Weise die reale Wirtschaft vom Ziel der vollständigen Effizienz abweicht. Die Annahmen von Arrow und Debreu zeigen uns, wie wir der Effizienz näher kommen können. Wir können z. B. Monopole beenden, um die Märkte wettbewerbsfähiger zu machen, oder Institutionen schaffen, die die Verbraucher genau über Produkte informieren.

Die Arbeit von Arrow und Debreu war für weite Teile der Wirtschaftswissenschaften nach dem Krieg von grundlegender Bedeutung. Es wurden Versuche unternommen, ihre Ergebnisse zu verfeinern und die Effizienz von Volkswirtschaften unter verschiedenen Voraussetzungen zu untersuchen. Große makroökonomische Modelle, sowohl theoretischer wie empirischer Art, wurden auf dem allgemeinen Gleichgewichtsansatz errichtet. Manche kritisierten diesen Ansatz aber, weil er die chaotische, nicht vorhersagbare Natur der realen Volkswirtschaften nicht berücksichtigt. Wenn ein theoretisches Modell bei der Vorhersage von Ereignissen wie der Finanzkrise 2008 scheitert, stellt sich die Frage nach dem praktischen Nutzen des Modells. ■

Die Gleichgewichtsmodelle sagten die Krise von 2008, die mit dem Zusammenbruch der Lehman-Brothers-Bank begann, nicht vorher. Das führte zur Kritik an den grundsätzlichen Annahmen der Modelle.

ES GIBT KEIN PERFEKTES WAHLSYSTEM

DIE SOZIALWAHLTHEORIE

IM KONTEXT

SCHWERPUNKT
Wohlfahrtsökonomik

VORDENKER
Kenneth Arrow (1921–2017)

FRÜHER
1770 Der französische Mathematiker Jean-Charles de Borda entwickelt ein Vorzugswahlsystem.

1780er-Jahre Der englische Philosoph und Sozialreformer Jeremy Bentham schlägt ein utilitaristisches System vor – mit dem Ziel des größten Glücks für die größte Zahl.

1785 Nicolas de Condorcet veröffentlicht sein *Essai sur l'application de l'analyse à la probabilité des décisions rendues à la pluralité des voix* und formuliert darin das »Problem der zyklischen Mehrheiten«.

SPÄTER
1998 Amartya Sen erhält den Nobelpreis für seine Arbeiten zur Wohlfahrts- und Sozialwahltheorie.

Auf den ersten Blick mag die Mathematik der Wahlverfahren wenig mit Wirtschaft zu tun haben, doch in der Sozialwahltheorie spielt sie eine wichtige Rolle. Diese wurde in den 1950er-Jahren von Kenneth Arrow entwickelt. Er fand, wenn es darum gehe, kollektive Entscheidungen zu treffen, die das Wohlergehen und den Sozialstatus einer Gesellschaft bestimmen, müsse es ein System geben, mit dem jeder Einzelne seine Präferenzen zum Ausdruck bringen kann. Der kollektive Entscheidungsprozess ist abhängig von einem gerechten und effizienten Wahlsystem. Doch in *Social Choice and Individual Values* (1951) zeigte Arrow, dass hier ein Paradoxon am Werk ist.

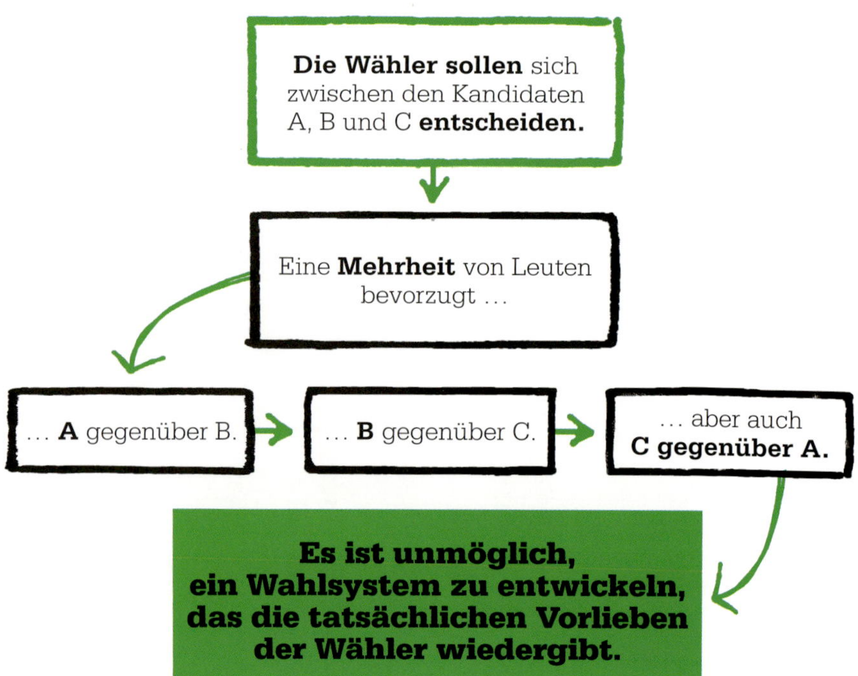

Siehe auch: Effizienz und Gerechtigkeit 130–131 ▪ Märkte und soziale Ergebnisse 210–213 ▪ Die soziale Marktwirtschaft 222–223

»In einer kapitalistischen Demokratie gibt es im Wesentlichen zwei Verfahren, nach denen eine soziale Wahl getroffen werden kann: die Abstimmung und den Marktmechanismus.«

Kenneth Arrow

Das Condorcet-Paradoxon

Das sogenannte Condorcet-Paradoxon wurde fast 200 Jahre vor Arrow von dem französischen politischen Denker und Mathematiker Nicolas de Condorcet (1743–1794) beschrieben. Er fand heraus, dass es durchaus sein kann, dass eine Mehrheit von Wählern A gegenüber B bevorzugt und B gegenüber C, dass es aber dennoch gleichzeitig eine Mehrheit für C vor A gibt. Wenn sich beispielsweise ein Drittel der Wähler für die Reihenfolge A-B-C entscheidet, ein weiteres Drittel für B-C-A und das restliche Drittel für C-A-B, gibt es eindeutig eine Mehrheit für A vor B und B vor C. Intuitiv würde man erwarten, dass C ganz am Ende der Liste mit den verschiedenen Möglichkeiten steht. Aber es gibt auch eine Mehrheit für C vor A. In solchen Fällen eine gerechte kollektive Entscheidung zu fällen, ist eindeutig problematisch.

Arrow zeigte, dass kein Wahlsystem existiert, das wirklich die Präferenzen der Wählerschaft wiedergibt: Es ist nicht nur problematisch, sondern ganz unmöglich. Er stellte Fairnesskriterien auf, die ein ideales Wahlsystem erfüllen muss, und zeigte dann, dass kein System alle diese Bedingungen erfüllen kann. Tatsächlich gelangt man sogar zu einem Resultat, das der Intuition widerspricht, wenn eine Mehrheit der vernünftigen Annahmen erfüllt ist. Eines der Fairnesskriterien bestand darin, dass es keinen Diktator geben darf – keine Einzelperson, die die kollektive Entscheidung bestimmt. Doch paradoxerweise kommt genauso ein Diktator heraus, wenn alle anderen Bedingungen erfüllt sind.

Das Recht, an die Wahlurnen zu gehen, hier dargestellt im Frankreich des 19. Jh., ist in der westlichen Kultur zwar fest verwurzelt, aber ein wirklich perfektes Wahlsystem gibt es nicht.

Das Wohl der vielen

Das Arrow-Paradoxon (auch als Allgemeines Unmöglichkeitstheorem bekannt) ist ein Grundpfeiler der modernen Sozialwahltheorie. Arrows Fairnesskriterien dienten als Grundlage für die Entwicklung gerechter Wahlverfahren, bei denen die Präferenzen der Individuen berücksichtigt werden.

Die Sozialwahltheorie ist ein wichtiger Forschungsbereich der Wohlfahrtsökonomik, die ihrerseits die Auswirkungen der Wirtschaftspolitik bewertet. Dieses Fachgebiet findet Anwendung auf konkrete wirtschaftliche Situationen, in denen Regierungen und Planer ständig das Wohlergehen der Gemeinschaft abwägen müssen. Vieles hiervon hat erhebliche Auswirkungen auf die grundlegenden Probleme der Zuteilung von Ressourcen und der Verteilung des Wohlstands. ▪

Was sind soziale Wohlfahrtsfunktionen?

Es gibt verschiedene Methoden, das Wohlergehen einer Gesellschaft zu beurteilen. Die Utilitaristen des 19. Jahrhunderts dachten, das individuelle Glück der Menschen ließe sich aufaddieren, ähnlich dem Einkommen, und ergäbe dann das Wohlergehen der Gesamtheit. Spätere Ökonomen entwickelten »soziale Wohlfahrtsfunktionen«, die allerdings nicht notwendig den Nutzen maßen. Kenneth Arrow und andere formulierten diese Funktionen als Mittel, individuelle Präferenzen in Ranglisten des sozialen Status (der wirtschaftlichen Position in der Gesellschaft) umzuwandeln. Das soziale Wohlfahrtsdenken hat eine ethische Dimension. Eine einfache Form des Utilitarismus betont die Maximierung des Gesamtglücks. Eine andere Form, vertreten von dem US-Philosophen John Rawls, maximiert das Wohlergehen der am schlechtesten gestellten Person in der Gesellschaft.

DAS ZIEL IST DIE MAXIMIERUNG DES GLÜCKS, NICHT DES EINKOMMENS

DIE ÖKONOMIE DES GLÜCKS

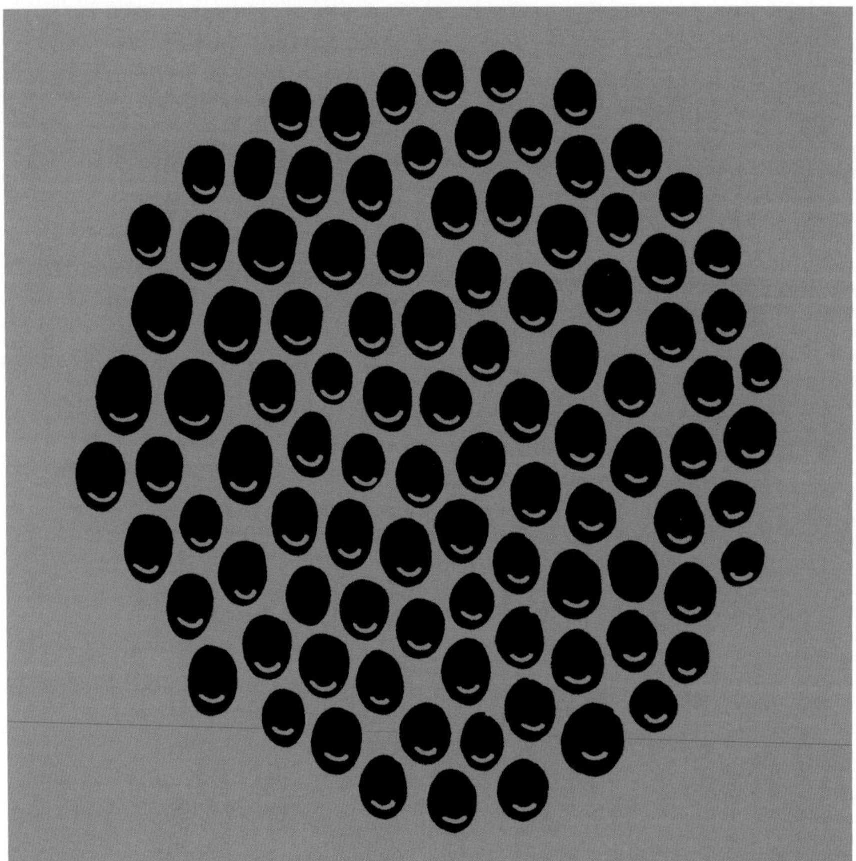

IM KONTEXT

SCHWERPUNKT
Wirtschaft und Gesellschaft

VORDENKER
Richard Easterlin (1926–2024)

FRÜHER
1861 John Stuart Mill meint, dass moralisches Handeln das Glück aller maximiert.

1932 Simon Kuznets veröffentlicht das erste US-Einkommenskonto, das nur auf gebräuchlichen ökonomischen Variablen beruht.

SPÄTER
1997 Andrew Oswald sieht in Arbeitslosigkeit den Hauptgrund für Unzufriedenheit.

2005 Richard Layard zeigt in *Happiness: Lessons from a New Science* Zusammenhänge zwischen Einkommen und Glück.

2011 Der Social Progress Index (SPI) wird erstellt und zeigt 2024 erstmals einen Rückgang beim sozialen Fortschritt.

Die erste moderne volkswirtschaftliche Gesamtrechnung wurde in den 1930er-Jahren von Simon Kuznets aufgestellt. Seine Pionierarbeit führte zur Etablierung volkswirtschaftlicher Gesamtrechnungen in Großbritannien, Deutschland und anderen entwickelten Ländern. Alle Transaktionen, die in einer Volkswirtschaft während des Jahres anfallen, werden zum sogenannten Bruttoinlandsprodukt oder BIP aufsummiert – einer Kennzahl für das Volkseinkommen. Frühe Ökonomen wie François Quesnay hatten versucht, zu ähnlichen Werten zu gelangen, waren aber an der offensichtlichen Größe der Aufgabe gescheitert.

Siehe auch: Die Messung des Wohlstands 36–37 ▪ Effizienz und Gerechtigkeit 130–131 ▪ Geltungskonsum 136 ▪ Märkte und soziale Ergebnisse 210–213 ▪ Verhaltensökonomie 266–269 ▪ Wirtschaft und Geschlecht 314–315

Neid ist ein Grund für Unzufriedenheit. Ob die Nachbarn mehr haben als man selbst, ist manchmal wichtiger für das eigene Wohlbefinden als die Frage, was man selbst besitzt.

Eine Lösung wurde erst durch Fortschritte in der Statistik und der Erhebung von Daten möglich.

Die alles entscheidende Zahl

Von Anfang an hatte das Bruttoinlandsprodukt eine fast unwiderstehliche Anziehungskraft für Politiker, Journalisten und Ökonomen. In ihrer einfachsten Form fasst diese Zahl scheinbar alle wichtigen Daten zusammen. Steigt das BIP, bedeutet das höhere Löhne und mehr Jobs, sinkt es, so folgen Arbeitslosigkeit und Ungewissheit. Nach dem Zweiten Weltkrieg ging es in den wirtschaftspolitischen Debatten fast nur noch um die Frage, wie sich das BIP am besten steigern lässt.

Dabei wurde jedoch ein wichtiger Aspekt übersehen. Das BIP ist nur eine Zahl und vielleicht noch nicht einmal die wichtigste. Es gibt keine zwangsläufige Verbindung zwischen dem BIP und dem tatsächlichen sozialen Wohlergehen. Ein wachsendes BIP kann sehr ungleich verteilt sein. Andere Faktoren, die Menschen glücklich machen, wie familiäre oder freundschaftliche Beziehungen, finden sich darin nicht wieder. Dennoch wurde das BIP zur wichtigsten statistischen Größe der Volkswirtschaft und diente als Hinweis, dass es einem Land gut ging. Allgemein ging man davon aus, dass die Wohlfahrt und das BIP sich in dieselbe Richtung bewegten, selbst wenn das BIP nicht genau mit der Wohlfahrt oder dem Wohlergehen eines Staates zusammenfiel.

Richard Easterlin stellte 1974 die Vorstellung des BIP und des Nationaleinkommens infrage. Er betrachtete Umfragen aus 19 Ländern und den letzten drei Jahrzehnten, in denen die Menschen über ihre Zufriedenheit Auskunft gaben, und kam zu dem Schluss, dass der Zusammenhang zwischen BIP und Wohlergehen nicht so solide ist, wie angenommen. Easterlin stellte fest, dass die persönliche Zufriedenheit anfangs erwartungsgemäß mit dem Einkommen wächst. Aber unter allen Menschen, die mehr verdienen als zum nackten Überleben erforderlich, variiert das Gefühl der Zufriedenheit in den verschiedenen Ländern kaum – trotz großer Unterschiede im Volkseinkommen. »

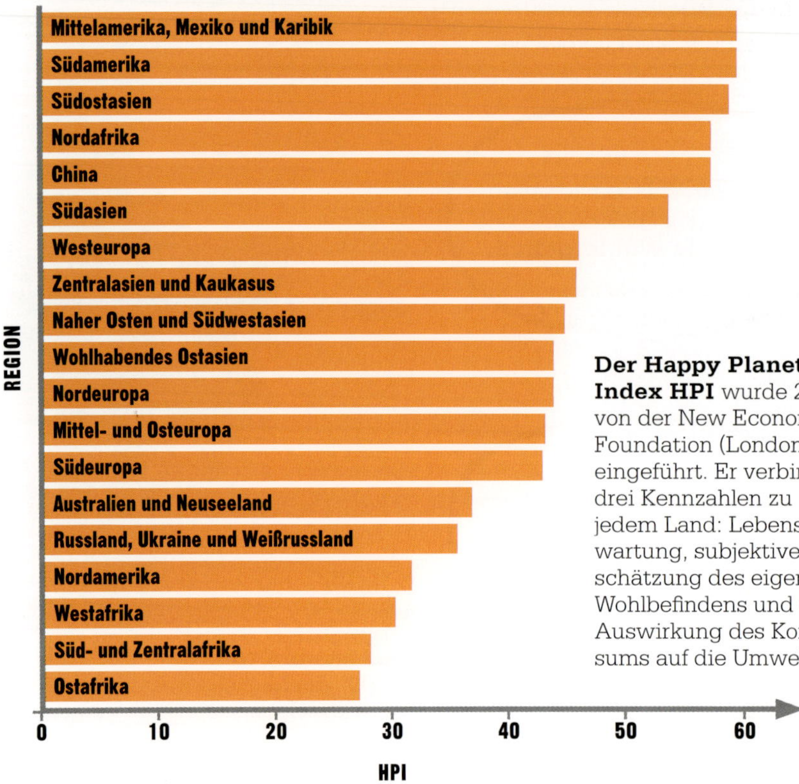

Der Happy Planet Index HPI wurde 2006 von der New Economics Foundation (London) eingeführt. Er verbindet drei Kennzahlen zu jedem Land: Lebenserwartung, subjektive Einschätzung des eigenen Wohlbefindens und die Auswirkung des Konsums auf die Umwelt.

Die Menschen in den reichsten Ländern sind nicht notwendigerweise die glücklichsten. Mit der Zeit ergab sich ein noch erstaunlicheres Bild. In den USA stieg das Volkseinkommen nach 1946 stetig und rasch an, aber laut den Umfragen folgte die Zufriedenheit dem nicht – ja, sie ging in den 1960er-Jahren sogar zurück.

Die Ergebnisse von Easterlins Untersuchungen wurden als Easterlin-Paradox bekannt. Sie führten zu neuen Untersuchungen über die Beziehung zwischen Wirtschaft und Wohlergehen, als Forscher versuchten herauszufinden, wie Entscheidungen von Einzelpersonen, Firmen und Regierungen das Wohlbefinden der Menschen in einer Gesellschaft beeinflussen. Eine mögliche Erklärung ist das Konzept der »hedonischen Tretmühle«, das erstmals 1971 von den Psychologen Phillip Brickman und Donald Campbell vorgestellt wurde. Ihrer Ansicht nach passen sich Menschen schnell an das aktuelle Niveau des Wohlbefindens an und halten es aufrecht. Bei steigendem Einkommen passen sie sich an das neue Niveau der materiellen Sicherheit an, behandeln es als normal und halten sich nicht für glücklicher als vorher. Eine extreme Version dieser Theorie würde bedeuten, dass jenseits des Subsistenzeinkommens jegliche ökonomische Entwicklung für die Wohlfahrt im Grunde irrelevant ist, weil die Zufriedenheit der Menschen von ganz anderen Dingen bestimmt wird (wie charakterliche Eigenschaften oder Freundschaften). Andererseits weisen die Forscher auch auf die Bedeutung des Statusdenkens hin. Wenn beispielsweise niemand in einer Gesellschaft ein Auto hat, spielt es keine große Rolle, ob man selbst eins besitzt. Aber sobald einige Leute Autos erwerben, erleben die Menschen ohne Auto einen Statusverlust. Diese Art des Denkens bedeutet, dass in wachsenden Volkswirtschaften der neue Wohlstand eine

Beim Frühlingsfest in Bhutan wird getanzt. 1972 erklärte der König, dass seine Regierung eine Politik der Maximierung des »Bruttonationalglücks« verfolgen werde.

»Wirtschaftliche Dinge spielen nur dann eine Rolle, wenn sie die Menschen glücklicher machen.«

Andrew Oswald
Britischer Ökonom (geb. 1953)

begrenzt positive Auswirkung auf die Zufriedenheit hat, weil dann eine Art Status-Konkurrenz auftritt.

Das Paradox auf dem Prüfstand

Als das Interesse am Easterlin-Paradox in den 2000er-Jahren wuchs, wurde es bald infrage gestellt. Die US-Ökonomen Betsey Stevenson und Justin Wolfers fanden 2008 anhand von Daten aus einer größeren Zahl von Ländern heraus, dass die Zufriedenheit durchaus mit dem Einkommen steigt und dass steigende Einkommen auch zu größerem Wohlbefinden führen. Ganz allgemein fanden Forscher heraus, dass Einkommenszunahmen nicht ohne Weiteres erhöhte Zufriedenheit mit sich bringen, dass Einkommensverluste aber einen höchst abträglichen Effekt auf das Wohlbefinden haben. Entlassung und Arbeitslosigkeit treffen die Menschen besonders hart, genau wie ernsthafte Krankheiten und neu auftretende körperliche Behinderungen.

Da heute bessere Daten zur Verfügung stehen, hat der Gedanke von Wohlergehen und Zufriedenheit als Ziel der Regierungspolitik an Boden gewonnen. Dies führt dazu, dass das BIP als entscheidende ökonomische Variable langsam ersetzt wird. Das Argument ist einfach: Wenn eine verbreitete ökonomische Variable wichtige Aspekte des wirtschaftlichen und sozialen Lebens nicht beschreiben kann, wäre es schlechte Politik, sich nur auf diese eine Variable zu konzentrieren. Würde die Politik auf »Glücksindikatoren« und nicht auf dem BIP beruhen, ergäben sich neue Prioritäten wie z. B. ein besserer Ausgleich zwischen Berufs- und Privatleben. Arbeitslosigkeit gälte als »kostspieliger« und würde entschlossener verringert. Weiter gefasste Kennzahlen für das Wohlbefinden sind bereits in Verwendung, besonders wenn es um Entwicklungsländer geht, z. B. der Human Development Index (HDI), der das Einkommen mit Lebenserwartung und Bildung kombiniert, und der Social Progress Index (SPI) von 2011, der nicht das BIP misst, sondern die direkte ökonomische Situation der Menschen. 2024 war der SPI erstmals rückläufig.

Die Fixierung auf das BIP hat wahrscheinlich dazu beigetragen, die Probleme zu verschleiern, die zur Finanzkrise 2008 geführt haben. Mit umfassenderen Indikatoren – besser abgestimmt auf die Wahrnehmung des Wohlbefindens der Menschen – wäre der Indikator »steigendes BIP« allein kein Grund zum Feiern gewesen. ■

Die Menschen auf den Bahamas sind sehr mit ihrem Leben zufrieden – wie durch den *Satisfaction with Life Index* des Psychologen Adrian White ermittelt wurde.

Das Glück messen

2007 bat Präsident Nicolas Sarkozy die Ökonomen Joseph Stiglitz, Amartya Sen und Jean-Paul Fitoussi zu untersuchen, wie der soziale und wirtschaftliche Fortschritt gemessen und breitere Wohlfahrtsmaßnahmen eingeführt werden könnten. In ihrem Bericht, der 2009 veröffentlicht wurde, hieß es: Der Schwerpunkt der Wirtschaftspolitik müsse von Kennzahlen der ökonomischen Produktion (wie dem BIP) weg und hin zu Kennzahlen für Wohlbefinden und Nachhaltigkeit verlagert werden. Ihr Bericht wies besonders darauf hin, dass die Lücke zwischen den allgemein üblichen Wirtschaftsindikatoren und dem subjektiven Wohlbefinden der Menschen immer weiter auseinanderzuklaffen scheint.

Ein alternatives System müsste auf verschiedenen Indikatoren wie Gesundheit und Auswirkungen des Lebensstils auf die Umwelt beruhen, anstatt alles nur in einer einzigen Zahl aufzusummieren.

EINE POLITIK DER MARKTKORREKTUR KANN DIE LAGE DER DINGE VERSCHLIMMERN

DIE THEORIE DES ZWEITBESTEN

IM KONTEXT

SCHWERPUNKT
Wirtschaftspolitik

VORDENKER
Kelvin Lancaster (1924–1999)
Richard Lipsey (geb. 1928)

FRÜHER
1776 Adam Smith meint, die »unsichtbare Hand« der Märkte sei staatlichen Eingriffen überlegen.

1932 Der britische Ökonom Arthur Pigou plädiert für steuerliche Maßnahmen zur Korrektur von Marktversagen.

1954 Gérard Debreu und Kenneth Arrow zeigen in *Existence of an Equilibrium for a Competitive Economy*, dass eine freie Marktwirtschaft das Wohlergehen ihrer Teilnehmer maximieren kann.

SPÄTER
Seit den 1970er-Jahren Joseph Stiglitz, Amartya Sen und andere entwickeln die Wohlfahrtsökonomik.

Theoretisch ist eine freie Marktwirtschaft die **effizienteste** Wirtschaftsform.

↓

Aber in realen Volkswirtschaften gibt es ineffiziente und schädliche **Verzerrungen.**

↓

Verzerrungen können **in Verbindung zueinander** stehen und die Regierung kann nicht alle ausmerzen.

↓

Korrekturversuche können die Effekte anderer Verzerrungen verschlimmern, daher sollte die Regierung vorsichtig vorgehen.

↓

Eine Politik der Marktkorrektur kann die Lage der Dinge verschlimmern.

Im Großen und Ganzen geht die Wirtschaftswissenschaft davon aus, dass die Wirtschaft effizient ist, wenn Märkte für alle Güter zur Verfügung stehen und wenn jeder, der die Märkte nutzt, gut informiert ist. Lässt sich die Verteilung der Ressourcen nicht verändern, ohne eine Person besser zu stellen beziehungsweise eine andere schlechter, ist die Wohlfahrt der Gesellschaft so gut, wie sie nur sein kann. Die beste Politik der Regierung besteht den Anhängern der freien Märkte zufolge darin, Marktunvollkommenheiten zu korrigieren und die Märkte dem Ideal so nah wie möglich zu bringen.

Umgang mit Unvollkommenheiten

Doch für eine effiziente Politik gelten strenge Voraussetzungen. 1956 zeigten Kelvin Lancaster und Richard Lipsey, dass eine Politik, die darauf abzielt, die Effizienz der Märkte zu verbessern, durchaus auch oft das Gegenteil erreichen kann. In einem Aufsatz mit dem Titel *The General Theory of the Second Best* betrachteten sie Fälle, in denen die Marktunvollkommenheit dauerhaft war. Sie ließ sich

Siehe auch: Die freie Marktwirtschaft 54–61 ▪ Wirtschaftliches Gleichgewicht 118–123 ▪ Externe Kosten 137

weder korrigieren noch entfernen – es gab keine »beste Lösung«. In solchen Fällen können staatliche Eingriffe an anderer Stelle die Auswirkungen bereits vorhandener Mängel verschlimmern und den Markt weiter vom Ideal entfernen. Lancasters und Lipseys Erkenntnis lautete: Wenn sich ein Marktmangel nicht entfernen lässt, suchen sich alle anderen Märkte einen Weg darum herum. Sie erreichen eine – in Anbetracht des bestehenden Mangels – relativ effiziente Verteilung der Ressourcen.

Das kleinere Übel

Doch Lancaster und Lipsey gingen noch weiter. Wenn sich eine Verzerrung korrigieren lässt, eine andere jedoch nicht, kann die bestmögliche Politik das genaue Gegenteil dessen sein, was die Theorie verlangt. Es kann dann z. B. für eine Regierung besser sein, den Markt weiter zu verzerren, wenn sie die Wohlfahrt insgesamt verbessern will. Eine ideale Politik darf sich nicht allein von abstrakten Prinzipien leiten lassen. Sie muss auf einem umfassenden Verständnis der Märkte beruhen.

Ein klassisches Beispiel ist der Monopolist, der einen Fluss verschmutzt. Die Verschmutzung ist für die Gesellschaft teuer, gleichzeitig ist sie ein unvermeidbares Ergebnis der Produktion. Da sie unvermeidlich zum Herstellungsprozess gehört, handelt es sich um einen dauerhaften Marktmangel. Das Monopol jedoch kann entfernt werden.

Die Standardtheorie schreibt vor, das Monopol zu zerschlagen, denn das brächte die Wirtschaft dem effizienten Ideal näher. Aber konkurrierende Hersteller würden mehr produzieren als ein einzelner Hersteller und so die Verschmutzung verschlimmern. Das Ergebnis für die Wohlfahrt der Gesellschaft insgesamt ist ungewiss. Die Gesellschaft würde zwar von dem höheren Output und den geringeren Kosten profitieren, aber sie würde unter der Umweltverschmutzung leiden. Die »zweitbeste Lösung« ist möglicherweise, das Monopol zu lassen, wie es ist. ■

Richard Lipsey

Der kanadische Ökonom wurde 1928 geboren. Bekannt ist er vor allem für seine Theorie des Zweitbesten, die er zusammen mit Kelvin Lancaster formulierte. Lipsey ist Professor im Ruhestand. Er hat in Kanada, den USA und Großbritannien gelehrt. 1968 löste seine Verteidigung der Phillips-Kurve (S. 203) gegen Milton Friedman (S. 199) eine der großen Debatten der Wirtschaftswissenschaften aus. Lipsey ist der Autor von *Positive Economics*, einem Standardwerk der ökonomischen Theorie. 2006 leistete er einen Beitrag zur Entwicklung der Evolutionsökonomik.

Hauptwerke

1956 *The General Theory of the Second Best* (mit Kelvin Lancaster)
2006 *Economic Transformations: General-Purpose Technologies and Long-Term Economic Growth* (mit K. Carlaw und C. Bekar)

Das kleinere Übel wählen

(1) Ein Monopolist verursacht Umweltverschmutzung. Sowohl das Monopol als auch die Verschmutzung sind Unvollkommenheiten des Marktes.

(2) Eine Regierung könnte das Monopol aufheben und es durch konkurrierende Firmen ersetzen. Doch durch die größere Anzahl von Firmen könnte sich die Umweltverschmutzung verschlimmern.

DIE MÄRKTE SOLLEN GERECHT SEIN

DIE SOZIALE MARKTWIRTSCHAFT

IM KONTEXT

SCHWERPUNKT
Wirtschaft und Gesellschaft

VORDENKER
Walter Eucken (1891–1950)
Wilhelm Röpke (1899–1966)
Alfred Müller-Armack (1901–1978)

FRÜHER
1848 Karl Marx und Friedrich Engels veröffentlichen das *Manifest der Kommunistischen Partei*.

1948 Walter Eucken und Franz Böhm gründen die Zeitschrift ORDO. Nach ihr ist der Ordoliberalismus benannt, ein Konzept für die soziale Marktwirtschaft.

SPÄTER
1978 Deng Xiaoping übernimmt kapitalistische Elemente in die chinesische Wirtschaft.

1980er-Jahre Milton Friedmans monetaristische Argumente gegen staatliche Eingriffe werden in den USA und Großbritannien übernommen.

Nach dem Zweiten Weltkrieg mussten in Westdeutschland Wirtschaft und Politik erneuert werden. Kanzler Konrad Adenauer widmete sich dieser Aufgabe. Das Modell, für das er sich entschied, wurzelte in den Vorstellungen von Franz Böhm und Walter Eucken. Ihre Freiburger Schule der 1930er-Jahre tauchte in den 1940er-Jahren als Ordoliberalismus wieder auf. Dessen Hauptvertreter waren Wilhelm Röpke und Alfred Müller-Armack.

Eine **freie Marktwirtschaft** …

… fördert das **wirtschaftliche Wachstum** und die Entwicklung.

Sie kann auch wechselhaft sein, unter Marktversagen leiden und **Monopole produzieren.**

Das kann zu **Ungleichheit** führen.

Eine **sozialistische Wirtschaft** …

… sorgt für eine **gleichmäßigere Verteilung** des Wohlstands.

Sie verringert die Auswirkungen von Monopolen und Marktversagen und **stabilisiert die Wirtschaft.**

Aber sie kann das **Wirtschaftswachstum** und die Entwicklung **behindern.**

Eine soziale Marktwirtschaft will die Märkte gerecht machen, indem sie einen Mittelweg geht.

Siehe auch: Märkte und Moral 22–23 ▪ Die freie Marktwirtschaft 54–61 ▪ Marxistische Wirtschaft 100–105 ▪ Tarifverhandlungen 134–135 ▪ Der keynesianische Multiplikator 164–165

Ost- und Westdeutschland wurden 1990 wiedervereinigt – ein Jahr nach dem Fall der Berliner Mauer (rechts). Ostdeutschland gab seine zentrale Planwirtschaft auf und schloss sich der sozialen Marktwirtschaft im Westen an.

Diese Ökonomen versuchten, eine soziale Marktwirtschaft zu begründen. Darunter verstanden sie nicht einfach eine »gelenkte Wirtschaft«, in der die Regierung das absolute Minimum an öffentlichen Gütern stellt, sondern einen Mittelweg zwischen dem Kapitalismus der freien Märkte und dem Sozialismus. Die Industrie blieb im Privatbesitz und konnte frei konkurrieren, aber die Regierung stellte etwa ein System der sozialen Absicherung mit Gesundheitsversorgung für alle sowie Renten- und Arbeitslosenversicherung zur Verfügung. Außerdem sorgte sie für Maßnahmen, um Monopole und Kartelle zu verhindern. Der Theorie zufolge sollte so ein Wachstum der freien Märkte möglich sein, während gleichzeitig für niedrige Inflation und Arbeitslosigkeit sowie eine gerechte Verteilung des Wohlstands gesorgt war.

Das Wirtschaftswunder

Die Mischung aus freien Märkten und Elementen des Sozialismus funktionierte erstaunlich gut. Deutschland erlebte in den 1950er-Jahren ein Wirtschaftswunder, das aus einem völlig zerstörten Land eine der wichtigsten Industrienationen machte. Ähnliche soziale Marktwirtschaften entwickelten sich vor allem in Skandinavien und Österreich. Als Europa sich zu einer Wirtschaftsunion entwickelte, wurde die soziale Marktwirtschaft zum Modell für die Europäische Wirtschaftsgemeinschaft. Vielen europäischen Ländern ging es unter einer Form der sozialen Marktwirtschaft gut, aber in den 1980er-Jahren fühlten sich einige – besonders Großbritannien – von den Vorstellungen Milton Friedmans (S. 199) angezogen, der für eine kleinere Rolle der Regierung plädierte. Die britische Premierministerin Margaret Thatcher kritisierte das norwegische Modell wegen seiner staatlichen Eingriffe und hohen Steuern.

Mit dem Zusammenbruch des Kommunismus im Ostblock wurden die Zentralverwaltungswirtschaften Osteuropas durch gemischte Wirtschaftsformen ersetzt. Gleichzeitig machten sich einige der verbliebenen kommunistischen Staaten daran, Reformen einzuführen. In China beispielsweise übernahm Deng Xiaoping Elemente der freien Marktwirtschaft in die zentralisierte chinesische Wirtschaft. Das Ergebnis nannte er eine »sozialistische Marktwirtschaft mit chinesischen Merkmalen«. Sein Ziel war, das Wirtschaftswachstum zu fördern und auf dem Weltmarkt zu bestehen. Heute ist Chinas Wirtschaft noch weit von den europäischen Modellen der sozialen Marktwirtschaft entfernt, aber sie entwickelt sich zu einer gelenkten Wirtschaft. ■

Das nordische Modell

Die deutsche soziale Marktwirtschaft ist mit einer Mitte-rechts-Politik verbunden. In Skandinavien entwickelten sich die Volkswirtschaften ähnlich, standen jedoch politisch Mitte-links. Charakteristisch für das sogenannte »nordische Modell« sind ein großzügiges Wohlfahrtssystem und die möglichst gerechte Verteilung des Wohlstands – durch Steuern und öffentliche Ausgaben. Diese Länder haben einen hohen Lebensstandard und ein starkes Wirtschaftswachstum bei relativ kleinen Bevölkerungen. Und sie haben eine starke verarbeitende Industrie oder Erdöl (Norwegen).

Heute soll die Rolle des Staates kleiner werden, um international wettbewerbsfähig zu bleiben. Doch die Veränderungen sind allmählich: Den Regierungen ist bewusst, dass die Deregulierung in Island in den 1990er-Jahren zwar zu Wachstum führte, dem aber eine Finanzkrise folgte.

MIT DER ZEIT WERDEN ALLE LÄNDER REICH

WACHSTUMSTHEORIEN

IM KONTEXT

SCHWERPUNKT
Wachstum und Entwicklung

VORDENKER
Robert Solow (1924–2023)

FRÜHER
1776 Adam Smith fragt in *Der Wohlstand der Nationen*, wodurch Wirtschaften florieren.

1930er- und 1940er-Jahre Roy Harrod und Evsey Domar entwickeln ein Wachstumsmodell auf der Grundlage keynesianischer Annahmen.

SPÄTER
1980er-Jahre Paul Romer und Robert Lucas entwickeln die endogene Wachstumstheorie.

1988 Brad DeLong findet fast keine Hinweise, dass die Konvergenzvorhersage des Solow-Modells zutrifft.

2018 erhielt Paul Romer für sein »Romer-Modell« den Nobelpreis für Wirtschaftswissenschaften.

In den 1950er-Jahren entwickelte Robert Solow ein Wachstumsmodell, das eine weltweite Angleichung des Lebensstandards voraussagte. Er ging davon aus, dass Kapital dem abnehmenden Ertragszuwachs unterliegt: Zusätzliche Investitionen fügen dem Output immer weniger hinzu. Weil arme Länder wenig Kapital haben, fügt dort zusätzliches Kapital dem Output viel hinzu und zieht neue Investoren an. Grundsätzlich haben alle Länder Zugang zur gleichen Technologie; das zusätzliche Kapital ermöglicht den armen Ländern, sie zu nutzen und den Output zu erhöhen. Dieser Effekt ist größer als bei

Kapital in entwickelten Ländern unterliegt dem abnehmenden Ertragszuwachs – **zusätzliche Investitionen führen zu immer weniger** Output.

Aber in armen Ländern wird so wenig Kapital investiert, dass die Investoren immer noch **hohe Erträge** erzielen.

Arme Länder verwenden dieses **neue Kapital zusammen mit neuen Technologien,** um sehr schnelles Wachstum zu generieren.

Arme Länder **wachsen schneller** als reiche und ziehen im Lebensstandard gleich.

Mit der Zeit werden alle Länder reich.

Siehe auch: Abnehmende Erträge 62 ▪ Demografie und Ökonomie 68–69 ▪ Die Entstehung der modernen Wirtschaft 178–179 ▪ Entwicklungsökonomie 188–193 ▪ Technologiesprünge 317 ▪ Ungleichheit und Wachstum 330–331

Radfahrer in Peking (China) begutachten einen Ferrari, der auf dem Radweg steht. China und Indien gehören zu den Ländern »mit Aufholeffekt«.

einem reichen Land. Im Ergebnis ist das Wachstum in den armen Ländern größer und ihr Lebensstandard gleicht sich an den der reichen Länder an, ein Effekt, den die Ökonomen Konvergenz nennen.

Seit den 1950er-Jahren haben einige wenige asiatische Länder zum Westen aufgeschlossen, aber viele afrikanische Länder sind weit zurückgefallen. Die Wirklichkeit deckt sich nicht immer mit Solows Annahmen. Technologien sind nicht universell, denn selbst wenn Wissen verfügbar ist, gibt es oft Probleme bei der Umsetzung. Und nicht immer fließt Kapital in die armen Länder. Schwache Eigentumsrechte und politische Instabilität schrecken Investoren ab. Die endogene Wachstumstheorie, die Mitte der 1980er-Jahre entwickelt wurde, geht weiter als Solows Modell: Sie analysiert die Auswirkungen des Technologiewandels realistischer. Ihr zufolge kommt es eher zur Divergenz als zur Konvergenz zwischen den Ländern.

Der Lebensstandard

Konvergenz kann man nicht nur am Einkommen messen. Auch Gesundheit und Bildung stehen in Beziehung zum Einkommen – dabei haben manche armen Länder eine relativ gesunde und gebildete Bevölkerung. Die Lebenserwartung kann durch einfache medizinische Maßnahmen wie Impfungen deutlich zunehmen. Bei weniger einkommensorientierten Aspekten des Lebensstandards haben die armen Länder erfolgreicher aufgeholt.

Trotzdem konzentrieren sich viele Ökonomen weiterhin auf die Einkommensunterschiede. Ihre Aufmerksamkeit richtet sich dabei weniger auf Kapital und Technologie als auf die institutionellen Voraussetzungen, die Entwicklungsländer brauchen, um mit den reichen Ländern zu konvergieren. ▪

Robert Solow

Robert Solow wurde 1924 in New York geboren. Als Kind der Weltwirtschaftskrise interessierte ihn, wie Volkswirtschaften wachsen und wie sich der Lebensstandard verbessern lässt. Ab 1940 studierte er in Harvard, doch ab 1942 kämpfte er im Zweiten Weltkrieg. Nach seiner Rückkehr fand er in Wassily Leontief einen Mentor. Für seine Doktorarbeit in Harvard erhielt er den *Wells Prize*: 500 Dollar und die Veröffentlichung als Buch. Da er glaubte, er könne Besseres leisten, veröffentlichte er weder die Arbeit noch löste er den Scheck ein. Ab etwa 1950 lehrte er am MIT, wo seine Ideen zu einem neuen Wirtschaftswachstumsmodell die Gründung neuer Forschungsbereiche anregten. 1987 erhielt er den Nobelpreis und 2014 verlieh ihm Präsident Obama die Presidential Medal of Freedom. Er starb 2023.

Hauptwerke

1956 *A Contribution to the Theory of Economic Growth*
1957 *Technical Change and the Aggregate Production Function*
1960 *Investment and Technical Progress*

GLOBALISIERUNG IST NICHT UNAUSWEICHLICH

MARKTINTEGRATION

IM KONTEXT

SCHWERPUNKT
Weltwirtschaft

VORDENKER
Dani Rodrik (geb. 1957)

FRÜHER
1664 Thomas Mun meint, Wachstum brauche weniger Importe.

1817 David Ricardo sagt, der internationale Handel mache die Länder reicher.

1950 Raúl Prebisch und Hans Singer finden, dass die Globalisierung den Entwicklungsländern aufgrund ungleicher Handelsbedingungen nicht hilft.

SPÄTER
2002 Joseph Stiglitz kritisiert die von IWF und Weltbank geförderte Globalisierung.

2005 David Dollar meint, die Globalisierung verringere die Armut in den armen Ländern.

2016 Die Briten stimmen für den Austritt aus der EU.

Globalisierung ist ein Begriff, der für Politiker, Geschäftsleute und Sozialwissenschaftler unterschiedliche Dinge bezeichnet. Für Wirtschaftswissenschaftler bedeutet sie die Integration der Märkte. Die Ökonomen sehen darin seit Langem eine positive Entwicklung.

Im 18. Jahrhundert griff Adam Smith (S. 61) den merkantilistischen Protektionismus an, der den Import ausländischer Güter beschränken wollte. Er argumentierte, durch den internationalen Handel würden sich die Märkte vergrößern und einzelne Länder könnten sich effizienter auf bestimmte Produkte spezialisieren. Häufig wird die Integration der Märkte als unausweichlich betrachtet, weil sie mit einer Welle neuer Technologien einhergeht. Aber die Globalisierung wird auch von Entscheidungen einzelner Länder beeinflusst – manchmal bewusst, manchmal zufällig. Zwar bringen die technologischen Veränderungen die Nationen tendenziell einander näher, aber politische Entscheidungen können sie auseinander treiben.

Marktintegration ist das Verschmelzen zahlreicher Märkte zu einem. Auf einem Markt hat ein bestimmtes Gut einen bestimmten Preis: Wenn der Osten und der Westen von Paris zum gleichen Markt gehören würden, wäre der Preis für Möhren in beiden Gegenden gleich. Läge der Preis im Westen von Paris höher, würden die Verkäufer aus dem Osten in den Westen ziehen und die Preise würden sich angleichen. Der Preis von Möhren in Paris und Lissabon kann sich jedoch

Handelsrouten erstrecken sich seit Jahrhunderten über den ganzen Globus. Die Phönizier hatten z. B. bis zum 12. Jh. v. Chr. Handelszentren im gesamten Mittelmeerraum errichtet.

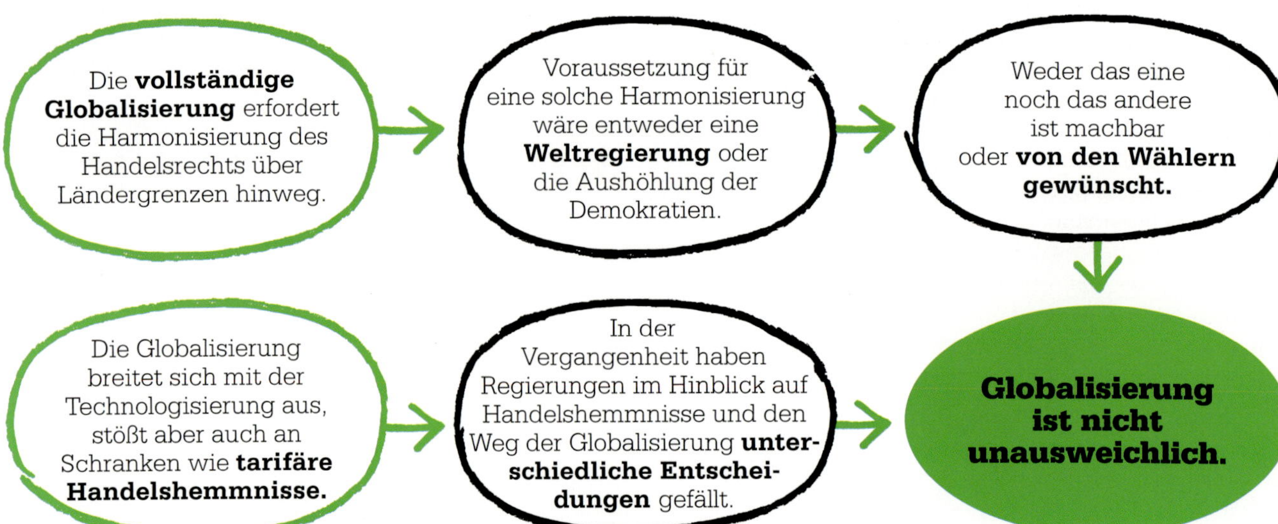

Siehe auch: Protektionismus und Handel 34–35 ▪ Der komparative Kostenvorteil 80–85 ▪ Internationaler Handel und Bretton Woods 186–187 ▪ Die Dependenztheorie 242–243 ▪ Das ostasiatiasche Wunder 282–287 ▪ Globales Ungleichgewicht 326–329

unterscheiden, und hohe Transportkosten können bedeuten, dass es für die portugiesischen Verkäufer nicht wirtschaftlich wäre, ihre Ware nach Frankreich zu bringen, selbst wenn sie dort höhere Preise erzielen könnten. Auf separaten Märkten können die Preise für das gleiche Gut auf lange Sicht verschieden sein.

Globale Marktintegration bedeutet, dass die Preisunterschiede zwischen den Ländern aufgehoben werden, weil alle Märkte verschmelzen. Eine Möglichkeit, den Fortschritt der Globalisierung zu verfolgen, besteht darin, die Preiskonvergenz in verschiedenen Ländern zu beobachten. Wenn die Kosten für den grenzüberschreitenden Handel sinken, können die Firmen Preisunterschiede leichter ausnutzen – z. B. könnten die portugiesischen Möhrenverkäufer auf den französischen Markt vordringen. Die Handelskosten sinken, wenn neue Transportformen erfunden werden oder wenn bestehende Transportmittel schneller und billiger werden. Außerdem sind manche Kosten von Menschen gemacht: Staaten hemmen den Handel, beispielsweise durch Zölle oder Importquoten. Wenn diese fallen, verringern sich die Kosten.

Der Aufstieg des globalen Handels

Der Fernhandel besteht bereits seit Jahrhunderten. Wachsende Bevölkerungen und Einkommen schufen einen Bedarf an neuen Produkten. Aber die zugrunde liegenden Handelshemmnisse veränderten sich nicht sehr stark. So richtig setzte die Globalisierung erst in den 1820er-Jahren ein, als sich die Preisunterschiede verringerten. Der Grund war die Verkehrsrevolution – Dampfschifffahrt und Eisenbahn, die Erfindung der Tiefkühlung und die Eröffnung des Suez-Kanals. Am Vorabend des Ersten Weltkriegs war die Weltwirtschaft ausgesprochen integriert, sogar wenn man sie mit dem späten 20. Jahrhundert vergleicht.

Ab dem 19. Jahrhundert trug der technologische Wandel dazu bei, die Märkte zu integrieren. Dieser lässt die Globalisierung irreversibel erscheinen: Wird eine Technologie wie der Dampfantrieb erfunden, lässt sich das nicht mehr rückgängig machen. Ein Großteil dieser Entwicklung liegt außerhalb der unmittelbaren Kontrolle von Regierungen. Doch Regierungen können auf einen Schlag Zölle erheben und andere Handelsbarrieren errichten, die den Import ersticken und den Handel erlahmen lassen.

Der einschneidendste Rückschlag für die Globalisierung in moderner Zeit war die Weltwirtschaftskrise der 1930er-Jahre. Die Länder erlebten eine Rezession und die Regierungen erhoben Zölle. Sie sollten die Nachfrage der Verbraucher nach inländischen Produkten erhöhen. Das Ergebnis war ein Zusammenbruch des Welthandels, der die Auswirkungen der Depression verschlimmerte. Es dauerte Jahrzehnte, die Weltwirtschaft wieder aufzubauen.

»Im 19. Jahrhundert fand eine erhebliche Globalisierung statt.«

Jeffrey G. Williamson
K. H. O'Rourke
Globalization and History: The Evolution of a Nineteenth-century Atlantic Economy (1999)

Integration

In den 1990er-Jahren hatte die Globalisierung auf fast allen Märkten »

Mitte des 19. Jh. entstanden in Großbritannien Technologien wie diese mechanischen Webstühle. Sie ermöglichten Exporte auf vielfältige Märkte auf der ganzen Welt.

Verbesserungen im Transportwesen haben die Globalisierung deutlich vorangebracht. In Shanghai (China) investierten die USA in einen gewaltigen Hafen.

wieder den Stand erreicht, den sie unmittelbar vor dem Ersten Weltkrieg hatte. Die Märkte sind heute integrierter als je zuvor, weil die Transportkosten immer niedriger werden und kaum noch Zölle erhoben werden.

Zur Vision einer globalen Zukunft gehört die Abschaffung der Handelsbarrieren, die durch institutionelle Unterschiede zwischen den Ländern entstehen. Die Märkte sind eingebettet in Institutionen – Eigentumsrechte, Rechtssysteme und behördliche Vorschriften. Institutionelle Unterschiede zwischen den einzelnen Ländern verursachen Kosten – ähnlich wie Zölle oder Entfernungen. Trotz Abschaffung der Zölle ist die Welt also noch lange kein einheitlicher Markt. Grenzen spielen immer noch eine Rolle, allein schon wegen der institutionellen Unvereinbarkeiten. Die vollständige Integration setzt den Ausgleich vorhandener rechtlicher und regulatorischer Unterschiede voraus, sodass ein einziger institutioneller Raum entsteht.

Manche Ökonomen halten diesen Prozess für unausweichlich. Sie meinen, er schreite immer weiter voran, weil die globalen Märkte die Harmonisierung der Institutionen in den verschiedenen Ländern vorantreiben.

Globalisierung kontra Demokratie

Der türkische Ökonom Dani Rodrik (geb. 1957) kritisiert die Vorstellung der »tiefen Integration«. Er hält sie weder für wünschenswert noch für unausweichlich. In der Realität bestünden weiterhin große institutionelle Unterschiede zwischen den Ländern. Rodriks Ausgangspunkt ist, dass Entscheidungen über die Richtung der Globalisierung einem politischen Trilemma unterliegen. Die Menschen wollen die Marktintegration wegen des Wohlstands, den sie oft mit sich bringt. Sie wollen aber auch die Demokratie und gleichzeitig wollen sie unabhängige, souveräne Nationalstaaten. Rodrik hält es für unmöglich, alle drei Dinge zu vereinen. Seiner Ansicht nach sind nur jeweils zwei von ihnen gleichzeitig möglich und je nachdem, wie das Trilemma gelöst wird, ergeben sich unterschiedliche Formen der Globalisierung.

Das Trilemma ergibt sich aus dem Umstand, dass zu einer tiefen oder vollständigen Integration der Märkte die Beseitigung der institutionellen Unterschiede zwischen den Ländern erforderlich wäre. Die Wähler in den einzelnen Ländern wollen aber verschiedene Institutionen. Im Gegensatz zu den Wählern in den USA sind die europäischen Wähler eher für einen umfassenden Wohlfahrtsstaat. Daher hätte ein einziger, globaler institutioneller Rahmen, in dem noch Nationalstaaten bestehen blieben, zur Folge, dass man die Wünsche der Wähler in einigen Ländern ignoriert. Das wäre undemokratisch und die Regierun-

Die Geldmärkte liberalisieren

Die Liberalisierung der Kapitalmärkte, auf denen man sich Geld für Investitionen leihen kann, war ein wichtiger Beitrag zur Globalisierung. Seit den 1970er-Jahren gibt es einen Trend zum freien Kapitalfluss über Grenzen hinweg. Der aktuellen ökonomischen Theorie zufolge unterstützt dies die Entwicklung. Die Inlandsersparnisse zur Investition in Wachstum sind in den Entwicklungsländern begrenzt, doch die Liberalisierung erlaubt ihnen, einen globalen Pool anzuzapfen. Ein globaler Kapitalmarkt gibt den Investoren außerdem größeren Handlungsspielraum bei der Verwaltung und Verteilung ihrer Risiken.

Doch oft wird der Einwand laut, der freiere Kapitalfluss habe das Risiko finanzieller Instabilität erhöht. Die Asienkrise der späten 1990er-Jahre folgte auf eine Liberalisierung. Ohne ein starkes Finanzsystem und ein robustes Regelungsumfeld kann die Globalisierung der Kapitalmärkte Instabilität statt Wachstum bringen.

Die Asienkrise begann, als die thailändische Regierung versuchte, den Bhat vom Dollar abzukoppeln.

»… ›tiefe‹ wirtschaftliche Integration bleibt unerreichbar, solange Nationalstaaten und demokratische Politik noch erhebliche Macht ausüben.«

Dani Rodrik

Auch wenn sich viele Länder Demokratie, Unabhängigkeit und eine globale wirtschaftliche Integration wünschen, sind zu jedem gegebenen Zeitpunkt jeweils nur zwei von diesen drei Dingen kompatibel. Im Diagramm stellt jede Seite des Dreiecks eine mögliche Kombination dar.

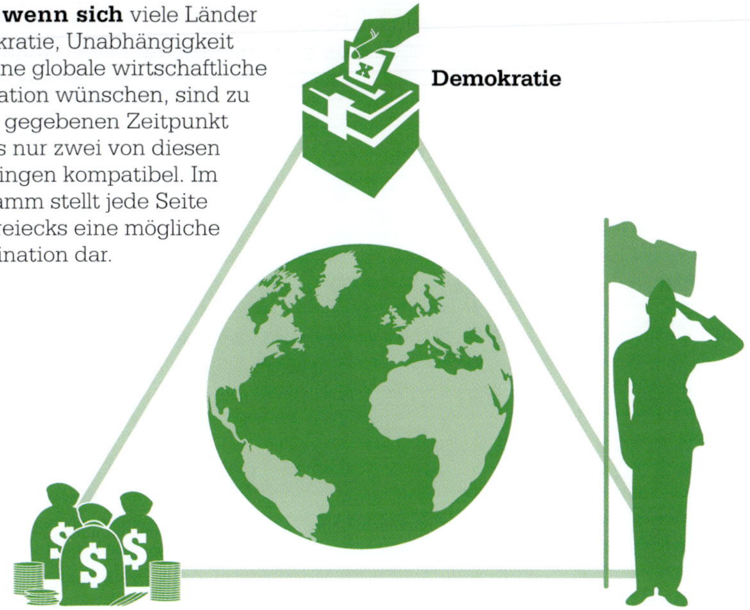

gen befänden sich, wie es der US-Journalist Thomas Friedman (geb. 1953) ausdrückt, in einer »goldenen Zwangsjacke«. Andererseits würde ein globales institutionelles System, in dem Demokratie herrschte, nach einem globalen Föderalismus verlangen – nach einer einzigen weltweiten Wählerschaft und der Auflösung der Nationalstaaten.

Es gibt kein besseres Beispiel für das politische »Trilemma« als den Austritt Großbritanniens aus der Europäischen Union. In einem als »Brexit« bekannt gewordenen Referendum stimmten britische Wähler 2016 mit knapper Mehrheit für einen Austritt aus der EU. Sie begründeten dies mit dem Wunsch nach mehr britischer Autonomie, Kontrolle über Immigration und Abneigung gegen Rettungsaktionen für angeschlagene Volkswirtschaften wie Griechenland. Nach langwierigen Verhandlungen wurde der Austritt 2020 offiziell vollzogen. Laut einer Analyse der Investmentbank Goldman Sachs ist die britische Wirtschaft seitdem um fünf Prozent weniger gewachsen als andere vergleichbare Länder.

Heute sind wir von beidem weit entfernt – von der goldenen Zwangsjacke ebenso wie vom globalen Föderalismus. Die Nationalstaaten sind stark und die fortdauernde institutionelle Vielfalt in den Ländern signalisiert, dass die Präferenzen der verschiedenen Bevölkerungen immer noch wichtig sind. In den Jahren seit dem Zweiten Weltkrieg wurde Rodriks Trilemma gelöst, indem man auf die tiefe Integration verzichtete. Die Märkte sind einander so nahe gerückt, wie das angesichts der unterschiedlichen Situationen in den verschiedenen Ländern möglich ist. Rodrik spricht in diesem Zusammenhang vom »Bretton-Woods-Kompromiss«: Nach dem Krieg wurden Institutionen wie das Allgemeine Zoll- und Handelsabkommen GATT und der Internationale Währungsfonds IWF eingerichtet (S. 186–187), um mit einer organisierten Integration, bei der die Nationalstaaten ihre eigene Innenpolitik verfolgen und sich entlang unterschiedlicher institutioneller Pfade entwickeln konnten, eine Wiederholung der Entwicklung in den 1930er-Jahren zu verhindern.

Seit den 1980er-Jahren wird der Kompromiss von Bretton Woods langsam ausgehöhlt. Die Politik verfolgt zunehmend das Ziel der tiefen Integration. Rodrik meint jedoch, die institutionelle Vielfalt solle gegenüber der tiefen Integration Vorrang haben. Der Wunsch der europäischen Wähler nach einem Wohlfahrtsstaat und einer staatlich geregelten Gesundheitsversorgung sei nicht nur wirtschaftlich begründet, sondern habe auch mit dem Gerechtigkeitsempfinden der Menschen zu tun. Die Vielfalt der Institutionen spiegele solche unterschiedlichen Werthaltungen wider. Man könnte auch sagen: Es gibt mehr als einen institutionellen Weg zu einer gesunden Wirtschaft. Vielleicht hat die Globalisierung Grenzen und vielleicht ist die vollständige Verschmelzung der Volkswirtschaften weder machbar noch – am Ende – wünschenswert. ■

IM SOZIALISMUS SIND DIE LÄDEN LEER

ENGPÄSSE IN PLANWIRTSCHAFTEN

IM KONTEXT

SCHWERPUNKT
Wirtschaftssysteme

VORDENKER
János Kornai (1928–2021)

FRÜHER
1870 William Jevons, Alfred Marshall und Léon Walras konzentrieren sich auf optimale Effizienz bei beschränktem Budget.

SPÄTER
1954 Gérard Debreu und Kenneth Arrow finden heraus, unter welchen Bedingungen die Nachfrage auf allen Märkten einer Wettbewerbswirtschaft genauso groß ist wie das Angebot.

1991 Die Sowjetunion bricht zusammen und mit ihr die Zentralverwaltungswirtschaft.

1999 Philippe Aghion, Patrick Bolton und Steven Fries veröffentlichen *The Optimal Design of Bank-Bailouts*. Ihrer Ansicht nach haben Banken eine weiche Budgetbeschränkung.

Auf einem Wettbewerbsmarkt müssen die **Einnahmen einer Firma höher** sein als ihre Kosten, sonst geht sie bankrott.

↓

Wenn Firmen in Planwirtschaften ihre Kosten nicht decken können, **schützt der Staat** sie vor dem Bankrott.

↓

Das bedeutet, dass die Kosten (Material und Arbeit) nicht eng an **Output oder Nachfrage** angepasst sein müssen.

↓

Im Sozialismus sind die Läden leer.

Nachdem die Zentralverwaltungswirtschaften in Osteuropa nach dem Zweiten Weltkrieg stark gewachsen waren, sahen sie sich zunehmend schwierigen Problemen gegenüber. Zwar konnten sie Ressourcen für fest umrissene Aufgaben mobilisieren, etwa die Produktion von Waffen, aber bei komplexen Anforderungen gab es Probleme. Engpässe traten trotz Planung reichlich auf, weil Güter und Dienstleistungen nicht rechtzeitig, in falscher Menge oder mangelnder Qualität erbracht wurden. Die Kluft zwischen dem Osten und dem Westen wuchs zusehends.

Weiche Budgetbeschränkungen

Als Reaktion bemühten sich etliche sozialistische Regime, ihre Planwirtschaften zu reformieren. Ungarn ging weiter als die meisten und führte ab den 1960er-Jahren Elemente des Marktwettbewerbs ein. Theoretisch sollten damit die positiven Aspekte des Marktes (Innovation, Wahlmöglichkeiten) übernommen werden, während der Plan weiterhin soziale Güter wie Vollbeschäftigung sicherstellen sollte. In der Praxis lieferte das System nach anfänglichen Erfolgen

Siehe auch: Die freie Marktwirtschaft 54–61 ▪ Marxistische Wirtschaft 100–105 ▪ Der Wettbewerbsmarkt 126–129 ▪ Zentrale Planung 142–147 ▪ Wirtschaftsliberalismus 172–177

weiterhin Engpässe und Ineffizienz. Als János Kornai dem Problem auf den Grund gehen wollte, stieß er auf das Konzept der »weichen Budgetbeschränkungen«. Auf Wettbewerbsmärkten unterliegen die Entscheidungen von Firmen normalerweise »harten Budgetbeschränkungen«: Ihre Einnahmen müssen zumindest die Kosten decken, sonst machen sie Verluste. Das zwingt die Firmen, am Input zu sparen und den Output mit maximalem Profit zu verkaufen. Kornai fiel auf, dass in Planwirtschaften wie Ungarn die Firmen dieser Disziplin nicht unterlagen: Sie sahen sich nicht harten, sondern weichen Budgetbeschränkungen gegenüber, denn der Staat schützte die Firmen vor dem Bankrott: Firmen, die lebensnotwendige Güter produzierten, würden niemals gezwungen werden zu schließen.

Weiche Budgetbeschränkungen bedeuten, dass die Einnahmen einer Firma nicht kostendeckend sein müssen. Sie tendiert dann dazu, übermäßigen Input zu verlangen. Das führt zu überhöhter Nachfrage nach bestimmtem Input und es entstehen Engpässe aufgrund von Ineffizienz. Diese Engpässe setzen sich schließlich fort bis zu den Verbrauchern, die in den Läden vor leeren Regalen stehen. Laut Kornai bedeuten Engpässe, dass die Verbraucher zur Substitution gezwungen werden: Sie müssen bei einem Engpass das nächstbeste verfügbare Gut kaufen.

Rettungsaktionen

Leistungsschwächen wie diese summierten sich. Aufgrund von garantierten Rettungsaktionen und fehlender Haushaltsdisziplin bestand für Firmen kaum Anreiz, Waren und Dienstleistungen effizient zu liefern.

Kornai beschreibt weiche Budgetbeschränkungen als »Krankheit« aller Planwirtschaften, die sich nicht kurieren lässt, weil nur ein vollständiger Systemwandel eine Lösung bringen könnte. Das Problem ist nicht auf die sozialistischen Länder beschränkt. Kornai argumentiert, auch Großbanken im Westen hätten weiche Budgetbeschränkungen: Sie rechneten damit, von der jeweiligen Regierung gerettet zu werden, was ihre Risikobereitschaft in ineffiziente Höhen steigen lasse. Andererseits empfänden es die Leute als ungerecht, wenn bei jeder Behördenentscheidung harte Budgetbeschränkungen zugrunde gelegt würden – etwa wenn man insolvente Familien inhaftierte. In der Praxis haben daher selbst besonders freizügige Marktwirtschaften eine Mischung aus harten und weichen Budgetbeschränkungen. ▪

Engpässe gehörten zum Leben in der Planwirtschaft. Wenn sich eine Schlange bildete, reihten sich viele einfach ein, weil es dort irgendetwas gab, das sonst nicht verfügbar war.

János Kornai

Der Ungar János Kornai war vor allem für seine Arbeiten über die Zentralverwaltungswirtschaft bekannt. Seine schlimmen Erlebnisse im Faschismus – sein Vater starb in Auschwitz – machten ihn zum Kommunisten. Er studierte Philosophie in Budapest, wechselte jedoch zu Wirtschaftswissenschaften. Ab 1947 arbeitete Kornai für die Zeitung der Kommunistischen Partei, aber Anfang der 1950er-Jahre brach er mit der Partei. Seine kritischen Artikel führten 1955 zur Entlassung aus der Redaktion. Da er Ungarn nicht verlassen durfte, arbeitete er für die ungarische Akademie der Wissenschaften. 1985 ging er nach Harvard, kehrte aber 2001 nach Ungarn zurück. Er ist ein Kritiker der neoklassischen Wirtschaftslehre, weil sie seiner Ansicht nach abstraktes Theoretisieren über die Beantwortung der großen Fragen stellt. Er verstarb 2021.

Hauptwerke

1959 *Overcentralization in Economic Administration*
1971 *Anti-Äquilibrium* (dt. 1975)
1992 *Das sozialistische System* (dt. 1995)

WAS GLAUBT DER ANDERE, WERDE ICH TUN?

DIE SPIELTHEORIE

IM KONTEXT

SCHWERPUNKT
Entscheidungsfindung

VORDENKER
John Nash (1928–2015)

FRÜHER
1928 John von Neumann formuliert die »Minimax-Regel«: Die beste Strategie ist, bei jedem Zug den maximalen Verlust zu minimieren.

SPÄTER
1960 Thomas Schelling veröffentlicht *The Strategy of Conflict* über Strategien im Kontext des Kalten Krieges.

1965 Reinhard Selten analysiert Spiele mit vielen Runden.

1967 John Harsanyi zeigt, wie sich Spiele analysieren lassen, selbst wenn man nicht weiß, gegen welchen Gegner man antritt.

Im Alltag müssen wir strategische Entscheidungen treffen, die denen bei einem Schachspiel ähneln. Die Spieler überlegen, wie der Gegner reagieren wird, und planen danach ihre Züge.

Macht man sich Gedanken, wie eine andere Person reagieren wird, wenn man etwas tut, ist das eine strategische Überlegung. Die erfolgreiche Bewältigung sozialer und wirtschaftlicher Interaktionen ist ein wenig vergleichbar mit einem Schachspiel: Die Spieler müssen sich die möglichen Gegenzüge ihres Kontrahenten überlegen und ihren Zug auf dieser Grundlage planen. Bis in die 1940er-Jahre gingen die Ökonomen diesem Thema aus dem Weg. Aufgrund der Größe der Märkte habe niemand Einfluss auf Preise oder Löhne und individuelle Entscheidungen hätten keine allgemeinen Auswirkungen, so wurde argumentiert. Doch bereits 1838 hatte Antoine Augustin Cournot (S. 91) untersucht, inwiefern die Erwartungen zweier Firmen hinsichtlich des Verhaltens des jeweils anderen die Menge der von ihnen produzierten

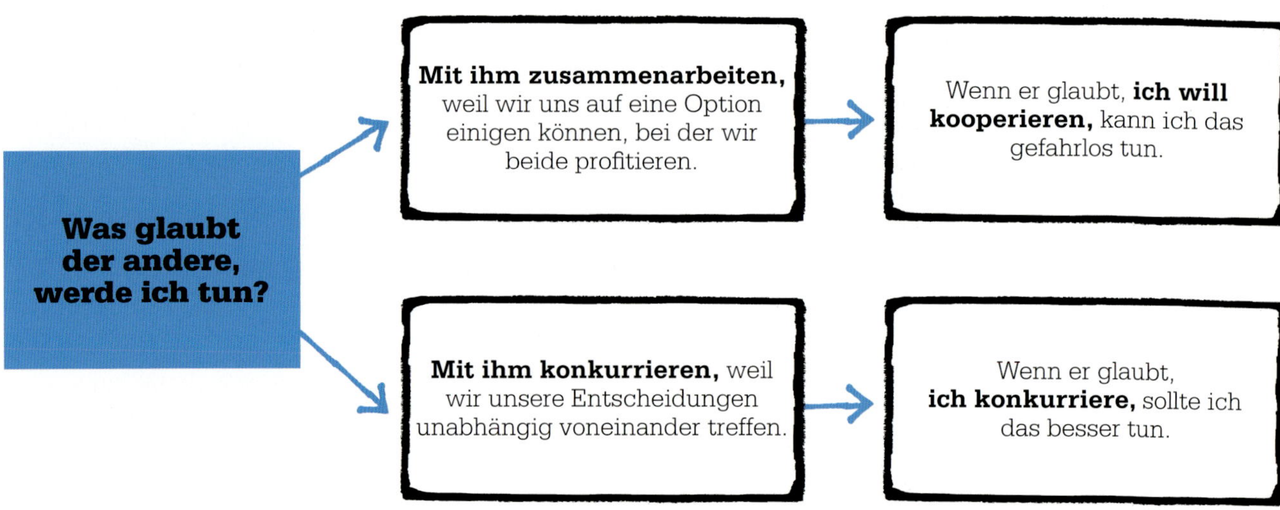

Siehe auch: Der ökonomische Mensch 52–53 ▪ Kartelle und Absprachen 70–73 ▪ Auswirkungen eines begrenzten Wettbewerbs 90–91 ▪ Wirtschaftliches Gleichgewicht 118–123 ▪ Verhaltensökonomie 266–269 ▪ Der Fluch des Gewinners 294–295

Güter beeinflussen. Dies war jedoch ein isolierter Fall der Analyse einer strategischen Interaktion.

1944 veröffentlichten die Mathematiker John von Neumann und Oskar Morgenstern das bahnbrechende Werk *Theory of Games and Economic Behavior* (dt.: *Spieltheorie und wirtschaftliches Verhalten*). Ihrer Ansicht nach werden viele Bereiche des Wirtschaftslebens von einer kleinen Anzahl Teilnehmer beherrscht, beispielsweise von großen Unternehmen, Gewerkschaften oder Regierungen. In solchen Situationen lässt sich wirtschaftliches Verhalten als strategische Interaktion begreifen. Durch ihre Analyse einfacher Spiele für zwei Personen, die zu einer Nulllösung führen (eine Person gewinnt, die andere verliert), wollten sie allgemeine Regeln für strategisches Verhalten aufstellen. Dieser Ansatz wurde als Spieltheorie bekannt.

Von Neumann und Morgenstern betrachteten kooperative Spiele, bei denen die Spieler verschiedene Reaktionsmöglichkeiten haben, die zu unterschiedlichen Resultaten führen. Die Spieler können die Situation diskutieren und sich auf einen Aktionsplan einigen. Ein reales Beispiel für diese Art Spiel lieferte der US-Mathematiker Merrill Flood, der seinen drei Kindern im Teenageralter die Aufgabe stellte, sich für einen maximalen Lohn von vier Dollar als Babysitter zu bewerben. Sie durften das Problem diskutieren und sich einigen. Sollte dies aber nicht gelingen, würde derjenige mit dem niedrigsten Gebot den Zuschlag erhalten. Flood kannte ganz einfache Lösungsmöglichkeiten: Sie konnten z. B. losen oder den Ertrag gleichmäßig aufteilen. Doch seine Kinder schafften es nicht, eine Lösung zu finden. Am Ende bot eines an, die Aufgabe für 90 Cent zu erledigen.

Das Nash-Gleichgewicht

Anfang der 1950er-Jahre betrachtete ein brillanter junger Mathematiker namens John Nash, was geschieht, wenn Spieler in nichtkooperativen Situationen Entscheidungen unabhängig voneinander treffen – ohne die Möglichkeit zur Kommunikation. Auch hier ist Kooperation ein mögliches Ergebnis, aber nur, wenn alle Spieler darin die Chance sehen, ihre eigenen, individuellen Erfolgschancen zu maximieren. Die Spieler wählen die bestmögliche Strategie, davon ausgehend, dass ihr Gegner ebenfalls die bestmögliche Strategie wählt. Nash beschrieb diesen Zustand, wenn keiner der Spieler sein Verhalten ändern will, mit den Worten: »Die Strategie jedes Spielers ist optimal in Bezug auf die optimalen Strategien aller anderen«. Heute spricht man vom Nash-Gleichgewicht.

Nach dem Zweiten Weltkrieg blühte die Spieltheorie auf – hauptsächlich in der Ideenschmiede »

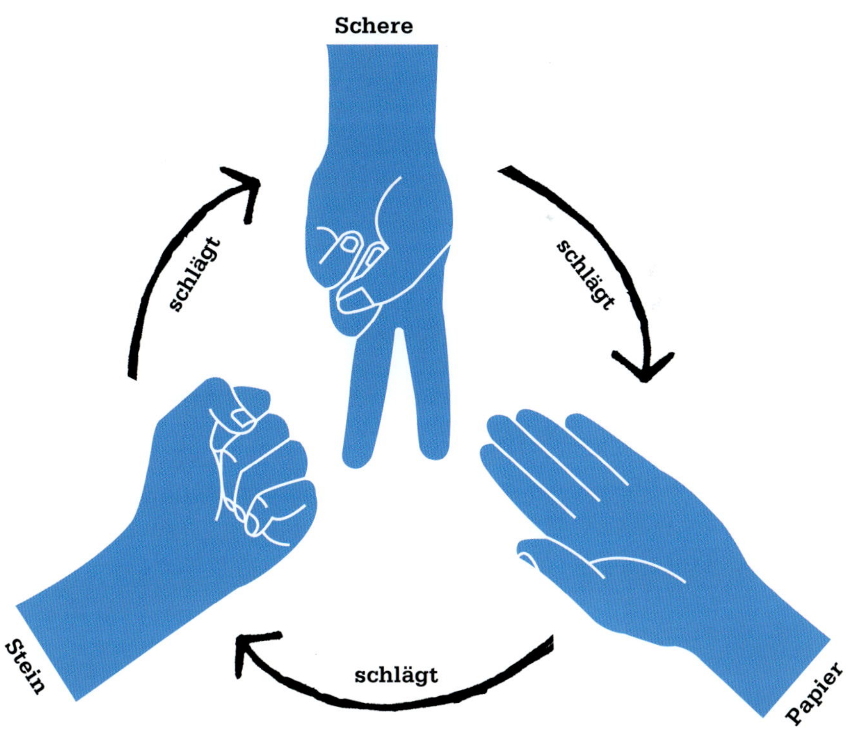

Schere, Stein, Papier ist ein Beispiel für ein einfaches Nullsummenspiel: Ein Spieler gewinnt, wenn der andere verliert. Zwei Spieler sind beteiligt. Sie bilden gleichzeitig eine von drei möglichen Formen mit der Hand. Dann hat ein Spieler entweder gewonnen, verloren oder gleichgezogen. Stein schlägt Schere, Schere schlägt Papier und Papier schlägt Stein. Spieltheoretiker analysieren solche Spiele, um allgemeine Regeln des menschlichen Verhaltens zu finden.

Das Gefangenendilemma ist ein Beispiel für ein nicht-kooperatives Spiel, bei dem keine Seite mit der anderen kommunizieren kann. Das »Nash-Gleichgewicht« besteht darin, dass beide Spieler den Verrat begehen.

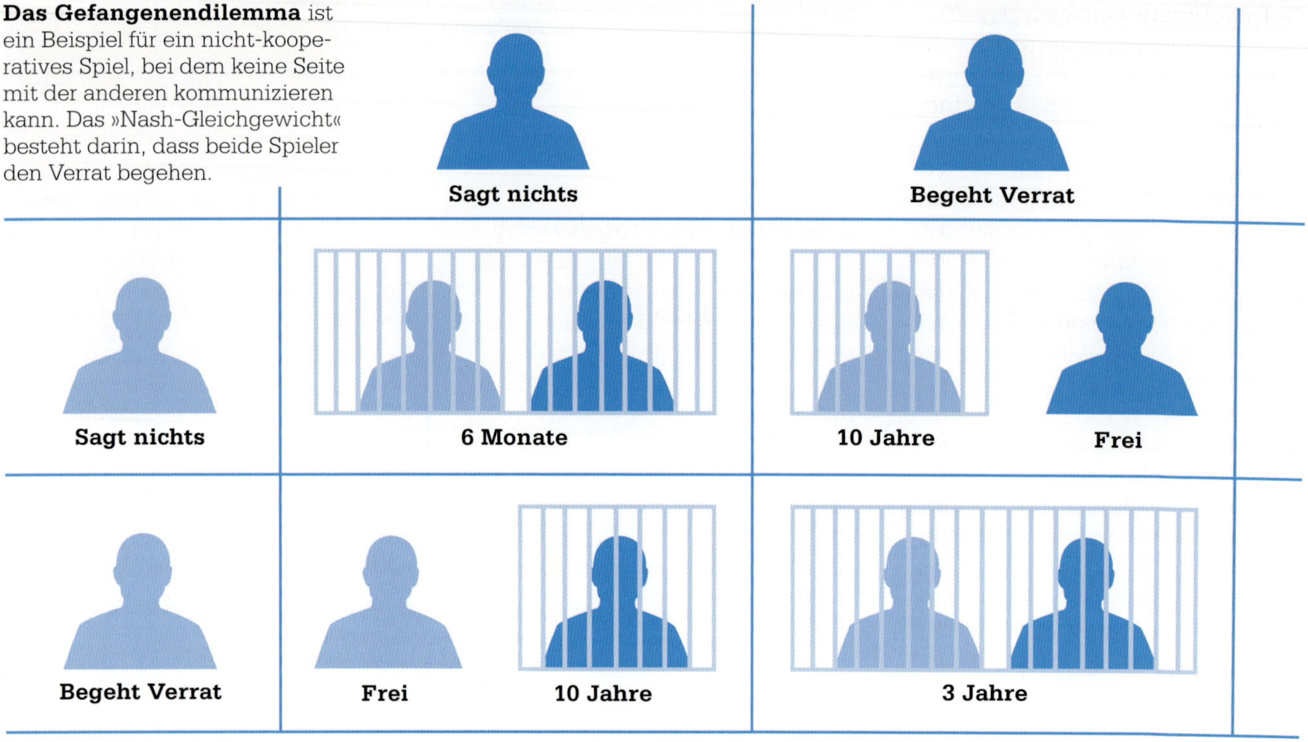

RAND (Abkürzung für: Research ANd Development). RAND wurde 1946 von der US-Regierung mit dem Auftrag ins Leben gerufen, die Wissenschaft in den Dienst der nationalen Sicherheit zu stellen. Der »Think-Tank« beschäftigte Mathematiker, Ökonomen und andere Wissenschaftler, die in vielen Bereichen wie der Spieltheorie forschten.

» Bei der Spieltheorie geht es um rationales Verhalten in sozialen Situationen. «

John Harsanyi
US-Ökonom (1920–2000)

Sie galt als besonders relevant für die Politik des Kalten Krieges. 1950 entwickelten die Spieltheoretiker bei RAND zwei Beispiele für nicht-kooperative Spiele. Das erste wurde unter dem Namen »So Long Sucker« veröffentlicht. Es sollte die Mitspieler dazu bringen, psychologisch so grausam wie möglich zu sein. Die Mitspieler wurden gezwungen, Koalitionen zu bilden, aber um am Ende zu gewinnen, musste man seinen Partner hintergehen. Es heißt, dass Ehepartner nach Proberunden des Spiels häufig getrennt nach Hause fuhren.

Das Gefangenendilemma

Vielleicht das berühmteste Beispiel für ein nicht-kooperatives Spiel ist das Gefangenendilemma. Es wurde 1950 von Melvin Dresher und Merrill Flood erdacht und baut auf Nashs Arbeit auf. Bei dem Dilemma geht es um zwei verhaftete Straftäter, die getrennt befragt werden und folgende Möglichkeiten haben: Wenn sie beide gegeneinander aussagen, bekommt jeder eine mittlere Gefängnisstrafe, die zwar schmerzhaft, aber erträglich ist. Wenn keiner gegen den anderen aussagt, werden beide für eine kurze Frist verurteilt, mit der sie gut zurechtkommen. Doch wenn einer aussagt und der andere nicht, wird der Verräter freigelassen, während der Mann, der nichts sagt, eine lange Haftstrafe verbüßen muss, die sein Leben ruiniert.

Beide Gefangenen stehen vor dem Dilemma: Soll ich meinen Partner verraten oder nicht? Wer seinen Partner verrät, kommt frei oder erhält eine mittlere Strafe. Wer seinem Partner vertraut, könnte eine kurze Haftstrafe bekommen – oder aber eine sehr lange Zeit im Gefängnis verbringen. Wer am Ende nicht mit »der Bestrafung des

Gutgläubigen« *(sucker's payoff)* dasitzen will, muss Verrat begehen – das ist in diesem Fall das sogenannte Nash-Gleichgewicht. Interessant ist, dass die »dominante« (beste) Strategie des gegenseitigen Verrats aber nicht das Wohlergehen der Gruppe maximiert. Würden beide ablehnen, den jeweils anderen zu verraten, wäre ihrer beider Gefängnisstrafe besonders kurz.

Dresher und Flood probierten das Gefangenendilemma an zwei Kollegen aus, um zu sehen ob Nashs Voraussage zuträfe. Sie entwarfen ein Spiel, bei dem jeder Spieler wählen konnte, ob er den anderen verrät oder ihm vertraut. Es gab eine »Bestrafung des Gutgläubigen«, aber auch die Option einer kooperativen Vereinbarung, bei der beide Spieler profitieren würden. Da das Experiment aus 100 Runden bestand, hatten die Spieler genügend Gelegenheit, das frühere Verhalten ihres Partners zu bestrafen oder zu belohnen. Die Ergebnisse zeigten, dass das Nash-Gleichgewicht des Verrats nur 14-mal gewählt wurde, die kooperative Lösung dagegen 68-mal. Daraus folgerten Dresher und Flood, dass Menschen schnell lernen, eine Strategie zu wählen, die ihr Wohlergehen maximiert. Nash hielt dagegen, das Experiment sei fehlerhaft, weil es zu viel Interaktion erlaube; das einzige echte Gleichgewicht liege im Verrat.

»Die Strategie jedes Spielers ist optimal in Bezug auf die optimalen Strategien aller anderen.«

John Nash

Krieg und Frieden

Die iterative (aus vielen Runden bestehende) Version des Gefangenendilemmas wurde als »Krieg und Frieden« bekannt. An ihrem Beispiel sollte die beste Strategie im Kalten Krieg gegen die Sowjetunion erläutert werden. Immer wenn neue Technologien wie ballistische Interkontinentalraketen entwickelt wurden, musste die jeweilige Seite entscheiden, ob sie die enormen Summen für den Erwerb der Waffen ausgeben wollte. Die neue Technologie eröffnete die Möglichkeit, einen Krieg recht schmerzlos zu gewinnen – wenn die andere Seite die neue Waffe nicht entwickelte. »

Teure Technologie wie der Tarnkappenbomber wurde im Kalten Krieg entwickelt. Um nicht die »Bestrafung des Gutgläubigen« *(sucker's payoff)* zu erleiden, sollten laut Spieltheorie beide Seiten das Geld ausgeben.

John Nash

John Nash wurde 1928 geboren. In der Schule galt er wegen seines mangelhaften Sozialverhaltens als zurückgeblieben. Doch seine Eltern erkannten seine akademischen Fähigkeiten. 1948 erhielt er ein Stipendium für Princeton. Sein früherer Tutor schrieb ihm als Empfehlung: »Dieser Mann ist ein Mathematikgenie.« Vorlesungen besuchte Nash in Princeton kaum – er zog es vor, grundlegend neue Ideen zu verfolgen. So entwickelte er seine Vorstellungen zur Spieltheorie, die ihm den Nobelpreis einbringen sollten. In den 1950er-Jahren arbeitete er bei RAND und am Massachusetts Institute of Technology (MIT). Doch 1961 wurde seine Schizophrenieerkrankung deutlich, gegen die er weitere 25 Jahre lang ankämpfte. Nie gab er die Hoffnung auf, dass er noch wesentliche Beiträge zur Mathematik leisten würde. Kurz vor seinem Tod erhielt er 2015 vom norwegischen König Harald V. den Abelpreis.

Hauptwerke

1950 *Equilibrium Points in N-person Games*
1950 *The Bargaining Problem*
1952 *Real Algebraic Manifolds*

Die Folgen der Nichtentwicklung waren entweder eine gewaltige Einsparung oder die »Bestrafung des Gutgläubigen« – also die totale Niederlage.

Im größeren Kontext bedeutete Nashs Arbeit vor allem, dass es zwischen unabhängigen, eigennützigen Individuen ein Gleichgewicht geben konnte, das zu Stabilität und Ordnung führte. Es hieß sogar, dass das Gleichgewicht zwischen zwei Spielern, die ihre Belohnung in nicht-kooperativen Situationen maximieren wollen, sicherer und stabiler ist, als wenn die Spieler versuchen, einander zu helfen.

Nash teilte sich den Nobelpreis für Wirtschaftswissenschaften 1994 mit zwei Ökonomen, die ebenfalls zur Entwicklung der Spieltheorie beigetragen hatten. John Harsanyi aus Ungarn hatte gezeigt, dass Spiele immer analysiert werden können, auch wenn die Spieler keine vollständigen Informationen über die Motive und die Belohnungen der anderen Spieler haben. Weil die meisten strategischen Entscheidungen im wahren Leben in einem Nebel der Ungewissheit stattfinden, war dies ein wichtiger Durchbruch. Ein Beispiel: Herrscht auf den Finanzmärkten Unsicherheit darüber, welche Haltung die Zentralbank in Sachen Inflation und Arbeitslosigkeit einnimmt, weiß niemand, ob sie die Zinssätze heraufsetzen wird, um die Inflation zu reduzieren, oder ob sie die Zinssätze senkt, um mehr Arbeitsplätze zu schaffen. Da die Profite von Firmen auf den Finanzmärkten vom Zinssatz abhängig sind, den die Zentralbank in Zukunft vorgibt, müssen sie das Risiko abschätzen können, um zu entscheiden, ob sie mehr oder weniger Geld verleihen. Harsanyi zeigte, dass sich mithilfe der Spieltheorie das Nash-Gleichgewicht ermitteln lässt, das die Lösung des Problems darstellt, selbst wenn die Märkte das Ziel der Zentralbank nicht kennen.

Das Hundertfüßerspiel

Ein anderer Ökonom, der die Spieltheorie weiterentwickelte, war der Deutsche Reinhard Selten. Er führte das Konzept der Teilspielperfektion in mehrphasigen Spielen ein, also den Gedanken, dass es in jedem Stadium oder Teil des gesamten Spiels ein Gleichgewicht geben sollte. Das kann erhebliche Folgen haben. Ein Beispiel ist das Hundertfüßerspiel, bei dem mehrere Spieler eine Geldsumme weiterreichen. Bei jeder Weitergabe erhöht sich der Geldbetrag um 20 Prozent. Das Spiel kann auf zwei Arten enden: Entweder wird das Geld 100 Runden lang weitergereicht (daher der Name) und am Ende wird die gesamte Summe geteilt, oder aber ein Spieler beschließt in einer Phase des Spiels, das Geld zu behalten. Jeder Spieler hat die Wahl zu kooperieren, indem er das

»Man weiß, was man denkt, aber man weiß nicht, warum man es denkt.«

Reinhard Selten

Beim Handeln kann der Verkäufer zwar mit einem vielfach überhöhten Preis beginnen, aber er riskiert dabei, dass der Kunde abgeschreckt wird.

Die Wahrheit finden

1960 studierte Leonid Hurwicz die Marktmechanismen. Die klassische Theorie geht davon aus, dass Güter effizient gehandelt werden: Sie werden zu einem gerechten Preis an diejenigen verkauft, die sie am dringendsten wollen. In der Realität funktionieren Märkte jedoch anders. Hurwicz erkannte z. B., dass sowohl für den Verkäufer als auch für den Käufer eines Gebrauchtwagens ein Anreiz besteht, den anderen über die Preisvorstellungen zu belügen.

Selbst wenn beide Parteien einander ihre Preisvorstellungen offenlegten und sich den Unterschied teilten, würde wahrscheinlich kein optimales Ergebnis erreicht. Verkäufer nennen natürlich einen deutlich höheren Preis als nötig, während Käufer deutlich weniger bieten, als sie bereit sind zu zahlen. So kommt es zu keiner Einigung, obwohl beide das Geschäft abschließen wollen. Hurwicz kam zu dem Schluss, dass beide Parteien maximal profitieren, wenn die Teilnehmer dazu gebracht werden können, einander die Wahrheit zu sagen.

Bei kooperativen Spielen können die Teilnehmer sich verbünden. Häufig – wie beim Tauziehen – gibt es keine andere Möglichkeit zu gewinnen als die Kooperation mit anderen.

Geld weitergibt, oder auszusteigen und das Geld zu behalten. In der letzten Runde ist es eindeutig am günstigsten, auszusteigen und den gesamten Betrag für sich zu behalten. Das bedeutet aber, dass es in der vorletzten Runde ebenfalls die bessere Wahl ist auszusteigen – um das künftige Aussteigen eines Rivalen vorwegzunehmen. Bewegt man sich mit dieser Logik rückwärts, scheint das Aussteigen in jeder Runde die beste Option zu sein, sodass die teilspielperfekte Wahl darin besteht, in der ersten Runde auszusteigen. Dieses Ergebnis ist jedoch paradox, da der Geldbetrag in der ersten Runde sehr klein ist und den Ausstieg kaum lohnt.

Diese Idee wurde auf folgende Situation angewandt: Eine große Ladenkette hat Filialen im ganzen Land und die Konkurrenz bereitet sich darauf vor, auf den Markt vorzustoßen. Die Ladenkette könnte damit drohen, die Preise dort zu senken, wo die neue Firma auftreten will. Diese Drohung wäre sowohl glaubhaft als auch rentabel. Dem Nash-Gleichgewicht zufolge ist es für die Ladenkette die optimale Strategie, den Preiskrieg auszutragen und die neue Firma nicht auf den Markt gelangen zu lassen. Laut Selten wären dagegen die kumulativen Verluste zu groß, wenn die bestehende Firma jedes Mal die Preise senken würde, sobald eine neue Firma auf den Markt vorstößt. Folglich erscheint die Androhung eines Preiskriegs irrational. Die teilspielperfekte Strategie nach Selten wäre daher der Einstieg der neuen Firma ohne einen Preiskrieg.

» Um Theorien über ein nukleares Patt zu formulieren, musste ich nicht wirklich verstehen, was in der Sowjetunion vor sich ging. «

Thomas Schelling

Eingeschränkte Rationalität

Die geschilderten Paradoxa gründen auf der Annahme, dass sich die Spieler vollständig rational verhalten. Reinhard Selten schlägt jedoch eine realistischere Theorie der Entscheidungsfindung vor, denn meist entscheiden Menschen auf der Grundlage früherer Erfahrungen und ungefährer Schätzungen. Sie kalkulieren nicht immer rational, sondern sind stattdessen »eingeschränkt rational«: So wählen sie oft die gefühlsmäßig attraktiveren Lösungen des Spiels, obwohl sie vielleicht nicht teilspielperfekt sind.

Die Spieltheorie hat ihre Kritiker, die bei ihr einen wesentlichen Anspruch an eine wissenschaftliche Theorie vermissen: Sie ist nicht in der Lage, nützliche Voraussagen über die Zukunft zu machen. In einem Spiel gibt es viele Gleichgewichtszustände. So kann in einem Industriezweig die Entwicklung eines Kartells ein ebenso rationales Resultat sein wie ein Preiskrieg. Zudem überlegen wir Menschen bei unseren Entscheidungen nicht ständig: »Wenn ich dies tue, tun sie das« und so weiter.

Thomas Schelling verfolgt die Idee, dass menschliches Verhalten nicht nur durch mathematische Wahrscheinlichkeiten ausgelöst wird. Welche Spielkarte würden Sie beim »Koordinationsspiel« aus dem Stapel wählen – wenn beide Spieler belohnt werden, wenn sie an die gleiche Spielkarte denken? Würden Sie das Pik-Ass wählen? ■

DIE REICHEN LÄNDER MACHEN DIE ARMEN ARM

DIE DEPENDENZTHEORIE

IM KONTEXT

SCHWERPUNKT
Wachstum und Entwicklung

VORDENKER
Andre Gunder Frank
(1929–2005)

FRÜHER
1841 Der deutsche Ökonom Friedrich List argumentiert gegen den Freihandel und für den Schutz der Inlandsmärkte.

1949–1950 Hans Singer und Raúl Prebisch behaupten, dass sich das Einfuhrtauschverhältnis zwischen armen und reichen Ländern mit der Zeit verschlechtert.

SPÄTER
1974–2011 Der Soziologe Immanuel Wallerstein entwickelt Franks Entwicklungstheorien weiter zur Weltsystemtheorie. Sie erklärt die Veränderungen, die zum Aufstieg der westlichen Welt geführt haben, im historischen Zusammenhang.

Den armen Ländern wird gesagt, ihre Wirtschaft werde wachsen, wenn sie die **Grenzen für den Handel öffnen.**

Die reichen Länder sind in einer dominanten Position, daher **beuten sie die armen Länder** durch ungleiche Handelsverhältnisse **aus.**

Diese Ausbeutung führt dazu, dass die Wirtschaft in den armen Ländern **stagniert oder schrumpft,** …

… während die reichen Länder sich weiter **bereichern.**

Die reichen Länder machen die armen arm.

Reiche Länder wollen laut eigener Aussage nicht, dass die armen Länder arm bleiben – sie wollen, dass die Beziehungen beiden Seiten helfen. Doch in den 1960er-Jahren stellte Andre Gunder Frank seine »Dependenztheorie« auf, die besagt, dass die Entwicklungspolitik der westlichen Welt zusammen mit Freihandel und Investitionen die globale Teilung festschreibt. Sie erhält die Vorherrschaft der reichen Länder und lässt die armen in Armut verharren.

Handel im Ungleichgewicht

Die reichen Länder des Westens waren nie der unterlegene Handelspartner gegenüber einem Block mächtiger, wirtschaftlich entwickelter Länder – so wie die armen Länder heute. Deshalb weisen einige Ökonomen darauf hin, dass dieselbe Politik, die den reichen Ländern bei ihrer Entwicklung geholfen hat, den heutigen armen Ländern vielleicht nicht hilft.

Die Liberalisierung des internationalen Handels wird von den Ökonomen häufig als garantierter Weg gepriesen, den unterentwickelten Ländern zu helfen. Doch Franks Dependenztheorie behauptet, eine solche Politik führe häufig

Siehe auch: Protektionismus und Handel 34–35 ▪ Der komparative Kostenvorteil 80–85 ▪ Entwicklungsökonomie 188–193 ▪ Wachstumstheorien 224–225 ▪ Marktintegration 226–231 ▪ Das ostasiatiasche Wunder 282–287 ▪ Internationaler Schuldenerlass 318–319

In der nigerianischen Ölindustrie wird für ausländische Firmen gearbeitet. Diese investieren in Nigeria und profitieren im Gegenzug von niedrigen Löhnen und wertvollen Rohstoffen.

zu Situationen, in denen die reichen Länder die armen ausbeuteten. Unterentwickelte Länder produzieren Rohstoffe, die von den reicheren Ländern gekauft werden, um damit verarbeitete Güter herzustellen, die im Inland oder an andere Industrieländer verkauft werden. Das führt zu einem unausgeglichenen Handelssystem: Die meisten armen Länder handeln mit den Industrieländern, während nur ein kleiner Teil des Handels der reichen Länder mit den Entwicklungsländern stattfindet. Daher ist die Verhandlungsposition der ärmeren Länder schwach und ihnen bleiben die günstigen Handelsverhältnisse vorenthalten, die sie für ihren Fortschritt bräuchten.

Nach Franks Theorie führen diese Kräfte zur Teilung der globalen Wirtschaft in einen »Kern« reicher Länder, in die der Wohlstand fließt, und eine »Peripherie« der marginalisierten ärmeren Länder. Oft sind die Wirtschaften armer Länder so organisiert, dass sie nicht zu Investitionen einladen, welche aber ein Hauptmotor des Wachstums wären. Reichere Länder, die Industrialisierung und Investitionen in ärmere Länder bringen, behaupten oft, sie wollten damit die ärmeren Länder beim Wirtschaftswachstum unterstützen. Die Dependenztheoretiker halten dagegen, dass in Wirklichkeit häufig örtliche Ressourcen ausgebeutet und die Arbeiter schlecht bezahlt werden. Zudem gehen die Profite an ausländische Anteilseigner und werden nicht in die Wirtschaft vor Ort reinvestiert.

Ein alternativer Weg

Um den Schaden zu vermeiden, den die Dependenztheoretiker beschreiben, haben manche armen Länder einen anderen Weg eingeschlagen. Sie öffnen sich nicht für den Welthandel und ausländische Investitionen, sondern tun das genaue Gegenteil und isolieren sich. Einige vertreten die Ansicht, der Aufstieg asiatischer Tigerstaaten wie Singapur und Südkorea und das bemerkenswerte chinesische Wachstum wiesen auf Fehler in der Sicht der Dependenztheoretiker hin. Für diese Gruppe von Schwellenländern war der internationale Handel ein Wachstumsmotor. In jüngerer Zeit hat die Dependenztheorie in Bewegungen gegen die Globalisierung ein Echo gefunden, die weiterhin den klassischen Ansatz infrage stellen. ■

» … die Unterentwicklung [rührt] weder vom Überleben archaischer Institutionen her … noch vom Kapitalmangel … Sie wurde und wird von … der Entwicklung des Kapitalismus selbst [erzeugt]. «

Andre Gunder Frank

Ungleicher Export: Rohe und verarbeitete Güter

1949 und 1950 veröffentlichten Hans Singer und Raúl Prebisch unabhängig voneinander Aufsätze über die Nachteile der Entwicklungsländer, wenn sie mit den Industrieländern Handel treiben. Sie beobachteten, dass das Handelsverhältnis (die Menge der Importe, die eine Nation für eine bestimmte Exportmenge kaufen kann) schlechter ist bei Ländern, die in erster Linie Rohstoffe exportieren, als bei Ländern, die verarbeitete Güter exportieren. Das lässt sich dadurch erklären, dass mit steigendem Einkommen die Nachfrage nach Nahrungsmitteln und Rohstoffen eher stabil bleibt.

Andererseits lösen höhere Einkommen eine stärkere Nachfrage nach verarbeiteten Waren und Luxusgütern aus. Das führt zu Preissteigerungen und auch dazu, dass sich die ärmeren Länder für das Geld, das sie für ihre Exporte erhalten, weniger verarbeitete Importgüter leisten können.

DIE MENSCHEN LASSEN SICH NICHT AN DER NASE HERUMFÜHREN

RATIONALE ERWARTUNGEN

IM KONTEXT

SCHWERPUNKT
Die Makroökonomie

VORDENKER
John Muth (1930–2005)
Robert Lucas (1937–2023)

FRÜHER
1939 John Hicks analysiert, wie Erwartungen an die Zukunft sich verändern.

1958 Philip Cagan erklärt Zukunftsvorhersagen, die auf der Vergangenheit beruhen, mithilfe des Begriffs »adaptive Erwartungen«.

SPÄTER
1985 Gregory Mankiw trägt zur Entstehung des »Neuen Keynesianismus« bei. Darin finden neue Modelle Verwendung, die die rationalen Erwartungen der Menschen an die Zukunft in ihre Berechnungen einschließen.

Die zunehmenden staatlichen Eingriffe und Ausgaben nach dem Zweiten Weltkrieg wurden von den Ökonomen zum Anlass genommen, neu über die Gesamtwirtschaft nachzudenken. Insbesondere glaubten sie, die Regierung könne durch ihre Geld- und Fiskalpolitik (Geldmenge, Steuern und Staatsausgaben) die Wirtschaft ankurbeln, um auf Dauer einen höheren Output und eine niedrigere Arbeitslosigkeit zu erzielen.

Die frühe Kritik an solchen keynesianischen Modellen schloss auch die nähere Untersuchung der Bedeutung von »Erwartungen« mit ein. Erwartungen spielen eine

Siehe auch: Der ökonomische Mensch 52–53 ▪ Kreditaufnahme und Schulden 76–77 ▪ Der keynesianische Multiplikator 164–165 ▪ Monetaristische Politik 196–201 ▪ Verhaltensökonomie 266–269 ▪ Effiziente Märkte 272 ▪ Unabhängige Zentralbanken 276–277

Eltern geben ihr Wissen an die Kinder weiter. Diese werden später z. B. bei wirtschaftlichen Entscheidungen auf das vermittelte Wissen zurückgreifen.

Rolle, weil das, was die Leute über die Zukunft denken, ihr Verhalten in der Gegenwart beeinflusst. Anfangs wurde davon ausgegangen, dass Erwartungen »adaptiv« seien, dass die Menschen sie also auf der Grundlage von Erfahrungen entwickelten – wenn Ereignis A einmal zu Ereignis B geführt hat, wird es das wieder tun. Und wenn ihre Erwartungen und das tatsächliche Ergebnis auseinanderklaffen, passen sich die Menschen an.

Dass es notwendig ist, in der Wirtschaftstheorie auch die Erwartungen zu berücksichtigen, war anerkanntermaßen ein Schwachpunkt der keynesianischen Politik (S. 154–161). Sie geht davon aus, dass ein Anstieg der Löhne infolge von höheren Regierungsausgaben eine Erhöhung der realen wirtschaftlichen Aktivität zur Folge hat – sie führt zu noch mehr Arbeit. In der Realität führt die erhöhte Nachfrage aber auch zu steigenden Preisen, daher steigen die Reallöhne nicht. Die Menschen denken nur vorübergehend, dass ihr höheres Einkommen einen Anstieg der Reallöhne widerspiegelt, weil sie erst nach einer Weile merken, dass die Preise ebenfalls gestiegen sind. Das bedeutet, dass sich ihre Erwartungen hinsichtlich künftiger Preissteigerungen langsam anpassen. So kann eine Regierung den wirtschaftlichen Output durch ihre Geld- oder Fiskalpolitik zwar erhöhen, indem sie (eigentlich) die Menschen an der Nase herumführt, doch dies funktioniert nur auf kurze Sicht: Sobald die Erwartungen der Menschen gleichziehen, wird ihnen klar, dass die Löhne real nicht gestiegen sind, und die Wirtschaft kehrt zu ihrem früheren niedrigen Beschäftigungsniveau zurück.

Rationale Erwartungen

Diese modellhafte Darstellung der Erwartungen war einfach und gleichzeitig mangelhaft. Würden die Menschen ihre Vorhersagen über die Zukunft immer nur auf vergangene Erfahrungen gründen, würden sie sich vermutlich laufend irren. Jede unerwartete Erschütterung, die die Wirtschaft (wenn auch nur vorübergehend) aus ihrer normalen Entwicklungsbahn wirft, würde zu bleibenden Fehlern in ihren Überlegungen führen. Doch wenn die Menschen laufend falsche Vorhersagen träfen, zögen sie auch immer den Kürzeren gegenüber den Märkten – und das scheint kein realistisches Bild des menschlichen Verhaltens zu sein. »

Ein australischer Farmer inspiziert die Ernte. Bauern entscheiden nicht nur aufgrund vergangener Erfahrungen, was sie pflanzen wollen. Sie wägen auch Faktoren wie das Wetter und die Nachfrage ab.

Es war die Unzufriedenheit mit der Theorie der adaptiven Erwartungen, die John Muth 1961 zur Theorie der »rationalen Erwartungen« führte. Der Kerngedanke ist einfach: Wenn die Käufer auf einem Markt rational denken, versuchen sie, die Preisentwicklung auf der Grundlage der verfügbaren Informationen vorauszusagen. Sie treffen eine kluge Voraussage und setzen nicht blind ihr früheres Verhalten fort. Das tun sie, weil sie andernfalls vom Markt bestraft werden und Geld verlieren.

Wir bilden ständig rationale Erwartungen. Bauern beispielsweise treffen die Entscheidung darüber, was sie anbauen wollen, auf der Grundlage von früheren Preisen, aktuellen Bedingungen und künftigen Möglichkeiten. Sie gehen nicht einfach davon aus, dass sie heute denselben Marktpreis wie vor fünf Jahren erzielen, wenn sie die gleiche Menge des gleichen Produkts anbauen. Die Ahndung durch den Markt zwingt die Menschen, sich rational zu verhalten, und mit der Zeit werden ihre Erwartungen in der Regel so gut wie das beste verfügbare Wirtschaftsmodell. Die Theorie der rationalen Erwartungen ist trügerisch einfach, hat aber erstaunliche Konsequenzen. Geht man davon aus, dass Erwartungen sich langsam anpassen, können staatliche Eingriffe vorübergehend funktionieren, weil die Leute zunächst überrascht sind. Sie rechnen nicht mit der künftigen Regierungspolitik und daher wirkt eine unerwartete Ausgabenerhöhung wie ein positiver »Schock« mit kurzfristigen realen Auswirkungen. Der Theorie der rationalen Erwartungen zufolge sind jedoch selbst diese vorübergehenden Effekte unmöglich, weil die Erwartungen der Menschen sich ohne jede Verzögerung der Situation angleichen.

Ereignisse voraussehen

1975 behaupteten Thomas Sargent und Neil Wallace, dass Individuen mit rationalen Erwartungen mit staatlichen Eingriffen rechneten und ihr Verhalten so anpassten, dass die Politik wirkungslos bleibe. Rationale Erwartungen vorausgesetzt, wüssten die Menschen, dass die Regierung ein bestimmtes Ziel verfolgt, beispielsweise die Arbeitslosigkeit niedrig zu halten. Sie wüssten folglich auch, dass die Regierung die Zinsen senkt, um das Beschäftigungsniveau zu halten, was zu höherer Inflation führt. Und sie fühlten sich dann nicht reicher: Ihre Erwartungshaltung (sie rechnen mit steigender Inflation) wiegt die Auswirkungen der niedrigeren Zinssätze auf und macht die Geldpolitik völlig ineffektiv. Das veränderte Verhalten der Menschen hebt ihre Wirkung auf.

> »Es ist eher überraschend, dass Erwartungen bisher nicht als rational und dynamisch betrachtet wurden, weil bei allen anderen Aspekten unternehmerischen Verhaltens von Rationalität ausgegangen wird.«
>
> **John Muth**

Früher sahen die Politiker einen Zusammenhang zwischen Arbeitslosigkeit und Inflation: Die Regierung könne die Wirtschaft ankurbeln und bei höherer Inflation eine höhere Beschäftigung erreichen (S. 202–203). Geht man von rationalen Erwartungen aus, löst sich dieser Zusammenhang auf. Die Arbeitslosigkeit wird allein von den produktiven Möglichkeiten einer Wirtschaft bestimmt: von der Produktivität und den technischen Möglichkeiten ihrer Firmen und der Effizienz ihrer Märkte. Politiker können die Wirtschaft nicht über dieses Beschäftigungsniveau hinaus ankurbeln.

Die Lucas-Kritik

Robert Lucas wies auf Folgendes hin: Wenn sich die Erwartungen der einzelnen Menschen an die Politik anpassen, führt das dazu, dass die gesamte Struktur der Wirtschaft – die Beziehungen zwischen Haushalten, Firmen und der Regierung – sich verändert. Folglich ergeben sich nicht immer die von der Politik beabsichtigten Auswirkungen. Diese sogenannte »Lucas-Kritik« war einflussreich genug, um die meisten Ökonomen zu überzeugen, dass Versuche, die Gesamtwirtschaft über ihre strukturellen Beziehungen zu modellieren, wie das bei keynesianischen Modellen der Fall ist, mit Fehlern behaftet sind. Die Modellierung sollte sich stattdessen lieber auf die eigentlichen Vorlieben der Menschen sowie auf die Ressourcen und Technologien konzentrieren, die das individuelle Verhalten bestimmen. Lucas schlug einen »neuen klassischen« Ansatz der Makroökonomik vor, der zum Teil eine Rückkehr in die Welt vor Keynes bot. Späteren Modellen der »Theorie realer Konjunkturzyklen« zufolge wurden Veränderungen in der Beschäftigung durch Veränderungen in den »realen« Arbeitsfaktoren wie Produktivitätssteigerungen vorangetrieben oder auch durch Veränderungen in der Einstellung der Menschen gegenüber der relativen Bedeutung von Freizeit und Arbeit. Der kritische Punkt sowohl bei den realen Konjunkturzyklen als auch bei den neuen klassischen Modellen ist, dass sie die Makroökonomie auf der Grundlage eines rationalen Verhaltens der Individuen modellieren.

Obwohl die Erwartungen der Menschen in Wirklichkeit nicht vollständig rational sind, hilft die Annahme, dass es so sei, den Ökonomen doch bei der Erstellung funktionierender Modelle. Heute wird die Theorie der rationalen Erwartungen von Verhaltensökonomen kritisiert, die an psychologisch realistischeren Modellen arbeiten. ■

» Die Vorteile der Inflation ergeben sich aus einer expansionistischen Politik, die die Wirtschaftssubjekte dazu bewegt, in sozial erwünschter Weise zu handeln, selbst wenn das nicht in ihrem Interesse liegt. «

Robert Hall
US-Ökonom (geb. 1943)

Händler auf den Finanzmärkten bilden rationale Erwartungen, die zum Teil auf dem Verhalten ihrer Kollegen bei der Arbeit beruhen. Wer die Zeichen nicht deutet, wird vom Markt bestraft.

John Muth

Der US-Ökonom John Muth wurde 1930 geboren. Er wuchs im Mittleren Westen auf und studierte Wirtschaftsingenieurwesen an der Washington University in St. Louis, dann Wirtschaftsmathematik an den Carnegie Technical Schools in Pittsburgh. Dort lehrten in den 1950er-Jahren, als Muth seine Doktorarbeit schrieb, spätere Nobelpreisträger wie Franco Modigliani, John Nash, Herb Simon und später Robert Lucas.

Muths erster Aufsatz über rationale Erwartungen wurde 1961 veröffentlicht, aber kaum beachtet. Muth war schüchtern und bescheiden. Da er für einen späteren Artikel zum gleichen Thema keinen Verlag fand, beschäftigte er sich mit anderen Dingen und schrieb grundlegende Werke über Produktionsmanagement und künstliche Intelligenz. Wissenschaftler wie Lucas und Simon setzten Muths Ideen über rationale Erwartungen fort und erhielten Preise für ihre Arbeit, aber Muth blieb in der akademischen Welt eher unbekannt. Er lehrte an der Indiana University – keine Eliteuniversität, ihr Status war nur gering, aber er konnte dort seine intellektuelle Neugier befriedigen. John Muth gilt als Vater der »Revolution der rationalen Erwartungen«. Er starb 2005.

Hauptwerke

1960 *Optimal Properties of Exponentially Weighted Forecasts*
1961 *Rational Expectations and the Theory of Price Movements*
1966 *Forecasting Models*

WIR DENKEN NICHT AN DIE WAHRSCHEINLICHKEIT, WENN WIR WÄHLEN

PARADOXE ENTSCHEIDUNGEN

IM KONTEXT

SCHWERPUNKT
Entscheidungsfindung

VORDENKER
Daniel Ellsberg (1931–2023)

FRÜHER
1921 Frank Knight erläutert, dass »Risiko« sich messen lässt, »Unsicherheit« aber nicht.

1954 L. J. Savage will in *The Foundations of Statistics* zeigen, wie man unbekannten zukünftigen Ereignissen Wahrscheinlichkeiten zuordnen kann.

SPÄTER
Ab den 1970er-Jahren Die Verhaltensökonomie untersucht in Experimenten das Verhalten unter unsicheren Bedingungen.

1989 Michael Smithson erstellt eine »Taxonomie« des Risikos.

2008 In seinem Buch *Der schwarze Schwan* behandelt Nassim Nicholas Taleb das Problem seltener, nicht vorhersehbarer Ereignisse.

In den 1960er-Jahren hatten sich die Wirtschaftswissenschaften, zumindest in ihrem Mainstream, auf bestimmte Prinzipien zur Erklärung von Entscheidungsprozessen verständigt. Menschen sind rationale, berechnende Wesen. Wenn sie angesichts einer ungewissen Zukunft verschiedene Wahlmöglichkeiten haben, weisen sie jedem möglichen Ergebnis eine Wahrscheinlichkeit zu und entscheiden entsprechend. Dabei soll der »erwartete Nutzen« (ihre zukünftige Zufriedenheit) so hoch wie möglich ausfallen.

Aber diese Vorstellungen wurden von Forschungsergebnissen infrage gestellt, die vermuten ließen, dass Menschen selbst unter experimentellen Bedingungen nicht so handeln, wie theoretisch vorgesehen. Eine besondere Herausforderung war das Ellsberg-Paradoxon, das 1961 von Daniel Ellsberg beschrieben wurde.

Siehe auch: Der ökonomische Mensch 52–53 ▪ Wirtschaftsblasen 98–99 ▪ Risiko und Unsicherheit 162–163 ▪ Irrationale Entscheidungen 194–195 ▪ Verhaltensökonomie 266–269

Bei einem Wahrscheinlichkeitsexperiment darf gewettet werden. Die Spieler wissen, dass 30 rote Bälle in dem Gefäß sind und außerdem 60 Bälle, die entweder schwarz oder gelb sind. Wer einen roten Ball zieht, bekommt 100 Dollar; für einen schwarzen gibt es ebenfalls 100 Dollar. Die meisten Spieler setzten auf rot.

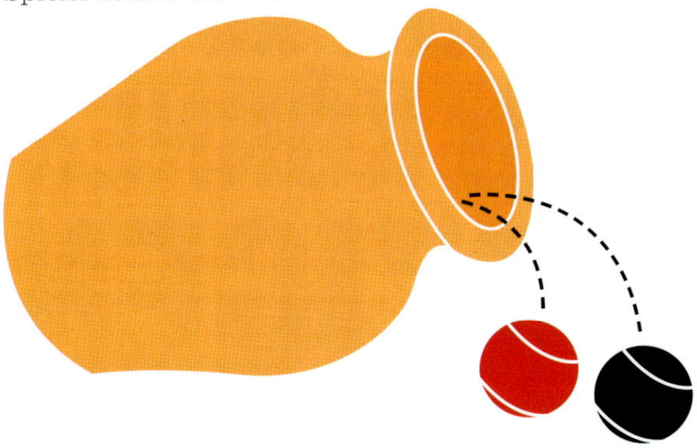

Bei einer weiteren Wette gab es 100 Dollar für einen roten oder einen gelben Ball und ebenfalls 100 Dollar für einen schwarzen oder einen gelben Ball. Dieses Mal entschieden sich die meisten Spieler für schwarz oder gelb. In beiden Fällen zogen die Spieler bekannte Gewinnchancen den unbekannten vor.

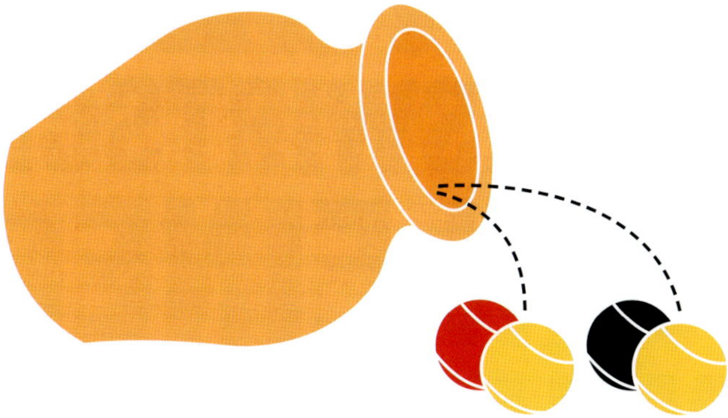

Abneigung gegen Mehrdeutigkeit

Ellsberg beschreibt ein Gedankenexperiment, bei dem man Geld gewinnen kann, wenn man einen Ball in einer bestimmten Farbe aus einem Gefäß zieht (siehe oben). Die abgeschlossenen Wetten zeigen, dass Menschen dazu neigen, eine begründete Wahl zu treffen, wenn sie über die erforderlichen Informationen verfügen, um den Grad der Wahrscheinlichkeit und damit das Risiko abzuschätzen. Doch ihr Verhalten ändert sich, wenn das künftige Ergebnis mehrdeutig erscheint, – und genau dies ist das Paradoxon, das von der Theorie des erwarteten Nutzens abweicht. Die Menschen wollen gern mehr über die Unsicherheiten wissen, denen sie sich gegenüber sehen, nicht weniger. Wie es der frühere US-Verteidigungsminister Donald Rumsfeld (1923–2021) ausdrückte: Die Menschen ziehen die »bekannten Unbekannten« den »unbekannten Unbekannten« vor. Das Ergebnis des Experiments wurde seither mehrfach reproduziert. Unter anderem wurde es als »Knightsche Unsicherheit« bekannt, nach dem Ökonomen Frank Knight (S. 163). Weil sie mehr über das »unbekannte Unbekannte« herausfinden wollen, handeln Menschen oft nicht mehr entsprechend ihren früheren, logischen Entscheidungen und treffen ihre Wahl nicht mehr aufgrund der Wahrscheinlichkeit.

Das Unbekannte kennenlernen

Ellsbergs Paradoxon wird kontrovers diskutiert. Nach Ansicht mancher Ökonomen widerspricht es der konventionellen Theorie nicht, da sich Menschen unter experimentellen Bedingungen ohnehin anders verhalten als im wirklichen Leben. Doch die Finanzkrise von 2008 hat neues Interesse an dem Problem der Mehrdeutigkeit geweckt. Die Menschen wollen mehr über die unbekannten, nicht messbaren Risiken erfahren, über die die Theorie vom erwarteten Nutzen nichts aussagen kann. ■

Daniel Ellsberg

Daniel Ellsberg wurde 1931 geboren und studierte Wirtschaftswissenschaften in Harvard. 1954 trat er dem US Marine Corps bei, ab 1959 arbeitete er als Analyst für das Weiße Haus. 1962 stellte er in seiner Doktorarbeit erstmals sein Paradoxon vor. Ellsberg, der damals in einem hochsensiblen Bereich tätig war, war vom Vietnamkrieg desillusioniert. Nachdem er 1971 durchsickern ließ, dass sogar das Pentagon von der Unmöglichkeit eines Sieges überzeugt war, stellte er sich den Behörden. Das Verfahren wurde eingestellt, da er illegal abgehört worden war. Er starb 2023.

Hauptwerke

1961 *Risk, Ambiguity and the Savage Axioms*
2001 *Risk, Ambiguity and Decision*

VERGLEICHBARE VOLKSWIRTSCHAFTEN KÖNNEN VON EINER EINZIGEN WÄHRUNG PROFITIEREN

WECHSELKURSE UND WÄHRUNGEN

IM KONTEXT

SCHWERPUNKT
Weltwirtschaft

VORDENKER
Robert Mundell (1932–2021)

FRÜHER
1953 Milton Friedman meint, frei schwankende Wechselkurse ermöglichten den Marktkräften, Probleme im Rahmen der Zahlungsbilanz zu lösen.

SPÄTER
1963 Ronald McKinnon zeigt, dass kleine Volkswirtschaften von einer Währungsunion profitieren, weil sie dann Erschütterungen besser verkraften.

1996 Jeffrey Frankel und Andrew Rose meinen, die Kriterien für einen optimalen Währungsraum würden von der vorausgegangenen wirtschaftlichen Entwicklung beeinflusst.

In den frühen 1960er-Jahren hatten sich die Institutionen der Nachkriegswirtschaften etabliert. Gegen Ende des Zweiten Weltkrieges war das System von Bretton Woods (S. 186–187) ins Leben gerufen worden, das die Finanzbeziehungen zwischen den großen Industriestaaten regelte. Der westliche Kapitalismus beruhte auf festen Wechselkursen, die den Kapital- und Geldfluss weltweit bestimmten. Der internationale Handel hatte sich vom Niedergang in den Jahren zwischen den Kriegen erholt und das Wirtschaftswachstum schritt schnell voran.

Doch es gab Pannen im System. Zunächst einmal waren da die Probleme mit der Zahlungsbilanz – dem Unterschied zwischen den Ausgaben eines Landes für Importe und seinen Einnahmen durch Exporte. Es kam zu Zahlungsbilanzkrisen, weil die Länder ihre Wechselkurse nicht einfach anpassen konnten. In Verbindung mit einem engen Arbeitsmarkt und wenig flexiblen Binnenpreisen funktionierte der ehemals automatische, vom Markt gesteuerte Anpassungsmechanismus nicht besonders gut. Das Ergebnis war eine Reihe von Krisen, wenn Länder nicht in der Lage waren mit den Erträgen aus ihren Exporten für ihre Importe zu bezahlen. Daneben zeichnete sich eine Integration der europäischen Wirtschaften ab, die eine mögliche europäische Währungsunion ins Gespräch brachte. Es begann mit dem Vertrag von Paris 1951, in dem ein gemeinsamer Handelsraum für Kohle und Stahl vereinbart wurde. 1961 war der Kanadier Robert Mundell der Erste, der sich mit der Analyse eines »optimalen Währungsraums« beschäftigte.

Währungsräume

Mundell wollte eine Frage beantworten, die auf den ersten Blick seltsam erschien: In welchem geografischen Raum sollte eine gemeinsame Währung verwendet werden? Bisher war nie infrage gestellt worden, dass jede Volkswirtschaft ihre eigene Währung hatte. Mundell war klar, dass dies der historischen Entwicklung zu danken war, aber die entstandene Regelung musste keinesfalls die bestmögliche sein. Es verursachte eindeutig Kosten, wenn viele verschiedene Währungen zum Einsatz kamen, weil umgerechnet werden

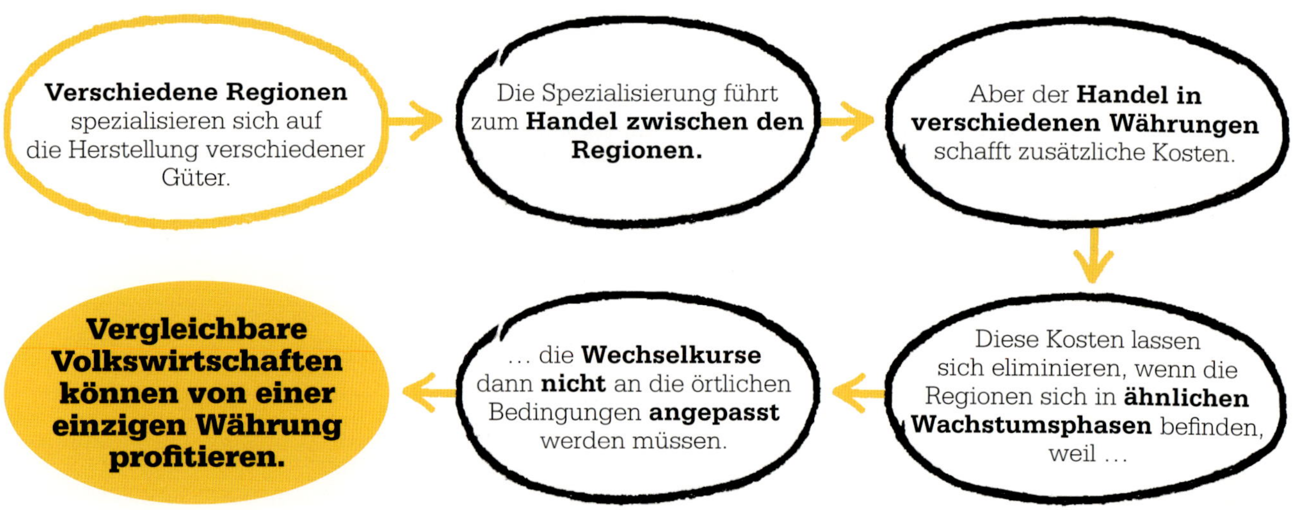

Siehe auch: Aufschwung und Abschwung 78–79 ▪ Der komparative Kostenvorteil 80–85 ▪ Internationaler Handel und Bretton Woods 186–187 ▪ Marktintegration 226–231 ▪ Spekulation und Geldabwertung 288–293

Eine kleine Region, die über internationale Grenzen hinwegreicht, kann von einer einzigen Währung profitieren. Sie kann z. B. Strom von jenseits der Grenze ohne zusätzliche Kosten importieren.

musste. Eine extreme, höchst ineffiziente Vorstellung wäre eine eigene Währung für jeden Postleitzahlenbereich. Andererseits wäre eine einheitliche Währung für die ganze Welt eine unerträgliche Zwangsjacke. Mundell stellte die Frage, wo zwischen diesen beiden Extremen der effizienteste Punkt liegt.

Zunächst ist es wichtig zu verstehen, warum Länder verschiedene Währungen brauchen. Ein Land mit eigener Währung kann Entscheidungen über die Geldmenge und die Zinssätze treffen und so seine Geldpolitik den wirtschaftlichen Bedingungen im Inneren anpassen. Und wenn der Wechselkurs der eigenen Währung nicht festgelegt ist, kann er sich im Verhältnis zu den Handelspartnern anpassen, um Handelsungleichgewichte auszugleichen. Angenommen, ein Land, das auf Agrarprodukte spezialisiert ist, treibt Handel mit einer Industriewirtschaft. Ein plötzlicher Anstieg der Produktivität in der Industriewirtschaft könnte eine übergroße Nachfrage nach landwirtschaftlichen Produkten und ein Überangebot an weiterverarbeiteten Gütern hervorrufen. Dadurch entsteht in der Zahlungsbilanz der Industriewirtschaft ein Defizit – sie importiert (dem Wert nach) mehr, als sie exportiert. Das Defizit führt dazu, dass die Währung des Industrielandes abgewertet wird, was die Exporte verbilligt, sie also befördert, und das Gleichgewicht wieder herstellt.

Wenn sich aber nun die Industriewirtschaft und die Agrarwirtschaft eine Währung teilen würden, wäre die oben beschriebene Anpassung nicht möglich und getrennte Währungen wären günstiger. Es kann aber auch sein, dass ein einheitlicher Wirtschaftsraum – wie beispielsweise das Gebiet, in dem die oben beschriebenen Industriebetriebe angesiedelt sind – aus mehreren Nationalstaaten besteht. In dem Fall wäre es für sie sinnvoll, sich eine Währung zu teilen.

> »Es scheint politisch kaum machbar zu sein, dass nationale Währungen zugunsten anderer Vereinbarungen aufgegeben werden …«
>
> **Robert Mundell**

Konjunkturzyklen

Weitere Überlegungen zu diesem Thema führten zur Klärung der Bedingungen, unter denen ein Währungsraum besonders wirtschaftlich ist. Vor allem braucht eine Region mit gemeinsamer Währung flexible Märkte für Kapital und Arbeit, die sich frei entfalten können. Preise und Löhne müssen ebenfalls flexibel sein, sich der Veränderung von Angebot und Nachfrage anpassen und dem beweglichen Kapital sowie der Arbeit signalisieren, wohin sie sich bewegen sollen. Die einzelnen Bereiche des Währungsraums sollten in etwa die gleichen Konjunkturzyklen haben, was der gemeinsamen Zentralbank für die eine Währung erlauben würde, angemessen für alle zu reagieren. Und es muss »

Eine Menschenmenge versammelt sich am 1. Januar 1999 in Frankfurt, als der Euro aus der Taufe gehoben wird – die alleinige Währung der Eurozone.

Mechanismen geben, die eingreifen, falls die Konjunkturzyklen in der Gesamtregion nicht vollständig synchron sind. Am einfachsten lässt sich das durch Steuertransfer aus Regionen mit hohem Wachstum in Regionen mit rückläufigem Wachstum erreichen. Dass diese letztgenannte Bedingung in Europa nur mangelhaft umgesetzt wurde, sollte schlimme Folgen haben.

Die Einführung des Euro

Die Idee einer einheitlichen Währung für Europa nahm 1979 Gestalt an, als das Europäische Währungssystem EWS begründet wurde, um die Wechselkurse zu stabilisieren. 1999 wurde dann die Eurozone aus elf Mitgliedsstaaten der EU etabliert. Die EU-Staaten trieben intensiven Handel und hoben Einschränkungen für die Bewegung von Arbeit, Kapital und Gütern auf. Doch die Euro-Mitgliedschaft selbst war Beschränkungen unterworfen, um sicherzustellen, dass die Währung effektiv funktionieren würde. Die »Konvergenzkriterien« die 1992 im Vertrag von Maastricht festgelegt wurden, sollten sicherstellen, dass alle Länder, die dem Euro beitreten wollten, ähnliche Wirtschaften hatten und sich in einem ähnlichen Stadium ihrer Konjunkturzyklen (Wachstum oder Rezession) befanden. Der Euro bedeutete das Ende der nationalen Währungen; er legte praktisch auf Dauer die Wechselkurse fest. Für die Staatsverschuldung wurden wichtige neue Regeln eingeführt. Unter dem Stabilitäts- und Wachstumspakt von 1997 durfte kein Land eine Staatsverschuldung von mehr als 60 Prozent seines BIP haben und das jährliche Defizit durfte nicht mehr als 3 Prozent des BIP betragen. Eine neue europäische Zentralbank sollte für den Euroraum handeln; sie ersetzte die nationalen Zentralbanken und legte die Geldpolitik für alle Mitgliedsstaaten fest.

Robert Mundell

Der gebürtige Kanadier Robert Mundell studierte an der University of British Columbia (Vancouver) sowie an der University of Washington (Seattle). Seinen Doktortitel erwarb er 1956 am MIT in Boston. Von 1966 bis 1974 war er Professor für Wirtschaftswissenschaften an der University of Chicago, dann ging er an die Columbia University (New York).

Neben seiner akademischen Tätigkeit beriet Mundell die kanadische und die US-Regierung sowie Organisationen wie den Internationalen Währungsfonds und die Vereinten Nationen. Neben Forschungen über optimale Währungsräume entwickelte er eins der ersten Modelle, die zeigten, wie die Politik der Makroökonomie mit dem Außenhandel und den Wechselkursen zusammenwirkt. 1999 erhielt er den Nobelpreis für Wirtschaftswissenschaften in Anerkennung seiner Arbeit über die Makroökonomie. Er starb 2021.

Hauptwerke

1968 *International Economics*
1968 *Man and Economics*
1971 *Monetary Theory*

» ... Länder mit engen internationalen Handelsverbindungen und positiv korrelierten Konjunkturzyklen werden wahrscheinlich eher beitreten und [von der europäischen Währungsunion] profitieren ... «

Jeffrey Frankel
Andrew Rose

Der entscheidende Fehler

Doch die Bestimmungen für den Euro enthielten keinen Mechanismus der Risikoverteilung – es gab keinen Mechanismus für den Transfer von Steuereinnahmen von einem europäischen Land ins andere. Der Grund war einfach und politischer Natur: Kein EU-Land wollte die Fähigkeit verlieren, selbst Steuern und Ausgaben festzulegen. Die Umverteilung von Steuern von einem Ende des Kontinents zum anderen hätte eine starke, zentrale Autorität vorausgesetzt, die in reichen Gegenden Steuern eingenommen hätte, um sie an anderer Stelle auszugeben – beispielsweise deutsche Steuern für griechische Staatsausgaben. Aber der politische Wille dazu fehlte. Stattdessen hofften die Architekten Europas, dass der Stabilitäts- und Wachstumspakt die Aktivitäten der Regierungen so stark binden würde, dass ein ausdrücklicher Steuertransfermechanismus unnötig wäre.

Die Eurozone in der Krise

Fast zehn Jahre lang funktionierte der Euro. Der europäische Handel erhöhte sich nach manchen Schätzungen um bis zu 15 Prozent. Die Kapital- und Arbeitsmärkte waren flexibel. Das Wachstum, besonders in Südeuropa und Irland, war beeindruckend. Aber unterschwellig gab es auch Probleme. Unterschiede in den Arbeitskosten trugen zu einem verstärkten Handelsungleichgewicht zwischen verschiedenen Ländern bei. Der Euroraum insgesamt befand sich in etwa im Gleichgewicht mit dem Rest der Welt und exportierte im Großen und Ganzen so viel, wie er importierte. Aber innerhalb des Euroraums taten sich gewaltige Unterschiede auf. Nordeuropa hatte wachsende Handelsüberschüsse, denen im Süden wachsende Defizite gegenüberstanden. Ohne den Mechanismus eines Steuertransfers zwischen Ländern mit Überschüssen und Ländern mit Defiziten wurden diese Defizite (effektiv) durch die wachsenden Schulden im Süden finanziert. Als 2008 die Finanzkrise ausbrach, verlor das unausgeglichene System den Halt.

Die Eurokrise hat die Frage aufgeworfen, ob Europa ein optimaler Währungsraum ist. Manche Länder passten hinsichtlich ihrer Handelsaktivitäten anscheinend nicht gut zusammen, und weil ein Steuertransfermechanismus fehlte, konnten diese Ungleichgewichte nicht überwunden werden. Der Stabilitäts- und Wachstumspakt war nicht robust genug, um die verschiedenen Nationalstaaten stärker einander anzugleichen.

Die Mitgliedsländer der Eurozone stehen vor schwierigen Entscheidungen. Wenn es gelingt, einen Mechanismus für den Steuertransfer zu konstruieren, können die Euroländer die Unausgeglichenheit vielleicht überwinden. Wird der politische Konsens für einen solchen Mechanismus dagegen nicht erreicht, kann es sein, dass die Existenz des Euro bedroht ist. ■

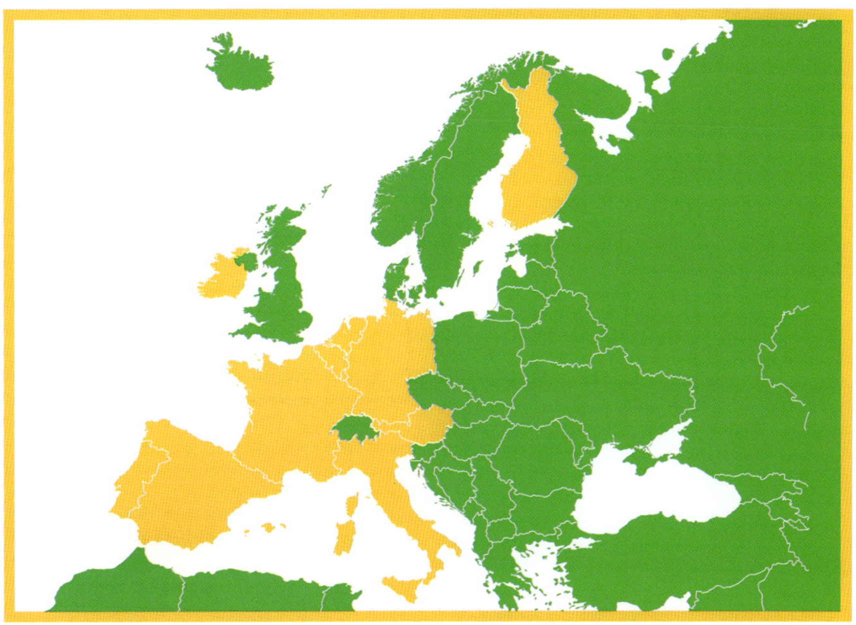

Die Eurozone wurde 1999 als Währungsunion von hier gezeigten elf Staaten der Europäischen Union eingerichtet. 2021 gab es 19 Mitglieder der Eurozone, sieben weitere befanden sich auf der Warteliste.

SELBST IN GUTEN ZEITEN KANN ES HUNGERSNÖTE GEBEN

DIE BERECHTIGUNGSTHEORIE

IM KONTEXT

SCHWERPUNKT
Wachstum und Entwicklung

VORDENKER
Amartya Sen (geb. 1933)

FRÜHER
1798 Thomas Malthus kommt in *An Essay on the Principle of Population* zu dem Schluss, dass eine wachsende Bevölkerung zu Hunger und Tod führt.

1960er-Jahre Allgemein herrscht die Ansicht, dass Hungersnöte aus Nahrungsmangel entstehen.

SPÄTER
2001 Stephen Devereux meint, die Berechtigungstheorie lasse die politischen Gründe einer Hungersnot außer Acht.

2009 Dan Banik zeigt in *Starvation and India's Democracy*, dass Hunger und Unterernährung auch in funktionierenden Demokratien vorkommen können.

Familien **tauschen Arbeit gegen Geld.** Davon kaufen sie Lebensmittel.

↓

Wenn sich der **Preis** der Arbeit oder der Nahrungsmittel **ändert** …

↓

… und die Löhne zu gering sind, um die **Ernährung** der Familien sicherzustellen, …

↓

… **hungern** die Familien, obwohl reichlich Nahrungsmittel produziert werden.

↓

Selbst in guten Zeiten kann es Hungersnöte geben.

Der indische Ökonom Amartya Sen wuchs während der bengalischen Hungersnot 1943 auf. Als er neun Jahre alt war, kam ein Mann in seine Schule, der 40 Tage nichts gegessen hatte. Zuvor war sich Sen des Leids in seiner Umgebung nicht bewusst gewesen. Schon damals war er schockiert über den klassenbezogenen Charakter des Leids. 40 Jahre später veranlasste ihn die Erinnerung daran, in *Poverty and Famines* (1981) über das Thema zu schreiben. Sen gelangte zu dem Schluss, dass entgegen der allgemeinen Überzeugung eine Hungersnot nicht in erster Linie durch den Mangel an Nahrungsmitteln hervorgerufen wird. Schlechte Ernten, Trockenheit oder die Verringerung der Nahrungsmittelimporte tragen häufig dazu bei – wichtiger ist jedoch die Verteilung der Nahrungsmittel.

Zugangsrechte

Eine absolute Nahrungsmittelknappheit ist sehr selten. Deutlich häufiger kommt es vor, dass vorhandene Nahrungsmittel nicht denjenigen zur Verfügung stehen, die sie am dringendsten brauchen. Sen nannte die Güter und Dienstleistungen, auf

Siehe auch: Märkte und Moral 22–23 ▪ Demografie und Ökonomie 68–69 ▪ Angebot und Nachfrage 108–113 ▪ Das Armutsproblem 140–141 ▪ Entwicklungsökonomie 188–193

Hungersnöte wie 2008 im Kongo werden durch Wirtschaftsversagen hervorgerufen, sagt Amartya Sen. Seiner Theorie nach kommt Hunger in funktionierenden Demokratien nicht vor.

die Menschen Zugriff haben, ihre *entitlements* (»Zugangsrechte«). Hungersnöte sind ein Beispiel für das Versagen der Zugangsrechte. In einer modernen Wirtschaft, die auf dem Austausch beruht, produzieren die meisten Menschen ihre Nahrungsmittel nicht selbst. Sie tauschen ein Gut (ihre Arbeit) gegen ein anderes (Geld), das dann wiederum für Nahrungsmittel ausgegeben wird. Ob eine Familie genug zu essen hat, hängt von dem ab, was sie verkaufen oder tauschen kann. Eine Hungersnot tritt auf, wenn die Zugangsrechte der Familien das Minimum unterschreiten, das zum Überleben erforderlich ist. Das kann passieren, wenn die Nahrungsmittelpreise steigen oder die Löhne fallen.

Sen analysierte die bengalische Hungersnot von 1943 und jüngere Hungersnöte in Afrika und Asien, um empirische Daten zu sammeln. In Bengalen stellte er fest, dass die gesamte Nahrungsmittelproduktion zwar niedriger war als im Jahr vor Ausbruch der Hungersnot, aber immer noch höher als in früheren Jahren ohne Hungersnöte. Er folgerte daraus, dass die Hauptursache der Hungersnot darin lag, dass die Löhne der Landarbeiter nicht mit dem inflationsbedingten Anstieg der Lebensmittelpreise in Kolkata Schritt hielten. Indien, damals noch unter britischer Herrschaft, erlebte einen Boom, weil die britische Regierung Geld ins Land pumpte. Deshalb bekamen die Arbeiter weniger Nahrungsmittel für ihr Geld und mussten hungern.

Sen vertrat die Ansicht, dass vor allem demokratische Länder in der Lage sein sollten, die schlimmsten Hungersnöte zu verhindern. Sein bahnbrechender Ansatz führte zu einem Umdenken. ▪

Amartya Sen

Amartya Sen wurde 1933 in Santiniketan (Westbengalen, Indien) geboren. Sein Vater war Chemieprofessor, aber Sen studierte Ökonomie. Er erwarb seinen Abschluss 1953 an der Universität von Kolkata (damals Kalkutta) und im gleichen Jahr einen zweiten Abschluss in Cambridge (Großbritannien). Mit 23 Jahren wurde er der jüngste Dekan, den es in seinem Fach an der Jadavpur University in Kolkata je gab. Dank eines Stipendiums konnte er zusätzlich Philosophie studieren. Sen lehrte an zahlreichen Universitäten in Indien, in den USA und in Großbritannien. Den Nobelpreis für Wirtschaft erhielt er 1988. Seit 2004 lehrt er Wirtschaftswissenschaften und Philosophie an der Harvard University in den USA. Sen war zweimal verheiratet und hat vier Kinder.

Hauptwerke

1970 *Collective Choice and Social Welfare*
1981 *Poverty and Famines: An Essay on Entitlement and Deprivation*
1999 *Ökonomie für den Menschen* (dt. Ausgabe: 2000)

DIE ZEITGEN
WIRTSCHAF
1970–HEUTE

ÖSSISCHE

T

1970
George Akerlof beschreibt Märkte, auf denen manche Käufer bessere Informationen haben als andere. So entsteht die **Informationsökonomik.**

1971
US-Präsident Richard Nixon **koppelt** auf Anraten Milton Friedmans den Dollar **vom Goldpreis ab.**

1973
Die OPEC beginnt ein **Ölembargo,** das die Welt in eine Wirtschaftskrise stürzt.

1974
Hyman Minsky umreißt die Hypothese der **finanziellen Instabilität** und zeigt, dass Stabilität zu Instabilität führt.

1977
Edward Prescott und Finn Kydland setzen sich für **unabhängige Zentralbanken** ein.

1979
Die Psychologen Amos Tversky und Daniel Kahneman veröffentlichen *Prospect Theory*, die Grundlage der **Verhaltensökonomie.**

1985
Michail Gorbatschow setzt in der Sowjetunion den Reformprozess *Perestroika* in Gang.

1988
Marilyn Warings Buch *If Women Counted* vermittelt einen **geschlechtsspezifischen Blick** auf die Wirtschaft.

In den 25 Jahren nach dem Zweiten Weltkrieg machte eine keynesianische Politik, die aktive staatliche Eingriffe in die Wirtschaft befürwortete, die westliche Welt reich. Doch Anfang der 1970er-Jahre löste eine Ölkrise den Abschwung aus. Arbeitslosigkeit und Inflation stiegen gleichzeitig. Das keynesianische Modell schien nicht mehr zu funktionieren.

Konservative Ökonomen vertraten die Ansicht, es sei an der Zeit, zu freieren Märkten zurückzukehren und fanden Gehör. Milton Friedman (S. 199), der führende Kopf der Chicagoer Schule, lehnte die keynesianischen Vorstellungen ab. Seiner Meinung nach sollte nicht die Bekämpfung der Arbeitslosigkeit das Ziel der Wirtschaftspolitik sein, sondern die Bekämpfung der Inflation. Der Staat sollte sich auf die Kontrolle der Geldmenge und das Funktionieren der Märkte beschränken – eine Doktrin, die als Monetarismus bekannt ist.

Der Aufstieg der Rechten

Der Glaube an Keynes ließ nach und die konservativen Parteien von Ronald Reagan und Margaret Thatcher – Anhänger von Friedman und dem Monetarismus – übernahmen in den USA und in Großbritannien die Regierung. Ihre Politik markierte in den 1980er-Jahren die Rückkehr zum alten Glauben an Stabilität, Effizienz und Wachstum der Märkte, wenn sie sich selbst überlassen blieben. Die Sozialpolitik innerhalb der sogenannten »Reaganomics« und des »Thatcherismus« war von den Ideen Friedrich von Hayeks (S. 177) beeinflusst, nach denen nicht der Staat, sondern das Individuum im Mittelpunkt der Wirtschaft stand. Einen weiteren Einfluss übten Ökonomen aus, die Steuersenkungen als Mittel zur Erhöhung der Steuereinnahmen betrachteten.

Liberalisierung war das neue Stichwort. Die Deregulierung der Finanzinstitutionen machte es den Firmen leichter, Geld aufzunehmen, und Kreditgeber nutzten neue Formen des Financial Engineering, die hohe Erträge ohne Risiko versprachen. Die wirtschaftliche Stimmung veränderte sich weltweit. Reformen in der Sowjetunion führten zum Zusammenbruch des Ostblocks und bestätigten die Ansicht konservativer Ökonomen, dass sozialistische Politik nicht funktioniere. Auf dem europäischen Festland setzte sich der angloamerikanische Umschwung von Keynes zu Friedman allerdings nur langsam durch.

1989

Alice Amsden beschreibt den Aufstieg der ostasiatischen **Tigerstaaten.**

1994

Robert Flood und Peter Garber entwickeln das erste **Währungskrisenmodell.**

2000ER-JAHRE

Alberto Alesina und Dani Rodrik arbeiten an der Beziehung zwischen **Wirtschaftswachstum und Ungleichheit.**

2005

In *The End of Poverty* (dt. *Das Ende der Armut*) meint Jeffrey Sachs, ein **Schuldenerlass** könne die Wirtschaften in der Dritten Welt ankurbeln.

2006

Nicholas Stern bezeichnet die **Erderwärmung** als »das größte kollektive Problem« für unsere Gesellschaft.

2008

Eine Bankenkrise verursacht eine **weltweite Rezession.** Kredite werden gekündigt und Immobilienblasen platzen.

2020

Covid-19 breitet sich schnell weltweit aus. Am 11. März 2020 erklärt die WHO die Krankheit zur **Pandemie.**

2022

Nach der illegalen Annexion der Krim 2014 **startet** Russland eine **militärische Offensive** in der Ukraine.

Freie Märkte, neu gedacht

Manche Ökonomen bezweifelten die Nachhaltigkeit des Monetarismus und der Marktliberalisierung. Bereits 1974 warnte Hyman Minsky (S. 301) vor der inhärenten Instabilität der Finanzinstitutionen. Eine Beschleunigung der Konjunkturzyklen schien seine Hypothese zu bestätigen. Die Deregulierung förderte riskante Kreditaufnahmen, die zum Zusammenbruch von Firmen und Banken führten. Andere Ökonomen stellten die Effizienz und Rationalität der Märkte infrage. Ihrer Ansicht nach basierten die »wissenschaftlichen« Wirtschaftsmodelle auf den falschen Wissenschaften: Neue Ideen in der Mathematik oder Physik wie die Chaostheorie seien möglicherweise die besseren Analogien. Und die Verhaltenspsychologie könne die wirtschaftliche Handlungsweise der Menschen besser erklären als die bisher postulierte Rationalität.

Unterdessen entwickelten sich jüngere Volkswirtschaften, besonders in Asien, wo Reformen die chinesische und indische Wirtschaft grundlegend veränderten. Die BRICS-Staaten (Brasilien, Russland, Indien, China, Südafrika) fingen an, dem Westen Konkurrenz zu machen. Der Wohlstand dieser neuen Wirtschaftsmächte weckte ein erneutes Interesse an der sogenannten Entwicklungsökonomie, da andere Länder in Armut verharrten. Gleichzeitig stellte die Technologie, die diesen wirtschaftlichen Wohlstand ermöglicht hatte, nun eine ökonomische Bedrohung mit Erderwärmung und Klimawandel dar.

Anfang des 21. Jahrhunderts erschütterte eine Folge von Finanzkrisen die westlichen Volkswirtschaften und es schien, als habe die Politik der freien Märkte versagt. Erneut machten die Länder sich Sorgen über Ungleichheit und die sozialen Folgen der freien Marktwirtschaft. Manche Wirtschaftswissenschaftler fragten sich sogar, ob das Versagen der freien Märkte den Zusammenbruch des Kapitalismus ankündige, wie Karl Marx (S. 105) vorausgesagt hatte.

2020 hatten sich die Volkswirtschaften gerade von der Finanzkrise erholt, als sie von der Coronapandemie aufs Neue erschüttert wurden. Solche unvorhersehbaren Ereignisse werden sich in Zukunft in Form von verschiedenen Herausforderungen wie Bevölkerungszuwachs, Klimawandel oder soziales Ungleichgewicht wiederholen. ■

INVESTITIONEN OHNE RISIKO SIND MÖGLICH

FINANCIAL ENGINEERING

IM KONTEXT

SCHWERPUNKT
Bankwesen und Finanzen

VORDENKER
Fischer Black (1938–1995)
Myron Scholes (geb. 1941)

FRÜHER
1900 Louis Bachelier zeigt, dass Aktienpreise sich stimmig, aber zufällig entwickeln.

1952 Harry Markowitz stellt ein auf Risikostreuung beruhendes Verfahren zum Aufbau optimaler Portfolios vor.

1960er-Jahre Das Capital-Asset-Pricing-Model (CAPM) zur Ermittlung der Rendite von Geldanlagen wird entwickelt.

SPÄTER
1990er-Jahre Der Value-at-Risk (VaR) oder »Wert im Risiko« gibt das Verlustrisiko eines Portfolios an.

Anfang 21. Jh. Die globalen Finanzmärkte brechen zusammen.

In den 1960er-Jahren gerieten die institutionellen Grundlagen der Nachkriegswelt ins Wanken. Das System der fixen Wechselkurse von Bretton Woods (S. 186–187) drohte zusammenzubrechen. Die USA hatten ein ständiges Handelsdefizit, während wiederkehrende Zahlungsbilanzkrisen andernorts den Ruf nach freien Wechselkursen laut werden ließen. 1971 beschloss US-Präsident Richard Nixon zu handeln: Er beendete die Bindung des Dollars an den Goldpreis und damit das System von Bretton Woods. Gleichzeitig stieg die Inflationsrate auf den Binnenmärkten. Der Keynesianismus (S. 154–161), das wirtschaftliche Denken der Nachkriegsjahre, geriet

Siehe auch: Finanzdienstleistungen 26–29 ▪ Aktiengesellschaften 38 ▪ Risiko und Unsicherheit 162–163 ▪ Verhaltensökonomie 266–269 ▪ Effiziente Märkte 272 ▪ Finanzkrisen 296–301

Wenn man annimmt, dass Finanzmärkte effizient sind und **Preise selten stark von einem Mittelwert abweichen,** …

… lässt sich die **Wahrscheinlichkeit künftiger Preisschwankungen** kalkulieren.

Das bedeutet, dass ein Vertrag über den Kauf bestimmter Güter zu einem künftigen Zeitpunkt **genau evaluiert** und als Risikoversicherung benutzt werden kann.

Investitionen ohne Risiko sind möglich.

in die Kritik. Die Finanzmärkte, die seit den 1930er-Jahren streng reguliert worden waren, wollten mehr Freiheit. 1972 fielen die Beschränkungen, als die Chicago Mercantile Exchange ihr erstes Wechselkursderivat ausstellen durfte.

Futures

Derivate gibt es seit Jahrhunderten. Ein Derivat ist ein Vertrag, der nicht direkt für die Ware selbst geschrieben wird, sondern für ein mit ihr zusammenhängendes Attribut. Beispielsweise ist ein typisches frühes Derivat ein Termingeschäft, das den Preis und das künftige Datum einer Lieferung festlegt. Der Vorteil einer solchen Vereinbarung besteht darin, dass sie den Erzeugern erlaubt, den Kunden auf einen zukünftigen Preis festzulegen, ohne Rücksicht darauf, wie sich die Ernten und die Produktion tatsächlich entwickeln. Das Derivat soll das Risiko verringern und eine Absicherung für die Zukunft schaffen. Das nennt man *Hedging*. Aber Derivate funktionieren auch umgekehrt: Statt sie als Absicherung gegen künftige Entwicklungen zu benutzen, kann man damit auf die Zukunft wetten. Ein Termingeschäft legt die Lieferung der Ware zu einem bestimmten Preis an einem bestimmten Tag fest. Wenn nun der aktuelle Marktpreis an dem betreffenden Tag niedriger ist als der Preis des Termingeschäfts, erwirtschaftet man einen Profit. Liegt der Marktpreis aber gerade höher als der festgelegte Preis, führt das zu einem Verlust. Außerdem beinhalten Derivate nicht die tatsächliche Bezahlung der Ware, sondern nur das Recht, dieses Produkt in der Zukunft zu kaufen. Aus diesem Grund können gewaltige Mengen gehandelt werden. Derivate geben den Händlern also *Leverage* – sie erzielen große Wirkung mit wenig Geld.

Das Produkt wird zur Nebensache

Derivate wurden standardisiert und konnten dann wie jedes andere Gut auf einem Markt gehandelt werden. Die erste Börse, die handelbare Derivate für Agrarprodukte anbot, war 1864 die Chicago »

Der Reispreis kann wetterabhängig schwanken. Durch Termingeschäfte, bei denen eine Partei sich bereit erklärt, den Reis an einem bestimmten Tag zu einem festen Preis zu kaufen, hat der Erzeuger das Risiko besser im Griff.

Optionen sind Derivate, die jemandem die Option bieten, etwas zu einem bestimmten Preis an einem bestimmten Tag zu kaufen oder zu verkaufen, beispielsweise Kaffee. Die Option muss nicht wahrgenommen werden.

Board of Trade. Doch die Möglichkeit der Spekulation, die allen Derivaten innewohnt, führte dazu, dass sie wiederholt verboten wurden. *Cash-settled*-Verträge bereiteten dabei besondere Sorge. Diese Derivate ließen sich statt mit dem Produkt auch mit Bargeld begleichen, sodass an dem festgelegten Tag kein Produkt mehr geliefert werden musste. Damit ging jeder reale Bezug zwischen Produkt und Derivat verloren und es eröffneten sich gewaltige Spekulationsmöglichkeiten.

Deregulierung

Weil dieses spekulative Potenzial erkannt wurde, stellten die Regierungen strenge Regeln auf. Ab den 1930er-Jahren galten *Cash-settled*-Derivate in den USA nicht mehr als Investition, sondern als Glücksspiel. Sie unterlagen strengen Kontrollen und die Börsen durften damit nicht handeln. Mit dem Zusammenbruch des fixen Wechselkurssystems 1971 entstand jedoch sehr bald das Bedürfnis nach *Hedging*, d. h. nach dem Schutz vor wild schwankenden Wechselkursen. Die Einschränkungen wurden aufgehoben, der Markt für Derivate expandierte.

Diese Situation bildete den Hintergrund für ein entscheidendes Problem: Es gab kein verlässliches Mittel, den Derivaten einen genauen Preis zuzuweisen, weil sie, ihrer Natur nach, komplexe Verträge waren. Selbst der Preis von einfachen »Optionen« wurde von verschiedenen Variablen bestimmt, beispielsweise vom aktuellen Preis des zugrunde liegenden Produkts, vom Zeitraum bis zum Stichtag und von der zu erwartenden Preisschwankung. Die mathematische Formel zur Lösung dieses Problems lieferten 1973 Myron Scholes und Fischer Black. Robert C. Merton erweiterte sie noch im selben Jahr.

Alle drei Wirtschaftswissenschaftler gingen von bestimmten Annahmen über die Finanzmärkte aus, um das Problem zu vereinfachen. Erstens legten sie das *No-Arbitrage*-Prinzip zugrunde, nach dem die Preise auf einem funktionierenden Finanzmarkt alle verfügbaren Informationen widerspiegeln. Der Preis einer Aktie sagt etwas über den aktuellen Wert der Firma aus und darüber, was die Händler in Zukunft von ihr erwarten.

Die zweite Annahme besagt, dass es immer möglich ist, einen Optionsvertrag zu formulieren, der ein Portfolio von Vermögenswerten abbildet. Mit anderen Worten: Jedes mögliche Portfolio von Vermögenswerten lässt sich durch Optionen *hedgen* und mit dieser Absicherung besteht kein Risiko.

Drittens nahmen sie an, dass die Preise von Wertpapieren im Lauf der Zeit zwar schwanken, sich dabei aber nach der »Normalverteilungskurve« richten. D. h., dass die Preise sich im Allgemeinen innerhalb kurzer Zeit nicht weit bewegen.

Unter diesen Voraussetzungen konnten Black, Scholes und Merton ein mathematisch zuverlässiges Modell liefern, mit dem sich einer Standardoption auf der Basis der zugrunde liegenden Preisbewegungen des Wertpapiers ein Preis zuweisen lässt. Derivate, die einst als unzuverlässig galten, konnten jetzt mithilfe von Computern in großem Umfang verarbeitet werden. Der Weg für eine enorme Ausweitung des Derivatehandels war frei.

Das Optionspreismodell von Black, Scholes und Merton bedeutete eine neue Art des Denkens im Hinblick auf die Finanzmärkte. Es funktionierte sogar rückwärts. Man konnte bestehende Optionspreise eingeben, um die »implizite Volatilität« zu erhalten. Das schuf eine neue Möglichkeit des Risikomanagements: Anstatt auf der Grundlage von Preisen oder Preiserwartungen zu handeln, ließen sich die Anlagegüter direkt auf der Grundlage ihres Risikos, wie es

» Durchqueren Sie keinen Fluss, der im Schnitt 1,20 m tief ist. «

Nassim Nicholas Taleb

Vor der Kreditkrise 2008 gingen die Banken beim Investitionsrisiko von einer Normalverteilung (blaue Linie) aus: Es besteht eine hohe Wahrscheinlichkeit für einen kleinen Gewinn und eine sehr geringe Wahrscheinlichkeit für einen extremen Gewinn oder Verlust. Doch das Risiko von Investitionen folgt tatsächlich der gestrichelten Linie: Extreme Ereignisse sind deutlich häufiger.

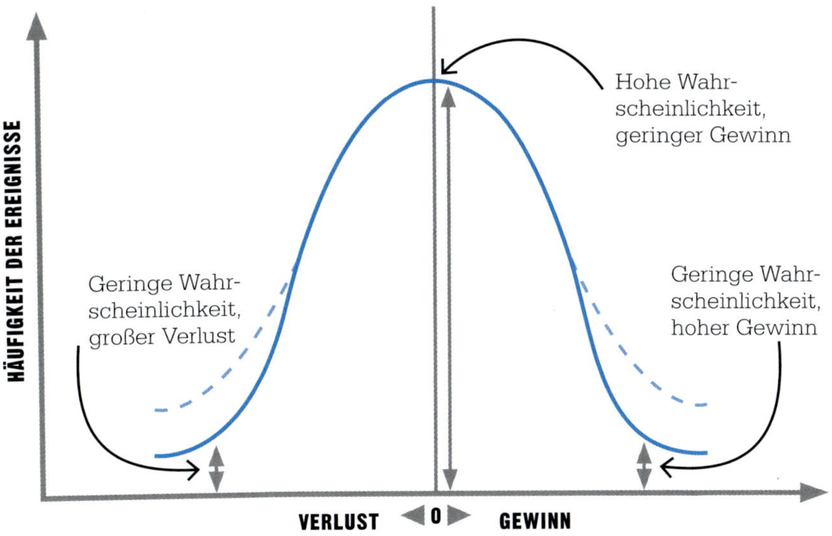

vom Marktpreis impliziert wurde, in Portfolios zusammenstellen. Man konnte also somit das Risiko selbst, wie es in den mathematischen Modellen beschrieben wurde, sowohl handeln als auch managen.

Die Kreditkrise von 2008

Die Explosion auf dem Gebiet der finanziellen Innovationen, die von ausgeklügelten mathematischen Modellen und einer immer größeren Rechenkapazität unterstützt wurde, trug dazu bei, dass das Finanzsystem im Lauf mehrerer Jahrzehnte außergewöhnlich stark expandierte. Der globale Markt für Derivate wuchs in den 1970er-Jahren von kaum erwähnenswerten Beträgen im Durchschnitt um 24 Prozent pro Jahr und erreichte 2008 eine Gesamtsumme von 457 Billionen Dollar – etwa das Zwanzigfache des weltweiten BIP. Die Anwendungen vervielfachten sich, während die Firmen scheinbar sichere und profitable neue Wege fanden, das Risiko der Kreditvergabe zu kontrollieren.

Im September 2008, als die US-Investmentbank Lehman Brothers Konkurs anmeldete, war klar, dass diese Expansion unter erheblichen Schwächen litt. Besonders kritisch war die Abhängigkeit von der Annahme der Normalverteilung, die besagt, dass die meisten Preise sich um einen Mittelwert bewegen und extreme Preisbewegungen selten sind. Bereits 1963 hatte der französische Mathematiker Benoît Mandelbrot diese Annahme infrage gestellt. Seiner Ansicht nach kommen extreme Preisbewegungen deutlich häufiger vor als erwartet.

Nach der Krise stehen nun die Modelle erneut auf dem Prüfstand. Verhaltensökonomen (S. 266–269) und Ökonophysiker untersuchen die Finanzmärkte und das Risiko jetzt anhand von Modellen und statistischen Methoden aus der Physik. ■

Geringes Risiko bei hoher Rendite

Laut Nassim Nicholas Taleb unterschätzten die scheinbar so ausgeklügelten Finanzmodelle das Risiko extremer Preisbewegungen und setzten so die Investoren einem zu hohen Risiko aus. Collateralized Debt Obligations (CDOs) sind ein Beispiel. Bei diesen Finanzinstrumenten wird durch die Ausgabe eigener Wertpapiere Geld beschafft, das dann in verschiedene Anlageformen, wie z. B. Hypotheken, investiert wird. So wurden in CDOs risikoreiche Hypotheken mit hohem Ausfallrisiko mit hochklassigen Wertpapieren wie US-Staatsanleihen kombiniert. Sie boten dem Anschein nach wenig Risiko bei hoher Rendite. Diese Erwartung beruhte auf der Annahme, das kombinierte Ausfallrisiko folge der Normalverteilung. Als immer mehr Hypothekenschuldner in Zahlungsverzug gerieten, zeigte sich, dass die Annahme falsch war, und der gewaltige CDO-Markt implodierte.

Schwarze Schwäne sind zwar selten, aber es gibt sie. Nassim Nicholas Taleb bezeichnet überraschende, extreme Marktbewegungen als »schwarze Schwäne«.

MENSCHEN SIND NICHT HUNDERT-PROZENTIG RATIONAL

VERHALTENSÖKONOMIE

IM KONTEXT

SCHWERPUNKT
Entscheidungsfindung

VORDENKER
Amos Tversky (1937–1996)
Daniel Kahneman (1934–2024)

FRÜHER
1940er-Jahre Laut Herbert Simon erklärt Rationalität allein die menschliche Entscheidungsfindung nicht.

1953 Maurice Allais kritisiert die Theorie vom Erwartungsnutzen, da Entscheidungen nicht immer rational getroffen würden.

SPÄTER
1990 Andrei Shleifer und Lawrence Summers zeigen, dass sich irrationale Entscheidungen auf die Preise auswirken.

2008 Der Psychologe und Ökonom Dan Ariely veröffentlicht *Predictably Irrational*. Er weist nach, dass Irrationalität bestimmten Mustern folgt.

Bis in die 1980er-Jahre wurde die Wirtschaftswissenschaft von der Vorstellung des »rationalen ökonomischen Menschen« (S. 52–53) bestimmt. Individuen galten als Akteure, die bei allen Entscheidungen Kosten und Nutzen rational abwägen und so nach dem bestmöglichen Ergebnis streben. Die Ökonomen glaubten, Menschen verhielten sich in sicheren und unsicheren Situationen gleich, und sie formalisierten die Idee der rationalen Entscheidungsfindung in der Theorie vom Erwartungsnutzen (S. 162–163). In der Realität treffen Menschen jedoch häufig irrationale Entscheidungen, die nicht zum bestmöglichen

Siehe auch: Der ökonomische Mensch 52–53 ▪ Die freie Marktwirtschaft 54–61 ▪ Wirtschaftsblasen 98–99 ▪ Risiko und Unsicherheit 162–163 ▪ Irrationale Entscheidungen 194–195 ▪ Paradoxe Entscheidungen 248–249

Wenn Menschen **vor einer Entscheidung stehen,** deren Ergebnis ungewiss ist, …

… **berechnen sie Gewinn und Verlust** nicht anhand mathematischer Wahrscheinlichkeiten.

Sie lassen sich mehr davon beeinflussen, ob sie **gewinnen oder verlieren** werden und wie die Frage formuliert ist.

Menschen sind nicht hundertprozentig rational.

Ergebnis führen und ihnen vielleicht sogar schaden.

Frühe Studien über dieses eigenartige Verhalten wurden 1979 von zwei Psychologen durchgeführt: Amos Tversky und Daniel Kahneman. Sie betrachteten die psychologischen Aspekte der Entscheidungsfindung und stützten ihre Hypothesen mit empirischen Beispielen. Ihr zentraler Aufsatz *Prospect Theory: An Analysis of Decision under Risk* skizziert eine Theorie, die den Beginn der Verhaltensökonomie markiert. Sie soll die Theorien der Ökonomen zur Entscheidungsfindung psychologisch realistischer gestalten.

Der Umgang mit dem Risiko

Tversky und Kahneman stellten fest, dass Menschen die Standardannahmen der Ökonomen häufig verletzen, besonders wenn die Folgen ungewiss sind. Menschen handeln nicht etwa im rationalen Eigeninteresse, sondern lassen sich von der Art und Weise beeinflussen, wie die Optionen dargestellt werden. Ökonomen wissen seit Langem, dass Menschen oft risikoscheu sind. Wenn sie beispielsweise die Wahl haben zwischen 1000 Euro, die sie sicher bekommen, und einer 50-prozentigen Chance auf 2500 Euro, wählen Menschen mit größerer Wahrscheinlichkeit die garantierten 1000 Euro – obwohl bei der zweiten, unsicheren Option der durchschnittliche Gewinn höher ist, nämlich 1250 Euro. Die Psychologen stellten die gleichen Menschen vor die Wahl, definitiv 1000 Euro zu verlieren oder mit einer 50-prozentigen Chance nichts zu verlieren bzw. mit einer 50-prozentigen Chance 2500 Euro zu verlieren. In dieser Situation wählten die Menschen, die im vorigen Beispiel die sichere Option gewählt hatten, die risikoreichere Alternative zwischen keinem Verlust und einem großen Verlust. Das nennt man risikofreudiges Verhalten.

Die Standardannahme der Wirtschaftswissenschaft zur Entscheidungsfindung unter unsicheren Bedingungen lautet: Ein Mensch ist entweder risikoscheu, risikofreudig oder schlicht uninteressiert. Die jeweilige Vorliebe gilt immer, ob es nun um ein Gewinn- oder Verlustrisiko geht. Doch Tversky und Kahneman fanden heraus, dass Individuen risikoscheu sind, wenn es um Gewinne geht, und risikofreudig bei Verlusten. Die individuelle Präferenz verändert sich. Menschen sind »verlustscheu«. Daher sind sie bereit Risiken einzugehen, um Verluste zu vermeiden, während sie keine Risiken eingehen, um etwas zu gewinnen.

Die Entscheidung der Menschen wird also davon beeinflusst, wie die Wahlmöglichkeiten präsentiert werden, selbst wenn das Ergebnis dasselbe ist. Ein Beispiel: Eine Krankheit wird voraussichtlich 600 Menschen töten. Man kann ihr auf zwei Arten begegnen. Im Fall A werden 200 Menschen gerettet, im Fall B besteht die Chance von einem Drittel, dass 600 Menschen gerettet werden (und eine Zweidrittelchance, dass niemand gerettet wird). Legt man das Problem auf diese Art dar, erweisen sich die meisten Leute als risikoscheu – »

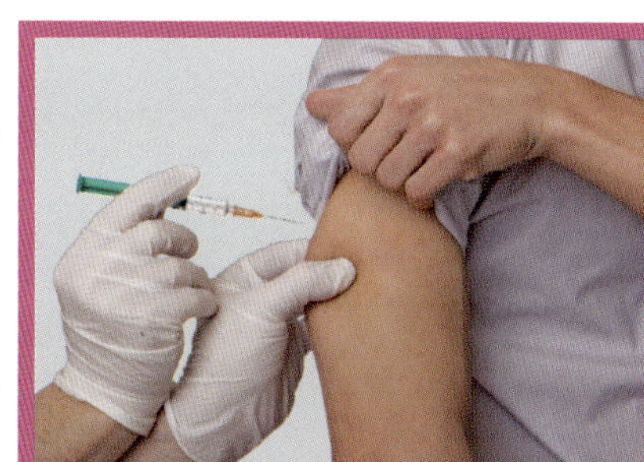

Regierungen sollten bei Impfkampagnen die erhöhte Sterbewahrscheinlichkeit für nicht geimpfte Personen betonen. Die Leute hassen das Verlieren mehr als sie das Gewinnen lieben.

Entscheidungen von Menschen in Spielen mit mehreren Phasen unterscheiden sich je nach Fragestellung. Wird ihnen suggeriert, Faktoren die bei beiden Optionen gleich sind, zu ignorieren (Phase 1 des Beispiels), kann das zu widersprüchlichen Entscheidungen führen.

sie wählen die Sicherheit, 200 Menschen zu retten. Geht es jedoch um die Entscheidung zwischen Programm C, bei dem garantiert 400 Menschen sterben, und Programm D, das eine Chance von einem Drittel bietet, dass niemand stirbt (gegenüber einer Zweidrittelchance, dass 600 Menschen sterben), wählen die meisten Menschen das riskante Programm D.

Das Endergebnis beider Wahlmöglichkeiten ist gleich: Bei A und C sind am Ende definitiv 400 Menschen tot, während es bei B und D lediglich ein zu erwartendes Ergebnis von 400 Toten gibt. Trotzdem bevorzugen die Leute jetzt die spekulativere Option. Menschen sind eher bereit Risiken einzugehen, um den Verlust von Leben zu verhindern, als um Leben zu retten (einen Gewinn zu erzielen). Der subjektive Wert eines Verlustes ist für uns höher als der eines Gewinns.

Wenn man das weiß, kann man die Menschen leichter beeinflussen. Will beispielsweise eine Regierung die Bevölkerung bewegen, eine Veränderung anzunehmen, wird sie größeren Erfolg haben, wenn sie den damit verbundenen Gewinn betont. Wenn sie dagegen möchte, dass die Menschen etwas ablehnen,

Verhaltensökonomie in Aktion

2006 entwickelte eine Gruppe von Verhaltensökonomen ein Experiment für eine Bank in Südafrika, die ihre Kreditvergabe erhöhen wollte. Traditionelle Ökonomen hätten der Bank geraten, die Zinsen zu senken, um die Nachfrage zu erhöhen. Stattdessen erlaubte die Bank den Ökonomen zu experimentieren, um die profitabelste Methode zu ermitteln. Sie versandten 50 000 Briefe, in denen sie mehrere verschiedene Zinssätze anboten – einige hoch, andere niedrig. Außerdem waren dem Brief Fotos von Angestellten beigelegt sowie eine einfache oder komplizierte Tabelle, aus der ablesbar war, welche Chance man hatte, einen Preis zu gewinnen, wenn man auf den Brief antwortete.

Es wurde genau aufgezeichnet, welche Kunden reagierten. So war es möglich, die psychologischen Faktoren gegenüber dem rein ökonomischen Faktor des Zinssatzes zu quantifizieren. Dabei fand man heraus, dass der Zinssatz nur der drittwichtigste Faktor war. Das Foto einer weiblichen Angestellten in dem Brief hatte dagegen die gleiche Wirkung wie eine Senkung des Zinssatzes um fünf Prozent. Dies ist ein bahnbrechendes Resultat: Es ist oft deutlich billiger, psychologische Faktoren zur Belebung der Nachfrage zu identifizieren und einzusetzen, als die Zinsen zu senken.

sollte sie sich auf die möglichen Verluste konzentrieren.

Prozesse und Ergebnisse

Kahneman und Tversky zeigten auch, dass der Entscheidungsprozess die Entscheidung beeinflussen kann, selbst wenn er das endgültige Ergebnis nicht beeinflusst.

Man stelle sich ein Spiel mit zwei Phasen vor. In Phase zwei hat der Spieler die Wahl zwischen zwei Optionen, wenn er bis dahin gelangt ist. Doch er muss seine Wahl bereits vor Beginn der ersten Phase treffen. Ein entsprechendes Beispiel ist auf der gegenüberliegenden Seite dargestellt.

Die meisten Menschen wählen bei diesem Spiel zunächst die garantierte Option auf 3000 Euro. Wird aber die Entscheidung als direkte Wahl zwischen einer geringeren Chance, 4000 Euro zu gewinnen, und einer etwas höheren Chance, 3000 Euro zu gewinnen, dargestellt, wählen die meisten Menschen die geringere Chance, mehr Geld zu gewinnen. Warum die Meinungsänderung?

Bei dem Zwei-Phasen-Prozess ignorieren die Leute die erste Phase, weil sie für beide Resultate gleich ist. Sie sehen nur die Wahl zwischen einem garantierten Gewinn und einem möglichen Gewinn, obwohl die Wahrscheinlichkeiten durch die erste Phase verändert werden. Dies widerspricht der Standardvorstellung von Rationalität, die sich nur am Endergebnis orientieren sollte.

Das Ende der Rationalität?

Die Arbeiten von Tversky und Kahneman helfen uns zu verstehen, warum Menschen Entscheidungen treffen, die weder mit der Nutzentheorie noch mit der Vorstellung vom rationalen ökonomischen Menschen übereinstimmen. Ihre Theorie bildet einen Grundstein der Verhaltensökonomie und hat weitreichenden Einfluss auf Marketing und Werbung. Wenn die Vermarkter verstehen, wie Menschen zu ihren Entscheidungen gelangen, können sie ihre Produkte viel effektiver »an den Mann bringen«.

Die Neue Erwartungstheorie (*Prospect Theory*) hat Implikationen für viele wirtschaftliche Entscheidungen. Beispielsweise erklärt sie, warum Menschen manchmal quer durch die Stadt fahren, um beim Kauf einer DVD für 15 Euro fünf Euro zu sparen, während sie diesen Weg beim Kauf eines Fernsehgeräts für 400 Euro für die gleiche Ersparnis nicht auf sich nehmen würden. Die Abneigung gegenüber Verlusten erklärt auch den sogenannten Besitztumseffekt: Die Menschen messen einem Objekt, das sie besitzen – und nicht verlieren wollen – einen höheren Wert zu, als dem gleichen Objekt, bevor sie es besitzen – solange es also nur ein »potenzieller Zugewinn« ist.

Die Verhaltensökonomie ist sehr wichtig für unser heutiges Verständnis von Wirtschaft. Sie hat die moderne Wirtschaftswissenschaft psychologisch realistischer gemacht. Die Neue Erwartungstheorie machte uns bewusst, dass Menschen keine rationalen Maschinen sind. Diese Einsicht hat weitreichende Folgen für die Wirtschaftstheorie und für die Regierungspolitik. Gibt man beispielsweise den Menschen das Gefühl, etwas zu besitzen, kümmern sie sich wahrscheinlich besser darum. ■

Der Wert, den ein Ticket für einen Schwarzhändler und die Käufer hat, hängt nicht nur vom Nutzen ab, sondern auch von anderen Faktoren, z. B. davon, wie der Händler es beschaffte.

» Vielleicht stellt man fest, dass die relative Attraktivität der Optionen sich ändert, wenn die gleiche Entscheidung unterschiedlich dargestellt wird. «

Amos Tversky
Daniel Kahneman

STEUERSENKUNGEN KÖNNEN DIE STEUER-EINNAHMEN ERHÖHEN

STEUERN UND WIRTSCHAFTLICHE ANREIZE

IM KONTEXT

SCHWERPUNKT
Wirtschaftspolitik

VORDENKER
Robert Mundell (1932–2021)
Arthur Laffer (geb. 1940)

FRÜHER
1776 Adam Smith meint, mäßige Steuern könnten höhere Einnahmen bringen als hohe Steuern.

1803 Jean-Baptiste Say argumentiert, ein Angebot schaffe sich die entsprechende Nachfrage von selbst.

SPÄTER
1981 US-Präsident Ronald Reagan senkt den Spitzensteuersatz und die Kapitalertragsteuer.

2003 US-Präsident George W. Bush ignoriert die Kritik führender Ökonomen und verfolgt eine Politik der Steuersenkung.

2022 Das Haushaltsdefizit der US-Regierung steigt auf etwa 31,4 Billionen Dollar – 129 Prozent des BIP.

Nach dem gesunden Menschenverstand muss die Regierung die Steuern erhöhen, wenn sie mehr Geld für öffentliche Leistungen braucht – so unpopulär das auch ist. Entsprechend müsste eine Steuersenkung die Verringerung öffentlicher Leistungen bedeuten. Doch nach Ansicht mancher Ökonomen führen Steuersenkungen oft dazu, dass die Regierung nicht weniger, sondern sogar mehr Geld einnimmt.

Dies ist ein Kerngedanke der angebotsorientierten Wirtschaftspolitik der 1980er-Jahre. Auf der Angebotsseite der Wirtschaft werden Dinge hergestellt und verkauft,

Wenn die Regierung **keine Steuern erhebt,** hat sie keine Einnahmen.

→ Bei einem Steuersatz von **100 Prozent** hat die Regierung ebenfalls keine Einnahmen, weil niemand arbeitet.

↓ Irgendwo zwischen 0 und 100 Prozent liegt der Punkt, an dem die Steuereinnahmen **maximal** sind.

← Wenn die **Steuern zu hoch** sind, arbeiten die Menschen weniger und zahlen weniger Steuern. Damit sinken die Einnahmen.

↓ Wenn die **Steuern gesenkt** werden, arbeiten die Leute mehr und die Einnahmen wachsen.

→ **Steuersenkungen können die Steuereinnahmen erhöhen.**

Siehe auch: Die Steuerlast 64–65 ▪ Überangebot auf Märkten 74–75 ▪ Kreditaufnahme und Schulden 76–77 ▪ Der keynesianische Multiplikator 164–165 ▪ Unternehmensführung 168–169 ▪ Monetaristische Politik 196–201

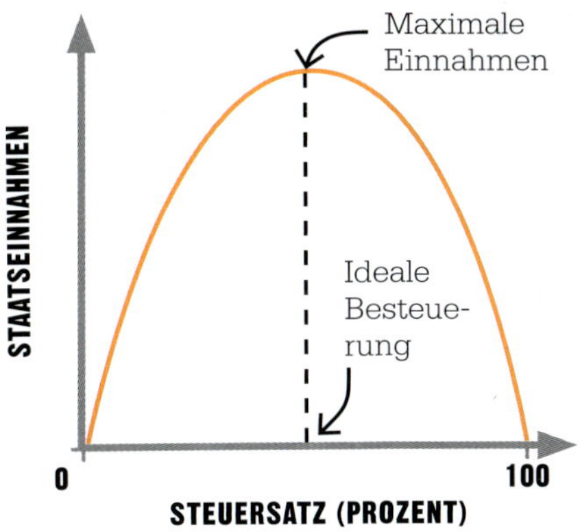

Die Laffer-Kurve zeigt die Beziehung zwischen Steuersätzen und Staatseinnahmen. Sie verdeutlicht, dass höhere Steuern nicht immer zu höheren Einnahmen führen.

während es auf der Nachfrageseite um das Kaufen geht. Angebotsorientierte Ökonomen glauben, Wirtschaftswachstum entstehe durch bessere Bedingungen auf der Angebotsseite sowie weniger Subventionen und niedrigere Steuern.

Steuern und Steueroasen

Das Argument, durch Steuersenkung ließen sich Steuermehreinnahmen erzielen, stammt von Arthur Laffer. Er sagte, ein hoher Einkommensteuersatz halte die Menschen vom Arbeiten ab, selbst wenn er deutlich unter 100 Prozent liege. Dass weniger gearbeitet werde, wiege dann schwerer als der hohe Steuersatz – das Ergebnis sind sinkende Einnahmen. Zudem gingen bei hohen Spitzensteuersätzen Einnahmen verloren, weil Spitzenverdiener das Land verlassen oder ihr Geld in Steueroasen deponieren. Laffer entwickelte eine glockenförmige Kurve (links), die zeigen soll, dass es zwischen 0 und 100 Prozent Steuern einen Punkt gibt, an dem die Regierung maximale Einnahmen erzielt.

Die Argumentation lautet wie folgt: Ausgehend von einem sehr hohen Steuersatz können Steuersenkungen zusammen mit weiteren Maßnahmen zur Stärkung der Angebotsseite die wirtschaftliche Effizienz erhöhen und Steuermehreinnahmen bewirken. In den 1970er-Jahren zahlte die arbeitende Bevölkerung in einigen Ländern 70 Prozent Steuern, Spitzenverdiener sogar 90 Prozent. Allerdings waren sich die Ökonomen bei der Interpretation der Laffer-Kurve nicht einig: Die politische Rechte meinte, die Wirtschaft befände sich auf einem Punkt rechts von der Spitze der Kurve – dann würden Steuersenkungen die Einnahmen erhöhen. Die Linke war anderer Ansicht.

In den 1970er-Jahren entstanden zahlreiche Steueroasen. Kleine Inseln und Länder wie Monaco wählten niedrige Steuersätze (oder gar keine Steuern), um Investitionen anzulocken.

Angebotsorientierte Wirtschaftspolitik

Die Theorie der angebotsorientierten Wirtschaftspolitik wurde in den 1970er-Jahren entwickelt und von Anfang an sehr kontrovers diskutiert. Sie entstand, weil die keynesianische Politik der staatlichen Eingriffe (S. 154–161) angesichts der »Stagflation« (stagnierende Wirtschaft mit hoher Inflation) offensichtlich versagte. Der Begriff wurde von Jude Wanniski geprägt, aber erst die Steuerkurve von Arthur Laffer erregte die Aufmerksamkeit der Ökonomen. Sie wurde unter der Leitung von Robert Mundell (S. 254) entwickelt. Er war der Ansicht, wenn man die Steuersätze senkte, würden die nationale Wirtschaftsleistung und in Verbindung mit ihr auch die Steuereinnahmen steigen. Nach einem kurzen Absinken stiegen die Einnahmen tatsächlich, aber bis heute wird darüber diskutiert, ob dies tatsächlich die Richtigkeit der These Mundells beweist oder nicht.

Eine Win-Win-Situation

Für konservative Politiker war Laffers Theorie attraktiv: Sie konnten sich beliebt machen, indem sie Steuern senkten, und dennoch versprechen, dass sie die öffentlichen Dienstleistungen erhalten würden. Doch es gibt kaum Hinweise darauf, dass die Idee tatsächlich funktioniert. In den USA und anderen Ländern liegen die Steuersätze deutlich unter dem Niveau der 1970er-Jahre, doch der erwartete Geldsegen ist ausgeblieben. Stattdessen wurden die Steuersenkungen durch eine wachsende Verschuldung finanziert. ■

DIE PREISE SAGEN ALLES

EFFIZIENTE MÄRKTE

IM KONTEXT

SCHWERPUNKT
Märkte und Firmen

VORDENKER
Eugene Fama (geb. 1939)

FRÜHER
1863 Jules Regnault behauptet in *Calcul des Chances et Philosophie de la Bourse*, Schwankungen des Aktienmarkts ließen sich nicht vorhersagen.

1964 Paul Cootner entwickelt Regnaults Ideen in *The Random Character of Stock Market Prices* weiter.

SPÄTER
1980 Richard Thaler veröffentlicht die erste verhaltensökonomische Studie.

2011 Paul Volcker, ein ehemaliger Präsident der US-Zentralbank, macht einen »ungerechtfertigten Glauben an rationale Erwartungen und Markteffizienz« für die Krise von 2008 verantwortlich.

Viele Investoren glauben, dass sie den Aktienmarkt »schlagen« können. Eugene Fama war anderer Ansicht. In seiner Studie *Efficient Capital Markets* (1970) gelangt er zu dem Schluss, dass es unmöglich ist, dem Markt wiederholt voraus zu sein. Seine Theorie ist heute als Effizienzmarkthypothese bekannt.

Fama behauptete, alle Investoren hätten Zugang zu den gleichen, allgemein verfügbaren Informationen. Daher reflektierten die Aktienpreise alles verfügbare Wissen. Das sei der »effiziente Markt«. Da niemand neue, zukünftige Informationen vorhersehen könne, sei es für Investoren fast unmöglich, einen Profit zu machen – wenn sie nicht über Informationen verfügen, die der Konkurrenz unbekannt sind (und »Insiderhandel« ist verboten).

Doch die Verhaltensökonomie macht auf einige Probleme dieser Hypothese aufmerksam. Sie berücksichtige weder das übermäßige Selbstvertrauen mancher Investoren noch den »Herdeninstinkt«. Diese Probleme zeigten sich bei der Dotcom-Blase in den 1990er-Jahren, für die ein »unvernünftiger Überschwang« verantwortlich gemacht wurde, ebenso wie bei der Finanzkrise von 2007/08.

» Auf einem effizienten Markt ist der tatsächliche Preis eines Wertpapiers zu jedem Zeitpunkt ein guter Schätzwert für seinen intrinsischen Wert. «

Eugene Fama

Nach diesen Krisen erklärten viele Beobachter Famas Theorie für überflüssig. Einige gaben ihr sogar die Schuld daran. Auch Eugene Fama selbst räumt heute ein, dass schlecht informierte Investoren den Markt in die Irre führen können. ■

Siehe auch: Wirtschaftsblasen 98–99 ▪ Wirtschaftstheorien im Test 170 ▪ Financial Engineering 262–265 ▪ Verhaltensökonomie 266–269

MIT DER ZEIT KOOPERIEREN AUCH DIE EGOISTEN

WETTBEWERB UND KOOPERATION

IM KONTEXT

SCHWERPUNKT
Entscheidungsfindung

VORDENKER
Robert Axelrod (geb. 1953)

FRÜHER
1859 Der britische Biologe Charles Darwin veröffentlicht *Über die Entstehung der Arten*. Danach überleben höchstwahrscheinlich die Arten, die sich am besten anpassen können.

1971 Robert Trivers zeigt in *The Evolution of Reciprocal Altruism*, dass Altruismus und Kooperation den Menschen nützen können.

SPÄTER
1986 Drew Fudenberg und Eric Maskin untersuchen Kooperationsstrategien bei wiederholten Spielen.

1994 Kenneth Binmore veröffentlicht *Playing Fair*. Darin erforscht er mithilfe der Spieltheorie die Entwicklung der Moral.

Der US-Ökonom Robert Axelrod beschrieb 1984 in *The Evolution of Cooperation* die Resultate einer Reihe von Spielen, bei denen verschiedene Strategien von Spieltheoretikern per Computerprogramm gegeneinander eingesetzt wurden, um die erfolgreichste Strategie zu ermitteln. Bei dem Spiel handelte es sich um das Gefangenendilemma (S. 238): Zwei gefasste Diebe müssen sich entscheiden. Sollen sie gestehen, schweigen oder den anderen verraten? Die Frage lautet dabei, ob es klüger ist zu kooperieren oder eigennützig zu handeln.

Die beste Strategie

Axelrod fand heraus, dass Kooperation durchaus im Eigeninteresse sein kann. Mit seiner Spielreihe erprobte er zahlreiche Strategien. Die erfolgreichste Strategie war die, bei der die Spieler beim ersten Zug kooperierten und dann jeweils ihre Gegner spiegelten. So waren sie nie die Ersten, die einen »Verrat« begingen. Besonders erfolgreich waren die »freundlichen« Ansätze. Kooperation, so das Ergebnis, war also für beide Seiten positiv. Aber man darf auch nicht zu nett sein: Glaubwürdig bleibt ein Spieler nur, wenn er bei einem »Verrat« sofort zurückschlägt.

Dieser Ansatz zu Wettbewerbsanalyse und Kooperation entwickelte sich zu einem sehr ergiebigen Arbeitsgebiet, das sich mit der Entstehung sozialer und sogar moralischer Regeln befasst. ■

2002 beschlossen George W. Bush und Wladimir Putin trotz gegenseitigem Misstrauen, ihre Nuklearwaffenarsenale drastisch zu reduzieren. 2023 verstieß Putin gegen diesen Vertrag.

Siehe auch: Der ökonomische Mensch 52–53 ▪ Auswirkungen eines begrenzten Wettbewerbs 90–91 ▪ Wirtschaft und Tradition 166–167 ▪ Die Spieltheorie 234–241

DIE MEISTEN AUTOS AUF DEM MARKT SIND SCHROTTKISTEN

MARKTUNSICHERHEIT

Der Käufer eines Gebrauchtwagens hat **weniger Informationen** über die Qualität als der Verkäufer.

Diese Ungleichheit der Information **schafft Unsicherheit** für den Käufer, …

… der **nicht so gern** einen hohen Preis bezahlen möchte, egal für welches Auto.

Daher **ziehen** Verkäufer mit guten Fahrzeugen ihre Autos vom Markt **zurück.**

Der Markt **bricht zusammen,** weil …

… die meisten gehandelten Autos minderwertig sind – Schrottkisten.

IM KONTEXT

SCHWERPUNKT
Märkte und Firmen

VORDENKER
George Akerlof (geb. 1940)

FRÜHER
1558 Sir Thomas Gresham beobachtet, dass »schlechtes Geld das gute Geld verdrängt«.

1944 John von Neumann und Oskar Morgenstern veröffentlichen eine Analyse strategischen Verhaltens in wirtschaftlichen Situationen.

SPÄTER
1973 Michael Spence erläutert, wie Menschen potenziellen Arbeitgebern signalisieren, welche Fähigkeiten sie haben.

1976 Michael Rothschild und Joseph Stiglitz veröffentlichen *Equilibrium in Competitive Insurance Markets*, eine Studie über das Problem der »Rosinenpickerei«, wenn Versicherungsgesellschaften um Kunden konkurrieren.

Ehe George Akerlof in den 1960er-Jahren begann, Preise und Märkte zu studieren, waren die meisten Wirtschaftswissenschaftler der Ansicht, die Märkte würden jedem, der ein Gut zu einem bestimmten Preis verkaufen will, erlauben, Geschäfte mit jedem zu machen, der das Gut zu diesem Preis kaufen will. Akerlof zeigte jedoch, dass dies in vielen Fällen nicht zutrifft. In seinem Hauptwerk *The Market for Lemons* (1970) erläutert er, wie Unsicherheit durch begrenzte Information zum Zusammenbruch von Märkten führen kann. Die Asymmetrie der Information im Verhältnis von Käufer zu Verkäufer hat manchmal schwerwiegende Konsequenzen.

Siehe auch: Die freie Marktwirtschaft 54–61 ▪ Marktinformationen und Anreize 208–209 ▪ Märkte und soziale Ergebnisse 210–213 ▪ Signalling und Screening 281

Asymmetrische Information

Der Käufer eines Gebrauchtwagens hat weniger Informationen über dessen Qualität als der Verkäufer. Der Verkäufer kann meist beurteilen, ob sein Auto schlechter ist als ein vergleichbares Fahrzeug – ob es also eine »Schrottkiste« ist. Käufer, die eine Schrottkiste erwerben, fühlen sich betrogen. Weil immer nicht identifizierbare Schrottkisten auf dem Markt sind, hegen die Käufer Bedenken hinsichtlich der Qualität aller Gebrauchtwagen. Daher setzen sie den Preis, den sie zu zahlen bereit sind, von vornherein niedrig an. In der Folge sinken die Preise auf dem gesamten Markt.

Akerlofs Theorie ist die moderne Version einer Idee des englischen Finanzmanns Sir Thomas Gresham (1519–1579). Wenn Münzen mit einem hohen und einem niedrigen Silbergehalt gleichzeitig im Umlauf sind, versuchen die Leute, die Münzen mit dem höheren Silbergehalt zu horten, sodass das schlechte Geld das gute aus dem Umlauf verdrängt. In vergleichbarer Weise ziehen Verkäufer von überdurchschnittlichen Gebrauchtwagen ihre Fahrzeuge vom Markt zurück, weil sie von Käufern, die Angst haben, eine Schrottkiste zu erwerben, keinen fairen Preis dafür bekommen. Das bedeutet: »Die meisten Autos auf dem Markt sind Schrottkisten.« Theoretisch kann das zu so niedrigen Preisen führen, dass der Markt zusammenbricht.

Negative Selektion

Ein anderer Markt, der von »Schrottkisten« beeinflusst wird, ist der Versicherungsmarkt. Bei privaten Krankenversicherungen wissen die Käufer einer Police zum Beispiel mehr über ihren Gesundheitszustand als die Verkäufer. Daher stellen die Versicherer häufig fest, dass sie mit Menschen Geschäfte machen, denen sie lieber aus dem Weg gehen würden: mit den weniger Gesunden. Die Versicherungsleistungen steigen mit zunehmendem Alter, und eine größere Anzahl weniger gesunder Menschen kauft Policen, aber die Firmen können sie nicht immer ausmachen. Das ist als negative Selektion bekannt. Das vorhandene Potenzial für eine negative Selektion bedeutet, dass die Versicherer am Ende mit größeren Risiken dastehen, als durch die Beiträge abgedeckt sind. Daher können Menschen ab einem bestimmten Eintrittsalter keine private Krankenversicherung mehr abschließen oder die Beiträge sind entsprechend hoch. ■

Ein Autohändler kann das Kaufrisiko des Käufers verringern, indem er eine Garantie anbietet. In vielen Fällen passen sich die Märkte der asymmetrischen Information an.

George Akerlof

George Akerlof wurde 1940 in Connecticut (USA) geboren und wuchs in einer gebildeten Familie auf. In der Schule begann er sich für Sozialwissenschaften zu interessieren, darunter Geschichte und Wirtschaft. Die unregelmäßige Beschäftigung seines Vaters weckte sein Interesse am Keynesianismus. Akerlof studierte Wirtschaftswissenschaften in Yale und promovierte 1966 am Massachusetts Institute of Technology (MIT). Er wurde Professor in Berkeley und verbrachte ein Jahr in Indien mit Untersuchungen zur Arbeitslosigkeit. 1978 lehrte er an der London School of Economics, ehe er auf seinen Lehrstuhl in Berkeley zurückkehrte. 2001 erhielt er zusammen mit Michael Spence und Joseph Stiglitz den Nobelpreis für Wirtschaftswissenschaften.

Hauptwerke

1970 *The Market for Lemons*
1988 *Fairness and Unemployment* (mit Janet Yellen)
2009 *Animal Spirits: Wie Wirtschaft wirklich funktioniert* (mit Robert J. Shiller)

DIE VERSPRECHUNGEN DER REGIERUNG SIND NICHT GLAUBHAFT

UNABHÄNGIGE ZENTRALBANKEN

IM KONTEXT

SCHWERPUNKT
Wirtschaftspolitik

VORDENKER
Edward Prescott (1940–2022)
Finn Kydland (geb. 1943)

FRÜHER
1961 John Muth veröffentlicht *Rational Expectations and the Theory of Price Movements*.

1976 Robert Lucas hält es für naiv, die Regierungspolitik nach Lösungen zu modellieren, die in der Vergangenheit funktioniert haben.

SPÄTER
1983 Laut Robert Barro und David Gordon entsteht hohe Inflation durch eine Ermessenspolitik der Regierung. Sie schlagen unabhängige Zentralbanken vor.

Ab den 1980er-Jahren In vielen Ländern weltweit werden unabhängige Zentralbanken eingerichtet.

Wenn Regierungen **nach eigenem Ermessen** handeln können, können sie auch ihre Versprechungen brechen.

↓

Die Versprechungen der Regierung sind nicht glaubhaft.

↓

Rationale Individuen sehen diesen Vertrauensbruch voraus und **passen ihr Verhalten an.**

↓

Daher funktioniert eine **Regierungspolitik nach eigenem Ermessen** nicht.

↓

Regierungen sollten sich glaubhaft auf **einfache Regeln** verpflichten und keine Ermessenspolitik betreiben.

Nach dem Zweiten Weltkrieg war die Wirtschaft vom keynesianischen Denken (S. 154–161) beherrscht. Das bedeutete, Regierungen konnten eine niedrige Arbeitslosigkeit durch zwei verschiedene Formen von Ermessenspolitik erreichen. Zur Kontrolle der Beschäftigung standen ihnen die Fiskalpolitik (Regierungsausgaben und Steuern) und die Geldpolitik (Zinssätze und Geldmenge) zur Verfügung.

1977 veröffentlichten zwei Ökonomen – Finn Kydland aus Norwegen und Edward Prescott aus den USA – einen Aufsatz mit dem Titel *Rules Rather than Discretion*, in dem sie argumentieren, eine Ermessenspolitik sei tatsächlich kontraproduktiv. Ihre Argumentation beruhte auf der Vorstellung rationaler Erwartungen von John Muth (S. 247). Laut Muth streben rationale Individuen danach, möglichst vorausschauend zu planen, weil falsche Vorstellungen über Kosten und Preise sie sonst teuer zu stehen kommen.

Zuvor funktionierten makroökonomische Modelle nach dem Prinzip, dass Individuen nur zurückschauen und in naiver Weise erwarten, dass die Zukunft der Vergangenheit entspricht. Das neue Modell sagte

Siehe auch: Der ökonomische Mensch 52–53 ▪ Der keynesianische Multiplikator 164–165 ▪ Monetaristische Politik 196–201 ▪ Inflation und Arbeitslosigkeit 202–203 ▪ Rationale Erwartungen 244–247

Eine Regierung kann vielleicht den Hausbau in gefährdeten Gebieten verhindern, wenn sie die Versicherung nicht subventioniert. Hat sie aber einmal geholfen, bauen die Leute doch.

voraus, dass rationale Menschen, die Informationen sammeln, staatliche Eingriffe vorwegnehmen können und wollen. Sie passen dann ihre Handlungsweise der erwarteten Regierungspolitik an, sodass diese entsprechend weniger wirksam ist. Ermessenspolitik kann nur funktionieren, wenn Menschen überrascht werden, aber es ist schwierig, rationale Individuen zu überraschen.

Angenommen, ein nachgiebiger Lehrer versucht beispielsweise, faule Schüler zu Hausaufgaben zu bewegen. Der Lehrer kann den Schülern mit Strafe drohen, wenn sie ihre Hausaufgaben nicht erledigen. Die Schüler wissen jedoch, dass der Lehrer nachgiebig ist und nicht gern straft – und handeln entsprechend: Sie machen ihre Hausaufgaben nicht. Das Ziel des Lehrers, die Schüler zur Abgabe von Hausaufgaben zu bewegen, wird vom rationalen Verhalten der Schüler untergraben.

Kydland und Prescott sahen die Regierung vor dem gleichen Problem stehen, wenn sie verspricht, die Inflation niedrig zu halten. Eine Regierung will hohe Arbeitslosigkeit vermeiden. Daher kurbelt sie die Wirtschaft an, um die Arbeitslosigkeit niedrig zu halten. Damit erhöht sie jedoch die Inflation. Wie der Lehrer, der mit einer Bestrafung droht, die er nicht vollzieht, verfolgt auch die Regierung widerstreitende Ziele und die Menschen glauben ihr nicht. Damit wird das Ziel, die Nachfrage zu erhöhen, um eine höhere Beschäftigung zu erreichen, untergraben. Die Menschen wissen genau, dass höhere Löhne durch höhere Preise aufgewogen werden.

Regeln ohne Kompromisse

Eine Lösung für den Lehrer wäre eine feste Regel, nach der Schüler für nicht abgegebene Hausaufgaben bestraft werden. Kydland und Prescott meinten, auch Regierungen sollten verpflichtet sein, sich an klare Regeln zu halten, und nicht nach eigenem Ermessen handeln dürfen. Der Lehrer kann die Bestrafung des Schülers an einen strengen Schulleiter delegieren. In der makroökonomischen Politik kann diese Rolle von einer unabhängigen Zentralbank übernommen werden. Wenn sie die Geldpolitik kontrolliert, kann sich die Regierung glaubhaft dem Ziel der niedrigen Inflation widmen. Die Phase der niedrigen Inflation in den Jahren unmittelbar nach der Jahrtausendwende wird häufig der Tatsache zugeschrieben, dass kurz zuvor in vielen Ländern unabhängige Zentralbanken eingerichtet wurden. ▪

Finn Kydland

Finn Kydland wurde 1943 auf einem Bauernhof in Gjesdal (Norwegen) geboren. Nach seinem Schulabschluss unterrichtete er mehrere Jahre an einer Grundschule. Dort schlug ein Kollege vor, er solle Buchführung studieren. 1965 nahm er das Studium der Wirtschaftswissenschaften an der Norwegischen Handelshochschule (NHH) auf. Kydland wollte eigentlich Unternehmensmanager werden, aber nach seinem Abschluss wurde er Assistent von Professor Sten Thore und ging mit ihm an die Carnegie Mellon University in den USA. 1973 kehrte Kydland nach Norwegen und an die NHH zurück, wo er zusammen mit Edward Prescott seine Hauptschrift veröffentlichte. 1976 kehrte er in die USA zurück, wo er seither lehrt. 2004 erhielt er den Nobelpreis für Wirtschaftswissenschaften.

Hauptwerke

1977 *Rules Rather than Discretion* (mit E. Prescott)
1982 *Time to Build and Aggregate Fluctuations*
2002 *Argentina's Lost Decade* (mit Carlos E. J. M. Zarazaga)

DIE WIRTSCHAFT IST CHAOTISCH, AUCH WENN DIE MENSCHEN ES NICHT SIND

KOMPLEXITÄT UND CHAOS

IM KONTEXT

SCHWERPUNKT
Die Makroökonomie

VORDENKER
René Thom (1923–2002)
Jean-Michel Grandmont (geb. 1939)
Alan Kirman (geb. 1939)

FRÜHER
1887 Henri Poincarés Analyse der Interaktion dreier Körper, die umeinander kreisen, legt den Grundstein für die Chaostheorie.

1950er-Jahre Benoît Mandelbrot erkennt wiederkehrende Muster in den Veränderungen des Baumwollpreises.

1960 Der Mathematiker und Meteorologe Edward Lorenz entdeckt den Schmetterlingseffekt in der Meteorologie.

SPÄTER
1980er-Jahre Brian Arthur entwickelt die Komplexitätstheorie.

Keines der bisher erdachten Systeme kann gute Renditen auf dem Aktienmarkt garantieren. Dabei wäre durchaus zu hoffen gewesen, dass die Wirtschaftswissenschaften ein solches Werkzeug liefern würden. Der Großteil ihrer Theorien orientiert sich an den Bewegungsgesetzen aus den 1680er-Jahren: Jede Handlung führt zu einem Ergebnis und alle Ereignisse sind über eine Kausalkette zeitlich vorwärts wie rückwärts in einem linearen Prozess verbunden. Die Voraussagen der Standardökonomie beruhen im großen Rahmen – im Hinblick auf das wirtschaftliche Gleichgewicht – auf dem Verhalten rationaler Individuen, die auf Preise reagieren.

Winzige Veränderungen in den Ausgangsbedingungen führen manchmal zu deutlich veränderten Ergebnissen. Das ist der sogenannte Schmetterlingseffekt: Der Flügelschlag eines Schmetterlings in Brasilien kann einen Zyklon in Texas auslösen.

Auf der Suche nach Komplexität

Wenn die Welt sich aber so verhält, warum sind dann Zusammenbrüche des Aktienmarkts so schwer vorherzusehen? Manche Ökonomen halten den linearen Ansatz für obsolet und Modellbildungen wie in der Physik für unmöglich. Eine Antwort auf diese Zweifel ist die Komplexitätstheorie. Sie entstand aus der Arbeit des Chemikers Ilya Prigogine (1917–2003) über Thermodynamik. Anders als die Standardökonomie akzeptiert diese Theorie die Tatsache, dass vorhersagbare Handlungen von Individuen nicht notwendig zu einer stabilen, vorhersagbaren Wirtschaft führen.

1975 beschrieben Jean-Michel Grandmont und Alan Kirman Volkswirtschaften als »komplexe Systeme«. In herkömmlichen Wirtschaftsmodellen für den perfekten Wettbewerb treten die Individuen nicht direkt in Interaktion, sondern

Siehe auch: Der ökonomische Mensch 52–53 ▪ Wirtschaftsblasen 98–99 ▪ Wirtschaftstheorien im Test 170 ▪ Verhaltensökonomie 266–269

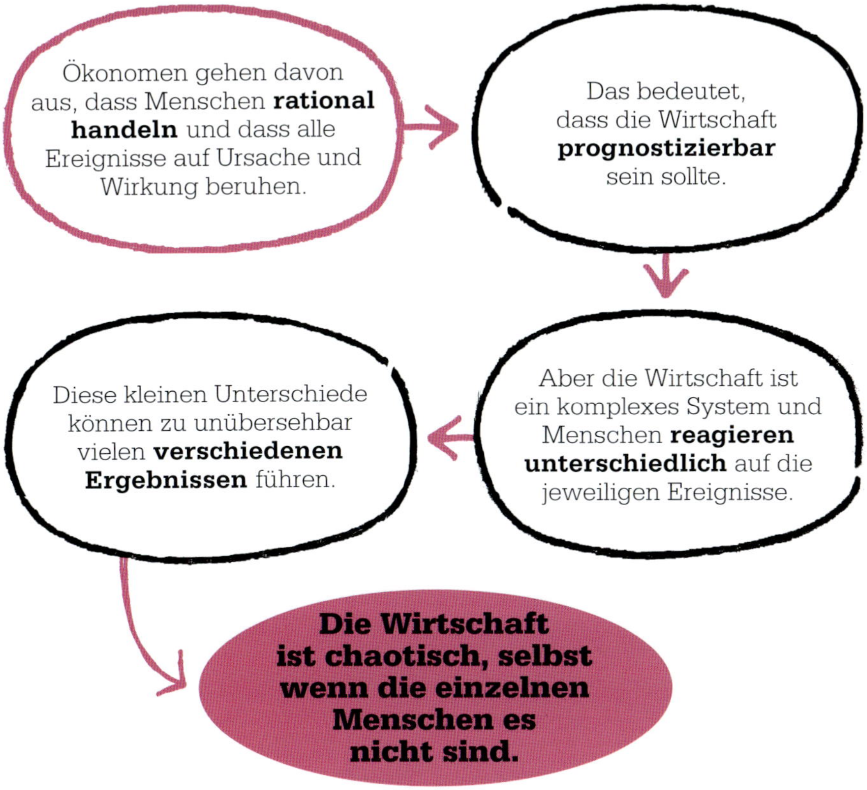

reagieren nur auf Preise. Sie ändern ihr Verhalten und die Preise, um das bestmögliche Resultat zu erzielen. In komplexen Systemen wie der Volkswirtschaft treten Individuen direkt in Interaktion und verwenden dabei einfache Faustregeln. Das führt in der Wirtschaft insgesamt oft zu komplexen Verhaltensmustern.

Chaotische Volkswirtschaften

Vorstellungen, die mit den Argumenten von Grandmont und Kirman verwandt sind, findet man in der Chaostheorie von Edward Lorenz aus den 1950er-Jahren. Lorenz versuchte herauszufinden, warum sich das Wetter nicht weit in die Zukunft vorhersagen lässt. Seine Computeranalysen machten deutlich, dass schon äußerst geringe Veränderungen in der Atmosphäre sich vervielfachen können und dann oft dramatische Wetteränderungen bewirken.

Zur Analyse von chaotischen Bewegungen entwickelten Theoretiker eine Form der nichtlinearen Mathematik. Ähnlich wie beim Wetter argumentieren sie, dass schon eine winzige Veränderung in den Ausgangsbedingungen oft zu einem derart anderen Endergebnis führt, dass der Vorgang chaotisch erscheint. Sollten sie recht haben, sind die vorhersagbaren Gleichgewichtszustände, die das Fundament der meisten Wirtschaftstheorien bilden, grundfalsch. ▪

Wilder Zufall

In den 1960er- und 1970er-Jahren äußerte Benoît Mandelbrot die Ansicht, dass die Ökonomen sich irrten, wenn sie ihre Daten immerzu glätteten, indem sie nach Mittelwerten suchten und die Extreme ignorierten. Er argumentierte, erst die Extremwerte lieferten das wahre Bild.

Mandelbrots Kritik zielte auf all diejenigen ab, die die Preise von Aktien und Waren unter der Voraussetzung gestalten, dass ein Preis direkt zum anderen führt und sie alle sich auf lange Sicht um einen Mittelwert bewegen. Er hielt den kontrollierten Zufall in diesen Modellen für irreführend und forderte statt dessen die Annahme eines wilden Zufalls – den Gedanken, dass außergewöhnliche Ereignisse bei Veränderungen eine Rolle spielen. Mandelbrot hält die Märkte für deutlich unbeständiger, als die Ökonomen meinen. Es sei falsch, stets nur nach Gesetzen zu suchen, die nach den Regeln der klassischen Physik funktionieren.

Eine kleine Geschwindigkeitsänderung gibt der Kugel eine ganz andere Richtung: Auch Ökonomen können nicht stets vorhersehen, wie sich der Aktienmarkt entwickelt.

SOZIALE NETZWERKE SIND EINE ART KAPITAL

SOZIALES KAPITAL

IM KONTEXT

SCHWERPUNKT
Wirtschaft und Gesellschaft

VORDENKER
Robert Putnam (geb. 1941)

FRÜHER
1916 Der Ausdruck »Sozialkapital« taucht in einem Artikel der US-Pädagogin Lynda J. Hanifan auf.

1988 James Coleman beschreibt das soziale Kapital und überträgt das Konzept auf Schulabbrecher.

SPÄTER
1999 Francis Fukuyama behauptet, das Sozialkapital sei in entwickelten Ländern wie den USA nicht geringer geworden.

2001 Ben Fine, ein marxistischer Ökonom, kritisiert das Konzept des Sozialkapitals.

2003 Nach Ansicht des britischen Soziologen John Field bedeutet die Theorie des Sozialkapitals, dass Beziehungen wichtig sind.

Das Wort »Kapital« bezeichnet oft physisches Kapital, also die Anlagen und Maschinen zur Produktion von Waren. Eine breitere Definition schließt zusätzlich die Fähigkeiten der Arbeitskräfte ein: das menschliche Kapital. Der effiziente Einsatz von physischem und menschlichem Kapital gilt schon lange als zentral für die Wirtschaft. Doch in den 1990er-Jahren brachte der Politologe Robert Putnam noch eine weniger greifbare Form des Kapitals ins Spiel: die sozialen Verbindungen. Seiner Ansicht nach sind soziale Netzwerke ebenfalls wichtig für die wirtschaftliche Gesamtleistung. Soziale Kontakte wirken sich auf die Produktivität aus. Die Interaktion der Menschen bei der Arbeit und in der Freizeit lässt sich als »Sozialkapital« bezeichnen.

> »Eine Gesellschaft aus vielen tugendhaften, aber isolierten Individuen ist nicht unbedingt reich an Sozialkapital.«
>
> **Robert Putnam**

Soziale Netzwerke unterstützen die Kooperation und die Verbreitung von Informationen und helfen den Menschen dadurch, ihre Fähigkeiten zu verbessern, ihre Karriere voranzutreiben und die Gesamtproduktivität zu steigern. Umgekehrt leidet die wirtschaftliche Gesamtleistung, wenn diese Verbindungen schwächer werden. Putnam wies darauf hin, dass die Menschen in den Industrieländern seit den 1960er-Jahren immer isolierter leben. Seiner Meinung nach hat dies mit zu ihrem wirtschaftlichen Niedergang beigetragen. Zwar stimmen nicht alle Ökonomen seiner Analyse zu, doch das soziale Kapital gilt heute allgemein als wesentliches Element der wirtschaftlichen Leistung. ■

Siehe auch: Protektionismus und Handel 34–35 ▪ Der komparative Kostenvorteil 80–85 ▪ Größenvorteile 132 ▪ Marktintegration 226–231

HÖHERE BILDUNG IST NUR EIN INDIZ FÜR GRÖSSERE FÄHIGKEITEN

SIGNALLING UND SCREENING

IM KONTEXT

SCHWERPUNKT
Entscheidungsfindung

VORDENKER
Michael Spence (geb 1943)
Joseph Stiglitz (geb. 1943)

FRÜHER
1963 Kenneth Arrow widmet sich der Informationsökonomik, vor allem dem Problem der ungleichen Informationen von Käufer und Verkäufer.

1970 In *The Market for Lemons* beschreibt George Akerlof Informationsunterschiede auf Märkten.

SPÄTER
1976 Michael Rothschild und Joseph Stiglitz sind Wegbereiter des »Screening«: Eine uninformierte Partei veranlasst andere dazu, Informationen weiterzugeben.

2001 Michael Spence, George Akerlof und Joseph Stiglitz erhalten den Nobelpreis für ihre Arbeiten im Bereich der Informationsökonomik.

Ein neuer Bereich der Wirtschaftswissenschaften entstand in den 1970er-Jahren, als George Akerlof seine Erkenntnisse darüber veröffentlichte, wie sich Unterschiede beim Zugang zu Informationen überwinden lassen (S. 274–275).

Michael Spence vertrat folgende Ansicht: Wenn Person 1 bei einer Transaktion mehr weiß als Person 2, sendet Person 1 in der Praxis vermutlich ein Signal aus, das es Person 2 erlaubt, eine besser informierte Entscheidung zu treffen. Als Beispiel nannte Spence ein Bewerbungsgespräch, bei dem der Arbeitgeber weniger Informationen über die potenzielle Produktivität des Bewerbers hat als dieser selbst. Der Bewerber gibt einen Lebenslauf ab, der zwar vielleicht nicht viel mit der ausgeschriebenen Stelle zu tun hat, aber seine Bereitschaft signalisiert, hart zu arbeiten und sich einer Aufgabe zu widmen.

Das Gegenteil von diesem Vorgang heißt »Screening«. Dies findet beispielsweise statt, wenn der Arbeitgeber das Gespräch benutzt, um an weitere Informationen zu gelangen. Wer einen Gebrauchtwagen kauft oder die Vergabe eines Kredits genehmigen soll, stellt »prüfende« Fragen (Screening), um vor einer Entscheidung genügend Informationen zu sammeln. Signalling und Screening sind Teil jeder geschäftlichen Transaktion. ■

Das Fachgebiet, in dem ein Student seinen Abschluss erwirbt, ist in vielen Berufen bei der Bewerbung von zweitrangiger Bedeutung. Wichtig ist vielmehr, dass der Abschluss die Fähigkeit zu ernsthafter Arbeit signalisiert.

Siehe auch: Verhaltensökonomie 266–269 ▪ Marktunsicherheit 274–275 ▪ Starre Löhne 303 ▪ Die Suchtheorie 304–305

DER STAAT REGIERT DEN MARKT

DAS OSTASIATISCHE WUNDER

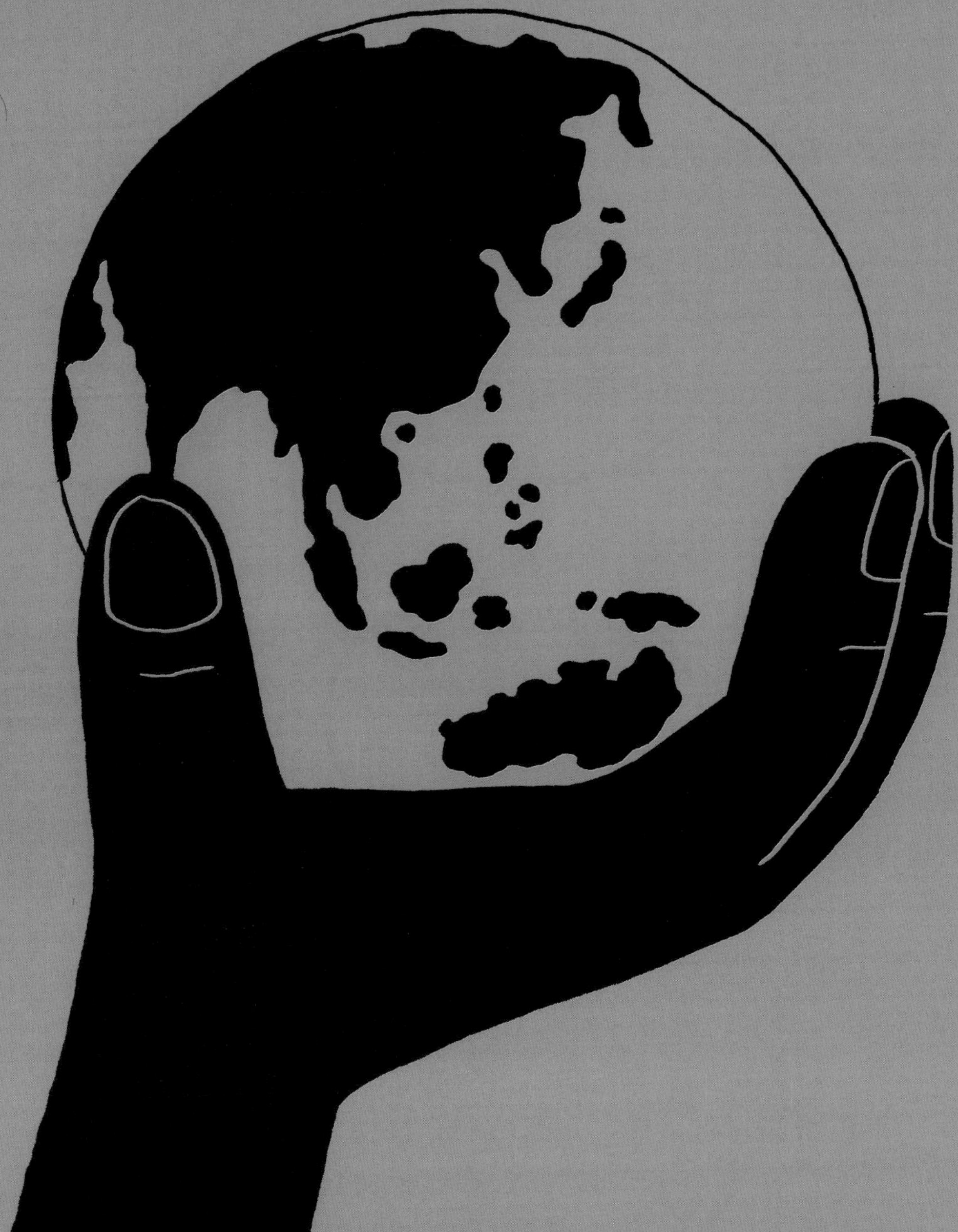

IM KONTEXT

SCHWERPUNKT
Wachstum und Entwicklung

SCHLÜSSELEREIGNIS
Ab 1965 fließen japanische Investitionen in die südkoreanische Wirtschaft.

FRÜHER
1841 Friedrich List meint, die Industrie müsse geschützt werden, damit eine vielfältige Wirtschaft entstehen könne.

1943 Paul Rosenstein-Rodan ist der Ansicht, arme Länder brauchten einen »Big Push« durch staatliche Investitionen.

SPÄTER
1992 Nach Ansicht von Alice Amsden wurde das industrielle Wachstum in Südkorea besonders durch die Leistungskriterien gefördert.

1994 Paul Krugman vertritt die Meinung, der Erfolg in Südostasien sei nicht so sehr auf echte Innovationen, sondern vielmehr auf einen Kapitalzuwachs zurückzuführen.

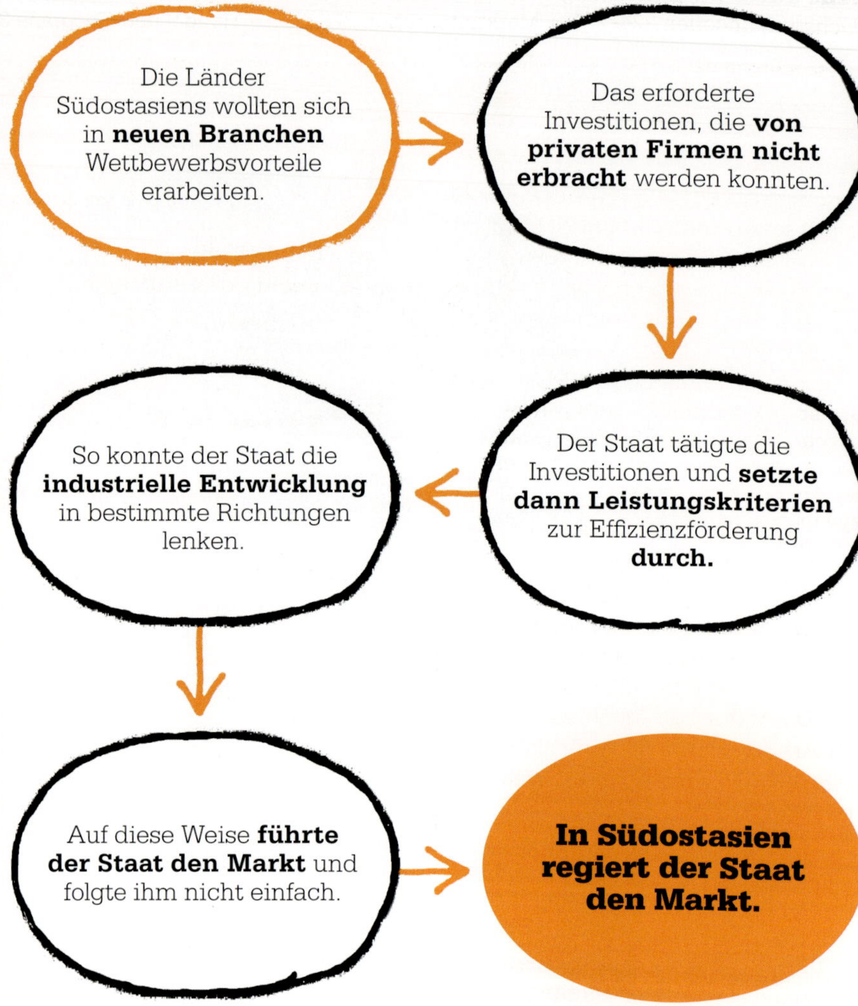

Nach dem Zweiten Weltkrieg erlebten mehrere ostasiatische Staaten ein dramatisches Wirtschaftswachstum. Unter der Führung aktiv eingreifender Regierungen holten diese Länder innerhalb weniger Jahrzehnte ihren wirtschaftlichen Rückstand auf und entwickelten sich zu dynamischen Industriemächten. Die sogenannten Tigerstaaten – Singapur und Südkorea – ebneten den Weg. Es folgten u. a. die sogenannten Pantherstaaten Indonesien und Malaysia sowie dann China. 1950 betrug das südkoreanische BIP pro Kopf der Bevölkerung die Hälfte von dem Brasiliens; 1990 war es doppelt und 2005 fast dreimal so hoch. Diese Art Wachstum hatte eine bemerkenswerte Verringerung der Armut zur Folge. Ende des 20. Jahrhunderts hatten die ursprünglichen asiatischen Tigerstaaten einen mit Westeuropa vergleichbaren Lebensstandard – ein historisch noch nie dagewesener Wandel, das sogenannte »ostasiatische Wunder«.

In den Tigerstaaten waren staatliche Interventionen die Regel und Wirtschaft und Staat waren eng verbunden – man spricht vom Developmental-State-Modell. Nach dem Zweiten Weltkrieg waren die Erwartungen an eine mögliche Entwicklung in den ärmeren Nationen hoch. Mächtige Bürokratien waren daran beteiligt, die wirtschaftliche Aktivität des Privatsektors in einer Weise zu bestimmen, die weit über das hinausging, was man in Westeuropa versucht hatte. Doch die Privatunternehmen blieben erhalten und das neue Modell hatte wenig mit der staatlichen Planung im Ostblock gemein. Die Tigerstaaten bestimmten die Entwicklung, indem

Siehe auch: Die Entstehung der modernen Wirtschaft 178–179 ▪ Entwicklungsökonomie 188–193 ▪ Wachstumstheorien 224–225 ▪ Marktintegration 226–231 ▪ Handel und Geografie 316

Die schnelle Entwicklung Südkoreas wurde 1961 von Park Chunghee in Gang gebracht, einem General der Armee. Er stellte die Beziehungen zu Japan wieder her und holte japanische Investitionen ins Land.

sie Investitionen in strategisch erwünschte Bereiche lenkten und technische Verbesserungen förderten. Das führte zu einer Verlagerung der Arbeitskräfte von der Landwirtschaft in den expandierenden industriellen Sektor. Bildungsinvestitionen vermittelten den Arbeitern die Fähigkeiten und Fertigkeiten, die sie in den neuen Branchen brauchten, und schon bald begannen die Industrieunternehmen ihre Produkte zu exportieren. Sie wurden zum Motor eines nachhaltigen, handelsbasierten Wachstums.

Eine neue Sorte Staat

Solche Staaten hatte es noch nie gegeben. Sie stellten die orthodoxen Ansichten über die Rolle des Staates in der Wirtschaft infrage. Die Standardökonomie sieht die Aufgabe des Staates darin, Marktversagen zu korrigieren und öffentliche Güter bereitzustellen. Regierungen stellen sicher, dass Institutionen wie Gerichte funktionieren, sodass Verträge durchgesetzt und Eigentumsrechte geschützt werden können. Darüber hinaus ist ihre Rolle jedoch minimal. Wenn die grundsätzlichen Voraussetzungen für das Funktionieren der Märkte geschaffen sind, so die klassische Ökonomie, solle der Staat die Arbeit dem Preismechanismus überlassen.

Manche Wirtschaftswissenschaftler sind der Ansicht, dass marktfreundliche Institutionen und begrenzte staatliche Eingriffe für den Erfolg der ostasiatischen Volkswirtschaften verantwortlich sind. Diese Staaten förderten ihre Entwicklung, indem sie ihre Märkte zwar unterstützten, aber nicht in sie eingriffen. Interventionen dienten lediglich der Zuweisung von Ressourcen und Investitionen in Übereinstimmung mit den Märkten. Der Staat »regelte« die Preise sehr gut. Die Regierungen hüteten die makroökonomische Stabilität, die Investoren Sicherheit gibt. Sie korrigierten Marktversagen durch die Bereitstellung von Verteidigung und Bildung. Sie bauten Häfen und Eisenbahnlinien. Allgemein gelten die ostasiatischen *Developmental States* als erfolgreich, weil sie dem Markt folgten.

Den Markt leiten

Der Neuseeländer Robert Wade meint, dass die ostasiatischen *Developmental States* den Märkten nicht nur folgten, sondern sie auch leiteten. Sie trieben die Expansion favorisierter Branchen durch billige Kredite und Subventionen voran. Sie übernahmen die Führung auf den Märkten, indem sie die Ressourcen anders verteilten, als es der Fall gewesen wäre, wenn die Märkte sich selbst überlassen geblieben wären.

Alice Amsden ist der Ansicht, dass der Staat die Preise bewusst falsch vorgab, um neue Wettbewerbsvorteile zu schaffen. Besonders wichtig war, dass die jungen Industrien, die reichlich Förderung und Schutz genossen, schließlich erwachsen werden mussten. Der Staat konnte den Firmen »

Samsung war mit seinen fast 35 000 Mitarbeitern in Seoul ein sehr wichtiger Faktor für Südkoreas wirtschaftliches Wachstum. Es ist jetzt eines der größten Technologieunternehmen weltweit.

Der schnelle Aufstieg der Tigerstaaten beruhte auf dem Export. Große Anlagen zur Abfertigung von Containerschiffen, wie hier in Singapur, wurden vom Staat errichtet.

Leistungskriterien aufzwingen, weil er die bevorzugte Behandlung notfalls zurücknehmen konnte.

Nach Ansicht Robert Wades erklärt die Art und Weise, wie diese Staaten ihre Märkte führten, die Entstehung komparativer Kostenvorteile in Branchen, wo es zuvor keine gegeben hatte. In der Regel sind die Preise einer neuen Branche international nicht wettbewerbsfähig. Außerdem erfordert die Herstellung eines neuen Produkts den gleichzeitigen Aufbau anderer Industrien und Infrastrukturmaßnahmen. Dieser Prozess lässt sich nur sehr schwer koordinieren.

Um die neuen Firmen ökonomisch zu erziehen und die anfängliche Produktion zu koordinieren, mussten die Regierungen sich über die Regel eng gesteckter Marktpreise hinwegsetzen. Das geschah beispielsweise in der südkoreanischen Stahlindustrie. In den 1960er-Jahren riet die Weltbank der koreanischen Regierung, nicht in den Stahlsektor vorzustoßen, weil sie dort keinen komparativen Kostenvorteil habe – andere würden ihre Preise unterbieten. Doch in den 1980er-Jahren zählte die koreanische Firma Posco zu den effizientesten Stahlproduzenten weltweit.

Politische Einmischung

Versuche einer Interventionspolitik in Regionen außerhalb Südostasiens waren nicht erfolgreich, was dem Ruf des Developmental-State-Modells geschadet hat. In Lateinamerika und Afrika gelang es kaum, durch die Bevorzugung von Firmen und Sektoren Anreize zu schaffen: Die Firmen waren zwar vor dem Wettbewerb geschützt, aber der Staat setzte keine Leistungskriterien durch. So wurden aus jungen Industriezweigen keine erfolgreichen Exporteure.

Besonders in Lateinamerika ging die bevorzugte Behandlung Hand in Hand mit einer Politik, die sich wirtschaftlich nicht rentierte: Firmen mit guten Beziehungen wurden durch Zölle geschützt und erhielten Subventionen, aber sie wurden nicht produktiver. Mit der Zeit schluckten diese Firmen immer mehr Geld aus dem Regierungshaushalt und absorbierten Ressourcen, anstatt sie zu erzeugen. Die Vorgabe »falscher Preise« trug nicht zur Entstehung eines Kostenvorteils bei. Stattdessen führte sie zu Ineffizienz und wirtschaftlicher Stagnation.

In Südostasien widerstanden die erfolgreichen Staaten dagegen dem Druck privater Interessen. Nachdem Südkorea in den 1960er-Jahren die neue Stahlfirma gegründet hatte, sorgte die Regierung dafür, dass die Firma bestimmte Leistungsvorgaben erfüllte. Hätten politische Einzelinteressen den Staat daran gehindert, die Firma zu disziplinieren, hätte er sich zum Diener begrenzter Interessen gemacht und die gesamtwirtschaftliche Effektivität vernachlässigt. Der Staat durfte keine Günstlingswirtschaft betreiben. Stattdessen stellte er Kredite und technische Unterstützung zur Verfügung. Zu diesem Zweck und um die Leistung der Firmen im Auge zu behalten, war es notwendig, die Fühler bis in den hintersten Winkel der Wirtschaft auszustrecken. Die Wirtschaftsbürokratie benötigte detaillierte Informationen über alle geplanten Investitionen. Nur so konnte sie effektive Bezie-

» Der Staat … setzt relative Preise bewusst ›falsch‹ fest, um rentable Investitionschancen zu schaffen. «

Alice Amsden

hungen zu den Managern in der Industrie unterhalten.

Peter Evans nannte diese Merkmale erfolgreicher Developmental States »eingebettete Autonomie«. Sie ist nicht leicht zu erreichen, aber ohne sie besteht womöglich kaum eine Chance, dass ein Staat die Preise »falsch festsetzt«, ohne von Einzelinteressen vereinnahmt zu werden.

Der Aufstieg Chinas

Mit der Asienkrise in den 1990er-Jahren wurde das Modell der Developmental States erneut infrage gestellt. Viele hatten das Gefühl, dass die Institutionen, die nach dem Zweiten Weltkrieg das schnelle Wachstum gefördert hatten, Ende des 20. Jahrhunderts ihre Schlagkraft verloren. Andererseits hauchte der spektakuläre Aufstieg Chinas dem Modell wieder Leben ein – oder zumindest der Vorstellung von einer Politik, die eine schnelle wirtschaftliche Transformation bewirkt, indem sie von den Regeln der Standardökonomie abweicht.

In den späten 1970er-Jahren begann China, das kommunistische System zu reformieren. Es schuf seine eigene Form des *Developmental State*, die den Tigerstaaten ähnelte – mit einer autoritären Regierung, die für die Förderung des privaten Sektors und der Exporte verantwortlich war. Die Kollektivierung der Landwirtschaft wurde aufgehoben und Unternehmen im Staatsbesitz erhielten größere Autonomie und wurden stärkerem Wettbewerb ausgesetzt. Diese Reformen lösten auch ohne die Einführung von Eigentumsrechten im westlichen Sinne eine enorme private Aktivität aus.

Wie die meisten chinesischen Städte ist Hangzhou im Osten des Landes im Zuge der chinesischen Industrialisierung rasant gewachsen.

Alternative Anreize ergaben sich aus Chinas einzigartigen Institutionen, etwa dem Household-Responsibility-System, bei dem die Manager vor Ort für die Gewinne oder Verluste ihrer Firma verantwortlich gemacht werden, ohne die Notwendigkeit von Privateigentum. Die Ergebnisse waren dramatisch. Heute ist China im Vergleich zu Westeuropa zwar immer noch nicht reich, aber das schnelle Wachstum bedeutete in den 1990er-Jahren für 170 Mio. Menschen das Ende der Armut: Drei Viertel der Armutsbekämpfung in den Entwicklungsländern geschahen in China.

Die Geschichte Chinas und der Tigerstaaten zeigt, dass es keinen einzig richtigen Weg für eine Entwicklung gibt. Die Eingriffe dieser Staaten in die Wirtschaft unterschieden sich von allem, was sich je in Europa abgespielt hatte. Doch es hat den Anschein, dass alle Entwicklungsmodelle, selbst die erfolgreichen, schließlich an ihre Grenzen stoßen. In den Tigerstaaten ließen die Erfolge des Developmental-State-Modells in den 1990er-Jahren nach – Institutionen, die ein Jahrzehnt lang funktioniert hatten, versagten im nächsten. Eines Tages wird möglicherweise auch der chinesische Staat seine Schlagkraft verlieren – dann muss er sich neu erfinden, wenn er den spektakulären Aufstieg fortsetzen will. ■

Industriepolitik und Anreize

Die ostasiatischen *Developmental States* bevorzugten Firmen in bestimmten Sektoren. Im Gegenzug mussten die Unternehmen Leistungskriterien erfüllen, zum Teil durch Wettbewerbe, in denen sie um den niedrigsten Preis konkurrierten.

Meist waren erfolgreiche Exporte das Kriterium für einen Sieg. Die Belohnung bestand aus Kreditlinien oder Zugang zu Fremdwährungen. In Südkorea oder Taiwan etwa mussten die Firmen beweisen, dass sie einen Exportauftrag erhalten hatten – dann erhielten sie die Belohnung. Südkorea veranstaltete Wettbewerbe, bei denen Privatfirmen sich um große Projekte etwa im Schiffbau bewarben. Erfolgreiche Firmen wurden eine Zeit lang vor der internationalen Konkurrenz geschützt. Bis zu einem bestimmten Zeitpunkt mussten die Firmen aber dann international wettbewerbsfähig werden, sonst wurden sie bestraft.

Die südkoreanische Stahlindustrie ist ein großer Erfolg des Developmental-State-Modells. 2011 war Südkorea der sechstgrößte Stahlproduzent weltweit.

ANSICHTEN KÖNNEN WÄHRUNGSKRISEN AUSLÖSEN

SPEKULATION UND GELDABWERTUNG

IM KONTEXT

SCHWERPUNKT
Weltwirtschaft

VORDENKER
Paul Krugman (geb. 1953)

FRÜHER
1944 Griechenland erlebt den größten Währungscrash der Geschichte.

1978 Der Wirtschaftshistoriker Charles Kindleberger betont die Bedeutung von irrationalem Verhalten in Krisen.

SPÄTER
2009 Carmen Reinhart und Kenneth Rogoff weisen in *This Time is Different: Eight Centuries of Financial Folly* Ähnlichkeiten verschiedener Krisen im Lauf der Jahrhunderte nach.

Ab 2010 Abweichende nationale Prioritäten, schwere Politikfehler und gewaltiger spekulativer Druck setzen dem Euro zu.

Eine Währungskrise ist das massive und plötzliche Absinken des Wertes einer Landeswährung im Verhältnis zu anderen Währungen. In den 30 Jahren nach dem Zweiten Weltkrieg galt für die wichtigsten Währungen der Welt das System von Bretton Woods (S. 186–187), das auf fixen, aber regulierbaren Wechselkursen beruhte.

Als dieses System 1971 sein Ende fand, traten Währungskrisen häufiger auf. Im Allgemeinen wird eine Währungskrise dadurch ausgelöst, dass viele Leute die Währung eines Landes in großen Mengen verkaufen. Der Grund sind einerseits die Erwartungen der Menschen und andererseits bestimmte grundlegende Wirtschaftsschwächen (bekannt als »Fundamentaldaten«) – mit anderen Worten: die Reaktion der Menschen auf die von ihnen wahrgenommenen Probleme. Ökonomen versuchen immer wieder, diese Wechselwirkungen mathematisch abzubilden, aber jedes Mal, wenn sie glauben, ein Modell gefunden zu haben, tritt wieder eine neue Art von Krise auf.

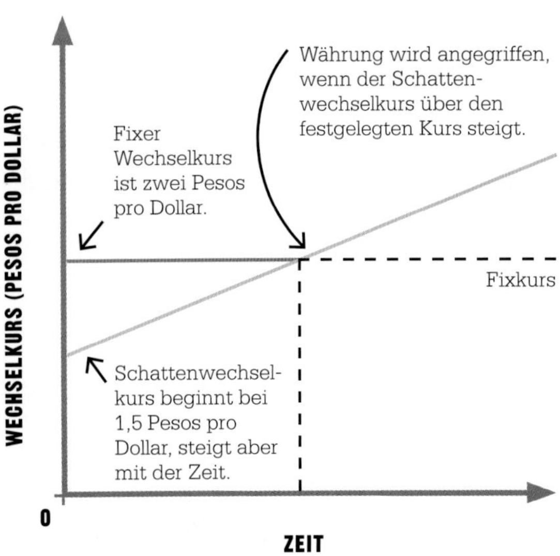

Wenn – wie bei Krisenmodellen der ersten Generation – eine Währung an eine andere gekoppelt ist, kann ihr »realer« Wert unter den Fixwert sinken. In diesem Beispiel ist das der Punkt, an dem der Schattenwechselkurs über zwei Pesos pro Dollar steigt. Dann wird die Währung angegriffen: Spekulanten kaufen die Fremdwährungsreserven des Landes auf, weil sie mit einer Abwertung rechnen.

Währungskrisen im Kontext

Finanzkrisen treten überraschend häufig auf, sind aber schwer vorherzusagen. Vor Jahrhunderten, als der Geldwert auf Edelmetallen beruhte, verlor eine Währung ihren Wert häufig durch Degradierung: Der Herrscher verringerte den Edelmetallanteil in den Münzen. Nachdem die Zentralbanken begonnen hatten, Geld auf Papier zu drucken, konnte eine hohe Inflation zum Währungszusammenbruch führen. Dies geschah 1923 in Deutschland, als sich irgendwann die Preise alle zwei Tage verdoppelten. Aber es muss nicht zur Hyperinflation kommen, damit ein Land eine Währungskrise erlebt. Beispielsweise brachen während der Weltwirtschaftskrise von 1929 bis 1933 die Preise für Mineralien und Nahrungsmittel ein – und mit ihnen die Währungen der lateinamerikanischen Länder, die von diesen Exporten abhängig waren.

Inkonsequente Politik

Paul Krugman zeigte 1979: Schon allein wenn eine Regierung eine Politik verfolgt, die nicht zum Wechselkurs passt, kann es zu einer Währungskrise kommen.

Krugmans Argumentation bildet die Grundlage für eine erste Generation von Krisenmodellen. Sie gehen von der Annahme aus, dass es einen festen Wechselkurs zwischen der Inlandswährung und einer Fremdwährung gibt und dass ein Haushaltsdefizit vorliegt. Da die Ausgaben der Regierung ihre Einnahmen übersteigen, lässt sie Geld drucken. Wenn sie jedoch die Geldmenge erhöht, führt das zum Konflikt mit dem Wert der Währung, der durch den fixen Wechselkurs vorgegeben ist. Bei gleichbleibenden anderen Faktoren führt diese Politik dazu, dass der »reale« Wert der Binnenwährung sinkt.

Siehe auch: Wirtschaftsblasen 98–99 ▪ Rationale Erwartungen 244–247 ▪ Wechselkurse und Währungen 250–255 ▪ Finanzkrisen 296–301 ▪ Bankenansturm 320–325 ▪ Globales Ungleichgewicht der Sparguthaben 326–329

Des Weiteren gehen die Modelle davon aus, dass die Zentralbank ihre eigenen Fremdwährungsreserven verkauft, um die Währung zu stützen. Doch die Menschen wissen, dass die Währungsreserven der Zentralbank irgendwann erschöpft sein werden. Dann muss der Wechselkurs floaten (frei gehandelt werden) und wird sinken. Laut Modell gibt es einen Schattenwechselkurs. Das ist der Wechselkurs, der gelten würde, wenn die Zentralbank den Fixkurs nicht verteidigen würde. Die Menschen wissen, wie hoch dieser Schattenwechselkurs ist, wenn sie sich das Haushaltsdefizit ansehen. Sobald sie feststellen, dass es besser ist, die eigene Währung zum fixen Wechselkurs zu verkaufen als zum Schattenwechselkurs, beginnen sie einen spekulativen Angriff und kaufen alle Währungsreserven der Zentralbank auf. Schließlich wird die Inlandswährung abgekoppelt und der Schattenwechselkurs wird zum tatsächlichen Wechselkurs.

Dieses Modell diente gut zur Erklärung der lateinamerikanischen Währungskrisen der 1970er- und 1980er-Jahre, beispielsweise der »

2009: Frauen in Simbabwe betrachten einen neuen Dollarschein. Nach einer Phase der Hyperinflation wurde die Währung einfach durch die Streichung von zwölf Nullen neu bewertet.

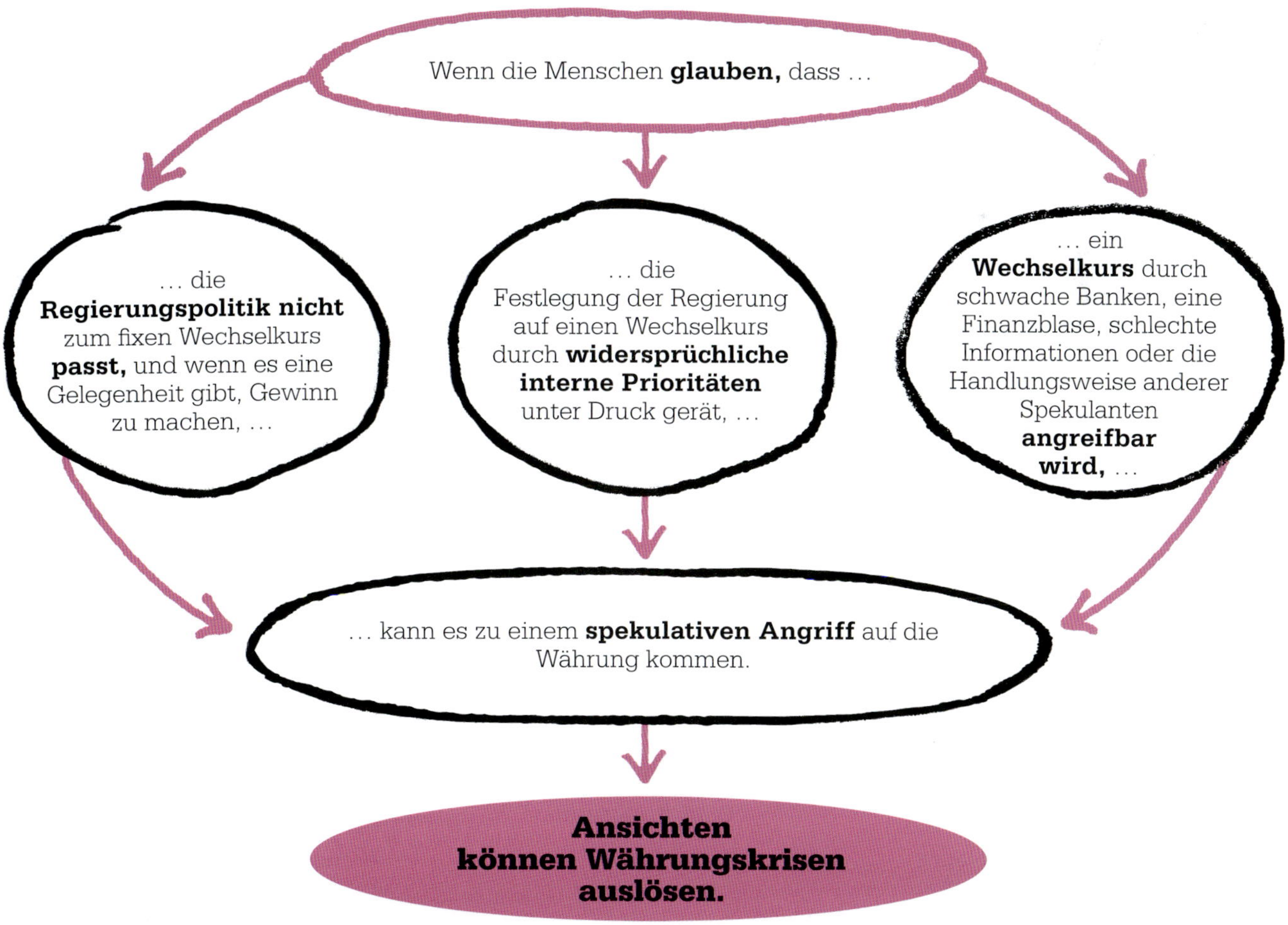

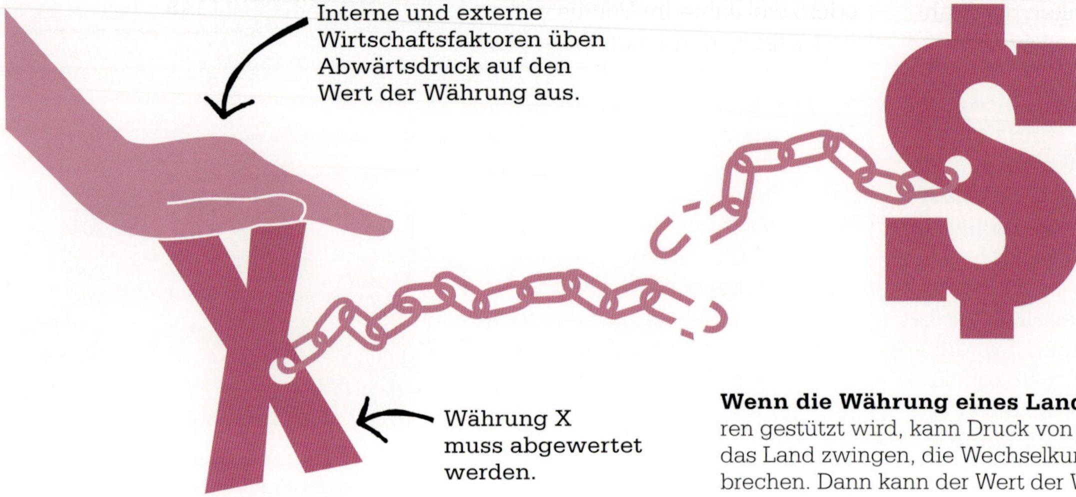

Wenn die Währung eines Landes von einer anderen gestützt wird, kann Druck von außen oder innen das Land zwingen, die Wechselkursbindung zu durchbrechen. Dann kann der Wert der Währung einbrechen.

Krise in Mexiko 1982. Doch in den Jahren 1992/93 entwickelte sich im Europäischen Währungssystem eine Währungskrise, die diesem Modell widersprach. Unter dem Wechselkursmechanismus (WKM) des Systems koppelten die europäischen Länder ihre Währungen effektiv an die Deutsche Mark. Mehrere Währungen gerieten durch Spekulation unter Druck. Nun lässt sich schwerlich argumentieren, Länder wie Großbritannien hätten eine dem angestrebten Wechselkurs zuwiderlaufende Politik betrieben. Das britische Haushaltsdefizit war sehr niedrig und zuvor war sogar ein Überschuss erwirtschaftet worden. Dennoch musste sich das Land 1992 aus dem WKM zurückziehen. Ein neues Modell sollte diese Vorgänge erklären.

Die Krise bewahrheitet sich selbst

In den Modellen der ersten Generation steht die Regierungspolitik fest: Die Behörden verteidigen ihre Währung automatisch mithilfe der Fremdwährungsreserven. Eine zweite Modellgeneration ließ der Regierung die Wahl: Sie kann sich auf einen festen Wechselkurs festlegen, aber wenn die Arbeitslosigkeit sehr hoch steigt und die Sozialkosten für die Verteidigung der Währung zu hoch werden, kann sie den fixen Wechselkurs aufgeben. Griechenland steht 2012 vor dieser schweren Entscheidung. Doch ohne die spekulativen Angriffe würden die zusätzlichen Sozialkosten gar nicht entstehen. Diese Modelle implizieren, dass es nicht nur ein mögliches Ergebnis gibt. Die Ökonomen sprechen von »multiplen Gleichgewichten«. Ein spekulativer Angriff kann stattfinden, wenn genug Leute glauben, er stehe kurz bevor. Dann greifen sie ihrerseits an und es entsteht eine Krise. Wären die Menschen nicht dieser Ansicht, würde die Krise möglicherweise gar nicht stattfinden. Diesen Modellen zufolge »bewahrheiten Krisen sich selbst«. D. h. im Extremfall, dass eine Krise sogar ohne entsprechende Fundamentaldaten des Landes stattfinden kann. Diese neuen Modelle, die unter anderem auf der Arbeit von Maurice Obstfeld beruhen, schienen realistischer als die früheren, weil sie den staatlichen Einsatz beispielsweise einer Zinserhöhung erlaubten, um eine Abwertung zu verhindern. Sie schienen auch mit der Erfahrung der WKM-Krise übereinzustimmen, als die Politik der Regierung durch hohe Arbeitslosigkeit eingeschränkt war.

> »Der einzige absolut sichere Weg, eine Spekulation gegen die eigene Währung zu verhindern, besteht darin, keine unabhängige Währung zu haben.«
>
> **Paul Krugman**

Finanzielle Fragilität

Die Asienkrise von 1997 (S. 293) passte erneut zu keinem dieser beiden Modelle. Arbeitslosigkeit war kein Thema – und trotzdem gerieten die ostasiatischen Währungen plötzlich unter massiven spekulativen Druck. In der zweiten Modellgeneration sollte eine mögliche Abwertung die Wirtschaft vor sozialen Kosten schützen, aber auf das rapide Absinken der Währungen folgte eine massive – wenn auch kurzlebige – Depression. Hier spielte finanzielle Angreifbarkeit, hervorgerufen durch einen Bankenauf- und -abschwung, eine sehr wichtige Rolle. Daher konzentrierten sich die Ökonomen jetzt auf das Zusammenwirken von Wirtschaftsschwäche und den sich selbst erfüllenden Erwartungen der Spekulanten. Die Modelle der dritten Generation berücksichtigten neue Arten finanzieller Fragilität, die beispielsweise entstehen, wenn Firmen und Banken Geld in Fremdwährung aufnehmen, aber Kredite in Inlandswährung vergeben. Im Falle einer Währungsabwertung sind die Banken dann nicht in der Lage, ihre Schulden zu bezahlen. Eine solche Schwäche kann spekulative Angriffe und Krisen auslösen.

Aber die Ökonomen entwickeln nicht nur Theorien, sondern suchen auch nach möglichen Warnsignalen für Währungskrisen. In einem Artikel von 1996 untersuchten Jeffrey Frankel und Andrew Rose Währungskrisen in 105 Entwicklungsländern zwischen 1971 und 1995 und stellten fest, dass Abwertungen stattfinden, wenn der Zustrom ausländischen Kapitals nachlässt, wenn die Währungsreserven der Zentralbanken niedrig sind, wenn das Kreditwachstum auf dem Binnenmarkt hoch ist, wenn wichtige Zinssätze im Ausland (insbesondere in den USA) steigen und wenn der reale Wechselkurs hoch liegt, was bedeutet, dass die Waren eines Landes im Ausland nicht mehr wettbewerbsfähig sind. Die Ökonomen argumentieren, dass sich Krisen ein oder zwei Jahre im Voraus vorhersagen lassen, wenn man diese Warnsignale im Auge behält.

Krisen vermeiden

Studien zeigen, dass fünf bis 25 Prozent der jüngeren Geschichte durch Krisenzeiten geprägt waren. Neue Krisen wie globale Pandemien, Naturkatastrophen, politische Unruhen und Kriege werden uns immer wieder überraschen, aber es gibt Warnsignale – den realen Wechselkurs, die Geldmenge in der Wirtschaft relativ zu den internationalen Reserven der Zentralbank sowie die Exporte und die Leistungsbilanz. Die Erfahrungen der letzten zwei Jahrzehnte haben die finanziellen Wurzeln von Krisen bloßgelegt. Ökonomen sprechen heute von »Zwillingskrisen« – bösartigen Spiralen aus Währungs- und Bankenkrisen. Die schnelle finanzielle Deregulierung und Liberalisierung der internationalen Kapitalmärkte hat womöglich in Ländern mit schwachen Finanz- und Ordnungsinstitutionen zu Krisen geführt. Regierungen müssen besser auf die makroökonomischen Hinweise für künftige Krisen achten und sie müssen sich um ihre institutionelle Verwundbarkeit kümmern. ■

Die Asienkrise

Die Krise in Ostasien kam 1997 scheinbar aus dem Nichts, denn sie betraf Länder mit starkem Wachstum und Haushaltsüberschüssen. Vor der Krise waren die meisten Wechselkurse dollargestützt. Erste Anzeichen waren Unternehmensschwächen in Thailand und Südkorea. Am 2. Juli 1997 wertete Thailand nach langem Kampf den Baht ab. Nur wenige Wirtschaften der Region hielten den Spekulatoren stand. Die Philippinen waren am 11. Juli gezwungen, ihre Währung abzukoppeln, Malaysia am 14. Juli, Indonesien am 14. August. In weniger als einem Jahr verloren die Währungen von Indonesien, Thailand, Südkorea, Malaysia und den Philippinen zwischen 40 und 85 Prozent an Wert.

Die Schuld an der Krise wird einer schweren Bankenkrise zugeschoben. Kreditaufnahmen waren häufig kurzfristig. Als die ausländischen Geldgeber ihr Kapital zurückzogen, kam es zur Ansteckung und die Währungen kollabierten.

Isländer auf den Straßen von Reykjavik demonstrieren gegen den Umgang des Staates mit der Währungskrise 2008, in der die Krone mehr als ein Drittel ihres offiziellen Werts verlor.

AUKTIONSGEWINNER ZAHLEN MEHR ALS DAS ÜBLICHE

DER FLUCH DES GEWINNERS

IM KONTEXT

SCHWERPUNKT
Entscheidungsfindung

VORDENKER
William Vickrey (1914–1996)
Paul Milgrom (geb. 1948)
Roger Myerson (geb. 1951)

FRÜHER
1951 Der Mathematiker John Nash entwickelt ein Konzept für das Gleichgewicht in Spielen, das zu einem Grundsatz der Auktionstheorie wird.

1961 William Vickrey analysiert Auktionen mithilfe der Spieltheorie.

SPÄTER
1982 Paul Milgrom und Robert J. Weber zeigen, dass, wenn den Bietern die Schätzungen der Mitbietenden bekannt sind, bei aufsteigenden oder »englischen Auktionen« der höchste Preis erzielt wird.

2020 Milgrom und Weber erhalten den Nobelpreis für Wirtschaftswissenschaften für »Verbesserungen der Auktionstheorie und die Erfindung neuer Auktionsformate«.

Bei einer Auktion mit unsicherem Sachwert trifft jeder Bieter **seine eigene Entscheidung.**

↓

Wenn jeder im Stillen entscheidet, gibt es eine große Bandbreite **unterschiedlicher Bewertungen.**

↓

Der tatsächliche Wert des Gegenstands liegt wahrscheinlich im **Mittelbereich** der verschiedenen Werte.

↓

Den Gegenstand erhält aber der Bieter, der den Wert **am weitesten überschreitet.**

↓

Auktionsgewinner zahlen mehr als das Übliche.

Auktionen gibt es schon sehr lange, aber erst in jüngerer Zeit realisierten die Ökonomen, dass sie ein ideales Versuchsgelände für die Strategien der Spieltheoretiker darstellen. Die Spieltheorie wurde in den 1950er-Jahren populär, als die Mathematiker erkannten, dass sie in einfachen Spielsituationen untersuchen konnten, wie sich Menschen im direkten Wettbewerb verhalten. Auf die reale Welt war diese Idee allerdings nicht so leicht übertragbar. Doch die strengen Regeln einer Auktion mit begrenzter Teilnehmerzahl und Kaufstrategien wie beim Poker liegen der Theorie deutlich näher.

Verschiedene Auktionsarten

Der Erste, der die Spieltheorie auf Auktionen anwandte, war William Vickrey. Er verglich die drei häufigsten Auktionsarten. Bei aufsteigenden oder »Englischen Auktionen« steigen die Gebote immer weiter in die Höhe, bis nur noch ein Bieter übrig ist. Bei absteigenden oder »Holländischen Auktionen«, wie sie dort auf Blumenmärkten üblich sind, sinkt dagegen der Preis, bis jemand bereit ist, ihn zu zahlen. Bei einer Erstpreisauktion

Siehe auch: Der Wettbewerbsmarkt 126–129 ▪ Risiko und Unsicherheit 162–163 ▪ Die Sozialwahltheorie 214–215 ▪ Die Spieltheorie 234–241

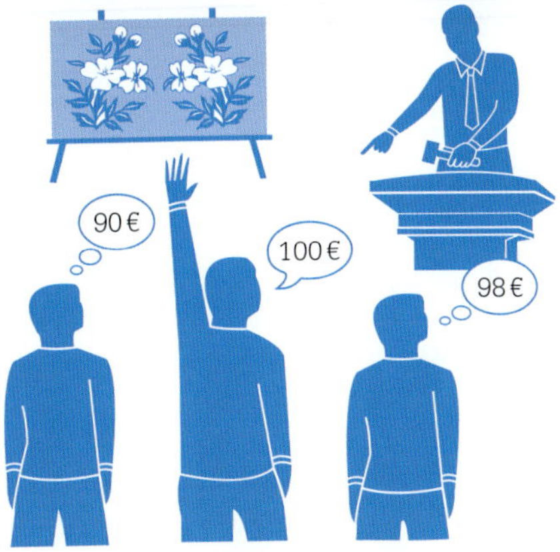

Bei einer Auktion besteht die Gefahr, dass das Gebot, das den Zuschlag erhält, von einem Bieter kommt, der den Gegenstand überschätzt hat. Dann spricht man vom »Fluch des Gewinners«.

geben die Bieter versiegelte Gebote ab und der höchste Bieter gewinnt. Vickrey schlug noch eine vierte Art vor, ähnlich der Erstpreisauktion, bei der der Gewinner aber nur so viel bezahlt wie das zweithöchste Gebot vorgibt.

Vickrey gelang der mathematische Beweis dafür, dass alle vier Auktionsarten den gleichen Ertrag bringen, wenn die Bieter den Auktionsgegenstand unabhängig voneinander bewerten. Diese Entdeckung ist als Erlös-Äquivalenz-Theorem bekannt.

Verschleierte Gebote

Vickrey konnte zeigen, dass es für die Bieter besser ist, weniger als den von ihnen geschätzten Wert zu bieten. Sonst müssen sie unter Umständen mehr als das Übliche bezahlen. Die Taktik der Verschleierung gewann in den 1970er-Jahren an Bedeutung, als es den Anschein hatte, dass Ölgesellschaften, die auf Offshore-Bohrrechte boten, häufig viel zu viel bezahlten. Die Auktionstheoretiker entdeckten den »Fluch des Gewinners«: Das Objekt geht an den Bieter, der den üblichen Preis am weitesten überschreitet.

Mithilfe der Auktionstheorie kann man Auktionen entwerfen, die den Ertrag des Verkäufers maximieren und sicherstellen, dass die Ware an denjenigen Käufer geht, der ihr den höchsten Wert beimisst. Der Erfolg der Spektrum-Auktionen der US-Regierung in den 1990er-Jahren (siehe Kasten) löste große Begeisterung aus. Viele betrachteten diese Auktionen als Beweis dafür, dass die Spieltheorie nicht nur eine Theorie ist. Andere halten Auktionen für einen ganz besonderen Markt, der selbst mithilfe der Spieltheorie nicht vollständig erklärbar ist. Sicher ist, dass es heute Auktionen auch außerhalb der traditionellen Domänen der öffentlichen Auftragsvergabe und des Verkaufs von Staatsanleihen gibt. ▪

Das Spektrum verkaufen

Die Auktionstheorie kam groß heraus, als in den 1990er-Jahren in den USA mehrere Industriezweige per Auktion privatisiert wurden. Die Mobilfunk-Unternehmen bereiteten sich damals darauf vor, gewaltige Summen für einen Teil des elektromagnetischen Spektrums (der Radiowellen) zu bezahlen, den sie zum Senden brauchten. Die US-Regierung wollte dabei nicht nur ihren Ertrag maximieren, sondern auch an den Bieter verkaufen, dem sein Teil des Spektrums am meisten wert war.

1993 beauftragte die *Federal Communications Commission* daher Auktionstheoretiker damit, eine geeignete Auktionsform zu entwerfen. Die FCC entschied sich für eine Auktion im englischen Stil, aber mit einer kleinen Variante: Die Identität der Bieter blieb geheim, um Gebote aus reiner Vergeltungssucht oder Preisabsprachen zu verhindern. Die Auktionen brachen alle Rekorde und der Ansatz wurde vielfach kopiert.

Bei holländischen Auktionen wie auf dem Blumenmarkt in Aalsmeer ist der Preis am Anfang hoch und sinkt dann. Der erste Bieter, der den Preis aufhält, bekommt die Blumen.

EINE STABILE WIRTSCHAFT BEINHALTET DIE GEFAHR DER INSTABILITÄT

FINANZKRISEN

IM KONTEXT

SCHWERPUNKT
Banken und Finanzwesen

VORDENKER
Hyman Minsky (1919–1996)

FRÜHER
1933 Irving Fisher behauptete, dass Schulden eine Depression verursachen können.

1936 John Maynard Keynes gesteht den Finanzmärkten eine wichtigere Rolle im Funktionszusammenhang der Wirtschaft zu, als bisher gedacht.

SPÄTER
2007 Der Risikotheoretiker Nassim Nicholas Taleb kritisiert in *The Black Swan* das Risikomanagement der Finanzmärkte.

2009 Paul McCulley, ehemaliger leitender Direktor eines US-Investmentfonds, prägt den Begriff »Minsky-Moment« für den Zeitpunkt, zu dem ein Boom platzt.

Die Instabilität der Wirtschaftssysteme ist seit je her ein wichtiges Thema in der Debatte über die Wirtschaft. Die klassische Ökonomie in der Tradition von Adam Smith postulierte, dass Volkswirtschaften immer wieder in ein stabiles Gleichgewicht gelangen. Zwar werden durch Auf- und Abschwünge – die sogenannten Konjunkturzyklen – immer wieder Störungen hervorgerufen, aber letztlich besteht eine Tendenz zu Stabilität und Vollbeschäftigung.

Die Weltwirtschaftskrise von 1929 führte zu einer näheren Untersuchung der Konjunkturzyklen. 1933 beschrieb Irving Fisher, wie sich Aufschwünge durch Instabilität in Abschwünge verwandeln können – durch übermäßige Verschuldung und sinkende Preise. Drei Jahre später stellte John Maynard Keynes (S. 161) die Vorstellung infrage, dass die Wirtschaft sich selbst korrigiere. Seiner *General Theory* zufolge kann eine Wirtschaft in der Depression verharren, ohne Hoffnung auf Veränderung.

Diese Werke bildeten Stationen auf dem Weg zum besseren Verständnis des instabilen Charakters moderner Volkswirtschaften.

Ein Bild des Investitionsbetrügers Charles Ponzi nach seiner Verhaftung 1910. Er hatte unrealistische Erträge versprochen. Minsky hielt kapitalistische Aufschwünge für ebenso zum Scheitern verurteilt wie Ponzis Pläne.

1992 griff Hyman Minsky das Problem in seinem Aufsatz *The Financial Instability Hypothesis* erneut auf. Er meinte, die moderne kapitalistische Wirtschaft trage den Keim ihrer eigenen Zerstörung in sich.

Nach Keynes' Ansicht lag der Hauptunterschied zwischen der modernen kapitalistischen Wirtschaft und der Wirtschaft des 18. Jahrhunderts in der Rolle der Geld- und Finanzinstitutionen. Jean-Baptiste Say (S. 75) interpretierte 1803 die Wirtschaft als ein System des Tauschhandels: Die Menschen produzieren Güter, die sie gegen Geld tauschen, mit dem sie wiederum andere Güter eintauschen. Im Grunde werde ein Gut gegen das andere getauscht und Geld sei nur das Schmiermittel. Laut Keynes bewirkt Geld jedoch viel mehr, denn damit lassen sich Transaktionen über die Zeit strecken. Eine Firma kann sich heute Geld leihen, um eine Fabrik zu bauen, die künftig Gewinn abwirft. Davon kann sie in

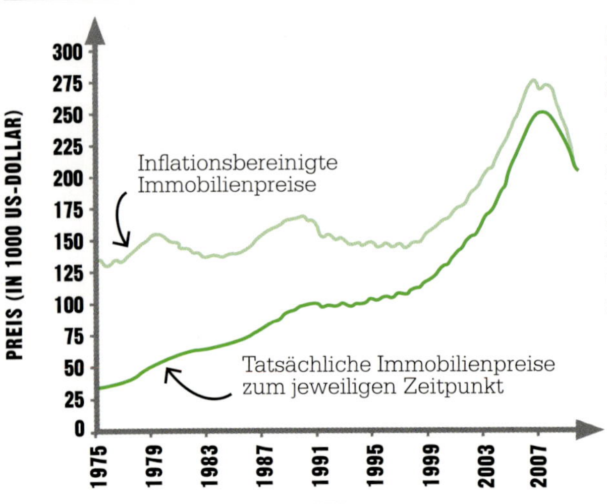

Die Immobilienpreise in den USA stiegen ab den späten 1990er-Jahren bis 2007 immer weiter an, weil die Banken immer öfter auch solchen Schuldnern Hypotheken gewährten, die das Geld nicht zurückzahlen konnten.

Siehe auch: Finanzdienstleistungen 26–29 ▪ Aufschwung und Abschwung 78–79 ▪ Wirtschaftsblasen 98–99 ▪ Wirtschaftliches Gleichgewicht 118–123 ▪ Financial Engineering 262–265 ▪ Bankenansturm 320–325 ▪ Globales Ungleichgewicht der Sparguthaben 326–329

Zukunft den Kredit und die Zinsen zurückzahlen. Minsky wies zusätzlich darauf hin, dass auch Regierungen ihre Staatsschulden finanzieren und Verbraucher sich große Summen leihen, um z. B. Häuser zu kaufen. Sie alle sind Teil des komplexen Finanzmarktes, der Transaktionen über die Zeit finanziert.

Schuldenhändler

Minsky erkannte noch einen zweiten großen Unterschied zwischen der modernen und der vorkapitalistischen Wirtschaft. Das Bankensystem bringt nicht nur Geldgeber mit Geldnehmern zusammen, sondern erfindet immer neue Methoden zur Aufnahme und zum Verkauf von Geldmitteln. Beispiele hierfür sind Finanzinstrumente wie CDOs *(Collateralized Debt Obligations)*, die in den 1970er-Jahren entwickelt wurden. Sie entstanden durch eine Zusammenlegung von Finanzanlagen (Krediten) mit unterschiedlich hohem Risiko. Die neu geschaffenen Wertpapiere wurden dann gestückelt und verkauft. Jeder Teil enthielt eine Schuldenmischung. 1994 wurden Kreditausfallversicherungen eingeführt, um diese Vermögenswerte abzusichern. Beide Innovationen führten zu einem erhöhten Darlehensangebot im Finanzsystem, was eine erhöhte Liquidität zur Folge hatte.

Minsky zufolge wurden die kapitalistischen Volkswirtschaften nach dem Zweiten Weltkrieg immer weniger von mächtigen Regierungen oder dem Big Business beherrscht.

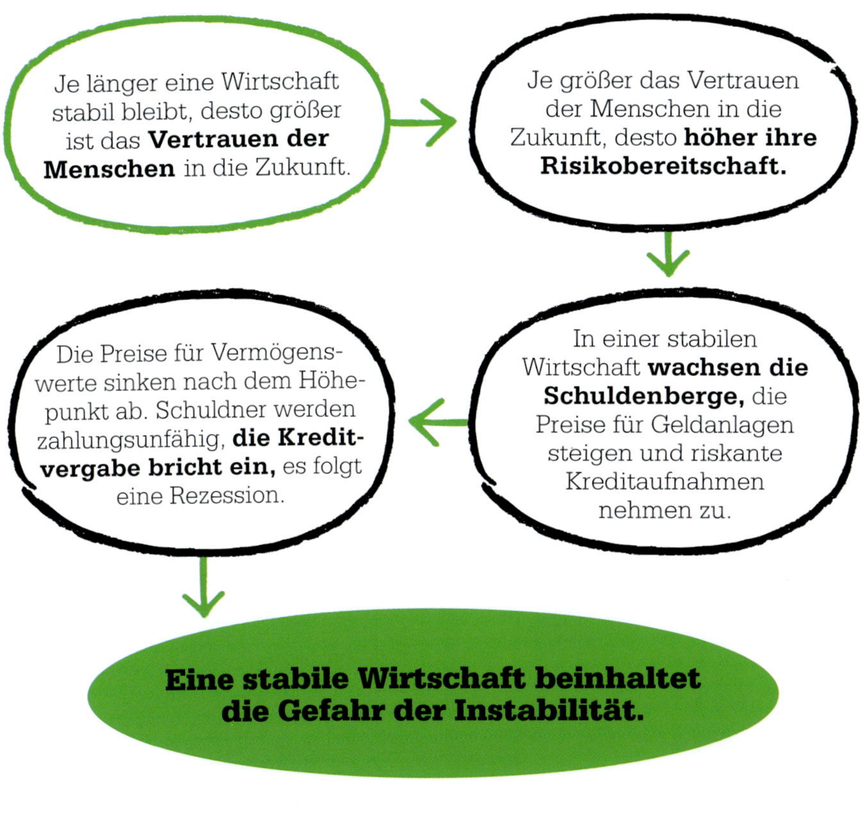

> »Geld ist ein Schleier, hinter dem das Handeln realer wirtschaftlicher Kräfte verborgen liegt.«
>
> **Arthur Pigou**
> Britischer Ökonom (1877-1959)

Stattdessen unterlagen sie zunehmend dem Einfluss der großen Geldmärkte. Ihr Einfluss auf das Verhalten der Menschen trug zur Schaffung eines Systems bei, das den Keim der eigenen Zerstörung in sich barg. Je länger das stabile Wirtschaftswachstum andauerte, desto fester glaubten die Menschen an seine Fortdauer. Das Vertrauen wuchs und mit ihm die Bereitschaft, Risiken einzugehen. Paradoxerweise führen längere Phasen der Stabilität dazu, dass die Wirtschaft am Ende mit immer größerer Wahrscheinlichkeit verhängnisvoll instabil wird.

Minsky erklärte den Übergang von Stabilität zu Instabilität anhand einer Betrachtung von drei verschiedenen möglichen Investitionsentscheidungen. Sie lassen sich am Beispiel eines Hauskaufs darstellen. Die sicherste Entscheidung besteht darin, einen Betrag zu leihen, den man mit der Zeit – einschließlich Zinsen – aus dem eigenen Einkommen zurückzahlen kann. Minsky sprach in diesem Zusammenhang von »Hedge Units«, die ein geringes Risiko für Geldgeber und Geldnehmer beinhalten. »

In einer Phase der Stabilität wächst das Vertrauen in die Zukunft. Die Investitionen der Menschen werden immer riskanter. Das führt zu einer Vermögensblase, die schließlich platzt.

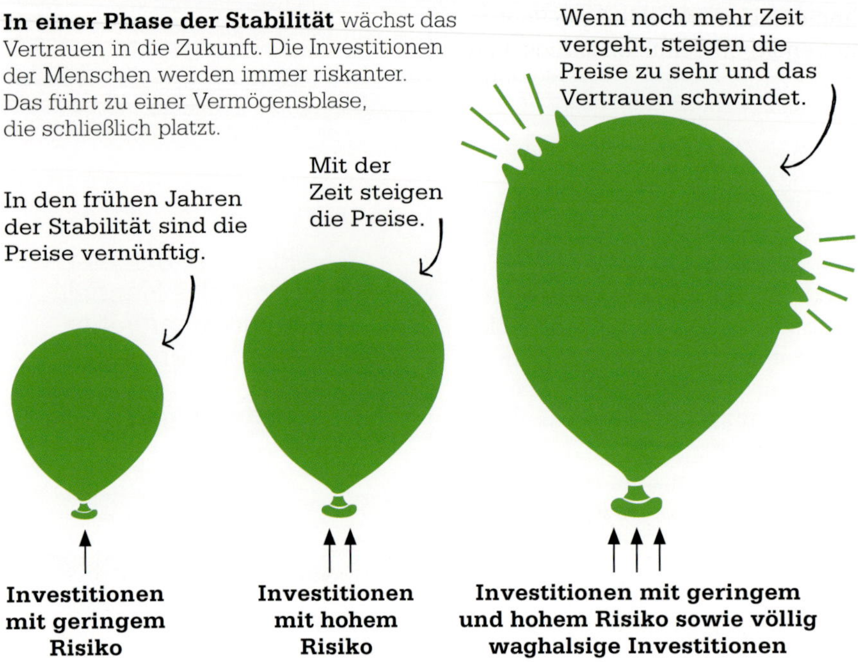

Wenn die Menschen zuversichtlicher sind, nehmen sie vielleicht höhere »*Interest-Only*-Darlehen« auf, bei denen sie in den ersten Jahren nur die Zinsen zurückzahlen müssen, aber nicht den Kredit selbst. Sie hoffen dabei darauf, dass eine stabile Phase des Wirtschaftswachstums die Nachfrage so erhöht, dass der Wert ihres Hauses am Ende der Phase höher ist als zu Beginn. Solche Menschen nannte Minsky »spekulative Kreditnehmer«.

Je länger Stabilität und Vertrauen andauern, desto größer wird die Risikobereitschaft der Menschen. Sie sind dann oft auch bereit, ein Haus zu bauen, bei dem sie aus ihrem Einkommen nicht einmal die Zinsen bezahlen können, sodass sich die Gesamtschuld erhöht – zumindest kurzfristig. Die Erwartung besteht dann darin, dass die Hauspreise schnell genug steigen, um den fehlenden Betrag bei der Zinsrückzahlung auszugleichen. Diese dritte Art von Investitionen erhöht die Instabilität beträchtlich. Minsky nannte solche Investoren »Ponzi-Schuldner« nach Charles Ponzi, der wegen Finanzbetrugs nach dem Schneeballsystem verurteilt wurde. Er beschaffte sich Geld, indem er hohe Renditen versprach. Zunächst verwenden die Betrüger das Geld neuer Investoren, um den alten Investoren Gewinne auszuzahlen. So erhalten sie die Illusion der Profitabilität aufrecht und gewinnen neue Kunden. Doch schon bald bricht das System zusammen, weil sie die hohen Renditeerwartungen nicht erfüllen können. Wer in ein Schneeballsystem investiert, verliert oft einen großen Teil seines Geldes.

Die Immobilienblase

Die jüngere Geschichte des US-Immobilienmarkts ist ein Beispiel für wachsende Instabilität nach einer langen Phase der Stabilität. In den 1970er- und 1980er-Jahren wurden Standardkredite nur an Kreditnehmer verkauft, deren Einkommen hoch genug war, um die Rückzahlung wahrscheinlich zu machen. Doch Ende der 1990er-Jahre hatte das anhaltende Wachstum die Immobilienpreise in die Höhe getrieben. Immer mehr Menschen mit niedrigen Einkommen nahmen *Interest-Only*-Darlehen auf, die in den ersten Jahren tilgungsfrei sind, weil sie auf einen weiteren Preisanstieg spekulierten. Zudem bot das Finanzsystem eine ganze Auswahl an Hypotheken im Ponzi-Stil an – sogenannte »zweitklassige« oder »*Subprime*«-Hypotheken – für Leute, deren Einkommen so niedrig war, dass sie sich nicht einmal die Zinsen für den Kredit leisten konnten. Der monatlich fehlende Betrag wurde auf die Schuld aufgeschlagen. Solange die Hauspreise weiter stiegen, war das Eigentum mehr wert als die Schuld, und solange neue Teilnehmer auf den Markt kamen, war der Anstieg der Preise gesichert. Gleichzeitig bündelte die Finanzindustrie die Hypotheken und verkaufte sie an andere Banken als Vermögensanlage, die 30 Jahre lang einen Ertrag abwerfen würde.

Im US-Immobilienboom haben die Banken in Erwartung steigender Preise Geld verliehen. Menschen, die es sich nicht leisten konnten, wurden ermutigt, Hypotheken aufzunehmen, die ihre Einkommensmöglichkeiten überstiegen.

» Bei dem eigenwilligen Verhalten einer kapitalistischen Wirtschaft dreht sich alles um die Auswirkungen des Finanzwesens auf das Verhalten des Systems. «

Hyman Minsky

Das Spiel endete 2006. Die US-Wirtschaft geriet ins Stocken, die Einkommen sanken und die Nachfrage nach Häusern schwächte sich ab. Die Immobilienpreise stiegen langsamer, erste Fälle von Zahlungsunfähigkeit traten auf, die Kreditnehmer sahen, dass ihre Schulden wuchsen anstatt zu schrumpfen. Immer mehr Häuser wurden zwangsenteignet, die Preise fielen.

2007 erlebte die US-Wirtschaft den sogenannten Minsky-Moment: Die unhaltbare Spekulation wurde zur Krise. Der Zusammenbruch des Immobilienmarktes ließ die Banken mit enormen Schulden zurück, und weil niemand wusste, wer die faulen Kredite gekauft hatte, lieh man sich untereinander kein Geld mehr. Banken brachen zusammen, allen voran 2008 die Investmentbank Lehman Brothers. Wie Minsky vorhergesagt hatte, drohte der Beinahezusammenbruch des Finanzsystems, weil in einer Phase der Stabilität gewaltige Schuldenberge entstanden waren – und damit die Voraussetzungen für eine gewaltige Instabilität.

Minsky hatte auch vorhergesagt, wie die fatale Instabilität aufzuhalten wäre und welche Probleme bei der Korrektur auftreten würden. Erstens konnte die Zentralbank als Kreditgeber letzter Instanz einspringen und das Bankensystem vor dem Zusammenbruch retten. Dies würde laut Minsky die Instabilität des Systems erhöhen, weil die Banken ab sofort künftige Rettungsaktionen in ihre Überlegungen einbeziehen würden. Zweitens konnte die Regierung ihre Schulden erhöhen, um die Nachfrage in der Wirtschaft anzukurbeln. Doch selbst Regierungen haben Probleme, in Krisenzeiten Geld aufzunehmen. Drittens konnten die Finanzmärkte stärker reguliert werden. Minsky war davon überzeugt,

2009 wurde Bernard Madoff für den größten Betrug der Geschichte ver--urteilt. Im Verlauf von 40 Jahren hatte er von Investoren mehr als 18 Mrd. Dollar gesammelt, ehe sein Schneeballsystem zusammenbrach.

dass dies auf lange Sicht notwendig sei. Doch das Tempo der Innovation auf den Geldmärkten würde die Regulierung erschweren.

Für Minsky ist die finanzielle Instabilität der Schlüssel zur Erklärung des modernen Kapitalismus. Geld ist kein Schleier mehr, der das tatsächliche Funktionieren der Wirtschaft verhüllt, es *ist* die Wirtschaft. Minskys Ideen werden heute große Aufmerksamkeit zuteil. ■

Hyman Minsky

Hyman Minsky stand als Wirtschaftswissenschaftler politisch links. Er wurde in Chicago geboren und studierte dort Mathematik, ehe er zur Wirtschaftswissenschaft wechselte. Minsky glaubte an eine bessere Welt, war aber gleichermaßen fasziniert von der praktischen Welt des Handels. Er arbeitete 30 Jahre als Berater und Direktor einer amerikanischen Bank. Den Großteil seines Berufslebens verbrachte er nach dem Kriegseinsatz im Zweiten Weltkrieg als Professor für Wirtschaftswissenschaften an der Washington University.

Minsky war ein origineller Denker und von Natur aus kommunikativ. Wissenschaftlich war er mehr an der Entwicklung neuer Ideen interessiert als an strengen mathematischen Berechnungen. Sein Werk ist hauptsächlich von dem Gedanken an den Geldfluss durchdrungen. Sein Leben lang hielt sich Minsky, teils aus freien Stücken, eher am Rand des ökonomischen Mainstreams auf, aber seit seinem Tod und besonders seit der Krise von 2007/08, die er prophezeit hatte, gewinnen seine Ideen immer stärker an Einfluss. Er war verheiratet und hatte zwei Kinder. 1996 starb Minsky im Alter von 77 Jahren an Krebs.

Hauptwerke

1965 *Labor and the War against Poverty*
1975 *John Maynard Keynes*
1986 *Stabilizing an Unstable Economy*

UNTERNEHMEN ZAHLEN MEHR ALS DEN MARKTLOHN

LÖHNE UND ANREIZE

IM KONTEXT

SCHWERPUNKT
Märkte und Firmen

VORDENKER
Joseph Stiglitz (geb. 1943)
Carl Shapiro (1955–2021)

FRÜHER
1914 In einer Phase der Rezession kündigt Henry Ford an, dass er den Lohn seiner Arbeiter auf fünf Dollar pro Tag verdoppeln wolle.

1920er-Jahre Alfred Marshall führt den Gedanken des Effizienzlohns ein.

1938 In den USA wird ein Mindestlohn eingeführt.

SPÄTER
1984 Carl Shapiro und Joseph Stiglitz glauben, Effizienzlöhne verhinderten Drückebergerei.

1986 George Akerlof und Janet Yellen bringen soziale Gründe für den Effizienzlohn vor, beispielsweise eine Stärkung der Arbeitsmoral.

Carl Shapiro und Joseph Stiglitz behaupten, dass die Unternehmen immer mehr als den Marktlohn bezahlen, weil es immer unbeschäftigte Arbeiter gibt. Sie erklären dies mit der Idee des »Effizienzlohns«. Arbeitgeber entscheiden sich dafür, weil es sich für sie lohnt – weil ihre Mitarbeiter dann mehr für sie leisten.

Grund dafür sind Marktmängel. Die Beobachtung der Leistung der Mitarbeiter verursacht Kosten (ein Problem, das die Ökonomen »subjektives Risiko« nennen). Daher, so Shapiro und Stiglitz, mindern Firmen die Drückebergerei durch Effizienzlöhne. Wüssten die Arbeiter, dass sie nach einer Entlassung sofort wieder einen Job finden, würden sie vielleicht nachlässiger arbeiten. Doch der höhere Lohn und das Wissen, dass eine Entlassung zu langfristiger Arbeitslosigkeit führt, verringern die Wahrscheinlichkeit schlechter Arbeit.

1913: Arbeiter bauen das berühmte »Model T« an Henry Fords Fließbändern. Ford glaubte, seine Arbeiter sollten seine besten Kunden sein.

Auch die Fähigkeiten der Arbeitnehmer lassen sich nicht ohne Kosten beobachten, aber durch Effizienzlöhne ziehen die Firmen vielleicht bessere Bewerber an. Außerdem wollen die Arbeitgeber oft die Moral stärken und die Fluktuationskosten verringern. Hohe Löhne sorgen auch für eine bessere Gesundheit der Arbeitskräfte und ermöglichen ihnen, ihre Aufgabe gut zu erledigen. Das ist besonders in Entwicklungsländern wichtig. Effizienzlöhne liefern zudem eine Erklärung dafür, warum die Löhne bei sinkender Nachfrage oft dennoch nicht reduziert werden: Gerade die besten Mitarbeiter würden dann als Erste kündigen. ■

Siehe auch: Angebot und Nachfrage 108–113 ▪ Konjunkturrückgang und Arbeitslosigkeit 154–161 ▪ Marktinformationen und Anreize 208–209

IN EINER REZESSION STEIGEN DIE REALLÖHNE

STARRE LÖHNE

IM KONTEXT

SCHWERPUNKT
Die Makroökonomie

VORDENKER
John Taylor (geb. 1946)

FRÜHER
1936 Laut John Maynard Keynes können staatliche Eingriffe einer Volkswirtschaft aus der Depression helfen.

1976 Thomas Sargent und Neil Wallace glauben, rationale Erwartungen machten eine keynesianische Politik nutzlos.

SPÄTER
1985 Greg Mankiw behauptet, der »Speisekarteneffekt« – die Kosten für Preisänderungen – führe oft zu starren Preisen.

1990 John Taylor stellt die »Taylor-Regel« auf und zeigt, dass Zentralbanken eine aktive Geldpolitik verfolgen sollten, um die Wirtschaft zu stabilisieren.

Die keynesianische Wirtschaftslehre (S. 154–161) geht davon aus, dass Löhne dem Betrag nach nicht sinken: Sie sind starr und reagieren nur langsam auf veränderte Marktbedingungen.

Die neuen Keynesianer wie John Taylor versuchen diese Starrheit zu erklären. In den 1970er-Jahren schwächte die Theorie der rationalen Erwartungen (S. 244–247) die keynesianische Lehre. Ihr zufolge konnte es keine dauerhafte Arbeitslosigkeit geben, weil die Löhne sinken und die Regierungspolitik zur Ankurbelung der Wirtschaft nicht funktionieren würden. Das neue keynesianische Denken zeigt dagegen, dass selbst bei rationalen Erwartungen die Arbeitslosigkeit stagnieren und eine Regierungsintervention effektiv sein kann. Starre Löhne und rationale Individuen sind kein Widerspruch.

Laut John Taylor und Greg Mankiw sind Preise oft wegen des sogenannten »Speisekarteneffekts« starr. (Das sind die Kosten einer Änderung, z. B. für den Druck neuer Preislisten.) Auch Arbeitsverträge, mit denen die Löhne für eine bestimmte Zeit festgeschrieben werden, sorgen für eine gewisse Starre. Die frühen keynesianischen Modelle berücksichtigten weder das Verhalten des Einzelnen noch die Rationalität. Das theoretische Fundament, auf dem die Folgerungen der neuen Keynesianer beruhen, ist wesentlich fester. ■

» Wenn man sich lediglich an einen Ökonomen wenden könnte, um die Probleme der Wirtschaft zu verstehen, wäre das zweifellos John Maynard Keynes. «

Greg Mankiw

Siehe auch: Konjunkturrückgang und Arbeitslosigkeit 154–161 ▪ Der keynesianische Multiplikator 164–165 ▪ Rationale Erwartungen 244–247 ▪ Löhne und Anreize 302

DIE ARBEITSPLATZSUCHE IST WIE DIE SUCHE NACH EINEM PARTNER ODER EINEM HAUS

DIE SUCHTHEORIE

IM KONTEXT

SCHWERPUNKT
Entscheidungsfindung

VORDENKER
George Stigler (1911–1991)

FRÜHER
1944 William Beveridge stellt fest, dass bei hoher Arbeitslosigkeit die Zahl der freien Arbeitsplätze niedrig ist.

SPÄTER
1971 Peter Diamond zeigt, dass das Gesetz des einheitlichen Lohns wegen teurer Reibungsverluste bei der Suche nicht funktioniert.

1971 Dale Mortensen untersucht, wie die Arbeitslosigkeit unter qualifizierten Arbeitskräften steigen kann, obwohl es freie Stellen gibt.

1994 Christopher Pissarides liefert empirische Daten und Modelle für die Suchtheorie, mit denen Arbeitssuchende und Arbeitsplätze besser in Übereinstimmung gebracht werden können.

Die Entscheidung, wo man Brot oder Seife kauft, ist leicht. Läden gibt es reichlich und sie sind leicht zu finden. Aber wie bekommt man einen bestimmten Gebrauchtwagen oder ein altes Musikinstrument? Der klassischen Sicht der Märkte zufolge finden Käufer und Verkäufer einander sofort und kostenfrei und sie haben perfekte Informationen über die Preise aller Angebote. Aber wer schon einmal einen Gebrauchtwagen gesucht hat – oder auch ein neues Haus oder einen Partner – weiß, dass das in Wirklichkeit selten zutrifft.

Reibungsverluste

Auf den Märkten gibt es »Reibungsverluste beim Suchen«, wenn Käufer und Verkäufer einander nicht automatisch finden. Die Ökonomen entwickeln nach und nach eine »Theorie des Suchens«, um sie zu erforschen. Den Schwerpunkt der Theorie bildet die Stellenvermittlung auf dem Arbeitsmarkt.

Das klassische Modell des Arbeitsmarkts geht davon aus, dass die Höhe des Arbeitslohns durch Angebot und Nachfrage bestimmt wird. Wenn die beiderseitigen Lohnvorstellungen übereinstimmen, entspricht das Angebot der Nachfrage und der Markt ist im Gleichgewicht. Wie kann es also sein, dass zu einem gegebenen Zeitpunkt viele Arbeitnehmer einen Job suchen, während Arbeitgeber keine Arbeitskräfte finden?

In den 1960er-Jahren meinte George Stigler, den klassischen Markt mit einheitlichem Lohn könne es nur geben, wenn die Informationen über die Löhne nichts kosteten. Auf Märkten wie dem Arbeitsmarkt, auf dem alle Arbeits-

Online-Partnervermittlungen sind Märkte, auf denen die Menschen Käufer und Verkäufer zugleich sind. Der Einzelne kann nicht ewig suchen, daher ist es sinnvoll, die Suche einzuschränken.

Siehe auch: Die freie Marktwirtschaft 54–61 ▪ Konjunkturrückgang und Arbeitslosigkeit 154–161 ▪ Rationale Erwartungen 244–247 ▪ Starre Löhne 303

Ökonomen gehen davon aus, dass Käufer und Verkäufer **einander immer sofort finden** können …

… und dass Käufer **einfachen Zugang** zu allen benötigten Informationen haben, von allen Verkäufern auf dem Markt.

Aber in der Realität ist das nicht der Fall und das Problem wird verschärft, wenn jede Suche **Zeit und Geld kostet.**

Auf dem Arbeitsmarkt müssen Individuen **ihre Suche** auf die freien Stellen **begrenzen,** die sie innerhalb einer bestimmten Zeit und eines bestimmten Budgets finden.

Die Arbeitsplatzsuche ist wie die Suche nach einem Partner oder einem Haus.

plätze verschieden sind, kostet die Suche Geld. Je höher die Kosten, desto größer die Bandbreite der Bezahlung für die gleiche Arbeit. Arbeitssuchende wissen, dass die Bezahlung unterschiedlich ist. Sie müssen sich entscheiden, wo und wie lange sie suchen wollen. Stiglers Forschung zeigte, dass Arbeitnehmer bei einer optimalen Suche jedes Gehaltsangebot, das unter ihrem »Schwellenlohn« liegt, ablehnen, jedes höhere Angebot jedoch annehmen sollten. Dieses Modell – eine Grenze in einer akzeptablen Höhe – funktioniert bei der Suche auf jedem Markt, sogar bei der Partnervermittlung.

2010 erhielten Peter Diamond, Dale Mortensen und Christopher Pissarides gemeinsam den Nobelpreis für ihre Arbeit über die Suchtheorie. Diamond erkannte, dass selbst eine kleine Verteuerung der Suche zu einem Preisanstieg der Güter führt. Käufer zögern dann, für eine zweite oder dritte Suche zu bezahlen, sodass ein kleiner Preisanstieg an einem Ort den Käufern nicht auffällt, weil sie ihn nicht mehr mit anderen Suchergebnissen vergleichen.

Die Suchtheorie ist auch für die effiziente Gestaltung des Arbeitslosengelds wichtig. Ist es nicht an Bedingungen geknüpft, besteht kaum Anreiz, gründlich zu suchen und Angebote anzunehmen. Ist es aber so gestaltet, dass es zur Suche anregt, kann es die Effektivität des Arbeitsmarkts verbessern. ■

Weltweite Arbeitslosigkeit

Viele Menschen haben heute gut bezahlte und befriedigende Arbeit, doch in manchen Teilen der Welt ist die Arbeitslosigkeit immer noch hoch. Zudem ändert sich der Arbeitsmarkt: Gute Jobs sind auch im reichen Teil der Welt rar.

Im März 2012 war fast die Hälfte der Griechen und Spanier unter 25 arbeitslos und die Arbeitslosigkeit in Südafrika betrug fast 30 Prozent. Das scheint dem Argument zu widersprechen, dass Leute, die sich mit niedrigeren Löhnen zufriedengeben, immer Arbeit finden. Edmund Phelps meint, die Globalisierung spiele dabei eine große Rolle. Arbeitsplätze in den reichen Ländern liegen häufig in »nicht handelbaren« Sektoren wie der Gesundheitsversorgung, während Jobs in »handelbaren« Sektoren (etwa in der Telefonfertigung) in Länder wie China und die Philippinen abwandern, wo die Löhne niedrig sind. Die Lösung dieser Probleme ist eine der Hauptaufgaben der heutigen Ökonomen.

2011 marschierten Tausende Spanier (*los indignados* – »die Aufgebrachten«) nach Brüssel, um gegen die hohe Arbeitslosigkeit von 40 Prozent zu protestieren.

DIE GRÖSSTE HERAUSFORDERUNG FÜR GEMEINSAMES HANDELN IST DER KLIMAWANDEL

WIRTSCHAFT UND UMWELT

IM KONTEXT

SCHWERPUNKT
Wirtschaftspolitik

VORDENKER
William Nordhaus (geb. 1941)
Nicholas Stern (geb. 1946)

FRÜHER
1896 Svante Arrhenius sagt voraus, die Verdoppelung des Kohlendioxids in der Atmosphäre werde einen Anstieg der globalen Oberflächentemperatur um 5–6 °C hervorrufen.

1920 Arthur Pigou will Umweltverschmutzung besteuern.

1992 Die Klimarahmenkonvention der Vereinten Nationen wird unterzeichnet.

1997 Das Kyoto-Protokoll wird ratifiziert, aber letztendlich sind es weniger als 40 Nationen, die Pläne zur Reduzierung ihrer Emissionen fassen.

SPÄTER
2015 196 Nationen unterzeichnen das Pariser Abkommen.

2024 Zum ersten Mal übersteigt die Erderwärmung ganzjährig 1,5 °C.

Die industrielle Revolution, die vor rund 200 Jahren begann, hat dazu geführt, dass gewaltige Mengen fossiler Brennstoffe verbrannt wurden. So entstand der Treibhauseffekt.

Die wirtschaftliche Entwicklung und der Wohlstand seit der industriellen Revolution sind ein Ergebnis des technischen Fortschritts, vorrangig durch Brennstoffe wie Kohle, Öl und Gas. Immer deutlicher wird allerdings, dass dieser Wohlstand auch Kosten verursacht, denn die natürlichen Ressourcen neigen sich dem Ende zu und die fossilen Brennstoffe verschmutzen die Atmosphäre. Es deutet immer mehr darauf hin, dass die Emission von Treibhausgasen (THG), insbesondere von CO_2, zu einer globalen Erwärmung führt. Wissenschaftler weltweit sind sich einig, dass wir einen verheerenden Klimawandel riskieren, wenn Emissionen nicht schnell und drastisch verringert werden. Ungebremster Klimawandel und eine Erhöhung der durchschnittlichen Jahrestemperatur um 2 °C oder mehr würden die natürlichen Kreisläufe der Erde dauerhaft stören, ein sechstes großes Artensterben auslösen und die menschliche Existenz bedrohen.

Wirtschaftliche Folgen

Ein sich veränderndes Klima bedeutet nicht nur höhere Temperaturen, es wird auch die Wettermuster verändern – mit heftigeren Stürmen und mehr Wassermolekülen in der Atmosphäre. In einigen Gebieten könnte es sowohl weniger Niederschläge als auch intensivere Regenperioden geben. Diese Kombination könnte weltweit die landwirtschaftliche Produktion gefährden.

So stellen Überschwemmungen für die lokale Wirtschaft eine vielschichtige Herausforderung dar, die über beschädigte Gebäude und Straßen hinausgeht. Durch mehr Überschwemmungen gelangen mehr Schadstoffe in die Wasserwege, die kommunalen Wasseraufbereitungsanlagen sind überfordert und Tausende von Menschen haben kein sauberes Trinkwasser mehr.

2018 kam es in Kapstadt (Südafrika) zu einer Wasserkrise, die erahnen lässt, was anderen Städten in wärmerem Klima bevorsteht. Kapstadt, eine Stadt mit mehr als 4,5 Millionen Einwohnern, musste das Wasser stark rationieren, um einen »Nulltag« zu vermeiden, an dem das Süßwasser aufgebraucht sein würde. In Mexiko-Stadt, einer Stadt mit mehr als 22 Millionen Einwohnern, stießen die Wasservorräte 2024 fast an ihre Grenzen und Millionen Menschen erhielten weniger als eine Stunde fließendes Wasser in der Woche.

Städte und Gemeinden halten ihre Bürgerinnen und Bürger zum Wassersparen an, aber den größten Wasserverbrauch hat die Landwirtschaft. Weltweit werden auf etwa

Siehe auch: Öffentliche Güter und Dienstleistungen 46–47 ▪ Demografie und Ökonomie 68–69 ▪ Externe Kosten 137 ▪ Entwicklungsökonomie 188–193 ▪ Die Ökonomie des Glücks 216–219

40 Prozent aller Flächen Nahrungsmittel angebaut und 70 Prozent des Süßwassers für die Landwirtschaft verwendet. Untersuchungen aus 2024 zeigen, dass sich die Erschöpfung der Grundwasserreserven seit den 1980er-Jahren in 30 Prozent der weltweiten Grundwasserspeicher beschleunigt hat, und in Regionen, die bereits arid oder semiarid sind, ist sie sogar noch größer. Diese Erschöpfung wird einen immensen Druck auf globale Ernährungssysteme und Volkswirtschaften ausüben und ganze Städte und Regionen gefährden.

Die Vergangenheit

Ökonomen und Regierungen waren sich noch nie einig über die zu ergreifenden Maßnahmen. Bis vor Kurzem argumentierten viele, dass die Kosten zur Bekämpfung des Klimawandels der Wirtschaft eher schaden als nützen. Während eine kleine Minderheit weiterhin leugnet, dass der Klimawandel menschengemacht ist, oder andere die Erderwärmung sogar für nützlich halten, erkennen die meisten Ökonomen heute, dass wir uns diesem Thema stellen und wirtschaftliche Lösungen finden müssen.

1982 betrachtete William Nordhaus in *How Fast Should We Graze the Global Commons?* die wirtschaftlichen Auswirkungen des Klimawandels. Er wies darauf hin, dass bestimmte Merkmale einmalig sind: die Langfristigkeit, die involvierten Unsicherheiten, die internationale Reichweite und die ungleiche globale Verteilung von Kosten und Nutzen.

2006 beauftragte die britische Regierung den Ökonomen Nicholas Stern mit einem Bericht über die wirtschaftlichen Folgen des Klimawandels. Das Ergebnis war eindeutig: Stern lieferte solide wirtschaftliche Argumente für ein sofortiges Handeln zur Verringerung von THG-Emissionen. Die Kosten des Klimawandels könnten sich nach seiner Schätzung am Ende auf bis zu 20 Prozent des BIP belaufen, bei sofortigem Handeln wären es nur etwa ein Prozent. 2009 berechnete Nordhaus, dass der wirtschaftliche Schaden durch den Klimawandel ohne ein Eingreifen 2099 bei 2,5 Prozent des weltweiten jährlichen Outputs liegen werde. Die größten Schäden würden in tropischen Regionen mit niedrigem Einkommen auftreten. »

» Preisorientierte Ansätze wie die Harmonisierung einer Steuer auf Kohlenstoffemissionen sind mächtige Werkzeuge, um Politik zu koordinieren und die globale Erwärmung zu verlangsamen. «

William Nordhaus

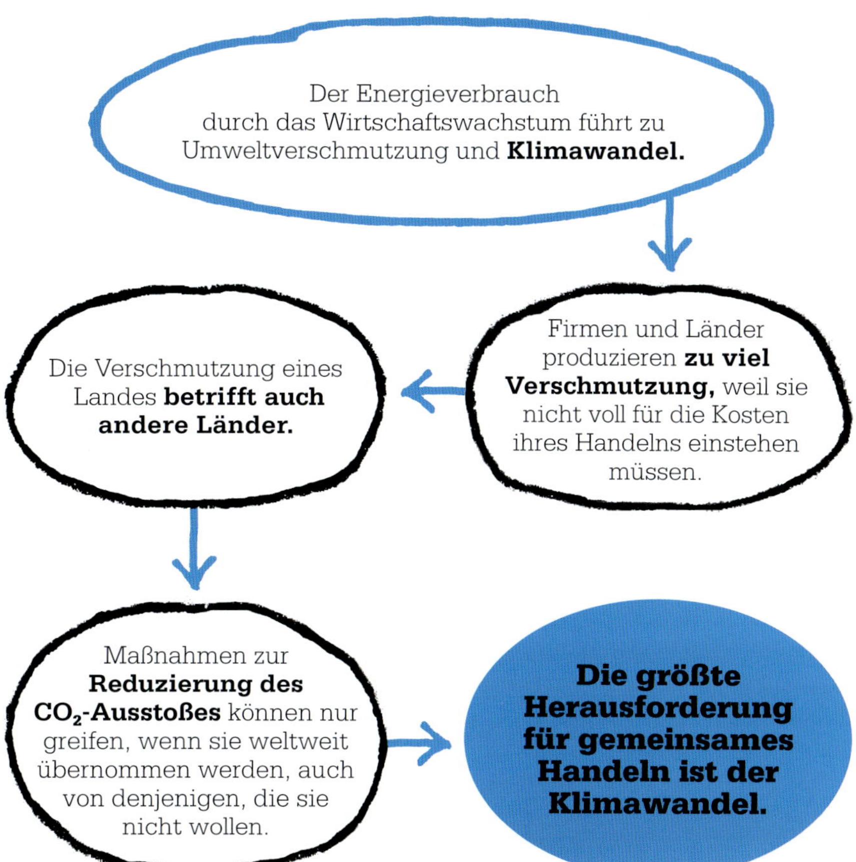

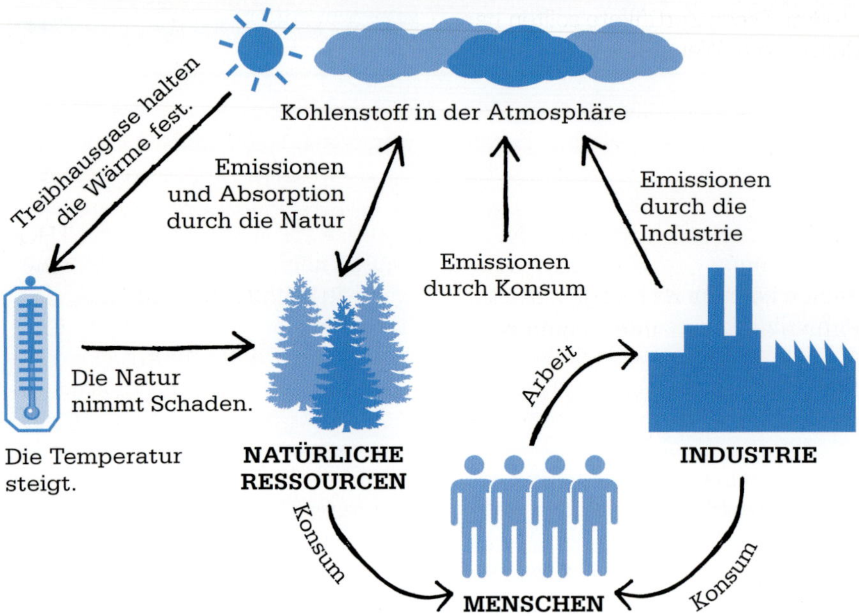

William Nordhaus entwickelte ein Computerprogramm namens DICE, das zeigt, wie die Elemente des Klimawandels ineinandergreifen und wo die ökologischen und finanziellen Kosten anfallen. Anhand dieses Finanzmodells können Regierungen ihren aktuellen Verbrauch, ihre Ressourcen und ihren Bedarf errechnen und Kosten und Nutzen der verschiedenen Möglichkeiten abwägen.

Die Frage war nicht mehr, ob wir uns die Verringerung der Emissionen leisten können, sondern ob wir es uns leisten können, dies nicht zu tun. Es gibt starke Argumente für staatliche Eingriffe: Regulierung von Wasser als gemeinsame wirtschaftliche Ressource, anstatt es wie eine Ware zu privatisieren, und Überwachung der Umweltverschmutzung, die als externer Effekt betrachtet werden kann (S. 137), bei dem die sozialen Kosten nicht vollständig vom Verursacher getragen werden. Aus diesem Grund bezeichnete Stern den Klimawandel als das größte Marktversagen aller Zeiten.

Ökonomische Modelle

Die meisten Ökonomen sind sich heute einig, dass der Klimawandel ein komplexes Problem ist, das zu ernsthaften Langzeitschäden führen kann. Verschiedene Modelle über die Auswirkungen des Klimawandels wurden entwickelt, darunter 1992 das *Dynamic Integrated model of Climate and the Economy* (DICE) von Nordhaus (s. o.). Es verknüpft CO_2-Emissionen, den Kohlenstoffkreislauf, den Klimawandel, Klimaschäden und negative Wachstumsfaktoren.

Zwar ist die Lösung alles andere als offensichtlich, aber wie Nordhaus 2007 sagte, liegt das Geheimnis des Erfolgs wohl weniger in großen, ehrgeizigen Projekten wie Kyoto, sondern vielmehr in universellen, vorhersehbaren und langweiligen Ideen wie harmonisierten CO_2-Steuern.

Die erste Hürde für Ökonomen wie Nordhaus und Stern bestand darin, die Regierungen von Maßnahmen zu überzeugen, die für ihre Volkswirtschaften zwar kurzfristig schädlich sein würden, langfristig aber schädlichere Folgen abmilderten. Die zweite Hürde bestand darin, den effizientesten Weg zur Durchsetzung einer Emissionspolitik zu finden. Nicht alle Regierungen ließen sich leicht überreden. Die Industrieländer in den eher gemäßigten Klimazonen werden von den schlimmsten Folgen des weltweiten Temperaturanstiegs verschont bleiben. Dagegen werden die armen Länder deutlich härter betroffen sein, sodass sie, die die Umwelt am wenigsten verschmutzen, das größte Interesse an der Abmilderung des Klimawandels haben.

Die schlimmsten Verschmutzer (wie die USA, Europa und Australien) akzeptieren nur sehr zögerlich, dass ihre Regierungen teure politische Entscheidungen umsetzen sollten. Doch das Problem verlangt nach einer globalen Lösung.

Die Notwendigkeit zum gemeinsamen Handeln wurde zum ersten Mal 1992 auf dem »Erdgipfel« der Vereinten Nationen anerkannt. Alle Mitgliedsstaaten wurden aufgerufen, ihre THG-Emissionen zu verringern. Viele Regierungen entwickelten Umweltschutzmaßnahmen. Aber Emissionsquoten, die fair für

» Wir riskieren Schäden, die größer sind als die der beiden Weltkriege. Das Problem betrifft uns alle weltweit und deshalb muss unsere Antwort eine Zusammenarbeit aller weltweit sein. «

Nicholas Stern

alle beteiligten Firmen sind, lassen sich nur schwer festlegen und auch Bußgelder für Umweltsünder sind schwer durchzusetzen.

Eine andere Option, die bereits 1920 Arthur Pigou vorgeschlagen hatte, ist die Besteuerung der Luftverschmutzung (S. 137). Steuern auf den Ausstoß von THG würden abschreckend wirken, Steuern auf fossile Brennstoffe würden deren exzessiven Verbrauch reduzieren. Pigou wollte, dass die Firmen die sozialen Kosten ihres Handelns zu spüren bekommen.

Handel mit Kohlendioxid

Umweltverschmutzung kann als Marktversagen betrachtet werden, da normalerweise kein Markt dafür existiert. Gäbe es ihn, würde die Umweltverschmutzung auf ein sozial verträgliches Maß reduziert, weil die Verschmutzer die vollen Kosten für ihr Verhalten tragen müssten. Folglich besteht ein Lösungsvorschlag darin, mittels Emissionshandel einen Markt für Umweltverschmutzung zu schaffen. Die Regierungen müssten z.B. eine akzeptable Höhe für den CO_2-Ausstoß festlegen und dann Zertifikate an Firmen versteigern, die CO_2 ausstoßen. Diese Zertifikate sollten handelbar sein: Wenn eine Firma ihre Emissionen erhöhen muss, kann sie Zertifikate von einer anderen kaufen, die ihre Quote nicht ausschöpft. Dieses Programm hätte den Vorteil, dass Firmen, die ihre Emissionen verringern, belohnt werden, weil sie dann überschüssige Zertifikate verkaufen können. Es hält gleichzeitig Firmen davon ab, ihre Quoten zu überschreiten, da sie dann zusätzliche Zertifikate kaufen müssen. Insgesamt bleibt die Summe der Emissionen zwar gleich, wird aber von einer zentralen Behörde kontrolliert, die die Anzahl der Zertifikate im Lauf der Zeit reduzieren kann.

Theoretisch kann eine Firma ihre CO_2-Emissionen durch den Handel mit Zertifikaten ausgleichen. So könnte mit diesen Ausgleichszahlungen die Wiederaufforstung von tropischen Regenwäldern finanziert werden, die nicht nur Kohlenstoff speichern, sondern auch die Artenvielfalt und die indigene Bevölkerung schützen. Kritiker behaupten, dass die Gelder, die derzeit in solche Programme fließen – bis 2030 sollen es 100 Milliarden US-Dollar sein – besser für die Finanzierung von Programmen für erneuerbare Energien und die systematische Reduzierung des Kohlenstoffausstoßes insgesamt verwendet werden sollten.

» Wir sind die erste Generation, die die Folgen des Klimawandels spürt – und wir sind die letzte, die etwas dagegen tun kann. «

Barack Obama
Ehemaliger US-Präsident (geb. 1961)

Das Kyoto-Protokoll

1997 trafen sich 141 Länder erstmals zu Gesprächen, um das Problem des Klimawandels mit internationalen Vereinbarungen anzugehen. Der erste gemeinsame Schritt, das Kyoto-Protokoll, verlangte von den Industrieländern die THG-Emissionen unter das Niveau von 1990 zu senken. Das Protokoll nahm jedoch Schwellenländer wie China, Indien oder Brasilien nicht in die Pflicht, weshalb einige Länder die Unterstützung versagten.

190 Länder unterzeichneten zunächst das Protokoll, aber bis 2012 hatten sich nur 37 formell bereit erklärt, Ziele für THG-Emissionen festzulegen. Somit kam es nicht zu einer allgemeinen Ratifizierung. Die USA lehnten die Vereinbarung ab und Kanada stieg 2011 wieder aus. Selbst die Länder, die ››

Programme zum Handel mit CO_2-Zertifikaten, z.B. groß angelegte Projekte zur Kultivierung einheimischer Vegetation, könnten durch Wiederaufforstungen riesige Mengen Kohlendioxid absorbieren.

sich zur Reduzierung verpflichtet hatten, erreichten die gesteckten Ziele oft nicht. Industrieländer wie die USA und Australien behaupteten, eine Einhaltung würde ihrer Wirtschaft schaden, und Schwellenländer wie China, Indien und Brasilien waren nicht bereit, für die Umweltverschmutzung des Westens zu bezahlen. Andererseits einigten sich ökologisch fortschrittlichere Länder wie Deutschland und Dänemark auf Reduktionsziele von mehr als 20 Prozent.

Von Kyoto zu Paris

Im Nachhinein betrachtet waren die Kyoto-Ziele unzureichend, um sich den Herausforderungen des sich beschleunigenden Klimawandels zu stellen. Das Abkommen war fehlerhaft, da es die Entwicklungsländer nicht in die Emissionsreduzierung einbezogen hatte. Seit 1997 sind die weltweiten THG-Emissionen sogar noch gestiegen.

Der nächste Schritt war das Pariser Klimaabkommen, das 2015 von 196 Nationen angenommen wurde. Das Ziel des ersten völkerrechtlich verbindlichen Abkommens zum Klimawandel lautet, den weltweiten Temperaturanstieg auf deutlich unter 2 °C im Vergleich zum vorindustriellen Zeitalter zu beschränken.

Das Abkommen verpflichtet die Staaten, alle fünf Jahre ihre Klimaziele zu überprüfen, um die globalen Emissionen schrittweise zu reduzieren, und in entsprechende Klimaschutzstrategien zu investieren. Zudem werden Entwicklungsländer finanziell unterstützt, um ambitionierte Veränderungen in ihrem Energie- und Verkehrssektor vorzunehmen. Unter Präsident Trump traten die USA 2016 aus dem Pariser Abkommen aus, doch unter Präsident Biden 2020 wieder ein.

Argumente fürs Handeln

Ein Ziel des Pariser Abkommens ist die Begrenzung des weltweiten Temperaturanstiegs auf »deutlich unter« 2 °C, aber die Wissenschaft warnt bereits, dass dieser Anstieg noch immer zu hoch ist. Selbst bei 1,5 °C kommt es in einigen Teilen der Welt zu schweren Schäden. Der Weltklimarat (IPCC) berichtete 2023, dass die weltweite Durchschnittstemperatur von 2011–2020 um 1,1 °C über dem vorindustriellen Zeitalter lag und die THG-Emissionen weiter steigen. Die Folge sei, dass sich die aktuelle Erderwärmung bereits negativ auf den Menschen, die Ökosysteme, die Biodiversität und die planetaren Systeme auswirke. Schon heute lebten 3,5 Milliarden Menschen in Gebieten, in denen sie durch den Klimawandel »hochgradig gefährdet« seien.

Der Weltklimarat warnt, dass die Erderwärmung zu steigenden Meeresspiegeln, zunehmenden Problemen bei der Nahrungsmittel- und Trinkwasserversorgung, extremeren Hitzewellen, stärkeren und häufigeren Hurrikans und Waldbränden sowie zu häufigeren extremen Dürren führen wird. Er sagt voraus, dass die Anzahl der Tropenstürme weltweit zwar nicht steigen wird, dass es aber »sehr wahrscheinlich« ist, dass mit der Erwärmung diese extremen Wetterereignisse zu höheren Regenmengen und höheren Windgeschwindigkeiten führen werden. Es wird also mehr Ereignisse der extremen Kategorien vier und fünf geben. So geht man beispielsweise davon aus, dass die durch den Hurrikan Katrina 2005 in den USA ausgelösten Hochwasserhöhen 15 bis 60 Prozent höher waren als sie unter den klimatischen Bedingungen von 1900 gewesen wären.

Der Klimawandel erhöht das Risiko schwerer Flächenbrände, die Leben, Infrastrukturen und Ressourcen bedrohen. Die Schäden wurden 2019 in Alaska und Kalifornien auf 4,5 Milliarden US-Dollar veranschlagt.

Hurrikan Katrina zerstörte 2005 den Großteil von New Orleans (USA). Die geschätzten Kosten von 81 Mrd. Dollar machten die wirtschaftlichen Auswirkungen des Klimawandels deutlich.

Wirtschaftliche Zwänge

In den 2020er-Jahren veröffentlichten die Europäische Union und die Internationale Energieagentur Studien, die im Wesentlichen die Prognosen des Stern-Berichts bestätigten, die sich auf rund zwei Billionen US-Dollar oder ein Viertel der weltweiten Gewinne belaufen. Laut der Organisation für wirtschaftliche Zusammenarbeit und Entwicklung (OECD) würde die Bekämpfung des Klimawandels durch Strukturreformen das globale BIP bis 2050 um bis zu 2,8 Prozent erhöhen.

Warum wurden trotz der Vorteile eines stabileren Klimas, der relativ geringen Transitionskosten und der potenziell katastrophalen globalen Schäden eines Nichthandelns keine dringenden Maßnahmen ergriffen? Weil es nur gemeinsam geht: Wenn einzelne Maßnahmen nur geringe Wirkung zeigen und keinen messbaren Beitrag zur Lösung leisten, gibt es für den Menschen kaum einen Anreiz, sein Verhalten zu ändern. Die Akteure, die einen messbaren Einfluss haben könnten – Landwirtschaft, Transport- und Energiesektor – arbeiten oft mit dem kurzfristigen Ziel, ihre Dividenden zu maximieren – d. h., sie machen weiter wie gewohnt. Regierungen, die allzu oft auf die Unterstützung mächtiger Wirtschaftszweige angewiesen sind, tun sich schwer, politische Maßnahmen zu ergreifen, die sofortige Investitionen mit ungewissem zukünftigem Gewinn erfordern. Denn auch wenn man das Leben für die noch ungeborene Weltbevölkerung deutlich verbessert, garantiert das nicht die Wiederwahl eines Politikers.

Zeichen des Fortschritts

Obwohl die Reduzierung der THG-Emissionen und die Mobilisierung kollektiver Maßnahmen so langsam geht, gibt es Grund zu Optimismus. In den USA sind die THG-Emissionen von 2005–2021 um 17 Prozent gesunken, obwohl sich die Wirtschaftskraft verdoppelte. Weltweit wird der Strom aus erneuerbaren Energien um 50 Prozent steigen, und bis 2025 werden sie die Kohle als wichtigste Stromquelle ablösen. Zwar sind die Fortschritte vielversprechend, doch der Strom aus erneuerbaren Energien muss sich bis 2030 verdreifachen, um die globalen Ziele von Paris zu erreichen. ■

» Wir können die Welt also nicht retten, indem wir uns an die Regeln halten, denn die Regeln müssen geändert werden. Alles muss sich ändern und wir müssen heute damit anfangen. «

Greta Thunberg
Schwedische Umweltaktivistin
(geb. 2003)

Indiens Bedarf steigt

Indien ist heute das bevölkerungsreichste Land der Welt und mit fast 17 Prozent der Weltbevölkerung der viertgrößte Stromverbraucher der Erde. Würde das Land seine wachsende Wirtschaft mit fossilen Brennstoffen versorgen, wären die Auswirkungen auf das Klima enorm. Indien ist aber auch der drittgrößte Produzent von Strom aus erneuerbaren Energien weltweit.

2016 setzte sich Indien das Ziel, mindestens 50 Prozent des Stroms aus erneuerbaren Energien zu erzeugen. Bis 2021 produzierte das Land bereits 40 Prozent aus nicht-fossilen Brennstoffen. Zwar ist die indische Wirtschaft immer noch stark von Kohlestrom abhängig, aber Maßnahmen wie niedrigere Preise für PV-Module und die offensive Installation von Wind- und Wasserkraft machen Indien zu einem Vorreiter in diesem Bereich für die Schwellenländer.

Die Regierung hat zudem Maßnahmen ergriffen, um Anreize für emissionsarme Technologien zu schaffen.

Riesige Solarparks und durchschnittlich 300 Sonnentage im Jahr machen Indien zu einem der fünf größten Solarstromproduzenten der Welt.

DAS BRUTTOINLANDSPRODUKT IGNORIERT DIE FRAUEN

WIRTSCHAFT UND GESCHLECHT

IM KONTEXT

SCHWERPUNKT
Wirtschaft und Gesellschaft

VORDENKER
Marilyn Waring (geb. 1952)

FRÜHER
1932 Simon Kuznets stellt die erste Einkommensrechnung für die gesamte Volkswirtschaft der USA auf.

1987 Marianne Ferber veröffentlicht *Women and Work: Paid and Unpaid*, eine Bibliografie früherer Forschungen über Frauen und Wirtschaft.

SPÄTER
1990 Erstmals wird der UN-Entwicklungsindex veröffentlicht. Er vertritt ein breiteres Entwicklungskonzept, als es durch Zahlen über das Volkseinkommen vermittelt wird.

1996 Barnet Wagman und Nancy Folbre analysieren den Beitrag der Hausarbeit zum US-Volkseinkommen.

Das Bruttoinlandsprodukt ist die am häufigsten zitierte statistische Wirtschaftskennzahl. Es ist ein summarisches Maß für die ökonomische Aktivität eines Landes im Lauf eines Jahres – und scheint sich direkt auf wichtige Faktoren wie Haushaltseinkommen oder Arbeitslosigkeit zu beziehen. Doch tatsächlich wirft das BIP erhebliche Probleme auf.

Die Schwierigkeiten und Grenzen des BIP liegen in der Art und Weise seiner Berechnung und in der Frage, was es enthält. Es beruht auf einer Datensammlung über ökonomische Transaktionen. Im Prinzip gilt: Alles, was innerhalb eines Jahres gekauft oder verkauft wird, sollte im BIP enthalten sein. Statistiker der Regierung führen gründliche Erhebungen durch, um zu dieser Zahl zu gelangen. Aber das, was in einem Land gekauft oder verkauft wird, gibt nicht unbedingt die gesamte wirtschaftliche Aktivität wieder. Und die Zahl, die am Ende steht, beinhaltet auch nicht notwendigerweise das, was die Menschen an einem Land besonders schätzen. Beispielsweise würden Umweltschützer

Das BIP soll den **Wert aller Transaktionen** in einer Volkswirtschaft pro Jahr angeben.

Darin sollen **alle bedeutsamen wirtschaftlichen Aktivitäten** enthalten sein.

Aber **wirtschaftliche Aktivitäten, die nicht auf Märkten stattfinden,** wie Hausarbeit und Kindererziehung, bleiben unberücksichtigt.

Diese Aktivitäten werden **vorwiegend von Frauen** ausgeübt.

Das Bruttoinlandsprodukt ignoriert die Frauen.

Siehe auch: Die Messung des Wohlstands 36–37 ▪ Wirtschaft und Tradition 166–167 ▪ Die Ökonomie des Glücks 216–219 ▪ Soziales Kapital 280

Viele Arbeiten werden überwiegend von Frauen ausgeübt, so die Kinderbetreuung. Sie sind überlebenswichtig für die Wirtschaft, kommen aber im BIP nicht vor, weil sie nicht bezahlt werden.

kritisieren, dass das BIP den Abbau der natürlichen Ressourcen nicht widerspiegelt. Die Abholzung von Wäldern steigert das BIP sogar, wenn das Holz verkauft wird, obwohl dabei ein natürlicher Rohstoff unwiederbringlich verbraucht wird. In ähnlicher Weise bleibt die Umweltverschmutzung bei wirtschaftlicher Tätigkeit unberücksichtigt. Das BIP zählt nur die verkauften Produkte und ignoriert unerwünschte Nebeneffekte wie gesundheitliche Schäden.

Die Arbeit der Frauen

Und es gibt weitere Schwierigkeiten. In ihrem Buch *If Women Counted* (1988) schreibt Marilyn Waring, eine ehemalige Abgeordnete im neuseeländischen Parlament, das BIP vernachlässige die Arbeit der Frauen systematisch. Weltweit leisten Frauen einen Großteil der Hausarbeit, sie betreuen die Kinder und kümmern sich um die Älteren. Diese Arbeit ist wirtschaftlich notwendig, aber sie wird nicht bezahlt und daher auch im Bruttoinlandsprodukt nicht berücksichtigt.

Frauen bleiben ausgeschlossen

Die buchhalterischen Unterschiede bei der Berechnung der Wirtschaftsleistung können sehr willkürlich sein, weil gleichwertige Arbeit oft unterschiedlich behandelt wird. Kochen ist »ökonomisch aktiv«, wenn die Speisen verkauft werden, aber »ökonomisch inaktiv«, wenn das nicht der Fall ist. Dabei liegt der einzige Unterschied darin, ob eine Markttransaktion stattfindet oder nicht. Die Aktivität ist schließlich immer die gleiche. Im einen Fall sind die Frauen ausgeschlossen, im anderen nicht.

So beinhaltet die volkswirtschaftliche Gesamtrechnung einen erheblichen geschlechtsbezogenen Verzerrungseffekt und der wahre ökonomische Wert der Arbeit, die von Frauen geleistet wird, kommt in den konventionellen Berechnungen systematisch zu kurz. Waring ging noch weiter und meinte, das übliche internationale System zur Berechnung des Volkseinkommens, das *United Nations System of National Accounts* (UNSNA), sei ein Beispiel für »angewandtes Patriarchat« – mit anderen Worten: ein Versuch der männlich bestimmten Wirtschaft, Frauen auszuschließen.

Die Kritik von Waring und anderen Feministinnen liefert in der Diskussion über die künftige volkswirtschaftliche Gesamtrechnung schlagkräftige Argumente. Aktuelle Diskussionen, wie sich das Wohlbefinden und die Entwicklung sozialer Maßnahmen als Teil des wirtschaftlichen Fortschritts rechnerisch darstellen ließe, weisen auf das wachsende Bedürfnis hin, die Beschränktheit des BIP als Wertmaßstab zu überwinden. ▪

Marilyn Waring

Marilyn Waring wurde 1952 geboren und zählte zu den ersten Frauen im neuseeländischen Parlament. 1978 unterstützte Premierminister Robert Muldoon von der Nationalpartei sie dabei, Vorsitzende des Komitees für öffentliche Ausgaben zu werden. Später überwarf sie sich jedoch mit der Regierung, weil sie 1984 zusammen mit der Opposition für die Ächtung von Atomwaffen und Atomkraft in Neuseeland stimmen wollte. Muldoon rief Neuwahlen aus, bei denen seine Partei verlor.

Nach ihrem Wirken im Parlament widmete Waring sich ihrem Interesse für Landwirtschaft und Wirtschaft. 2006 wurde sie Professorin für Public Policy an der Auckland University of Technology. Dort forscht sie heute noch.

Hauptwerk

1988 ***If Women Counted: A New Feminist Economics***

» Wir Frauen sind füreinander sichtbar und wertvoll und wir alle – Milliarden von Frauen – müssen diese Sichtbarkeit und diesen Wert nach außen tragen. «

Marilyn Waring

DER KOMPARATIVE KOSTENVORTEIL IST EIN ZUFALL

HANDEL UND GEOGRAFIE

IM KONTEXT

SCHWERPUNKT
Weltwirtschaft

VORDENKER
Paul Krugman (geb. 1953)

FRÜHER
1817 David Ricardo behauptet, Länder hätten aufgrund physischer Faktoren einen komparativen Kostenvorteil.

1920er-/1930er-Jahre Eli Heckscher und Bertil Ohlin sagen, Länder mit viel Kapital exportierten auch kapitalintensive Güter.

1953 Wassily Leontief entdeckt ein empirisches Paradoxon: die sehr kapitalreichen USA haben relativ beschäftigungsintensive Exporte – eine Verletzung der Theorie.

SPÄTER
1994 Gene Grossman und Elhanan Helpman analysieren die Zielsetzungen der Handelspolitik und die Auswirkungen des Lobbyismus auf den Schutz, den Firmen genießen.

Früher glaubten Ökonomen, dass Nationen miteinander Handel trieben, weil sie verschieden seien: Tropische Länder verkauften z. B. Zucker an Länder in gemäßigten Klimazonen, die wiederum Wolle exportierten. Manche Länder konnten bestimmte Dinge besser herstellen – weil sie einen »komparativen Vorteil« aufgrund des Wetters oder des Bodens hatten.

Doch eine neue Branche kann auch zufällig entstehen, wie bei Catherine Evans aus Georgia (USA), die 1895 beim Besuch einer Freundin eine handgemachte Bettdecke sah. Sie stellte eine ähnliche Decke her und brachte es auch anderen Frauen bei. So entstanden Textilfirmen und bald eine ganze Teppichindustrie, die marktbeherrschend wurden. Das widersprach der üblichen Erklärung: Georgia hatte keinen komparativen Vorteil bei der Herstellung von Teppichen.

Launen der Geschichte

1979 stellte Paul Krugman eine neue Theorie auf, die den Zufall berücksichtigte – beispielsweise dass zufällig in Georgia eine neue Branche entsteht. Er beobachtete, dass häufig ähnliche Volkswirtschaften miteinander Handel treiben. Bei der Produktion gibt es Größenvorteile: Die Kosten pro Auto sinken, je mehr Wagen produziert werden. Ist der Anfang einmal gemacht, entsteht ein Kostenvorteil, den kaum jemand überbieten kann. So kann es sein, dass eine Region den Handel aufgrund einer Laune der Geschichte beherrscht. ■

» Regionen, die aus historischen Gründen einen Vorsprung als Produktionszentren haben, ziehen immer mehr Hersteller an. «

Paul Krugman

Siehe auch: Protektionismus und Handel 34–35 ▪ Der komparative Kostenvorteil 80–85 ▪ Größenvorteile 132 ▪ Marktintegration 226–231

DIE COMPUTER HABEN DIE WIRTSCHAFT REVOLUTIONIERT – GENAU WIE DIE DAMPFMASCHINE

TECHNOLOGIESPRÜNGE

IM KONTEXT

SCHWERPUNKT
Wachstum und Entwicklung

VORDENKER
Robert Solow (1924–2023)

FRÜHER
1934 Joseph Schumpeter betont die wichtige Rolle technischer Veränderungen für das Wirtschaftswachstum.

1956 Robert Solow entwickelt das neoklassische Wachstumsmodell, in dem technische Veränderungen eine Rolle spielen, aber nicht erklärt werden.

1966 Laut Jacob Schmookler folgt die technische Entwicklung ökonomischen Anreizen.

SPÄTER
2004 Nicholas Crafts zeigt, dass universell einsetzbare Technologien Zeit brauchen, um die gesamte Wirtschaft zu durchdringen.

2005 Laut Richard Lipsey führten technische Neuerungen zum Aufstieg des Westens.

Das Wirtschaftswachstum wird von Innovationen angetrieben. Manche Innovationen erfolgen schrittweise, andere sind revolutionär. Ein besserer Bohrer ist nur eine von vielen kleinen Erfindungen, die die Produktivität erhöhen. Die Entdeckung der Elektrizität hingegen war revolutionär und veränderte in den letzten beiden Jahrhunderten die Wirtschaft, weil sie den Einsatz neuer Maschinen ermöglichte. Folglich machten sich auch Ökonomen über diese Sprünge Gedanken. Timothy Bresnahan und Manuel Trajtenberg bezeichnen die Elektrizität als eine universelle Technologie. Ein besserer Bohrer hilft den Bauarbeitern; die Elektrizität macht alle Firmen produktiver. Es dauert jedoch oft eine Weile, bis sich revolutionäre Fortschritte positiv auswirken.

In den 1980er-Jahren revolutionierten Computer unsere Arbeitsweise. Es dauert aber oft Jahre, bis sich solche fundamentalen Veränderungen in einer erhöhten Produktivität widerspiegeln.

Neue Technologien

In den späten 1980er-Jahren stieß Robert Solow (S. 225) scheinbar auf ein Paradoxon: Die Informations- und Kommunikationstechnologie zeigte noch keine Auswirkungen auf die Produktivität. Doch auch während der industriellen Revolution hatte sich die Ausbreitung der Dampfkraft überraschend langsam vollzogen. Im Vergleich dazu breitete sich die Informationstechnik zwar schneller aus, aber etwas Zeit brauchte sie dennoch. Solows Produktivitätsparadoxon löste sich auf, als klar wurde, dass universelle Technologien Zeit brauchen, um die Gesellschaft zu durchdringen. ■

Siehe auch: Die Entstehung der modernen Wirtschaft 178–179 ▪ Wirtschaftsinstitutionen 206–207 ▪ Wachstumstheorien 224–225

WENN WIR ARMEN LÄNDERN SCHULDEN ERLASSEN, WIRKT DAS ALS ANSCHUB

INTERNATIONALER SCHULDENERLASS

IM KONTEXT

SCHWERPUNKT
Wachstum und Entwicklung

VORDENKER
Jeffrey Sachs (geb. 1954)

FRÜHER
1956 Der Pariser Club, ein Gremium von Gläubigerstaaten, wird eingerichtet, um den Schuldenerlass zu erleichtern.

SPÄTER
1996 IWF und Weltbank verabschieden die HIPC-Initiative, um armen Ländern Schuldenerlass zu gewähren und politische Reformen in Gang zu setzen.

2002 Seema Jayachandran und Michael Kremer argumentieren, Länder könnten nicht für Schulden korrupter Regierungen haftbar gemacht werden.

2005 G8-Länder erlassen durch die »Multilaterale Entschuldungsinitiative« Schulden in Höhe von 40 Mrd. USD.

2022 Trotz des UN-Ziels der Armutsbekämpfung leben 8,4 Prozent in extremer Armut.

Die Schulden der armen Länder sind gewachsen: Sie können nicht gleichzeitig **die Schulden bedienen** und in Wachstum investieren.

→ Viele Kredite wurden von reichen Ländern an **korrupte Regierungen** vergeben.

↓ Die Kredite hätten von vornherein **nicht gewährt werden dürfen.**

← Ein **Schuldenschnitt** ermöglicht den armen Ländern die Investition in Wachstum.

↓ **Wenn wir armen Ländern Schulden erlassen, wirkt das als Anschub.**

In den letzten Jahrzehnten des 20. Jahrhunderts häuften die ärmsten Länder der Welt einen atemberaubenden Schuldenberg an: Von 25 Mrd. Dollar im Jahr 1970 war er bis 2002 auf 523 Mrd. Dollar angewachsen.

In den 1990er-Jahren war klar, dass es eine Schuldenkrise gab. Die meisten afrikanischen Nationen befanden sich in einem derart trostlosen wirtschaftlichen Zustand, dass sie nicht einmal ihre Schulden bedienen konnten. Noch viel weniger konnten sie die nötigen Investitionen tätigen, um dem Teufelskreis zu entfliehen. In dieser Situation nahmen politische Kampagnen für einen Schuldenerlass zu.

Viele Aktivisten vertraten einen moralischen Standpunkt: Sie kritisierten die Rolle der reichen Länder und der Institutionen wie Weltbank und IWF, die viele der Kredite vergeben hatten. Nach der Argumentation der Aktivisten hatten die

Siehe auch: Internationaler Handel und Bretton Woods 186–187 ▪ Entwicklungsökonomie 188–193 ▪ Die Dependenztheorie 242–243 ▪ Das ostasiatiasche Wunder 282–287 ▪ Spekulation und Geldabwertung 288–293

»Sollen wir die Kinder Afrikas und Asiens an behandelbaren Krankheiten sterben lassen, sie am Schulbesuch hindern und ihre Chancen auf sinnvolle Arbeit einschränken – nur damit sie ungerechte und unrechtmäßige Schulden zurückzahlen, die ihre Vorväter gemacht haben?«

Desmond Tutu
Südafrikanischer Erzbischof
(1931–2021)

reichen Länder das Geld verliehen, um sich Unterstützung im Kalten Krieg zu sichern oder um Verträge für ihre eigenen Firmen zu erhalten. Daher seien sie nun verpflichtet, die Schulden zu verringern. Michael Kremer vertrat die Ansicht, viele Schulden seien von korrupten Regimen gemacht worden. Daher könne man sie als »Diktatorenschulden« betrachten und die Länder müssten sie, rechtlich gesehen, nicht zurückzahlen. Die Weltbank hatte beispielsweise dem ehemaligen Diktator Mobutu Sese Seko in Zaire weiterhin Geld zur Verfügung gestellt, obwohl ein IWF-Vertreter darauf hinwies, dass er es für sich verwendete. Viele südafrikanische Schulden wurden vom Apartheidsregime aufgenommen, das vielen als unrechtmäßige Regierung galt.

Andere, wie Jeffrey Sachs, argumentierten ökonomisch. Er meinte, ein Schuldenerlass und stärkere Unterstützung verliehen dem Wachstum in den armen Ländern einen Schub. Dieses Argument wirkte so überzeugend, dass die G8-Länder 2005 beschlossen, über 40 Mrd. Dollar abzuschreiben. William Easterly hielt dagegen, dass so die schlechte Politik und die Korruption in den Staaten belohnt würden. Viele kritisieren auch die Reformprogramme im Sinne einer freien Marktwirtschaft, die eine Bedingung für den Schuldenerlass sind, weil sie den Ländern eher schaden als nützen.

Interessanterweise hat sich die Schuldenkrise heute von den weniger entwickelten Ländern zu den einst blühenden Ländern Europas verlagert. Hier werden nun ähnliche marktorientierte Sparmaßnahmen durchgesetzt – aber, und das ist entscheidend, ohne einen gleichzeitigen Schuldenerlass. ▪

Das Apartheidsregime (Südafrika) machte hohe Schulden. Nach Ansicht vieler sollte man die Schulden aus dieser Zeit streichen, da sie von einer unrechtmäßigen Regierung stammen.

Jeffrey Sachs

Jeffrey Sachs wurde 1954 in Detroit (USA) geboren. 1985 erregte er erstmals öffentliche Aufmerksamkeit mit seinem Plan, Bolivien bei der Bekämpfung der Hyperinflation zu helfen. Der Plan wurde als »Schocktherapie« bezeichnet und konzentrierte sich darauf, das Land für den Außenhandel zugänglich zu machen. Sachs schuf sich einen Ruf als globaler Problemlöser. 1990 stand er bereit, um Polen mit einer Privatisierung im Eiltempo zu helfen; das Gleiche tat er in Russland. Anfang des neuen Jahrtausends beschäftigte sich Sachs mit den Problemen der globalen Entwicklung. Er wurde Sonderberater von verschiedenen UN-Generalsekretären und war bis 2016 Direktor des Earth Institute. Heute ist er Direktor des Center for Sustainable Development der Columbia University und wurde von *The Economist* zu einem der drei einflussreichsten lebenden Ökonomen erklärt, obwohl seine Ansichten durchaus als kontrovers gelten.

Hauptwerk

2005 *Das Ende der Armut*
2020 *The Ages of Globalization*

PESSIMISMUS KANN GESUNDE BANKEN ZERSTÖREN

BANKENANSTURM

IM KONTEXT

SCHWERPUNKT
Banken und Finanzwesen

VORDENKER
Douglas Diamond (geb. 1953)
Philip Dybvig (geb. 1955)

FRÜHER
1930–1933 Ein Drittel aller US-Banken macht Bankrott. Zur Sicherung der Sparguthaben wird die *Federal Deposit Insurance Corporation* FDIC geschaffen.

1978 Charles Kindleberger veröffentlicht eine Studie über Anstürme auf Banken: *Manias, Panics and Crashes: A History of Financial Crises.*

SPÄTER
1987–1989 Auf dem Höhepunkt der Savings-and-Loan-Krise brechen in den USA pro Jahr 200 Banken zusammen.

2007–2009 13 Länder weltweit erleben schwere Krisen ihres Bankensystems.

Während der Weltwirtschaftskrise in den frühen 1930er-Jahren brachen rund 9000 US-Banken zusammen – ein Drittel der Gesamtzahl. Doch erst in den 1980er-Jahren konnte die wirtschaftswissenschaftliche Theorie die Frage beantworten, was einen Banken-Run auslöst – die panische Reaktion von Anlegern, die in aller Eile ihr Geld abheben wollen, weil sie glauben, dass die Bank zusammenbricht. Der Artikel *Bank Runs, Deposit Insurance and Liquidity* (1983) von Douglas Diamond und Philip Dybvig löste eine Debatte aus. Die Autoren zeigten, dass selbst gesunde Banken einen Ansturm erleben und Bankrott machen können.

Flüssige Investitionen

Diamond und Dybvig entwickelten ein mathematisches Wirtschaftsmodell, das verdeutlicht, wie es zu einem Bankenansturm kommt. Ihr Modell umfasst drei Zeitpunkte – beispielsweise Montag, Dienstag und Mittwoch – und geht davon aus, dass es nur ein Produkt gibt, das die Menschen konsumieren oder investieren können.

» Wenn eine Bank zusammenbricht, setzt in aller Regel ein allgemeiner Ansturm auf die Nachbarbanken ein. Wird dieser dann nicht sofort gestoppt, indem man eine große Menge Gold in Umlauf bringt, führt das zu beträchtlichem Unheil. «

Henry Thornton
US-Ökonom (1760–1815)

Zu Beginn hat jede Person eine bestimmte Menge des Produkts. Am Montag können die Menschen zwei Dinge tun: Sie können das, was sie besitzen, aufbewahren, dann haben sie am Dienstag die gleiche Menge und können sie konsumieren. Sie können ihren Besitz aber auch investieren. Wenn sie beschließen, die Ware zu inves-

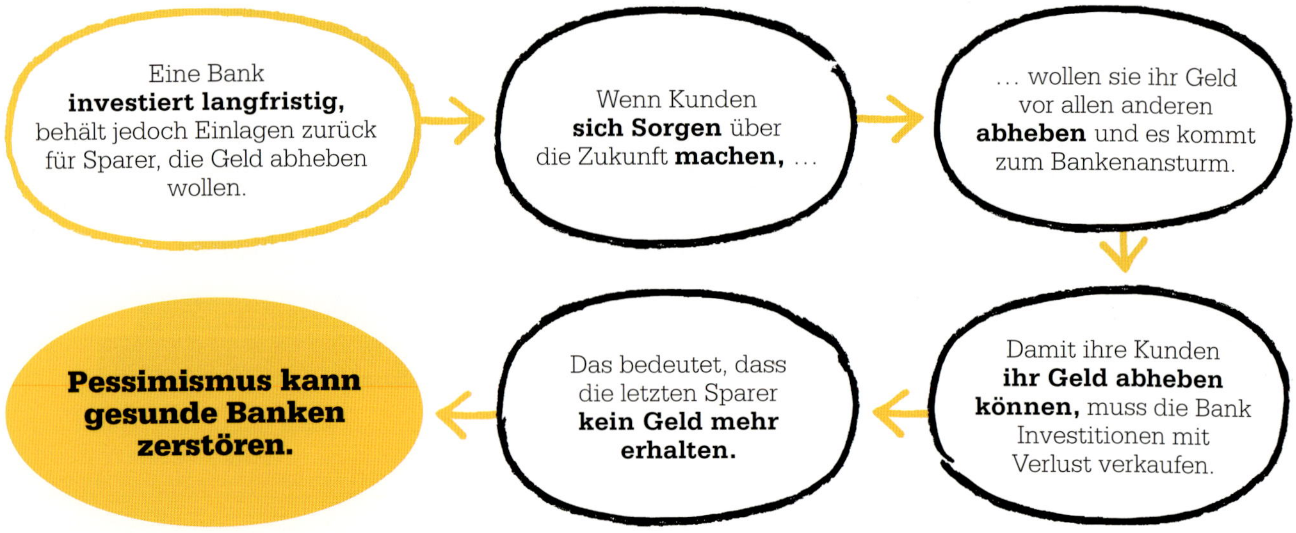

Siehe auch: Finanzdienstleistungen 26–29 ▪ Wirtschaftsinstitutionen 206–207 ▪ Marktinformationen und Anreize 208–209 ▪ Spekulation und Geldabwertung 288–293 ▪ Finanzkrisen 296–301

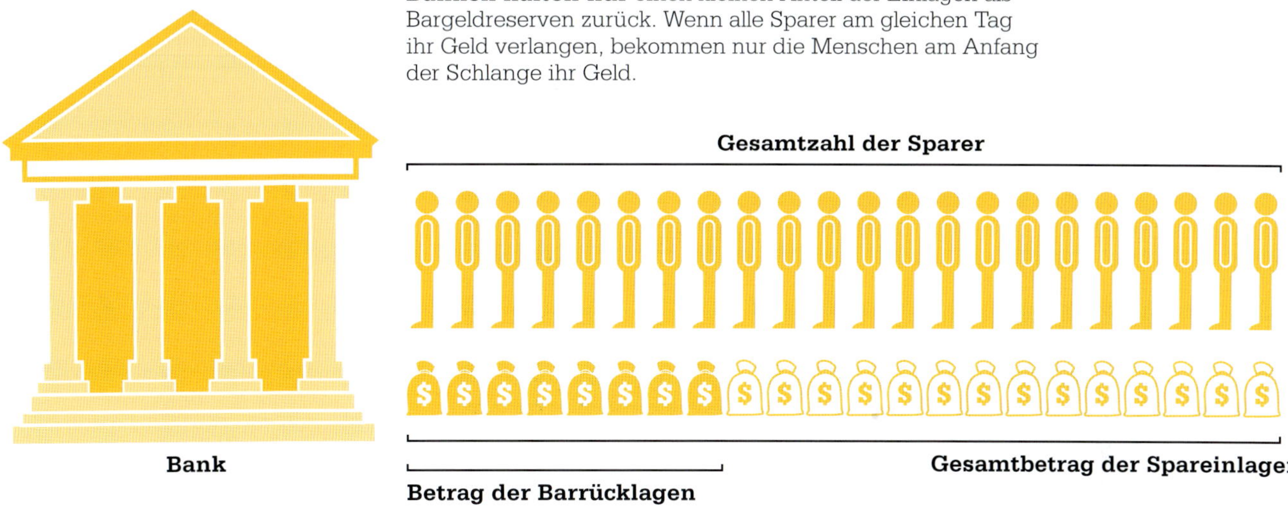

Banken halten nur einen kleinen Anteil der Einlagen als Bargeldreserven zurück. Wenn alle Sparer am gleichen Tag ihr Geld verlangen, bekommen nur die Menschen am Anfang der Schlange ihr Geld.

tieren, was nur am Montag möglich ist, erhalten sie am Mittwoch deutlich mehr zurück. Wenn sie jedoch ihre Investition bereits am Dienstag wieder rückgängig machen, erhalten sie weniger, als sie investiert haben. Solche Investitionen für eine bestimmte, festgelegte Zeit nennt man »illiquide« Investitionen. Das bedeutet, sie können nicht einfach in Bargeld umgewandelt werden, wie das bei flüssigen Vermögenswerten der Fall ist.

Geduldig oder ungeduldig?

Diamond und Dybvig gehen davon aus, dass es zwei Sorten Menschen gibt: geduldige, die bis Mittwoch warten können, und ungeduldige, die bereits am Dienstag konsumieren wollen. Die Menschen erkennen aber erst am Dienstag, welcher Typ sie sind. Am Montag müssen sie entscheiden, wie viel sie für sich behalten und wie viel sie investieren wollen. Der Unsicherheitsfaktor bei diesem Modell ist, ob die Menschen geduldig oder ungeduldig sind. Die Banken haben im Allgemeinen eine gute Vorstellung von den Wahrscheinlichkeiten: Nehmen wir an, 30 Prozent der Leute seien ungeduldig und 70 Prozent geduldig. Dann ist es möglich, dass die Menschen ihr Produkt in diesem Verhältnis zurückbehalten bzw. investieren. Aber was auch immer sie tun, es wird niemals das effizienteste Gesamtergebnis herauskommen, weil ungeduldige Menschen niemals investieren und geduldige Menschen nichts aufbewahren sollten. Eine Bank kann nun dieses Problem lösen: In dem Modell muss man sich die Bank als einen Ort vorstellen, an dem die Menschen ihren Besitz vereinigen und das Risiko teilen. Die Bank gibt den Menschen einen Aufbewahrungsvertrag und investiert dann selbst bzw. lagert die Güter in großer Menge ein.

Der Sparvertrag bringt eine höhere Rendite als die Aufbewahrung, aber eine niedrigere als die Investition. Durch ihn können die Leute ihre Güter am Dienstag oder am Mittwoch ohne Strafgebühren von der Bank zurückholen. Die Bank, die die Produkte der Menschen zusammengelegt hat und den Anteil der Geduldigen und Ungeduldigen kennt, kann genug lagern, um die Bedürfnisse der Ungeduldigen zu befriedigen, aber auch genug investieren, um die Bedürfnisse der Geduldigen zu decken. Nach dem Diamond-Dybvig-Modell ist das eine effiziente Lösung. »

» Ein Bankenansturm wird in unserem Modell durch eine Veränderung der Erwartungen hervorgerufen; als Ursache kommt alles Mögliche infrage. «

Douglas Diamond
Philip Dybvig

Eine panische Menschenmenge wird 1914 von der Polizei vor einer deutschen Bank zurückgehalten. Die Kriegserklärung rief unter den Sparern großen Pessimismus hervor, der zu einer Reihe von Banken-Runs führte.

Am Dienstag hat die Bank illiquide Vermögenswerte – die Investitionen der Geduldigen, die am Mittwoch einen Gewinn bringen. Gleichzeitig muss sie den Ungeduldigen ihre Einlagen direkt auszahlen. Dass sie das kann, ist der Grund für ihre Existenz.

Diamond und Dybvig zeigten, dass diese Eigenschaft die Bank anfällig für einen Run macht, wenn nämlich die Geduldigen am Dienstag daran zweifeln, ob sie ihre Einlagen am Mittwoch noch bekommen und ihre Einlagen vorzeitig abheben. Dann muss die Bank ihre Investitionen mit Verlust verkaufen. Sie hat nicht die Rücklagen, um alle ihre geduldigen und ungeduldigen Kunden auszuzahlen. Wer dann weiter hinten in der Schlange steht, bekommt nichts. Deshalb wollen alle Kunden möglichst weit vorn in der Schlange stehen.

Pessimismus kann aus ganz unterschiedlichen Sorgen entstehen. Es kann sogar sein, dass erst der Ansturm selbst die Bank in die Krise stürzt, obwohl sie eigentlich solide dasteht. Die Ökonomen sprechen in diesem Zusammenhang von »multiplen Gleichgewichten« – mehrere Resultate sind möglich. In diesem Fall gibt es zwei Ergebnisse: Das gute, bei dem die Bank überlebt, und das schlechte, bei dem sie im Ansturm untergeht. Das Endergebnis hängt dabei möglicherweise sogar stärker von den Überzeugungen und Erwartungen der Menschen ab als vom Gesundheitszustand der Bank.

Verhinderung des Ansturms

Diamond und Dybvig zeigten, wie Regierungen das Problem von Banken-Runs abmildern können. Zum Teil war ihr Modell eine Verteidigung des US-amerikanischen Systems der staatlichen Einlagensicherung: Bis zu einer bestimmten Höhe sind alle Spareinlagen garantiert. Dieses System wurde 1933 eingeführt und verringerte die Zahl der Bankenpleiten. Im März

Ein Bankenansturm im 21. Jahrhundert

Im September 2007 fand in Großbritannien der erste ernsthafte Bankenansturm seit 1866 statt. *Northern Rock* war die achtgrößte Bank des Landes und ein schnell wachsender Hypothekengeber. Die Expansion wurde in großem Umfang durch andere Finanzinstitutionen finanziert. Als die Großkunden-Finanzmärkte am 9. August 2007 einfroren, begann ein schleichender, unsichtbarer Run der Institute untereinander und Rettungspläne wurden erkundet. Am Donnerstag, den 13. September, berichtete die BBC um 20:30 Uhr, die britische Zentralbank werde am nächsten Tag eine Notfall-Liquiditätshilfe ankündigen.

Später stellte sich heraus, dass Mervyn King, der Präsident der Bank of England, sich gegen ein Rettungsangebot von Lloyds gestellt hatte. King hatte gemeint, die Unterstützung der Zentralbank werde die Sparer beruhigen, doch so war es nicht. Noch am gleichen Abend begann der Ansturm auf die privaten Sparguthaben per Internet. Der britischen Einlagensicherung entsprechend waren Spareinlagen über 2000 Pfund nicht vollständig abgesichert. Am nächsten Tag bildeten sich lange Schlangen vor den Filialen der *Northern Bank*. Der Run endete erst am Montag darauf, nachdem die Regierung alle Spareinlagen garantiert hatte.

» Am Nachmittag des 3. März hatte kaum noch eine Bank im Land geöffnet und ging ihren Geschäften nach. «

Franklin D. Roosevelt

1933 erklärte Präsident Franklin D. Roosevelt zudem einen landesweiten Bankfeiertag, um die Menschen daran zu hindern, ihre Guthaben abzuheben. Alternativ kann die Zentralbank als »Kreditgeber letzter Instanz« für die Banken auftreten. Doch häufig besteht Unsicherheit über die Absichten der Zentralbank. Die Einlagensicherung ist ideal, weil sie sicherstellt, dass geduldige Menschen sich nicht an einem Bankenansturm beteiligen.

Alternative Ansichten

Andere sehen den Grund für die Existenz der Banken vor allem in ihrer Rolle als Investoren. Sie können vertrauliche Informationen sammeln und daher gute und schlechte Investitionen unterscheiden. So können sie ihren Sparern eine Rendite anbieten, die nur möglich ist, wenn sie ihre Beobachterrolle gut spielen.

1991 veröffentlichten Charles Calomiris und Charles Kahn einen Artikel, der die Ansichten von Diamond und Dybvig infrage stellte. Sie behaupteten, Banken-Runs seien gut für die Banken. Ohne Einlagensicherung hätten die Sparer einen Anreiz, ihrer Bank genau auf die Finger zu sehen, und die Bank sei gezwungen, gut zu investieren. Dadurch verringere sich das »moralische Risiko« (S. 208–209): Mit der Einlagensicherung im Hintergrund seien die Manager bereit, sich auf riskantere Investitionen einzulassen, weil sie wissen, dass ihre Spareinlagen abgesichert sind. In der Savings-and-Loan-Krise der 1980er-Jahre durften risikoreiche Hypotheken vergeben werden und die Einlagensicherung wurde erhöht. Die Zahl der Bankenpleiten in den USA nahm zu.

1933 unterschrieb US-Präsident Roosevelt ein Gesetz, dass die Sparguthaben garantierte. Die Zahl der Runs auf die Banken nahm ab.

Jüngere Krisen

Es lässt sich schwer nachweisen, welche der beiden Ansichten über Banken-Runs richtig ist. Im Umfeld der Banken kommt es immer wieder zu moralischem Fehlverhalten. Aktionäre der Banken plädieren vielleicht für ein hohes Risiko, weil sie im schlimmsten Fall nur ihre Investitionen verlieren. Bankangestellte, denen hohe Leistungsprämien winken, büßen im schlimmsten Fall nur den Job ein. Häufig wird als mögliche Lösung eine strengere Regulierung vorgeschlagen.

Die jüngeren Bankenkrisen begannen in der Regel mit Investitionsverlusten. Die Banken sind gezwungen, Vermögenswerte zu verkaufen, um ihre Schulden zu senken. Es kommt zu weiter sinkenden Anlagewerten und weiteren Verlusten. Ein Run auf Anlagewerte, der sich bis zur Panik steigern kann, ist die Folge. Ist das gesamte Bankensystem betroffen, spricht man von einer systemischen Bankenkrise. In den Jahren 2007/08 fanden Banken-Runs trotz Einlagensicherung statt. Ein Großteil der anschließenden Krise spielte sich in Hedgefonds ab, die anders als Banken nicht reguliert sind, obwohl sie ungefähr die gleichen Geschäfte tätigen: kurzfristig Geld aufnehmen und langfristig Geld verleihen.

Viele Länder erhöhten in der Finanzkrise 2007/08 ihre Einlagensicherungen, da ein Versagen der Banken verheerende Auswirkungen auf die Realwirtschaft haben kann. 2023 erlebte die Silicon Valley Bank (USA) einen Banken-Run, was zur größten Pleite seit der Finanzkrise führte. Die Wirtschaft muss also vor einer künftigen Krise geschützt werden. Vielleicht sollte man jedoch nicht ausgerechnet mitten in einer Krise über Präventivmaßnahmen sprechen. ■

» In der Geschichte des modernen Kapitalismus sind Krisen die Regel, nicht die Ausnahme. «

Nouriel Roubini
Stephen Mihm

EINE SPARSCHWEMME IM AUSLAND NÄHRT DIE SPEKULATION IM INLAND

GLOBALES UNGLEICHGEWICHT DER SPARGUTHABEN

IM KONTEXT

SCHWERPUNKT
Weltwirtschaft

VORDENKER
Ben Bernanke (geb. 1953)

FRÜHER
2000 Maurice Obstfeld und Kenneth Rogoff schlagen wegen des großen Handelsdefizits der USA Alarm.

2008 Der britische Historiker Niall Ferguson beschreibt eine Welt der Krisen, weil zu viel auf Pump gelebt wird.

SPÄTER
2009 Nach Ansicht von John B. Taylor existiert keine Sparschwemme.

2011 Claudio Borio aus Italien und Piti Disyatat aus Thailand halten die Ansicht für falsch, dass die Finanzkrise durch ein globales Ungleichgewicht bei den Spareinlagen ausgelöst wurde.

Im Februar 2012 sahen 111 Mio. Amerikaner das Finale der Football-Profiliga im Fernsehen. Zur Halbzeit wurde eine Werbesendung von Chrysler ausgestrahlt, die amerikaweit für Gesprächsstoff sorgte. »Auch in Amerika ist Halbzeit«, hieß es dort. »Die Menschen sind arbeitslos und es geht ihnen schlecht …. Detroit zeigt uns, dass wir es schaffen können. Dieses Land lässt sich nicht auf einen Schlag ausschalten.«

Die eindeutig patriotische Haltung der Werbung – Chrysler kaufen, weil das amerikanische Arbeitsplätze sichert – stand im Einklang mit dem Gefühl vieler Amerikaner: Die USA hatten wirt-

Siehe auch: Finanzdienstleistungen 26–29 ▪ Wirtschaftsblasen 98–99 ▪ Marktintegration 226–231 ▪ Financial Engineering 262–265 ▪ Finanzkrisen 296–301 ▪ Wohnungsbau und Wirtschaftszyklus 334–335

Seit Fabriken wie dieses Chrysler-Werk in Detroit geschlossen wurden, haben die USA ein Handelsdefizit: Sie importieren mehr als sie exportieren.

Wenn ein Land **mehr importiert** als es exportiert (Handelsdefizit), muss ein anderes Land mehr exportieren als es importiert (Handelsüberschuss).

↓

Das Land mit dem Handelsdefizit muss das Ungleichgewicht finanzieren, während in dem Land mit dem Überschuss eine **Sparschwemme** entsteht.

↓

Die Ersparnisse in dem Land mit dem Überschuss **werden von dem Land geliehen, das ein Handelsdefizit hat,** und das kann zu Finanzspekulationen führen.

↓

Eine Sparschwemme im Ausland nährt die Spekulation im Inland.

schaftliche Macht abgegeben, insbesondere an China. Dieses Gefühl machte die Erklärung des US-Notenbankchefs Ben Bernanke für die weltweite Finanzkrise von 2008 so attraktiv. Seine These konzentrierte sich auf das globale Ungleichgewicht bei den Ersparnissen und den Ausgaben.

Eine zentrale Rolle in Bernankes Theorie spielt die US-amerikanische Zahlungsbilanz – das ist der Betrag aller finanziellen Transaktionen zwischen einem Land und dem Rest der Welt. Wenn ein Land mehr importiert als es exportiert, hat es ein Handelsbilanzdefizit, aber die Buchführung muss trotzdem stimmen. Was fehlt, wird auf andere Art und Weise ausgeglichen – beispielsweise durch ausländische Investitionen oder durch Verringerung der Zentralbankreserven. Bernanke wies darauf hin, dass das US-Defizit in den späten 1990er-Jahren stark gestiegen war, bis es 2004 immerhin 64 Mrd. Dollar oder 5,5 Prozent des BIP erreichte. Zu dieser Zeit waren die Investitionen in den USA relativ stabil, aber die Inlandsersparnisse sanken zwischen 1996 und 2004 von 16,5 Prozent des BIP auf 14 Prozent. Wenn die Inlandsguthaben also sanken, aber die Investitionen trotzdem stabil blieben, konnte das Defizit nur durch ausländisches Geld finanziert worden sein.

Die Sparschwemme

Bernanke meinte, das Defizit werde durch eine globale Sparschwemme finanziert – durch die Anhäufung von Ersparnissen in anderen Ländern. Beispielsweise hat China im Vergleich zu den USA einen großen Handelsbilanzüberschuss: Weder werden dort alle Erträge aus amerikanischen Exporten in Investitionen im Inland gesteckt, noch wird dafür eingekauft. Die Gewinne werden einfach in Form von Ersparnissen und Währungsreserven gehortet. Und Bernanke nennt noch eine Reihe von weiteren Gründen » für die globale Sparschwemme, darunter die steigenden Ölpreise und den Aufbau von »Kriegskassen« als Absicherung gegen künftige Finanzschocks.

Sparen scheint auf den ersten Blick sinnvoll zu sein, doch in der globalen kapitalistischen Welt sind Ersparnisse ein zweifelhafter Segen. Gespartes Geld ist für Direktinvestitionen oder den Konsum verloren, aber es verschwindet nicht einfach. Nach Bernankes Einschätzung hat das Geld aus der Sparschwemme im Ausland die amerikanischen Finanzmärkte überschwemmt.

Geld im Überfluss

Die riesige Geldmenge habe die Zinssätze gedrückt und Amerikaner wie Europäer vom Sparen abgehalten. Die Kreditmärkte schienen im Geld zu schwimmen und die Kreditgeber lehnten sich weit aus dem Fenster, um günstige Angebote zu machen. Sie ließen sich neue Produkte wie CDOs einfallen: In ihnen wurden risikoreiche Hypotheken mit weniger riskanten Schuldpapieren gebündelt. So entstanden Papiere mit AAA-Bewertung (d. h. mit dem Rating »risikoarm«). In der Zwischenzeit boomten die Hauspreise in zwei Dutzend Ländern, während gleichzeitig sogar Personen mit sehr niedrigem Einkommen Eigentum erwerben konnten. Viele »zweitklassige« Hypotheken wurden an Menschen vergeben, die sie sehr häufig nicht zurückzahlen konnten.

In den 1990er-Jahren wurde ein neues Finanzinstrument erfunden: »forderungsbesicherte Schuldverschreibungen« (CDO), die beim Versagen des Kreditsystems 2007/08 eine zentrale Rolle spielten. Die Kombination von risikoreichen Hypotheken mit sicheren Wertpapieren schuf die Illusion eines Schuldpapiers mit geringem Risiko.

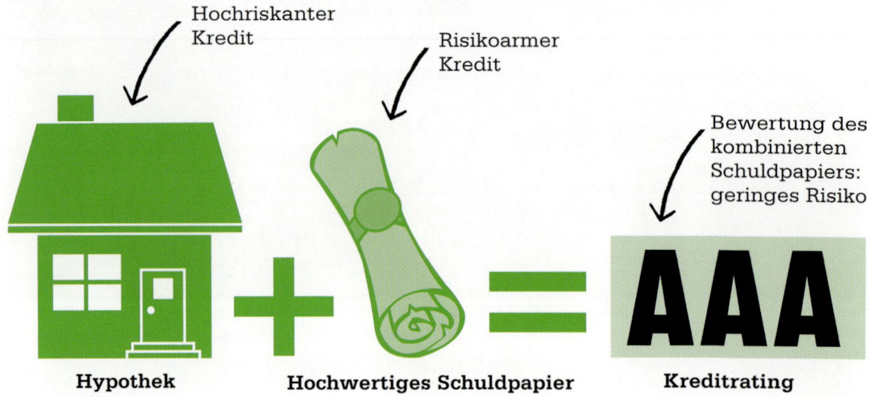

> »Auf lange Sicht sollte die Gruppe der Industrieländer Handelsüberschüsse haben und den Entwicklungsländern Kredite gewähren, nicht umgekehrt.«
>
> **Ben Bernanke**

Die Krise

2008 platzten zahlreiche zweitklassige Immobilienkredite und dabei zeigte sich, dass zahlreiche Finanzinstitutionen ein Vielfaches vom Wert ihres Kapitals investiert hatten. Die Investmentbank Lehman Brothers brach zusammen, und auch andere Finanzinstitutionen schienen so gefährdet, dass sie von ihren jeweiligen Regierungen gerettet werden mussten.

Bernankes Botschaft lautete, etwas vereinfacht, die Finanzkrise sei einzig und allein dem chinesischen Sparen und der amerikanischen Verschwendung zuzuschreiben. Ähnlich argumentierte Niall Ferguson in seinem Buch *The Ascent of Money* (2008, dt.: *Der Aufstieg des Geldes*, 2009). Er analysierte die Kreditkrise und konzentrierte sich dabei auf die »Chimerica« genannte symbiotische, von manchen auch als parasitisch bezeichnete Beziehung zwischen China und den USA. Seine Ideen fanden in den amerikanischen Finanzkreisen großen Anklang, weil sie zu implizieren schienen, dass die Schuld an der Finanzkrise bei den sparsamen Chinesen lag.

Das Ende des Sparens

Viele Ökonomen stellen Bernankes Theorie infrage. Im Finanzblog *Naked Capitalism* bezeichnete Yves Smith die globale Sparschwemme als Mythos. John B. Taylor argumentierte, es habe zwar wachsende Sparguthaben außerhalb der USA gegeben, aber keine globale Lücke zwischen Ersparnissen und Investitionen – die Vorstellung von einer Welt, die im billigen Geld schwimme, sei falsch.

Andere Ökonomen weisen darauf hin, dass sich das Leistungsbilanzdefizit in den USA und anderen Ländern auf deutlich weniger als 2 Prozent des Geldflusses belaufe, von gewaltigen Auswirkungen

»Ich glaube nicht, dass China so viele US-Vermögenswerte besitzt, dass es unser Land wirtschaftlich gefährden würde.«

Ben Bernanke

könne da keine Rede sein. Die Theorie von der Sparschwemme ist auch schwierig aufrechtzuerhalten, wenn man sie auf Europa anwendet. In Deutschland beispielsweise gab es in den Jahren bis zur Krise von 2008 reichlich Ersparnisse. Die Theorie von einer Sparschwemme würde bedeuten, dass deutsche Sparer sich auf Spekulationen in England und Spanien einließen und ihr Geld nicht zu Hause in Deutschland investierten, was höchst unwahrscheinlich erscheint.

Eine »Bankenschwemme«?

Hyun Song Shin, Professor für Wirtschaftswissenschaften an der Princeton University, ist der Ansicht, das viele Geld, das in die Hypothekenpapiere floss, stammte nicht aus einer Sparschwemme, sondern aus dem Schattenbanksystem – der komplexen Vielfalt von Finanzeinrichtungen außerhalb des üblichen Bankensystems, wie Hedgefonds, Geldmärkte und strukturierte Anlageinstrumente. Europäische und amerikanische Schattenbanken waren sehr an ihnen interessiert und fanden sie in Irland, Spanien und den USA. Die Märkte, auf denen sich die Schattenbanken bewegen, werden von Derivaten beherrscht – das sind »Finanzinstrumente«, also Wetten auf Wetten darauf, in welche Richtung sich der Markt bewegen wird, untermauert von kreativen mathematischen Formeln. Der Handel mit Derivaten soll eine übergroße Bereitschaft zum Risiko befördert haben. So entstand ein Markt, auf dem Finanzinstitutionen massive Profite machen können, indem sie beispielsweise auch auf das Platzen von Hypothekenpapieren wetten.

Zusätzliche Reserven aus einer Sparschwemme spielten in einem solchen virtuellen Casino möglicherweise gar keine Rolle. Tatsächlich lag das Problem wohl darin, dass die Banken ohne hinreichende Bargeldreserven Handel trieben. Bernanke weist darauf hin, dass Käufer aus China und dem Nahen Osten sich mit Geldmitteln aus Handelsüberschüssen und Ölexporten in amerikanische Papiere einkauften. Doch die europäischen Banken mussten sich Geld leihen, um »mitzuspielen« – und so waren sie sehr exponiert, als die Krise eintrat.

Die Ökonomen unterscheiden sich in ihrer Beurteilung des Handelsungleichgewichts, das der Sparschwemme zugrunde liegen soll. Manche argumentieren, das US-Handelsdefizit könne erhalten bleiben, es ließe sich problemlos durch ausländische Ersparnisse finanzieren. Andere machen sich Gedanken über eine harte Landung der US-Wirtschaft, sollten die Kapitalflüsse irgendwann versiegen. Dies hat zu einem politischen Streit zwischen den USA und China geführt: US-Politiker werfen China vor, die eigene Währung in unfairer Weise niedrig zu halten, um das Entstehen von Handelsüberschüssen zu begünstigen. ■

Ben Bernanke

Ben Shalom Bernanke wuchs in South Carolina (USA) auf. Er ging an die Harvard University und dann ans Massachusetts Institute of Technology (MIT), wo er in Wirtschaftswissenschaften promovierte.

Es folgte eine Professur an der Princeton University, später ging er zur US-Zentralbank. 2004 entwickelte er die Idee der »Great Moderation« und vertrat die Ansicht, die moderne Geldpolitik habe die schwankenden Konjunkturzyklen praktisch eliminiert. 2006 wurde Bernanke Chef der US-Zentralbank. Seine Amtszeit war nicht unproblematisch. Er wurde kritisiert, weil er die Finanzkrise und die Rettung von Finanzhäusern an der Wall Street nicht vorhergesehen hatte. Das *Time Magazine* ernannte ihn dennoch zur *Person des Jahres* und Präsident Obama bezeichnete ihn als »Inbegriff der Ruhe«. 2022 erhielt er den Wirtschaftsnobelpreis.

Hauptwerke

2002 *Deflation: Making Sure It Doesn't Happen Here*
2005 *The Global Saving Glut and the US Current Account Deficit*
2007 *Global Imbalances*

GLEICHBERECHTIGTE GESELLSCHAFTEN WACHSEN SCHNELLER

UNGLEICHHEIT UND WACHSTUM

IM KONTEXT

SCHWERPUNKT
Wirtschaftsentwicklung

VORDENKER
Alberto Alesina (1957–2020)
Dani Rodrik (geb. 1957)

FRÜHER
1955 Simon Kuznets veröffentlicht *Economic Growth and Income Inequality*. Ihm zufolge ist Ungleichheit ein Nebeneffekt des Wachstums.

1989 Kevin Murphy, Andrei Shleifer und Robert Vishny glauben, die Einkommensverteilung beeinflusse die Nachfrage.

SPÄTER
1996 Roberto Perrotti meint, es existiere keine Verbindung zwischen niedrigeren Steuern und stärkerem Wachstum.

2007 Xavier Sala-i-Martin argumentiert, wachsende Volkswirtschaften verringerten die Ungleichheit.

Der Wohlstand ist in der Gesellschaft **ungleich** verteilt.

↓

Wer kein akkumuliertes Kapital besitzt, ist **unzufrieden** …

↓

… und ruft nach einer **Umverteilung** vonseiten der Politik.

↓

Aber die Umverteilung wird durch **höhere Steuern** auf akkumuliertes Kapital finanziert …

↓

… und höhere Steuern **verlangsamen das Wirtschaftswachstum.**

↓

Gleichberechtigte Gesellschaften wachsen schneller.

Einen Großteil des 20. Jahrhunderts hindurch untersuchten die Ökonomen die Frage, wie das Wirtschaftswachstum die Einkommen beeinflusst. Erhöht oder verringert es die Einkommensgleichheit? 1994 stellten Alberto Alesina und Dani Rodrik dieses Problem auf den Kopf. Sie beschäftigten sich damit, wie sich die Einkommensverteilung auf das Wirtschaftswachstum auswirkt.

Alesina und Rodrik untersuchten zwei Faktoren: die Arbeit und das Kapital (den akkumulierten Wohlstand). Sie argumentierten, das Wirtschaftswachstum werde vom Wachstum des Gesamtkapitals genährt, staatliche Dienstleistungen hingegen würden durch eine Steuer auf das Kapital finanziert. Je höher die Steuern auf den akkumulierten Wohlstand sind, desto geringer ist der Anreiz, Kapital zu akkumulieren – und desto niedriger fällt daher das Wirtschaftswachstum aus.

Wer überwiegend von akkumuliertem Kapital lebt, zieht einen niedrigen Steuersatz vor. Wer jedoch keinen akkumulierten Reichtum besitzt und von seiner Arbeit lebt, plädiert für höhere Steuern, denn so kommt man in den Genuss

Siehe auch: Die Steuerlast 64–65 ▪ Die Entstehung der modernen Wirtschaft 178–179 ▪ Die Sozialwahltheorie 214–215 ▪ Wachstumstheorien 224–225 ▪ Steuern und wirtschaftliche Anreize 270–271 ▪ Wirtschaftliche Vorteile von Inklusivität 338–339

» Je ungleicher der Wohlstand verteilt ist, desto höher sind die Steuern und desto niedriger ist das Wachstum. «

Alberto Alesina
Dani Rodrik

von öffentlichen Dienstleistungen und der akkumulierte Wohlstand wird umverteilt.

Die Steuersätze werden von der Regierung festgelegt, die auf öffentliche Anliegen reagiert – mit dem Ziel, so viele Menschen wie möglich zufriedenzustellen. Alesina und Rodrik vertreten die Ansicht: Wenn Kapital und akkumulierter Wohlstand in der Gesamtgesellschaft gleichmäßig verteilt sind, ist der durchschnittliche Wähler relativ reich an Kapital und verlangt daher einen bescheidenen Steuersatz, der das Wachstum nicht behindert. Gibt es jedoch große Unterschiede im Wohlstand und konzentriert sich das akkumulierte Kapital in einer kleinen Elite, dann ist die Mehrheit arm und verlangt einen höheren Steuersatz, der das Wachstum ersticken würde. Laut Alesina und Rodrik ist das Wirtschaftswachstum daher umso größer, je mehr wirtschaftliche Gleichheit in einer Gesellschaft herrscht.

Wachstum und Gleichheit

Die Erklärung von Alesina und Rodrik ist jedoch nicht die ganze Wahrheit. Nach Meinung vieler haben die beiden Ökonomen Ursache und Wirkung vertauscht. Xavier Sala-i-Martin (geb. 1962) beispielsweise behauptet, das Wirtschaftswachstum führe weltweit zu einer Verringerung der Einkommensgleichheit. Die Weltbank argumentiert, dass die Verringerung der Armut weltweit – die auch zur Verringerung der Ungleichheit beitragen kann – vor allen Dingen dem Wirtschaftswachstum zu verdanken ist. Andererseits haben viele Länder mit einer langsameren Entwicklung, beispielsweise in Afrika, jahrzehntelang unter wenig oder gar keinem Wachstum gelitten, was den Lebensstandard drückte. Die Armen hinken hinterher und die Ungleichheit besteht fort. ■

Länder wie Schweden scheinen die Folgerungen von Alesina und Rodrik zu widerlegen. Sie verbinden hohe Steuern mit hohem Lebensstandard und der kleinsten Gleichheitslücke der Welt.

Alberto Alesina

Alberto Alesina wurde 1957 in Broni (Italien) geboren. Er studierte Wirtschafts- und Gesellschaftswissenschaften an der Bocconi-Universität in Mailand und bestand 1981 sein Examen mit Auszeichnung. Seinen Master- und Doktortitel erwarb er in Harvard (USA). 1993 wurde Alesina Professor in Harvard. Von 2003 bis 2006 war er Dekan der wirtschaftswissenschaftlichen Fakultät.

Alesina veröffentlichte fünf Bücher. Seine Arbeit umfasste die Bereiche Politik und Wirtschaft, insbesondere die wirtschaftlichen und politischen Systeme in den USA und Europa. Er genoss breite Anerkennung, weil er auf den Einfluss der Politik auf wirtschaftliche Belange aufmerksam machte. Alesina verstarb 2020 in New York an plötzlichem Herzversagen.

Hauptwerke

1994 *Distributive Politics and Economic Growth* (mit Dani Rodrik)
2003 *The Size of Nations* (mit Enrico Spolaore)
2004 *Fighting Poverty in the US and Europe: A World of Difference* (mit Edward Glaeser)

SELBST GUT GEMEINTE WIRTSCHAFTSREFORMEN KÖNNEN SCHEITERN

WIDERSTAND GEGEN DEN WIRTSCHAFTSWANDEL

IM KONTEXT

SCHWERPUNKT
Wirtschaftspolitik

VORDENKER
Dani Rodrik (geb. 1957)
Daron Acemoğlu (geb. 1967)

FRÜHER
1989 John Williamson verwendet erstmals den Begriff »Washington Consensus« (siehe Kasten gegenüber).

2000 Nicolas van de Walle dokumentiert das Scheitern der strukturellen Anpassungsprogramme des IWF in Afrika.

SPÄTER
2009 Douglass North, John Wallis und Barry Weingast schlagen einen neuen Reformansatz vor, beruhend auf dem Umgang der Gesellschaften mit Gewalt.

2011 Reformpakete in Europa nach der Finanzkrise von 2008 stoßen auf Widerstand.

Reformen sind dazu da, eine Wirtschaft anzukurbeln und durch eine Veränderung der Institutionen der Gesamtbevölkerung zu dienen. Man sollte meinen, Reformen die der Wirtschaft dienen, würden begrüßt und umgesetzt. Doch manchmal regt sich erheblicher Widerstand, selbst bei denen, die am Ende profitieren würden. Um eine Wirtschaft zu »reparieren« und sie wieder auf den Wachstumspfad zu bringen, müssen ineffiziente Strukturen und Institutionen abgeschafft werden. Das ist oft schwierig, wenn das Land von einer politischen Klasse geführt wird, die niemandem Rechenschaft schuldig ist und nur den eigenen Vorteil im Auge hat.

Reform und Einflussnahme

Die türkischen Ökonomen Dani Rodrik und Daron Acemoğlu weisen

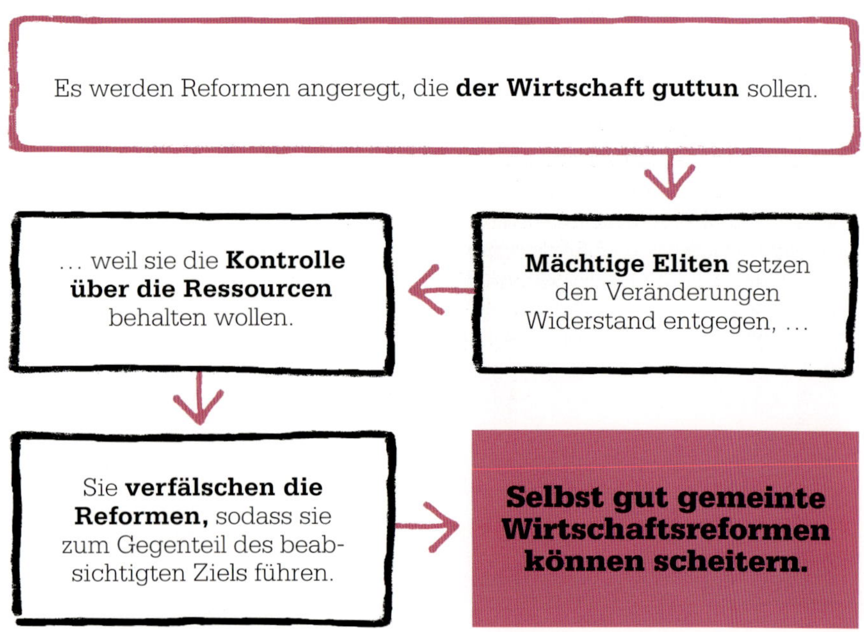

Siehe auch: Die freie Marktwirtschaft 54–61 ▪ Wirtschaftsinstitutionen 206–207 ▪ Die Theorie des Zweitbesten 220–221 ▪ Wachstumstheorien 224–225 ▪ Unabhängige Zentralbanken 276–277 ▪ Das ostasiatiasche Wunder 282–287

» Politik, die funktioniert, wird populär, aber die Zeitspanne, die bis dahin vergeht, kann zu lang sein, um von den Reformern genutzt zu werden. «

Dani Rodrik

auf Folgendes hin: Wenn mächtige Gruppen damit rechnen, dass ihre Privilegien beschnitten werden, machen sie ihren Einfluss geltend, um eine Wirtschaftspolitik durchzusetzen, die ihnen wieder Macht und Einkommen sichert. Alternativ verfälschen sie die Politik so sehr, dass eine effektive Umsetzung von Reformen nicht möglich ist. Laut Acemoğlu geschieht dies häufig, wenn die politischen Eliten niemandem verantwortlich sind. In Ländern mit Regierungen, die vom Volk zur Verantwortung gezogen werden, sind die Vorteile von Reformen dagegen oft schon verwirklicht. Daher sind Reformen besonders in Ländern effektiv, die zwischen diesen Extremen liegen: Dort wirken sie sich wahrscheinlich sehr positiv aus und die politischen Eliten sind nicht dominant genug, um sie zu Fall zu bringen.

Gewinner und Verlierer

Doch auch in diesen Ländern treten bei der Umsetzung von Reformen Probleme auf. Häufig ist vor der Durchführung bestimmter Maßnahmen nicht klar, wer die Gewinner und wer die Verlierer sein werden, und das schreckt die Menschen ab. Sie akzeptieren die Maßnahmen nicht, selbst wenn sie für die meisten vorteilhaft wären. Menschen behalten gern den vertrauten Status quo bei und gehen nicht das Risiko ein, etwas zu verlieren. Wird eine gut gemeinte wirtschaftliche Reform vorgeschlagen, aber verschoben, weil die öffentliche Unterstützung fehlt, können Politiker und Wirtschaftsführer sie später erneut anregen. Ohne neue, zusätzliche Informationen kann es jedoch sein, dass die Gesellschaft die Maßnahmen erneut ablehnt. Werden andererseits nützliche Reformen trotz fehlender Unterstützung umgesetzt, und schaffen sie tatsächlich mehr Gewinner als Verlierer, überzeugen sie häufig nachträglich die Bevölkerung und werden nicht wieder zurückgenommen.

Die meisten Reformversuche konzentrieren sich auf Maßnahmen zur Veränderung der formalen Institutionen (wie Gerichtswesen und Wahlsystem). Ihr Erfolg ist davon abhängig, ob die grundlegenden informellen Institutionen und die sie umgebende Politik sie unterstützen. Ist das nicht der Fall, entfalten Reformen von Gesetzen oder der Verfassung in der Regel keine besonders große Wirkung. ▪

Sani Abacha kam 1994 in Nigeria an die Macht. Da seine Diktatur außerhalb der Gerichtsbarkeit stand, konnte sich die Familie umgerechnet über 5,8 Mrd. Euro aus Staatsmitteln aneignen.

Der »Washington Consensus«

Der Begriff »Washington Consensus« wurde 1989 von dem britischen Ökonomen John Williamson geprägt. Er bezeichnet ein Bündel wirtschaftspolitischer Maßnahmen zur Stärkung der freien Marktwirtschaft, das den Entwicklungsländern in den Krisen der 1980er-Jahre verordnet wurde.

Das Ziel bestand darin, in den verstaatlichten Wirtschaften in Lateinamerika und dem ehemals sozialistischen Osten Europas in mehreren Schritten die freie Marktwirtschaft einzuführen: Privatisierung staatlicher Unternehmen, Liberalisierung des Handels, Einführung wettbewerbsfähiger Wechselkurse und eine ausgeglichene Steuerpolitik.

In den 1990er-Jahren geriet der Washington Consensus in Misskredit. Es hieß, bei der Umsetzung der Reformen sei zu wenig auf die unterschiedlichen politischen Zwänge in so verschiedenartigen Ländern geachtet worden.

DER IMMOBILIENMARKT SPIEGELT AUF- UND ABSCHWÜNGE WIDER

WOHNUNGSBAU UND WIRTSCHAFTSZYKLUS

IM KONTEXT

SCHWERPUNKT
Die Makroökonomie

VORDENKER
Charles Goodhart
(geb. 1936)

FRÜHER
1965 Sherman Maisel ist der Erste, der die Auswirkungen des Wohnungsbaus auf die Wirtschaft untersucht.

2003 Morris Davis und Jonathan Heathcote ziehen den Schluss, dass die Immobilienpreise mit dem wirtschaftlichen Gesamtzustand in Beziehung stehen.

SPÄTER
2007 Edward Leamer meint, vom Wohnungsbau gingen frühe Signale für eine Rezession aus.

2010 Die Hypothekenbanken Fannie Mae und Freddie Mac verlieren ihre Börsennotierung, weil sie Hypotheken an Personen vergeben hatten, die sie nicht zurückzahlen konnten.

Die Bewegungen auf dem Immobilienmarkt reflektieren die Auf- und Abschwünge der Gesamtwirtschaft – die Phasen, in denen der tatsächliche Output in einem Wirtschaftszyklus den Höchst- oder Tiefststand erreicht. Zwischen einem Auf- und Abschwung liegen in der Regel drei bis sieben Jahre.

Es gibt viele Gründe für hohe Wohnungsbauinvestitionen in Wachstumsphasen. Arbeitsplätze sind reichlich vorhanden und eine boomende Wirtschaft führt dazu, dass mehr Menschen über den Kauf oder Bau eines Eigenheims nachdenken. Gleichzeitig beginnen die Hypothekengeber, ihre Vergaberichtlinien zu lockern, und es werden mehr Häuser verkauft. Die wachsende Nachfrage hat zur Folge, dass die Hauspreise steigen. Wer verkauft, kann seine Hypothek komplett zurückzahlen. Geldanleger investieren in Wohnungsbauaktien, um von den steigenden Preisen zu profitieren.

Da Immobilienpreise meist relativ stabil sind, gilt Immobilienbesitz als sichere Investition. Die Preise bleiben selbst dann oft noch stabil, wenn das Gesamtvolumen der Verkäufe sinkt.

Ein neues Wohngebiet entsteht während des Booms in den frühen 2000er-Jahren. Der Wohnungsbau wurde durch laxe Kreditvergaberichtlinien und extrem niedrige Zinsen angeregt.

Anzeichen für eine Rezession

Auch wenn sich die Hauspreise in der Regel schnell erholen, hat es doch schon Stagnationen gegeben. Nachlassende Wohnungsbauinvestitionen sind häufig das erste Anzeichen für eine Rezession. Während der letzten 50 Jahre brach der Immobilienmarkt in den Industrieländern vor jeder großen Rezession ein. Er erholt sich nur, wenn die Verbraucher das Vertrauen zurückgewinnen, dass der Wert ihrer Häuser wieder steigt. Dieses Vertrauen wächst schrittweise, wenn

Siehe auch: Aufschwung und Abschwung 78–79 ▪ Wirtschaftsblasen 98–99 ▪ Angebot und Nachfrage 108–113 ▪ Wirtschaftstheorien im Test 170 ▪ Finanzkrisen 296–301

Wenn die Wirtschaft wächst, **sehen sich mehr Menschen in der Lage,** ein Haus zu kaufen.

↓

Diese erhöhte Nachfrage führt zu einem **Anstieg der Immobilienpreise.** Die Investitionen in den Wohnungsbau nehmen zu.

↓

Die Preise erreichen eine **unhaltbare Höhe** und die Nachfrage stagniert.

↓

Die Investitionen in den Wohnungsbau versiegen und Arbeitsplätze gehen verloren. **Die Immobilienpreise stagnieren** und die Wirtschaft insgesamt geht in die Knie.

↓

Der Immobilienmarkt spiegelt Auf- und Abschwünge wider.

die Wirtschaftslage sich verbessert. Hat der Immobilienverkauf wieder die normale Höhe erreicht, steigen die Wohnungsbauinvestitionen und es entstehen Arbeitsplätze – die Rückkehr zum Wirtschaftswachstum wird vorangetrieben.

Ökonomen haben die Beziehung zwischen dem Immobilienmarkt und der Gesamtwirtschaft analysiert und glauben, dass es möglich ist, anhand der Investitionen in den Wohnungsbau Rezessions- und Erholungsphasen genau vorauszusagen. In dem Buch *Housing Prices and the Macroeconomy* von 2006 zeigen Charles Goodhart und Boris Hofmann eine Korrelation zwischen der Wirtschaftsleistung und den Immobilienpreisen. Sie halten es sogar für möglich, dass in Zukunft Rezessionen durch eine effektive Regulierung der Immobilienpreise abgemildert werden könnten.

Leider gelang dies 2008, als die Immobilienblase in den USA platzte, noch nicht. Hier hatten rasante finanzielle Innovationen die Kreditfinanzierung destabilisiert. Das Vertrauen der Verbraucher wuchs zu stark und führte zu einem nicht nachhaltigen Boom. Die Krise wurde durch den einbrechenden Immobilienmarkt ausgelöst. ■

Unverantwortliche Kreditvergabe am Immobilienmarkt

Die Wirtschaftskrise 2008 ist zu einem erheblichen Teil der Liberalisierung auf dem Hypothekenmarkt und dem unverantwortlichen Kreditvergabeverhalten der Banken zu verdanken. Anfangs setzten die Kreditgeber strenge Anforderungen durch. Sie verliehen Geld nur an Personen, die sowohl Zinsen als auch Grundschuld zurückzahlen konnten. Doch als die wirtschaftliche Lage sich verbesserte, wurden Hypotheken auch Personen angeboten, die nur die Zinsen zurückzahlen konnten. In den USA wurden schließlich sogar Kredite an Menschen vergeben, deren Einkommen nicht einmal zur Rückzahlung der Zinsen reichte. Sie mussten auf einen deutlichen Anstieg ihres Einkommens oder der Immobilienpreise vertrauen. Als die Wirtschaft ins Trudeln geriet und die Schuldner nicht mehr zahlen konnten, brach die gesamte Wirtschaft zusammen.

Während der Welle der Zwangsversteigerungen nach der Finanzkrise von 2008 waren verbarrikadierte Häuser wie hier in New Jersey (USA) ein vertrauter Anblick.

KONJUNKTUR-SCHOCKS DAUERN NICHT EWIG

WIRTSCHAFT UND PANDEMIE

IM KONTEXT

SCHWERPUNKT
Die Makroökonomie

VORDENKER
John Maynard Keynes
(1883–1946)

FRÜHER
1936 John Maynard Keynes veröffentlicht *Allgemeine Theorie der Beschäftigung, des Zinses und des Geldes* und rät zur staatlichen Ausgabenförderung.

1939 Joseph Schumpeter zufolge bieten Rezessionen die Gelegenheit, dass alte Märkte durch neue ersetzt werden.

SPÄTER
2021 Die Europäische Zentralbank berichtet, dass pandemiebedingte Unterbrechungen der Lieferkette den Welthandel von 2020–2021 um 2,7 Prozent verringerten.

2024 Die WHO schätzt die Zahl der Coronatoten auf etwa 7 Millionen und die Zahl der pandemiebedingten Todesfälle auf zwei- bis viermal so hoch.

Wenn die gesamtwirtschaftliche Aktivität plötzlich durch ein Ereignis unterbrochen wird, spricht man von einem Konjunkturschock, der in der Regel negativ ist. Konjunkturschocks werden im Nachhinein entweder als Nachfrage- oder als Angebotsschock eingestuft.

Ein Nachfrageschock veranlasst Menschen abrupt dazu, den Konsum vieler Dinge einzustellen oder stark zu reduzieren. Dies führt zu einer Rezession, wie nach dem Terroranschlag auf das World Trade Center.

Als Putin nach dem Einmarsch in die Ukraine als Vergeltung für die verhängten Sanktionen 2022 die Erdgaslieferungen an europäische Länder einstellte, führte dies zu einem Angebotsschock – die Energiepreise in ganz Europa stiegen stark an und die Regierungen waren gezwungen, Notmaßnahmen zu ergreifen.

Coronakrise

Die Coronakrise ist ein einzigartiges Beispiel für einen globalen Nachfrage- und Angebotsschock.

Auf der Nachfrageseite führten Lockdowns und die allgemeine Angst vor Ansteckung zu einem drastischen Rückgang des Konsums. Die Angst vor dem Unbekannten sowie die

» … wir werden die Transformation [der Wirtschaft] nicht verhindern. Wir müssen daher dafür sorgen, dass diese Transformationen keine Narben hinterlassen, sondern Verbesserungen bringen. «

Christine Lagarde
Präsidentin der Europäischen Zentralbank (geb. 1956)

Notfallmaßnahmen führten zu einer völligen Zerstörung einiger Märkte. In vielen Ländern mussten z. B. das Gastgewerbe sowie die Tourismus- und Veranstaltungsbranche schwere Verluste hinnehmen.

Auf der Angebotsseite wirkten sich die Lockdowns auf die Produktion und den Transport von Rohstoffen und Endprodukten aus. Diese Verzögerungen führten zu weitreichenden Unterbrechungen in den Lieferketten.

Angesichts der sich ausbreitenden Pandemie und ansteigen-

Siehe auch: Wirtschaftsblasen 98–99 ▪ Schöpferische Zerstörung 148–149 ▪ Der keynesianische Multiplikator 164–165

der Arbeitslosigkeit griffen die Staaten rasch zu umfangreichen keynesianischen Maßnahmen zur Nachfragesteigerung, bis Lösungen verfügbar waren. Im Durchschnitt stellten die Industrieländer fast 14 Prozent ihres BIP für direkte Ausgaben und entgangene Steuereinnahmen bereit, um den Wirtschaftseinbruch abzufedern. Die enormen Staatsausgaben sowie angebotsseitige Verzögerungen bei Produkten und Rohstoffen führten zum größten Inflationsanstieg seit mindestens einer Generation – gefolgt von einer restriktiven Geldpolitik höherer Zinssätze.

Die Pandemie hatte viele negative Auswirkungen auf die Weltwirtschaft, aber sie kam zu einem Zeitpunkt, an dem die moderne Wirtschaft im Vergleich zu anderen plötzlichen Schocks in der Lage war, sich anzupassen und den langfristigen Schaden abzumildern. Vor der Pandemie hätten wir uns nicht vorstellen können, das Bildungssystem auf ein virtuelles Klassenzimmer umzustellen. Aktivitäten in Unternehmen, die normalerweise persönliche Interaktionen erfordert hätten, wurden einfach über eine Internetverbindung abgewickelt – wenn auch nicht ohne Anlaufschwierigkeiten. Die Pandemie ermöglichte die Entwicklung neuer Märkte z. B. für Lebensmittelgeschäfte und Restaurants, die Produkte und Essen nach Hause liefern. Trotz hoher Inflation und hoher Zinssätze war die Zahl der Firmenneugründungen in den USA im Oktober 2023 um 41 Prozent höher als im Oktober 2019. Andere Länder mit einer starken Zunahme an Unternehmensneugründungen waren Belgien, die Niederlande und Frankreich, während Deutschland kein Wachstum verzeichnete und Italien einen starken Rückgang erlebte. Wie kann eine Pandemie ein Sprungbrett für Unternehmergeist sein? Die Möglichkeit, viele Jobs ins Homeoffice zu verlegen, und die massiven fiskalpolitischen Anreize hielten die Ausgaben am Laufen, was unternehmerische Risikobereitschaft ermöglichte. ■

Restaurants und öffentliche Bereiche mussten Beschränkungen einführen (z. B. Masken, Abstandsregeln), um den Betrieb aufrechtzuerhalten und die Ausbreitung von Infektionen einzudämmen.

Wie wir arbeiten

In vielen Berufen hat sich die Arbeitsweise nach der Coronapandemie verändert. Vor der Pandemie arbeiteten nur etwa vier Prozent der US-Arbeitnehmer im Homeoffice, 2024 waren es Schätzungen zufolge mindestens 20 Prozent. Die Fähigkeit und Bereitschaft dazu ist je nach Beruf sehr unterschiedlich. Während der Pandemie arbeiteten mehr als die Hälfte der Beschäftigten in der IT-Branche im Homeoffice, während dies nur auf 14 Prozent der Beschäftigten in der Lebensmittelzubereitung zutraf. Da einige Jobs nicht von zu Hause aus erledigt werden konnten, waren nicht alle gleichermaßen von den Einschränkungen durch die Pandemie betroffen. Am stärksten trafen sie junge Menschen, Frauen, Selbstständige und Menschen mit niedrigerem Bildungsniveau. Laut Weltbank hat sich 2022 die Einkommensungleichheit sowohl über Ländergrenzen hinweg als auch innerhalb von Ländern verschlechtert. Bis 2021 kehrte z. B. das Pro-Kopf-Einkommen in 40 Prozent der entwickelten Volkswirtschaften auf das Niveau von 2019 zurück, verglichen mit 27 Prozent der Länder im mittleren Einkommensbereich und nur 21 Prozent der Länder im niedrigen Einkommensbereich.

MEHR VIELFALT BEDEUTET BESSERE POLITIK

WIRTSCHAFTLICHE VORTEILE VON INKLUSIVITÄT

IM KONTEXT

SCHWERPUNKT
Wirtschaft und Gesellschaft

VORDENKER
Claudia Goldin (geb. 1946)

FRÜHER
1957 Gary Becker führt an, dass Arbeitgeber, die diskriminieren, einen Wettbewerbsnachteil haben.

1972 Edmund Phelps meint, dass Arbeitgeber Minderheiten diskriminieren, weil sie deren Fähigkeiten und Produktivität nur unzureichend kennen.

SPÄTER
1990 Claudia Goldins *Understanding the Gender Gap: An Economic History of American Women* zeichnet die Geschichte von Frauen in der Arbeitswelt nach.

2000 Goldin und Cecilia Rouse belegen, dass Frauen eher für ein Orchester engagiert wurden, wenn die Proben hinter einem Vorhang stattfanden.

In den USA studierten laut einer Erhebung von 2020 2,5-mal mehr Männer Wirtschaftswissenschaften als Frauen. In Europa studieren in diesem Fach im Durchschnitt 38 Prozent Frauen. In den Führungspositionen der Hochschulen ist das Geschlechtergefälle noch größer. In den USA werden z. B. weniger als 15 Prozent der Wirtschaftsprofessuren von Frauen bekleidet, in Europa sind es durchschnittlich 22 Prozent und in Australien sogar nur zwölf Prozent.

Wie kommt es dazu? Vielleicht fehlt es an weiblichen Vorbildern. Nur acht der 140 Vorsitzenden der US-Notenbank waren Frauen, und nur zwei Frauen haben den Nobelpreis für Wirtschaftswissenschaften erhalten. 2009 bekam mit Elinor Ostrom eine Politikwissenschaftlerin der Indiana University (USA) als erste Frau diese Auszeichnung. Claudia Goldin (Harvard University, USA) erhielt 2023 den Nobelpreis für ihre Arbeit über geschlechtsspezifische Lohnunterschiede.

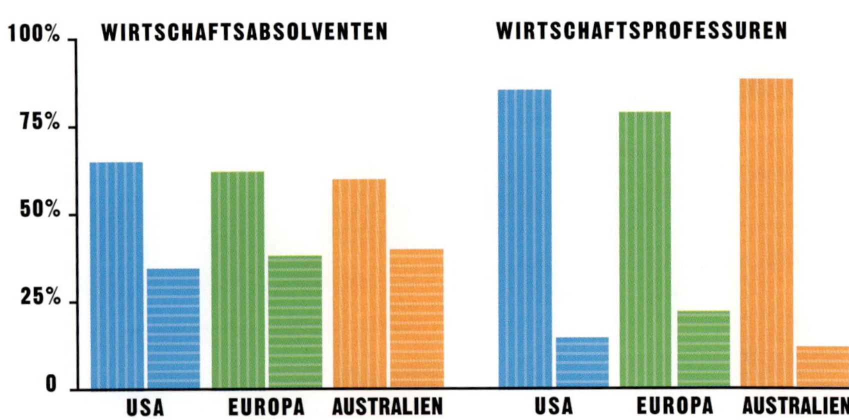

Die mangelnde Geschlechterparität in der akademischen Welt ist im Bereich der Wirtschaftswissenschaften besonders auffällig. In der Regel gibt es fast doppelt so viele männliche wie weibliche Studierende, und viel weniger Studentinnen entscheiden sich für ein postgraduales Studium.

Legende:
Männer
Frauen

Siehe auch: Märkte und Moral 22–23 ▪ Der ökonomische Mensch 52–53 ▪ Demografie und Ökonomie 68–69 ▪ Effizienz und Gerechtigkeit 130–131 ▪ Löhne und Anreize 302 ▪ Globales Ungleichgewicht der Sparguthaben 326–329

Janet Yellen

Janet Yellen wurde 1946 in New York geboren und lehrte an der University of California in Berkeley. Sie beeinflusste die amerikanische Wirtschaftspolitik jahrzehntelang, u. a. als Vorsitzende im Rat der Wirtschaftsberater von Präsident Clinton. Sie ist US-Finanzministerin und war Präsidentin der Federal Reserve Bank – die erste Frau in diesen Ämtern und auch die erste Frau, die in einem Industrieland eine Zentralbank leitete.

Yellen ist Verfechterin des Keynesianismus und befürwortet eine den Klimaschutz unterstützende Wirtschaftspolitik. Sie war eine der 45 Erstunterzeichnenden des Economists' Statement on Carbon Dividends, das letztendlich von mehr als 3500 Ökonomen unterzeichnet wurde. 2014 wurde Yellen von der Zeitschrift *Forbes* als zweitmächtigste Frau der Welt geführt. 2022 kürte sie die Zeitschrift *Time* zur Person des Jahres.

Hauptwerke

1988 *Fairness and Unemployment* (mit George Akerlof)
1995 *Efficiency wage models of unemployment*

Der Berufsstand spiegelt auch nicht die ethnische Vielfalt innerhalb der Bevölkerung wider. Schwarze Amerikaner machen z. B. etwa 13 Prozent der US-Bevölkerung aus, aber nur drei Prozent der Doktoranden und nur zwei Prozent der Professoren sind Schwarze. Ein prominentes Vorbild ist Isaiah Andrews, ein Schwarzer Professor am MIT. Er erhielt 2021 die John-Bates-Clark-Medaille, eine Auszeichnung, die jährlich an einen amerikanischen Wirtschaftswissenschaftler unter 40 Jahren verliehen wird, der »den bedeutendsten Beitrag zum wirtschaftlichen Denken und Wissen geleistet hat«. Andrews war 2020 MacArthur Fellow und wurde 2018 von der Zeitschrift *The Economist* zu einem der acht »besten jungen Ökonomen des Jahrzehnts« gekürt.

Gute Wirtschaftspolitik

Ungleichheiten in der Gesellschaft zu bekämpfen ist nicht nur eine Sache der Gerechtigkeit, sondern auch gute Wirtschaftspolitik. Der jährliche Global Gender Gap Report des Weltwirtschaftsforums stellte 2023 fest, dass sich der Gleichstellungsindex seit 2006 langsam verbessert, aber immer noch mehr als 30 Prozent fehlen, um Geschlechterparität zu erzielen. Bei der derzeitigen Zuwachsrate wäre die Geschlechterparität erst in über 100 Jahren erreicht. 2020 ermittelte die Weltbank, dass die Schließung des wirtschaftlichen Gendergaps eine »Gender-Dividende« von 172 Billionen US-Dollar für die Weltwirtschaft erzielen würde.

Forschungen zeigen, dass Diversität am Arbeitsplatz zu besseren Entscheidungen führt und produktiver macht. Eine Studie ergab, dass ein Prozent mehr ethnische Vielfalt im Management die Produktivität eines *Fortune*-500-Unternehmens um 1590 US-Dollar pro Angestellten erhöht.

Innerhalb der Wirtschaftswissenschaften vertreten männliche und weibliche Fachleute oft unterschiedliche Ansichten. So befürworten die Frauen eher Maßnahmen gegen Ungleichheiten und unterstützen staatliche Eingriffe und Umweltvorschriften. Könnten also mehr Frauen Wirtschaftspolitik gestalten, würde diese wahrscheinlich ihre unterschiedliche Denkweise widerspiegeln.

Eine stärkere Vertretung von Frauen und Minderheiten innerhalb der Wirtschaftswissenschaften und mehr Diversität bei den Wirtschaftsfachleuten, die an Entscheidungen mitwirken, würden sich positiv auf die Politikgestaltung auswirken. ■

> »Es gibt immer noch große Unterschiede zwischen Frauen und Männern, was ihre Arbeit und ihre Bezahlung angeht … Warum ist das so?«
>
> **Claudia Goldin**

ANHANG

WEITERE PERSONEN

Dieses Buch untersucht einige der wichtigsten Ideen im ökonomischen Denken, von den ersten Anfängen bis zur Entwicklung der politischen Ökonomie und des breit aufgestellten Fachs, wie wir es heute kennen. Dabei rücken selbstverständlich große Ökonomen wie Adam Smith, John Maynard Keynes und Friedrich von Hayek ins Blickfeld. Aber viele andere haben ebenfalls wichtige Beiträge geleistet und verdienen mehr als nur eine flüchtige Erwähnung. Alle Denker, die auf den folgenden Seiten porträtiert werden, spielten bei der Durchsetzung der Wirtschaftswissenschaft als wichtiges Thema in der modernen Industriegesellschaft eine Rolle. Sie brachten sinnvolle Ordnung in die Komplexität und erweiterten das Verständnis des ökonomischen Handelns in der heutigen Welt.

JEAN-BAPTISTE COLBERT
1619–1683

Jean-Baptiste Colbert stammte aus einer Kaufmannsfamilie in Reims (Frankreich), entschied sich aber für eine politische Karriere. 1665 wurde er unter Ludwig XIV. Finanzminister und ergriff Maßnahmen zur Beendigung der politischen Korruption. Er reformierte das Steuersystem und förderte die Industrie ebenso wie den Handel nach Übersee. Zudem verbesserte er die Infrastruktur in Frankreich.
Siehe auch: Die Steuerlast 64–65

PIERRE DE BOISGUILBERT
1646–1714

Als französischer Aristokrat verfolgte Pierre Le Pesant, Sieur de Boisguilbert eine Karriere im Rechtswesen. Er war Magistrat, dann Richter und 1690 wurde er als Vertreter des Königs in der Stadt Rouen verantwortlich für Verwaltung und Gerichtsbarkeit. Dort blieb er bis zu seinem Tod 1714. Angesichts seiner Erfahrungen mit der Steuerpolitik vor Ort war er gegen das Steuersystem von Jean-Baptiste Colbert. Da seiner Ansicht nach Produktion und Handel den Wohlstand schufen, wollte er den Handel freier gestalten.
Siehe auch: Die Steuerlast 64–65

YAMAGATA BANTO
1748–1821

Yamagata Banto war ein angesehener Wissenschaftler in Osaka (Japan) und ein Devisenhändler. Zusammen mit anderen von der Kaitokudo-Schule in Osaka führte er westliche Vorstellungen des Rationalismus in japanische Institutionen ein und trug damit zum Ende der japanischen Feudalgesellschaft bei, die auf konfuzianischen Wertvorstellungen beruhte. Bantos Werk *Yume no shiro* (»Anstelle von Träumen«) sah das alte System kritisch. Er schlug einen rationalen, wissenschaftlichen Ansatz für die soziale, politische und ökonomische Struktur des modernen Japans vor, beruhend auf Industrie und Handel.
Siehe auch: Der komparative Kostenvorteil 80–85

HENRI DE SAINT-SIMON
1760–1825

Claude Henri de Rouvroy entstammte dem Pariser Adel, lehnte jedoch seinen Titel ab, weil er für eine Form des Sozialismus war. Seine Ansichten waren von der neuen, nach dem Bürgerkrieg entstandenen Gesellschaft in den USA beeinflusst. Er meinte, Armut ließe sich durch Kooperation und technische Innovation beseitigen und Bildung könne die Gier ausmerzen, wegen der Menschen soziale Privilegien suchen und andere ausbeuten. Er beeinflusste die sozialistischen Denker des 19. Jahrhunderts, vor allem Karl Marx (S. 105).
Siehe auch: Marxistische Wirtschaft 100–105

FRIEDRICH LIST
1789–1846

Friedrich List begann seine Karriere als Staatsbediensteter in seiner Heimatstadt Reutlingen. Er stieg schnell in hohe Positionen auf. 1824 wurde er jedoch wegen seiner

reformerischen Ansichten verhaftet und floh über Frankreich nach England. Er emigrierte in die USA; später wurde er US-Konsul in Hamburg und dann in Leipzig. 1843 begründete er eine Zeitung, um seine Ansichten über ein »nationales System« zu verbreiten. Seine späten Jahre waren überschattet von Krankheit und finanziellen Problemen; 1846 beging er Selbstmord.
Siehe auch: Der komparative Kostenvorteil 80–85

JOSEPH BERTRAND
1822–1900

Joseph Bertrand war der Sohn eines französischen Autors. Bereits früh zeigte er eine besondere Begabung für die Mathematik. 1856 wurde er Professor an der École Polytechnique in Paris. Er machte sich einen Namen im Bereich der Zahlentheorie und der Wahrscheinlichkeitsrechnung und wandte sich gegen die Oligopol-Theorie seines Landsmanns Antoine Augustin Cournot (S. 91). Er schlug ein anderes Preiswettbewerbsmodell vor.
Siehe auch: Auswirkungen eines begrenzten Wettbewerbs 90–91

CARL MENGER
1840–1921

Carl Menger zählt zu den Begründern der Österreichischen Schule. Er wurde in Galizien im heutigen Polen geboren. In *Grundsätze der Volkswirtschaftslehre* (1871) skizzierte er die Theorie des Grenznutzens, die für das Denken der Österreichischen Schule grundlegend war. Als Professor für Wirtschaftswissenschaften schrieb er seine *Untersuchungen über die Methode der Sozialwissenschaften*. Damit distanzierte er sich endgültig von der historischen Schule, die auf romantischen Ideen des 19. Jahrhunderts beruhte.
Siehe auch: Wirtschaftsliberalismus 172–177

LUJO BRENTANO
1844–1931

Der in Bayern geborene Lujo Brentano promovierte in Jura und Wirtschaftswissenschaften. 1868 unternahm er mit dem Statistiker Ernst Engel (S. 125) eine Reise nach Großbritannien, um die Gewerkschaftsbewegung zu studieren. Obwohl er ein Anhänger der historischen Schule war, stellte Brentano viele ihrer Theorien infrage. Er forderte soziale Reformen, Menschenrechte und die Verantwortung des Staates für das öffentliche Wohl. Er hatte großen Einfluss auf die Entstehung der sozialen Marktwirtschaft.
Siehe auch: Die soziale Marktwirtschaft 222–223

EUGEN VON BÖHM-BAWERK
1851–1914

Der in Brünn (heute Tschechien) geborene Eugen von Böhm-Bawerk war Gründungsmitglied der Österreichischen Schule. Er studierte Jura in Wien und machte erfolgreich Karriere: Zweimal war er Finanzminister und konnte seine Vorstellungen von sparsamer Haushaltsführung umsetzen. Seine Kritik der marxistischen Ökonomie und seine Theorien über Kapital und Zinsen hatten großen Einfluss und beschäftigten vor allem seine Schüler Joseph Schumpeter (S. 149) und Ludwig von Mises (S. 147).
Siehe auch: Zentrale Planung 142–147

FRIEDRICH VON WIESER
1851–1926

Friedrich von Wieser wurde in Wien geboren. Wie sein Schwager Eugen von Böhm-Bawerk studierte er ursprünglich Jura, wechselte jedoch zu Wirtschaftswissenschaften, nachdem er Carl Menger gelesen hatte. Er arbeitete einige Jahre im öffentlichen Dienst, dann folgte er 1903 auf Menger als Professor in Wien. Sein erster wichtiger Beitrag galt der Werttheorie. Er war beeinflusst von Léon Walras (S. 120) und Vilfredo Pareto (S. 131) und soll den Begriff des Grenznutzens geprägt haben. Später beschäftigte er sich mit der Anwendung der Ökonomie auf die Soziologie und begründete die wichtige Theorie der Sozialwirtschaft und ihre Vorstellung von den Opportunitätskosten.
Siehe auch: Opportunitätskosten 133

THORSTEIN VEBLEN
1857–1929

Unter US-Ökonomen galt Thorstein Veblen als unkonventionell. Der Sohn norwegischer Einwanderer wuchs auf einer Farm in Minnesota auf. Er erlebte die US-Gesellschaft als Außenseiter und lehnte die konventionellen Ansichten seiner Lehrer ab. Er entwickelte einen neuen Ansatz, der Soziologie und Wirtschaftswissenschaft kombinierte. 1899 veröffentlichte er *Theory of the Leisure Class* (dt. *Theorie der feinen Leute*) und führte den Begriff des »Geltungskonsums« ein. Er kritisierte die Ineffizienz und Korruptheit des kapitalistischen Systems und seiner parasitären Klasse von Unternehmern.
Siehe auch: Geltungskonsum 136

ARTHUR PIGOU
1877–1959

Arthur Pigou wurde in Ryde (Isle of Wight) geboren und studierte Geschichte in Cambridge. Dort entdeckte er sein Interesse an den Wirtschaftswissenschaften und lernte Alfred Marshall (S. 110) kennen. Nach dem Abschluss lehrte Pigou bis zum Ersten Weltkrieg in Cambridge. 1908 übernahm er Marshalls Professur. Er ist vor allem bekannt für die Pigou-Steuer, die er erfand, um einen Ausgleich für die externen Kosten zu schaffen.
Siehe auch: Externe Kosten 137

NIKOLAI DMITRIJEWITSCH KONDRATJEW
1892–1938

Kondratjew wuchs in einer Bauernfamilie nahe Kostroma (Russland) auf. Er studierte Ökonomie an der Universität von St. Petersburg und arbeitete für die Regierung. Als Zar Nikolaus II. 1917 verjagt wurde, wurde Kondratjew, der Mitglied der revolutionären sozialistischen Partei war, Minister. Einen Monat später wurde die provisorische Regierung abgesetzt und Kondratjew kehrte ins akademische Leben zurück. Er entwickelte die Kondratjew-Zyklen, eine Theorie der zyklischen Wirtschaftsentwicklung. 1930 fiel er in Ungnade. Er wurde verhaftet und acht Jahre später hingerichtet.
Siehe auch: Aufschwung und Abschwung 78–79

RAGNAR FRISCH
1895–1973

Ragnar Frisch wurde in Christiania (Norwegen) geboren. Er gehörte zu den Ersten, die mathematische und statistische Verfahren auf die Wirtschaftswissenschaft anwandten, und er prägte die Begriffe Ökonometrie, Mikroökonomie und Makroökonomie. Er studierte Wirtschaftswissenschaft und Mathematik in Frankreich und England. 1932 begründete er das Oslo Institute of Economics und 1969 erhielt er zusammen mit seinem Kollegen Jan Tinbergen den ersten Nobelpreis für Wirtschaftswissenschaften.
Siehe auch: Wirtschaftstheorien im Test 170

PAUL ROSENSTEIN-RODAN
1902–1985

Rosenstein-Rodan wurde in Krakau in eine polnisch-jüdische Familie geboren. Er begann seine Karriere als Angehöriger der Österreichischen Schule. 1930 floh er vor dem Antisemitismus nach London, wo er an der London School of Economics lehrte. In den 1940er-Jahren wandte er sich der Entwicklungsökonomie zu und entwickelte die Theorie vom »Big Push«. Nach dem Zweiten Weltkrieg zog er in die USA. Er arbeitete für die Weltbank sowie als Regierungsberater in Indien, Italien, Chile und Venezuela.
Siehe auch: Entwicklungsökonomie 188–193

JAN TINBERGEN
1903–1994

Gemeinsam mit Ragnar Frisch erhielt Jan Tinbergen 1969 den ersten Nobelpreis für Wirtschaftswissenschaften. Der niederländische Theoretiker studierte zunächst Mathematik und Physik, begann dann aber, die naturwissenschaftlichen Prinzipien auf die Wirtschaftstheorie anzuwenden. So legte er den Grundstein für die Ökonometrie. Er war Universitätsprofessor und Berater des Völkerbunds sowie des Niederländischen Zentralbüros für Statistik, wo er 1936 ein neues makroökonomisches Modell entwickelte. Es wurde später von anderen Regierungen übernommen.
Siehe auch: Wirtschaftstheorien im Test 170

RICHARD KAHN
1905–1989

Richard Ferdinand Kahn wurde als Sohn deutscher Eltern in London geboren. Er schloss ein Physikstudium in Cambridge ab und wechselte dann zu Wirtschaftswissenschaften. Nach nur einem Jahr legte er bei John Maynard Keynes (S. 161) ein sehr gutes Examen ab. Mit 24 Jahren machte er sich mit einem Artikel über den keynesianischen Multiplikator einen Namen. Als praxisorientierter Ökonom beriet er die britische Regierung im Zweiten Weltkrieg. Danach kehrte er nach Cambridge zurück und lehrte dort, bis er 1972 emeritierte.
Siehe auch: Der keynesianische Multiplikator 164–165

RAGNAR NURKSE
1907–1959

Ragnar Nurkse wurde in Käru (Estland, damals Russland) geboren. Er studierte Jura und Wirtschaftswissenschaften an der Universität Tartu. Dann setzte er seine Studien in Schottland und Wien fort. 1934 fing Nurkse an, als Finanzanalyst für den Völkerbund zu arbeiten; dort wurde sein Interesse an internationaler und

Entwicklungsökonomie geweckt. Nach dem Zweiten Weltkrieg zog er in die USA und lehrte an der Columbia University (New York) und in Princeton. Zusammen mit Paul Rosenstein-Rodan (S. 344) etablierte er die Entwicklungsökonomie und war ein Vertreter der Theorie vom »Big Push«.
Siehe auch: Entwicklungsökonomie 188–193

JOHN KENNETH GALBRAITH
1908–2006

John Kenneth Galbraith wurde in Ontario (Kanada) geboren. Er studierte Wirtschaftswissenschaften in Kanada und den USA. Später unterrichtete er in Cambridge (GB), wo er sehr von John Maynard Keynes (S. 161) beeinflusst wurde. Im Zweiten Weltkrieg war er stellvertretender Leiter des US-amerikanischen Office of Price Administration, aber 1943 sah er sich zum Rücktritt gezwungen. Er arbeitete als Journalist, Wissenschaftler und Berater von Präsident John F. Kennedy. 1958 war sein Buch *Gesellschaft im Überfluss* ein großer Erfolg.
Siehe auch: Geltungskonsum 136

GEORGE STIGLER
1911–1991

George Stigler war ein führendes Mitglied der Chicagoer Schule und arbeitete mit seinem Freund Milton Friedman (S. 199) zusammen. Er war stark beeinflusst von Frank Knight (S. 163), seinem Doktorvater an der Universität von Chicago. Seine Forschungsgebiete waren die Geschichte des ökonomischen Denkens und die Neue Politische Ökonomie (Analyse staatlichen Verhaltens). Außerdem war er einer der Ersten, die sich mit Informationsökonomik beschäftigten. 1982 erhielt er den Nobelpreis.
Siehe auch: Die Suchtheorie 304–305

JAMES TOBIN
1918–2002

James Tobin wurde in Illinois (USA) geboren. Bekannt ist er für die »Tobin-Steuer«, die er entwickelte, um Währungsspekulationen zu verhindern. Unter Ökonomen gilt Tobin als Vertreter des Keynesianismus; er verfasste wissenschaftliche Arbeiten über Investitionen und Fiskalpolitik. 1935 ging Tobin an die Harvard University (USA), wo er John Maynard Keynes traf. Ab 1950 lehrte er in Yale und blieb dort den Rest seines Lebens. Als Berater der Kennedy-Administration beeinflusste er die Wirtschaftspolitik der USA in den 1960er-Jahren. 1981 erhielt er den Nobelpreis.
Siehe auch: Konjunkturrückgang und Arbeitslosigkeit 154–161 ▪ Der keynesianische Multiplikator 164–165

ALFRED CHANDLER
1918–2007

Alfred Chandler wurde in Guyencourt (USA) geboren und erwarb seinen Abschluss 1940 in Harvard. Während des Zweiten Weltkriegs diente er in der US-Navy. Seine Doktorarbeit über Managementstrukturen schrieb er anhand von Dokumenten, die ihm sein Urgroßvater, ein Finanzanalyst, hinterlassen hatte. Ab den 1960er-Jahren konzentrierte er sich auf Managementstrategien und die Organisation großer Firmen. Er schrieb zahlreiche Bücher. Für *The Visible Hand* (1977) erhielt er den Pulitzer-Preis. Das Buch beschreibt den Aufstieg der großen Firmen als »zweite industrielle Revolution«.
Siehe auch: Größenvorteile 132

ROBERT LUCAS
1937–2023

Robert Lucas war einer der einflussreichsten Ökonomen der Chicagoer Schule und zählte zu den Begründern der Neuen Klassischen Makroökonomik. Er studierte in Chicago (USA) und war dort ab 1974 Professor. Er verwarf die keynesianischen Vorstellungen und seine Forschungen über rationale Erwartungen (die Vorstellung, dass Menschen rationale Entscheidungen treffen, mit denen sie die geplante Wirkung von Regierungseingriffen verändern können) beeinflussten die Geldpolitik der 1980er-Jahre.
Siehe auch: Rationale Erwartungen 244–247

EUGENE FAMA
GEB. 1939

Eugene Fama ist Italo-Amerikaner in dritter Generation und absolvierte als erstes Mitglied seiner Familie ein Studium. Anfangs studierte er Französisch, dann faszinierte ihn die Ökonomie. Er erhielt ein Promotionsstipendium an der University of Chicago. Dort unterrichtet er auch seither. Er ist bekannt als Urheber der Effizienzmarkthypothese. Sie besagt, dass auf Märkten mit vielen, gut informierten Händlern der Preis alle verfügbaren Informationen widerspiegelt. Außerdem hat er auf die Korrelation zwischen Markteffizienz und Gleichgewicht hingewiesen.
Siehe auch: Effiziente Märkte 272

KENNETH BINMORE
GEB. 1940

Der britische Wissenschaftler Kenneth Binmore ist Mathematiker, Ökonom und Spieltheoretiker. Sein Werk ist wegweisend für die Integration der traditionellen Wirtschaftswissenschaft mit neuen mathematischen Methoden und mit dem Einsatz von Experimenten. Binmore entwickelte die Evolutionäre Spieltheorie weiter.
Siehe auch: Wettbewerb und Kooperation 273

PETER DIAMOND
GEB. 1940

Peter Diamond machte seinen Abschluss in Mathematik an der Universität Yale (USA) und studierte dann Wirtschaftswissenschaft am Massachusetts Insitute of Technology (MIT). Dort lehrte er den Großteil seiner Karriere hindurch. Er war Regierungsberater für sein Spezialgebiet der Sozialversicherung. Seine späteren Arbeiten über die Suchtheorie in Verbindung mit dem Arbeitsmarkt brachten ihm 2010 den Nobelpreis ein, den er mit Dale Mortensen und Christopher Pissarides (S. 347) teilte.
Siehe auch: Die Suchtheorie 304–305

MICHAEL TODARO
GEB. 1942

Michael Todaro schloss sein Studium am Haverford College in Pennsylvania (USA) ab und verbrachte anschließend mit seinem Mentor Professor Philip Bell ein Jahr in Afrika. Er begeisterte sich für die Entwicklungsökonomie. 1967 bildete seine Doktorarbeit die Grundlage für eine Theorie der Migration in Entwicklungsländern und legte auch bereits das Todaro-Paradoxon dar. Er arbeitete für die Rockefeller Foundation in Afrika und das Population Council in New York, ehe er Professor an der New York University wurde.
Siehe auch: Entwicklungsökonomie 188–193

ROBERT AXELROD
GEB. 1943

Als Wirtschafts- und Politikwissenschaftler verbrachte Robert Axelrod den Großteil seines Berufslebens (seit 1974) an der Universität von Michigan. Er leistete wichtige Beiträge zur Theorie der Kooperation und der Komplexität. Seine Darlegung des Gefangenendilemmas in *The Evolution of Cooperation* (1984) zeigt, dass eine »Wie du mir, so ich dir«-Strategie zu kooperativem Verhalten führen kann. Axelrod war Berater der Vereinten Nationen, der Weltbank und des US-Verteidigungsministeriums zum Thema internationale Zusammenarbeit.
Siehe auch: Wettbewerb und Kooperation 273

MICHAEL SPENCE
GEB. 1943

Da sein Vater während des Zweiten Weltkriegs in Ottawa stationiert war, wurde Michael Spence zwar in New Jersey geboren, wuchs aber in Kanada auf. Er studierte Philosophie in Princeton (USA), anschließend promovierte er in Harvard im Fach Wirtschaftswissenschaften. Michael Spence lehrte überwiegend in Harvard und Stanford. Er konzentrierte sich auf die Informationsökonomik (wie Informationen die Wirtschaft beeinflussen) und die Möglichkeit, Informationen indirekt zu »signalisieren« (beispielsweise indem Stellenbewerber durch akademische Qualifikationen auf ihre Eignung für eine Stelle hinweisen). 2001 erhielt er zusammen mit George Akerlof (S. 275) und Joseph Stiglitz den Nobelpreis für seine Arbeit über die asymmetrische (ungleiche) Informationsverteilung auf Märkten.
Siehe auch: Marktunsicherheit 274–275

JOSEPH STIGLITZ
GEB. 1943

Joseph Stiglitz zählt zu den einflussreichsten (und umstrittensten) Ökonomen seiner Generation. Seine Familie diskutierte, wie er sagte, gern und oft über Politik. Er war Professor an mehreren renommierten Universitäten in den USA und Großbritannien, Berater der Präsidenten Clinton und Obama sowie Chief Economist der Weltbank. Seinen Ruf erwarb er sich in den 1970er-Jahren mit Arbeiten über die Informationsökonomik. Dafür erhielt er zusammen mit anderen 2001 den Nobelpreis. In den 1990er-Jahren zählte er zu den Kritikern des *Washington Consensus* (S. 333), besonders in seiner Anwendung auf die Entwicklungsländer.
Siehe auch: Löhne und Anreize 302

ALICE AMSDEN
1943–2012

Alice Amsden galt als »furchtlose Ökonomin«. Sie konzentrierte sich auf die Entwicklung und Industrialisierung der Schwellenländer. Sie

studierte zunächst an der Cornell University (USA) und promovierte dann an der London School of Economics. Sie arbeitete für die Weltbank und die OECD und bekleidete gleichzeitig hohe akademische Positionen. 2009 wurde sie für drei Jahre in die Vereinten Nationen berufen. Sie stellte vor allem konventionelle Vorstellungen über die Globalisierung infrage, in Büchern wie *The Rise of »The Rest«* (2001).
Siehe auch: Das ostasiatiasche Wunder 282–287

ROBERT BARRO
GEB. 1944

Robert Barro studierte erst Physik, wechselte dann aber zur Wirtschaftswissenschaft. Er lehrte an Universitäten in den USA und ist Ehrendekan der China Economics & Management Academy der Central University of Finance and Economics in Peking. Barro war federführend an der Entstehung der Neuen Klassischen Makroökonomik beteiligt. 1974 erregte er mit seinen Theorien über den Zusammenhang von Kreditaufnahme und künftiger Besteuerung Aufmerksamkeit. Später konzentrierte er sich auf den Einfluss der Kultur auf die politische Ökonomie.
Siehe auch: Kreditaufnahme und Schulden 76–77

CHRISTOPHER PISSARIDES
GEB. 1948

Christopher Pissarides stammt aus dem griechischen Teil der Insel Zypern. Er studierte Wirtschaftswissenschaften an der University of Essex (GB). 1973 promovierte er an der London School of Economics, wo er seit 1976 auch lehrt. Er leistete Beiträge zur Suchtheorie auf dem Arbeitsmarkt. In den 1990er-Jahren entwickelte er mit Dale Mortensen ein Modell, das die Schaffung und Vernichtung von Arbeitsplätzen verdeutlicht. Pissarides, Mortensen und Diamond erhielten 2010 für ihre Marktanalysen den Nobelpreis.
Siehe auch: Die Suchtheorie 304–305

PAUL KRUGMAN
GEB. 1953

Paul Krugman erhielt 2008 den Nobelpreis für seine Analyse von Handelsstrukturen. Er verfasste wegweisende Arbeiten über den internationalen Handel und das internationale Finanzsystem und ist bekannt für seine Analysen von Währungskrisen und Steuerpolitik. Er lehrte an zahlreichen Universitäten und war in den 1980er-Jahren als Berater der Reagan-Administration tätig. In den 1990er-Jahren entwickelte er einen Ansatz zur Analyse des internationalen Handels, der als »New Trade Theory« (Neue Handelstheorie) bekannt ist.
Siehe auch: Handel und Geografie 316

DANI RODRIK
GEB. 1957

Dani Rodrik stammt aus Istanbul (Türkei) und ist heute Professor für Internationale Politische Ökonomie in Harvard. Sein Hauptinteresse liegt im Bereich der Internationalen und der Entwicklungsökonomie. Er ist als Berater zahlreicher internationaler Organisationen tätig, darunter das Centre for Economic Policy Research in London, das Center for Global Development sowie das Institute for International Economics in Washington.
Siehe auch: Marktintegration 226–231 ▪ Widerstand gegen den Wirtschaftswandel 332–333

HA-JOON CHANG
GEB. 1963

Der Südkoreaner Ha-joon Chang ist ein führender Kritiker der etablierten Wirtschaftswissenschaften. Er studierte an der National University in Seoul und promovierte anschließend an der Universität Cambridge (Großbritannien). Chang berät u. a. die Vereinten Nationen, die Weltbank, die Asian Development Bank sowie nationale Regierungsbehörden und Nichtregierungsorganisationen. Er kritisiert die konventionelle Entwicklungspolitik, wie sie die Weltbank vertritt, und sein Buch *23 Lügen, die sie uns über den Kapitalismus erzählen* (2010, dt. 2012) trug dazu bei, alternative Wirtschaftstheorien zu verbreiten.
Siehe auch: Das ostasiatiasche Wunder 282–287

RENAUD GAUCHER
GEB. 1976

Der französische Denker Renaud Gaucher hat Psychologie, Geschichte, Geografie und Wirtschaftswissenschaften studiert. Er strebt nach einem ganzheitlichen Ansatz und trägt Elemente der Sozialwissenschaften ins ökonomische Denken. Er untersucht die Psychologie des Geldes und die Verhaltensökonomie aus Sicht der Positiven Psychologie und prüft, welche Rolle sie in der Entwicklungspolitik und im Kampf gegen den Klimawandel spielen könnten. Dabei betont er (wie Richard Easterlin) die »Ökonomie des Glücks«.
Siehe auch: Die Ökonomie des Glücks 216–219

GLOSSAR

Abnehmender Grenznutzen Eine Situation, in der jede weitere Einheit einen immer geringeren Nutzen bringt.

Absoluter Vorteil Die Fähigkeit eines Landes, ein Produkt besonders effizient zu produzieren.

Aggregiert Auf die Gesamtwirtschaft bezogen; z. B. die aggregierte (gesamtwirtschaftliche) Nachfrage nach Gütern oder Dienstleistungen.

Aktien Wertpapiere, die ein anteiliges Eigentum (Anteilswerte) an einem Unternehmen (einer Aktiengesellschaft) sichern.

Allmende Beschreibt den Teil des Gemeindevermögens, der allen gemeinsam zur Verfügung steht, wie Wasser, Luft und gemeinsames Land.

Angebot Die Menge von Produkten, die zum Kauf zur Verfügung steht.

Angebotskurve Eine Kurve zur Verdeutlichung des Zusammenhangs zwischen der Menge eines Produkts oder einer Dienstleistung, die die Anbieter herstellen, und dem Preis, zu dem sie sie verkaufen können.

Asymmetrische Information Ein Informationsungleichgewicht; oft haben z. B. Käufer und Verkäufer nicht gleich viele Informationen über ein bestimmtes Produkt.

Bärenmarkt Eine Phase, in der der Wert von Aktien oder anderen Geldanlagen sinkt.

Brexit Ein Begriff, der sich aus »Britain« und »Exit« herleitet. Er bezeichnet die britische Entscheidung, nach einem 2016 knapp gewonnenen Referendum die Europäische Union zu verlassen.

Budgetbeschränkung Die Obergrenze der Waren und Dienstleistungen, die sich eine Person leisten kann.

Bullenmarkt Eine Phase, in der der Wert von Aktien und anderen Geldanlagen steigt.

Chaostheorie Ein Zweig der Mathematik, der zeigt, wie kleine Veränderungen an den Ausgangsbedingungen große Wirkung entfalten können.

Chicagoer Schule Eine Gruppe von Ökonomen, die sich für die freie Marktwirtschaft einsetzt. Ihre Ideale der Marktliberalisierung und Deregulierung wurden in den 1980er-Jahren weithin praktiziert.

Defizit Ein Ungleichgewicht. Bei einem Handelsdefizit importiert ein Land mehr als es exportiert; bei einem Haushaltsdefizit überschreiten die Ausgaben die Einnahmen.

Deflation Ein Sinken der Preise von Gütern und Dienstleistungen, geht einher mit Phasen der wirtschaftlichen Stagnation.

Dependenztheorie Die Vorstellung, dass Ressourcen und Wohlstand von armen Ländern in reiche fließen – was dazu führt, dass die armen Länder sich nicht entwickeln können.

Depression Ein schwerer, lang anhaltender Abschwung in der ökonomischen Aktivität: Die Produktionsmenge sinkt, die Arbeitslosigkeit steigt und Kreditmittel sind knapp.

Duopol Eine Situation, in der zwei Firmen einen Markt kontrollieren.

Elastizität Die Sensibilität, mit der eine ökonomische Variable (z. B. die Nachfrage) auf eine andere (z. B. den Preis) reagiert. Die Preise eines Produkts können mehr oder weniger elastisch sein.

Eurozone Die EU-Länder, die eine Währungsunion bilden. Ihr gemeinsames Zahlungsmittel ist der Euro und ihre Geldpolitik wird von der Europäischen Zentralbank kontrolliert.

Externer Effekt Kosten oder Nutzen einer ökonomischen Aktivität, die sich auf Personen auswirken, die nicht unmittelbar mit dieser Aktivität zu tun haben. Externe Effekte werden nicht in den Preis eingerechnet.

Fiatgeld Eine Form des Geldes, die nicht durch ein physisches Gut wie Gold abgesichert ist, sondern ihren Wert aus dem Vertrauen der Menschen gewinnt. Viele wichtige Währungen sind Fiatgeld.

Fiskalpolitik Die Pläne einer Regierung für Steuern und Ausgaben.

Freie Marktwirtschaft Eine Wirtschaft, in der Produktionsentscheidungen von Privatleuten und Firmen auf der Basis von Angebot und Nachfrage getroffen werden. Die Preise bestimmt der Markt.

Freihandel Der Import und Export von Gütern und Dienstleistungen ohne Zölle und Quoten.

Geldpolitik Regierungspolitik, die darauf abzielt, die Geldmenge oder den Zinssatz zu verändern, um die wirtschaftliche Aktivität anzukurbeln oder zu verlangsamen.

Gelenkte Volkswirtschaft Eine Wirtschaft, in der ein Teil der Produktionsmittel dem Staat gehört und ein Teil Privatleuten. So werden Aspekte der Zentralverwaltungswirtschaft und der Marktwirtschaft kombiniert. Genau genommen sind alle Volkswirtschaften gelenkte Wirtschaften, aber das Gleichgewicht kann erheblich variieren.

Gleichgewicht Ein Zustand der Ausgeglichenheit innerhalb eines Systems. In der Wirtschaft sind Märkte im Gleichgewicht, wenn Angebot und Nachfrage einander entsprechen.

Globalisierung Der freie Strom von Geld, Gütern oder Menschen über internationale Grenzen. Auch: Die wachsende gegenseitige Abhängigkeit von Ländern durch die Integration von Gütern, Arbeit und Kapitalmärkten.

Goldstandard Ein Währungssystem, bei dem eine Währung durch Goldreserven gedeckt ist und theoretisch gegen eine bestimmte Menge Gold eingetauscht werden kann. Aktuell verwendet kein Land den Goldstandard.

Grenzkosten Die Kosten, die durch die Produktion einer weiteren Einheit eines Produkts entstehen.

Grenznutzen Die Veränderung im Gesamtnutzen oder in der Gesamtzufriedenheit, die durch den Verbrauch einer weiteren Einheit eines Produkts oder einer Dienstleistung entsteht.

Gut (Ware) Etwas, das den Wunsch oder das Bedürfnis von Verbrauchern befriedigt; meist bezeichnet der Begriff ein Produkt oder einen Rohstoff.

Handelsbilanz Die Differenz zwischen dem Wert der Importe und dem Wert der Exporte eines Landes.

Handelsware (Wirtschaftsgut) Allgemeiner Ausdruck für Produkte oder Dienstleistungen, die handelbar sind.

Haushaltsplan Ein Finanzplan mit allen Einnahmen und Ausgaben.

Hyperinflation Eine sehr hohe Inflationsrate.

Inflation Eine Situation, in der die Preise von Gütern und Dienstleistungen in einer Volkswirtschaft steigen.

Insolvenz Eine rechtsgültige Erklärung, die besagt, dass eine Einzelperson oder eine Firma Schulden nicht zurückzahlen kann.

Internationaler Währungsfonds (IWF) Eine internationale Organisation, die 1944 gegründet wurde, um das Wechselkurssystem nach dem Krieg zu überwachen. Später ging der IWF dazu über, Finanzmittel für arme Länder bereitzustellen.

Investition Kapitalspritze, mit der die künftige Produktion erhöht werden soll – etwa für eine neue Maschine oder für die Fortbildung der Mitarbeiter.

Kapital Geld und Anlagegüter (wie Maschinen und Infrastruktur), mit denen ein Einkommen erzielt wird. Kapital ist eine wesentliche Voraussetzung für ökonomische Aktivität, genau wie Boden und Arbeit.

Kapitalismus Ein Wirtschaftssystem, in dem die Produktionsmittel Privateigentum sind, Firmen konkurrieren, um Waren mit Profit zu verkaufen, und Lohnarbeit vorherrscht.

Kartell Eine Gruppe Firmen, die so zusammenarbeiten, dass die Produktionsmenge einer bestimmten Ware begrenzt ist und die Preise steigen.

Keynesianischer Multiplikator Die Theorie, dass erhöhte Regierungsausgaben in einer Volkswirtschaft durch die Schaffung von Arbeitsplätzen einen vielfachen Anstieg der Einkommen hervorrufen.

Keynesianismus Eine wirtschaftliche Denkrichtung, die auf den Ideen von John Maynard Keynes beruht. Ihr zufolge holen Regierungsausgaben eine Wirtschaft aus der Rezession.

Klassische Ökonomie Ein früher Ansatz der Wirtschaftslehre von Adam Smith und David Ricardo, in dem es um das Wachstum der Nationen und freie Märkte geht.

Kollusion Eine Vereinbarung zwischen zwei oder mehr Firmen, nicht miteinander zu konkurrieren und die Preise gemeinsam festzulegen.

Konsum Der Wert der gekauften Waren und Dienstleistungen. Die einzelnen Transaktionen werden von den Regierungen aggregiert, um den nationalen Verbrauch zu berechnen.

Kommandowirtschaft *Siehe Zentralverwaltungswirtschaft.*

Kommunismus Ein marxistisches Wirtschaftssystem, bei dem Eigentum und Produktionsmittel im Besitz der Gemeinschaft sind.

Komparativer Vorteil Die Fähigkeit eines Landes, ein Produkt relativ effizienter herzustellen als ein anderes, selbst wenn das andere Land insgesamt effizienter ist.

Konjunkturzyklus Zyklische Schwankungen im Wirtschaftswachstum, die die gesamte Volkswirtschaft betreffen: Phasen des Aufschwungs und Phasen des Abschwungs wechseln einander ab.

Kreditkrise Eine plötzliche Verringerung der Verfügbarkeit von Krediten in einem Bankensystem. Eine Kreditkrise tritt häufig nach einer Phase auf, in der Kreditmittel reichlich zur Verfügung standen.

Laisser-faire Ein französischer Ausdruck, der »einfach laufen lassen«

bedeutet. Laisser-faire-Märkte sind frei von staatlichen Eingriffen.

Liquidität Die Leichtigkeit, mit der ein Vermögenswert benutzt werden kann, um etwas zu kaufen, ohne dass sich sein Wert verringert. Bargeld ist besonders liquide.

Makroökonomik Das Studium der Wirtschaft als Ganzes, bei dem es um Faktoren wie Zinssätze, Inflation, Wachstum und Arbeitslosigkeit geht, die die gesamte Wirtschaft betreffen.

Marktversagen ... liegt vor, wenn ein Markt nicht das sozial optimale Ergebnis liefert. Marktversagen kann auf einem Mangel an Wettbewerb beruhen, auf unvollständiger Information, nicht berücksichtigten Kosten (externer Effekt) oder auf einem Mangel an möglichem Profit (wie bei öffentlichen Gütern).

Merkantilismus Eine Lehre, die in den westeuropäischen Volkswirtschaften vom 16. bis ins 18. Jahrhundert vorherrschend war. Sie betont die Bedeutung der staatlichen Kontrolle über den Außenhandel für eine positive Handelsbilanz.

Mikroökonomie Die Untersuchung des ökonomischen Verhaltens von Einzelpersonen und Firmen.

Monetarismus Eine wirtschaftliche Denkrichtung, die besagt, dass die Regierung hauptsächlich die Geldmenge kontrollieren muss. Sie wird mit Milton Friedman und konservativen Regierungen der 1970er- und 1980er-Jahre verbunden.

Monopol Ein Markt, auf dem es nur eine Firma gibt. Monopole führen oft zu einer geringeren Produktionsleistung, die dann teuer verkauft wird.

Nachfrage Die Menge der Güter und Dienstleistungen, die ein Einzelner oder eine Gruppe zu kaufen bereit sind.

Nachfragekurve Eine Kurve zur Verdeutlichung des Zusammenhangs zwischen dem Preis eines Produkts und der Menge, die jeweils davon gekauft wird.

Neoklassische Theorie Die heute vorherrschende Wirtschaftstheorie. Sie beruht auf Angebot, Nachfrage und rationalen Individuen und wird häufig mit mathematischen Formeln dargestellt.

Neue klassische Makroökonomik Eine Denkrichtung innerhalb der Makroökonomie, deren Analysen ganz auf neoklassischen Rahmenvorstellungen beruhen.

Nominalwert Der Geldwert einer Sache, ihr »Tageskurs«. Nominalpreise oder -löhne ändern sich mit der Inflation, daher ist es sinnlos, sie über einen längeren Zeitraum miteinander zu vergleichen (für 50 Euro kann man 1980 und 2000 nicht das Gleiche kaufen).

Nutzen Eine Einheit zur Messung der Zufriedenheit oder des Glücks, die durch den Konsum eines Produkts oder einer Dienstleistung erreicht werden.

Öffentliche Güter Güter oder Dienstleistungen wie die Straßenbeleuchtung, die von Privatfirmen nicht bereitgestellt werden.

Oligopol Eine Branche, in der sehr wenige Firmen konkurrieren. Bei einem Oligopol besteht die Gefahr, dass die Firmen Kartelle bilden, um gemeinsam die Preise festzulegen.

Österreichische Schule Eine wirtschaftswissenschaftliche Schule, die im späten 19. Jahrhundert von Carl Menger begründet wurde. Sie schreibt alle ökonomische Aktivität dem Handeln und der Entscheidungsfreiheit des Einzelnen zu und wendet sich gegen jede Form staatlicher Eingriffe in die Wirtschaft.

Pareto-Effizienz Der Zustand der Pareto-Effizienz ist erreicht, wenn Güter so verteilt sind, dass durch eine erneute Umverteilung niemand mehr besser gestellt werden kann, ohne dass jemand anders dadurch schlechter gestellt wird. Dieser Zustand wurde nach Vilfredo Pareto benannt.

Perfekter Wettbewerb Ideale Situation, in der Käufer und Verkäufer über vollständige Informationen verfügen und so viele Firmen das gleiche Produkt herstellen, dass eine einzelne von ihnen den Preis nicht beeinflussen kann.

Phillips-Kurve Eine mathematische Kurve zur Darstellung der angenommenen Umkehrrelation zwischen Inflation und Arbeitslosigkeit.

Planwirtschaft *Siehe Zentralverwaltungswirtschaft.*

Preis Die Bezahlung, in Geld oder Gütern, die ein Käufer einem Verkäufer für eine Ware oder Dienstleistung übergibt.

Produktionsfaktoren Wirtschaftsgüter, die eingesetzt werden, um Produkte oder Dienstleistungen zu produzieren: Boden, Arbeit, Kapital und Unternehmertum.

Protektionismus Eine Wirtschaftspolitik, die darauf abzielt, den internationalen Handel durch Zölle oder Importquoten einzuschränken.

Quantitative Lockerung Die Versorgung einer Wirtschaft mit zusätzlichem Geld seitens der Zentralbank.

Realwert Der Wert einer Sache, gemessen an der Menge der Güter oder Dienstleistungen, die dafür erworben werden können.

Rezession Konjunkturphase, in der die Gesamtleistung einer Wirtschaft abnimmt.

Schöpferische Zerstörung Ein Prozess des Wirtschaftswachstums durch Veränderung und Überalterung. Der Begriff wurde von Karl Marx geprägt und von Joseph Schumpeter weiterentwickelt.

Schuld Das Versprechen einer Partei (des Schuldners) gegenüber einer anderen (dem Gläubiger), einen Kredit zurückzuzahlen.

Schuldverschreibung Form eines verzinsten Darlehens zur Kapitalbeschaffung. Schuldverschreibungen werden vom Emittenten (einer Regierung oder einer Firma) in Form von Wertpapieren ausgegeben. Der Emittent erklärt sich bereit, die geliehene Summe plus Zinsen zu einem bestimmten Zeitpunkt zurückzuzahlen.

Soziale Marktwirtschaft Das Wirtschaftsmodell, das nach dem Zweiten Weltkrieg in Deutschland entwickelt wurde. Es handelt sich um eine gelenkte Wirtschaft, in der die Privatinitiative gefördert wird. Die Regierung greift jedoch ein, um für soziale Gerechtigkeit zu sorgen.

Spieltheorie Die Untersuchung strategischer Entscheidungen von Individuen oder Firmen.

Stagflation Eine Phase mit hoher Inflation, hoher Arbeitslosigkeit und niedrigem Wachstum.

Starre Löhne Löhne, die sich nur langsam an veränderte Marktbedingungen anpassen.

Steuer Eine Abgabe, die seitens der Regierung von Firmen und Privatpersonen erhoben wird. Die Zahlung ist gesetzlich geregelt.

System von Bretton Woods Ein System von Wechselkursen, auf das sich die Industrienationen 1945 einigten. Der Wert des US-Dollars war in Gold definiert und die anderen Währungen waren gegenüber dem Dollar fixiert.

Tauschsystem Ein System, bei dem Güter oder Dienstleistungen direkt gegeneinander getauscht werden, ohne Tauschmittel wie Geld.

Überschuss Ein Ungleichgewicht. Bei einem Handelsüberschuss wird mehr exportiert als importiert. Ein Haushaltsüberschuss liegt vor, wenn die Steuereinnahmen höher sind als die Ausgaben.

Unsichtbare Hand Adam Smiths Vorstellung, dass es unweigerlich zum Wohlergehen der Gesellschaft beiträgt, wenn Individuen ihre eigenen Marktinteressen verfolgen – als gäbe es eine leitende »unsichtbare Hand«.

Unternehmer Eine Person, die in der Hoffnung auf Profit wirtschaftliche Risiken eingeht.

Utilitarismus Eine Philosophie, der zufolge Entscheidungen so getroffen werden sollten, dass das Glück für die größtmögliche Zahl von Menschen erhöht wird.

Verhaltensökonomik Ein Zweig der Wirtschaftswissenschaft, der sich mit den Auswirkungen psychologischer und sozialer Faktoren auf die Entscheidungsfindung befasst.

(Volks-)Wirtschaft Das gesamte System wirtschaftlicher Aktivitäten in einem bestimmten Land oder in einem bestimmten Gebiet; dazu gehören die gesamte Produktion, die Arbeit, der Handel und der Konsum.

Wechselkurs Das Verhältnis, zu dem eine Währung in eine andere umgetauscht wird. Der Kurs gibt an, was eine Währung in einer anderen Währung kostet.

Weltwirtschaftskrise Eine Phase weltweiter Rezession von 1929 bis Mitte der 1930er-Jahre. Die Weltwirtschaftskrise begann in den USA mit dem Börsencrash an der Wall Street.

Wertminderung Eine Verringerung des Werts eines Wirtschaftsguts, hervorgerufen durch Abnutzung oder Überalterung.

Wettbewerb Wettbewerb entsteht, wenn zwei oder mehr Hersteller versuchen, Kunden oder Käufer durch besonders günstige Angebote anzulocken.

Wirtschaftsliberalismus Eine Ideologie, der zufolge das beste Ergebnis erreicht wird, wenn die Menschen maximalen persönlichen Freiraum haben, über ihren Konsum selbst zu entscheiden.

Zahlungsverzug Ein Schuldner gerät in Zahlungsverzug, wenn er die Rückzahlung nicht zu den vereinbarten Bedingungen leistet.

Zentralbank Eine Institution, die die Währung eines Landes verwaltet, die Geldmenge reguliert und Zinssätze festlegt. Sie kann auch als Kreditgeber letzter Instanz für Banken fungieren.

Zentralverwaltungswirtschaft Ein System zentraler staatlicher Wirtschaftskontrolle, in dem Entscheidungen hinsichtlich der Produktion und Verteilung von Gütern von staatlichen Stellen getroffen werden.

Zinssatz Der Preis, zu dem man Geld leihen kann. Der Zinssatz für einen Kredit wird meist als Prozentsatz des Betrags pro Jahr angegeben. Er muss zusätzlich zur geliehenen Summe zurückgezahlt werden.

Zoll Eine Steuer auf Importe, die häufig erhoben wird, um inländische Produzenten vor ausländischem Wettbewerb zu schützen.

REGISTER

Fettgedruckte Zahlen beziehen sich auf den Haupteintrag einer Person.

A

B

C

D

E

F

G

H

I J

K

L

M

N

O

PQ

R

S

T

U

V

W

YZ

DANK

Der Dorling Kindersley Verlag dankt Frau Dr. Cornelia Meyer-Stoll (München) für die fachliche Beratung bei der Bearbeitung der deutschen Ausgabe.
Dorling Kindersley dankt Niyati Gosain, Shipra Jain, Payal Rosalind Malik, Mahua Mandal, Anjana Nair, Pooja Pawwar, Anuj Sharma, Vidit Vashisht und Shreya Anand Virmani für ihre Unterstützung bei der grafischen Gestaltung sowie Lili Bryant für die Lektoratsassistenz.

BILDNACHWEIS

Der Verlag dankt folgenden Personen und Institutionen für die freundliche Genehmigung zum Abdruck ihrer Bilder: (Abkürzungen: o = oben, u = unten, M = Mitte, l = links, r = rechts)

20 Getty Images: Barcroft Media (uM). **23 Alamy Images:** The Art Gallery Collection (ol). **Getty Images:** The Bridgeman Art Library (or). **24 Getty Images:** AFP (Mr). **25 Getty Images:** Nativestock / Marilyn Angel Wynn (ur). **27 Corbis:** Bettmann (or). **28 Dorling Kindersley:** Judith Miller / The Blue Pump (or). **Getty Images:** John Moore (ul). **29 Getty Images:** Jason Hawkes (ur). **31 Library Of Congress, Washington, D.C.:** (or). **33 Getty Images:** Universal Images Group / Leemage (ol). **35 Getty Images:** AFP / Fred Dufour (or). **37 Alamy Images:** The Art Archive (ul). **Getty Images:** Hulton Archive (or). **38 Corbis:** Heritage Images (ur). **42 Corbis:** The Gallery Collection (oM). **43** *Tableau Économique*, 1759, François Quesnay (ul). **44 Alamy Images:** The Art Gallery Collection (ul). **45 Getty Images:** Hulton Archive (or). **47 Corbis:** Bettmann (or); Hemis / Camille Moirenc (ol). **53 Corbis:** Godong / Philippe Lissac (or); John Henley (ul). **56 The Art Archive:** London Museum / Sally Chappell (ul). **Corbis:** Johnér Images / Jonn (or). **58 Getty Images:** The Bridgeman Art Library (u). **60 Corbis:** Robert Harding World magery / Neil Emmerson (ul). **61 Corbis:** Justin Guariglia (ol). **Library Of Congress, Washington, D.C.:** (or). **63 Corbis:** Sebastian Rich (ur). **65 Corbis:** The Art Archive / Alfredo Dagli Orti (or). **Dreamstime.com:** Georgios Kollidas (ul). **67 Corbis:** Tim Pannell (ol). **Getty Images:** AFP (ur). **68 Getty Images:** Paula Bronstein (uM). **69 Corbis:** Bettmann (or). **71 Getty Images:** Vincent Isore / IP3 (or). **73 Getty Images:** Bloomberg (ul). **Library Of Congress, Washington, D.C.:** (ur). **75 Corbis:** National Geographic Society (uM). **Library Of Congress, Washington, D.C.:** (or). **77 Corbis:** EPA / Simela Pantzartzi (Mr). **79 Getty Images:** Archive Photos / Lewis H. Hine (ol). **83 Corbis:** Bettmann (ur). **84 Corbis:** Imaginechina (ol). **Getty Images:** Hulton Archive (ul). **85 Corbis:** Cameron Davidson (uM). **95 Getty Images:** Hulton Archive / London Stereoscopic Company (or); **Science & Society Picture Library** (ul). **97 Corbis:** Bettmann (ol). **Getty Images:** Per-Anders Pettersson (ur). **98** *Flora's Mallewagen*, um 1640, Hendrik Gerritsz. Pot (uM). **102 akg-images:** Deutsches Historisches Museum, Berlin (or). **103 Getty Images:** Science & Society Picture Library (ul). **104 Corbis:** Michael Nicholson (ol). **105 Corbis:** Bettmann (or). **Getty Images:** CBS Photo Archive (ul). **110 Alamy Images:** INTERFOTO (ul). **112 Getty Images:** Yawar Nazir (ul). **113 Getty Images:** AFP (ol). **115** *Popular Science Monthly*, Band 11, 1877 (or). **117 Corbis:** EPA / Abdullah Abir (or); Imaginechina (ol). **120 Alamy Images:** INTERFOTO (ul). **Dreamstime.com:** Ayindurdu (or). **122 Getty Images:** Jeff J. Mitchell (or). **124 Getty Images:** d3sign / moment (Mr). **125 Alamy Images:** INTERFOTO (or). **129 Getty Images:** Bloomberg (or); Taxi / Ron Chapple (ul). **131 Library Of Congress, Washington, D.C.:** (or). **132 Getty Images:** Photographer's Choice / Hans-Peter Merten (uM). **135 Getty Images:** Allen McInnis / Bloomberg (or); Hulton Archive (ul). **136 Library Of Congress, Washington, D.C.:** (uM). **139 Getty Images:** Hulton Archive (ul); SuperStock (ol). **141 Corbis:** Viviane Moos (ur). **Getty Images:** Hulton Archive (ol). **145 Getty Images:** De Agostini Picture Library (or). **147 Corbis:** Bettmann (ul). **Courtesy of the Ludwig von Mises Institute, Auburn, Alabama, USA. 149 Corbis:** Bettmann (or); Rolf Bruderer (ul). **156 Getty Images:** Hulton Archive (Mr). **157 Getty Images:** Gamma-Keystone (or). **159 Corbis:** Bettmann (or). **160 Getty Images:** Ethan Miller (ul). **161 Corbis:** Bettmann (or); Ocean (ol). **163 Corbis:** Paulo Fridman (Mr). **165 Corbis:** Xinhua Press / Xiao Yijiu (oM). **167 Corbis:** Macduff Everton (uM). **Library Of Congress, Washington, D.C.:** (or). **168 Dreamstime.com:** Gina Sanders (uM). **169 Corbis:** Dennis Degnan (ur). **171 Corbis:** Darrell Gulin (ur). **175 Corbis:** Reuters / Korea News Service (ur). **177 Corbis:** Hulton-Deutsch Collection (or). **Getty Images:** Bloomberg (ol). **179 Corbis:** Heritage Images (or). **Getty Images:** AFP (ul). **181 Alamy Stock Photo:** Pictorial Press Ltd. (or); **Shutterstock.com:** The fizkes (ul). **186 Corbis:** Hulton-Deutsch Collection (uM). **187 Corbis:** Reuters (ur). **192 Corbis:** Gideon Mendel (ol). **193 Corbis:** Reuters / Carlos Hugo Vaca (ur). **Getty Images:** Photographer's Choice / Wayne Eastep (ul). **195 Getty Images:** AFP / Gabriel Duval (ul). **198 Library Of Congress, Washington, D.C.:** U.S. Farm Security Administration / Office of War Information / Dorothea Lange (o). **199 Corbis:** Bettmann (or); Hulton-Deutsch Collection (oM). **201 Corbis:** Reuters (ol). **Getty Images:** Brad Markel (ur). **203 Getty Images:** Dorothea Lange (Mr). **205 Getty Images:** Cavan Images (ul); Archive Photos / Bachrach (or). **207 Getty Images:** Andreas Rentz (oM). University of Nebraska-Lincoln (or). **209 Corbis:** Bettmann (ul); Stuart Westmorland (ol). **211 Corbis:** Imaginechina (uM); **Getty Images:** AFP (or). **213 Getty Images:**

Chris Hondros (uM). **215 Getty Images:** The Bridgeman Art Library (or). **217 Corbis:** Blend Images / Sam Diephuis / John Lund (or). **218 Corbis:** Christophe Boisvieux (ur). **219 Corbis:** Nik Wheeler (or). **223 Corbis:** SIPA / Robert Wallis (or). **225 Corbis:** Sygma / Ira Wyman (ul). **Getty Images:** AFP / Frederic J. Brown (or). **228 Alamy Stock Photo:** Chronicle (Mr). **229 Getty Images:** Science & Society Picture Library (ur). **230 Corbis:** EPA / Udo Weitz (ur); Imaginechina (ol). **233 Corbis:** Peter Turnley (or). Courtesy Professor János Kornai. **236 Dreamstime.com:** Artemisphoto (or). **239 Corbis:** Reuters (or). **Digital Vision:** (ul). **240 Corbis:** Lawrence Manning (ul). **241 Dreamstime.com:** Francisco Sanchez Gil (or). **243 Corbis:** EPA / George Esiri (ol). **245 Corbis:** Cultura / Colin Hawkins (or). **246 Getty Images:** Photolibrary / Peter Walton Photography (ol). **247 Corbis:** EPA / Justin Lane (ul). **249 Dreamstime.com:** Ivonne Wierink (o/Urne); Zoommer (o/Bälle). **253 Corbis:** George Hammerstein (or). **254 Corbis:** Sygma / Regis Bossu (or). **Getty Images:** Bloomberg (ul). **257 Getty Images:** AFP / Tony Karumba (or); Jeff Christensen (ul). **263 Corbis:** Robert Essel NYC (ur). **264 Getty Images:** Glow Images, Inc. (ol). **265 Dreamstime.com:** Zagor (ur). **267 Dreamstime.com:** Digitalpress (ur). **269 Getty Images:** Paula Bronstein (or). **271 Corbis:** John Harper (or). **273 Getty Images:** Konstantin Zavrazhin (ur). **275 Getty Images / iStock:** Nastasic / E+ (or). **Getty Images:** Dan Krauss (ul). **277 Corbis:** Reuters / Wolfgang Rattay (ul). **Getty Images:** Lisa Maree Williams (ol). **278 Corbis:** Frans Lanting (uM). **279 Corbis:** Louis K. Meisel Gallery, Inc. (ur). **281 Corbis:** Ocean (Mr). **285 Alamy Stock Photo:** Keith Levit / Destinations / Design Pics Inc (ur). **Corbis:** Bettmann (gol). **286 Corbis:** Justin Guariglia (ol). **287 Corbis:** Topic Photo Agency (ur); Xinhua Press / Xu Yu (ul). **291 Corbis:** Reuters / Philimon Bulawayo (or). **293 Corbis:** Xinhua Press / Guo Lei (ur). **295 Corbis:** Hemis / René Mattes (ur). **298 Corbis:** Bettmann (or). **300 Getty Images:** The Image Bank / Stewart Cohen (uM). **301 Corbis:** Reuters / Shannon Stapleton (or). **302 Corbis:** Bettmann (uM). **304 Corbis:** Images.com (Mr). **305 Corbis:** EPA / Mondelo (ur). **308 Getty Images:** UpperCut Images / Ferguson & Katzman Photography (or). **311 Alamy Stock Photo:** Global Vibes (ul). **312 Alamy Stock Photo:** Orjan Ellingvag (ul). **313 Corbis:** Eye Ubiquitous / David Cumming (ur). **Getty Images:** Helifilms Australia (ol). **315 Getty Images:** Stone / Bruce Ayres (ol). **317 Corbis:** Roger Ressmeyer (uM). **319 Corbis:** EPA / Kim Ludbrook (Mr). **Getty Images:** WireImage / Steven A. Henry (ul). **324 Library Of Congress, Washington, D.C.:** George Grantham Bain Collection (ol). **325 Corbis:** Bettmann (oM). **327 Getty Images:** Archive Photos / Arthur Siegel (oM). **329 Getty Images:** Mark Wilson (or). **331 Corbis:** Robert Harding World Imagery / Duncan Maxwell (Mr). **Getty Images:** Bloomberg (ul). **333 Getty Images:** AFP / Issouf Sanogo (or). **334 Getty Images:** Stone / Ryan McVay (Mr). **335 Corbis:** Star Ledger / Mark Dye (ur). **337 Alamy Stock Photo:** Cavan Images (or). **Getty Images / iStock:** Drazen / E+ (ul). **338 American Economic Association:** Amanda Bayer and Cecilia Elena Rouse (ur/IG) (Infographic data). **CEPR:** Copyright 2024 CEPR (ur/IG1) (Infographic data). **Women In Economics © 2024.:** Umfrage durchgeführt von Women in Economics Network Australien, September 2021. Stichprobe aus 115 Antworten (71 Mitglieder/44 Nichtmitglieder). Reihen ergeben 100%. (ur)/IG). **339 Alamy Stock Photo:** Federal Reserve (ol).

Nachweis der im Buch verwendeten Zitate:

Der Verlag hat sich bemüht, alle Rechteinhaber ausfindig zu machen. Eventuelle Auslassungen werden wir bei entsprechendem Hinweis gern in einer späteren Auflage korrigieren.

14: Steven D. Levitt, Stephen J. Dubner, *Freakonomics. Überraschende Antworten auf alltägliche Lebensfragen.* Übersetzt von Gisela Kretzschmar, München (Riemann Verlag) 2006 **21:** Aristoteles, *Politik/Der Staat der Athener.* Übersetzt und hrsg. von Olof Gigon, Düsseldorf (Artemis & Winkler) 2006 **23:** Thomas von Aquin, *Summe der Theologie,* Band III. Übersetzt von Joseph Bernhart. Stuttgart (Alfred Kröner Verlag) 1938 **45, 58, 59, 60, 96:** Adam Smith, *Der Wohlstand der Nationen. Eine Untersuchung seiner Natur und seiner Ursachen.* Übersetzt und hrsg. von Horst Claus Recktenwald, München (C.H. Beck) 1974 **47:** David Hume, *Politische und ökonomische Essays,* Band II. Übersetzt von Susanne Fischer, Hamburg (Felix Meiner) 1988 **61:** Adam Smith, *Theorie der ethischen Gefühle.* Übersetzt von Walther Eckstein, Hamburg (Felix Meiner) 1985 **67:** Ludwig von Mises, *Die Gemeinwirtschaft. Untersuchungen über den Sozialismus.* Unveränderter Nachdruck der 2. umgearb. Auflage aus Jena 1932, München (Philosophia Verlag) 1981 **97:** John Stuart Mill, *Grundsätze der politischen Ökonomie. Mit einigen ihrer Anwendungen auf die Sozialphilosophie,* 2. Band. Übersetzt von Wilhelm Gehrig, Jena (Verlag Gustav Fischer) 1921 **135:** Sidney Webb, Beatrice Webb, *Theorie und Praxis der englischen Gewerkvereine,* Band I. Deutsch von C. Hugo, Stuttgart (J.H.W. Dietz Nachf.) 1898 **145:** Ludwig von Mises, *Die Wirtschaftsrechnung im sozialistischen Gemeinwesen,* in: Archiv für Sozialwissenschaft und Sozialpolitik 47 **149:** Joseph A. Schumpeter, *Kapitalismus, Sozialismus und Demokratie.* Übersetzt von Dr. Susanne Preiswerk, Bern (A. Francke Verlag) 1950 **158:** John Maynard Keynes, *Allgemeine Theorie der Beschäftigung, des Zinses und des Geldes.* Übersetzt von Fritz Waeger, Berlin (Duncker & Humblot) 2009 **160:** Sidney Webb, Beatrice Webb, *Das Problem der Armut.* Übersetzt von **Helene Simon, Jena** (Eugen Diederichs Verlag) 1912 **167:** Karl Polanyi, *The Great Transformation. Politische und ökonomische Ursprünge von Gesellschaften und Wirtschaftssystemen.* Übersetzt von Heinrich Jelinek, Wien (Europaverlag) 1977 **247:** André Gunder Frank, *Die Entwicklung der Unterentwicklung,* in: Bolivar Echeverría, Horst Kurnitzky (Hrsg.), *Kritik des bürgerlichen Anti-Imperialismus,* Berlin (Klaus Wagenbach Verlag) 1969 **264:** Nassim Nicholas Taleb, *Der Schwarze Schwan. Die Macht höchst unwahrscheinlicher Ereignisse.* Übersetzt von Ingrid Proß-Gill, München (Hanser Verlag) 2008

Noch mehr Wissen und Lesefreude!

ISBN 978-3-8310-4610-2

ISBN 978-3-8310-4659-1

ISBN 978-3-8310-3990-6

ISBN 978-3-8310-3713-1

DK

www.dk-verlag.de